Keßelring • Die Nordatlantische Allianz und Finnland 1949-1961

Entstehung und Probleme des Atlantischen Bündnisses

Herausgegeben vom
Militärgeschichtlichen Forschungsamt

Band 8

R. Oldenbourg Verlag München 2009

Die Nordatlantische Allianz und Finnland 1949 – 1961

Perzeptionsmuster und Politik im Kalten Krieg

Von
Agilolf Keßelring

R. Oldenbourg Verlag München 2009

Tainalle,
Ennille ja Elenalle!

Die Deutsche Nationalbibliothek verzeichnet diese Publikation in der Deutschen Natio-nalbibliografie; detaillierte bibliografische Daten sind im Internet über http://dnb.d-nb.de abrufbar.

© 2009 Oldenbourg Wissenschaftsverlag GmbH, München
Rosenheimer Str. 145, D-81671 München
Internet: oldenbourg.de

Redaktion und Herstellung: Militärgeschichtliches Forschungsamt, Potsdam
    Koordination: Wilfried Rädisch
    Karten und Grafiken: Daniela Heinicke, Bernd Nogli
    Textgestaltung: Carola Klinke
    Lektorat: Roland G. Foerster (Kenzingen)
Druck: Grafik + Druck GmbH, München
Bindung: Thomas Buchbinderei, Augsburg

ISBN 978-3-486-58804-0

Inhalt

Vorwort

Mit dem achten Band der Reihe »Entstehung und Probleme des Atlantischen Bündnisses« stößt das Militärgeschichtliche Forschungsamt (MGFA) das Tor auf für die historiografische Darstellung der Entwicklung der Nordatlantischen Allianz nach 1956. Es erfüllt damit seinen Auftrag, die internationalen Beziehungen der gesamten Epoche des Kalten Krieges zu erforschen.

Das internationale System dieser Zeit war bipolar auf die antagonistischen Bündnisse NATO und Warschauer Pakt ausgerichtet. Ähnlich wie Jugoslawien und Österreich war Finnland ein neutraler Staat an der Nahtstelle beider Bündnissysteme. In der östlichen Ostsee gelegen, war Finnland Teil der geostrategischen Schlüsselzone eines möglichen globalen Konflikts. Mit viel diplomatischem Fingerspitzengefühl musste das Land die Waage halten zwischen den Interessen und dem Einfluss des mächtigen Nachbarn Sowjetunion und den westlichen Demokratien, denen die Mehrheit der Finnen politisch und mental zuneigte.

Die NATO nahm das skandinavische Land in der ersten Dekade ihrer Existenz vor allem als Einflusssphäre oder gar Satelliten der Sowjetunion wahr. Allerdings bot gerade Skandinavien mit dem neutralen Schweden und den auf ihre Unabhängigkeit bedachten NATO-Mitgliedern Dänemark und Norwegen beiden Seiten eine Bühne für ein politisch-diplomatisches Tauziehen. Dabei verhielt sich die NATO, wie Agilolf Keßelring zeigt, im Zweifel eher de-eskalierend, ohne jedoch das Ziel der militärischen Integration ihrer Nordflanke aus dem Auge zu verlieren.

Der Autor hat umfassend britische, finnische und deutsche Akten sowie Archivmaterial der NATO ausgewertet und darüber hinaus die einschlägige Literatur, wiederum einschließlich der finnischen, herangezogen. Er schildert auf dieser Grundlage die Wahrnehmung Finnlands durch die angelsächsischen Führungsmächte der Allianz und weitere Mitgliedsstaaten, für die das kleine Land im Norden besondere Bedeutung besaß. Zu diesen zählte auch die Bundesrepublik, die insbesondere Interesse daran hatte, eine Anerkennung der DDR durch Finnland zu verhindern. Überhaupt reflektierte die Finnlandpolitik des Bündnisses und seiner Mitgliedsstaaten die Wahrnehmung des Verhaltens der Sowjetunion und ihrer Verbündeten dem kleinen Land gegenüber. Im Ergebnis schildert der Autor damit auch die Interaktion der Mitglieder der Allianz und deren Rolle als relativ eigenständige Akteure. Damit knüpft er methodologisch wie inhaltlich an zahlreiche bereits erschienene Bände dieser Reihe an.

Die Arbeit von Agilolf Keßelring hat nicht zuletzt von seiner – selbst unter den Historikern der Internationalen Beziehungen nicht eben häufigen – Kenntnis der finnischen Sprache profitiert. Die Veröffentlichung seiner Studie ist ein Gewinn

nicht nur für die historische Aufarbeitung des Kalten Krieges im Allgemeinen,
sondern auch eine Auszeichnung für diese Buchreihe des MGFA im Besonderen.
Daher sage ich dem Autor, der als Historikeroffizier einige Jahre dem Hause ange-
hört hat und nun in Helsinki lebt und arbeitet, meinen herzlichen Dank für diese
innovative Studie, die unsere Kenntnis über das Verhältnis von NATO und Finnland im Kalten Krieg sehr wesentlich erweitert.

Dr. Hans Ehlert
Oberst und Amtschef
des Militärgeschichtlichen Forschungsamtes

Editorial

Das Ende des Kalten Krieges war, historiografisch gesehen, auch das Ende eines
Jahrhunderts. Nicht nur war das bipolare wieder einem polyzentrischen Weltsys-
tem gewichen. Das von Historikern so bezeichnete ›kurze 20. Jahrhundert‹ vom
Ersten Weltkrieg bis 1989/90 war von den drei großen Ideologien Demokratie,
Faschismus und Kommunismus geprägt worden. In ihren Namen traten weltweit
Millionen von Menschen und die meisten Staaten der Erde gewaltsam gegeneinander an. Herkömmliche machtpolitische Spannungen zwischen den Staaten, ethni-
sche und soziale Gegensätze entluden sich immer wieder in kriegerischen Konflikten, die meist mit einer genozidalen Entgrenzung der Gewalt einhergingen. Der
Erste Weltkrieg hatte keine neue Weltordnung, sondern im Gegenteil ein Vakuum
politischer, wirtschaftlicher und sozialer Instabilität geschaffen, die den Aufschwung totalitärer Mentalitäten und Bewegungen begünstigte. Dieses Vakuum
füllten nach dem Ende des Zweiten Weltkrieges die Flügelmächte des bisher um
Europa zentrierten internationalen Systems, die Vereinigte Staaten und die Sowjetunion. Beide bildeten unter der Fahne ihrer jeweiligen Ideologie Staatenblöcke.
Die Sowjetunion formierte ihren Herrschaftsbereich in Osteuropa. Westeuropa
wurde Teil des angelsächsisch geführten Seebündnisses, der Atlantischen Allianz.
Zusätzlich organisierten die Westeuropäer ihr eher wirtschaftlich ausgelegtes Un-
terbündnis der Europäischen Gemeinschaften bzw. später Europäischen Union.
Namentlich die Perspektive der gegenseitigen Auslöschung durch die in ihrer Wirkung ebenfalls genozidalen nuklearen Massenvernichtungswaffen verdammte die
Protagonisten der Supermächte zu einem Regime der nicht-kriegerischen System-
konkurrenz zwischen den von ihnen geführten Blöcken. Die beiden deutschen
Staaten wurden Frontstaaten ihrer jeweiligen Bündnisse. Mithin entstand in Europa und Nordamerika eine zugleich stabile und dennoch prekäre Ordnung. Die
Menschen lebten auf einem Vulkan, dessen gelegentliche kleinere Eruptionen sie
daran erinnerten, dass der große Ausbruch jederzeit möglich war, der die Zivilisation nuklear ausgelöscht hätte.

Das Militärgeschichtliche Forschungsamt (MGFA) folgte früh dem Ruf der
Zeithistoriker. Sie hatten bereits vor dem Ende des Kalten Krieges eine Erforschung seiner Entstehung und Entwicklung und des durch ihn geprägten internationalen Systems in staatenübergreifender Perspektive gefordert. Der militärhistorische Auftrag des MGFA legte nahe, die Atlantische Allianz als Kerninstitution
der sogenannten westlichen Werte- und Sicherheitsgemeinschaft ins Zentrum
einer derartigen staatenübergreifenden und komparatistischen Betrachtung zu
stellen. Allerdings besaß die Allianz mindestens ebenso große politische wie militä-

rische Bedeutung. Daher hätte eine rein militärstrategische und -organisatorische
Behandlung des Bündnisses eine historiografische Engführung dargestellt. Vielmehr machte das MGFA die Allianz als solche und in ihrer Totalität zum Gegenstand der Grundlagenforschung. Innovativ ist der Anspruch, das gesamte politische, sicherheits- und militärpolitische, das wirtschaftliche, soziale und kulturell-
mentale Umfeld der Allianz auf diese selbst hin zu verstehen und zu interpretieren
und dabei deren historische Wurzeln im Zeitalter der Weltkriege nicht zu vergessen. Zwar wurde und wird viel über die NATO geschrieben. Mit seiner auf zahlreiche Bände ausgelegten Reihe der quellengestützten multiperspektivischen Erforschung des Bündnisses hebt sich das MGFA ab von verwandten Einrichtungen,
die sich namentlich aus nationaler Perspektive der Geschichte des Bündnisses
widmen.

Freilich folgt das MGFA damit auch der Erkenntnis, dass mit der Niederlage
im Zweiten Weltkrieg die Epoche einer relativ autonomen nationalen Militärgeschichte Deutschlands endete. Seit 1945 fand deutsche Militärgeschichte im Kern
nur als Aspekt der Militärgeschichte der beiden antagonistischen Bündnisse statt.
Namentlich die nationale Militärstrategie reflektierte auf weiten Strecken die strategischen Vorgaben der Bündnisse und ihrer Führungsmächte. Bis zum heutigen
Tage treten die deutschen Streitkräfte ausschließlich im Rahmen atlantischer oder
europäischer Missionen auf. Die NATO – und in der Gegenwart parallel und/
oder konkurrierend die Europäische Union – stellt somit einen Parameter deutscher Militärgeschichte nach 1945 dar. Gleichwohl führten die deutschen Streitkräfte ein in der nationalen Militärgeschichte wurzelndes und von der inneren
Ordnung der beiden deutschen Staaten geprägtes Eigenleben. In der Konsequenz
konnte auf die eigenständige historiografische Erforschung der deutschen Streitkräfte und der nationalen Sicherheitspolitik der beiden deutschen Staaten auch
nicht verzichtet werden, im Gegenteil. Das MGFA hat mit den zwischen 1981 und
1997 erschienenen vier Bänden »Anfänge westdeutscher Sicherheitspolitik 1945 bis
1956« die Zeit der Planung des westdeutschen Verteidigungsbeitrages erforscht.
Fortgesetzt wird dieses abgeschlossene Unternehmen in der 2006 aufgelegten Reihe »Sicherheitspolitik und Streitkräfte der Bundesrepublik Deutschland«. Ihre
Entsprechung findet sie in der 2001 begonnenen Reihe »Militärgeschichte der
DDR«, die auch den Warschauer Pakt behandelt. Sie profitierte – wie die gesamte
DDR-Forschung – von der Tatsache, dass alle deutschen Akten schlagartig zu-
gänglich geworden waren.

In den 1980er-Jahren dominierte die Aufarbeitung des Zweiten Weltkrieges die
Grundlagenforschung des MGFA. Parallel wurden die ersten Ergebnisse der Bear-
beitung der Anfänge der westdeutschen Militärgeschichte veröffentlicht, die sich
gerade durch die Abwesenheit des Militärs auszeichnete. Die NATO-Reihe wurde
in dieser Zeit als Komplement konzipiert. Wie gesagt, verfolgte man dabei den
neuartigen Ansatz, das Bündnis als solches ins Zentrum zu stellen und sich damit
von der nationalen Perspektive zu lösen. Die zeitliche Beschränkung auf die
Gründungsphase der Atlantischen Allianz bis 1956 spiegelt einerseits den Charakter als Erweiterung und Ergänzung der »Anfänge westdeutscher Sicherheitspoli-

tik«. Andererseits ließ sich zu diesem frühen Zeitpunkt nicht absehen, ob die Gründung der Bundeswehr 1956 nicht eine einschneidende Zäsur darstellte, die eine gänzliche Neukonzeption erforderlich machte. Tatsächlich ist dies im engeren Bereich der westdeutschen Militärgeschichte mit der Bundeswehr-Reihe ja auch geschehen. Die bislang erschienenen Monografien der NATO-Reihe fügen sich in das gewählte historische Zeitfenster. Der vorliegende Band von Agilolf Keßelring überschreitet mit seinem Berichtszeitraum die Zeitgrenze des ursprünglichen Reihentitels, die zwischenzeitlich aufgegeben wurde. Immerhin erscheint die – kaum auffallende – Korrektur des Reihentitel insofern erklärungsbedürftig, als dahinter eine wichtige konzeptionelle Entscheidung steht.

Die Reihe »Entstehung und Probleme der Atlantischen Allianz« wird fortgesetzt. Zum Ersten hat die Allianz in der Gegenwart unter gänzlich veränderten internationalen Rahmenbedingungen nichts an Bedeutung eingebüßt, weder in ihrem internationalen Umfeld noch in ihrer Funktion für die Sicherheitspolitik der Bundesrepublik. Zum Zweiten hat die internationale wissenschaftliche Gemeinschaft dem MGFA bescheinigt, mit seiner NATO-Reihe ein Format geschaffen zu haben, das keinesfalls mit dem Erreichen des Jahres 1956 eingestellt werden sollte, sondern vielmehr der Fortsetzung würdig sei. Zum Dritten hat das Bundesministerium der Verteidigung mit seiner im Januar 2009 in Kraft getretenen Forschungsweisung die Zeit nach 1945 zum Schwerpunkt der Grundlagenforschung des MGFA erklärt. Innerhalb dieses Schwerpunkts bilden die Internationalen Beziehungen, die Bedrohungsperzeptionen und Strategien der Militärblöcke, die multinationale Zusammenarbeit, die Operations- und Einsatzgeschichte der NATO wesentliche Gegenstände, die wenigstens für den Gesamtzeitraum des Kalten Krieges namentlich in der vorliegenden Reihe zu behandeln sind.

Dieter Krüger

Danksagung

Bei der vorliegenden Studie handelt es sich um die leicht überarbeitete Fassung meiner im September 2007 von der Fakultät für Geistes- und Sozialwissenschaften der Helmut-Schmidt-Universität/Universität der Bundeswehr Hamburg angenommenen Dissertation.

An erster Stelle gilt mein besonderer Dank meinem Doktorvater Herrn Professor Dr. Bernd Wegner. Von der Entwicklung der Fragestellung im Frühjahr 2003 bis zum Abschluss der Arbeit vier Jahre später hatte er nicht nur stets ein offenes Ohr und stellte mir die entsprechenden zielführenden Fragen, sondern ermutigte mich auch dazu, den eingeschlagenen »finnischen Weg« zu Ende zu gehen. Meinem Zweitgutachter Professor Dr. Seppo Hentilä (Universität Helsinki) danke ich für die freundliche Betreuung des Projektes während dessen Endphase in Finnland.

Bis heute gilt die Beschäftigung mit nordischen Aspekten transatlantischer Geschichte und speziell mit der finnischen Geschichte trotz voranschreitendem europäischem Integrationsprozess in Deutschland leider als randständig. Um die Perspektive der Nordatlantischen Allianz hinsichtlich Finnland untersuchen zu können, bedurfte es daher aufgeschlossener Unterstützer, die es verstanden, ohne nationale und organisationsgeschichtliche Scheuklappen solch ein multiperspektivisches Projekt zu fördern. Diese fand ich im Militärgeschichtlichen Forschungsamt (MGFA) in Vorgesetzten, Kameraden, Kollegen und Freunden, die alle zu nennen hier leider der Platz nicht ausreicht. Herr Oberst Dr. Hans Ehlert stand sowohl als mein Abteilungsleiter wie auch später als Amtschef meiner Arbeit stets wohlwollend und fördernd gegenüber. Ohne die Unterstützung des MGFA bei den Archivaufenthalten und die eingeräumten Freiräume neben meiner täglichen Arbeit in der Abteilung Ausbildung, Informationen und Fachstudien wäre vorliegende Arbeit niemals über das Stadium der Konzeption hinausgekommen. Mein Bereichsleiter im Modul Einsatzunterstützung, Herr Wissenschaftlicher Oberrat Dr. Bernhard Chiari, machte die Fertigstellung meiner wissenschaftlichen Qualifikationsarbeit trotz des höchst dynamischen Arbeitsumfeldes des neu aufgestellten Bereichs zu seinem persönlichen Anliegen. Meinem Kameraden und Freund, Herrn Hauptmann Dr. Thorsten Loch, danke ich für die nie endende Diskussionsbereitschaft und die kritische Durchsicht des Manuskripts vor dem Einreichen der Dissertation. Aus der Abteilung Forschung des MGFA danke ich den ausgewiesenen NATO-Experten, Herrn Leitenden Wissenschaftlichen Direktor a.D. Dr. Bruno Thoß und besonders Herrn Wissenschaftlichen Direktor Priv.-Doz. Dr. Dieter Krüger, wie auch Frau Professor Dr. Beatrice Heuser (Reading) für die

Unterstützung bei Fachfragen, durch hilfreiche Gutachten und schließlich für die
Aufnahme dieser Arbeit in die vorliegende Reihe.

Spezieller Dank gilt Mrs. Smith in den NATO Archives (Brüssel), den Kameraden und Kollegen im Bundesarchiv-Militärarchiv (Freiburg i.Br.), Herrn Oberstleutnant Michael Poppe und Frau Flohr für den Zugang zu und die Herabstufung
von bisher ungeordnetem Aktenmaterial ebenso wie den professionellen Besu-
cherdiensten der National Archives (Kew). Nicht zuletzt schulde ich besonderen
Dank für den nach deutschen Maßstäben erstaunlich unkomplizierten Zugang zu
politischen und militärischen finnischen Akten im Sota-arkisto, im Ulkoasiainministeriön arkisto sowie im Kansallisarkisto (alle Helsinki). Danken möchte ich auch
den routinierten Mitarbeitern im Archiv des Auswärtigen Amtes (Berlin) sowie in
der finnischen Nationalbibliothek (Helsinki).

Der fachlich ausgezeichneten Schriftleitung des MGFA danke ich für die Umsetzung des Rohmanuskripts in ein Buch. Besonders erwähnen möchte ich den
Leiter der Schriftleitung Herrn Dr. Arnim Lang sowie meinen Lektor Herrn
Oberst a.D. Dr. Roland G. Foerster. Für den Inhalt und eventuelle Fehler bin ich
freilich allein verantwortlich.

Nicht zuletzt verdanke ich meiner lieben Frau Taina Elisa Kesselring nicht nur
den Anstoss zur Beschäftigung mit der finnischen Geschichte, sondern auch viele
hilfreiche Diskussionen und Übersetzungshilfen. Sie hat mich immer wieder ange-
spornt und manchmal auch ins »echte Leben« zurückgeholt. Meine Frau sowie
unsere Töchter Enni und Elena haben über Jahre tapfer und uneigennützig ihren
Ehemann und Vater im Urlaub und an Wochenenden mit der Wissenschaft geteilt.
Ihnen sei dieses Buch gewidmet.

Agilolf Keßelring

I. Finnische Krisen und
westliche Wahrnehmung – Einleitung

»The survival of Finland as a free nation is a near miracle[1].« In den späten 1950er-Jahren hatten sich nach einer Phase der relativen Entspannung die Ost-West-Beziehungen zunehmend verschlechtert. Im Kriegsfall, so rechneten die NATO-Planer, standen dem Westen bis zu 140 sowjetische Divisionen gegenüber. Solch einer etwa vier Millionen Mann starken Streitmacht glaubte die NATO nur mittels massiver atomarer Vergeltungsschläge trotzen zu können[2]. Finnland, im Zweiten Weltkrieg von der Sowjetunion besiegt, aber nicht besetzt, war seit 1948 durch einen »Freundschaftsvertrag«[3] mit seinem übermächtigen östlichen Nachbarn verbunden. 1955 hatten Präsident Juho Kusti Paasikivi[4] und Premierminister Urho Kekkonen[5] in Moskau die sowjetische Zustimmung zu einer Mitgliedschaft Finnlands im Nordischen Rat und in den Vereinten Nationen ausgehandelt[6]. Finnland galt fortan als »neutraler Staat«. Im Norden Europas wollten die USA daher die »Balance der finnisch-sowjetischen Beziehungen« nicht stören, aber gleichzeitig die finnische Unabhängigkeit von der Sowjetunion gestärkt wissen[7]. An und für sich

---

[1] US-Botschafter in Helsinki John D. Hickerson auf der Konferenz der Nordeuropäischen Missionschefs vom 19. bis 21.9.1957, FRUS 1955-1957, vol. 4, S. 619.

[2] Der NATO standen gleichzeitig, bei NATO-freundlicher Berechnung, 53 Divisionen zur Verfügung. Karber/Combs, The United States, NATO and the Soviet Threat, S. 424 f.

[3] Vertrag über gegenseitige Freundschaft, Zusammenarbeit und Beistand, 6.4.1948; Abk. FZB-Vertrag: finn. Sopimus ystävyydestä, yhteistyöstä ja keskinäisestä avunannosta (YYA), engl. Friendship, Cooperation and Mutual Assistance Treaty (FCA). Der Wortlaut des Vertrages ist u.a. an folgenden Stellen abgedruckt: Wagner, Finnlands Neutralität, S. 201-203; Krosby, Friede für Europas Norden, S. 443-445; Polvinen, Between East and West, S. 209-309; Putensen, Im Konfliktfeld, S. 38-46, 323-325. Zur Geschichte des Vertrags und zum diesbezüglichen Diskurs siehe Polvinen, Zur »Vorgeschichte«, S. 227-239. Eine kurze völkerrechtliche Bewertung des Inhalts des Vertrages findet sich bei Woker, Die skandinavischen Neutralen, S. 33-35.

[4] Juho Kusti Paasikivi (1870-1956), Präsident der Republik Finnland von 1946 bis 1956. Auf Deutsch zu Paasikivi und dessen Politik siehe Thomas, Finnland zwischen Frieden und Kaltem Krieg; Gadolin, Der Staatspräsident J.K. Paasikivi, S. 789-801. Ausführlich zu Paasikivi siehe die fünfbändige Paasikivibiografie von Polvinen/Heikklä/Immonen, J.K. Paasikivi.

[5] Urho Kekkonen (1900-1986), Präsident der Republik Finnland 1956-1982. Ausführlich zu Kekkonen siehe Kap. IV.3.b. Dort auch weitere Literaturhinweise.

[6] Rentola, From Half-Adversary to Half-Ally, S. 85 f.

[7] U.S. Deputy Assistant Secretary of State, John Wesley Jones, auf der Konferenz der Nordeuropäischen Missionschefs, 19.-21.9.1957, FRUS 1955-1957, vol. 4, S. 610.

bereits ein schwieriges Unterfangen, doch zwischen 1958 und 1961 wurden aus Helsinki zwei nationale Krisen vermeldet[8].

1958 wird in der finnischen Historiografie als das Jahr der »Nachtfröste«[9] bezeichnet. Bereits im Frühjahr 1958 war über die sowjetische Presse verlautbart worden, dass, sollte Finnland nicht seine außenpolitische Ausrichtung ändern, ihm ernste Konsequenzen drohten[10]. Nachdem ein von der Kommunistischen Partei Finnlands dominiertes Linksbündnis[11] aus den Parlamentswahlen im Juli 1958 als stärkste Kraft hervorgegangen war[12], gelang es, unter der Führung des Sozialdemokraten Karl-August Fagerholm[13] eine breite antikommunistische Koalition, eine Art »antikommunistische Volksfront«, aus 147 von 200 Abgeordneten der vier bürgerlichen Parteien[14] zu schmieden[15]. Bereits nach Bekanntgabe des Wahlergebnisses hatte die sowjetische Botschaft deutlich gemacht, dass das Linksbündnis mit der Regierungsbildung beauftragt werden solle[16]. Schließlich galten die bürgerlich orientierten Sozialdemokraten um Fagerholm der Sowjetunion als feindliche »Tanneristen«[17]. Die moskaufreundlichen Kräfte befanden sich nun in der Opposition. Die neue Regierung unter Fagerholm aber erhielt nicht das Vertrauen der Sowjetunion, zumal sie in ihrer außenpolitischen Ausrichtung als ausgesprochen westlich galt[18]. Der Kreml fror daraufhin ab September 1958 seine Beziehungen zu Finnland ein: Der sowjetische Botschafter in Helsinki wurde ohne Ankündigung abgezogen, sein finnischer Kollege in Moskau nicht mehr empfangen, der Warenaustausch mit Finnland heruntergefahren.

---

[8]   Zum Krisenbegriff dieser Arbeit siehe Kap. I.5.

[9]   Finn. Yöpakkaset.

[10] Zur Nachtfrostkrise siehe u.a. Vihavainen, Hyvinvointi-Suomi, S. 851; Forster, The Finnish-Soviet Crisis, S. 147. Ausführlich Kap. V.2.

[11] Die Demokratische Union des finnischen Volkes (Suomen Kansan Demokraattinen Liitto, SKDL) setzte sich aus der Kommunistischen Partei Finnlands und den linken Sozialdemokraten unter der Führung von Emil Skog, den sogenannten Skogisten, zusammen.

[12] Die SKDL stellte 50, die SDP 48, die Ml/Kesk 48 von insgesamt 200 Abgeordneten im finnischen Reichstag (eduskunta).

[13] Karl-August Fagerholm (1901–1984). Ausführlich siehe Kap. IV.3.b.

[14] Eine Koalition aus Sozialdemokraten (Suomen Sosiaalidemokraattinen Puolue, SDP), Agrariern (Maalaisliitto/Keskustapuolue, Ml/Kesk), Konservativen (Kansallinen kokoomus, Kok) und Schwedischer Volkspartei (Ruotsalainen Kansanpuolue, RKP).

[15] Häikiö, Presidentin valinta, S. 76. Auf Deutsch zu den Nachtfrösten Putensen, Im Konfliktfeld, S. 94–101.

[16] Vihavainen, Hyvinvointi-Suomi, S. 851.

[17] Väinö Tanner war 1957 zum Vorsitzenden der SDP gewählt worden. Er war Außenminister im Kabinett von Risto Ryti und nach den Wahlen zum Reichstag im Februar 1945 der einzige, der namentlich seitens der Sowjetunion als unerwünschter Politiker benannt worden war und in der Folge den Reichstag verließ. Im Februar 1946 wurde er im Rahmen des von der Sowjetunion geforderten »Kriegsschuldgerichts« (Sotasyyllisyysoikeus) zu fünf Jahren und sechs Monaten Haft verurteilt. Der sowjetischen Führung galt Tanner geradezu als der Inbegriff des »Sozialfaschisten«. Wie so viele Sozialdemokraten, die sich nicht für eine »Volksfront« einspannen lassen wollten, diffamierte man ihn als sozialdemokratischen »Verräter an der bolschewistischen Revolution«. Haataja, Jälleenrakentava Suomi, S. 755, 774; siehe hierzu auch Kallenautio, Suomi katsoi eteensä, S. 269 f.

[18] Putensen, Im Konfliktfeld, S. 95 f.

Die Verhandlungen über den durch sowjetisches Gebiet führenden Saimaaka-nal[19] kamen zum Stillstand und die finnische Regierung sah sich seitens der sowjetischen und der finnischen kommunistischen Presse heftigen Angriffen ausgesetzt[20]. Am 4. Dezember 1958 trat schließlich zuerst der Parteifreund Kekkonens, Außenminister Johannes Virolainen, zurück und wenige Stunden später verließen auch die vier anderen Minister der Agrarier-Partei die Koalition. Erst daraufhin beantragte Fagerholm die Auflösung der Regierung[21]. Im Januar 1959 reiste der Präsident der Republik Finnland, Kekkonen, selbst nach Leningrad zu einem Treffen mit Nikita S. Chruščev. Die Krise wurde beigelegt, aber die Sowjetunion hatte die Regierung Fagerholm gestürzt.

Drei Jahre später, Ende Oktober 1961, führte die »Notenkrise«[22] zu einer erneuten tiefen Verunsicherung der westlichen Mächte über die Zukunft Finnlands. Während Kekkonen sich nach einem zweiwöchigen USA-Besuch auf Hawaii erholte, überreichte der sowjetische Außenminister[23] dem finnischen Botschafter in Moskau[24] eine höchst brisante Note[25]. In ihr wurden das Schreckgespenst des »deutschen Militarismus«[26] sowie die »Infiltration des Nordens Europas und des Ostseeraums durch die westdeutschen Militaristen und Revanchisten«[27] beschworen. Für Finnland prekär war, dass Moskau aus dieser angeblichen Bedrohung die Notwendigkeit von »Konsultationen über Maßnahmen zur Sicherung der Grenzen beider Länder vor der Gefahr eines militärischen Überfalls Westdeutschlands«[28] ableitete. Zwei Wochen später reiste der Verteidigungsminister der Bundesrepublik Deutschland, Franz Josef Strauß[29], nach Norwegen. Am 20. November 1961 be-

---

[19] Der Saimaakanal führt vom Saimaasee bei Lappeenranta über Viipuri (Vyborg) in den finnischen Meerbusen (Ostsee). Er war 1850 eingeweiht worden und machte Lappeenranta zu einem insbesondere für die Holzindustrie bedeutenden Binnenhafen. Durch die Gebietsabtretungen in Karelien nach Ende des Zweiten Weltkrieges verlief dieser Kanal nun durch sowjetisches Gebiet. Für Finnland war es aus wirtschaftlichen Gründen wichtig, den Kanal wieder für den Verkehr zu öffnen. 1962 unterzeichneten Finnland und die Sowjetunion einen Vertrag, in dem die durch sowjetisches Gebiet führenden 43 Kanalkilometer samt Ufern an Finnland verpachtet wurden. Gleichzeitig vereinbarte man die Modernisierung des Kanals. 1968 wurde der in sowjetisch-finnischer Kooperation sanierte Kanal wieder für den Schiffsverkehr freigegeben. Zeitgenössisch zur Bedeutung des Kanals vgl. Helin, Finland Regains an Outlet, S. 167-194.
[20] Vihavainen, Hyvinvointi-Suomi, S. 852.
[21] Urho Kekkosen päiväkirjat, t. 1, S. 33.
[22] Zur offiziellen finnischen Sicht der Notenkrise siehe Jakobson, Pelon ja toivon aika, S. 8.
[23] Andrej Gromyko (1909-1989), sowjetischer Außenminister 1957-1985.
[24] Eero A. Wuori war ab 1955 während des gesamten Untersuchungszeitraumes finnischer Botschafter in Moskau. Der ehemalige Kommunist, der auch auf Seite der »Roten« im finnischen Bürgerkrieg gekämpft hatte, war von 1938 bis 1945 sozialdemokratischer Gewerkschaftsführer. Nach einem halbjährigen Zwischenspiel als Arbeits- und Sozialminister im Jahr 1945 begann er eine Karriere als Diplomat. Ausführlich zu Wuori siehe Nevakivi, Linnasta linnaan.
[25] Tarkka, Suomen kylmä sota, S. 84 f.
[26] Note der Sowjetregierung an die finnische Regierung TASS, 31.10.1961 (deutsche Version), UA, UM, 1951-1981, 12 L: 40.
[27] Ebd.
[28] Ebd.
[29] Franz Josef Strauß (1915-1988) war vom 16.10.1956 bis zu seinem Rücktritt am 30.11.1962 infolge der ›Spiegelaffäre‹ deutscher Bundesminister der Verteidigung.

gann in Kolsass bei Oslo die Konferenz über das geplante gemeinsame deutsch-dänische NATO-Kommando im Ostseegebiet, das Command Baltic Approaches (COMBALTAP). Die in der sowjetischen Note geforderten Konsultationen stellten eine Option dar, die der Vertrag über gegenseitige Freundschaft, Zusammenarbeit und Beistand vom 6. April 1948 zwischen der Sowjetunion und Finnland für den Fall eines zukünftigen deutschen Angriffs vorsah[30]. Die Aufnahme dieses Passus in den Vertrag hatte Finnland vor weitergehenden Zugeständnissen gegenüber der Sowjetunion nach Art der sowjetischen Freundschaftsverträge mit der Tschechoslowakei oder Polen – also letztendlich vor dem Status eines sowjetischen Satellitenstaates – bewahrt[31]. Für Finnland – hierin liegt die eigentliche Brisanz der Notenkrise – stand mit den sowjetischen Forderungen nicht weniger als der seit 1955 erreichte und von der Sowjetunion anerkannte Status eines neutralen Landes auf dem Spiel[32].

Für eine Reihe westlicher Beobachter stellte sich in den Jahren 1958 bis 1961 die Frage, ob Finnland nun zu einem sowjetischen Satellitenstaat transformiert werden würde. Vielerorts wurde für Finnland eine ›tschechische Lösung‹[33] erwartet. Die Chancen für das kleine Land, seine Unabhängigkeit zu behaupten, schienen, verglich man das militärische Potenzial der Sowjetunion mit dem Finnlands, schlecht zu stehen. Doch zu einem sowjetischen Satelliten nach Art etwa der ČSSR oder Polens geriet Finnland nicht. Seine Position im Kalten Krieg blieb allerdings im Westen umstritten. Sie ließ sich nicht in das herkömmliche Schema ›Ost‹ oder ›West‹, ›Freund‹ oder ›Feind‹ einpassen.

1. Finnlandpolitik und Finnlandperzeption der Nordatlantischen Allianz – Fragestellung

Diese Untersuchung beschäftigt sich mit der Haltung der Nordatlantischen Allianz[34] gegenüber Finnland im Zeitraum 1949 bis 1961, speziell während der angesprochenen finnischen Krisen der Jahre 1958 bis 1961. Auf den Punkt gebracht: Wie sah die Finnlandpolitik der Nordatlantischen Allianz aus? Wie wurde Finnland von ihr im Kalten Krieg bis 1961 wahrgenommen und wirkte sich diese Perzeption konkret auf die Bewältigung der finnischen Krisen der Jahre 1958 bis 1961 aus? Damit soll in einer Fallstudie zum Kalten Krieg am peripheren Beispiel Finnlands eine regionale Perspektive unter den Gesichtspunkten des globalen Konfliktes untersucht werden.

---

[30] Putensen, Im Konfliktfeld, S. 323–325.
[31] Siehe hierzu Troebst, Warum wurde Finnland nicht sowjetisiert?, S. 188.
[32] So zumindest die offizielle finnische Sichtweise. Siehe Apunen, The FCA Treaty, S. 43.
[33] Machtübernahme durch die Kommunistische Partei nach Muster des kommunistischen Staatsstreichs im Februar 1948.
[34] Zur Nordatlantischen Allianz und NATO siehe ausführlich Kap. II.

Finnland steht nicht im Mittelpunkt des Interesses deutschsprachiger historischer Untersuchungen. Dies erklärt sich zum einen durch die Sprachbarriere, zum anderen ist es auf die geografische Lage Finnlands – aus deutschem Blickwinkel eine Randlage – zurückzuführen. Nicht selten neigt die Historiografie dazu, sich bei globalen Phänomenen, wie etwa dem Kalten Krieg, auf die großen Spieler zu beschränken. Doch schärft gerade der Blick auf die kleineren Akteure an der Peripherie das Verständnis für allgemeine Charakteristika eines Zeitraumes. Aus der Beschränkung auf die ›Großen‹ resultierende Paradigmen, wie etwa Ideologien, technischer Fortschritt, Machtpolitik oder gängige Interpretationen des Kalten Krieges, beispielsweise als Abwehr der Weltrevolution, globaler Bürgerkrieg oder Systeme kollektiver Sicherheit, können so aus ungewohnter Perspektive einer Prüfung unterzogen werden.

Der Blick der NATO auf die Situation in Finnland beginnt naturgemäß 1949. Die vorliegende Darstellung ist auf den ›Fluchtpunkt‹ der Krisen 1958 bis 1961 konzipiert. Dieser ist zumindest in dreierlei Hinsicht interessant. Zum Ersten fallen in diesen Zeitraum die bekannten globalen Krisen um Berlin. Zum Zweiten findet sich der Betrachter in einer Zeit wieder, die allgemein als Wendepunkt oder Scharnier der Ära des Kalten Krieges betrachtet wird[35]. Zum Dritten scheinen zwischen 1958 und 1961 zumindest auf den ersten Blick die finnischen Krisen[36] ›im Kleinen‹ mit den ›großen‹ Weltkrisen zu korrespondieren. So ist dies eine Phase, die dem exemplifizierenden Charakter des finnischen Fallbeispiels zur ›großen Politik‹ entgegenkommt. Ohne die Entwicklungen der Jahre 1948 bis 1957, die Jahre der Herausbildung der Strukturen des Kalten Krieges und ab 1949 der Weichenstellung innerhalb der NATO, kann nordatlantische Finnlandpolitik jedoch nicht erklärt werden. Dies gilt umso mehr, als nicht nur in der finnischen Nachkriegsgeschichte den Jahren 1948 und 1955 Zäsurcharakter zukommt[37].

Da – wie wir spätestens aus den Forschungen zur Kuba-Krise[38] wissen – nicht die Ereignisse selbst, sondern ihre Wahrnehmung den Verlauf von Krisen bestimmen[39], wird in dieser Untersuchung Perzeptionen und Perzeptionsmustern nach-

---

[35] Schöllgen bezeichnet die Jahre 1961 bis 1963 als »Scheitelpunkt« des Kalten Krieges, demnach handelte es sich bei den Jahren 1958 bis 1961 um die Jahre der Weichenstellung. Schöllgen, Geschichte der Weltpolitik, S. 151–153.

[36] Zur Diskussion des Krisenbegriffs siehe den aktuellen Sammelband Krisis. Die finnischen Krisen sind in der mitteleuropäischen und der US-amerikanischen Rezeption der Zuspitzungen des Kalten Krieges so gut wie nicht präsent. Deswegen jedoch den finnischen Entwicklungen den Charakter einer Krise abzusprechen wäre verkehrt. Da dieses Faktum weniger mit der Eigenart der finnischen Krisen, als mit allgemein geringer medialer Präsenz von Ereignissen in Finnland zusammenhängt, lautet in diesem Zusammenhang die Frage nicht »ob« es sich hierbei um Krisen gehandelt habe, sondern »wo« diese als solche bewertet wurden. Bezogen auf Finnland handelte es sich eindeutig, wie Kap. V zeigt, um Krisen, auch wurden sie seitens der Nordatlantischen Allianz als solche wahrgenommen. Jedoch wurden sie durch andere kritische Entwicklungen in den Zentren – insbesondere durch das Berlinproblem – überlagert. Der Frage der Beziehung dieser Krisen zueinander wird in Kap. V nachgegangen.

[37] Siehe Kap. IV.3.a. und IV.3.c.

[38] Siehe hierzu etwa Fursenko/Naftali, One Hell of a Gamble.

[39] Siehe Kap. I.5.

gespürt[40]. Es ist naheliegend, dass die Finnlandperzeption der Mächtigen des Westens, also die Vorstellung »vom Wesen Finnlands«, die westliche Finnlandpolitik maßgeblich beeinflusste. Perzeption ist ein genetischer Prozess, in dem meist lang zurückliegende Bilder aktiviert werden. Oft folgt dieser Perzeptionsmustern, die nicht zuletzt in Erfahrungen aus der Vergangenheit, aber auch in jeweils aktuellen Auffassungen begründet liegen. Donald Cameron Watt weist auf das »Problemfeld der Interpretation« hin, welches aus dem Versuch entstehe, »Perzeptionsanalysen [...] auf einen willkürlich begrenzten Zeitrahmen zu beschränken«. In Wirklichkeit nehmen, so Watt, »Dasein, Erfahrung, erworbenes Wissen, intellektuelle und politische Entwicklung der Akteure ihren Anfang in einer historischen Vergangenheit, die bis zu sechzig oder mehr Jahre vor dem gewählten Zeitraum beginnt«[41].

Es ist folglich davon auszugehen, dass für die jeweils aktuelle Finnlandperzeption der Nordatlantischen Allianz die Summe der allgemein vorherrschenden und in der Vergangenheit erworbenen Finnlandbilder eine Rolle spielten[42]. So wird bezüglich Finnland bis auf das Jahr 1917 zurückgegangen, als die Finnen durch das Erringen ihrer staatlichen Unabhängigkeit in das kollektive Gedächtnis[43] der westlichen Bevölkerung Einzug hielten. Dies war zugleich eine Zeit, in welcher der Bürgerkrieg zwischen »Weißen« und »Roten«, der gleichzeitig auch ein Unabhängigkeitskrieg von Russland und Teil des ausklingenden Ersten Weltkrieges war, geradezu nach ideologischen Ortsbestimmungen und Neuinterpretationen der finnisch-russischen Beziehungen verlangte[44].

Räumlich gestaltet sich die Abgrenzung weit schwieriger, findet Wahrnehmung doch »im Kopf«[45] statt. Bei einer Untersuchung der Finnlandperzeption der Nordatlantischen Allianz ist das Subjekt der Untersuchung die NATO mit ihren Mitgliedstaaten. Sie ist für den Untersuchungszeitraum geografisch leicht zu definieren: Art. 6 des Nordatlantikvertrags legt das NATO-Gebiet fest[46]. Als Objekt der Wahrnehmung und auch des Handelns spielt selbstverständlich Finnland eine herausragende Rolle. Gleichsam als Folie für die Finnlandperzeption ist in der Ost-West-Konfrontation die Sowjetperzeption, aber auch die Skandinavienperzeption von grundlegender Bedeutung. Strategisch ist darüber hinaus die Ostsee, spätestens ab dem Zeitpunkt der NATO-Mitgliedschaft der Bundesrepublik

---

[40] Zum Perzeptionsbegriff dieser Studie in seiner Unterscheidung zum Begriff Perzeptionsmuster siehe ebd.
[41] Watt, Bemerkungen mit dem Ziel einer Synthese, S. 346.
[42] Zum Begriff des Finnlandbildes in dieser Darstellung siehe Kap. IV.4.
[43] Zum Begriff des kollektiven Gedächtnisses siehe Kap. I.5.
[44] Das Jahr 1917 ist zudem, zumindest bezogen auf Osteuropa, ein Epochenjahr. Für die Entwicklung der staatlichen sowjetisch-finnischen Beziehungen stellt selbtverständlich das Jahr 1917 – als Gründungsjahr beider Staaten (Finnland bzw. Sowjetrussland, ab Zusammenschluss zur Sowjetunion) – das zentrale Datum dar. Zur parallelen sowjetisch-finnischen Entwicklung siehe auch Altrichter, Rußland 1917, S. 428–455.
[45] Kleinsteuber, Stereotype.
[46] Der NATO gehören seit 1949 Belgien, Dänemark, Frankreich, Großbritannien, Island, Italien, Kanada, Luxemburg, die Niederlande, Norwegen, Portugal und die Vereinigten Staaten von Amerika an. 1952 traten Griechenland und die Türkei dem Nordatlantikvertrag bei. 1955 wurde die Bundesrepublik Deutschland Mitglied der NATO.

Deutschland, als wesentlicher räumlicher Faktor anzusehen. Diesen Überlegungen folgt auch die Auswahl der ›Spieler‹. Sie ist begrenzt; eine Beschränkung ist aus Kapazitätsgründen notwendig und darüber hinaus auch der Fragestellung dieser Arbeit geschuldet: Für die Finnlandperzeption der NATO relevant sind, den räumlichen Überlegungen folgend, die skandinavischen NATO-Mitgliedstaaten (Norwegen, Dänemark mit Grönland, weniger Island), die Ostseeanrainer unter den NATO-Mitgliedstaaten (Dänemark, Bundesrepublik Deutschland) und als wesentlicher Faktor für die NATO in Skandinavien und Ostsee auch das außerhalb der Bündnisse stehende Schweden. Hinzu kommen die Leitmächte der NATO, USA und Großbritannien. Der Blick auf Deutschland als NATO-Staat scheint in zweierlei Hinsicht besonders interessant: Zum einen trat mit der Bundesrepublik der rechtliche Nachfolger des Deutschen Reiches, also des Kriegsgegners der Westmächte und zugleich »Waffenbruder« Finnlands, erst »verspätet« 1955 in die NATO ein. Zum anderen kam nicht zuletzt aufgrund dieses Umstandes Deutschland in der Nachtfrostkrise von 1958 und mehr noch in der Notenkrise von 1961 eine besondere Bedeutung zu. In Letzterer war sie gar zentraler Gegenstand der Krise[47].

2. Das unbekannte Finnland als ›Beleg‹ für Theorien

Nicht nur in Finnland, auch für die Nordatlantische Allianz waren die Jahre von 1958 bis 1961 nach einer Phase der Détente eine Zeit der internationalen Krisen[48], letztlich des politischen Wandels. Entsprechend unsicher fühlten sich auch führende westliche Politiker in ihrer Meinung in Bezug auf das kleine Land vor den Toren Leningrads: »What puzzles us Americans is why the Soviet Union has allowed Finland to retain her independence«[49], äußerte sich misstrauisch John F. Kennedy im Jahr 1961. Zwei Jahre später fasste der Politikwissenschaftler Harold Stein die Lage in Europa wie folgt zusammen: »Along the periphery of the Communist empire, in essence, we have applied the policy of containment as best as we could, depending substantially on the will and the power of the countries we have helped to defend. It is notable that in Europe the line of the Iron Curtain still holds. Austria, now free of occupation troops, though technically neutral remains completely western in its orientation (a breakthrough of values for the West); Finland without tangible help from us has somehow remained at peace with Russia without being devoured. And as of the writing, Western Berlin is still free, though the Iron Curtain has now descended within the city[50].«

Die Politik des Containment hatte sich also anscheinend bewährt. Wieso sie aber ausgerechnet in Finnland gelungen war, blieb weiterhin ein Rätsel. In der

47 Siehe Kap. V.
48 Putensen, Im Konfliktfeld, S. 160.
49 Lukacs, Finland Vindicated, S. 50; Troebst, Warum wurde Finnland nicht sowjetisiert?, S. 191.
50 American Civil-Military Decisions, S. 19.

Rückschau fand der ehemalige deutsche Außenminister Hans-Dietrich Genscher eine anscheinend plausible Erklärung: »Finnland leistete innen- wie außenpolitisch einen bedeutsamen Beitrag zur Stabilität im Norden Europas. Die neutrale Stellung Schwedens, verbunden mit großem außenpolitischen Handlungsspielraum, und die Zugehörigkeit Norwegens zur NATO zeigten dort beispielhaft, wie eine verantwortungsvolle Balance der Interessen von Ost und West aussehen konnte, wobei die Zugehörigkeit Finnlands zur westlichen Wertegemeinschaft niemals in Zweifel stand[51].« Genscher folgt hierbei der Theorie der Nordic Balance[52], die er zudem als beispielhaft herausstellte. Die ideologische Komponente oder, anders ausgedrückt, die Frage nach der »geistigen Zugehörigkeit Finnlands zu einem Block«, spielt hierbei für die eigentlich machtpolitische Argumentation Genschers eine Schlüsselrolle: Es war, so Genscher, die »niemals in Zweifel« stehende »Zugehörigkeit Finnlands zur westlichen Wertegemeinschaft«, welche schlussendlich neben dem machtpolitischen Faktor NATO und deren Politik des Disengagement durch die Neutralitätspolitik Schwedens den Erfolg der Nordic Balance ausmachte.

Gerade die Zugehörigkeit Finnlands zur westlichen Wertegemeinschaft wurde jedoch innerhalb der Nordatlantischen Allianz wiederholt infrage gestellt. Dies belegen alleine schon der Begriff und die Diskussion um eine »Finnlandisierung«[53]. Der Terminus wurde zwar erst 1966 von Richard Löwenthal[54] geprägt und bald darauf von Strauß zu einem politischen Kampfbegriff umgedeutet, doch ist die dahinter stehende Idee älter und geht zumindest auf die Jahre 1958 bis 1961, wenn nicht gar 1948, zurück. Im Grunde meint ›Finnlandisierung‹ eigentlich ›Sowjetisierung‹[55], jedoch nicht mit militärischer Gewalt, sondern mit anderen Mitteln durch die Hintertür. Bezeichnenderweise war es Strauß, der als bundesdeutscher Verteidigungsminister während der Notenkrise im Mittelpunkt der sowjetischen Angriffe

---

51 Genscher, Erinnerungen, S. 308.
52 Siehe hierzu Kap. IV.2.
53 Die Kritik des Finnlandisierungsbegriffs ist inzwischen nicht nur in Finnland fast common sense, siehe dazu exemplarisch Putensen, Die »Finnlandisierung« Finnlands, S. 281 - 294; Wagner, Finnland und die UdSSR, S. 423 - 433; Troebst, Warum wurde Finnland nicht sowjetisiert?, S. 178 - 191; Vihavainen, Krälade Finland i stoftet?, S. 629 - 639; Majander, The Paradoxes of Finlandization, S. 85 - 94; Ulstein, Nordic Security, S. 6.; Ruehl, NATO Strategy, S. 118; Singleton, The Myth of »Finlandization«, S. 270 - 285; Mouritzen, Finlandization, S. 253. Eine kritische Analyse des Begriffs der ›Finnlandisierung‹ findet sich auf Deutsch auch bei Krosby, Friede für Europas Norden, S. 252 - 258. Standardwerk zur Finnlandisierung: Vihavainen, Kansakunta rähmällään, siehe zum Begriff insbes. S. 18 - 30.
54 Der Politikwissenschaftler an der Freien Universität Berlin Richard Löwenthal (1908 - 1991) war in jungen Jahren Mitglied der KPD und engagierte sich unter dem Namen Paul Sering bis zu seinem Exil 1935 in der KPD-Opposition. Während er sich 1941 noch für das Sowjetsystem aussprach, trat er ab 1943 für eine Westbindung Deutschlands und gegen eine Ausweitung des Sowjetkommunismus ein. Seit 1945 war er Mitglied der SPD. 1961 wurde er in West-Berlin Ordinarius am Otto-Suhr-Institut und Direktor der Sektion für Osteuropäische Zeitgeschichte am Osteuropa-Institut der Freien Universität. Der profiliert linke Theoretiker und Kritiker des Sowjetkommunismus geriet in Konflikt mit der 1968er-Bewegung. Er fungierte auch als Berater Willi Brandts in außenpolitischen Fragen. Eintrag Richard Löwenthal in Internationales Biographisches Archiv, 43/1991, 14.10.1991.
55 Zum Begriff der ›Sowjetisierung‹ siehe Reiman, »Sowjetisierung« und nationale Eigenart, S. 3 - 9.

stand[56]. Doch gleich, ob die finnische Gesellschaft eher durch »niemals in Zweifel« stehende »Zugehörigkeit Finnlands zur westlichen Wertegemeinschaft« oder durch ›Finnlandisierung‹ gekennzeichnet gewesen sein mag, so wird hierbei zumindest die ideologische Komponente des Kalten Krieges deutlich. Auf diese wird später noch einzugehen sein.

Als Gegenbegriff zur ›Finnlandisierung‹ bietet sich bezogen auf die Finnlandperzeption der Begriff der ›friedlichen Koexistenz‹ an. Gerhard Wettig bezeichnet ›friedliche Koexistenz‹ als sowjetischen Gegenentwurf zur westlichen Leitvorstellung der »Abschreckung«[57]. Auf dem XX. Parteitag der KPdSU im Februar 1956 wählte Chruščev den Begriff der ›friedlichen Koexistenz‹, um die marxistisch-leninistische Lehre an die durch die kriegsverhindernde Funktion der Kernwaffe bedingten Erfordernisse des Atomzeitalters anzupassen[58]. Ideologisch rekurrierte er dabei auf Lenins Idee eines ›friedlichen Nebeneinanderlebens‹ aus der sowjetischen Schwächeperiode nach dem 1921 beendeten Bürgerkrieg sowie auf das von Außenminister Grigorij V. Čičerin[59] formulierte und von Stalin aufgegriffene taktisch gemeinte Konzept der ›friedlichen Koexistenz‹ im Sinne einer Verschnaufpause in Zeiten der Bedrängnis. Inhaltlich hob Chruščev jedoch ausdrücklich hervor, dass sein Land das Prinzip der ›friedlichen Koexistenz‹ nicht, wie häufig unterstellt, nur aus taktischen, konjunkturabhängigen Erwägungen vertrete. Die Doktrin sei »kein taktischer Schachzug, sondern ein grundlegendes Prinzip der sowjetischen Außenpolitik«[60]. Ohne von der Vorstellung des Sieges des Sozialismus im Weltmaßstab abzugehen, sah das Konzept der ›friedlichen Koexistenz‹ eine »Möglichkeit zur Vermeidung der Kriege in der gegenwärtigen Epoche« vor. Der Sieg des Sozialismus sollte ohne bewaffnete »Einmischung der sozialistischen Länder in die inneren Angelegenheiten der kapitalistischen Länder« erfolgen. Wettig hebt hierbei hervor, dass sich das Friedlichkeitsgebot auf die »zwischenstaatlichen Beziehungen«, nicht aber auf die »internationalen Beziehungen« inklusive derer »gesellschaftlichen Ebene« bezog. Dieser Unterschied erscheint wichtig, da sich somit das Konzept der ›friedlichen Koexistenz‹ lediglich auf Konfliktlinien entlang von Staatengrenzen und auf Konflikte zwischen den beiden »Lagern« oder »Blö-

---

[56] Siehe hierzu insbes. Kap. V.
[57] Die folgenden Ausführungen zur ›friedlichen Koexistenz‹ folgen im Wesentlichen der Darstellung von Wettig, Die sowjetische Militärintervention, S. 283–285. Wettig kann als Exponent der »realistischen Schule« bezeichnet werden, der die Außenpolitik der Sowjetunion eher als realistische Machtpolitik denn als ideologiegesteuert ansieht. Zu den verschiedenen Auffassungen des Wesens der sowjetischen Außenpolitik und Kritik an der »realistischen Schule« siehe Soutou, La guerre de cinquante ans, S. 17. Westad fasst die realistischen und die (neo)marxistischen Interpretationen kritisch unter »concepts of interest« zusammen und stellt seine These der drei Paradigmen (Ideologie, Technik und Dritte Welt) dagegen: Westad, The New International History, S. 551–565, Zitat S. 565. Die Interpretation Berghes, dass der Politik der Sowjetunion von 1917 bis 1991 im Grunde stets Motive der ›friedlichen Koexistenz‹ zugrunde gelegen hätten, erscheint hingegen im Lichte ernsthafter Forschung mehr als zweifelhaft. Siehe Berghe, Der Kalte Krieg.
[58] Wettig, Die sowjetische Militärintervention, S. 286.
[59] Grigorij V. Čičerin (1872–1936), sowjetischer Volkskommissar für Auswärtige Angelegenheiten (Außenminister) von 1918 bis 1930.
[60] Wettig, Die sowjetische Militärintervention, S. 287.

cken« anwenden ließ. Sowjetische Einmischung in sogenannte nationale Befreiungskriege oder auch später »Bürgerbefreiungskriege« innerhalb von Staatsgrenzen
blieben mit dem Konzept der ›friedlichen Koexistenz‹, genauso wie die Sicherung
des eigenen Machtbereichs vereinbar[61].

Finnland wurde in der sowjetischen Propaganda aber auch seitens westlicher
Politiker und Wissenschaftler nicht selten als Beleg für das Funktionieren der
friedlichem Koexistenz, respektive als leuchtendes Beispiel für die Möglichkeit
eines friedlichen Miteinanders mit der Sowjetunion angeführt. Die Überzeugung,
dass Chruščevs Konzept der ›friedlichen Koexistenz‹ eine Chance für den Welt-
frieden sei, die der Westen nicht leichtfertig verspielen dürfe, scheint schließlich
mit dem »finnischen Modell« belegbar zu sein. Das Argument lautet vereinfacht,
man sehe ja an Finnland, dass die Sowjetunion es ernst mit der Politik der ›friedlichen Koexistenz‹ gemeint habe. Der finnische Weg könne also helfen, über die
ideologischen Gegensätze hinweg zueinander zu finden.

Dieser mit der Interpretation des Kalten Krieges als »lange Friedensperiode«
korrelierenden Einschätzung stand freilich, wie bereits erläutert, stets die Überzeugung entgegen, Finnland sei ein Paradebeispiel dafür, wie ein ursprünglich westliches Land durch das »perfide sowjetische Doppelspiel« schleichend unterjocht
werde: Würden die westlichen Demokratien[62] auf das Doppelspiel der »Soviets
with the smiling face«[63] hereinfallen und sich nicht wehrhaft genug zeigen, so würde das freie Europa »finnlandisiert«, das heißt, genauso wie Finnland schleichend
sowjetisiert.

Schließlich befinde man sich in einem Krieg, jedoch in einem kalten, in dem die
»Waffen« subtiler seien. Einem Krieg, der immer mehr nicht nur mit Atomwaffen
und Panzern, sondern in einem »long haul«[64] mittels Psychologie und wirtschaftlicher Stärke entschieden werde.

Die Bewertung der ›friedlichen Koexistenz‹ durch den französischen Historiker
Georges-Henri Soutou kommt letzterer Interpretation nahe. Seine Sicht der Politik
Chruščevs weicht zwar lediglich in Details und in der Gewichtung einzelner Äuße-

---

[61] Ebd., S. 288 f.
[62] Der Begriff der »westlichen Demokratien« verweist auf ein gemeinsames Merkmal der westlichen
Mächte (USA, Großbritannien, Frankreich), zu denen ab 1949 auch die Bundesrepublik Deutschland trat: Nach Winkler sind diese Merkmale »die Menschen- und Bürgerrechte in der Tradition
der englischen Habeas-Corpus-Akte von 1679, der amerikanischen Unabhängigkeitserklärung von
1776 und der Erklärung der Menschen- und Bürgerrechte durch die französische Nationalversammlung am 26. August 1789«. Hieraus resultierte das, was häufig als »westliche Wertegemeinschaft« bezeichnet wird. Winkler, Der lange Weg nach Westen, Bd 2, S. 648.
[63] Siehe hierzu die Karikatur in der »Washington Post« vom 3.11.1961 »Notice the Big Change?«.
Der Begriff der »Soviets with the smiling face« wurde in der Chruščev-Ära auch in Kommentaren
und Reden häufig gebraucht.
[64] NATO Archives, C-R (53) 54, 33. Beatrice Heuser beschreibt diesen »long haul« als »langen
Wettbewerb mit dem Westen, schlimmstenfalls begleitet von begrenzten kommunistischen Aggressionen sowie sowjetischen Stellvertreterkriegen [...] die allerdings bis an den Rand eines vor-
sätzlich ausgelösten Weltkrieges gehen könnten«. Heuser, Die Strategie der NATO, S. 53.

rungen von derjenigen Wettigs ab[65], doch kommt er zu fundamental unterschiedlichen Schlüssen. So war für Soutou aufgrund der nuklearen Bedrohung die sowjetische politische Strategie der ›friedlichen Koexistenz‹ mehr als nur Taktik, auch wenn sie zugleich eine taktische Komponente in sich barg. Soutou hebt hervor, dass sie sich, den Grundideen Lenins und auch Stalins einer kommunistischen Weltrevolution folgend, von deren Theorien jedoch durch das Negieren des vormals als unvermeidbar geltenden Krieges mit den kapitalistischen Staaten unterschied. In den Fakten weiterhin mit Wettig übereinstimmend, stellt er fest, dass die ›friedliche Koexistenz‹ lediglich auf die Vermeidung eines Weltkrieges, nicht aber auf die Vermeidung begrenzter Konflikte, revolutionärer Aufstände, Revolutionen oder sogenannter Befreiungskriege abziele[66]. Doch impliziere das neue Konzept der »Vermeidbarkeit eines Weltkrieges« nicht, dass der »historische Prozess der Weltrevolution« hätte angehalten werden sollen. Vielmehr sollte diese gleichsam unter dem nuklearen Schirm weiter betrieben werden, jedoch ohne dabei einen »großen Krieg« zu riskieren. Als Beleg führt Soutou an, dass, als auf dem XXII. Parteitag im Oktober 1961 die ›friedliche Koexistenz‹ im »Dritten Parteiprogramm« festgeschrieben wurde, zugleich das Ende der Phase des »Kommunismus in einem Land« postuliert wurde. Der weltweite Kommunismus befinde sich, so Chruščev, durch die ökonomische und militärische Überlegenheit der sozialistischen Staaten, die Schwäche der kapitalistischen Länder sowie die Dekolonisation nun auf dem Vormarsch[67]. Soutou folgert daraus, dass somit die Koexistenz lediglich einen neuen Weg zum Ziel des weltweiten Kommunismus darstellte[68] und im Grunde eine Kriegstaktik gegen den Westen war, die jedoch den revolutionären Kampf vom äußerst gefährlichen Plan der Revolutionierung mittels Krieg zu einer indirekten Strategie der Revolutionierung mittels des Wettkampfes der Systeme auf dem wirtschaftlichen und sozialen Sektor umdeutete[69]. Auf dem XX. Parteikongress habe Chruščev der konfrontativen Politik Vjačeslav M. Molotovs[70] und Iosif V. Stalins[71] vorgeworfen, sie habe »die Türkei und den Iran in die Arme Washingtons getrieben und die Situation in Korea und Finnland verkompliziert«[72]. Diese Fehlentwicklung sollte die Politik der ›friedlichen Koexistenz‹ ändern.

---

[65] Die folgenden Ausführungen zur ›friedlichen Koexistenz‹ folgen im Wesentlichen der Darstellung von Soutou, La guerre de cinquante ans, S. 323–327.
[66] Ebd., S. 323 f.
[67] Ebd., S. 324 f.
[68] Ebd., S. 326.
[69] Ebd., S. 327.
[70] Vjačeslav M. Molotov, eigentlich Skrjabin (1890–1986). Der Mitbegründer der »Pravda« war von 1939 bis 1949 und 1953 bis 1956 sowjetischer Außenminister. Nach dem Tod Stalins bildete er zusammen mit Berija und Malenkov ein Triumvirat, bis sich Chruščev durchsetzte. 1957 betrieb der ehemalige enge Mitarbeiter Stalins erfolglos den Sturz Chruščevs, wurde seiner Parteiämter enthoben und als Botschafter in die Mongolei geschickt.
[71] Iosif V. Stalin, eigentlich Džugašvili (1878–1953). Sowjetischer Diktator 1928 bis 1953. Zu Stalin siehe u.a. Bullock, Hitler and Stalin; Medvedev/Medvedev, The Unknown Stalin; McDermott, Stalin.
[72] Soutou, La guerre de cinquante ans, S. 325.

Das finnische Beispiel wird also als ›Beleg‹ für sich diametral widersprechende Interpretationen ein und derselben historischen Ereignisse verwendet. Es ›belegt‹ sowohl die These der ›friedlichen Koexistenz‹ mittels Nordic Balance, als auch diejenige der ›Finnlandisierung‹. Für die jeweilige Finnlandperzeption zwischen ›Finnlandisierung‹ und ›friedlicher Koexistenz‹ ist – das zeigen die unterschiedlichen Interpretationen von Wettig und Soutou – der Gesamtrahmen des Kalten Krieges maßgeblich. Sie hängen insbesondere von unterschiedlichen Antworten auf die Frage nach dem Wesen der sowjetischen Politik und somit des Kalten Krieges zwischen machtpolitischem und ideologisch begründetem Konflikt[73] ab. Tendiert man zu der Meinung, der Kalte Krieg sei eher eine ideologische Auseinandersetzung[74] gewesen, so wird man folgerichtig zu einem Anhänger der Finnlandisierungstheorie, vielleicht auch in dessen Variante der »erfolgreichen Abwehr« derselben durch die NATO. Bevorzugt man die Theorie eines eher rationalen, machtpolitischen Erwägungen folgenden Eklats, so erscheint die Variante Finnlands als Beleg für die Friedfertigkeit der Sowjetunion oder zumindest für die besondere Geschicklichkeit der finnischen Regierung wahrscheinlicher. Was aber war der Kalte Krieg?

3. Der Kalte Krieg – Bezugsrahmen
und Untersuchungsgegenstand zugleich

Das, wofür »die Zeitgenossen den plastischen Begriff des Kalten Krieges[75] empfanden«[76], kann mit Fug und Recht als wesentlichstes Moment der ›großen Politik‹ im Untersuchungszeitraum genannt werden. Hier wird der Begriff ›Kalter Krieg‹ für die durch das bipolare konfrontative Mächtesystem geprägte Periode von etwa 1947 bis 1990 gebraucht[77]. Der »Kalte Krieg« war nach Ernst Nolte »ein machtpo-

---

[73]   Diese Frage wurde insbesondere in den 1960er- und 1970er-Jahren in den USA von den Revisionisten aufgeworfen. Am bekanntesten ist die Position des oft als Neorevisionist (manchmal aber auch als Postrevisionist) bezeichneten Daniel Yergin. Hier wird kritisch mit der Politik der Regierung der USA um- und gleichzeitig von einer weniger ideologisch, als durch geopolitische Prämissen bestimmten Politik der Sowjetunion ausgegangen. Yergin, Shattered Peace.

[74]   Zum Ideologiebegriff im Kalten Krieg siehe MacDonald, Formal Ideologies.

[75]   Der Terminus ist nicht unumstritten, hat sich jedoch eingebürgert. Nach Soutou ist der Begriff des ›Kalten Krieges‹ dem amerikanischen Journalisten Walter Lippmann zuzuschreiben. Er führt zugleich die »heißen« Kriege (z.B. Koreakrieg, Indochinakriege, Stellvertreterkriege in Afrika) als Argument gegen dieses Wort an, welches er als eurozentriert bezeichnet. Watt wies bereits 1978 auf die durch seine ursprüngliche Prägung im Jahr 1946 entstandene Ungenauigkeit des Begriffs hin. Er unterscheidet einen allgemeinen und einen speziellen Gebrauch. Soutou, La guerre de cinquante ans, S. 9; Lippmann, The Cold War; Watt, Rethinking the Cold War. Für den rein europäischen Blickwinkel dieser Arbeit erscheint der Begriff dennoch angemessen. Insbesondere trifft dies zu, da er sich zumindest im deutschen Sprachraum als Epochenbegriff für den Untersuchungszeitraum etabliert hat.

[76]   Salewski, Geschichte Europas, S. 1056.

[77]   Wie alle Periodisierungen ist auch der Zeitraum des Kalten Krieges umstritten. Während der Beginn dieser Phase, sieht man von einer breiter ansetzenden Fassung des Ost-West-Konflikts ab

litisches Ringen der beiden ›Supermächte‹ USA und Sowjetunion um ihre Position und Rolle in der Welt«[78]. Zugleich beschreibt er ihn als eine »Auseinandersetzung zwischen zwei ideologischen Mächten, von denen die eine nach ihrer Selbstauffassung die Hoffnungen und Notwendigkeiten des ›Weltproletariats‹ gegenüber dem ausbeuterischen System des faulenden ›Weltkapitalismus‹ repräsentierte, während die andere sich als den ›guten Samariter der Welt‹ sah, der von einer Macht der Unfreiheit und des Despotismus herausgefordert wurde[79].« Insofern war er, so Nolte, »der wichtigste Grundtatbestand der Zeit nach 1945, die daher mit Recht als ›Ära des Kalten Krieges‹ bezeichnet wird«[80]. Nach Mark Kramer unterschied sich diese von anderen Perioden in der modernen Geschichte durch insbesondere zwei Merkmale, den »clash of political ideologies« und die »highly stratified global power structure« zwischen den beiden Supermächten USA und Sowjetunion. Auch hier bestimmen also die beiden Kategorien ›Ideologie‹ und ›(militärische) Macht‹ das Wesen des Kalten Krieges[81]. Anders Stephanson[82] beschreibt den Kalten Krieg als Rückkehr zu den Konfliktmustern des Dreißigjährigen Krieges oder der Kriege zwischen dem Abendland und der »islamischen Welt«, bei denen keine Friedensregelung möglich war. Er interpretiert den Kalten Krieg unter anderem als »metaphorische Neuinszenierung«[83] des amerikanischen Bürgerkrieges auf globaler Ebene[84]. Zumindest auf den ersten Blick scheint dies auf die Verhältnisse in Finnland nicht zuzutreffen: Es fällt schwer, die kühl berechnete realpolitische Paasikivi-Kekkonen-Linie[85] finnischer Außenpolitik in Stephansons Religionskriegs- oder Bür-

---

1917 ab, meist für die Zeit ab 1945 oder 1947 festgelegt wird, wurde das Ende des Kalten Krieges sowohl während desselben als auch retrospektiv nicht nur mit dem Ende der Sowjetunion 1991 sondern auch mit dem Gipfel von Genf 1955, der Entspannung nach der Kubakrise 1962/1963 oder etwa 1972 mit dem einsetzenden KSZE-Prozess bestimmt. Vgl. Stöver, Der Kalte Krieg, S. 7; Westad, Beginnings of the End, S. 81, Anm. 24. Wahrscheinlich ist auch hier zutreffend, dass der Kalte Krieg als globales Phänomen doch jeweils regional anders terminierbar ist. Michael Stürmer lässt das Ende des Kalten Krieges in seiner nahostzentrierten Sichtweise 1979 beginnen. Stürmer, Welt ohne Weltordnung. Für den kontinentaleuropäischen Untersuchungsgegenstand der hier vorgelegten Arbeit bietet sich eine zeitliche Festlegung des Kalten Krieges von etwa 1947 bis 1991 an. In diesem Zeitraum werden die beiden den Kalten Krieg bestimmenden Faktoren »bipolare Mächtekonstellation« und »ideologische Gegnerschaft« wirksam. Nahezu unumstritten ist die Bezeichnung ›Kalter Krieg‹ für den Kernzeitraum dieser Untersuchung 1958-1961.
[78] Nolte, Geschichtsdenken, S. 335.
[79] Ebd.
[80] Ebd.
[81] Kramer, Power, Politics, S. 21.
[82] Stephanson, The Cold War, S. 54 f.
[83] Ebd., S. 66.
[84] Stephanson kann hier durchaus als Anhänger »revisionistischer Interpretationen«, etwa vergleichbar mit Gardner gesehen werden. Dem stehen »postrevisionistische Interpretationen« (Yergin, Loth) entgegen, die Erklärungen für den Kalten Krieg unter anderem in zeittypischen Perzeptionsmustern und daraus resultierender Spiralen von gegenseitigen Fehlinterpretationen der Supermächte sehen. Gardner, Imperial America; Yergin, Der zerbrochene Frieden (im Original: Shattered Peace); Loth, Die Teilung der Welt.
[85] Als Paasikivi-Kekkonen-Linie wird die realpolitisch orientierte außenpolitische Linie Finnlands in der Zeit nach dem Zweiten Weltkrieg bezeichnet. Neu an dieser Politik war insbesondere eine besondere Rücksichtnahme auf die Belange der Sowjetunion. Thomas, Finnland zwischen Frieden

gerkriegsbilder einzupassen. Seine Interpretation ist eine dem amerikanischen Neo-revisionismus zuzuordnende Extremposition auf der Seite der »Ideologen«.

Der Kalte Krieg kann also höchst unterschiedlich interpretiert werden. Die bereits durch den Terminus eingeführte Ambivalenz der Ära des Kalten Krieges führt vereinfacht zu zwei gegenläufigen Sichtweisen, für die stellvertretend die Begriffe »Fünfzigjähriger Krieg« und »langer Friede« stehen. In seinem Konzept des »long peace«[86] stellt John L. Gaddis die Bipolarität als grundlegende Charakteristik des internationalen Systems nach 1945 heraus[87]. Auch wenn die bipolare Nachkriegsordnung nicht den Bedürfnissen des Rechts gerecht wurde, so Gaddis[88], führte sie doch zu einem System internationaler Beziehungen, das wegen seiner Begründung in den Realitäten der Macht doch den Zweck einer Weltordnung verhältnismäßig gut erfüllte: die Verhinderung eines (dritten) Weltkrieges[89]. Mechanismen der Selbstregulierung, wie insbesondere die atomare Abschreckung, aber auch die daraus resultierende Mäßigung der Ideologien brachten eine Stabilität des politischen Systems mit sich, die eine Veränderung des Kräftegleichgewichts durch Vernichtung des Gegners ausschloss[90]. Durch die Beachtung der von Gaddis formulierten »ungeschriebenen Gesetze« oder »Regeln« – Respektierung der offiziell nicht vorhandenen jeweiligen Einflusssphären des Gegners durch beide Supermächte, Vermeidung direkter militärischer Konfrontation, Einsatz von Nuklearwaffen nur als letztes Mittel[91], Präferenz für berechenbare Anomalien statt unberechenbare Vernünftigkeiten[92], Verzicht auf Untergrabung der Führerschaft der jeweils anderen Supermacht[93] – sei der Kalte Krieg im Großen und Ganzen eine berechenbares »Spiel« gewesen[94], das zur längsten Stabilitätsperiode unter den Großmächten im 20. Jahrhundert führte[95]. Ähnlich äußert sich Charles S. Maier, für den der Kalte Krieg zwar kein Zeitalter des Friedens, aber ein Zeitalter der »controlled conflictuality« darstellt. Er wird somit zu »einem Kapitel in der Schaffung von weltpolitischer Ordnung«[96]. Michael Salewski[97] versucht in seiner umfas-

---

und Kaltem Krieg, S. 20; dort auch umfangreiche Literaturhinweise; zeitgenössisch Kuusisto, The Paasikivi-Line, S. 37-49; Forster, Finland's Policy, S. 465-476.

[86] Gaddis, The Long Peace, insbes. S. 215-245; Gaddis, The Cold War; Gaddis, We Now Know; kritisch hierzu u.a. Lebow, We Still Don't Know!

[87] Gaddis, The Long Peace, insbes. S. 219.

[88] Ebd., S. 223.

[89] Ebd., S. 116.

[90] Ebd., S. 237.

[91] Gaddis unterscheidet hier zwischen Doktrin und Praxis. Obwohl der Einsatz von Atomwaffen immer wieder auch für lokal begrenzte Konflikte postuliert wurde, kam es nach Hiroshima und Nagasaki bis heute zu keinem weiteren Einsatz von Atomwaffen. Gaddis, The Long Peace, S. 241.

[92] Hierfür wird beispielhaft der »Umgang« mit der deutschen, koreanischen und der Kubafrage angeführt. Gaddis, The Long Peace, S. 242.

[93] Um der Stabilität des Gesamtsystems der internationalen Sicherheit willen nutzten, so Gaddis, die Supermächte Schwächemomente der gegnerischen Führung (z.B. Chruščevs nach der Kuba-Krise oder Nixon nach Watergate) nicht für sich aus. Ebd.

[94] Ebd., insbes. S. 243.

[95] Ebd., S. 245.

[96] »A chapter in the establishment of ›order‹ in world politics«. Maier, The Cold War, S. 14.

senden Geschichte Europas einen Mittelweg zwischen Kaltem Krieg und langem Frieden zu beschreiten. Das von 1945 bis 1989[98] angelegte Kapitel überschreibt er mit »Kalter Frieden«, spricht jedoch innerhalb dieses Kapitels sehr wohl vom »Kalten Krieg« und zieht zumindest für die Zeit bis 1949 Parallelen zum »Kalten Krieg« der Jahre 1933 bis 1939, die bekanntlich im Zweiten Weltkrieg endeten. Insofern folgt auch er der Idee der »controlled conflictuality«.

Wendet man die Thesen von Gaddis auf Finnland an, so müsste das Land einer – vermutlich der sowjetischen – Einflusssphäre zuzuordnen sein, auch dürfte die dortige Führerschaft für die andere Supermacht quasi unantastbar gewesen sein. Es gilt zu untersuchen, ob das Verhalten der NATO in den finnischen Krisen diesem Muster folgte.

Soutou dagegen führt in seiner global angelegten Geschichte des Ost-West-Konfliktes den Begriff des »Fünfzigjährigen Krieges« ein. Er rekurriert dabei bewusst auf den »Dreißigjährigen Krieg« oder den »Hundertjährigen Krieg«, stellt er doch den »Fünfzigjährigen Krieg« in eine Reihe mit den großen ideologischen Konflikten von der Reformation über die Aufklärung bis zum Kampf der »freiheitlichen Demokratien« gegen den »totalitären Kommunismus«[99]. Er bezeichnet den Kalten Krieg als »un conflit global, idéologique, politique, militaire, mais avec de très fortes répercussions dans des domaines très variés: culture, économie, sciences«[100]. Lassen sich diese Eigenschaften des Kalten Krieges, die Soutou für den globalen »Fünfzigjährigen Krieg« ausmacht, auch am finnischen Beispiel belegen oder bildet Finnland eine Ausnahme?

Die Diskussion über das Wesen des Kalten Krieges bleibt so lange eine abstrakte und eher nutzlose, als sie aufgrund meist politisch-ideologisch motivierter Bilder der Sowjetunion verschiedene westliche außenpolitische Ansätze im Umgang mit dem »Ostblock« transportiert. Die historiografische Diskussion läuft schließlich leicht Gefahr, das heftige Ringen um die »richtige« politische Lösung[101] aus der Vergangenheit fast ungefiltert auf den heutigen retrospektiven Blick zu übertragen – also alte politische Diskussionen lediglich im Kleid aktueller Geschichtsschreibung wieder aufzuwärmen[102]. Der konkrete Blick auf politisch und gesellschaftlich abgrenzbare Zeiten und Räume innerhalb des globalen Gesamtphänomens ›Kalter Krieg‹ kann dabei helfen, diese Diskussion zu historisieren. Sollte die Frage »Was war der Kalte Krieg?« aufgrund des Forschungsstandes sich

---

[97] Salewski, Geschichte Europas, S. 1044–1100. Zu den Parallelen der ›Kalten Kriege‹ siehe S. 1056.
[98] Diese Periodisierung deutet auf eine germanozentrische, möglicherweise noch auf Mitteleuropa ausgerichtete Sichtweise hin. Für Finnland, aber auch global betrachtet, ist das Ende des Kalten Krieges wohl eher am Untergang der Supermacht Sowjetunion festzumachen.
[99] Soutou, La guerre de cinquante ans, S. 10.
[100] Ebd.
[101] Am deutschen Beispiel könnte dies chiffrehaft an Positionen wie ›Hallsteindoktrin‹ oder ›Ostpolitik‹ festgemacht werden.
[102] Siehe zu diesem Prinzip auch Watt, Succeeding John Bull, S. 13–16. Egal, wie man zu Watts Theorie der Phasen der Geschichtsschreibung im Einzelnen stehen mag, bleibt doch die Tatsache, dass einmal vorhandene Interpretationen im Laufe der Zeit immer wieder mehr oder weniger kritisch hinterfragt, erneut auftauchen.

heute noch als eine zu umfassende erweisen, so erscheint sie dem Verfasser aber bezogen auf einen zeitlich und räumlich konkretisierten Fall – hier Finnland – bereits heute weitestgehend lösbar.

Der Kalte Krieg interessierte schon die Zeitgenossen vor allem in seinen Brennpunkten. Schlagwörter wie Berlin, Korea oder Kuba stehen sinnbildlich für den bipolaren Mächtekonflikt. Während die Begriffe ›Berlin‹, ›Korea‹, ›Kuba‹ eindeutig einer das konfrontative Element betonenden Sichtweise zuzuordnen sind, wird der finnische Schauplatz des Kalten Krieges ambivalent wahrgenommen. Auffallender als im Gegensatz der Begriffe ›Helsinki-Prozess‹[103] und ›Finnlandisierung‹ kann sich dies kaum ausdrücken. Das Beispiel des »neutralen« – was immer dies auch konkret bedeuten mochte – Finnland im Kalten Krieg scheint also gut dazu geeignet, die Fragestellung nach dem Wesen des Kalten Krieges insgesamt zu erhellen. Selbstverständlich kann die finnische Situation nicht den Schlüssel zum gesamten Problem des Kalten Krieges bergen. Ein Blick auf Finnland vermag aber den durch die intensive Beschäftigung mit den Großmächten verengten Blick wieder weiten helfen und hoffentlich die eine oder andere fast schon paradigmatisch angelegte »Wahrheit« auf den Prüfstand stellen.

Untersuchenswert erscheint die Frage, inwieweit sich die finnischen Krisen von 1958 bis 1961 mittels des Begriffspaares ›Ideologie‹ und ›Machtpolitik‹ verorten lassen. Somit bietet diese Darstellung einen Beitrag zur Erforschung des Kalten Krieges. Zugleich wirkt sich, wie oben entwickelt, jede Positionierung zum Thema ›Ideologie‹ oder ›Realpolitik‹ unmittelbar auf die Ergebnisse der Frage ›Finnlandisierung‹ oder ›friedliche Koexistenz‹, oder konkreter, auf das Problem aus, ob Finnland Teil des Westens, des Ostens oder neutral gewesen ist. Der Kalte Krieg ist somit zugleich Bezugsrahmen und Untersuchungsgegenstand dieser Studie.

4. Finnland aus der nordatlantischen Perspektive – Ansatz

Die Frage nach dem Wesen des Kalten Krieges am Fallbeispiel Finnland führt zur nächsten Problematik: Was war Finnland im Kalten Krieg? Dieser Gedanke wurde bis jetzt vor allem im Rahmen der bereits erwähnten Finnlandisierungsproblematik zur Debatte gestellt. Die Frage lautet konkret: »Warum wurde Finnland nicht sowjetisiert[104]?« Die Antwort kann entweder finnlandzentriert etwa mit »we are no Czechs«[105] oder sowjetunionzentriert mit einem Hinweis auf die Politik der ›friedlichen Koexistenz‹ gegeben werden. In beiden Fällen steht im Grunde das Interesse

---

[103] ›Helsinki-Prozess‹ meint den in Folge der Konferenz für Sicherheit und Zusammenarbeit in Europa (KSZE) in Helsinki initiierten politischen Prozess, der ursprünglich den Status quo in Europa festschreiben sollte. Die finnische Hauptstadt Helsinki stand bei diesen Vorgängen nicht nur als zufälliger Tagungsort Pate, sondern kann durchaus als Programm der Konferenz im Rahmen einer Politik der Entspannung gesehen werden. Zum KSZE-Prozess siehe Bredow, Der KSZE-Prozeß; Schlotter, Die KSZE im Ost-West-Konflikt.

[104] Troebst, Warum wurde Finnland nicht sowjetisiert?, S. 178–191.

[105] Siehe hierzu Hanhimäki, Containing Coexistence, S. 23, und Hanhimäki, We Are Not Czechs.

an den Ereignissen in der Sowjetunion im Hintergrund. Finnland fällt damit in das Betätigungsfeld der Osteuropahistoriker[106]. Dieser Ansatz macht angesichts der »Sonderstellung«[107] Finnlands in der europäischen Geschichte prinzipiell auch Sinn. Schließlich bedingt gerade seine geografische Lage als Nachbar der Sowjetunion, gepaart mit einer gemeinsamen über hundertjährigen Geschichte der Zugehörigkeit zum Russischen Reich, ein spezifisches Verhältnis zwischen dem jungen finnischen Staat und der genauso jungen, freilich viel mächtigeren Sowjetunion[108]. Im Zeitalter des Kalten Krieges traten jedoch zum finnisch-sowjetischen Sonderverhältnis[109] die Bedingungen der bipolaren Weltordnung hinzu. Vor dem Hintergrund des konfrontativen bipolaren Mächtesystems spielte Finnland als neutraler Staat mit seiner freiheitlich-demokratischen, den »westlichen Demokratien« zuzuordnenden Staatsform und seinen spezifischen Beziehungen zur Sowjetunion eine Sonderrolle. Im Zentrum dieser Arbeit steht mit der Perspektive der Nordatlantischen Allianz die Betrachtung Finnlands von Westen aus. Das heißt zum einen, Finnland als neutrales Land ernst zu nehmen und zum anderen, der Bipolarität Rechnung zu tragen. Der nordatlantische Blick auf Finnland ist darüber hinaus bis heute nie systematisch untersucht worden. Die Einnahme einer solchen Perspektive stellt dabei keinen »Rückfall in den Kalten Krieg«, sondern gerade die Befreiung von einer aus der Zeit des Kalten Krieges stammenden Fixierung auf das finnisch-sowjetische Verhältnis dar.

Der Protagonist Nordatlantische Allianz berechtigt angesichts seiner Komplexität jedoch folgende Fragen aufzuwerfen[110]: Kann überhaupt von der Allianz und deren Politik gesprochen werden? Sind nicht Formulierungen, wie »die Summe der NATO-Staaten« oder »die Politiken der NATO-Staaten« treffender? Diese Problematik kennzeichnet ein bemerkenswertes Phänomen. Einerseits wird nach wie vor implizit meist von den Nationalstaaten als handelnde Akteure ausgegangen –

---

[106] Studienhandbuch Östliches Europa, Bd 1. Hier wird Finnland schlichtweg und ohne größere Diskussion Osteuropa zugeordnet – wohingegen Norwegen, das ebenfalls über eine Grenze mit Russland verfügt und dessen Stadt Vardo rein geografisch östlicher liegt als Helsinki oder Mikkeli, ebenso selbstverständlich implizit zum östlichen Europa gerechnet wird. Die Frage der Zuordnung Finnlands in den mental maps wird in Kap. IV.2 aufgegriffen.

[107] Wegner, Vorwort, S. 9.

[108] Angesichts der Kontinuität von Sowjetrussland und Sowjetunion kann von gleich alten Staaten gesprochen werden.

[109] Von einem Sonderverhältnis kann auch die Rede sein, wenn es sich um ein besonderes, wenn auch zeitweise besonders schlechtes Verhältnis gehandelt hat. Als Stichworte seien hier nur der finnische Bürgerkrieg/Unabhängigkeitskrieg, der sowjetisch-finnische Winterkrieg und der »Fortsetzungskrieg« genannt. Auf diese Frage wird in Kap. III genauer eingegangen.

[110] Hier soll wo möglich – der deutschen Forschungsterminologie entsprechend – der Begriff der »Nordatlantischen Allianz« vom Begriff der »NATO«, also der konkreten Organisation der Nordatlantischen Allianz, unterschieden werden. Diese Unterscheidung ist jedoch eine akademische und entspricht nicht der Praxis in den Quellen und auch nicht immer der Literatur. Für den Untersuchungsgegenstand dieser Studie ist dies von geringer Relevanz, da die beiden Begriffe nicht konkurrierend auftreten. Wenn von der Finnlandpolitik der NATO die Rede ist, ist dies auch diejenige der Allianz. Wenn die Staaten sich auf keine gemeinsame Politik einigen können, ist dies weder NATO-Politik noch Politik der Allianz (falls das unterscheidbar ist), sondern schlicht nationale Politik.

eine Vielzahl von Studien beschäftigt sich mit den verschiedenen politischen nationalstaatlichen Ansätzen innerhalb des transatlantischen Bündnisses[111] –, andererseits wird immer wieder auf die Bipolarität, die Teilung der Welt zwischen den »Blöcken«[112] oder zwei antagonistische Systeme Bezug genommen. Die NATO stellt dabei, zumindest bezogen auf Europa, einen solchen ›Pol‹ oder ›Block‹ dar. Es ist keine Übertreibung festzustellen, dass das bipolare konfrontative Mächtesystem das bedeutendste Merkmal der Epoche ›Kalter Krieg‹ darstellte. Die Existenz dieser Pole in ihrer Gesamtheit wird aber nach wie vor in letzter Konsequenz bei der Geschichtschreibung internationaler Beziehungen häufig vernachlässigt[113]. Die NATO wird hier als »global player« des Kalten Krieges und das atlantische Bündnis aus einem übernationalen Blickwinkel zum Forschungsgegenstand gemacht, um so dem konfrontativen internationalen System der Nachkriegszeit gerecht zu werden. Dieser Ansatz folgt der Überzeugung, dass Diplomatiegeschichte auf rein nationaler Basis einen wesentlichen Teil, nämlich die transnationale Realität, unzulässigerweise ausklammert.

Michael Salewski zufolge wurde die NATO »zum dauerhaftesten und erfolgreichsten Militärbündnis in der Geschichte – eben weil sie viel mehr war als ein klassisches Militärbündnis«, nämlich die »Antwort auf den Marxismus kommunistischer Provenienz«[114]. Das Bündnis wird hierbei nicht im engsten Sinne lediglich als Vertragsorganisation (NATO), sondern als transatlantische Gemeinschaft der westlichen Staaten (Nordatlantische Allianz) verstanden. Solch ein breiter ansetzendes Selbstverständnis folgt nicht zuletzt den in Art. 2 des Nordatlantikvertrages von 1949 formulierten Zielen: »Die Parteien werden zur weiteren Entwicklung friedlicher und freundschaftlicher internationaler Beziehungen beitragen, indem sie ihre freien Einrichtungen festigen, ein besseres Verständnis für die Grundsätze herbeiführen, auf denen diese Einrichtungen beruhen, und in dem sie die Voraussetzungen für die innere Festigkeit und das Wohlergehen fördern. Sie werden bestrebt sein, Gegensätze in ihrer internationalen Wirtschaftspolitik zu beseitigen und die wirtschaftliche Zusammenarbeit zwischen einzelnen oder allen Parteien fördern[115].« So wurden also alle Mitgliedstaaten dazu aufgerufen, ihre Zusammenarbeit im nicht-militärischen Bereich zu intensivieren[116]. Insbesondere Kanada drängte darauf, dass das Bündnis nicht nur Verteidigungsfragen, sondern auch wirtschaftliche und kulturelle Interessen abdecken sollte. Gleichsam wie ein »ver-

---

[111] Ein Beispiel für solch eine auf rein nationalstaatlichen Beziehungsgeflechten beruhenden Analyse bietet Arenth, Der Westen tut nichts! Trotz der ausgesprochen transatlantischen Fragestellung kommt die NATO als Akteur hier kaum vor.

[112] Zur Problematisierung des Blockbegriffs siehe unter anderem Watt, Bemerkungen mit dem Ziel einer Synthese, S. 352–354. Bei aller notwendigen Differenzierung kann nach Auffassung des Verf. dennoch zumindest von zwei antagonistischen Systemen gesprochen werden.

[113] Siehe hierzu Wiggershaus, Zur Konzeption einer NATO-Geschichte, S. XI–XX.

[114] Salewski, Geschichte Europas, S. 1065.

[115] Nordatlantikvertrag, Washington D.C, 4.4.1949; zit. nach NATO-Handbuch, S. 603.

[116] Auch Art. 4 (Prinzip der gegenseitigen Konsultation) und das implizit in Art. 9 verankerte Prinzip der Gegenseitigkeit weisen auf mehr als lediglich »klassische Bündnisverpflichtungen« hin. Létourneau/Roussel, Der kanadische Beitrag, S. 101.

längerter und aufgestockter Marshallplan«[117] sollte mit dem »zivilen Teil« der NATO der politischen Herausforderung durch die kommunistischen Parteien im Westen begegnet werden. Eine solche Vorgehensweise wurde als Ergänzung zu einem effektiven und der Roten Armee hinreichend gewachsenen militärischen Bündnis zur Abwehr militärischer Bedrohung verstanden. Auch wenn diese Ziele nicht oder nur teilweise erreicht wurden, so machten sie die NATO zu mehr als einem altmodisches Militärbündnis[118]: Kultur- und Wirtschaftspolitik war stets Teil gemeinsamer Anstrengungen der NATO-Partner im Kalten Krieg[119]. Auf organisatorischer Ebene schuf das Bündnis eine integrierte militärische Zusammenarbeit. Der gemeinsame alliierte Generalstab steht hierfür stellvertretend.

Die Nordatlantische Allianz stellte also bald mehr als nur die Summe ihrer Teile dar, sie entwickelte – so eine zentrale These dieser Darstellung – eine eigene, NATO-spezifische Wahrnehmungskultur, die auf die Perzeption der einzelnen Mitgliedsländer zurückstrahlte und somit eine inhärente Größe darstellte. Es entstand ein eigener Wahrnehmungsraum. In diesem kamen spezifische NATO-typische Denkschemata oder Perzeptionsmuster zum Tragen[120]. Doch wie sahen diese aus? Wie wurde also Finnland seitens der NATO im Kalten Krieg zwischen machtpolitischen und ideologischen oder den Gesellschaftsentwurf betreffenden Fragen verortet? Dominierte die ideologische Komponente die realpolitische? Fand in Finnland westlicherseits eher eine passive Eindämmungsstrategie (Containment), eine aktive Rückgewinnungsstrategie (Rollback)[121] oder gar eine auf friedliche Koexistenz der Blöcke und Kriegsverhinderung ausgerichtete Strategie (Disengagement) Anwendung? Untersucht werden dabei vor allem Perzeptionen und Interpretationen sowie deren Auswirkungen auf konkretes politisches Handeln der NATO. Diese Schrift will also keine Geschichte Finnlands im Kalten Krieg und auch keine Geschichte des Kalten Krieges um Finnland sein. Vielmehr steht die westliche Sicht – die Sicht des Nordatlantischen Bündnisses – im Mittelpunkt[122].

---

[117] Ebd., S.103.
[118] Heinemann, Vom Zusammenwachsen des Bündnisses, S. 1 f.
[119] Zum instrumentalen Einsatz von Kultur als Mittel des Kalten Krieges siehe Graham, The (Real)politics of Culture, S. 231–251; Wilford, The CIA, the British Left and the Cold War; Scott-Smith, The Politics of Apolitical Culture; Saunders, Who Paid the Piper?; Coleman, The Liberal Conspiracy. Zum Kampf mittels Kultur zwischen den beiden deutschen Staaten in Finnland siehe Putensen, Im Konfliktfeld; zur ökonomischen Dimension vgl. exemplarisch Dobson, U.S. Economic Statecraft.
[120] Zu den Begriffen ›Denkschema‹ und Perzeptionsmuster siehe Kap. I.5.
[121] Eine Diskussion des Begriffes ›Rollback‹ erfolgt in Kap. II.5.
[122] Demgegenüber kommen sowjetische Perspektiven nur ansatzweise gestützt auf die Sekundärliteratur zum Ausdruck. Eine umfassende Geschichte des Kalten Krieges um Finnland, die sowohl die innere finnische Auseinandersetzung als auch die Sicht des westlichen und östlichen Gegenspielers entsprechend berücksichtigt, ist aufgrund der hohen Komplexität und der großen Anzahl der ›Spieler‹ mit ihren unterschiedlichen Implikationen auch nur als Gemeinschaftsarbeit einer multinationalen Gruppe von Fachhistorikern zu leisten. In der finnischen Historiografie schenkt man traditionell der östlichen Perspektive viel Beachtung. Dies wird jedoch durch die zum Teil recht restriktive Archivpolitik der Russischen Föderation für Bestände aus der Zeit des Kalten

5. Perzeptionsmuster und Krisen – Methode und Aufbau

»Perhaps the most important single precipitating factor in the outbreak of war is misperception[123].« Nach John G. Stoessinger war häufig Fehlwahrnehmung eine Kriegsursache. Wahrnehmung kann zumindest über Krieg und Frieden entscheiden[124]. Für Krisenbewältigung ist folglich Perzeption ein wesentlicher Faktor. Insbesondere in den 1960er- und 1970er-Jahren beschäftigten sich vermehrt Politikwissenschaftler und Historiker mit Fragen von Wahrnehmung und Fehlwahrnehmung in der internationalen Politik – also mit Perzeptionen. Entwicklungen in Psychologie und Soziologie folgend kann durchaus von einem »kognitiven Trend« bei der Untersuchung internationaler Beziehungen gesprochen werden[125]. Seitdem steht außer Frage, dass Sicherheitspolitik und Perzeption der internationalen Umwelt, Rüstung und das Erscheinungsbild vom Gegenüber in einem unauflöslichen Zusammenhang stehen[126]. Da jeder Beobachter nur eine begrenzte Informationsmenge verarbeitet, ist – so Gottfried Niedhart – die perzipierte Umwelt nicht identisch mit der realen Umwelt, wobei Perzeption und Realität in unterschiedlichem Maß auseinanderklaffen können. »Auch bei einer Reduzierung der Fehlerquote auf ein Minimum gilt, dass ›objektive‹ Erkenntnis im Bereich gesellschaftlicher und politischer Bewegungen nicht möglich ist. Bestimmend sind dabei Faktoren, wie Interessenlage, gesellschaftliches und kulturelles Umfeld, Wertvorstellungen, Nachrichtenselektion, Erwartungshaltung oder psychische Disposition des Betrachters[127].«

Angestoßen durch kulturwissenschaftliche Fragestellungen, hat die Geschichtswissenschaft sich in den letzten 15 Jahren intensiv mit Fragen der Perzeption beschäftigt. Während in den 1970er-Jahren vor allem Perzeptionen von Einzelpersonen, beispielsweise von politischen Akteuren, untersucht wurden, traten mit dem Begriff des »kulturellen Gedächtnisses«[128] in den 1990er-Jahren kollektive Erfahrungen[129] in den Vordergrund. Hierbei wurde auf die Theorie der memoire collective[130] des Soziologen Maurice Halbwachs[131] zurückgegriffen. Ausgangspunkt für

---

Krieges erschwert. Zwar war unter Präsident Boris Jelzin die russische Archivpolitik recht offen, vielerorts erwarteten Historiker, dass nun die Geschichte des Kalten Krieges »neu geschrieben« werden müsse. Sensationelle Funde sind jedoch weitestgehend ausgeblieben. Derzeit ist keine generelle Freigabe der Bestände in Sicht. Siehe hierzu Lebow, We Still Don't Know! Zu den Erkenntnissen aus russischen Archiven siehe die Einführung O'Sullivan, Stalins ›cordon sanitaire‹; Wohlforth, New Evidence, S. 229–242; Garthoff, Some Observations, S. 243–257; Tucker, The Cold War in Stalin's Time, S. 273–281; Zubok, Stalin's Plans, S. 295–305.

[123] Stoessinger, Why Nations Go to War, S. 285–298.
[124] Siehe hierzu beispielsweise Loth, Der Krieg, der nicht stattfand, S. 285–298; Watt, The Historiography of Appeasement; Watt, British Military Perceptions.
[125] Assessing the Soviet Threat; Anderson, The United States, Great Britain.
[126] Niedhart, Perzeption und Politik, S. 22.
[127] Ebd., S. 11.
[128] Assmann, Das kulturelle Gedächtnis.
[129] Koselleck, Erfahrungsraum und Erwartungshorizont, S. 349–375.
[130] Halbwachs, La mémoire collective.

die Halbwachs'sche Theorie des kollektiven Gedächtnisses sind cadres sociaux[132] oder »soziale Bedingungen«. Daten und Fakten, kollektive Vorstellungen von Zeit und Raum sowie Denk- und Erfahrungsströmungen werden demnach durch Interaktion und Kommunikation unter den Menschen vermittelt und geteilt. Aus diesem »sozialen Rahmen« leiten sich spezielle »Denkschemata« ab[133]. Wahrnehmung ist, da Interaktion vor allem innerhalb von Gruppen erfolgt, gruppenspezifisch. Die dem kulturellen Gedächtnis entstammenden Schemata[134] können die Wahrnehmung im Rahmen des »lebensweltlichen kommunikativen Gedächtnisses« leiten[135].

Während die beschriebenen Ansätze und Begriffe wie ›kulturelles Gedächtnis‹ oder ›Schema‹ meist auf ganze Gesellschaften oder Kulturen bezogen werden und sozusagen in die Vergangenheit gerichtet sind, leitet sich das Konzept der Perzeption in internationalen Beziehungen eher aus der jeweiligen Gegenwart ab. Meist stehen zudem Individuen oder kleine Gruppen – beispielsweise politische Entscheidungsträger – im Fokus der Untersuchungen.

Die NATO kann als soziale Organisation verstanden werden, ihre Entscheidungsträger und Entscheidungsvorbereiter sind die NATO-Bürokratie als beherrschende soziale Gruppe. Bei NATO-Gipfeln, NATO-Ratssitzungen, Ministerratskonferenzen und den entsprechenden vorbereitenden Beratungen auf der Arbeitsebene (Ständige Vertreter) im Palais de Chaillot[136] tauschten nationale Repräsentanten (Außenminister, Verteidigungsminister, Ständige Vertreter bei der NATO) regelmäßig ihre Meinungen aus. Nationale Politik wurde im Rahmen der Nordatlantischen Allianz abgestimmt. Nordatlantische Entscheidungen wurden durch den eigenen NATO-Stab vorbereitet und mit den Mitgliedsstaaten abgestimmt, bevor sie einstimmig beschlossen wurden. Hochrangige NATO-Generale trugen zu einzelnen militärischen Sachverhalten vor. Sie vertraten – wie auch die NATO-Beamten – dabei weniger die nationalen Interessen ihres Herkunftlandes, als die Gesamtinteressen des Bündnisses. Es wird daher davon ausgegangen, dass die Nordatlantische Allianz im Untersuchungszeitraum über eine eigene ›Binnenkultur‹, also immanente ›Denkschemata‹ verfügte. Somit ging die Gemeinsamkeit des Denkens und Handelns weit über die Ebene formeller gemeinsamer Beschlüsse hinaus. Diese ›Denkschemata‹ beeinflussten auch die Wahrnehmung und die Handlungen hinsichtlich Finnland. Sie sollen, um sie aus dem für die Fragestellung

---

131 Maurice Halbwachs (1877–1945) war ein enger Mitarbeiter und Schüler von Émile Durkheim. Seine Theorien wurden aufgrund seiner Ermordung im Konzentrationslager Buchenwald im März 1945 erst später bekannt.

132 Halbwachs, Les cadres sociaux.

133 Erll, Kollektives Gedächtnis, S. 14 f.

134 Zu diesem Begriff siehe Kölbl/Straub, Schema, S. 519 f.

135 Erll, Kollektives Gedächtnis, S. 121.

136 Im Palais de Chaillot in Paris war bis Oktober 1967 das NATO-Hauptquartier beheimatet. Nachdem Präsident de Gaulle im März 1966 den Rückzug Frankreichs aus der integrierten militärischen Struktur der NATO bekanntgegeben hatte, folgte die Verlegung des NATO-Hauptquartiers nach Brüssel und des Hauptquartiers SHAPE nach Casteau bei Mons (März 1967).

dieser Darstellung zu engen Kontext der ›Erinnerungskulturen‹ oder des ›kulturellen Gedächtnisses‹ zu lösen, hier als »Perzeptionmuster«[137] bezeichnet werden.

Perzeptionsmuster sind nicht als etwas Starres, Unverrückbares zu begreifen. Folgende Metapher mag helfen, das Konzept einzuordnen: Stellt man sich eine Kletterwand vor, so können die einzelnen Griffe unterschiedliche gegenwärtige Eindrücke, Erfahrungen und Perzeptionen darstellen. Ihre Gesamtheit bildet das Perzeptionsmuster. Ein Kletterer, der diese Kletterwand erklimmen will, kann sehr wohl unterschiedliche Wege wählen, auch kann er einzelne Griffe auslassen oder sie unterschiedlich nutzen. Letztendlich wird er aber immer aus der vorhandenen Gesamtheit der Griffe auswählen und sich innerhalb der Kletterwand – des Perzeptionsmusters – bewegen. Wären keine Griffe vorhanden, könnte er wahrscheinlich die Wand gar nicht erklimmen, der Weg wäre ihm aber vollkommen freigestellt.

Perzeptionen sind nicht gleichzusetzen mit Wahnvorstellungen. Es kommt weniger darauf an, ob sie ›falsch‹ oder ›richtig‹ liegen, auch wenn sie dem erfassten Gegenstand durchaus näher oder ferner sein können. Sie sind ähnlich wie Mythen selbst Teil des historischen Prozesses[138] und somit gewissermaßen in sich Teil der Realität. In diesem Zusammenhang gilt es, von Beginn an einem häufigen Missverständnis vorzubeugen. Wenn beispielsweise eine Bedrohung[139] wahrgenommen wird, also von einer perzipierten Bedrohung gesprochen wird, heißt das nicht, dass es keine Bedrohung gegeben habe. Es bedeutet lediglich, dass nicht eine reale, messbare Bedrohung die Basis für weitere Schritte gebildet hat, sondern eben eine wahrgenommene Bedrohung. Diese kann grundsätzlich größer oder kleiner als die tatsächliche Bedrohung sein.

Der Untersuchungsgegenstand dieser Darstellung ist die Finnlandpolitik der Nordatlantischen Allianz. Daher bedient sie sich im Kern eines diplomatiegeschichtlichen Ansatzes[140]. Internationale Politik folgt nicht nur Leitlinien von Perzeptionsmustern. Ihre Hauptkategorie ist die Macht. Hinsichtlich der Methode ergänzen sich in dieser Schrift daher »weiche Faktoren« wie die angesprochenen Perzeptionsmuster mit den »harten Faktoren« der Machtpolitik im Nuklearzeitalter,

---

[137] Einen Überblick zum Begriff ›Perzeptionsmuster‹ und zu den verwandten Begriffen ›Stereotype‹, ›Images‹, ›Bilder‹, ›Vorurteile‹ bietet Kleinsteuber, Stereotype, S. 60 – 68.

[138] Watt, Bemerkungen mit dem Ziel einer Synthese, S. 345.

[139] Konkret zur Bedrohungsperzeption der NATO siehe Kap. IV.1.

[140] In der jüngeren Historiografie geht die oft als »wenig innovativ« bezeichnete Diplomatiegeschichte sehr wohl neue Wege. Seit in den 1960er-Jahren vermehrt Fragestellungen der Perzeption, Einstellungen (cognitive beliefs, cognitive maps) in der traditionellen Analyse der Internationalen Beziehungen berücksichtigt wurden, ist dieser Ansatz auch aus der Diplomatiegeschichte kaum wegzudenken. Zu diesem Ansatz siehe u.a. George, The Causal Nexus; Holsti, Foreign Policy Formation; Rivera, The Psychological Dimension; International Behaviour; Kelman, Sozialpsychologische Aspekte; Boulding, National Images. Insbesondere in der Zeitschrift »Diplomatic History« findet dieser ›kognitive Ansatz‹ der diplomatiegeschichtlichen Historiografie Anwendung. Die Zeiten in denen dieser Ansatz noch häufig absolut gesetzt wurde sind jedoch vorbei. Heute gilt es vielmehr, kognitive Erklärungsansätze mit ›realpolitischen‹ zu einem Ganzen zu verweben. Robert J. McMahon gehört zu den bekannten Exponenten eines derart verstandenen Ansatzes. Vgl. McMahon, Credibility and World Power, S. 455 – 471.

inklusive der besonderen militärisch-strategischen Prädispositionen an der Nordflanke der NATO. Erst die Gesamtschau aus Fragen der Perzeption und der
machtpolitischen (politisch-militärischen) Möglichkeiten führt in der Geschichtsschreibung des Kalten Krieges zu überzeugenden Erklärungen. Die NATO war im
Untersuchungszeitraum zwar mehr als nur ein altmodisches Militärbündnis, ihren
wesentlichen Kernpunkt bildete jedoch stets Art. 5 des Nordatlantikvertrags[141]:
Essenzielle Funktion des Bündnisses war also die ›Abschreckung‹. Im Kalten Krieg
– egal wie friedlich er nun auch gewesen sein mag – war stets der sicherheitpoliti-
sche Aspekt bestimmend. Dieser Begriff muss hierbei freilich, so wie es auch die
im Untersuchungszeitraum mit Sicherheitspolitik betrauten Akteure zu tun pfleg-
ten, umfassend verstanden werden. Neben politischen und militärischen Komponenten spielten vor allem wirtschafts- und kulturpolitische Dimensionen der Sicherheitspolitik eine überragende Rolle[142].

Machtpolitik und Perzeptionen zeigen sich besonders deutlich in Krisensitua-
tionen. Am meisten Beachtung finden diejenigen Krisen, in denen die Hauptpro-
tagonisten des Kalten Krieges die originären Konfliktparteien darstellten und direkt aufeinanderstießen. Der Begriff der Krise ist ein weiter, der sich einer exakten
Bestimmung entzieht und darüber hinaus inflationär gebraucht wird[143]. Im Kontext dieser Darstellung wird der Begriff der Krise in seiner engen politischen Bedeutung verwendet: In einer Krise wird der Handlungsspielraum der Betroffenen
»auf eine Zwangslage eingeengt, in der die Handelnden nur einander restlos widersprechende Alternativen wählen können«[144]. In einer weiteren – ebenfalls politi-

---

[141] In Art. 5 Satz 1 des Nordatlantikvertrages heißt es: »Die Parteien vereinbaren, dass ein bewaffne-
ter Angriff gegen eine oder mehrere von ihnen in Europa oder Nordamerika als ein Angriff gegen
sie alle angesehen wird; sie vereinbaren daher, dass im Falle eines solchen bewaffneten Angriffs
jede von ihnen in Ausübung des Art. 51 der Satzung der Vereinten Nationen anerkannten Rechts
der individuellen oder kollektiven Selbstverteidigung der Partei oder den Parteien die angegriffen
werden, Beistand leistet, in dem jede von ihnen unverzüglich für sich und im Zusammenwirken
mit den anderen Parteien die Maßnahmen, einschließlich der Anwendung der Waffengewalt,
trifft, die sie für erforderlich erachtet, um die Sicherheit des nordatlantischen Gebiets wiederher-
zustellen und zu erhalten.« Nordatlantikvertrag, Washington DC, 4.4.1949; zit. nach NATO-
Handbuch, S. 604.

[142] Sicherheit beinhaltet nach zeitgenössischem Sicherheitsverständnis vier Dimensionen: »Sicherheit
vor militärischer Bedrohung, Sicherung der außenpolitischen Gestaltungsmacht, Sicherheit vor
wirtschaftlicher Bedrohung von außen und Sicherheit vor sozialer Destabilisierung.« Krüger, Sicherheit durch Integration?, S. 5. Seit 1990, und mehr noch seit 2001, ist häufig die Auffassung zu
finden, dass nun Sicherheit nicht mehr – wie zuzeiten des Kalten Krieges – lediglich als »militärisches Problem« wahrgenommen werden dürfe. Dies verkennt bei allem Wandel der Bedrohungsszenarien die Komplexität von sicherheitspolitischem Denken im Kalten Krieg. Vgl. Varwick/
Woyke, Die Zukunft der NATO, S. 33–36. In den 1950er- und 1960er-Jahren waren die Interdependenzen von »innenpolitischen« Politikfeldern wie Sozialpolitik und Wirtschaftspolitik, Außen-
und Sicherheitspolitik bei den Verantwortlichen jedoch sehr wohl gegenwärtig. Siehe hierzu etwa
Erler/Jaeger, Beiträge zur Rüstung, S. 9. Aufgrund der außerordentlichen Verwebung der einzelnen Politikfelder unter dem Vorzeichen der Sicherheitspolitik war in den frühen 1970er-Jahren in
der Politikwissenschaft der Ausdruck des »Ziel-Mittel-Komplexes« geläufig. Siehe hierzu Czempiel, Außenpolitik, S. 18–22.

[143] Koselleck, Krise, S. 649–650.

[144] Ebd., S. 625 f.

schen – Dimension des Krisenbegriffs wird Krise als Ungleichgewicht oder »sinkendes Gleichgewicht der Mächte«[145] verwendet. So sind die finnischen Krisen, Nachtfrostkrise und Notenkrise[146], Krisen im doppelten Wortsinn: Auf Finnland bezogen sind es solche für die staatliche Souveränität eindeutig existenzielle im Sinne der erwähnten politischen Zwangslage. Auf die NATO und den Kalten Krieg bezogen handelt es sich um weniger bedeutsame Krisen im Sinne einer Störung des Gleichgewichts der Kräfte. Zum krisenpolitischen Verhaltensmuster der Großmächte stellt Werner Link zusammenfassend Folgendes fest: »Die Sowjetunion versuchte jeweils ihren Einfluß über die bei Kriegsende geschaffene Demarkationslinie hinaus zu erweitern, während die USA dagegen Widerstand leisteten und mit Erfolg die Erhaltung bzw. Wiederherstellung des Status quo betrieben. Die Krisen wurden bis an den Rand des direkten Krieges zwischen den USA und der Sowjetunion – aber nicht darüber hinaus! – eskaliert[147].« Zumindest bei oberflächlicher Betrachtung trifft dieses Muster nicht das Verhalten der Betroffenen angesichts der finnischen Krisen. So muss als Arbeitshypothese angenommen werden, dass an der Peripherie – beispielsweise in Skandinavien – der Kalte Krieg andere, regional angepasste Spielarten zeigen konnte, als etwa im Zentrum, beispielsweise in Washington und Moskau oder Seoul und Berlin. Diese Studie untersucht den Blick der Nordatlantischen Allianz auf Finnland als kleines Land an der nördlichen Peripherie des Westens sowie die Rolle der Einflüsse der Perzeptionsmuster bei der Bewältigung zweier für Finnland zentraler Krisen.

Diese Darstellung verortet sich als Teil der Geschichte der Nordatlantischen Allianz. Sie ist somit im diplomatiegeschichtlich-sicherheitspolitischen Umfeld anzusiedeln, räumt aber bewusst dem bislang eher kulturhistorisch verstandenen Aspekt der Perzeption breiten Raum ein. Dabei wird sie nicht als Selbstzweck betrachtet, vielmehr kommt diesem Theorem genauso wie raumtheoretischen Überlegungen aber auch militärgeschichtlichen oder gar waffenkundlichen Details eine Funktion als »geschichtswissenschaftliches« Werkzeug zu. Die Auswahl der in diesem Zusammenhang als »Hilfswissenschaften« gebrauchten historischen Subdisziplinen richtet sich dabei nicht nach Moden, sondern nach den Erfordernissen des Forschungsgegenstandes – hier der Nordatlantischen Allianz unter den Bedingungen des bipolaren Mächtekonflikts der 1950er- und 1960er-Jahre.

---

[145] Ebd., S. 624.
[146] Während im Zusammenhang mit der Nachtfrostkrise häufig in der finnischen Literatur nur von »Nachtfrost« oder »den Nachtfrösten« die Rede ist (der Frostbegriff impliziert gewissermaßen die Krise), hat sich für die Zwangslage von 1961 der Begriff Notenkrise (finn. Noottikriisi) von Anfang an eingebürgert. Auch die entsprechenden Bestände im Ulkoasiainministeriönarkosto sind mit »Noottikriise« bezeichnet. Für Finnland war letztere wohl die größte politische Krise des Kalten Krieges. Eine Diskussion über die Krisenhaftigkeit der Notenkrise ist in den Bereich der intellektuellen Spitzfindigkeit zu verweisen.
[147] Link, Der Ost-West-Konflikt, S. 158. Auf das in diesem Zusammenhang wesentliche »Glaubwürdigkeitssyndrom«, das auch bei geringer machtpolitischer Relevanz der Krisengebiete die Großmächte zum Eingreifen zwang, weist McMahon hin. McMahon, Heiße Kriege im Kalten Krieg, S. 24–28.

Den dargelegten Überlegungen trägt der Aufbau dieser Untersuchung Rechnung. Zuerst werden in den einführenden Kapiteln II und III die beiden Akteure, die Nordatlantische Allianz und Finnland, kurz vorgestellt. Dabei werden grundlegende Entwicklungen der Nordatlantischen Allianz im Kontext globaler Zusammenhänge sowie Finnlands Rolle in den Konfliktmustern der Mächte bis 1944 beschrieben. Auf diesen Aussagen aufbauend soll im ersten Hauptkapitel, Kapitel IV, die Finnlandperzeption der NATO[148] bis 1957, also in ihrem Fortschreiten bis zum Vorabend der finnischen Krisen, umfassend untersucht und nach relevanten stereotypen Finnlandbildern der Nordatlantischen Allianz – den Perzeptionsmustern der NATO – gefragt werden[149]. Auf den Ergebnissen des vierten Kapitels fußend werden im zweiten Hauptkapitel, Kapitel V, die finnischen Krisen der Jahre 1958 und 1961 mit Schwerpunkt der westlichen Wahrnehmung und Finnlandpolitik behandelt. Dabei stellt immer wieder die Frage nach der ›Finnlandisierung‹ oder ›friedlicher Koexistenz‹. Kapitel VI bildet die Synthese der beiden Hauptkapitel, um somit eine Bilanz für Anfang der 1960er-Jahre zu ziehen und im Verlauf der Jahre 1949 bis 1961 festzustellen, wo das finnische Beispiel im Mainstream des Ost-West-Gegensatzes zu suchen ist oder an welcher Stelle von einer Sonderrolle Finnlands die Rede sein kann. Hierbei wird dem Wandel und dem Einfluss der Finnlandwahrnehmung eine besondere Bedeutung zugemessen und die jeweilige Finnlandpolitik den Begriffen ›Rollback‹, ›Containment‹ und ›friedliche Koexistenz‹ zugeordnet, um letztendlich auch exemplarisch eine Aussage über das Wesen des Kalten Krieges in Finnland zwischen »long peace« und »guerre de cinquante ans« treffen zu können.

6. Forschungsstand

Den Forschungsstand zum Thema »Die Nordatlantische Allianz und Finnland 1949–1961« darzulegen, bereitet durchaus einige Schwierigkeiten. Einerseits wird hier die nordatlantische Finnlandperzeption und -politik bis 1961 zum ersten Mal systematisch untersucht, andererseits ist die Mehrzahl der Publikationen zu den beiden Polen der Betrachtung (NATO einerseits und Finnland andererseits) schier unüberschaubar. Dies ist zum einen eine Folge des prinzipiell möglichen globalen Zugriffs auf Informationsressourcen, zum anderen liegt es im multiperspektivischen Ansatz dieser Untersuchung begründet. So soll diese sich auf die im engeren Kontext der Arbeit relevante und verwendete Literatur beschränken. Darüber hinaus muss mit Blick auf Finnland zwischen deutscher und international zugänglicher englischsprachiger Literatur einerseits, und der leider fast nur innerhalb Finnlands rezipierten finnischsprachigen Literatur andererseits unterschieden wer-

---

[148] Zu deren Komponenten siehe Kap. IV.
[149] Siehe Kap. IV.4.

den. Dank englischsprachiger Aufsätze finnischer Autoren gibt es jedoch zahlreiche ›Fenster‹, die in die finnische Forschung führen.

Grundlegende Überlegungen zum Kalten Krieg wurden bereits in Kapitel I.3 unter dem Stichwort Diskussion der entsprechenden Literatur angesprochen. Die hier vorgelegte Studie versteht sich als Mosaikstein in der Forschung zum Kalten Krieg. Als grundlegende Darstellungen hierzu sei auf die bereits erwähnten Werke von George-Henri Soutou[150], John L. Gaddis[151] und Wilfried Loth[152] verwiesen. Darüber hinaus erwiesen sich die Gesamtdarstellungen von Richard Crockatt, Gregor Schöllgen und Paul H. Nitze[153] sowie die bis 1956 bzw. 1963 reichenden Analysen von Gustav Schmidt, Vojtech Mastny und Marc Trachtenberg als inspirierend[154]. Dass es sich lohnt, bei der Betrachtung des Kalten Krieges den Blick nicht nur auf die Außenpolitik im engeren Sinne zu legen, zeigt die jüngst erschienene Arbeit von Bernd Stöver[155]. Der hier behandelte nordatlantische Blick auf Finnland versteht sich als Teil der Geschichte der NATO. Auf diese soll in Kapitel II ausführlicher eingegangen werden. Als politisch-strategische Einheit verstanden, hat sich die historische Forschung seit den 1980er-Jahren der Nordatlantischen Allianz zugewendet. Die Auflösung der Sowjetunion und das Gefühl, dass ein historischer Zeitabschnitt beendet sei, hat auch die nach wie vor existierende NATO als Forschungsgegenstand attraktiver gemacht[156]. Die Forderung nach diesbezüglicher multiperspektivischer Forschung wurde dabei insbesondere im Projekt Entstehung und Probleme des Atlantischen Bündnisses[157] des Militärgeschichtlichen Forschungsamtes vorangetragen. Dies gilt nicht nur beschränkt auf den deutschen Raum – wenn auch zunächst die internationale Rezeption des Projektes aufgrund der Sprachbarriere auf des Deutschen mächtige internationale Wissenschaftler begrenzt ist. Als grundlegendes internationales Werk ist die von

---

[150] Soutou, La guerre de cinquante ans.
[151] Gaddis, The Cold War, kürzlich auch in deutscher Übersetzung: Gaddis, Der Kalte Krieg. Eine neue Geschichte, München 2007. Gaddis stellt in diesem klassischen ›textbook‹ seine Thesen aus »We Now Know« auf eine breitere Grundlage. Gaddis, We Now Know; Gaddis, The Emerging Post-Revisionist Synthesis, S. 171–204.
[152] Loth, Die Teilung der Welt.
[153] Crockatt, The Fifty Years War; Schöllgen, Geschichte der Weltpolitik; Nitze, From Hiroshima to Glasnost.
[154] Trachtenberg, A Constructed Peace; Mastny/Schmidt, Konfrontationsmuster; siehe außerdem den Sammelband Ost-West-Beziehungen von Gustav Schmidt. Weitere Diskussion der Literatur sowie Kontroversen siehe Kap. I.3.
[155] Stöver, Der Kalte Krieg.
[156] NATO; Park, Defending the West; Walt, The Origins of Alliances.
[157] Im Rahmen dieses Forschungsprojektes sind bis dato acht Publikationen erschienen. Als konzeptioneller ›Vater‹ dieses in den 1980er-Jahren neuen Forschungsansatzes mit dem Ziel einer umfassenden NATO-Geschichte ist Norbert Wiggershaus (MGFA) zu nennen. Wiggershaus, Zur Konzeption einer NATO-Geschichte. Des Weiteren: Die westliche Sicherheitsgemeinschaft; Das Nordatlantische Bündnis; Von Truman bis Harmel; Heinemann, Vom Zusammenwachsen des Bündnisses; Nationale Außen- und Bündnispolitik; Greiner/Maier/Rebhan, Die NATO; Hammerich, Jeder für sich; Krüger, Sicherheit durch Integration?; Gersdorff, Die Gründung der Nordatlantischen Allianz.

Gustav Schmidt herausgegebene dreibändige History of NATO hervorzuheben[158]. Im Sammelband von Francis H. Heller und John R. Gillingham wird ausführlich die Verbindung zwischen transatlantischer und europäischer Integration diskutiert. Dieter Krüger greift diese Verbindung in dem Band Sicherheit durch Integration?[159] auf – Integration als Instrument der Sicherheitspolitik ist ein Erklärungsansatz, den es auch für den skandinavischen Raum zu prüfen gilt.

Die Literatur zur NATO wird durch eine Fülle von Einzelstudien zu bilateralen Beziehungen innerhalb des Bündnisses, die aufzuzählen den Rahmen sprengen würde, ergänzt[160]. Inhaltlich ist festzustellen, dass innerhalb des Bündnisses abgesehen von den USA besonders Großbritannien und zunehmend auch der Bundesrepublik Deutschland tragende Rollen zukamen. Zu letzterer erschienen 2005 und 2006 detaillierte Studien, die auch hinsichtlich der Einbindung der deutschen Streitkräfte in das Bündnis wichtige Aussagen enthalten. Insbesondere in Hinblick auf die Ostsee sind diese aktengesättigten Bände von besonderem Interesse[161]. Dies gilt umso mehr in Bezug auf die hier im Mittelpunkt stehende Nordflanke der NATO, die ansonsten vor allem von Rolf Tamnes ins Visier genommen worden ist[162].

Einen Schwerpunkt bei der Betrachtung des Bündnisses hat dabei stets dessen atomare und konventionelle Strategie gespielt. Sie sollte immer im Zusammenhang mit der (politischen) Strategie des Containment gesehen werden. Hierzu ist Gaddis' grundlegende Studie aus den 1980er-Jahren nach wie vor im Grundsatz aktuell[163]. Unter der Vielzahl an Darstellungen zur NATO-Strategie sind die Arbeiten von Lawrence Freedman und Beatrice Heuser hervorzuheben. Letztere schafft Ende der 1990er-Jahre mit dem Band Nuclear Mentalities eine Verbindung zwischen militärisch-politischen »harten« Faktoren einerseits und »weichen« mentalitätgeschichtlichen andererseits[164].

Die Berücksichtigung »weicher« Gesichtspunkte hatte in Bezug auf den Kalten Krieg bereits in den 1980er-Jahren Konjunktur, als mit dem Begriff der Bedrohungsperzeption die Bedeutung der Psychologie für militärisch-politische Prozesse herausgestellt wurde. Da zu Beginn von Kapitel IV. hierauf ausführlich eingegangen wird, sei an dieser Stelle nur auf die grundlegenden Ansätze von Donald Cameron Watt und Gottfried Niedhart hingewiesen[165], die in einem diesbezüglich

---

158 A History of NATO.
159 NATO; Krüger, Sicherheit durch Integration?
160 So etwa Schröder, USA und westdeutscher Wiederaufstieg; Transatlantische Beziehungen; Schake, NATO-Strategie; Knapp, Grundzüge der amerikanischen Europapolitik, S. 397–426; Martin, The American Decision; Ovendale, The English-Speaking Alliance.
161 Thoß, NATO-Strategie; Sander-Nagashima, Die Bundesmarine.
162 Tamnes, The United States and the Cold War.
163 Gaddis, Strategies of Containment; Etzold/Gaddis, Containment.
164 Freedman, The Evolution of Nuclear Strategy; Clark/Wheeler, The British Origins; Heuser, Nuclear Mentalities?
165 Wiggershaus, La mise en place de l'OTAN, S. 13–48; Duffield, The Soviet Military Threat, S. 208–227; siehe auch Watt, British Military Perceptions; Niedhart, Perzeption und Politik. Der

interessanten Sammelband von Carl Christoph Schweitzer ihre Aktualität belegt haben[166]. Diesen Ansatz gilt es mit den Gedanken Hannes Saarinens zur Finnlandperzeption zu verbinden[167]. Hinsichtlich der Bedrohungsperzeption mit Blick auf die Ostsee während des Kalten Krieges haben am Beispiel Schwedens bereits Göran Andolf und Bertil Johansson auf die Vorstellungen zu einer Politik ›friedlicher Koexistenz‹ aufmerksam gemacht[168].

Ebenso wie der Ansatz der Perzeption erwies sich im Zusammenhang der Finnlandwahrnehmung das Konzept der »geistigen Landkarten« (mental maps) als weiterführend. Einen guten Überblick über die mental maps gibt der Sammelband von Sabine Damir-Geilsdorf, Angelika Hartmann und Béatrice Hendrich[169]. Die neuere Forschung stellt insbesondere das Konstrukthafte der Raumbegriffe, wie etwa ›Norden‹ oder ›Ostseeregion‹ heraus[170]. Die Diskussion der weiterführenden Literatur zu Finnland in der raumbezogenen Wahrnehmung findet sich zu Beginn des Kapitels IV.2 »Nordflanke« – Skandinavien auf der geistigen Landkarte der Allianz.

Die Geschichte der Sowjetunion bildet angesichts der Bedrohungsperzeption gewissermaßen die ›Folie‹, vor der die Wahrnehmung und das Handeln der Nordatlantischen Allianz zu verstehen ist. Auch für die nordatlantische Perspektive dieser Schrift ist daher manche Erkenntnis der Forschung über die Geschichte der Sowjetunion von Interesse. Die hierfür benötigten grundlegenden Aussagen konnten den Gesamtdarstellungen von Hans-Joachim Torke, Manfred Hildermeier und Helmut Altrichter entnommen werden[171]. Für eine sicherheitspolitische Sicht der Sowjetunion im Kalten Krieg erwiesen sich die aktuellen Studien von Vojtech Mastny und Frank Umbach, aber auch von Stephen J. Zaloga sowie Constantin Plechanov und Vladilav Zoubok als äußerst hilfreich[172].

In den letzten Jahren hatte die Betrachtung der finnischen Nachkriegsgeschichte in Deutschland – wenn auch nach wie vor in einem zu erwartenden bescheidenen Rahmen – durchaus Konjunktur. Als Auftakt hierfür kann die politische Geschichte Finnlands von Osmo Jussila, Seppo Hentilä und Jukka Nevakivi, die das deutschsprachige Standardwerk zur Geschichte Finnlands darstellt, gesehen werden[173]. Bezüglich der Krisen von 1958 und 1961 beschreibt Nevakivi hier

---

Begriff des ›Feindbildes‹ wird dagegen in dieser Studie für die NATO als unscharf und unzutreffend abgelehnt. Frei, Feindbilder und Abrüstung.

[166] The Changing Western Analysis, S. 9–48.

[167] Saarinen, Zur Wahrnehmung Finnlands, S. 364–383.

[168] Andolf/Johansson, The Baltic Sea, S. 213–256.

[169] Mental Maps; siehe hierzu, insbes. zum Stand der Forschung, auch Schenk, Mental Maps, S. 493–514.

[170] Engman, »Norden« in European History; Williams, Zur Konstruktion einer Region.

[171] Torke, Historisches Lexikon der Sowjetunion; Hildermeier, Geschichte der Sowjetunion; Altrichter, Kleine Geschichte der Sowjetunion; zum russischen Stand der Forschung über die Sowjetunion auf Englisch siehe Lewin, The Soviet Century.

[172] Mastny, The Cold War; Mastny/Schmidt, Konfrontationsmuster; Umbach, Das rote Bündnis; Zaloga, The Kremlin's Nuclear Sword; Zubok/Pleshakov, Inside the Kremlin's Cold War.

[173] Jussila/Hentilä/Nevakivi, Politische Geschichte Finnlands.

vorwiegend die innenpolitischen Entwicklungen. Doch sind vor allem zu den – für die finnische Nachkriegsgeschichte so entscheidenden – Jahren 1946 bis 1948 im Laufe der Zeit zahlreiche Beiträge Nevakivis in internationalen Fachzeitschriften erschienen[174]. Die kürzlich vorgelegte populäre Geschichte Finnlands von Ingrid Bohn ist leider hinsichtlich der Nachkriegsentwicklung Finnlands eher von geringem Nährwert[175]. Hervorzuheben sind allen voran die Arbeiten von Dörte Putensen und Seppo Hentilä, in denen die »Dreierbeziehung« Finnlands und der beiden deutschen Staaten eingehend untersucht wird[176], sowie die Dissertationen von Ruth Büttner und Hermann Beyer-Thoma zur Ausgangslage des Kalten Krieges in Finnland bis 1948 und über die Außenpolitik Paasikivis bis 1955[177]. Darüber hinaus bieten die Tagungsbände der alle zwei Jahre regelmäßig stattfindenden deutsch-finnischen Historikertage ein Forum für jeweils neueste Forschungen im finnisch-deutschen Kontext[178].

Für eine Untersuchung, die sich mit der Finnlandperzeption des Nordatlantischen Bündnisses beschäftigt, ist dabei die inzwischen reichhaltige Forschung über das Finnlandbild von besonderem Interesse. Zu diesem Thema liegen inzwischen zahlreiche Einzelstudien vor. Der Schwerpunkt liegt hier allerdings deutlich auf der Zeit vor 1945[179], mit Erkki Teräväinens systematischer Auswertung sämtlicher Finnland betreffender Artikel fünf bedeutender deutscher Zeitungen kann das in der deutschen Tagespresse transportierte Finnlandbild im Untersuchungszeitraum als erforscht gelten[180]. Leider ist nach wie vor sowohl die deutsche als auch die internationale Rezeption solcher Forschungsergebnisse außerhalb der Finnlandspezialisten eher gering. Eine Verbindung zwischen dem deutschen Finnlandbild des Zweiten Weltkrieges und dem der Nachkriegszeit ist evident, verlangt aber nach wie vor nach einer systematischen Untersuchung, die Aufschluss über die Perzeptionsmuster der Jahre nach dem Zweiten Weltkrieg geben könnte – dies gilt umso mehr, wenn man der bereits erwähnten Hypothese Watts der »langen Zyklen von Perzeptionen« folgt. Auch bleibt die Frage nach der Wirkung der Sichtweise der Zeitungen auf die politischen Eliten und somit die Frage nach den Folgen der Wahrnehmung auf konkretes politisches Handeln Desiderat.

Zu Finnland als Akteur oder Objekt im Kalten Krieg ist international bereits viel geschrieben worden. Die meisten Untersuchungen thematisieren – der Tradi-

---

[174] So Nevakivi, Scandinavian Talks, S. 165–175; Nevakivi, Finland and Cold War, S. 211–224; Nevakivi, American Reactions, S. 279–291; Nevakivi, A Decisive Armistice, S. 91–116.

[175] Bohn, Finnland. Der Kalte Krieg wird hier auf etwa zehn Seiten abgehandelt.

[176] Putensen, Im Konfliktfeld; Hentilä, Neutral zwischen den beiden deutschen Staaten.

[177] Büttner, Sowjetisierung oder Selbständigkeit?; Beyer-Thoma, Kommunisten und Sozialdemokraten in Finnland; Thomas, Finnland zwischen Frieden und Kaltem Krieg.

[178] So etwa zur Notenkrise Teräväinen, Die Notenkrise von 1961, S. 245–267.

[179] Paasivirta, Suomen kuva Yhdysvalloissa; Tuchtenhagen, Die Vermarktung des nördlichen Waffenbruders, S. 287–315; Junila, Kotirintaman aseveljeyttä; Junila, Was ist Suomi?; Peltovuori, Suomi saksalaisin silmin.

[180] Teräväinen, Lavastettu rinnakkaiselo. Zum deutschen Finnlandbild der Nachkriegszeit siehe darüber hinaus Löffler, Das Finnlandbild in den deutschen Medien; Rieck, Fenster nach Finnland; Janke, Zu Stereotypen und Images.

tion der politischen Analysen aus der Zeit des Kalten Krieges, etwa von H. Peter
Krosby oder Roy Allison[181] folgend – das finnisch-sowjetische Verhältnis und
betonen den finnischen Sonderweg. Oder sie stehen in der Tradition einer die
Entspannung im Kalten Krieg betonenden skandinavischen Sichtweise aus den
1970er-Jahren – etwa Egil Ulstein oder Johan Jørgen Holst[182] –, in der Finnland als
Teil eines im Vergleich zu Mitteleuropa weniger antagonistischen Systems (Nordic
Balance nach Arne Brundtland[183]) verstanden wird. Zur Frage der Sowjetisierung
Finnlands haben sich im Laufe der Jahre u.a. Kalevi J. Holsti, Jukka Nevakivi und
in Deutschland Stefan Troebst zu Wort gemeldet[184]. Mikko Majander argumentiert
in seiner Studie über die finnischen Sozialdemokraten und Kommunisten in den
Jahren 1944 bis 1951, dass es sich insgesamt bei Finnland, seiner politischen Kultur nach, um ein nordisches, volksdemokratische Systeme ablehnendes Land gehandelt habe[185]. Jussi M. Hanhimäki hat für die Klärung dieser Frage einen komparatistischen Ansatz gewählt und die Finnlandpolitik der Sowjetunion bis 1956 mit
derjenigen der USA verglichen[186].

Die neutralen Staaten des Kalten Krieges sind, wie bereits in Kapitel I.2 untersucht, insbesondere für dessen Bewertung von Interesse. Aufbauend auf Jukka
Nevakivi haben sich Lothar Rühl, T. Michael Ruddy und Seppo Hentilä mit den
Besonderheiten der finnischen Neutralität, einer im Gegensatz zu Schweden oder
der Schweiz eher dem Osten zugeneigten Form zwischen den Blöcken zu oszilie-
ren, zugewendet[187]. Als Anschauungsmaterial haben hierzu immer wieder die finnischen Krisen der Jahre 1958 bis 1961 gedient, die für ein deutsches Publikum zuletzt auch von Teräväinen[188] sowie in der erwähnten Studie von Dörte Putensen
abgehandelt und aus schwedischer Perspektive von Olaf Kronvall[189] dargestellt
worden sind. Die finnischen Krisen an sich sind bereits seit der politikwissenschaftlichen Beschäftigung mit denselben in den 1960er- (Kent Forster) und
1970er-Jahren (Raimo Väyrynen) international einschlägigen Fachwissenschaftlern
geläufig[190].

---

[181] Krosby, Friede für Europas Norden; Allison, Finland's Relations.

[182] Ulstein, Nordic Security; Holst, Five Roads to Nordic Security.

[183] Brundtland, The Nordic Balance, S. 30–63. Zur sicherheitspolitischen Diskussion der späten
1960er- und frühen 1970er-Jahre um die Nordic Balance siehe ausführlich Holst, Nordisk Balanse, S. 129–140; Moberg, The Nordic Balance Concept, S. 210–214; Ørvik, Nordisk balanse,
S. 106–118; Seidenfaden-Bericht, vol. 1.

[184] Holsti, Strategy and Techniques of Influence, S. 63–82; Nevakivi, A Decisive Armistice,
S. 91–116; Troebst, Warum wurde Finnland nicht sowjetisiert?, S. 178–191.

[185] Majander, Pohjoismaa vai kansandemokratia?, S. 83.

[186] Hanhimäki, Containing Coexistence; Hanhimäki, We Are Not Czechs; Hanhimäki, Containment,
Coexistence and Neutrality, S. 217–228; zuletzt in Hanhimäki, The Lure of Neutrality,
S. 257–276.

[187] Nevakivi, Finland and Cold War, S. 211–224; Ruehl, NATO Strategy, S. 115–135; Finnish-Soviet
Relations; Charting an Independent Course; Hentilä, Soviet Union, Finnland and the »Northern
Balance«, S. 239–256; Hentilä, Maintaining Neutrality, S. 473–493.

[188] Teräväinen, Die Notenkrise von 1961, S. 245–267.

[189] Kronvall, Sweden's Reactions, S. 56–82.

[190] Forster, The Finnish-Soviet Crisis, S. 147–148; Väyrynen, Conflicts in Finnish-Soviet Relations.

Bereits Mitte der 1980er-Jahre wurden Forderungen laut, die westlich-schwedischen Beziehungen im Kalten Krieg zu erforschen[191]. Eine eingehende Beschäftigung mit Finnland und Schweden aus sicherheitspolitischer westlicher Perspektive ist jedoch erst in den letzten Jahren erfolgt[192]. Hervorzuheben ist hier die englischsprachige Arbeit zur britischen Schwedenpolitik bis 1954 von Juhana Aunesluoma[193]. Die kürzlich erschienenen Untersuchungen von Magnus Petersson zur schwedisch-norwegischen Kooperation und zur schwedisch-finnischen Zusammenarbeit von Olaf Kronvall sind leider bislang nur auf Schwedisch erhältlich[194]. Zu Dänemark und Norwegen ist vor allem die lediglich dänischsprachig vorliegende Schrift von Poul Villaume[195] und seit den 1970er-Jahren die Darstellungen Nikolaj Petersens zu nennen[196]. Betrachtet man die neueren Publikationen in der Gesamtschau, so ergibt sich ein Bild eines westlich-nordischen Sicherheitsgeflechts, wobei Großbritannien und Schweden eine Schlüsselrolle zuzukommen scheint. Die bislang lediglich auf Finnisch erschienene Dissertation von Jukka Seppinen zum Verhältnis zwischen EFTA und Finnland[197] ergänzt dieses Bild und lenkt die Aufmerksamkeit auf die wirtschaftlichen und integrativen Verflechtungen der Sicherheitspolitik.

Systematische Forschungen zu Finnland aus nordatlantischer Sicht bleiben also nach wie vor ein Desiderat, wobei neben den USA der Blick auch auf Großbritannien, die skandinavischen NATO-Partner und nicht zuletzt auch die Bundesrepublik Deutschland zu richten ist. Dabei sollte – wie bereits bemerkt – die Nordatlantische Allianz für das Gemeinsame westlicher Sicherheitspolitik stehen.

Betrachtet man die finnischsprachigen, nicht ins Englische oder Deutsche übersetzten Publikationen, so findet hier eine rege wissenschaftliche Beschäftigung mit Finnlands Rolle im Kalten Krieg statt – fast ist man geneigt hier den Begriff ›Aufarbeitung‹ zu strapazieren. Der aktuelle Forschungsstand findet sich im Handbuch zu Finnland im Kalten Krieg von Pekka Visuri, wobei die ›große‹ internationale Politik als Kulisse hinter die Entwicklung in Finnland gestellt wird[198], Pertti Salminen untersucht die finnische Verteidigungspolitik nach der Notenkrise von 1961[199]. Im Zentrum finnischer Forschung stehen naturgemäß die finnischen Akteure, allen voran Präsident Kekkonen, der geradezu Finnland im Kalten Krieg verkörpert. Somit steht der finnische Präsident auch im Mittelpunkt der Auseinan-

---

[191] Agrell, Sweden and the Cold War, S. 239–253. Zeitgleich erlebte auch die Forschung zu Norwegen im Kalten Krieg einen Aufschwung. Vgl. Pharo, The Cold War in Norwegian, S. 163–189.

[192] Aunesluoma, Takaovi länteen, S. 131–136.

[193] Aunesluoma, Britain, Sweden.

[194] Petersson, Brödrafolkens väl; Kronvall, Den bräckliga barriären.

[195] Villaume, Allieret med forbehold; Villaume, Neither Appeasement nor Servility, S. 155–180.

[196] Petersen, Danish and Norwegian Alliance Politics, S. 193–210; Petersen, Isolation oder Verstrickung, S. 167–189; Petersen, Påskekrisen 1948. Siehe auch folgende politikwissenschaftlichen Darstellungen: Fink, Deutschland als Problem Dänemarks, und Einhorn, National Security.

[197] Seppinen, Suomen Efta-ratkaisu yöpakkasten.

[198] Visuri, Suomi kylmässä sodassa. Weiterführende Literaturhinweise finden sich in der dazugehörigen Internetversion des Projektes unter Suomi kylmässä sodassa (20.8.08) URL <www.veteranienperinto.fi/kylmasota/k-sota.htm>.

[199] Salminen, Puolueettomuuden nimeen.

dersetzung, wobei er hier durchaus als Chiffre für eine ganze Politikergeneration verstanden werden kann. Auf den Kekkonen betreffenden Disput in den 1990er-Jahren zwischen Hannu Rautkallio und Juhani Suomi[200] wird im Verlauf der Studie, vor allem in Kapitel IV.3.b, noch öfters einzugehen sein. Vorausgreifend sei an dieser Stelle lediglich bemerkt, dass die Rolle Kekkonens während der Krisen von 1958 und 1961 nach wie vor umstritten bleibt. Die historiografische Diskussion verläuft an den alten Bruchlinien der zeitgenössischen politischen Auseinandersetzungen. Inhaltlich geht es letztendlich um die Frage, wieviel Entgegenkommen gegenüber der Sowjetunion notwendig war, ob Finnland und speziell Kekkonen als Präsident hinsichtlich einer »Politik der Vorleistungen« zu weit gegangen sei oder ob dieser gar den Druck seitens der Sowjetunion zum eigenen politischen Vorteil missbraucht habe. Interessant ist, dass diese Diskussion wohl erst in den 1990er-Jahren geführt werden konnte und die diesbezügliche kritische Position inhaltlich in krassem Gegensatz zu den im Westen als kritisch empfundenen Positionen steht. An den im Rahmen dieser Kontroverse ausgewerteten Akten und Selbstzeugnissen – und den Erkenntnissen daraus – kommt heute keiner vorbei, der sich ernsthaft mit Finnland im Kalten Krieg auseinandersetzen möchte. Die Kontroverse wurde jedoch weitestgehend auf die finnische Innenpolitik bezogen, die Publikationen sind dementsprechend nur in finnischer Sprache erschienen und international so gut wie nicht wahrgenommen worden. Während Suomi als Kekkonen-Biograf sich vor allem auf finnisches Aktenmaterial stützt, spiegeln die Argumente des Kekkonen-Kritikers Rautkallio weitestgehend Außenansichten wieder. Sie beruhen einerseits auf Recherchen in russischen Archiven, die entscheidenden Vorwürfe basieren aber auf westlichen, vor allem britischen Quellen. Nicht zu Unrecht weist Esa Seppänen in seiner die menschliche Ebene zwischen Chruščev und Kekkonen darstellenden und vor allem auf russischer Erinnerungsliteratur beruhenden Studie auf mangelnde Quellenkritik Rautkallios hin[201]. Am Rande sei bemerkt, dass, während vor allem in der deutschen Literatur stets die schwierige Zugänglichkeit zu russischem (ehemals sowjetischem) Material beklagt und die Sichtung desselben stets als besonderes Abenteuer hervorgehoben wird, in den meisten finnischen Publikationen auch die sowjetische Sichtweise recht selbstverständlich Berücksichtigung findet – obwohl auch hier entscheidende sowjetische Akten noch nicht gesichtet werden konnten. Besonders ist in diesem Zusammen-

---

[200] Rautkallio, Paasikivi vai Kekkonen; Rautkallio, Kekkonen ja Moskova; Rautkallio, Novosibirskin lavastus; Rautkallio, Agenda Suomi. Juhani Suomis achtbändige, in den Jahren 1986 bis 2000 erschienene Kekkonen-Biografie deckt einen Zeitraum von 1936 bis 1981 ab. Hier wurden folgende Bände verwendet: Suomi, Urho Kekkonen, t. 1.; Suomi, Urho Kekkonen, t. 2; Suomi, Urho Kekkonen, t. 3. Außerdem wird das von Suomi hrsg. Tagebuch Kekkonens der Jahre 1958 bis 1962 genutzt: Urho Kekkosen päiväkirjat, t. 1; Tarkka, Suomen kylmä sota. Zusammenfassend, eher auf der Linie Suomis, aber leider ohne Belege Jacobson, Yöpakkasista noottikriisiin, S. 100–120. Im Umfeld dieser Auseinandersetzung entstanden mehrere vielversprechende Studien und Aufsätze, die meist auch das finnisch-sowjetische Verhältnis berühren, so etwa Teräväinen, Yöpakkaskausi ja Saksa; S. 329–333; Lehtinen, Aatosta jaloa ja alhaista mieltä; Lehtinen, Fagerholm; Tervamäki, Dialogia, debattia ja polemiikkia; Androsova, Neuvostoliiton ja Suomen suhteet.

[201] Seppänen, Miekkailija vastaan tulivuori.

hang auf die jüngst erschienene Studie von Aappo Kähönen hinzuweisen. In dieser wird auf sowjetische Akten gestützt die sowjetische Finnlandpolitik von 1956 bis 1959 – also zur Zeit der Nachtfrostkrise – behandelt[202].

Zusammenfassend kann gesagt werden, dass – wie in der englisch- und deutschsprachigen Finnlandhistoriografie des Kalten Krieges bis 1961 – auch im finnischsprachigen Pendant die sowjetisch-finnischen Beziehungen im Vordergrund stehen. In Finnland liegt jedoch eindeutig der Fokus auf den innerfinnischen (parteipolitischen) Auseinandersetzungen. So bleibt trotz der akribischen Auswertung vor allem britischer Archivalien durch Hannu Rautkallio auch in der finnischen Forschung der Blick der Nordatlantischen Allianz auf Finnland unterrepräsentiert.

7. Quellen

Entsprechend dem Untersuchungsgegenstand, der Nordatlantischen Allianz, fußt vorliegende Darstellung im Wesentlichen auf Akten des NATO-Hauptquartiers in Paris, heute NATO Archives in Brüssel. Die NATO Document Series der zivilen Seite sind inzwischen bis 1965, die der militärischen Seite bis 1969 freigegeben. Alle infrage kommenden Bestände wurden auf Finnlandbezüge geprüft. Vorwiegend sind dies Akten des zivilen Teiles der NATO, des Nortatlantikrates (North Atlantic Council[203]) auf der Ebene des Ministerrates oder des Rates der Botschafter und des North Atlantic Council of Deputies[204]. Es wurden ebenso gemeinsam beschlossene Dokumente und sogenannte Memos, wörtliche Mitschriften von Treffen des Ministerrates, Versammlungsprotokolle und Arbeitspapiere ausgewertet[205]. Hinzu kommen Akten der Ausschüsse (Atlantic Committees[206]), allen voran des Political Committee[207] sowie der Working Group on Trends of Soviet Policy im Committee of Economic Advisers[208]. Beide Ausschüsse gingen auf die Empfehlungen der – bereits erwähnten – »drei Weisen« zurück, sind also eine Folge der Maßnahmen zur engeren politischen Zusammenarbeit innerhalb der NATO nach Art. 2 des Nordatlantikvertrages[209]. Diese Ausschüsse existierten jedoch erst ab 1956. Ebenfalls für das Jahr 1956 waren Akten des Committee on Multilateral Discussions on the New Procedures for Defence Policy[210] aufschluss-

---

202 Kähönen, The Soviet Union, Finland and the Cold War.
203 Signatur C.
204 Signatur D.
205 Die entsprechenden Wertigkeiten finden sich in den Aktensignaturen wieder. Dabei steht D für Document (gemeinsam beschlossen), M für Memo (gemeinsam beschlossen), R für Record of a Meeting, also Sitzungsprotokoll, VR für Verbatim Records, also wörtliches Verlaufsprotokoll ministerieller Treffen, und WP für Working Paper, also Arbeitspapiere als Diskussionsgrundlage.
206 Signatur AC.
207 AC 119.
208 AC 89.
209 Siehe Kap. II.4.
210 AC 100.

reich. Vereinzelt wurden auch auch Akten des militärischen Teils der NATO (Military Committee[211]) genutzt. Sie erwiesen sich bezogen auf Finnland als wenig aussagekräftig, helfen jedoch den strategischen Gesamtzusammenhang, insbesondere in der Ostsee, zu begreifen. Unter den Subject Files gibt es ebenfalls einen Ordner mit direktem Bezug zu Finnland. Das Public Disclosure Program der NATO bezieht sich allerdings bislang nur auf die formalen NATO Document Series und nicht auf interne Memos oder Beiträge einzelner Länder. Überraschungen sind hier nicht zu erwarten[212].

Für die NATO war Finnland im Untersuchungszeitraum stets nur von peripherem Interesse. Sie konzentrierte sich auf sich selbst und auf den Gegner Sowjetunion. Daher handelt es sich bei den Einlassungen über Finnland oft um lediglich kurze Absätze in gesamtstrategischen Papieren. Um die Aussagen über Finnland in den NATO-Akten »zum Leben zu erwecken«, muss auf die nationale Überlieferung zurückgegriffen werden. Den Überlegungen aus Kapitel I.1 folgend, stützt sich vorliegende Untersuchung auf Akten der USA, Großbritanniens, der Bundesrepublik Deutschland sowie Finnlands. Diese Auswahl folgt auch der Tatsache, dass etwa 1951 zwar Militärattachés aus sieben Ländern der Nordatlantischen Allianz in Finnland akkreditiert waren[213], doch lediglich die USA und Großbritannien ihre Militärattachés vor Ort in Helsinki hatten. Die Militärattachés von Frankreich, Kanada, Norwegen und der Türkei residierten in Stockholm bzw. Oslo und reisten eher selten nach Finnland, um sich dann vor Ort bei ihren amerikanischen und britischen Kollegen zu informieren[214].

Hinsichtlich der Leitmacht der Nordatlantischen Allianz, den Vereinigten Staaten von Amerika, bildet die Aktenedition der Foreign Relations of the United States (FRUS) eine gute Grundlage[215]. Sie beinhaltet Botschaftskorrespondenz zwischen Washington und Helsinki, Besprechungen des State Department über Finnland betreffende Angelegenheiten und seltener auch Berichte der Central Intelligence Agency (CIA). Sie ergänzen sich ideal mit den Jahres- bzw. Halbjahresberichten[216] der finnischen Botschaft in Washington aus dem sehr benutzerfreundlichen Archiv des Außenministeriums in Helsinki (Ulkoasiain-ministeriön arkisto)[217]. Für die britische Sicht konnten Akten des britischen Foreign Office[218]

---

[211] Signatur MC.

[212] Ich danke Frau Anne-Marie Smith für die fachkompetente Beratung.

[213] Lediglich die USA, Kanada, Großbritannien, Frankreich, Norwegen und die Türkei unterhielten einen in Finnland akkreditierten Militärattachéstab.

[214] TNA, PRO, WO 106/6049, MA/20/104 Finland, monthly intelligence summary for September 1951, Appendix A, List of Foreign Service Attaches accredited to Finland, 9.10.1951.

[215] Beispielsweise enthalten – obgleich aus den Titeln nicht unbedingt ersichtlich – folgende Bände der FRUS zwischen 20 und 100 Seiten zu Finnland: FRUS 1952-1954, vol. 8; FRUS 1958-1960, vol. 10; FRUS 1961-1963, vol. 16. Siehe hierzu auch List of all Volumes (19.3.08). URL <www.state.gov/r/pa/ho/frus/c4035.htm>.

[216] UM, Mikrofilmit Ea Raporttisarja 1949-1972, 5 C Washington, DC.

[217] Die Arbeit im Ulkoasiainministeriön arkisto ist durch den guten Aktenzugang (die fraglichen Bestände sind binnen kürzester Zeit in Form von Mikrofilmen erhältlich) und die gleicherweise kompetenten, hilfsbereiten und freundlichen Mitarbeiter stets ein Genuss.

sowie des War Office in den National Archives in Kew eingesehen werden[219]. Hierbei handelt es sich vor allem um Botschaftsberichte und Weisungen an die britische Botschaft in Helsinki. Die Monatsberichte des britischen Militärattachés in Helsinki sind jedoch nur für den Zeitraum 1948 bis 1951 zugänglich. Als schwieriger erwies sich der Umgang mit den militärischen deutschen Akten, da der Untersuchungszeitraum in die Anfangsphase der westdeutschen Wiederbewaffnung fällt. Bis 1972 sind im Bundesarchiv-Militärarchiv keine Militärattachéberichte[220] aus Schweden oder Dänemark zu finden. Die vorhandenen Dokumente aus Norwegen erwiesen sich nur selten als einschlägig nutzbar. Die Berichte des bundesdeutschen Militärattachés in Finnland beginnen freilich erst mit dessen Aufnahme der Dienstgeschäfte 1974, also außerhalb des Untersuchungszeitraumes. Die Bestände des Führungsstabes der Streitkräfte[221] sind noch nicht erschlossen. Es konnten jedoch die entsprechenden Abgabelisten gesichtet und ursprünglich als »Geheim« eingestufte relevante Akten heruntergestuft werden[222]. Als interessante Quelle ab 1959 stellten sich die »Lageberichte West« und »Lageberichte Ost«[223] der Stabsabteilung Militärisches Nachrichtenwesen der Bundeswehr im Führungsstab der Bundeswehr heraus[224]. Die Bestände des Amtes für Nachrichtenwesen der Bundeswehr sind ebenfalls noch nicht erschlossen. Sie erwiesen sich nach Sichtung als für die vorliegende Fragestellung nicht brauchbar, da hier erst Abgaben von Aktenmaterial ab 1978 verzeichnet sind. Die Lücken in der militärischen Überlieferung konnten deutscherseits jedoch zufriedenstellend durch Akten aus dem umfangreichen Bestand B 23 des Politischen Archivs des Auswärtigen Amtes in Berlin geschlossen werden. Insbesondere findet sich hier der Schriftverkehr zwischen der Handelsvertretung der Bundesrepublik Deutschland[225] in Helsinki und dem Auswärtigen Amt[226]. Ergänzend wurden Bestände der

---

[218] TNA, Foreign Office (FO) 371, Political Departments, General Correspondence 1906–1966 (FO 371).

[219] TNA, War Office (WO 106), Directorate of Military Operations and Military Intelligence and Predecessors, Correspondence and Papers. Ich danke dem hochprofessionellen Archivpersonal der National Archives.

[220] Die Berichte der Militärattachéstäbe finden sich für gewöhnlich im Bestand BW 4. Auch im Politischen Archiv des Auswärtigen Amtes und in der Botschaft in Stockholm konnten die Bestände nicht gefunden werden. Es ist äußerst fraglich, ob diese Akten jemals an ein Archiv abgegeben worden sind.

[221] Bestand BW 2.

[222] Herabgestuft gemäß Erlass BMVg – Fü S I 4 – Az 50-45-00 vom 10.3.1999. Ich danke Herrn Oberstleutnant Michael Poppe für die unkomplizierte Zusammenarbeit.

[223] Es handelt sich bei den Lageberichten Ost und West um monatlich erscheinende Berichte aus relevanten Sachgebieten, die auf Informationen des Bundesnachrichtendienstes basieren. Darunter finden sich auch sogenannte Sonderhefte, die speziellen Ländern gewidmet sind (Sonderhefte zu Schweden 1965, zu Norwegen und Finnland 1966). Diese Akten decken auch die jüngsten, hier relevanten Zeiträume ab.

[224] Führungsstab der Bundeswehr (Fü B), ab 1966 Führungsstab der Streitkräfte II (Fü S II).

[225] Finnland und die beiden deutschen Staaten nahmen erst 1973 wieder diplomatische Beziehungen auf.

deutschen Botschaft in Stockholm herangezogen[227]. Aus Helsinki und Stockholm wurde auch bereits vor dem NATO-Beitritt der Bundesrepublik Deutschland am 5. Mai 1955 sehr ausführlich über westliche Aktivitäten berichtet. Beispielsweise fand die Formierung des Nordischen Rates detaillierten Niederschlag. Jedoch erwiesen sich die edierten »Akten zur Auswärtigen Politik der Bundesrepublik Deutschland« im Hinblick auf den Untersuchungszeitraum als wenig ergiebig. Zwar werden seit 1997 die Akten für die Jahre 1949 bis 1962 publiziert, doch liegen bis jetzt lediglich die Bände bis 1953 – also für den Zeitraum vor dem Beitritt Deutschlands zur NATO – vor[228].

An finnischen Beständen waren neben den bereits erwähnten Botschaftsberichten aus Washington die Bestände des Ulkoasiainministeriön arkisto zur NATO[229] sowie insbesondere zur Notenkrise[230] hilfreich. In ihnen spiegeln sich die Aktivitäten der Nordatlantischen Allianz. Militärattachéberichte des finnischen Militärattachés in Stockholm über die Einschätzung der dänischen und norwegischen militärischen Vorbereitungen für den Fall eines sowjetischen Angriffs konnten im Sota-arkisto in Helsinki für die Jahre 1954 bis 1956 und für 1959 eingesehen werden[231]. Schließlich waren Akten des Kansallis-arkisto in Helsinki hinsichtlich der Rückgabe des sowjetischen Stützpunktes in Porkkala 1955/56 nützlich.[232]

In der Gesamtschau kann die Überlieferung als gut bezeichnet werden, wobei nur durch die Kombination der Akten aus den genannten Archiven ein durchgängiges Bild entstand. Jedoch sind nach wie vor gerade im Kontext der Notenkrise einzelne Aktenstücke gesperrt. Dies gilt für die NATO Archives ebenso wie für britische und amerikanische Akten. Dennoch bildete sich ein derart dichtes Netz an Informationen, dass so manche Lücke geschlossen werden konnte. Die Mühen eines multiperspektivischen Ansatzes zahlten sich also aus. Der Vorteil, mit den verwendeten Lageananalysen, diplomatischen und nachrichtendienstlichen Berichten möglichst dicht an den handelnden politischen Akteuren zu sein, ist allerdings in einer zeithistorischen Studie zugleich auch ein Nachteil: Der Großteil des verwendeten Aktenmaterials war ursprünglich als »Geheim« eingestuft; die jeweilige Freigabepolitik richtete sich jedoch weniger nach systematischen wissenschaftlichen Kriterien als nach der Anwendung von Geheimhaltungsvorschriften, Archivgesetzen und Verordnungen sowie nicht zuletzt nach Zufällen. Somit ist der Fundus der Dokumente, aus denen geschöpft werden konnte, gewissermaßen zufällig zu-

---

226 Es sind dies größtenteils die gleichen Bestände des Auswärtigen Amts, die bereits Dörte Putensen und Seppo Hentilä hinsichtlich Finnland und der »deutschen Frage« ausgewertet haben. Putensen, Im Konfliktfeld; Hentilä, Neutral zwischen den beiden deutschen Staaten.

227 Bestand AV (Neues Amt), Stockholm.

228 Die Bände 1963 bis 1974 liegen hingegen lückenlos vor.

229 Bestand 7 D, Maailmanpolitiikka II, 193 NATO.

230 Bestände 12 I., 39, Suomen suhteet muihin maihin. Neuvostoliitto 1958–1960; 12 I., 40–49, Suomen suhteet muihin maihin. Neuvostoliitto 1961. Noottikriisi; sowie Kc 2, Erittäin salaiset asiakirjat »Noottikriisi« 1961–1962.

231 Bestand T 22208. Sotilasasiamiesten (puoli) vuosikatsaukset 1953–1959, Ecaa 1 SAL.

232 Bestand 540, 341. Porkkala-komitea 1955–1956.

sammengestellt – ein allgemeines historiografisches Problem, das auch durch die Nutzung von Archivalien höchst verschiedener Provenienz nie restlos gelöst werden kann.

Entsprechend der Fragestellung dieser Studie spielen Selbstzeugnisse nur eine nachgeordnete Rolle. Um einzelne Lücken in der Darstellung der finnischseitigen Aspekte zu schließen, wird – wenn auch bewusst in begrenztem Maße – auf Erinnerungsliteratur (etwa Karl-August Fagerholm, Max Jakobson, Viktor Vladimirov[233]) und die edierten Tagebücher Kekkonens[234] zurückgegriffen. Detaillierte Auswertungen relevanter finnischer Selbstzeugnisse finden sich in der verwendeten finnischen Forschungsliteratur.

---

233 Fagerholm, Puhemiehen ääni; Jakobson, Pelon ja toivon aika; Vladimirov, Näin se oli.
234 Urho Kekkosen päiväkirjat, t. 1.

II. Die NATO im Kontext globaler Entwicklungen

Die NATO ist der Hauptakteur dieser Studie. In folgendem Kapitel wird dennoch nicht die Geschichte der NATO erzählt, diesbezüglich sei auf die vielfältige einschlägige Literatur verwiesen[1]. Aus einer deutschen Perspektive – die verständlicherweise in deutschen Publikationen vorherrscht – scheint sich im Kalten Krieg immer alles um Berlin und die ›deutsche Frage‹ zu drehen[2]. Für die Untersuchung der NATO und der finnischen Krisen der Jahre 1958 bis 1961 sowie der Entwicklung bis dahin ist die NATO jedoch als Akteur im Kontext der globalen Zusammenhänge zu betrachten. Das Bündnis wird also als »global player« verstanden. In der Folge werden ausgewählte Ausformungen der NATO-Geschichte bis 1961 kurz skizziert. Angesichts einer auf die Finnlandperzeptionen gerichteten Fragestellung stehen bei dieser Betrachtung zuerst den weltpolitischen Rahmen berührende Aspekte im Mittelpunkt, wie etwa die allgemeine machtpolitische Situation in Europa nach Beendigung des Zweiten Weltkrieges, die bipolare Mächtekonfrontation, die europäische und atlantische Integration und nicht zuletzt die Dualität innerhalb der NATO zwischen militärischem und politischem Bündnis. Derart verstanden und im Verlauf ihrer Entwicklung betrachtet, bildet das Bündnis ein einzigartiges Gebilde. Auf diesen Überlegungen fußend, sollen im Anschluss die Perzeptionsmuster der Nordatlantischen Allianz bezogen auf den »finnischen Fall« untersucht werden.

1. Nachkriegszeit: Europas Schwäche als Pate

Die landläufige Vorstellung von der NATO in ihren frühen Jahren ist häufig durch die Kenntnis späterer Entwicklungen verfälscht. So stellt sie sich in vielen Köpfen als mächtiges Bündnis in einer strikt bipolaren Welt dar – ein Bild das für die 1980er-Jahre zutreffend sein mag: Eine geschlossene Allianz, bis »an die Zähne« bewaffnet und mit einer multiplen atomaren Zerstörungskapazität versehen. Dazu gesellen sich Bilder einer starken – wenn auch im Vergleich zum sowjetischen

---

[1] Siehe Kap. I.6 und Literaturverzeichnis.
[2] Die Deutschlandfrage wird jedoch nicht nur von deutschen Historikern immer wieder als Ausgangspunkt für Fragen des Kalten Krieges gewählt. Siehe beispielsweise Trachtenberg, A Constructed Peace; Soutou, La guerre de cinquante ans. Auch für die Nachtfrostkrise und die Notenkrise ist die deutsche Frage durchaus relevant.

Gegner zahlenmäßig schwächeren – eingespielten und höchst einsatzbereiten konventionellen internationalen Streitmacht am ›Eisernen Vorhang‹.

Der Untersuchungszeitraum dieser Darstellung fällt in die ›Zeit des Kalten Krieges‹ oder in die ›Nachkriegszeit‹[3]. Auch wenn die Frage nach dem kriegerischen Charakter des Kalten Krieges erst an späterer Stelle diskutiert werden soll, so wird doch der deutliche Bezug dieser Periode zum Krieg bereits in dem Begriff ›Nachkriegszeit‹ manifest. Dies ist mehr als reine Semantik. In der Tat orientierten sich weite Teile der Denkmuster und somit auch der Perzeptionen an den gemachten Erfahrungen[4]. Zur Gründung der NATO im Jahr 1949 – also vier Jahre nach Ende des Zweiten Weltkrieges[5] – prägte dieser den Erfahrungshorizont im politischen und militärischem Denken. Das Kriegsbild basierte weitestgehend auf den Erfahrungen der späten Jahre dieses Weltbrandes. Konflikt- und Eskalationsmuster »kannten« die Entscheidungsträger bereits aus der Zeit um 1939. Ihre ›Lektionen‹ im Umgang mit Hitlerdeutschland hatten die Westmächte schmerzvoll gelernt, sie sollten sich nicht mit Stalins Sowjetunion wiederholen[6]. Insbesondere darf in diesem Zusammenhang der Aspekt der personalen Kontinuität auf den verschiedenen Entscheidungsebenen nicht unterschätzt werden. Exemplarisch sei diesbezüglich auf alliierter Seite nur auf Winston Churchill[7], Bernard L. Montgomery, Harry S. Truman[8], Dwight D. Eisenhower, Charles de Gaulle[9] oder Georgij K. Žukov, auf bundesdeutscher beispielsweise auf Hans Speidel hingewiesen. Auch »junge« Protagonisten wie etwa Franz Josef Strauß oder John F. Kennedy konnten – suchten sie nach historischen Parallelen – die aktuelle Entwicklung oft nur mit Analogien aus dem letzten Krieg in Einklang bringen. Auf niedrigerer Ebene traten personale Kontinuitäten noch stärker hervor. Auch die ›neue‹ atomare Dimension, die vielleicht den bestimmenden Faktor für strategisches Denken im Kalten Krieg darstellte, beruhte auf dem einzigen Einsatz von Atomwaffen, der ebenfalls im Zweiten Weltkrieg stattgefunden hatte. Hierbei ist außerdem zu be-

---

3   Zur Nachkriegszeit und dem Einfluss des Weltkrieges in Deutschland, England und Frankreich siehe Salewski, Geschichte Europas, S. 1078 f.: »In Westeuropa schwangen die Kriegsjahre lange nach, inzwischen sind sie in das historische Selbstverständnis des Kontinents nicht weniger eingegangen als jene des Dreißigjährigen Krieges; die verbrecherische Natur ›ihres‹ Krieges sollte die Deutschen zunehmend stärker psychologisch belasten [...] Nicht minder virulent blieb der Krieg aber auch in England und in Frankreich. In der ökonomisch-machtpolitischen Düsternis der fünfziger Jahre orientierte sich die englische Nation an ihrer heroischen Kriegsvergangenheit. Es kam nicht von ungefähr, daß erneut der Held des Krieges, Winston Churchill, ins höchste Amt berufen wurde – ganz in Parallele zu de Gaulle, den der Mythos der Kriegsjahre ebenfalls zurück an die Macht brachte.«
4   Über die »Epochengrenze 1945« hinweg führt auch Dülffer, Jalta.
5   Ende des Dritten Reiches.
6   Dies gilt insbesondere für die Politik des Appeasement der 1930er-Jahre. Watt, The Historiography of Appeasement.
7   Harriman/Abel, Special Envoy to Churchill and Stalin; Harbutt, The Iron Curtain; Charmley, Churchill's Grand Alliance.
8   Zur Diskussion über die Rolle von Harry S. Truman siehe McCullough, Truman; Offner, Another Such Victory; Leffler, A Preponderance of Power.
9   Peyrefitte, C'était de Gaulle; Bozo, Two Strategies.

rücksichtigen, dass der Atomschlag per Flugzeug in taktischer Hinsicht eine Fortentwicklung oder einen Spezialfall des »strategic bombing«[10] darstellte. Das Kriegsbild der 1950er- und 1960er-Jahre war insgesamt nach wie vor weitestgehend von »konventionellen« Vorstellungen geprägt. Der im amerikanischen Militärjargon viel zitierte Ausspruch »the better artillery on the battlefield with a bigger bang«[11] und viel mehr noch die entsprechenden Einsatzszenarios für militärische Übungen belegen dies.

Die Geschichte der NATO beginnt naturgemäß 1949, schließlich wurde dieses Bündnis am 4. April 1949 durch die Unterzeichnung des Vertrags in Washington[12] gegründet[13]. Zum Verständnis dieser nordatlantischen Geschichte im engeren Sinne muss jedoch kurz die weltpolitische und geostrategische Situation nach dem Zweiten Weltkrieg skizziert werden. Die mit der historischen Entwicklung des sowjetischen Einflussbereichs interdependente Geschichte des Westens bildet den Rahmen und die Voraussetzungen für die spätere NATO. Ohne diese Voraussetzungen betrachtet zu haben, können die späteren Entwicklungen nur schwerlich verstanden werden. NATO-Geschichte im engeren Sinne muss immer auf die »Geschichte des Westens« (also die NATO-Geschichte im weiteren Sinne) zurückgreifen. Ansonsten würde sie sich auf eine organisationsgeschichtliche Binnensicht beschränken. Sowohl das Entwicklungspotenzial, also die Möglichkeiten der NATO, als auch die späteren Hemmnisse und Unvollkommenheiten des Bündnisses lagen häufig bereits in der politischen und strategischen Gesamtsituation bis 1949 begründet.

Der Zweite Weltkrieg hatte in »noch nie dagewesenen Größenordnungen« zu immensen Verlusten an Menschenleben, Leiden, Zerstörung und wirtschaftlicher Entwurzelung geführt[14]. Damit zusammen hing eine fundamentale Umwälzung des internationalen Systems[15]. Alle Kriegsparteien hatten gewaltige finanzielle

---

[10] Bis auf den Pilotprojektcharakter des Atombombenabwurfs auf Hiroshima und Nagasaki unterscheidet sich das Grundprinzip des Einsatzes von A-Waffen – nämlich Atombomben mittels Bombern über Städten oder Verkehrsknotenpunkten abzuwerfen – noch in den frühen 1950er-Jahren wenig von deren erstem Einsatz 1945. Auch ist der »Weg von Hamburg und Dresden« nach »Hiroshima und Nagasaki« nur im Ansatz der aufgewandten Mittel, nicht aber im strategischen Denken ein weiter. Boog, Der strategische Bombenkrieg. S. 20–30; Overy, Why the Allies Won; Luftkriegführung im Zweiten Weltkrieg; Rosenberg, The Origins of Overkill. Grundlegend zum Wandel der Nuklearstrategie Freedman, The Evolution of Nuclear Strategy.

[11] Wiedergegeben auch bei Wolfgang Altenburg, Die Nuklearstrategie der Nordatlantischen Allianz. Vom Gegeneinander zum Miteinander im Ost-West-Verhältnis. In: Die Bundeswehr 1955 bis 2005, S. 331.

[12] Der Nordatlantikvertrag vom 4.4.1949 ist in zahlreichen Publikationen abgedruckt. In deutscher Sprache findet er sich beispielsweise im jeweils neuesten deutschsprachigen NATO-Handbuch. Auch ist er unter <www.nato.org> in allen NATO-Sprachen abrufbar. NATO-Handbuch, S. 603–606.

[13] Inkraft trat der Nordatlantikvertrag mit Hinterlegung der Ratifikationsurkunden durch alle Unterzeichnerstaaten am 24.8.1949. NATO-Handbuch, S. 606; vgl. Gersdorff, Die Gründung der Nordatlantischen Allianz.

[14] Weinberg, Eine Welt in Waffen, S. 936.

[15] Hillgruber, Eine Bilanz des Zweiten Weltkrieges, S. 53. Die These bleibt bis heute gültig; vgl. beispielsweise Müller, Der Zweite Weltkrieg.

Mittel für den Konflikt aufgewendet. So war die Wirtschaft der Sowjetunion durch den Krieg vollkommen ausgelaugt, Großbritannien hatte seine ökonomischen Möglichkeiten überreizt und war bei den Mitgliedern des Commonwealth und Indien hoch verschuldet. Italien hatte seine finanziellen Ressourcen völlig verbraucht. Das urbane Leben in Westeuropa und Deutschland lag – wenngleich auch in geringerem Masse als in Ost- und Südosteuropa – buchstäblich in Trümmern. Hinzu kam, dass sich in fast ganz Europa die Bevölkerung in Bewegung befand: Flüchtlinge, Heimkehrer, Kriegsgefangene, Umgesiedelte, Verschleppte unter dem Terminus »displaced persons« zusammengefasst bestimmten das Bild auf den Reiserouten der Nachkriegszeit. Genaue Zahlen hierzu sind auch nicht annäherungsweise zu ermitteln, doch waren gegen Kriegsende vermutlich weit über zehn Millionen Menschen »unterwegs«[16].

Von den kriegführenden Nationen schienen einzig die Vereinigten Staaten von Amerika ihre Kriegsanstrengungen wirtschaftlich zu verkraften. Zwei Drittel der Industriekapazität der Welt entfielen 1945 auf die neue »erste Weltmacht«. Zwar standen Sieger und Besiegte zweifelsfrei fest, doch schien in ökonomischer Hinsicht schon bald die Kategorisierung nach Siegern und Besiegten nicht entscheidend zu sein. Die Industrieproduktion der Sowjetunion war durch die immensen kriegsbedingten Menschen- und Materialverluste hinter ihre Vorkriegsleistung zurückgefallen. Die nunmehr gewaltige Ausdehnung des Herrschaftsbereichs, Gebietszuwächse, Reparationsleistungen und nicht zuletzt die millionenstarke siegreiche Rote Armee ließen Stalins Sowjetunion dennoch machtpolitisch neben den USA zum bedeutendsten Gewinner des weltweiten Konflikts und somit zu einer Supermacht werden[17].

Großbritannien hingegen musste als Weltmacht abtreten – zwar blieben die Interessen des Landes außereuropäisch global, die reale Macht schrumpfte jedoch weit hinter die hohen Ansprüche zurück. Die Aufgabe Indiens und der Rückzug aus Griechenland (1947) waren äußere Zeichen des Niedergangs[18]. Die ökonomische Abhängigkeit von den USA und die Ohnmacht gegenüber der Sowjetunion änderten bald auch die Ausrichtung des britischen Commonwealth[19], sodass nunmehr auch republikanische Mitgliedsländer zugelassen wurden. Indien sollte als Bollwerk gegen den Kommunismus in Asien gestärkt werden. Trotz des Sieges über das Deutsche Reich blieb in Großbritannien ein Gefühl der Schwäche. So kam der Ständige Staatssekretärsausschuss unter William Strang beispielsweise 1949 zu dem Ergebnis, dass selbst Westeuropa und das Commonwealth gemeinsam weder ökonomisch noch militärisch in der Lage seien, sich gegen die UdSSR zu behaupten[20]. Trotzdem oder gerade deswegen dachte man in London global. Die »kommunistische Gefahr« schien vor allem in Asien zu drohen. Dort be-

---

[16] Weinberg, Eine Welt in Waffen, S. 932–937.
[17] AWS, Bd 1 (Beitrag Wiggershaus), S. 3–5.
[18] Kuniholm, The Origins of the Cold War.
[19] Kitchen, The British Empire and Commonwealth.
[20] Ovendale, Britische Außen- und Bündnispolitik, S. 129 f.

fürchtete die britische Regierung unter Clement Attlee[21] einen ›Dominoeffekt‹ und versuchte, die USA als Partner im asiatischen Raum zu gewinnen. Dort wurde Indochina als eine Art ›Eckstein der Verteidigung‹ Asiens gesehen. Sollte Indochina fallen – so nahm man in London und Paris an – seien auch Thailand[22], Birma[23] und Malaya[24] der Gefahr ausgesetzt, dem Kommunismus ausgeliefert zu sein[25].

Frankreich befand sich kriegsbedingt und strukturell in einer teilweise katastrophalen wirtschaftlichen Lage und hing ebenso wie Großbritannien finanziell von US-amerikanischen Milliardenkrediten ab. Bei den Wahlen zur Nationalversammlung 1945 hatte die Kommunistische Partei 25 Prozent der Stimmen erhalten. Sie schied erst 1947 aus der Regierung aus. Trotz der wirtschaftlichen und politischen Schwäche verfolgte Frankreich wie Großbritannien weiterhin Ansprüche einer Großmacht. Die französischen Interessen reichten nach wie vor weit über die Grenzen Europas hinaus. Das französische Engagement in Nordafrika und in Indochina[26] überstieg allerdings bei Weitem die politischen und finanziellen Möglichkeiten der Vierten Republik[27].

Als ab etwa 1947/48 in Großbritannien und Frankreich den Sicherheitsproblemen »vor der eigenen Haustür« vermehrt Aufmerksamkeit geschenkt wurde, mussten die westeuropäischen Mächte immer mehr ihre wirtschaftliche und militärische Ohnmacht eingestehen. Sowohl die Gründung der Westunion und letztendlich der NATO als auch die der Bundesrepublik Deutschland stand in unmittelbarem Zusammenhang mit der westeuropäischen Bedrohungsperzeption. Die sowjetische Machtpolitik in Polen[28], Ungarn[29], Bulgarien[30], Rumänien[31], der Tschechoslowakei[32] und nicht zuletzt in der Sowjetisch Besetzten Zone Deutschlands[33] sowie in Berlin nährte dabei ohnehin vorhandene ideologische Differenzen[34]. Schon früh wurde die Lösung in einer Allianz gesucht. Doch auch die durch den Brüsseler Fünf-Mächte-Vertrag vom 17. März 1948 zustande gekommene

---

[21] Clement Richard Attlee (1883–1967), Britischer Premierminister 1945–1951.
[22] 1939 wurde Siam in Thailand umbenannt.
[23] Birma (engl. Burma), seit 1989 Myanmar. Unabhängigkeit 1948.
[24] Ab 1948 Föderation Malaya aus den britischen Settlements Penang und Malakka. Unabhängigkeit 1957.
[25] Ovendale, Britische Außen- und Bündnispolitik, S. 132 f.; siehe auch Deighton, The Impossible Peace.
[26] Französisch-Indochina, bestehend aus Vietnam, Kambodscha und Laos, 1945 Ausrufung der Demokratischen Republik Vietnam, ab 1946 militärisches Eingreifen Frankreichs.
[27] Siehe hierzu Elgey, La République des Illusions; Young, France, the Cold War and the Western Alliance; Wall, L'influence américaine; AWS, Bd 1 (Beitrag Wiggershaus), S. 5 f. Zur französischen Algerienpolitik und der französischen Schwäche siehe Connelly, A Diplomatic Revolution, S. 65.
[28] Wyrwa, La résistance polonaise.
[29] Borhi, Empire by Coercion, S. 47–72.
[30] Wolff, Creation of a Soviet Empire, S. 274–296; Crampton, A Concise History of Bulgaria.
[31] Verona, Military Occupation and Diplomacy.
[32] Mastny, Russia's Road to the Cold War, S. 270.
[33] Staritz, Die Gründung der DDR.
[34] Winkler, Der lange Weg nach Westen, Bd 2, S. 131.

Westunion[35] änderte nur wenig an dieser Schwäche Westeuropas. Im Juli 1948 stellten die Außenminister der Westunion fest, dass das Bündnis »militärisch unfähig«[36] sei, sich selbst zu verteidigen. Dieses Problem konnte nur mit Hilfe der amerikanischen Partner aus dem letzten Krieg gelöst werden.

Das amerikanische Engagement in Europa kam aber erst spät und auf das Drängen der Briten und Franzosen hin zustande[37]. Die USA suchten dabei ihre politische und militärische Handlungsmöglichkeit möglichst breit gefächert zu halten, um nicht in einen europäischen Konfliktautomatismus zu geraten[38]. Die Folge war, dass die NATO als eine multinationale Organisation entstand, der eine »Diskrepanz zwischen Plänen und Mitteln«[39] gleichsam in die Wiege gelegt wurde. Die Mitglieder des Bündnisses behielten die uneingeschränkte, souveräne Verfügungsgewalt über alle Entscheidungen und Ressourcen in den nationalen Sicherheits- und Verteidigungsbereichen. Die NATO verfügte demzufolge über keine eigenen Streitkräfte und erhielt folglich ursprünglich auch keine eigene militärische Gliederung[40]. Als Organisation mit einer entsprechenden militärischen Planungs- und Befehlsstruktur entstand sie gar erst Ende des Jahres 1950[41].

Die Struktur der Allianz kann für deren Anfangszeit als ausgesprochen lose charakterisiert werden. Ihre militärische Organisation, das Military Committee, hatte ursprünglich die gleichen Probleme wie auch die politische Seite, das North Atlantic Council. Zusammenarbeit fand bei unregelmäßigen Treffen auf Ministerebene statt und beim Etablieren ständiger Strukturen spielten nationale Rivalitäten und Fragen des Prestiges nicht selten eine tragfähige Konstruktionen verhindernde oder zumindest verzögernde Rolle. Mit der Standing Group, die sich jedoch auf die drei Hauptmächte der Allianz[42] beschränkte, verfügte das Miltary Committee jedoch wenigstens über einen permanenten Ausschuss[43]. Vor allem die Frage nach einem zukünftigen (west-)deutschen Beitrag trug nicht dazu bei, die vor allem angloamerikanisch geführte Allianz zu stärken[44]. Entsprechend negativ sahen nach etwas mehr als einem Jahr NATO-Geschichte auch die militärischen Bewertungen aus. Am 18. November 1950 notierte der Sekretär der Standing Group, Colonel Donnelly, in sein Tagebuch: »To date we have not attained any goal of military

---

35 Zum Forschungsstand bzgl. WEU siehe Birk, Der Funktionswandel der Westeuropäischen Union, S. 17 - 23.
36 FRUS 1948, vol. 3, S. 195.
37 Kent, British Imperial Strategy, S. 110 f.; Creswell, With a Little Help, S. 1 - 28; vgl. hier und im Folgenden Gersdorff, Die Gründung der Nordatlantischen Allianz.
38 Gegenüber den sowjetisch besetzten Staaten in Europa stellt Lundestad gar eine isolationistische »Nicht-Politik« fest. Lundestad, The American Non-Policy.
39 AWS, Bd 1 (Beitrag Greiner), S. 157.
40 Ebd., S. 148 - 162.
41 Heuser, Die Strategie der NATO, S. 51.
42 USA, Großbritannien und später Frankreich.
43 Pedlow, Putting the »O«, S. 153 - 155.
44 Abelshauser, The Causes and Consequences, S. 311 - 331. Zu den dänischen Vorbehalten siehe Thoß, NATO-Strategie, S. 259 - 275.

importance – no troops, no equipment, no overall commander, in fact no real agreement[45].«

Erst angesichts des Koreakrieges beschleunigte sich die militärische Integration[46]. Am 19. Dezember 1950 ernannte das North Atlantic Council General Dwight D. Eisenhower zum ersten Obersten Alliierten Befehlshaber Europa (Supreme Allied Commander Europe, SACEUR) und einen Tag später wurde die militärische Organisation der Westunion in die Nordatlantikpakt-Organisation integriert[47]. Ab Februar 1952[48] kann von der NATO als einer »ständigen Organisation« die Rede sein. Militärisch waren freilich die Probleme allein mit der Etablierung von Kommandostrukturen noch nicht gelöst. Überliefert ist diesbezüglich das Bonmot, die NATO gleiche der Venus von Milo: »Just SHAPE, no arms«[49] und in der Tat wurden die militärischen Probleme der Verteidigung Westeuropas erst mit dem Beitritt der Bundesrepublik Deutschland und der Aufstellung der Bundeswehr ab 1956 gelöst.

So gehörte, wenn vielleicht auch nicht global, dann doch zumindest im europäischen Maßstab, die deutsche Frage – und als verkleinertes Spiegelbild derselben auch die Berlinfrage – nicht zuletzt angesichts der Ohnmacht der europäischen Siegermächte eben doch zu den bestimmenden Fragen der Nachkriegszeit. So wie der Krieg gegen Hitlerdeutschland die Weltpolitik zwischen 1939 und 1945 maßgeblich bestimmt hatte, so wurde die Deutschlandfrage auch zur ›Gretchenfrage‹ des Ost-West-Konflikts in Europa. Das westdeutsche Verteidigungspotenzial geriet zum ›Zünglein an der Waage‹[50]; seit 1949 hinderte die angenommene »Streitkräftelücke«[51] die NATO an der Implementierung einer wirkungsvollen konventionellen Verteidigung an der NATO-Ostgrenze (Vorneverteidigung). So ist die Feststellung, der Kalte Krieg habe nicht zuletzt in Berlin begonnen, auch bei Einnahme einer von Deutschland losgelösten euro-atlantischen Perspektive korrekt. Stalins Versuch, mit der Blockade Berlins die Westmächte zu zwingen, West-Berlin zu räumen, die Währungsreform in den Westzonen rückgängig zu machen und die Pläne einer Weststaatsgründung aufzugeben, führte mit der Erfahrung der erfolgreichen Luftbrücke zur Konsolidierung des Westens, einschließlich der späteren Bundesrepublik Deutschland[52].

Politisch bildete freilich die NATO bereits durch ihre bloße Existenz eine Macht. Die überragende Rolle der USA mit ihrem nuklearen Abschreckungspotenzial kann dabei gar nicht überschätzt werden. Angesichts des nuklearen Monopols der USA und der damit zusammenhängenden militärischen Überlegenheit des

---

[45] Tagebuch Colonel Donnelly, zit. nach Pedlow, Putting the »O«, S. 158.
[46] AWS, Bd 1 (Beitrag Greiner), S. 287–291.
[47] NATO-Handbuch, S. 606, 476.
[48] Nordatlantikratstagung in Lissabon, 20.–25.2.1952.
[49] Zit. nach Knorr, The Strained Alliance, S. 5; Krüger/Wiggershaus, Einführung, S. XVI.
[50] Zur gemeinsamen »westlichen« Leitvorstellung des »europäischen Deutschland« siehe Schmidt, Strukturen des »Kalten Krieges«, S. 18 f.
[51] Thoß, NATO-Strategie, S. 17–38.
[52] Winkler, Der lange Weg nach Westen, Bd 2, S. 130 f.

Westens führte die vom 4. August 1948 bis zum 12. Mai 1949 andauernde Blockade jedoch nicht zu einer militärischen Konfrontation – die Krise wurde letztendlich durch die Demonstration militärischer Stärke, gepaart mit diplomatischen Verhandlungen gelöst[53]. Eine Strategie, die der Westen nicht nur angesichts der Berlinblockade immer wieder zur Anwendung brachte[54].

2. Konfrontation als Kontinuum

Die Konstante der Konfrontation mit der UdSSR in der Nachkriegszeit bestimmte die Politik im Westen. Sie bedingte die Gründung von NATO und Warschauer Pakt; letztendlich führte sie zu einer Wahrnehmung der Welt als bipolares Gebilde mit zwei sich antagonistisch gegenüberstehenden Supermächten, als ›Ost‹ und ›West‹[55]. Doch schaffte die Ost-West-Konfrontation in Verbindung mit der Ausdehnung des sowjetischen Machtbereichs nach Mitteleuropa auch erst die Voraussetzungen für die westliche Integration[56].

Selbst wenn vieles dafür spricht, die Periode der Ost-West-Konfrontation mit der Russischen Oktoberrevolution oder gar noch früher beginnen zu lassen, so beschränkt sich diese Untersuchung auf den Ost-West-Konflikt im engeren Sinne, also auf die Zeit nach Ende des Zweiten Weltkrieges[57]. Bereits im Frühjahr 1945 sprach Stalin gegenüber Milovan Djilas aus, was er als »das Neuartige« an der entstehenden Nachkriegsordnung ansah: »This war is not as in the past; whoever occupies a territory also imposes on it his own social system. Everyone imposes his own system as far as his army can reach. It cannot be otherwise[58].« So entstand in der Folge der Konferenz von Jalta eine bipolare Welt[59]. In der Zeit bis 1956/57 wechselte die bipolare Konfrontation ihre Intensität, während die Integration des Westens, wenn auch nicht linear, immer weiter fortschritt. Im Folgenden werden

---

[53] Schöllgen, Geschichte der Weltpolitik, S. 54 f.
[54] Vaïsse, De Gaulle's Handling, S. 67–79.
[55] Siehe hierzu u.a. Gaddis, The Emerging Post-Revisionist Synthesis, S. 171–204; Gaddis, We Now Know; Loth, Die Formierung der Blöcke, S. 7–24; Loth, Die Teilung der Welt; Crockatt, The Fifty Years War; Trachtenberg, A Constructed Peace.
[56] Deutlich wird dies u.a. in der berühmten Harvard-Rede von George C. Marshall. Schwabe, The Origins of the United States' Engagement, S. 166. Dieser Gedanke findet sich auch bei Krüger, Sicherheit durch Integration?
[57] Für weitreichendere Kontinuitätslinien wird auf das finnlandbezogene Kap. III dieser Arbeit verwiesen. Dort wird die Finnlandperzeption und Finnlandpolitik späterer NATO-Länder ab dem Zeitpunkt der finnischen Unabhängigkeit betrachtet. Wo zum Verständnis nötig, fließen hier auch die Beziehungen zur Sowjetunion mit ein.
[58] Zit. nach Rubinstein, Soviet Foreign Policy, S. 73.
[59] Dülffer, Jalta. Jüngst relativierten Greiner, Müller und Walter das Bipolaritätsparadigma in Bezug auf die sog. Dritte Welt. Sicherlich ist auch nicht jede politische Handlung und jeder Konflikt monokausal nur auf die bipolare Mächtekonfrontation zurückzuführen. Dennoch kann die Bipolarität vor allem in Europa zu recht als *das* zentrale Paradigma verstanden werden. Siehe hierzu auch Gaddis, The Cold War, S. 120; vgl. Heiße Kriege im Kalten Krieg, S. 8 f.

daher schlaglichtartig Stationen und grundlegende Dimensionen der Nachkriegszeit und des Kalten Krieges bis 1961 herausgearbeitet[60].

a) Wirtschaft als Waffe

Während der ersten Phase des Kalten Krieges ist hier die Sowjetisierung Ungarns und Polens von 1946 bis 1947 hervorzuheben. Insbesondere die sowjetische Polenpolitik ließ in Großbritannien und den USA den Eindruck aufkommen, dass Stalin durchaus an Methoden und Maßnahmen aus der Zeit seines Bündnisses mit Hitler anknüpfe. Aber auch in Asien drohte sich der Kommunismus stalinistischer Prägung auszubreiten. Containment lautete die als Truman-Doktrin bekannt gewordene Antwort, wobei es im Kern darum ging, ein weiteres Ausbreiten der sowjetischen Einflusssphäre und somit nicht zuletzt eine Übernahme wichtiger Rohstoffquellen durch die Sowjetunion zu verhindern[61]. In Europa sollte das European Recovery Program (ERP), bekannter als Marshallplan, ein Ausbreiten des Sowjetkommunismus verhindern[62]. Dabei ging George C. Marshall von der Grundannahme aus, dass eine Sowjetisierung Europas weniger durch eine direkte militärische Aktion der UdSSR – also außenpolitisch – drohe, als durch die wirtschaftliche – innere – Schwäche Europas. Stalin kalkuliere, so nahm man in Washington an, dass Hunger, Armut und Verzweiflung das geschundene Europa von innen heraus dem Kommunismus zuführen werde[63]. Das ERP richtete sich an alle europäischen Staaten. Die Tschechoslowakei und Polen stimmten zuerst einer Teilnahme an der Pariser Marschallplankonferenz zu, mussten diesen Entschluss jedoch aufgrund sowjetischen Druckes bald revidieren[64]. Der kommunistische Staatsstreich in der tschechoslowakischen Hauptstadt zeigte dem Westen deutlich, dass es keinen »dritten Weg« innerhalb der sowjetischen Einflusssphäre geben durfte[65]. »Prag« lautete in Folge das Argument gegen jede konziliante Haltung gegenüber der

[60] Diese Beschreibung an und für sich bekannter Sachverhalte dient der Kontextualisierung der Finnlandperzeption der NATO. Der Fragestellung entsprechend kann hier jedoch nicht die gesamte Vielfalt der Literatur zum Ost-West-Konflikt ihren Niederschlag finden. Im Wesentlichen orientiert sich die Darstellung der Konfrontation daher an Mastny/Schmidt, Konfrontationsmuster.
[61] McMahon, Heiße Kriege im Kalten Krieg, S. 20. Grundlegend zur Politik des Containment immer noch Gaddis, Strategies of Containment; Etzold/Gaddis, Containment.
[62] Siehe hierzu Dulles, The Marshall Plan; Melandri, L'intégration contre la désintégration.
[63] Gaddis, The Cold War, S. 30–32. Zum Marshallplan ist im Laufe der Jahre eine nicht überschaubare Fülle an Publikationen erschienen. Einen Überblick bieten u.a. folgende Darstellungen: Beugel, From Marshall Aid to Atlantic Partnership; Gimbel, The Origins of the Marshall Plan; AWS, Bd 1 (Beitrag Greiner); Pisani, The CIA and the Marshall Plan; Dulles, The Marshall Plan; Hardach, Der Marshall-Plan; Berger/Ritschl, Die Rekonstruktion der Arbeitsteilung, S. 473–519. Insbes. das von Michael Wala hrsg. Werk Dulles, The Marshall Plan, kann als Standardwerk angesehen werden.
[64] Parrish, The Turn Toward Confrontation; Hacker, Der Ostblock.
[65] Zum kommunistischen Staatsstreich in Prag siehe u.a. Fejtö, Le Coup de Prague; Kaplan, Der kurze Marsch.

UdSSR. In Finnland wurde dies rasch erkannt und »freiwillig« die Beteiligung am Marshallplan aufgegeben. Das »Prag-Argument« galt auch hier[66].

Im September 1947 wurde in Belgrad unter direkter Bezugnahme auf die Rede Trumans vom 12. März 1947, in der zum Kampf gegen »totale Regierungsformen« aufgerufen wurde, das Kommunistische Informationsbüro (Kominform) gegründet. Auf der Gründungsveranstaltung stellte Andrej A. Ždanov als Vertreter der sowjetischen Delegation die ›Zwei-Lager-Theorie‹ vor, nach der die Welt sich als in ein mit den Attributen »imperialistisch-antidemokratisch« besetztes »burgeois-nationalistisch-kriegstreiberisches« und ein mit den Begriffen »antiimperialistisch-demokratisch« belegtes »friedfertig-sozialistisches« Lager aufteilt. Die »Unterstützung faschistischer Systeme und die Bekämpfung des Sozialismus« seien die Ziele der USA und ihrer Vasallen. Es sei die Aufgabe der Sowjetunion, ihrer Bruderstaaten und aller Kommunisten sich für den Kampf gegen den Imperialismus vorzubereiten[67]. Das Stichwort des Antiimperialismus richtete sich vor allem auf die nach Unabhängigkeit strebenden Kolonien der europäischen Staaten. Hier wird der globale Zusammenhang des Kalten Krieges besonders deutlich.

In Europa richteten sich indes aller Augen auf Berlin, wo die bis Mai 1949 andauernde Blockade Berlins bei den ehemaligen Kriegsgegnern ein Gefühl antikommunistischer Solidarität ausgelöst hatte. Die Spaltung Berlins und die bilateralen militärischen Beistandspakte der UdSSR mit ihren Satelliten ließen die Bedrohung im nun ›Westen‹ genannten Teil Europas immer stärker erscheinen[68]. Der inzwischen Kalter Krieg genannte Konflikt zwischen ›West‹ und ›Ost‹ spielte sich in Europa weitestgehend auf wirtschaftlicher Ebene ab. Dies darf jedoch keineswegs zu Verharmlosungen der Situation verleiten. In dem vom Zweiten Weltkrieg geschwächten Europa der unmittelbaren Nachkriegszeit konnten wirtschaftliche Fragen über Regierungsformen bis hin zur Überlebensfähigkeit freiheitlicher Demokratien entscheiden. Dass wirtschaftlichem Handeln immer auch eine machtpolitische Komponente innewohnte, zeigt sich auch am Rat für gegenseitige Wirtschaftshilfe (RGW oder COMECON). Als am 8. Januar 1949 der RGW gegründet wurde, wies Stalin diesem die Funktion eines politischen Instruments in der Auseinandersetzung mit dem »angloamerikanischen Imperialismus« zu. Nach Alexander Fischer muss davon ausgegangen werden, dass von den beiden bedeutendsten Paktorganisationen des ehemaligen Ostblocks, dem RGW und der Vertragsorganisation des Warschauer Paktes, vor allem die Gründung des RGW im Jahre 1949 in engem Zusammenhang mit der Entstehungsgeschichte der NATO und den damit einhergehenden Veränderungen in den internationalen Beziehungen steht. Somit ist der RGW und nicht erst der 1955 gebildete Warschauer Pakt als Gegenpol zur NATO zu sehen[69]. Der wirtschaftliche Zusammenschluss des ›Ostens‹ war umso bedeut-

---

66 Siehe hierzu Thomas, Finnland zwischen Frieden und Kaltem Krieg.
67 Schmidt, Strukturen des »Kalten Krieges«, S. 237; siehe auch Stöver, Der Kalte Krieg, S. 25.
68 Siehe hierzu u.a. Buffet, The Berlin Crisis, S. 84–104.
69 Fischer, Sowjetische Reaktionen, S. 65. Fischer stützt sich hierbei auf Kaplan, Die Entwicklung des Rates für gegenseitige Wirtschaftshilfe.

samer, als im September 1949 die Existenz einer sowjetischen Atombombe öffentlich bekannt wurde. Militärisch war der Sowjetblock – konventionell ohnehin überlegen – nun im Begriff, auch nuklear gleichzuziehen.

Während mit der Gründung der NATO in Europa bis auf das Deutschlandproblem der Status quo gesichert schien[70], die Politik des Containment also einen ersten Erfolg aufweisen konnte, blieb Asien eine Schwachstelle. Der kommunistische Aufstand in Malakka[71] 1949 zeigte spätestens, dass der Kalte Krieg nun auch in Asien ausgebrochen war. Seit der Proklamation der Volksrepublik China erwuchs den USA in Asien ein neuer potenter Gegner und auch der seit 1946 andauernde Indochinakrieg erhielt zunehmend eine ideologische Komponente[72]. Der militärtechnische Erfolg der UdSSR schien dem ›sozialistischen Lager‹ neues Selbstbewusstsein zu geben.

b) Heißer Krieg als Bedrohung

Mit dem Handelsabkommen zwischen der UdSSR und Nordkorea von 1949 schien – zumindest in der Retrospektive – bald ein neuer Konflikt in Asien seinen Lauf zu nehmen[73]. Die Parallelen zur Situation in Berlin waren dabei für die Zeitgenossen mehr als offensichtlich. Der Ost-West-Konflikt erhielt eine neue Dimension, als am 25. Juni 1950 der Koreakrieg ausbrach[74]. Truppen des kommunistisch geführten Nordkorea überfielen den südlichen Teil des Landes. Der Ausbruch des Krieges wird als »Schock für die westliche Welt«[75] beschrieben; westlichen Beobachtern zufolge standen die Sowjetunion und die Volksrepublik China hinter dem Überfall Nordkoreas. Am 7. Juli 1950 genehmigte der Sicherheitsrat der Vereinten Nationen Sanktionsmaßnahmen gegen Nordkorea. Ein Gemeinsames Oberkommando unter Führung der USA wurde eingerichtet. Unter dem US-amerikanischen Oberbefehlshaber General Douglas MacArthur[76] beteiligten sich neben Äthiopien, Australien, Kolumbien, Neuseeland, Philippinen, Südafrika, Südkorea und Thailand die NATO-Mitgliedstaaten Belgien, Frankreich, Großbritannien, Kanada, Luxemburg, Niederlande und USA sowie die ab dem Jahr 1952 zur NATO gehörenden Staaten Griechenland und Türkei an den Kampfhandlungen. Die nordi-

---

[70] Zur Gründung der NATO siehe Gersdorff, Die Gründung der Nordatlantischen Allianz; Brinkley, Dean Acheson and European Unity, S. 129-160; Folly, Breaking the Vicious Circle, S. 59-77.
[71] Ab 1963 Malaysia.
[72] Zum Indochinakrieg siehe u.a. Dalloz, The War in Indochina; Duiker, U.S. Containment Policy; Folin, Indochine.
[73] 1950 schlossen die UdSSR und China einen Beistandspakt. Zu Chinas Rolle im Koreakrieg siehe Jian, China's Road.
[74] Zum Koreakrieg und seiner Bedeutung im Kalten Krieg siehe Soutou, La guerre de cinquante ans, S. 227-264; Fautua, The »Long Pull« Army; Leffler, A Preponderance of Power.
[75] Schöllgen, Geschichte der Weltpolitik, S. 70.
[76] Zu Douglas MacArthur siehe Manchester, American Caesar.

schen NATO-Partner Dänemark, Island und Norwegen aber auch Italien und Portugal beteiligten sich indes nicht am Koreakrieg.

Der Siegeszug der mit den USA verbündeten Truppen[77] wandelte sich mit dem Eingreifen etwa 700 000 chinesischer »Freiwilliger« auf nordkoreanischer Seite zum Rückzug der ›westlichen‹ Truppen[78]. Der Koreakrieg zeigte deutlich, wie »heiß« der Kalte Krieg geworden war. Dem Stellungskrieg am 38. Breitengrad folgten westlicherseits sowohl Überlegungen, China in der Mandschurei anzugreifen[79] als auch handfeste Erwägungen zum Einsatz der Atombombe[80]. Truman lehnte dies jedoch ab und MacArthur wurde von seinem Oberkommando abgelöst[81]. Der nordkoreanische wie auch der chinesische Angriff wurden im Westen allgemein der Initiative Stalins zugeschrieben[82]. Nicht zuletzt die sowjetische Aufbauhilfe in Nordkorea und die amerikanische Wirtschaftsförderung in Südkorea nach dem Waffenstillstand von Panmunjom[83] führten der westlichen Öffentlichkeit deutlich vor Augen, dass der koreanische Konflikt als Teil der Ost-West-Auseinandersetzung mit den jeweiligen Führungsmächten UdSSR und USA zu interpretieren sei. In Korea fielen 36 568 Amerikaner und vermutlich um die 600 000 Chinesen. Die zivilen und militärischen Verluste auf beiden koreanischen Seiten werden bei weit über zwei Millionen Menschen angenommen. Trotz des Rückzuges der ›westlichen‹ UN-Truppen kam es nicht zu einem Einsatz der Atombombe. Der Koreakrieg zeigte aber auch, dass ein konventioneller Krieg unter dem Atomschirm sehr wohl möglich sein konnte. Nukleare Abschreckung allein reichte zur Kriegsverhinderung nicht mehr aus. Einen Trost bildete lediglich, dass atomar bewaffnete Mächte bei einer indirekten Konfrontation freiwillig auf den Einsatz von Atomwaffen verzichtet hatten. Zumindest auf nuklearer Ebene hatte das ›Gleichgewicht des Schreckens‹ funktioniert[84].

---

[77] Überschreitung der Demarkationslinie (38. Breitengrad) am 7.10.1950; Einnahme der nordkoreanischen Hauptstadt Pjöngjang am 19.10.1950.

[78] Rückeroberung Pjöngjangs am 5.12.1950, Einnahme der südkoreanischen Hauptstadt Seoul am 4.1.1951.

[79] FRUS 1950, vol. 7, S. 1148 f.

[80] Ebd., S. 1041 f.

[81] Gaddis, The Cold War, S. 48–50.

[82] Zur Frage der Einflussnahme der Sowjetunion siehe insbesondere Bonwetsch, Die Sowjetunion und der Beginn des Korea-Krieges; Kuhfus, Widerstand und Hilfe; Jian, The Sino-Soviet Alliance; Jian, China's Road. Weiterhin zum Koreakrieg Appleman, Disaster in Korea; Bajanov, Assessing the Politics; Bonwetsch/Kuhfus, Die Sowjetunion, China und der Koreakrieg, S. 28–87; Child of Conflict; Cumings, The Origins of the Korean War; Dobbs, The Unwanted Symbol. Insgesamt kann China und wohl auch die Sowjetunion als Triebfeder hinter dem Angriff Nordkoreas gesehen werden. Im Widerspruch hierzu Goncharev/Lewis/Litai, Uncertain Partners.

[83] Waffenstillstand vom 27.7.1953.

[84] Gaddis, The Cold War, S. 50.

c) Stärke durch Einigkeit

Aus ›Prag‹, ›Berlin‹ und ›Korea‹[85] konnten zwei wesentliche Folgerungen gezogen werden. Zum einen musste der Westen einig und stark sein, um auch gegen lokal begrenzte Kriege gewappnet zu sein. Zum anderen war es erforderlich, Gesprächsbereitschaft zu signalisieren, um in der Weltöffentlichkeit nicht als Kriegstreiber dazustehen und lokale Konflikte, für die der ›Westen‹ nicht ausreichend gerüstet war, bereits im Vorfeld zu verhindern. Ein Dilemma, denn schließlich konnte Gesprächsbereitschaft als Schwäche ausgelegt werden und dadurch wiederum lokal begrenzte Kriege heraufbeschwören.

Bereits am 9. Dezember 1952 wurde mit dem NATO-Dokument MC 14/1 auf der Konferenz von Lissabon die »forward strategy« beschlossen. Kern dieses strategischen Ansatzes war eine Verteidigung des europäischen NATO-Gebiets so weit »vorne«, also östlich, wie möglich. Als Zielvorgabe wurde eine Struktur mit 96 Divisionen für erforderlich befunden. Die Bewaffnung Westdeutschlands war hierfür notwendig, um die sogenannte Streitkräftelücke, die quantitative militärische Unterlegenheit des Westens gegenüber dem Ostblock, zu schließen, also um die westdeutschen personellen und materiellen Verteidigungsressourcen zu nutzen. Einen Monat vorher war den USA die Zündung einer Wasserstoffbombe gelungen. Erst knapp ein Jahr später, am 8. August 1953, konnte Georgij M. Malenkov die sowjetische H-Bombe ankündigen[86]. In den USA bedeutete dies die Hochzeit der Rhetorik des Rollback mit der ›Befreiungsideologie‹ sowie der Strategie der »massive retaliation«. Die Rollback-Politik setzte vor allem auf die klassische Propaganda mittels Flugblättern, Radiosendungen und Briefaktionen. Aber auch wirtschaftliche Hilfen – wie nach dem Aufstand vom 17. Juni an die DDR oder 1957 an Polen – oder kulturellen Austausch sah man als einen Bestandteil dieser Politik an[87]. Etwa zeitgleich begann sich aber auch mit der Bildung einer UN-Abrüstungskommission 1952 schon die première détente[88] abzuzeichnen, die vor allem der Schwäche der Sowjetunion durch den Tod Stalins am 5. März 1953 zugeschrieben wird[89] und deren sichtbarsten Merkmal Chruščevs Einschwenken auf eine ›Politik der friedlichen Koexistenz‹[90] war. Die Außenministerkonferenz der vier alliierten Siegermächte Anfang des Jahre 1954, der Friedensvertrag in Korea, der Waffenstillstand in Indochina und der Staatsvertrag für Österreich können hierbei durchaus als Lösungsversuche aus dem Dilemma des atomaren Patts ver-

---

[85]   Zur Verknüpfung zwischen der deutschen Wiederbewaffnung und der Koreakrise siehe Mai, Westliche Sicherheitspolitik. Auch wenn hier manches, insbesondere zu den Ambitionen der UdSSR, inzwischen überholt ist, ist doch insbesondere die Darstellung der amerikanischen, britischen und französischen Positionen und Dilemmas noch heute lesenswert.

[86]   Zündung der ersten amerikanischen H-Bombe am 1.11.1952, der ersten sowjetischen H-Bombe am 12.8.1953.

[87]   Stöver, Rollback, S. 162.

[88]   Soutou, La guerre de cinquante ans, S. 265.

[89]   Fish, After Stalin's Death, S. 333–355.

[90]   Schmidt, Strukturen des »Kalten Krieges«, S. 25.

standen werden. Dabei galt es seitens der UdSSR durchaus auch die »Wiederbewaffnung« der Bundesrepublik Deutschland zu verhindern. Psychologisch schien
diese das Ergebnis des Sieges der UdSSR im »Großen Vaterländischen Krieg« infrage zu stellen sowie Einkreisungsängste zu schüren. Militärisch drohte die Bewaffnung der Bundesrepublik Deutschland in einem erheblichen Umfang das
konventionelle militärische Übergewicht der Sowjetunion in Europa zu stören.
Im Jahr 1956 endete endgültig diese »première détente«. Die Aufstellung der
Bundeswehr erfolgte im selben Jahr. Der Zusammenhalt des sowjetischen Blocks
war jedoch viel mehr von innen bedroht. Der berühmte XX. Parteitag der KPdSU
setzte Kräfte frei, die zum Juniaufstand in Posen und dem Ungarnaufstand im
Oktober 1956 führten. Doch auch der NATO drohte mit der Suezkrise ein gefährlicher Streit. Die Einigkeit des Bündnisses war jedoch eine Grundvoraussetzung für dessen relative Stärke im Konflikt mit der Sowjetunion[91]. Dies waren die
Kehrseiten der – an und für sich in ›Ost‹ und ›West‹ begrüßten – Entspannung:
Die Welt wurde dadurch nicht etwa sofort ungefährlicher, dagegen unmittelbar
unberechenbarer. Angesichts einer relativen Schwäche der Sowjetunion hatten bei
der NATO individuelle nationale Interessen der Mitgliedstaaten Überhand über
das Paradigma der Bipolarität gewinnen können.

3. Integration als Lösungsansatz

Die europäische Integration kann insgesamt bereits als recht gut erforscht gelten.
Auch ist der dienende Aspekt des europäischen Vereinigungsprozesses für ›den Westen‹ im Kalten Krieg, ebenso wie das amerikanische Drängen auf eine Vereinigung
Europas bekannt[92]. Vergessen wird hierbei manchmal die transatlantische Integration, also das Ausbilden einer NATO-Identität und integrierter Institutionen[93].

Nicht allein die Konfrontation stand der Integration Pate. Es waren auch die
Erfahrungen des Zweiten Weltkrieges, welche die späteren NATO-Staaten, aber
auch andere – in der Retrospektive als »westeuropäisch« gewertete – europäische
Staaten zunehmend enger zusammenrücken ließen. Es waren die Erfahrungen mit
Hitlerdeutschland, die sich nicht in Gestalt von Stalins Sowjetunion wiederholen
sollten. Kollektive Erfahrungen von Fremdbestimmung und Gewaltherrschaft
sowie der Schrecken des Krieges an sich förderten eine »westliche Identität«. Nach
den kriegsbedingten Zerstörungen waren es zudem die wirtschaftlichen Zwänge,
die nationale Alleingänge in den Bereich des Unmöglichen verwiesen. Außerdem
schien der Zweite Weltkrieg ein für allemal gezeigt zu haben, dass auf zukünftige
Herausforderungen nicht rein national geantwortet werden könne.

Die transatlantische Integration basierte auf der alliierten Zusammenarbeit im
Zweiten Weltkrieg. Bereits ab 1939 gewannen die britisch-amerikanischen Bezie-

---

[91]   Siehe hierzu den Sammelband Das internationale Krisenjahr 1956.
[92]   Zusammenfassend Knapp, Grundzüge der amerikanischen Europapolitik, S. 397–426.
[93]   Krüger, Sicherheit durch Integration?; Park, Defending the West; Walt, The Origins of Alliances.

hungen hierbei einen privilegierten Rang. Insgesamt kann festgestellt werden, dass die Regierung der USA alle Anstrengungen unternahm, Großbritanniens Stellung im Krieg gegen das Deutsche Reich zu festigen. Die Unterstützung der Sowjetunion ab 1941 war dagegen zögerlicher und verbesserte sich vor allem durch die Konfrontation der USA mit Japan. Es waren die – durch den deutschen Überfall herbeigeführten – machtpolitischen und geostrategischen Realitäten und nicht eine genuine Affinität der USA gegenüber der UdSSR, die letzterer die Rolle des »Festlanddegens« gegen Deutschland zuwies. Zugegebenermaßen keine beneidenswerte Position, doch resultierte hieraus schließlich die machtpolitische Konstellation, die Europa zum Ende des Zweiten Weltkriegs prägte[94]. Daher bestimmte das amerikanische Verhältnis zur anderen Flügelmacht des Zweiten Weltkrieges, der UdSSR, bald mehr die Europapolitik der USA, als das angloamerikanische Sonderverhältnis[95]. Das britische Verteidigungsdenken konzentrierte sich hingegen noch Ende der 40er-Jahre auf die Verteidigung des Vereinigten Königreichs und auf den Nahen und Mittleren Osten als Basis, Verbindungslinie und Öllieferant[96]. Erst mit dem Hervortreten des Kalten Krieges als Strukturmerkmal der internationalen Politik wurde die rüstungspolitisch und militärisch orientierte Sicherheitspolitik erneut zu einem zentralen Feld der transatlantischen, angloamerikanischen Beziehungen[97].

Für die Vereinigten Staaten von Amerika als weit entfernt liegende See- und Luftmacht waren es vor allem die Stützpunkte auf dem Weg zwischen Amerika und Europa bzw. der Sowjetunion, welche die praktischen militärischen Interessen in Europa bestimmten. Der kommunistische Staatsstreich in Prag sowie Berichte Norwegens über sowjetischen Druck zum Abschluss eines Nichtangriffpaktes wirkten hierbei auf die USA alarmierend[98]. Mit einem Vordringen der Sowjetunion bis zum Atlantik würde nicht nur die britische Gegenküste bedroht, sondern auch die Verbindung der USA zu Kontinentaleuropa. Wie bereits erwähnt, sollte der Marshallplan die Probleme im kriegsgeschwächten Europa lösen. Er verfolgte einerseits das eigenständige ökonomische Ziel des für die amerikanischen Wirtschaftsinteressen notwendigen Wiederaufbaus von potenziellen Handelspartnern, andererseits handelte es sich – wie bereits angeführt – um ein Instrument, das den kommunistischen Einfluss im ökonomisch und sozial zerstörten Europa verhindern sollte[99]. Militärische Präsenz in Europa war seitens der USA jedoch ursprünglich nicht vorgesehen.

Zur Kontrolle der ERP-Mittel wurde 1948 die OEEC gegründet. Dadurch sollte Westeuropa selbst in die Lage versetzt werden, eine schleichende sowjetische Expansion zum Atlantik zu verhindern. Die Zoll- und Handelsvereinbarungen von Genf (GATT) des Jahres 1947 wiesen in die gleiche Richtung. Es folgte »zur Wah-

---

[94] Forndran, Kontinuitäten und Veränderungen, S. 15.
[95] Knapp, Die Einstellung der USA.
[96] Ovendale, Britische Außen- und Bündnispolitik, S. 132–135.
[97] Forndran, Kontinuitäten und Veränderungen, S. 22.
[98] Kaplan, Amerika und die Bündnisverstrickungen, S. 3.
[99] Forndran, Kontinuitäten und Veränderungen, S. 24 f.

rung des europäischen Erbes und sozialen Fortschritts« am 8. August 1949 die Gründung des Europarates. Auf sicherheitspolitischer Ebene schlossen Großbritannien, Frankreich und die Beneluxstaaten am 17. März 1948 im Brüsseler Pakt einen Vertrag, der die Prinzipien Selbsthilfe und Zusammenarbeit hervorhob. Der britische Außenminister Ernest Bevin sah Großbritannien jedoch nicht als einen Teil Europas. Sein Land sei kein zweites Luxemburg, sondern nehme eine ganz besondere Stellung ein[100]. Letztlich hofften die Signatarmächte des Brüsseler Paktes durch diesen Vertrag den wirtschaftlich und militärisch potenten USA eine Mitgliedschaft in der neuen Westunion schmackhaft zu machen[101]. Diese waren jedoch vor allem an Stützpunkten und weniger an einer Mitbestimmung der Europäer interessiert. Das Abkommen mit Großbritannien über Stützpunkte, Luft- und Raketenbasen bediente sowohl britische als auch amerikanische sicherheitspolitische Interessen. Die USA waren darüber hinaus – geostrategischen Gesichtspunkten folgend – vor allem von Stützpunkten in Grönland und Island angetan[102]. Das erklärt nicht zuletzt das Interesse der USA am europäischen Norden. Die Zugehörigkeit Grönlands zu Dänemark, die atlantische Gegenküste Norwegens zu Großbritannien und ein vermutetes Nachziehen Islands galten wohl als größter strategischer Vorteil der USA im Falle eines Bündnisses mit Dänemark und Norwegen[103].

Die eben skizzierten Entwicklungen können nur schwerlich bereits als transatlantische Integration bezeichnet werden, doch bestimmten sie maßgeblich das Voranschreiten dieses Vorgangs. Mit dem Nordatlantikvertrag begann dieser Prozess in Gang zu kommen. Unmittelbar nach der Ratifizierung des Nordatlantikvertrages im Juli 1949 wurde dem amerikanischen Kongress das Mutual Defense Assistance Program vorgelegt. Ratifiziert wurde es jedoch erst nach dem Erkennen der Tragweite der ersten Detonation einer sowjetischen Atombombe. Dieses Gesetz sah Militärhilfe für die westeuropäischen Staaten jeweils nach Zustandekommen bilateraler Abkommen mit den europäischen Partnern vor. Somit wollten die USA sich die Möglichkeit vor allem von Stützpunktrechten im Rahmen bilateraler Verhandlungen offenhalten[104]. Gerade im Norden Europas bereitete dies jedoch Probleme. So hatte Norwegen vor dem Beitritt zur NATO zwei Bedingungen gestellt, die offiziell in den sogenannten Grundsatzerklärungen von Februar 1949 festgehalten wurden: Erstens sollten im Frieden keine ausländischen Truppen auf norwegischem Gebiet stationiert werden und zweitens für Nordnorwegen Sonderregelungen gelten, sodass dort die militärischen Aktivitäten der Alliierten auf ein

---

[100] Ovendale, Britische Außen- und Bündnispolitik, S. 132–137.
[101] Kaplan, Amerika und die Bündnisverstrickungen, S. 3.
[102] Whitehead, Die Außenpolitik Islands, S. 44–48.
[103] Solche Stützpunkte in Grönland und Island lagen aufgrund ihres Wertes für offensive Operationen gegen die UdSSR, ihrer Bedeutung für das amerikanische Luftverteidigungssystem (Frühwarn- und Abfanganlagen) und für die Bereitstellung von Luftfahrzeugen sowie nicht zuletzt zur Verhinderung möglicher, dort für die USA gefährlicher Stützpunkte der UdSSR weit vorne im strategischen Interesse der USA. Siehe Whitehead, Die Außenpolitik Islands, S. 45.
[104] Kaplan, Amerika und die Bündnisverstrickungen, S. 5.

Minimum beschränkt blieben. Gegenüber der Sowjetunion gab Norwegen die Erklärung ab, dass – solange Norwegen nicht angegriffen werde oder unter der Bedrohung eines Angriffs stehe – in Norwegen keine Stützpunkte für Streitkräfte anderer Staaten errichtet würden. Dies schloss jedoch die Schaffung von Infrastruktur für die potenzielle Stationierung ausländischer Truppen, die Einlagerung von Militärgerät, militärische Übungen der Alliierten sowie kurze Besuche derer Luft- und Seestreitkräfte nicht aus[105].

Auf dem west- und mitteleuropäischen Kontinent und an der strategisch wichtigen Schnittstelle zwischen ›Ost‹ und ›West‹ in Deutschland sahen die Bedingungen anders aus. Zwischen den Vereinigten Staaten und der 1949 gegründeten Bundesrepublik Deutschland entwickelte sich rasch eine Sonderbeziehung[106]. Das amerikanische Europa-Konzept, das die Bundesrepublik als wesentlichen Teil mit einschloss, trug zum engen Verhältnis beider Staaten bei[107]. Nicht zu unterschätzen ist hierbei wohl der Faktor, dass in den USA kaum Furcht vor einer erneuten Macht der Deutschen herrschte. Die Bundesrepublik Deutschland wurde vielmehr als zukünftiger Gestalter Europas gesehen. Im September 1950 – unter dem Eindruck des Koreakrieges – beschlossen die USA, vier Divisionen nach Europa zu verlegen. Das Allied Command Europe (ACE) mit dem Hauptquartier Supreme Headquarters Allied Powers Europe (SHAPE) wurde am 18./19. Dezember 1950 unter dem Kommando von General Eisenhower errichtet[108]. Das integrierte atlantische Kommando Supreme Allied Commander Europe (SACEUR) folgte 1951[109]. Diese US-Truppenpräsenz bedeutete faktisch die Garantie amerikanischen Eingreifens im Falle einer sowjetischen Invasion in Westeuropa[110]. Am 2. April 1951 ging die Verteidigungsorganisation der Westunion in SHAPE auf. Feldmarschall Bernard L. Montgomery wurde Deputy Supreme Allied Commander Europe für die nächsten sieben Jahre[111]. Die NATO verfügte zu diesem Zeitpunkt über zwölf Divisionen in Westeuropa. Dem standen 27 sowjetische Divisionen im östlichen Teil des besetzten Ostdeutschland und weitere 75 Divisionen in Osteuropa gegenüber. Das amerikanische Engagement in Europa und die Unterstellung amerikanischer Truppen unter ein integriertes Kommando war daher an eine Bedingung geknüpft: Die Bewaffnung zwölf westdeutscher Divisionen unter alliiertem Kommando der NATO[112]. Es folgte der französische Plan zur Bildung einer Europäischen Verteidigungsgemeinschaft (EVG), der im Kern eine europäische (französische) Kontrolle dieser zukünftigen westdeutschen Streitkräfte zum Ziel hatte[113].

[105] Pharo/Eriksen, Norwegen in der NATO, S. 82 f.
[106] Knapp, Politische und wirtschaftliche Interdependenzen.
[107] Schröder, USA und westdeutscher Wiederaufstieg, S. 95-118; Forndran, Kontinuitäten und Veränderungen, S. 19; siehe hierzu auch Gaddis, The Long Peace, S. 48-71; Forndran, Kontinuitäten und Veränderungen, S. 15.
[108] Pedlow, Putting the »O«, S. 159.
[109] Soutou, La guerre de cinquante ans, S. 246 f.
[110] Ebd., S. 247.
[111] Pedlow, Putting the »O«, S. 159.
[112] Soutou, La guerre de cinquante ans, S. 247.
[113] Ebd., S. 248-252.

Nicht zu unterschätzen ist neben allen machtpolitischen und auf die Politik der USA ausgerichteten Manövern, dass es sich bei der europäische Integration um eine von weiten Bevölkerungsteilen getragenen Politik handelte. Die Kraft der Europa-Bewegung in der Nachkriegszeit bildete eine wesentliche Grundlage der Politik der europäischen Integration. Bei der am 18. April 1951 gegründeten Montanunion, der Europäische Gemeinschaft für Kohle und Stahl (EGKS), spielten sicherlich all diese Aspekte eine wesentliche Rolle. Das Scheitern der EVG im August 1954 ließ die europäischen Verteidigungspläne letztendlich zu einer Episode im Kalten Krieg werden. Sie wirft jedoch ein bezeichnendes Licht auf die – nicht nur französischen – Ressentiments gegen eine (west)deutsche (Wieder)bewaffnung. Das Scheitern der EVG führte schließlich am 5. Mai 1955 zum Beitritt der Bundesrepublik Deutschland zur NATO.

Das Allied Command Europe (ACE) gliederte sich 1951 in drei Regionen: Die Northern Region erstreckte sich über Norwegen, Dänemark sowie die Nord- und Ostsee, zur Central Region gehörten die westeuropäischen NATO-Länder, die Southern Region bestand ursprünglich aus Italien und dem Mittelmeer, ab 1952 kamen Griechenland und die Türkei hinzu. Die Kommandos der Nord- und Südflanke erhielten jeweils einen dem SACEUR unterstellten Commander in Chief (CINC). Die Northern Region war dabei die Domäne der Seemacht Großbritannien. Am 20. März 1951 wurde Vizeadmiral Sir Patrick Brind erster Commander in Chief Northern Europe (CINCNORTH), ab 1953 trat Generalleutnant Sir Robert Mansergh die Nachfolge an. Den Allied Forces Northern Europe (AFNORTH) wurden wiederum vier Hauptquartiere unterstellt, dabei je eines für Luftwaffe und Marine und zwei für das Heer, von denen je eines in Dänemark und Norwegen lag. Aufgrund der Stationierung von dänischen und norwegischen Truppen in Schleswig-Holstein gehörte dieser Teil Deutschlands bis zur Aufstellung eines eigenen Command Baltic Approaches (COMBALTAP) im Jahr 1961 zu AFNORTH[114].

Die Jahre 1954 und insbesondere 1955 stehen für den Abschluss der Blockbildung[115] und somit für das Ende der politischen Ordnung der unmittelbaren Nachkriegsjahre. Durch den Beitritt der Bundesrepublik Deutschland zum Brüsseler Pakt (Westunion) im Oktober 1954, der zeitgleich in die Westeuropäische Union überführt wurde, entfiel die antideutsche Stoßrichtung von 1948. Als sich am 7. Mai 1955 die WEU mit deutscher Beteiligung konstituierte, kündigte die Sowjetunion die gegen Deutschland gerichteten und auf 20 Jahre angelegten Bündnisverträge mit Großbritannien aus dem Jahr 1942 und Frankreich aus dem Jahr 1944. Am 14. Mai 1955 wurde der Warschauer Pakt mit der Sowjetunion als Führungsmacht sowie Albanien, Bulgarien, der DDR, Polen, Rumänien, der Tschechoslowakei und Ungarn[116] gegründet. Am Tag nach diesem Ereignis fand in Wien die Unterzeichnung des österreichischen Staatsvertrages statt. Dieser sah immer-

---

114 Pedlow, Putting the »O«, S. 167 f. Zu COMBALTAP siehe ausführlich Kap. V.1.c.
115 Verteidigung im Bündnis, S. 45.
116 Vollmitgliedschaft der DDR am 28.1.1956.

Westliche Sicherheitsarchitektur in Europa 1949 bis 1961

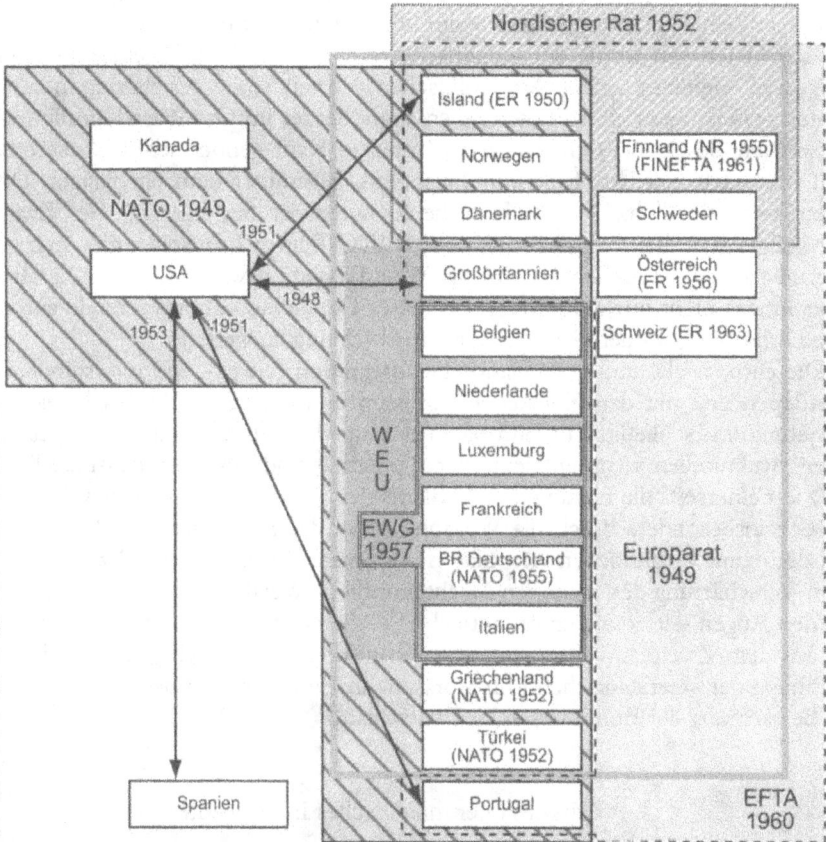

Nordischer Rat 1952

Island (ER 1950)

Kanada

Norwegen

Finnland (NR 1955)
(FINEFTA 1961)

NATO 1949
1951

Dänemark

Schweden

USA

Großbritannien

Österreich
(ER 1956)

1948

1953   1951

Belgien

Schweiz (ER 1963)

Niederlande

W
E
U

Luxemburg

Frankreich

EWG
1957

BR Deutschland
(NATO 1955)

Europarat
1949

Italien

Griechenland
(NATO 1952)

Türkei
(NATO 1952)

Spanien

Portugal

EFTA
1960

	NATO 1949		Nordischer Rat 1952
	WEU		EFTA 1960
	EWG 1957		Europarat 1949
(NATO 1952)	Beitrittsdatum, wenn abweichend vom Gründungsjahr	←→	Bilaterale Verteidigungs-abkommen

© MGFA
05985-03

währende österreichische Neutralität und einen Verzicht auf politische oder wirtschaftliche Vereinigung mit Deutschland vor[117]. Mit dem österreichischen Staatsvertrag trat ein Zug im außenpolitischen Handeln Chruščevs an den Tag, der sich
stark von dem seines Vorgängers Stalin unterschied: Mit dem sowjetischen Rückzug aus Österreich wurde der militärische Nachteil der Aufgabe eines strategisch
relevanten Gebietes gegen den politischen Vorteil eines gesicherten neutralen
Staates anstelle eines neuen potenziellen Brandherdes im Ost-West-Konflikt unter
Ausweitung des NATO-Gebiets nach Osten in Kauf genommen[118]. Andererseits
wird hier auch eine Art Eindämmungspolitik gegenüber dem ehemaligen Deutschen Reich deutlich. Der antideutsche Konsens der Siegermächte des Zweiten
Weltkrieges war also spätestens mit dem NATO-Beitritt Deutschlands – nun auch
vertraglich festgeschrieben – dem Ost-West-Dissens gewichen. Dieser besaß darüber hinaus nicht nur die im Kontext dieser Darstellung interessierende europäische Dimension, sondern ist als globale Entwicklung zu werten[119].

Die europäische und transatlantische Integration führte – selbstverständlich in
Interdependenz mit den globalen Ereignissen und denen im Einflussbereich der
Sowjetunion – schließlich in Europa zu den für die Zeit des Kalten Krieges typischen strukturellen »Arrangements« der Bipolarität und des Regionalismus«[120]. Sie
bot zwar einerseits die Lösung des Problems der Schwäche Westeuropas, barg aber
zugleich insbesondere durch die Westintegration der Bundesrepublik Deutschland
und der damit verbundenen »Reduktion der Spieler«[121] das Potenzial zu einer weiteren Verschärfung des bipolaren Mächtekonflikts. Westliche Integration konnte –
mit den Augen der Sowjetunion betrachtet – als mehr denn eine Lehre Westeuropas aus dem Zweiten Weltkrieg verstanden werden. Schließlich ging sie mit einer
Erhöhung der amerikanischen Militärpräsenz in Europa einher und führte letztlich
zur Bewaffnung der Bundesrepublik Deutschland.

4. Politisches oder militärisches Instrument?

Konfrontation nach außen und Integration nach innen bildeten sowohl auf west-
europäischer als auch auf transatlantischer Ebene wesentliche Strukturmerkmale.

---

[117] Schöllgen, Geschichte der Weltpolitik, S. 100-103.
[118] Am 31.3., am 24.7. und am 13.11.1954. Siehe hierzu Mastny, NATO from the Soviet and East
European Perspectives, S. 60 f.
[119] Dies zeigen allein schon folgende Bündnisse: Organization of American States (OAS), South East
Asia Treaty Organization (SEATO) und Central Treaty Organization (CENTO).
[120] Schmidt, Strukturen des »Kalten Krieges«, S. 29.
[121] Deutschland war bis 1955 so etwas wie ein »stiller dritter Mitspieler« mit signifikanten potenziellen Eigeninteressen. Mit den Entwicklungen von 1955, dem Prozess der Blockbildung sowie der
Ostintegration der DDR und Westintegration der Bundesrepublik Deutschland waren lediglich
zwei ›Spieler‹ (Sowjetunion und Amerika/NATO) übrig. Die Stalinnoten, aber auch die Viermächtekonferenz von Genf können als letzter sowjetischer Versuch gesehen werden, den ›dritten
Spieler‹ für eigene Zwecke zu reaktivieren. Siehe hierzu u.a. Dijk, The 1952 Stalin Note Debate.

Es stellt sich allerdings die Frage, welche Rolle in diesem Prozess der NATO zukam. Handelte es sich bei dem Bündnis lediglich um ein militärisches Abkommen zwischen souveränen Einzelstaaten oder um eine eigene ›neue‹ Größe? Welche diesbezügliche Entwicklungen gilt es hinsichtlich der Frage der Finnlandperzeption der NATO zu berücksichtigen?

Betrachtet man die Nordatlantische Allianz rein militärisch, spielt Finnland zumindest vordergründig nur eine geringe Rolle. Es liegt zudem außerhalb des NATO-Gebietes. Ein Blick auf Aufgaben und Struktur des Bündnisses vermag die Zusammenhänge zu erhellen. Auf Basis der neueren Forschung zur NATO[122] wird in dieser Darstellung jedoch davon ausgegangen, dass das Nordatlantische Bündnis »sich in verschiedener Hinsicht von vorausgehenden Allianzen unterschied und damit in neue Dimensionen vorstieß«[123]. Art. 9 des Nordatlantikvertrags bildet die Grundlage für das North Atlantic Council, den NATO-Rat. Bei dessen erster Sitzung am 19. September 1949 wurde bereits das Defense Committee, bestehend aus den Verteidigungsministern der NATO-Staaten, ins Leben gerufen[124]. Soweit bewegte sich die NATO noch weitestgehend im Rahmen eines herkömmlichen Verteidigungsbündnisses, doch mit Art. 2 des NATO-Vertrags sollte von Anfang an auch ein »ziviler Teil« der NATO manifestiert werden, um der politischen Herausforderung durch die kommunistischen Parteien im Westen begegnen zu können[125].

Sicherheitspolitik war im NATO-Verständnis weit mehr als das reine Bereitstellen militärischer Ressourcen, doch forderte insbesondere in den ersten Jahren gerade diese Aufgabe die volle Aufmerksamkeit des Bündnisses. Sie kann somit im Kern als militärisches Projekt verstanden werden. Der in Kapitel II.3 skizzierte Aufbau der Kommandostruktur forderte intensive Verhandlungen zwischen den jeweils beteiligten Staaten. Finanzielle Nöte und Probleme bei der Verteilung von Geldmitteln bestimmten das Tagesgeschäft. Durch die Integration von Streitkräften unter einer multinationalen Kommandostruktur entstand ein Anpassungsdruck bis hinein in Details wie die Dauer des Wehrdienstes, Bewaffnung, Führungs- und Einsatzgrundsätze. Aus einem Nebeneinander wurde durch die NATO-Übungen vermehrt auch ein Miteinander.

Anfang des Jahres 1956 begannen im NATO-Rat erneut Bestrebungen, die sogenannten Artikel 2-Aktivitäten gleichsam als Antwort auf die Politik des New Look der Außenpolitik der Sowjetunion zu verstärken und so dem erwarteten »long haul« der Blöcke zu begegnen. Der NATO-Rat sah sich – nach Abschluss der Blockbildung – seit etwa 1955 vor allem mit den Herausforderungen einer »weichen Periode« konfrontiert. Die nationalen Vertreter im NATO-Rat waren sich einig, dass die ultimativen Ziele der UdSSR sich trotz Détente nicht geändert hätten und daher keine Entspannung der Verteidigungsanstrengungen der NATO

---

[122] Insbes. im Rahmen des NATO-Projektes des Militärgeschichtlichen Forschungsamtes.
[123] Krüger/Wiggershaus, Einführung, S. XI.
[124] Pedlow, Putting the »O«, S. 153.
[125] Létourneau/Roussel, Der kanadische Beitrag, S. 103.

erfolgen dürfe. Insbesondere in Skandinavien wurde ein Ausnutzen der veränderten Atmosphäre durch die jeweiligen kommunistischen Parteien befürchtet. Der dänische Außenminister hatte dies sogar zum Gegenstand einer öffentlichen Rede gemacht, in der er die Dänen davor warnte, dass die veränderte sowjetische Verhandlungsführung nichts an deren letztendlich aggressiven Zielen ändere[126]. Im Mai 1956 schlug der belgische Außenminister Paul-Henri Spaak vor, dass die Anpassung der NATO an die neuen Trends in der Sowjetpolitik Chruščevs vor allem in der Implementierung der Art. 2 und 4 des NATO-Vertrages liegen könne[127]. Zur Verbesserung der politischen Kooperation bestellte der NATO-Rat ein Komitee der »drei Weisen«, bestehend aus den Außenministern Italiens, Kanadas und Norwegens[128]. Der Einsatz der »drei Weisen«, insbesondere des norwegische Außenministers Halvard Lange[129], wurde innerhalb des Washingtoner State Department als »geschickter Schachzug« bezeichnet. Die atlantischen Integrationsbestrebungen wurden amerikanischerseits wenig favorisiert. Mit Einbindung der »beiden aktivsten Mächte, Kanada und Italien«, so wusste man seitens der Botschaft der Bundesrepublik Deutschland in Washington zu berichten, seien diese zufriedengestellt. Norwegen indes werde »zweifellos eine bremsende Funktion ausüben«[130]. Der kanadische Außenminister Lester B. Pearson reiste noch vor dem ersten Arbeitstreffen der »drei Weisen« nach Washington. Hier wurde ihm seitens Dulles' und des Sonderbevollmächtigten Eisenhowers, Walter F. George, deutlich gemacht, dass die USA nicht zu einer Ausweitung der NATO auf den Feldern Wirtschafts- und Entwicklungspolitik bereit sei. Die drei Außenminister beschränkten sich daraufhin im Wesentlichen in ihrem Bericht auf Vorschläge zu Art. 4[131]. Die

---

[126] NATO-Archives, C-R (55) 46, Policy Vis-a-vis the Soviets and the Education of NATO Public Opinion.

[127] Ebd., C-R (56) 20, Summary Record of a Meeting of the Council held at the Palais de Chaillot, Paris XVIe, on Friday, 4th May, 1956 at 10.15 a.m.

[128] Zu den »Wise Men« siehe ausführlich Heinemann, Vom Zusammenwachsen des Bündnisses, S. 244–260, sowie Sinasac, The Three Wise Men.

[129] Halvard Lange war von 1946 bis 1965 – mit Ausnahme eines Monats während der Regierung John Lyng – norwegischer Außenminister. Der Sozialdemokrat war von 1942 bis 1945 in deutschen Konzentrationslagern eingesperrt. 1953 besuchte er als erster offizieller norwegischer Besuch die Bundesrepublik Deutschland. Anderson, Halvard Lange.

[130] PAAA, B 23/29, Bericht aus Washington, Krekeler an AA, Bonn, 16.5.1956, Politische Aktivierung der NATO. Heinemann hebt interessanterweise hervor, dass sich Spaak an dem Ausschuss nicht beteiligte und bezeichnet dies als »in gewisser Weise ein Menetekel«, da dieser die »Aussichten des im Mai 1956 bestallten Ausschusses skeptisch« einschätzte. Nach Ansicht des Verf. war recht bald und nicht zuletzt aufgrund der traditionell geringen Integrationsbereitschaft der USA weiten Teilen der NATO-Mitglieder bald bewusst, dass den »drei Weisen« nur wenig Erfolg beschieden sein würde. Dennoch war man sich innerhalb der NATO aber einig, dass, wenn auch die NATO selbst kein Instrument der gleichberechtigten (!) politischen Kooperation sein konnte, doch politische Absprachen untereinander und das Nutzen der verfügbaren politischen Instrumente (etwa des Nordischen Rates oder der EGKS) eine sinnvolle Antwort auf die Gefahr langsamer sowjetischer Infiltration und Unterminierung im Rahmen der »Goodwill-Offensive« darstellten. Vgl. Heinemann, Politische Zusammenarbeit im Bündnis, S. 178; Heinemann, Vom Zusammenwachsen des Bündnisses, S. 244–260.

[131] Heinemann, Vom Zusammenwachsen des Bündnisses, S. 249 f.

Implementierung des Art. 2 war somit gescheitert. Die wirtschaftlichen, sozialen und propagandistischen Aufgaben – die nach wie vor für das Durchstehen des »long haul« als wesentlich empfunden wurden – mussten folglich in anderen Gremien oder bilateral abgestimmt erfolgen[132].

Das Scheitern der »drei Weisen« macht deutlich, wo die nordatlantische Führungsmacht USA im Bereich politischer und wirtschaftlicher Integration Grenzen setzte. Die Ablehnung wirtschaftlicher und sozialer Integration über das Instrument NATO bedeutete jedoch nicht, dass keine weitere politische und wirtschaftliche Integration der nordatlantischen Staaten untereinander erfolgt wäre. Sie geschah allerdings nicht innerhalb der NATO-Strukturen, sondern vollzog sich über andere Institutionen; keinesfalls in Konkurrenz zum Bündnis, sondern eher supplementär. ›Der Westen‹ war also nicht mit der NATO identisch, stützte sich jedoch auf diese militärisch ab.

Erwähnenswert scheint hier jedoch der umfassende strategische Ansatz, welcher der Untersuchung der Artikel 2-Aktivitäten zugrunde lag: Da es sich bei den meisten NATO-Partnern um Mitglieder einer Vielzahl weiterer Organisationen handele, die ihrerseits sich mit Themenkomplexen beschäftigten, die sich mit den in Art. 2 anvisierten Zielen in Einklang bringen ließen, könne Art. 2 als Grundsatzerklärung verstanden werden. So käme es nicht auf die Form der Kooperation, also den Weg an, sondern auf dasjenige, was erreicht werde, demnach das seitens der NATO formulierte Ziel. So müssten die in Art. 2 des NATO-Vertrages formulierten Ziele nicht unbedingt durch die »NATO-Maschinerie« erwirkt werden, solange sie durch anderen Organisationen erreicht werden könnten[133].

In seinem Selbstverständnis war der Nordatlantikpakt so etwas wie ein Primus inter Pares der westlichen Institutionen. Die »NATO-Politiker« waren aber zugleich – und zuerst – nationale Politiker. So lässt sich sagen, dass Sicherheitspolitik als primäres Politikfeld verstanden wurde. Diese Politik wurde jedoch nicht nur im Bündnis selbst, sondern auch von NATO-Staaten untereinander, bilateral oder in anderen Gremien verfolgt. Unterm Strich verkehrte sich damit solche nationale oder europäische Politik wieder zu Politik der Nordatlantischen Allianz; zumindest in der Außensicht. Die Sowjetunion interessierte es reichlich wenig, ob das Bündnis mit Hilfe eines NATO-Beschlusses, beispielsweise via eines WEU-Beschlusses, oder durch bilaterale Abkommen an Stärke gewann. So ist Krüger recht zu geben, dass das »nordatlantische Bündnis von Anfang an als ein politischer und wirtschaftlicher Staatenverbund [erscheint], der auf eine Kooperation weit über den Bereich der eigentlichen Sicherheitspolitik [hinaus] ausgelegt war«[134].

In Bezug auf Skandinavien ist dies in zweierlei Hinsicht interessant. Zum einen gehörten die Norweger zu den »Bremsen« der nordatlantischen politischen Integ-

---

[132] Vgl. die wirtschaftliche Zusammenarbeit in Europa betreffenden Überlegungen Heinemanns zum Zusammenhang des Scheiterns der Implementierung des Art. 2 und der »Römischen Verträge« von 1957. Heinemann, Vom Zusammenwachsen des Bündnisses, S. 259.

[133] NATO-Archives, C-M (56) 45, Survey of Article 2 Activities, prepared by the International Staff, S. 2.

[134] Krüger/Wiggershaus, Einführung, S. XII.

ration. Die Sowjetunion nahm indes zum anderen die NATO ohnehin als politisches Bündnis oder Block wahr und unterschied nur wenig zwischen »nationaler Politik« und Politik der Nordatlantischen Allianz. So wurde etwa der Nordische Rat nicht als rein skandinavische Angelegenheit, sondern als Vorstufe zur NATO betrachtet. Die Frage, inwieweit dies der Politik der NATO entsprach, wird in Kapitel IV.2 untersucht.

5. NATO-Politik zwischen ›Containment‹, ›Rollback‹ und ›Disengagement‹

Versucht man die großen Linien der NATO-Politik anhand der Begriffe ›Containment‹, ›Rollback‹ und ›Disengagement‹ zu verorten, so heißt das letztendlich eine Aussage über die Passivität, Aggressivität oder Deeskalationsbereitschaft des Bündnisses zu treffen. Die Frage ist für die Diskussion über den Kalten Krieg von zentraler Bedeutung und birgt somit auch heute noch eine gewisse politische Tragweite. Zuerst gilt es lapidar festzustellen, dass es sich bei der NATO nach Art. 5 des NATO-Vertrages um ein Verteidigungsbündnis handelt und immer handelte. Zum zweiten ist zusammenfassend festzustellen, dass der Nordatlantikpakt militärisch auf konventionellem Gebiet schlicht zu schwach war, um effektiv gegen die Sowjetunion vorzugehen. Sämtliche militärischen Planungen der NATO im Untersuchungszeitraum beginnen daher als Rückzugsoperation oder, militärisch korrekt ausgedrückt, als Verzögerungsgefechte. Erst in einer späteren Phase des Krieges waren Rückeroberungen (strategische Gegenangriffe) geplant. Letztlich unterschieden sich die Planungen lediglich bezüglich der für die Betroffenen existenziellen Frage, an welcher Linie zu halten und ab wann eine Rückeroberung welcher Gebiete möglich sei. Auch mit Einführung der Vorneverteidigung änderte sich dies nicht grundlegend. Es sollte lediglich weiter ›vorne‹, sprich östlich, mit der Verteidigung, korrekter gesagt Verzögerung, begonnen werden.

Die eben getroffenen Feststellungen gelten für den Fall eines Krieges. Im Kalten Krieg musste jedoch stets auf zwei verschiedenen Ebenen gedacht, geplant und gehandelt werden: Einmal auf der Ebene des Krieges – hier griffen die konkreten militärischen Planungen –, zum anderen auf der Ebene der Konfliktverhinderung, also der Ebene politischer Strategien, zu denen Containment, Rollback oder Disengagement zu zählen sind. Grundvoraussetzung für solche politischen Strategien war jedoch stets eine funktionierende Abschreckung. Anderenfalls wäre sofort die Ebene der politischen Strategien sinnlos geworden, da man sich auf die Ebene des Krieges begeben hätte. Oder, um mit Clausewitz zu sprechen, die »anderen Mittel« hätten greifen müssen.

Auf dieser Entscheidungsebene war Containment die politische Basis. Ein weiteres Vordringen der Sowjetunion und ihrer Ideologie des Kommunismus sollte verhindert werden. Die praktische Politik zeigt bei aller Rhetorik des Rollback in den kurzen Zeiten eindeutiger nuklearer Überlegenheit des Westens 1948 und 1952/53, dass wirkliche Rückgewinnungsversuche eher die Ausnahme blieben[135]. So lehnte beispielsweise Eisenhower eine Intervention in Indochina ab, und das Nicht-Eingreifen der Nordatlantischen Allianz beim Ungarnaufstand ist hinlänglich bekannt und eingehend diskutiert worden[136]. Als Indikator für die den Ostblock betreffende Politik der nordatlantischen Staaten lassen sich auch die Aufstände Juni 1953 in der Tschechoslowakei sowie in der DDR werten. Bereits das Ausbleiben direkter Hilfe für die Aufständischen zeigt den wahren Charakter des Rollback. Westlicherseits wurde der Status quo, der praktisch eine Aufteilung Europas in Interessensphären bedeutete, hingenommen. Aller Kalten-Kriegs-Rhetorik und westlicher Freiheitspropaganda zum Trotz sollte dennoch der große Konflikt vermieden werden[137]. Insgesamt hatte die Sicherheit des ›Westens‹ Priorität vor der Freiheit des ›Ostens‹. Dies schloss jedoch nicht aus, dass seitens der Nordatlantischen Allianz versucht wurde, »Unentschlossene« auf die eigene Seite zu ziehen. Im »long pull« zwischen Ost und West würde schließlich derjenige als Sieger hervorgehen, der die größere Zugkraft besaß. In diesem weiteren politischen Sinne kann sehr wohl in einigen Fällen von einer Art Politik des politischen Rollback die Rede sein. Inwieweit dies im Fall Finnlands zutraf soll im Folgenden untersucht werden.

Doch auch Disengagement war insgesamt eine wenig beliebte politische Strategie[138]. Hier wirkten vor allem die Erfahrungen des Staatsstreichs von Prag und des Koreakriegs. Neutrale Gebiete zwischen Ost und West, so erwartete man, würden früher oder später sowjetisiert werden. Disengagement sei somit lediglich die Vorstufe zur Sowjetisierung und liefe daher dem Anspruch des Containment zuwider[139]. Dies zeigte sich beispielsweise in der westlichen Reaktion auf Molotovs Entwurf eines Vertrages über die »kollektive Sicherheit« in Europa. Nachdem die Sowjetunion den Edenplan[140] abgelehnt hatte, beinhaltete Molotovs Ansinnen neben der Kriegsverhinderung das Ziel der Festschreibung des Status quo in Europa. Im Jahr 1954 folgten drei weitere Vorstöße mit ähnlicher Zielrichtung[141]. Am

[135] Heuser, NATO, Britain, S. 23. Ausführlich zu diesen frühen Formen des Rollback siehe Heuser, Covert Action, S. 65-84; Operation World War III; Grose, Operation Rollback. Auch Bernd Stöver folgt einer engen Definition von Rollback: Stöver, Rollback, S. 160-168; Berghahn/Stöver, Amerikanische Befreiungspolitik, S. 306-315.

[136] Borhi, Rollback, S. 67-110.

[137] Stöver, Der Kalte Krieg, S. 45.

[138] Vgl. zum westlichen Umgang mit den europäischen Neutralen in einem durchaus programmatischen Überblick bis in die 1990er-Jahre Ruehl, NATO Strategy, S. 115-135. Interessant ist in diesem Zusammenhang in globaler Hinsicht auch die Bewegung der Blockfreien (engl. Non-Alignment Movement, NAM). Die erste Konferenz blockfreier Staaten fand im September 1961 auf Initiative Titos in Belgrad statt. In der Folge entwickelte sich unter Führung Ägyptens, Indiens und Jugoslaviens eine vornehmlich aus Ländern der Südhalbkugel bestehende Organisation mit dem Ziel einer Etablierung als ›Dritte Macht‹. Finnland war nie Mitglied der NAM. Siehe hierzu Matthies, Die Blockfreien.

[139] Herbst, Optionen für den Westen; Geiling, Außenpolitik und Nuklearstrategie; Wampler, Ambiguous Legacy; Gaddis, We Now Know.

[140] Dockrill, The Eden Plan, S. 161-189.

[141] Am 31.3., am 24.7. und am 13.11.1954. Siehe hierzu Mastny, NATO from the Soviet and East European Perspectives, S. 61. Die Dokumente sind abgedr. in Documents on International Affairs 1954, S. 39-43, 46-51.

31. März schlug die Sowjetunion die Teilnahme der USA an einem »Gesamteuro-
päischen Vertrag über die kollektive Sicherheit in Europa« vor und regte außerdem
eine Beteiligung der UdSSR an der NATO an[142]. Neben dem generellen Misstrau-
en gegenüber der Sowjetunion wurden Vorschläge für ein Disengagement von
NATO- und Warschauer-Pakt-Truppen seitens Eisenhower insbesondere wegen
der befürchteten Auswirkung auf Deutschland und Adenauer abgelehnt[143]. Politisches Entgegenkommen drohte als »Schwäche zeigen« ausgelegt zu werden und
somit den Imperativ der Abschreckung zu verletzen.

Entscheidend für die westliche Politik waren stets die erwarteten Reaktionen
des Gegners. Eine wesentliche Rolle spielte hierbei die Perzeption –, und zwar
sowohl die des Gegners (Sowjetunion) als auch die des Objektes der Politik (beispielsweise Finnland) letztendlich als ›Ost‹ oder ›West‹. Ob die NATO hinsichtlich
Finnland eine Strategie des Containment, des Rollback oder des Disengagement
anwendete, gilt es in der Folge zu untersuchen.

[142] Schöllgen, Geschichte der Weltpolitik, S. 97.
[143] Schake, NATO-Strategie, S. 369.

III. Exkurs: Entwicklungen Finnlands bis zum Ende des Zweiten Weltkrieges

Die Wahrnehmung Finnlands durch die NATO kann selbstverständlich erst mit der Gründung dieser Organisation 1949 beginnen. Diese Wahrnehmung konnte aber, wie bereits gezeigt, nicht im ›luftleeren Raum‹ stattfinden. Sie wurde durch die aktuelle Bedrohungs- und durch die Skandinavienperzeption beeinflusst. Eine dritte Voraussetzung für die Wahrnehmung Finnlands bildete dasjenige, was wohl am besten als das »Finnlandbild in den Köpfen« oder die »Idee von Finnland« bezeichnet werden kann. Es ist jedoch anzunehmen, dass solch eine zeitgenössische Finnlandvorstellung nicht nur auf der jeweils aktuellen Wahrnehmung beruhte, sondern auch eine historische Dimension enthielt. Als »Idee von Finnland« kann die Summe aller Eindrücke und deren Eingliederung in ein Wahrnehmungsmuster bezeichnet werden. Dabei bedarf es zur Einordnung aktueller Eindrücke stets eines historisch determinierten ›Grundgerüstes‹. Für die Wahrnehmung Finnlands musste also – wie bei jeder anderen Wahrnehmung auch – auf historische ›Erfahrungen‹ zurückgegriffen werden[1]. Nimmt man Perzeptionsmuster als politische Einflussgröße ernst, muss der Erfahrungswelt der Akteure nachgespürt werden. Für die 1950er- und 1960er-Jahre heißt das, sich die Entwicklungen gegen Anfang des 20. Jahrhunderts zu vergegenwärtigen. Die zeitgenössische »Idee von Finnland« gründete sich darüber hinaus auf direkte und indirekte »Finnlanderfahrungen« *mehrerer* Generationen – beginnend in einer Zeit weit vor der Existenz eines unabhängigen finnischen Staates.

Betrachtet man die NATO als ein gegen die Sowjetunion gerichtetes Bündnis, so ist evident, dass speziell das finnisch-sowjetische Verhältnis der Jahre 1917 bis 1948 das Fundament für die Wahrnehmung Finnlands durch die NATO ab 1949 bildete. Diese kann aber nicht nur negativ durch die Gegnerschaft zur Sowjetunion beschrieben werden, sondern auch positiv als Bündnis ›westlicher Staaten‹ – als eine ›westlichen Werten‹ verpflichtete Organisation. So waren für die »Idee von Finnland« auch Faktoren wie Religion, gesellschaftlicher Entwurf, politisches System oder Regierungsform relevant. Durch diese konnte sich, neben der ›Gretchenfrage‹ des Kalten Krieges – »Wie hältst Du es mit der Sowjetunion?« –, eine Verortung Finnlands in der bipolaren Welt des Kalten Krieges ergeben. Im Folgenden wird daher Finnland im Licht solcher Fragen der – selbstverständlich sich lediglich

---

[1] Watt, Bemerkungen mit dem Ziel einer Synthese, S. 346.

aus der retrospektiven Betrachtung ergebenden – Zugehörigkeit zu ›Ost‹ und ›West‹ in den Blick genommen[2].

Finnland, erst seit 1917 unabhängig und aufgrund geringer personeller und ökonomischer Ressourcen wenig mächtig, musste sich im Spannungsfeld der Großmächte erst positionieren. Diese Phase der Positionsbestimmung im ›Konzert der Mächte‹ fand in einer Zeit starker globaler Umbrüche statt: Als wohl folgenreichstes Moment ist hier die Entstehung Sowjetrusslands, später der Sowjetunion, sowie die besondere Situation, die sich aus der ideologischen Aufladung der Politik durch die Oktoberrevolution von 1917 ergab, zu nennen. Als weitere entscheidende Momente der Entwicklungen sind für diesen Zeitraum der Niedergang Großbritanniens, der – allerdings nicht linear verlaufende – Aufstieg der Sowjetunion zur Weltmacht, der Faschismus und Antikommunismus mit Triumph und Untergang des nationalsozialistischen Deutschland sowie nicht zuletzt der wachsende Einfluss der USA bis hin zur Weltmacht hervorzuheben[3].

Auf geostrategischer Ebene unterlag Finnland in weiten Teilen über die Jahre hinweg Voraussetzungen, die trotz der zahlreichen politischen Brüche doch interessante Kontinuitäten aufweisen. Es lässt sich ein Bogen von der Zeit des Großfürstentums Finnland ab 1808 bis zur Präsidentschaft Kekkonens rund 150 Jahre später spannen.

1. Strategische Konstanten im Ostseeraum

Bereits vor 1808, also unter schwedischer Herrschaft, lassen sich gewisse geostrategische Konstanten bezüglich Finnland erkennen. Hierbei ist Finnland als Teil des Ostseeraumes zu begreifen[4]. Dabei können die Anfänge einer »finnischen Frage« bis zurück in das 18. Jahrhundert, genauer, auf die Zeit des Niedergangs des Schwedischen Reiches im Großen Nordischen Krieg 1700 bis 1721, zurückver-

---

[2] An und für sich mag solch eine Vorgehensweise für den Historiker problematisch sein, schließlich könnte gar der Vorwurf deterministischer Geschichtsbetrachtung erhoben werden. Auf der Suche nach einer zeitgenössischen »Idee von Finnland« in den 1950er- und 1960er-Jahren und den entsprechenden Perzeptionsmustern scheint solch eine Vorgehensweise jedoch erfolgversprechend. Deterministisch ist sie nicht, da die Wahrnehmung der NATO im o.g. Zeitraum den Untersuchungsgegenstand bildet und in den ›Rückblenden‹ somit keine Aussagen über determinierte Zusammenhänge im Zeitverlauf, sondern über retrospektiv erstellte Zusammenhänge getroffen werden.

[3] Vgl. hierzu Noltes These vom »europäischen Bürgerkrieg«, insbes. Nolte, Der europäische Bürgerkrieg, S. 33–53. Zur globalen Bedeutung der Oktoberrevolution siehe beispielsweise Altrichter, Kleine Geschichte der Sowjetunion; die Thesen siehe in Berghahn, Sarajewo. Zum Niedergang Europas, insbesondere Großbritanniens bei gleichzeitigem Aufstieg der USA siehe auch Salewski, Geschichte Europas, S. 993. Hinsichtlich der Aufwärtsentwicklung der USA ist jedoch einschränkend zu bemerken, dass diese sich auf Europa angesichts der isolationistischen »Jahre der Desinteresses« erst ab 1937 auswirken konnte. Vgl. Sautter, Geschichte der Vereinigten Staaten, S. 397–399.

[4] Zum Begriff ›Ostseeraum‹ siehe Kap. IV.2.

folgt werden. Finnland lag zu dieser Zeit an der Nahtstelle zwischen den Ostsee-
mächten Schweden und Russland. In diesem Krieg, wie auch in den schwedisch-
russischen Kriegen von 1741 bis 1743 und 1788 bis 1790, kann Finnland als Feld
der Auseinandersetzungen in der Ostsee bezeichnet werden[5]. Dies änderte sich
auch im 19. Jahrhundert nicht. Finnland blieb ein Faktor im Kampf der Großmächte.

Durch die napoleonische Kontinentalsperre gegen England gewann ab 1807 die
Ostsee an strategischer Bedeutung[6]. Sie wurde Teil der Auseinandersetzung zwischen den europäischen Großmächten Russland, Großbritannien und Frankreich.
Schweden bildete dabei eine Art Pufferstaat zwischen der britischen Seemacht und
dem zunächst mit Napoleon verbündeten Russland[7]. Von den finnischen Gebieten
des Schwedischen Reiches aus drohte in dieser Konstellation für Sankt Petersburg
eine latente Gefahr – insbesondere angesichts der Weigerung Schwedens, sich der
Kontinentalsperre anzuschließen. Die Eroberung Finnlands durch die Truppen
des russischen Zaren Alexander I. im Jahr 1808 ist in diesem Zusammenhang zu
verstehen[8]. Gleiches gilt für den britischen Flottenaufmarsch in Richtung Finnischer Meerbusen im selben Jahr[9]. Bemerkenswert erscheinen die Reaktionen der
Großmächte auf die russische Annexion. Großbritannien fürchtete zwar eine Störung des Gleichgewichts in der Ostsee, war jedoch nicht dazu bereit, für Schweden
einen Krieg mit Russland zu wagen. Napoleon – durch den Krieg in Spanien gebunden – anerkannte die Zugehörigkeit Finnlands zum Russischen Reich[10]. Nachdem er sich mit Alexander I. überworfen hatte, versuchte er allerdings erfolglos,
Schweden durch territoriale Versprechungen in Finnland auf seine Seite zu bringen.

Während des Krimkrieges 1854 bis 1856 lag für die Gegner Russlands der Wert
der Ostsee in deren Potenzial als zweite Front, wiederum speziell durch die Möglichkeit einer Bedrohung Sankt Petersburgs[11] via Finnland. Britische Truppen griffen in Hanko und Tammisaari an. Oulu und Raahe wurden durch britische Landungstruppen zerstört. Ein direkter Angriff auf Sankt Petersburg überstieg jedoch
die Kräfte der Westmächte. Nachdem britische und französische Kräfte 1854
Bommersund erobert hatten[12] und somit die strategisch wichtige Position der
Ålandinseln gesichert war, schwand das westliche Interesse an der Ostsee. Im

---

[5]   Paasivirta, Finland and Europe, S. 1 f.
[6]   Nipperdey, Deutsche Geschichte, S. 17 f.
[7]   Paasivirta, Finland and Europe, S. 6–8.
[8]   Siehe hierzu Jussila/Hentilä/Nevakivi, Politische Geschichte Finnlands, S. 15–24; Lehti, A Baltic
      League, S. 73.
[9]   Julku, Englannin suunnitelmat, S. 137–141.
[10] Paasivirta, Finland and Europe, S. 8.
[11] Die Entwicklung Finnlands, insbes. Ostfinnlands, ist eng mit der Geschichte St. Petersburgs
      verflochten. Siehe hierzu Engman, St. Petersburg, S. 74–84; Engman, Pietarinsuomalaiset, sowie
      Joenniemi, Finland, Europe and St. Petersburg, S. 101–108.
[12] Paasivirta, Finland and Europe, S. 92.

folgenden Jahr schickte Frankreich keine Flotte in die Ostsee und auch die britische maritime Präsenz fiel deutlich geringer aus[13].

Mit der Entstehung des Deutschen Kaiserreiches trat in der Ostsee eine neue Großmacht auf den Plan. Nachdem auf dem Berliner Kongress von 1878 auch die entsprechenden Ansprüche deutlich geworden waren, verschlechterten sich die russisch-deutschen Beziehungen zunehmend[14]. Vermehrt wurde das Deutsche Reich in Sankt Petersburg als Konkurrent und – im Gegensatz zu Schweden – sogar als potenzieller Kriegsgegner wahrgenommen. Ab 1882 rechnete das russische Militär in seinen Kriegsszenarien mit der Möglichkeit eines deutschen Angriffs über Polen, das Baltikum oder, wenngleich auch weniger wahrscheinlich, über Finnland. Folglich wurden in den Mobilisierungsplänen starke Truppenkontingente für die Festungen an der finnischen Südküste bei Hanko, Tammisaari und Turku vorgesehen[15]. An der strategischen Bedeutung Hankos sollte sich bis Mitte des 20. Jahrhunderts nur wenig ändern. Im gleichen Jahr sah der erste tatsächliche Kriegsplan der deutschen Flotte gegen Russland die Vernichtung der russischen Flotte im Finnischen Meerbusen vor[16]. Ab 1898 folgte unter Generalgouverneur Nikolaj I. Bobrikov[17] ein Russifizierungsprogramm für das Großfürstentum Finnland, dessen Maßnahmen nicht zuletzt militärischer Natur waren und der Sicherung der russischen Hauptstadt dienten.

Ab 1908 betrieb Moskau eine intensive Propaganda, die darauf zielte, den anderen Großmächten die russische Finnlandpolitik begreiflich zu machen[18]. In der Ostsee rückte Finnland als »russische Grenzmark« in den Mittelpunkt der Betrachtungen[19]. Die Verteidigung Sankt Petersburgs wurde zu diesem Zeitpunkt »vorne«, also auf der Linie Dagö[20]– Hanko geplant. Für die Verteidigung Finnlands waren in Russland sogar Befestigungen mit einer Ausdehnung nach Westen bis zu den Ålandinseln[21] im Gespräch[22]. Dabei ergänzten sich das russische Interesse an einer maritimen Verteidigung in der Ostsee so weit westlich wie möglich

---

[13] Ebd., S. 99.
[14] Zu den deutschen Bestrebungen in der Ostsee siehe Luntinen, Saksan keisarillinen laivasto Itämerellä, S. 235-244; Craig, Deutsche Geschichte, S. 110 f.
[15] Paasivirta, Finland and Europe, S. 163.
[16] Kaikkonen, Deutschland, Rußland, Finnland. S. 14; Kaikkonen, Die Pläne der deutschen Flotte, S. 58-86.
[17] Nikolaj I. Bobrikov (1839-1904). Der aus der Nähe St. Petersburgs stammende Offizier wurde während der Türkenkriege 1878 zum Generalmajor ernannt. Nachdem er seit 1884 für den Petersburger Militärbezirk zuständig war, brachte er die Verteidigungsperspektive der Hauptstadt ab 1898 in seine Tätigkeit als Generalgouverneur im Großfürstentum Finnland mit ein. 1904 wurde er vom finnischen Aktivisten Eugen Schauman erschossen. Zu Bobrikov siehe Polvinen, Valtakunta ja rajamaa. Zu Eugen Schauman siehe die Kurzbiografie in Niinistö, Suomalaisia vapaustaistelijoita.
[18] Paasivirta, Finland and Europe, S. 210 f.
[19] Polvinen, Imperial Borderland, S. 67; Schweizer, Autonomie und Autokratie, S. 227-239; siehe auch Borodkin, Die finnländische Grenzmark.
[20] Estn. Hiumaa.
[21] Finn. Ahvenanmaa.
[22] Paasivirta, Finland and Europe, S. 211.

und das britische Interesse an einer Eindämmung der wachsenden deutschen See-macht[23]. Diese Interessenkonstellation blieb im Großen und Ganzen auch während des Ersten Weltkrieges bestehen. Lediglich die Rolle Schwedens im Ringen um die Vorherrschaft in der Ostsee war noch nicht bestimmt[24]. Deutsche Interessen zielten folglich vor allem auf Schweden und somit bald auch auf Finnland[25]. So stand das im Krieg mit Russland stehende Deutsche Reich gewissermaßen ›an der Wiege‹ der finnischen Unabhängigkeit. In Einzelaktionen und später im Rahmen der »Liga der Fremdvölker« wurde seitens des Auswärtigen Amtes versucht, die nichtrussischen Völker des russischen Vielvölkerreiches und somit auch die Finnen gegen den »gemeinsamen Feind« propagandistisch aufzuhetzen[26]. Russischerseits wurden deutsche Landungen in Südfinnland, beispielsweise im Raum Koivisto, befürchtet[27]. Ab Anfang des Jahres 1915 wurden finnische Freiwillige, die späteren Lockstedter Jäger, in Deutschland militärisch für den Kampf gegen Russland ausgebildet[28]. Militärische Planungen, durch die Anlandung dieser Truppe auf den Ålandinseln das neutrale Schweden auf deutscher Seite in den Krieg zu zwingen, wurden aber nie in die Tat umgesetzt[29]. Doch die Ålandinseln blieben weiterhin ein Schlüssel zur Vorherrschaft in der Ostsee[30]. Hanko stellte auch während des Krieges den wesentlichen Stützpunkt zur Verteidigung des Finnischen Meerbusens dar[31].

2. Ideologische Weichenstellung und finnische Eigenstaatlichkeit

Aufgrund der geostrategischen Lage Finnlands und angesichts wechselnder Mächtekonstellationen im Ostseeraum in der ersten Hälfte des 20. Jahrhunderts bildeten insbesondere Russland, respektive die Sowjetunion, sowie Deutschland die maßgeblichen Einflussgrößen in Europas Nordosten. In geringerem Maße beeinflussten auch Großbritannien und die USA die Geschicke des jungen finnischen Staates. Die Sonderbeziehung Finnlands zur Sowjetunion ist jedoch nur aus den historischen Parallelen und Verflechtungen beider Staaten heraus zu verstehen: Beide politischen Einheiten entstanden durch revolutionäre Vorgänge aus der

---

[23] Ebd., S. 202.
[24] Carlgren, Neutralität oder Allianz, S. 12.
[25] Keßelring, Des Kaisers »finnische Legion«, S. 38–42.
[26] Siehe hierzu Zetterberg, Die Liga der Fremdvölker Rußlands.
[27] Luntinen, The Imperial Russian Army, S. 229.
[28] Zur Jägerbewegung, die noch heute für die finnischen Streitkräfte traditionsstiftend wirkt, siehe vor allem die Standardwerke von Lackman und Lauerma: Lackman, Suomen vai Saksan puolesta?; Lauerma, Kuninkaallinen Preussin Jääkäripataljoona 27.
[29] Keßelring, Deutsche Einsatzoptionen, S. 279–299; Keßelring, Des Kaisers »finnische Legion«, S. 75–77.
[30] Siehe hierzu Rystad, Die deutsche Monroedoktrin; Rystad, The Åland Question, S. 51–105; Barros, The Åland Islands Question.
[31] Smith, Finland and the Russian Revolution, S. 9.

›Konkursmasse‹ des Russischen Zarenreiches gegen Ende des Ersten Weltkrieges, bewahrten jedoch höchst unterschiedliche Komponenten dieses Erbes. Zu den machtpolitischen Aspekten der ›finnischen Frage‹ traten fortan zusätzlich noch ideologische Erwägungen.

Als sich im Februar 1917 die Petersburger Unruhen auch auf die finnischen Städte Viipuri, Helsinki und Turku ausweiteten und in den finnischen Garnisonen der baltischen Flotte die Disziplin völlig zusammenbrach, wurde aus der russischen auch eine finnische Revolution[32]. Die provisorische Regierung in – während des Ersten Weltkrieges in Petrograd umbenannten – Petersburg versprach dem finnischen Volk am 7. März 1917 die Wahrung seiner »inneren Unabhängigkeit«, seiner sprachlichen und national-kulturellen Rechte sowie die Wiedereinberufung des finnischen Parlaments[33]. Zwar konnten diese Zugeständnisse finnischer Autonomie nach der Russifizierungspolitik des letzten Zaren als deutlicher Fortschritt für die »finnische Sache« gelten, doch war nach wie vor eine Petersburger Regierung und nicht das finnische Parlament Inhaber der Staatsgewalt. Als später bedeutsam erwies sich, dass die bis dato eingesperrten oder verbannten finnischen Politiker amnestiert und rehabilitiert wurden. Darunter der deutschfreundliche nachmalige Präsident Finnlands, Pehr Evind Svinhufvud, der nach seiner Rückkehr aus Sibirien Prokurator des finnischen Senats wurde[34]. Angesichts der Präsenz der nun führungslosen, marodierenden russischen Truppen in Finnland stellte neben der »finnischen Frage« die öffentliche Sicherheit für alle Gruppierungen im Lande eine wesentliche Herausforderung dar. Das Militärkomitee der finnischen Aktivisten[35] begann mit der Aufstellung von lokalen Miliztruppen zur Aufrechterhaltung der öffentlichen Ordnung – den sogenannten Schutzkorps[36]. Vertreter dieser später als »weiß« bezeichneten Schutzkorps baten in Berlin um Waffenlieferungen[37].

Während des Höhepunktes des Petrograder Juliaufstandes waren die Politiker in Helsinki mit der »finnischen Frage« beschäftigt. Das finnische Parlament verabschiedete mit den Stimmen der Sozialisten und des radikalen rechten Flügels ein Ermächtigungsgesetz, aufgrund dessen am 20. Juli 1917 Finnland seine Unabhängig-

---

[32] Upton, The Finnish Revolution, S. 26-34.
[33] In der Literatur werden abhängig davon, ob die Erforschung der Verhältnisse in Finnland aus russischer oder finnischer Sicht betrieben werden, für das Parlament in Helsinki die Begriffe »Sejm«, (russisch) oder »Eduskunta« (finnisch) gebraucht. Angelehnt an den schwedischen Begriff »Riksdagen« ist auch oft »Reichstag« zu lesen. Zeitgenössisch waren bis 1917 alle Begriffe geläufig.
[34] Den Protagonisten der Februarrevolution galt Svinhufvud als (nationaler) Revolutionär und somit als auf der gleichen Seite stehend. Erst durch die Ereignisse des finnischen Bürgerkrieges wurde Svinhufvud das Etikett »reaktionär« angehängt. Seine Deutschfreundlichkeit ist indes nicht nur politisch zu sehen, sondern war vielmehr auch kulturell bedingt. Der großbürgerliche Richter Svinhufvud sprach fließend deutsch (seine Mutter war eine geborene von Becker), bewunderte deutsche Dichtung und Philosophie und verbrachte die meiste Zeit seiner Verbannung in deutschen Kreisen. Räikkönen, Svinhufvudin kertomukset siperiasta, S. 200-205, 223-227, 304-309, 350.
[35] Zum Militärkomitee siehe das Dissertationsprojekt von Harri Korpisaari, Universität Helsinki.
[36] Schw. Skyddskår.
[37] Smith, Finland and the Russian Revolution, S. 16 f.; Upton, The Finnish Revolution, S. 40.

keit in allen Belangen außer auswärtigen Angelegenheiten und der Verteidigungspolitik proklamierte[38]. Nachdem es dem russischen Premierminister Aleksandr F.
Kerenskij[39] gelungen war den Juliaufstand zu unterdrücken, flohen einerseits führende Bolschewiken ins nahe Finnland, andererseits brachten im Sinne Kerenskijs
zuverlässige Truppen[40] mit Nikolai V. Nekrasov[41] einen neuen russischen Generalgouverneur nach Finnland. Dieser sollte den dortigen separatistischen Bestrebungen
Einhalt gebieten und den in Kerenskijs Augen »roten« finnischen Senat auflösen.[42]

Mit der erfolgreichen bolschewistischen Oktoberrevolution änderte sich die
Lage in Finnland grundlegend. Der für Finnland zuständige russische Generalgouverneur Nekrasov befand sich gerade auf einer Dienstreise nach Petrograd, als
dort am 7. November der bolschewistische Staatsstreich Lenins stattfand. Sein
letzter Befehl nach Helsinki, Premierminister Setälä solle auf eigene Verantwortung handeln, wurde im finnischen Senat sowie im dortigen Parlament als formeller Akt der Trennung von Russland interpretiert. Am 8. November riefen die Führer der russischen Räte in Helsinki für Finnland den Belagerungszustand aus. Zwei
Tage später erschien der russische Bolschewik Pavel Šiško als von Sowjetrussland
entsandter neuer Generalgouverneur im finnischen Parlament[43]. Das Parlament
und der Prokurator des Senats, Svinhufvud, wiesen diesen unter Hinweis auf die
Selbstständigkeit Finnlands ab[44].

Insgesamt erwies sich die bolschewistische Revolution für die Loslösung Finnlands von Russland als förderlich. In Russland waren die Bolschewiken die einzigen
Kräfte gewesen, die eine Unabhängigkeit Finnlands befürwortet hatten. Speziell Lenin hatte sich in seinen frühen Reden wiederholte Male für die »Freiheit Finnlands« eingesetzt[45], wohl weil er im weit entwickelten Finnland mit seinem erfolgreichen bolschewistischen Flügel unter Otto V. Kuusinen[46] einen wesentlichen

---

[38] Ermächtigungsgesetz von 18.7.1917. Siehe hierzu Singleton, A Short History of Finland, S. 105;
Altrichter, Rußland 1917, S. 178.

[39] Kerenskij (1881–1970), seit 1912 Dumaabgeordneter der Trudoviki, wurde nach der Februarrevolution russischer Justizminister. Ab Mai 1917 war er Kriegs- und Marineminister und übernahm nach dem Rücktritt von Fürst Georgij J. Lvov im Juli 1917 dessen Amt als Regierungschef
bis zur Oktoberrevolution. Siehe Kerenskij, Die Kerenski-Memoiren; quellenkritisch dazu Neubauer, Über den Wert und Unwert von Memoiren, S. 612–617.

[40] 5. Kaukasus-(Kuban) Division und 43. Don-Kosaken-Regiment.

[41] Nekrasov gehörte dem linken Flügel der Konstitutionellen Demokraten (sogenannte Kadetten
unter Miljukov) an. In der provisorischen Märzregierung war er Transportminister. Kerenskij ernannte ihn am 17.9.1917 zum Generalgouverneur für Finnland.

[42] Altrichter, Rußland 1917, S. 432 f.; Smith, Finland and the Russian Revolution, S. 18.

[43] Jaakko Rahja, der älteste der drei Rahja-Brüder, führte die finnische Sektion der Petrograder
Bolschewiki. Er war Mitglied des Zentralkomitees der Bolschewiki und Vertrauter Lenins. Aufgrund seiner Zweisprachigkeit stellte er auch eine Art Verbindungsmann zwischen russischen und
finnischen Bolschewiki dar und übersetzte beispielsweise die Rede Stalins am 27.11.1917 in Helsinki ins Finnische. Upton, The Finnish Revolution, S. 217.

[44] Smith, Finland and the Russian Revolution, S. 24 f.

[45] Zu Lenin, zu Finnland und speziell Lenins Finnlandverständnis siehe das dreibändige Werk Lenin
ja Suomi. Für die Revolutionszeit 1917 speziell Bd 2, S. 9–79.

[46] Otto Wilhelm (auch Otto Wille/Otto Ville) Kuusinen (1881–1964) gründete 1918 die Kommunistische Partei Finnlands. Er symbolisiert wie kein anderer finnischer Politiker das »rote« Finn-

Motor der bolschewistischen Revolution sah[47]. Hinzu kam, dass Lenin, der sich der strategischen Bedeutung Finnlands für Petrograd bewusst war, die dortige erfolgreiche Revolution nicht durch eine Provokation der finnischen nationalen Kräfte gefährden wollte. Die Revolution in Petrograd hatte klaren Vorrang vor derjenigen in Helsinki, zumal letztere ohnehin als eher problemlos eingestuft wurde. Den finnischen Bolschewiken fiel daher die Aufgabe zu, die petrograder Revolution durch einen Generalstreik in Finnland nach Westen hin abzuschirmen[48]. Uneinigkeit zwischen den radikale Lösungen befürwortenden Führern der (finnischen) Roten Garden und den Parlamentssozialisten wie Kuusinen, Manner und Tokoi führten dazu, dass letztere den Generalstreik am 20. November trotz seines Erfolgs bereits wieder beendeten. Diesen Moment nutzte Svinhufvud aus, um einen neuen Senat[49] – ohne Sozialisten –zusammenzustellen und diesen am 24. November vom Parlament bestätigen zu lassen. Durch Entsendung des Kommissars für Nationalitäten, Stalin, nach Helsinki versuchten die Petersburger Bolschewiken der Revolution in Helsinki wieder Schwung zu verleihen[50]. Stalin scheiterte jedoch am Zerwürfnis zwischen Parlamentssozialisten und den in Finnland inzwischen auf etwa 30 000 Mann angewachsenen Roten Garden[51]. Die Führung der finnischen Sozialisten wurde nach Petrograd beordert, um dort von Trotzkij auf die Revolution eingeschworen zu werden[52].

Die zentralistisch auf Petersburg ausgerichtete Führung wurde aber den Bolschewiki in Finnland zum Verhängnis. Am 4. Dezember erklärte Svinhufvud Finnlands Unabhängigkeit und am 6. Dezember – dem heutigen finnischen Unabhängigkeitstag – wurde diese durch das Parlament bestätigt. Lenin selbst erklärte an Sylvester 1917 gegenüber Svinhufvud in Petrograd, dass die Bolschewiki die finnische Unabhängigkeitserklärung vom 6. Dezember 1917 anerkennen würden. Dies war bereits am 28. Dezember seitens des Zentralkomitees der Partei der Bolschewiken grundsätzlich befürwortet und auch schon Deutschland bei den Verhandlungen über den Frieden von Brest-Litowsk in der ersten Dezemberhälfte

---

land. Nach dem finnischen Bürgerkrieg war er von 1921-1939 Sekretär des Exekutivkomitees der Komintern. Während des Winterkrieges bildete er die kommunistische Gegenregierung von Terioki. Ab 1940-1956 war der »Kommunist der ersten Stunde« Vorsitzender des Präsidiums der Karelo-Finnischen Sozialistischen Sowjetrepublik. Ab 1957 Sekretär des Zentralkommitees der KPdSU, wurde er von Chruščev sogar ins Politbüro berufen. Saarela, Suomalaisen kommunismin synty; O.W. Kuusinen.

[47] So im »Brief aus der Ferne« vom 11./24.3.1917, in einem Pravda-Artikel vom 22.4.(6.5.)1917, in seiner Rede über die nationale Frage auf der 7. Parteikonferenz am 29.4.(12.5.)1917 und in seinem Pravda-Artikel »Finnland und Russland« vom 2.(15.)5. 1917. Lenin hatte generell eine Art Sonderbeziehung zu Finnland. Er reiste über Finnland aus der Schweiz und floh nach der Julikrise erneut nach Finnland. Siehe Altrichter, Rußland 1917, S. 166, 191, 434.

[48] Der Generalstreik fand vom 13.-20.11.1917 statt. Ausführlich hierzu Upton, The Finnish Revolution, S. 25 f.

[49] Bekannt als Unabhängigkeitssenat unter P.E. Svinhufvud.

[50] Stalin erreichte Helsinki am 25.11. und hielt eine flammende, doch erfolglose Rede vor dem Parteikongress am 27.11.1917.

[51] Hentilä, Von der Erringung der Selbständigkeit, S. 125.

[52] Smith, Finland and the Russian Revolution, S. 27 f.

seitens Trotzkijs[53] zugesichert worden[54]. Lenin versprach sich wohl von der Anerkennung Finnlands eine Initialzündung für die bolschewistische Revolution in Finnland[55]. Im Interesse der Ententemächte Großbritannien und Frankreich war eine Unabhängigkeit Finnlands vor dem Niederringen der Mittelmächte freilich nicht. Schließlich befürchtete man eine Machtausdehnung des feindlichen Deutschland[56]. Am 4. Januar 1918 wurde seitens der bolschewistischen russischen Regierung die staatliche Unabhängigkeit Finnlands auch offiziell anerkannt, am selben Tag folgte die Anerkennung durch Deutschland[57].

Die finnisch-sowjetischen Beziehungen kühlten indes rasch ab. Lenin hatte 1917 noch gehofft, dass der proletarische Aufstand im Zentrum und der Aufstand der Nationalitäten an der Peripherie des zaristischen Vielvölkerstaates sich ergänzen würden und somit der »Imperialismus und Weltkapitalismus« besiegt werden könnten. Der Austritt der Nationalitäten schwächte jedoch Sowjetrussland, sodass die bolschewistische Staatsführung mit allen ihr zur Verfügung stehenden Mitteln diese Entwicklung rückgängig zu machen suchte. Das Recht zum Austritt aus dem russischen Staat wurde zwar prinzipiell anerkannt, galt jedoch bald als konterrevolutionär[58].

Auf finnischem Gebiet befanden sich nach wie vor etwa 40 000 russische Soldaten. Die strategische Bedeutung Finnlands als potenzielles Sprungbrett für deutsche Verbände mit dem Ziel Petrograd rechtfertigte für die Bolschewiken den Verbleib des starken Truppenkontingents auf finnischem Boden[59]. Gerade diese Truppen stellten jedoch sowohl für die finnische Unabhängigkeit als auch für das

---

[53] Lew D. Trotzkij (eigentlich Bronstein) (1879-1940) war 1917 Vorsitzender des Petrograder Sowjets und organisierte die Kampfverbände der »Roten Garde«. Als Volkskommissar für Äußere Angelegenheiten verhandelte er 1918 den Frieden von Brest-Litowsk. Als Volkskommissar für das Kriegswesen baute er ab 1918 die Rote Armee auf. Im Zuge seiner Auseinandersetzungen mit Stalin verlor Trotzkij 1925 sein Amt als Kriegskommissar, wurde 1927 aus der KPdSU ausgeschlossen und schließlich ausgewiesen. Siehe hierzu nach wie vor die ausführliche Biografie von Deutscher, Trotzki.

[54] Vgl. Menger, Die Finnlandpolitik, S. 84, 91 f., Lenins Äußerungen auf dem VIII. Parteitag. Bucharin war jedoch der Auffassung, dass das »Selbstbestimmungsrecht der Nationen« durch ein »Selbstbestimmungsrecht der werktätigen Klassen« ersetzt werden solle und widersetzte sich daher der Gewährung der Selbstständigkeit an bürgerliche Regierungen. Smith, Finland and the Russian Revolution, S. 31, und Upton, The Finnish Revolution, S. 184.

[55] Hentilä, Von der Erringung der Selbständigkeit, S. 120.

[56] Siehe hierzu Singleton, A Short History of Finland, S. 106.

[57] Smith, Finland and the Russian Revolution, S. 32.

[58] Ein wesentliches Moment war hierbei im Rahmen der »Weltrevolution« die Frage der Staatsform von unabhängigen Staaten. In der Logik der Bolschewiki erklärt sich dies auf zweierlei Weise: Zum einen musste sich aufgrund des deterministischen Welt- und Geschichtsbildes der Bolschewiki nahezu zwangsläufig in den unabhängigen Staaten nach einer kurzen bürgerlichen Zwischenstufe die Revolution des Proletariats durchsetzen. In der Folge würden die Nationen sich freiwillig zusammenschließen. Zum anderen setzte die Selbstbestimmung der Völker im Lenin'schen Sinne das Proletariat als bestimmende Klasse voraus. Man ging also von einem raschen Sieg der Weltrevolution aus. Ein bürgerliches Finnland direkt vor den Toren Petrograds barg eine latente militärische Gefahr für Sowjetrussland und musste allein schon deswegen sowjetisiert werden. Hönsch, Ostmitteleuropa und die Sowjetunion, S. 136 f.

[59] Menger, Die Finnlandpolitik, S. 107.

bürgerliche Finnland eine Bedrohung dar. Am 12. Januar 1918 erteilte das Parlament dem Senat eine Vollmacht zur Aufstellung von Ordnungskräften. Präsident Svinhufvud betraute hiermit Baron Carl Gustaf Emil Mannerheim[60]. Nachdem am 19. Januar 1918 das aus finnischen Freiwilligen bestehende Königlich Preußische Jägerbataillon Nr. 27 nach Finnland gerufen worden war, forderte die finnische Regierung am 24. Januar bei gleichzeitigem Hilfeersuchen an Deutschland den Abzug der russischen Truppen[61]. Insgesamt konnten zu diesem Zeitpunkt etwa knapp 40 000 Mann verschiedener Ordnungs- und Schutzkorps der weißen Seite zugerechnet werden. Sie wurden am folgenden Tag zur Regierungsstreitmacht erklärt.

Der finnische Bürgerkrieg begann am 27. Januar mit lokalen Auseinandersetzungen zwischen Roten Garden und Schutzkorpstruppen im Raum Viipuri. Am nächsten Morgen besetzten Rote Garden das Regierungsviertel in Helsinki, was auf eine planvolle Eskalation seitens der Bolschewiki hinweist[62]. Tags darauf wurde die Bildung einer revolutionären Regierung bekanntgegeben. Gleichzeitig entwaffneten Mannerheims Schutzkorps in Ostbottnien 5000 revolutionäre russische Truppen[63]. Der finnische Bürgerkrieg zwischen Rot und Weiß, ein Krieg der Ideologien, nach anderer Lesart der Klassen, der von Beginn an auch als Freiheitskrieg bzw. Krieg zum Erhalt des territorialen Status quo ante[64] gesehen wurde, hatte begonnen[65]. Dabei sind die finnischen Köpfe der Revolution eher als Sozialdemokraten (Menschewiken) denn als Bolschewiken einzustufen[66]. Bolschewiken fanden sich jedoch sehr wohl unter den Führern der Roten Garden. Während die ›Roten‹ von Sowjetrussland unterstützt wurden[67], fanden die ›Weißen‹ Protektion

---

[60]   Hentilä, Von der Erringung der Selbständigkeit, S. 125. Die finnische Literatur zu Mannerheim ist kaum überschaubar. Erwähnt seien hier – neben den Standardwerken von Mannerheimbiograf Stig Jägerskiöld – lediglich einige jüngere Studien: Lappalainen, Mannerheim; Meri, C.G. Mannerheim; Virkkunen, Mannerheim; Tervasmäki, Mannerheim; Selén, C.G.E. Mannerheim. Auch ins Englische übersetzt wurde der jüngste von Timo Vihavainen hrsg. Sammelband, Mannerheim, an Officer of the Imperial Army. Auf Deutsch sind lediglich die Biografie von Jägerskiöld sowie Mannerheims Erinnerungen erschienen: Jägerskiöld, Mannerheim; Mannerheim, Erinnerungen.

[61]   Söderhjelm zufolge wandte sich die finnische Regierung am 25. und 26. Januar an die Regierungen in Dänemark, Deutschland, England, Frankreich, Griechenland, Norwegen, Österreich-Ungarn und Schweden. Mit diesem Schreiben, das zumindest formell kein Hilfeersuchen darstellte, wurden die ausländischen Mächte über die Entwaffnung der Schutzkorps durch russische Rote Garden in Viipuri (Wyborg) und die Unterstützung finnischer Roter Garden durch das russische Matrosenkomitee (Sowjet) in Helsinki informiert. Der deutsche Text des Schreibens Svinhufvuds findet sich in Söderhjelm, Der rote Aufruhr, S. 90.

[62]   Singleton, A Short History of Finland, S. 108 f.

[63]   Hentilä, Von der Erringung der Selbständigkeit, S. 125.

[64]   Der finnische Bürgerkrieg war auch ein Kriegsschauplatz des Kampfes des Deutschen Reiches gegen Sowjetrussland und kann somit als ein Teil des Ersten Weltkrieges gesehen werden.

[65]   Hentilä, Von der Erringung der Selbständigkeit, S. 128–131.

[66]   Ebd., S. 126.

[67]   Von sowjetischer Seite, aber auch beispielsweise in der historiografischen Darstellung der DDR, wurde stets der klassenkämpferische, also der Bürgerkriegsaspekt betont. Bei der sowjetrussischen Beteiligung am finnischen Bürgerkrieg handelte es sich demnach um »Hilfe im Sinne des proletarischen Internationalismus«, bei der deutschen Beteiligung um »Imperialismus«. In den ersten Wochen des Konflikts kämpften bereits rund 3000 sowjetische Freiwillige auf der Seite der finni-

von Deutschland. Bis etwa Mitte März 1918 handelte es sich beim finnischen Bürgerkrieg vor allem um einen Krieg zwischen den (finnischen) weißen Truppen Mannerheims und den (russischen und finnischen) roten Truppen[68]. Der deutsche Einfluss wuchs indes schnell. Für beide Großmächte, Sowjetrussland und das Deutsche Reich, stellte das Sichern der jeweiligen Einflusssphäre in der Ostsee das wesentliche Leitmotiv für den Stellvertreterkrieg in Finnland dar.

Am 25. Februar landeten die im Königlich Preußischen Jägerbataillon Nr. 27 ausgebildeten, kriegsbewährten und durch das Deutsche Reich mit russischen Beutewaffen ausgerüsteten finnischen Jäger in Finnland. Mit ihnen erreichten nicht nur professionell ausgebildete militärische Führer, sondern auch bedeutende Waffenlieferungen die »weiße Seite«[69]. Am 7. März wurde auch ein finnisch-deutscher Vertrag unterzeichnet. Dessen wesentliche Punkte beinhalteten, dass Deutschland die finnische Unabhängigkeit mit allen Kräften unterstütze, dass Finnland kein Territorium dritten Kräften überlasse und dass die Befestigungen auf den Ålandinseln baldmöglichst entfernt würden. Hinzu kamen ein Handelsabkommen und ein geheimes Zusatzabkommen, in welchem Finnland die Errichtung deutscher Marinestützpunkte auf finnischem Boden zusagte und die Beschlagnahmung von dem Deutschen Reich feindlich gesinnten Kriegsschiffen versprach[70]. Ab April 1918 griff Deutschland auch direkt in das Kriegsgeschehen ein: Die etwa 11 000 Mann starke deutsche Ostseedivision unter Generalmajor Rüdiger Graf von der Goltz[71] landete – nicht zufällig – in Hanko, unterstützt von einer später im Raum Kotka – Loviisa angelandeten 2500 Mann starken Interventionstruppe unter Oberst Otto von Brandenstein, die sogleich die Verbindung zwischen der Petrograder Führung und Helsinki abschnitt[72]. Die deutsche Unterstützung kann – auch wenn das vielfach bestritten wird – durchaus als das ›Zünglein an der Waage‹ im finnischen Bürgerkrieg angesehen werden. Für die spätere sowjetische Finnlandpolitik bildete

---

schen Roten Garden. Insgesamt wurden von Sowjetrussland mindestens 50 000 Gewehre, 200 Maschinengewehre, 50 Geschütze und umfangreiche Munitionsbestände zur Verfügung gestellt. Das 42. Russische (Rote) Armeekorps in Viipuri erklärte am 28.1.1918 den Weißen Garden den Krieg. Der Oberbefehlshaber der (roten) westlichen Armee in Finnland war Michail Stepanović Svečnikov. Ihm unterstanden außerdem lettische Schützen sowie russische Freiwilligenabteilungen. In seinen Memoiren beschreibt er die Kämpfe seines Armeekorps in Finnland. Siehe Söderhjelm, Der rote Aufruhr, S. 114, und Menger, Die Finnlandpolitik, S. 106.

[68] Hentilä, Von der Erringung der Selbständigkeit, S. 126.

[69] Das Jägerbataillon verfügte über vier Jägerkompanien, zwei Maschinengewehrkompanien, eine Pionierkompanie, eine leichte Feldhaubitzbatterie, eine Nachrichten- und eine Kavallerieabteilung. Keßelring, Des Kaisers »finnische Legion«, S. 93. Bereits am 17.2. hatte ein Vorauskommando von 85 Jägern auf den Schiffen »Poseidon« und »Mira« 44 000 Gewehre, 63 Maschinengewehre, vier Geschütze sowie neun Millionen Patronen und Artilleriemunition nach Vaasa gebracht. Upton, The Finnish Revolution, S. 342.

[70] Lackman, Suomen vai Saksan puolesta?, S. 607; Smith, Finland and the Russian Revolution, S. 63.

[71] Generalmajor Rüdiger Graf von der Goltz (1865–1946). Zum Einsatz der Truppen siehe dessen Erinnerungen: Goltz, Meine Sendung in Finnland.

[72] Sie bestand aus drei Kavallerie-Schützenregimentern, drei Jägerbataillonen, fünf Radfahrkompanien, zwei Gebirgs-Maschinengewehrabteilungen, einer Gebirgs-Feldartillerieabteilung, zwei schweren Batterien sowie Pionier-, Nachrichten-, Sanitäts- und Kraftwagenkräften. Hinzu kamen Fliegerkräfte der 8. Armee.

– nicht zuletzt durch die Geschehnisse von 1918 bedingt – die Wahrnehmung einer »deutschen Gefahr« eine Konstante[73].

Am 13. April ergab sich das ›rote‹ Helsinki nach heftigen, fast dreitägigen Straßenkämpfen den deutschen Truppen[74]. Die finnischen Sozialdemokraten um Väinö Tanner lehnten ein Zusammengehen mit den Bolschewiken um Kuusinen ab und stellten sich der prononciert deutschfreundlichen Regierung Svinhufvuds zur Verfügung[75]. Auch dieser von den finnischen und russischen Bolschewiki als Verrat empfundene Schritt sollte sich noch 40 Jahre später auf die sowjetische Finnlandpolitik auswirken.

Dass der Sieg der finnischen ›Weißen‹ unter Mannerheim auch ein Sieg für das Deutsche Reich war, zeigt sich auch an dem – aufgrund des Niedergangs der Monarchie in Deutschland freilich nicht mehr verwirklichten – finnischen Beschluss, mit Prinz Friedrich Karl von Hessen eine konstitutionelle Monarchie zu etablieren[76]. Somit war der finnische Bürgerkrieg neben einem Unabhängigkeitskrieg auch Teil des internationalen Konfliktes Erster Weltkrieg. Großbritannien stellte sich dabei in Russland auf die Seite derjenigen Kräfte, von denen es sich versprach, dass diese den Kampf gegen Deutschland fortsetzen würden. So unterstützten die Briten in Russland die ›Weißen‹, im deutschfreundlichen Finnland jedoch die ›Roten‹ durch die Aufstellung der »Murmansker Legion«[77]. Diese Haltung gegenüber Finnland änderte sich erst, nachdem das Deutsche Reich den Krieg verloren hatte. Beendigung der deutschfreundlichen Außenpolitik, Rückzug der deutschen Truppen aus Finnland und Etablierung einer französischen Militärmission waren folgerichtig die Forderungen der Ententemächte für eine Anerkennung Finnlands durch Großbritannien und die USA[78].

---

[73]   Auch wenn Menger möglicherweise die deutsche Teilhabe am ›weißen‹ Sieg überbewertet hat, so steht doch der wesentliche Anteil dieser Truppe fest. »Die Hilfe der Deutschen für die Weißen hat den Bürgerkrieg nicht entschieden, aber den Kampf wahrscheinlich um einige Wochen verkürzt.« So Hentilä, Von der Erringung der Selbständigkeit, S. 138; vgl. Menger, Die Finnlandpolitik, S. 181–208. Zur freilich politische Implikationen beinhaltenden finnischen Diskussion über den Anteil der deutschen Truppen am militärischen Sieg der finnischen Weißen siehe auch Upton, The Finnish Revolution, S. 475.

[74]   Bei der Schlacht um Helsinki kamen auch deutsche Schiffsartillerie sowie Landungstruppen zum Einsatz.

[75]   Menger, Die Finnlandpolitik, S. 204.

[76]   Siehe hierzu Huldén, Finnlands deutsches Königsabenteuer.

[77]   Hentilä, Von der Erringung der Selbständigkeit, S. 142; Nevakivi, Muurmannin legioona. Zum amerikanischen Engagement in Murmansk siehe Jackson, At War with the Bolsheviks.

[78]   Smith, Finland and the Russian Revolution, S. 124. Die Anerkennung Finnlands durch Großbritannien und die USA folgte nach den Parlamentswahlen vom März 1919 am 6. bzw. 7.5.1919. Die Anerkennung Frankreichs war bereits am 7.1.1918 rückwirkend zum 4.1. erfolgt, nachdem in Paris die Anerkennung durch Schweden vom 4.1.1918 bekannt geworden war. Hentilä, Von der Erringung der Selbständigkeit, S. 147; Upton, The Finnish Revolution, S. 199. Zur alliierten Finnlandpolitik unmittelbar nach dem Ersten Weltkrieg siehe nach wie vor Paasivirta, The Victors in World War I.

3. Entwicklung zur »Nordischen Demokratie«

Infolge des Ersten Weltkrieges hatte Finnland seine Unabhängigkeit von Russland erreicht. Die russische Revolution und die Außenpolitik des Deutschen Reiches hatten diesen Schritt erst ermöglicht. Die Schwäche Deutschlands nach dem Ersten Weltkrieg schaffte hingegen den nötigen Freiraum dafür, dass die russische Herrschaft nicht lediglich durch eine deutsche Dominanz ersetzt wurde.

Betrachtet man die innere und äußere Entwicklung Finnlands, so ist es alles andere als selbstverständlich, dass sich ausgerechnet in den 1920er-Jahren dort ein demokratischer Staat entwickelt hat. Auch das Entstehen einer »nordischen Demokratie« war keineswegs vorgezeichnet. In der Regierung von 1918 besaßen die Monarchisten eine eindeutige Mehrheit. Bei führenden Politikern wie Svinhufvud oder Paasikivi und auch bei Mannerheim handelte es sich um überzeugte Monarchisten. Am 9. Oktober 1918 beschloss das finnische Parlament, dass Prinz Friedrich Karl von Hessen König von Finnland werde[79]. Die monarchistische Option war jedoch mit dem Prinzen von Hessen eine Angelegenheit der deutschfreundlichen Gruppierungen. Das Schicksal eines Königreichs Finnland war also eng mit dem deutschen Schicksal verwoben. Der ehemalige zaristische General Mannerheim kann indes als Gegner der deutschfreundlichen Richtung gesehen werden. Doch lehnte er auch den britischen Vorschlag, einen schwedischen oder dänischen Prinzen auf den zukünftigen finnischen Thron zu bringen, ab[80]. Großbritannien machte noch im September 1918 deutlich, dass es Finnland nicht als Staat anerkennen werde, wenn es einen Schwager Kaiser Wilhelm II. zum König mache[81]. Dem inoffiziellen finnischen Vertreter in London gegenüber erklärte das Foreign Office, dass »in einem deutschen Monarchen auf dem finnischen Thron die Realisierung eines deutschen Kriegszieles« gesehen werde[82]. Frankreich, das ja Finnland bereits anerkannt hatte, reagierte auf die Wahl des Hessenprinzen mit einer scharfen Note und Abbruch der diplomatischen Beziehungen[83].

Die Geburt des selbstständigen Finnland im Ersten Weltkrieg hatte eine deutliche Option für eine der Kriegsparteien – als Gegner Russlands logischerweise Deutschland – notwendig gemacht. Die deutsche Militärpräsenz in Helsinki zeigte der Welt, auf welcher Seite das »weiße« Finnland stand. Spätestens seit dem Kriegseintritt der USA und der gescheiterten Michaelsoffensive war jedoch zu erwarten, dass Deutschland den Krieg verlieren würde. So geriet das noch nicht einmal seit einem Jahr unabhängige Finnland bereits in eine isolierte außenpolitische Position. Die Folge war der Rücktritt der zugleich monarchistischen und deutschfreundlichen Regierung Paasikivi. Reichsverweser Svinhufvud trat am 12. Dezember 1918

---

[79] HUldén, Finnlands deutsches Königsabenteuer, S. 179.
[80] Ebd., S. 168.
[81] Seine Frau Margarethe war eine Schwester von Kaiser Wilhelm II. Huldén, Finnlands deutsches Königsabenteuer, S. 172 f.
[82] Ebd., S. 224.
[83] Ebd., S. 225.

zurück, der ententefreundliche Mannerheim wurde sein Amtsnachfolger, Friedrich Karl von Hessen verzichtete auf den finnischen Thron[84]. Nachdem bei den folgenden Wahlen die Sozialdemokraten die Mehrheit erreichten, legte die bürgerliche Minderheitenregierung unter Kaarlo Castrén[85] im Mai 1919 einen neuen Verfassungsentwurf vor, der Finnland als Republik vorsah[86].

Insbesondere bei den Aktivisten, die ja einen wesentlichen Anteil an der Verwirklichung der finnischen Unabhängigkeit gehabt hatten, blieb die Republik jedoch umstritten. Sie versuchten Mannerheim davon zu überzeugen, als Reichsverweser die Verfassung nicht zu bestätigen, sich in einem Staatsstreich an die Spitze der Aktivisten zu stellen und die Bolschewiken aus Petrograd zu vertreiben[87]. Weitere Umstürze der sogenannten Postaktivisten drohten 1921 in der Schutzkorpskrise als diese versuchten, Mannerheim als Befehlshaber der Schutzkorps durchzusetzen, was letztlich am Widerstand des republikanischen Präsidenten Ståhlberg[88] scheiterte[89]. Insgesamt kann die finnische Republik in der Zwischenkriegszeit als instabil bezeichnet werden. In den 1920er-Jahren waren die meisten Regierungen Minderheitsregierungen und häufig auch nur von kurzer Dauer[90]. Entlang der Frontlinien des Bürgerkrieges war die Nation nach wie vor gespalten. Dennoch entstand mit Väinö Tanner als Ministerpräsident im Jahr 1926 die erste sozialdemokratische Regierung im ›weißen‹ Finnland[91].

Aber auch innerhalb der ehemaligen Lager der Bürgerkriegszeit waren sich die Gruppierungen uneinig. Die 1920er-Jahre waren auf ›roter‹ Seite vom Machtkampf zwischen Sozialdemokraten und Kommunisten geprägt. Dies entsprach durchaus der internationalen Entwicklung. So wurden im August 1928 auf dem VI. Weltkongress der Komintern die Sozialdemokraten als Helfershelfer der Faschisten als sogenannte Sozialfaschisten verurteilt[92]. Tanner galt dabei den Bolschewiki als Führer der finnischen Sozialfaschisten – der »Tanneristen«. Im weißen Lager hatte die Offizierkrise von 1924 zwischen zaristisch geprägten »Russenoffizieren« und jüngeren deutschfreundlichen »Jägeroffizieren« die letzteren an die Schaltstellen der militärischen Macht gebracht. Außerdem beherrschte der »Sprachenstreit« zwischen Svekomanen und Fennisten die politische Bühne, sodass Schwedische Volkspartei und Agrarunion kaum zusammenarbeiten konnten[93]. An den Universitäten dominierte dabei die Akademische Karelien-Gesellschaft, die sich neben Großfinnlandplänen und Russenhass insbesondere als radikaler Verfechter der

---

[84]   Hentilä, Von der Erringung der Selbständigkeit, S. 144.
[85]   Kaarlo Castrén (1860–1938). Nachdem Castrén bereits Minister im kurzlebigen Kabinett Lauri Ingman (November 1918–April 1919) gewesen war, führte er 121 Tage lang bis August 1919 die Regierungsgeschäfte.
[86]   Hentilä, Von der Erringung der Selbständigkeit, S. 148.
[87]   Ahti, Salaliiton ääriviivat, S. 105–212.
[88]   Kaarlo Juho Ståhlberg (1865–1952), erster Präsident Finnlands 1919–1925.
[89]   Siehe hierzu ausführlich Ahti, Kaappaus?, S. 13–76.
[90]   Hentilä, Von der Erringung der Selbständigkeit, S. 169–173.
[91]   Ahti, Kaappaus?, S. 99–106.
[92]   Hentilä, Von der Erringung der Selbständigkeit, S. 175.
[93]   Ebd., S. 171.

»finnischen Seite« im Sprachenstreit hervortat[94]. Ebenfalls am rechten politischen Rand bildete sich 1929 in Ostbottnien die militant antikommunistische Lapua-Bewegung. Insgesamt 254 Entführungsfälle gingen bis 1930 auf das Konto dieser ultranationalistischen und in ihrem Kern auch faschistischen Bewegung. Politisch forderte sie ein endgültiges Verbot des Kommunismus, was ihr 1930 auch durchzusetzen gelang. Ein erster Staatsstreich der Lapua-Bewegung konnte nur durch die Vermittlung Svinhufvuds mittels eines Zugeständnisses – eben dieses Verbot – verhindert werden. Der Loyalität der Schutzkorps war sich die Republik zu diesem Zeitpunkt nicht sicher. Im Herbst 1930 erreichte die Aktivität der Lapua-Bewegung mit der Verschleppung des ehemaligen Staatspräsidenten Ståhlberg einen weiteren Höhepunkt[95]. Auf der Höhe der Macht dieser Bewegung brach in Mäntsälä Ende Februar 1932 ein Aufstand aus, bei dem zumindest regional der Schulterschluss von ihr und Schutzkorps deutlich wurde[96]. Die Führung der Lapua-Bewegung mobilisierte die Schutzkorps, wobei immerhin etwa 6000 Mann dem Aufruf zum Aufstand Folge leisteten. Die bürgerliche Vierparteienregierung unter dem Agrarier Juho E. Sunila setzte sofort die Armee in Alarmbereitschaft. General Lauri Malmberg, der Befehlshaber der Schutzkorps, konnte jedoch sowohl seine Truppen beruhigen als auch dem Befehlshaber der Streitkräfte Aarne Sihvo seine Loyalität gegenüber dem Präsidenten versichern. Beide hatten im Jägerbataillon Nr. 27 gedient. Präsident Svinhufvud stellte sich – wider die Erwartungen der Führer der Lapua-Bewegung – nicht auf die Seite der Rebellen, sondern forderte die Angehörigen der Schutzkorps auf, nach Hause zu gehen. Die Lapua-Bewegung wurde aufgelöst[97]. Ihre Kader fanden sich in der faschistischen Vaterländischen Volksbewegung[98], den sogenannten Blauschwarzen[99], wieder. Letztendlich unterlagen weder Mannerheim noch Svinhufvud, aber auch nicht die Spitzen des Militärs der Versuchung, durch einen Putsch die Macht an sich zu reißen. Allerdings kann bei der Machtfülle des Staatspräsidenten teilweise durchaus von einem Regime mit autoritären Zügen die Rede sein. Dem Militär und insbesondere dem Verteidigungsrat, dem ab 1931 Mannerheim – ab 1933 im Rang eines Feldmarschalls – vorstand, kamen durchaus Kontrollfunktionen zu.

Zur ›skandinavischen Demokratie‹ entwickelte sich Finnland nur langsam. Außenpolitisch blickte das Land vor allem nach Osten – allerdings unter negativen Vorzeichen. Bereits 1920 gelang die Aufnahme in den Völkerbund, damit wurde Finnland zu einem ›westlichen‹ Staat, es folgte unmittelbar ein Ausgleich mit der Sowjetunion im Frieden von Dorpat[100]. Bereits 1922 schloss Finnland sich der baltischen Entente zum Schutz vor Sowjetrussland an. Allerdings wurde das Bünd-

---

[94] Ebd., S. 166.
[95] Ebd., S. 174–183.
[96] Zum Aufstand von Metsälä siehe Ahti, Kaappaus?, S. 113–320.
[97] Hentilä, Von der Erringung der Selbständigkeit, S. 184–185.
[98] Isänmaallinen Kansaanliike, IKL.
[99] Finn. »Sinimustat«. Die Mitglieder der IKL trugen nach dem Vorbild der italienischen Faschisten schwarze Hemden und dazu Krawatten in finnisch-blau.
[100] Friede von Dorpat zwischen Sowjetrussland und Finnland vom 14.10.1920.

nis letztlich nie ratifiziert, da das Land nicht als »Randstaat« gelten wollte. Es war also als Staat auf sich alleine gestellt; das einzige außenpolitische Gremium, dem es angehörte, bildete der amerikanisch dominierte Völkerbund. Das Verhältnis zur Sowjetunion blieb indes schwierig, immerhin gelang es 1932, einen Nichtangriffspakt mit der Sowjetunion abzuschließen. Mit dem Austritt des nationalsozialistischen Deutschland aus dem Völkerbund im Jahr 1933 brach dieser als funktionierendes kollektives Sicherheitssystem zusammen. Finnland schloss sich daraufhin dem 1930 gegründeten Osloer Vertrag an. In diesem im Kern wirtschaftlich orientierten Pakt suchten Belgien, Dänemark, Luxemburg, Norwegen und Schweden ihre Eigenständigkeit und Neutralität zu sichern. 1934 nahm Finnland erstmals an der Außenministerkonferenz der nordischen Staaten teil. Dies war nicht zufällig das Jahr, in dem die Sowjetunion dem Völkerbund beitrat. Im folgenden Jahr entwickelte sich die nordische Orientierung zur Leitlinie finnischer Außenpolitik[101]. Sozialdemokraten und Agrarunion begannen ab 1936 zusammenzuarbeiten. Im Folgejahr bildeten sie zum ersten Mal gemeinsam eine Regierung. Finnland war zu einer ›nordischen Demokratie‹ geworden. Kommunistische Annäherungsversuche, wie die Volksfrontpolitik ab 1934, wurden von den Sozialdemokraten unter Tanner ebenso abgewiesen, wie die faschistische IKL bekämpft wurde – interessanterweise vom jungen Innenminister Urho Kekkonen[102].

4. Zwischen deutscher und sowjetischer Einflusssphäre

Finnland blieb jedoch weiterhin im Spannungsfeld der beiden Ostseemächte Deutsches Reich und Sowjetunion. Zwischen 1936 und 1938 griff Deutschland stark in die Außenpolitik Finnlands ein, was sogar zum Sturz des Außenministers Rudolf Holsti[103] führte[104]. Dieser hatte unter anderem durch seine Sowjetunionreise versucht, das finnisch-sowjetische Verhältnis zu entspannen[105]. Die Lage Finnlands verschlechterte sich dramatisch, als der deutsche Außenminister Joachim von Ribbentrop[106] mit seinem sowjetischen Gegenpart Vjačeslav M. Molotov den als Hitler-Stalin-Pakt bekannt gewordenen deutsch-sowjetischen Nichtangriffsvertrag vom 23. August 1939 unterzeichnete[107].

Die Sowjetunion zählte Finnland mit Estland, Lettland und Litauen zu den aus ehemaligen russischen Provinzen entstandenen baltischen Staaten. Für diese wurde

---

[101] Hentilä, Von der Erringung der Selbständigkeit, S. 190 f.
[102] Ebd., S. 194.
[103] Rudolf Holsti (1881–1945), finnischer Außenminister 1919–1922 und 1936–1938. Zu den frühen Jahren siehe auch Pietiäinen, Rudolf Holsti.
[104] Jonas, Wie man einen Außenminister stürzt, S. 257–277.
[105] Krosby, Friede für Europas Norden, S. 30.
[106] Joachim von Ribbentrop (1893–1946), deutscher Außenminister 1938–1945. Siehe u.a. Bloch, Ribbentrop.
[107] ADAP, Serie D, Bd 7, S. 206, Dok. 228, Nichtangriffsvertrag zwischen Deutschland und der Union der Sozialistischen Sowjetrepubliken, 23.8.1939.

als strategisches Ziel die Eingliederung in die Sowjetunion verfolgt. Im geheimen Zusatzprotokoll zum Hitler-Stalin-Pakt[108] stimmte Deutschland dieser Interpretation zu[109]. Nach dem deutschen Angriff auf Polen am 1. September 1939, spätestens aber nach der Besetzung des östlichen Polens durch die Sowjetunion ab dem 17. September, zeigte sich, was dieser Pakt für die kleinen Staaten bedeuten könne. Der kriegsbedingte Wegfall des britischen Wirtschaftspartners sowie dessen zu erwartendes Engagement im Krieg gegen Deutschland ließen ahnen, dass bei einer sowjetischen Aggression gegen Finnland auch seitens Großbritannien keine Hilfe zu erwarten sei. Die gemeinsame Neutralität der skandinavischen Länder allein konnte jedoch ohne Sicherheitsgarantie durch eine Großmacht keinen ausreichenden Schutz bieten. Bald darauf erzwang die Sowjetunion Militärstützpunkte in Estland, Lettland und Litauen. Die finnische Selbstverortung als skandinavischer Staat half dabei wenig, zumal Schweden sich bereits im Juni 1939 auf Druck der Sowjetunion von einer gemeinsamen Verteidigung der Ålandinseln distanziert hatte[110].

Die Forderungen Stalins bei den finnisch-sowjetischen Verhandlungen im Vorfeld des Winterkrieges machen nicht nur die sowjetische Position gegenüber Finnland deutlich, sondern zeigen auch Finnlands strategische Bedeutung im beginnenden Weltkrieg. Insgesamt war die Sowjetunion bestrebt, zur Erhöhung der Sicherheit Leningrads den Finnischen Meerbusen zu kontrollieren. Auf politischer Ebene sollte Finnland zumindest in ein sowjetisch dominiertes Sicherheitssystem integriert werden. Dies wollte Stalin durch einen umfassenden gegenseitigen Beistandspakt erreichen, Abtretungen des finnischen Westteils der Fischerhalbinsel bei Petsamo im Eismeer[111], eines Gebietsstreifens von Lipola bis Koivisto[112] auf der karelischen Landenge, die gesamten Inseln im Finnischen Meerbusen vor Leningrad und die Verpachtung von Hanko als Marinebasis für die Sowjetunion mit der Lappohja-Bucht als Ankerplatz für die sowjetische Flotte. Als Gegenleistung bot die Sowjetunion territoriale Kompensation in Ostkarelien und die Erlaubnis zur Befestigung der Ålandinseln an[113]. Letztere hätten durch die sowjetische Flottenpräsenz in Hanko einerseits für die Sowjetunion in defensiver Hinsicht an Be-

---

[108] Ebd., S. 207, Dok. 209, Geheimes Zusatzprotokoll, 23.8.1939.
[109] Die ursprüngliche deutsche Position, Finnland aufgrund seiner spezifischen Geschichte und deutscher Interessen zu den skandinavischen Staaten zu rechnen, wurde durch Hitler zugunsten des Vorrangs der deutschen Interessen in Polen aufgegeben. Siehe hierzu Ueberschär, Hitler und Finnland, S. 61–68.
[110] Hentilä, Von der Erringung der Selbständigkeit, S. 199; Ahlund, Svensk marin säkerhetspolitik.
[111] Diese Politik begründete sich – vor dem Hintergrund der britischen Bedrohung Leningrads im Jahr 1919 – mit dem Zurückdrängen des britischen Einflusses im Petsamogebiet.
[112] Schw. Björkö.
[113] Vom 12.10.–16.10.1939 verhandelte eine finnische Delegation, bestehend aus Paasikivi, Gesandtschaftsrat Johan Nykopp, Militärberater Oberst Aladar Paasonen und dem Gesandten Yrjö-Koskinen, im Kreml. Die Verhandlungen wurden am 23. und 24.10.1939 fortgesetzt, diesmal unter Hinzuziehung des Finanzministers Väinö Tanner. Die letzte Verhandlungsrunde erfolgte vom 1.–13.11.1939. Stalin selbst war bei sieben von acht Konferenzen anwesend. Ueberschär, Hitler und Finnland, S. 75–91; Hentilä, Von der Erringung der Selbständigkeit, S. 201–203; Falin, Zweite Front, S. 144 f. und Anm. 22.

deutung verloren, andererseits hätte eine vertragliche Anbindung Finnland ohnehin zu einem Satellitenstaat gemacht, sodass eine Befestigung der Ålandinseln die Sowjetunion und nicht Schweden oder das Deutsche Reich begünstigt hätte. In der Stärkung der sowjetischen strategischen Position in der Ostsee gegenüber dem Deutschen Reich ist jedoch letztlich ein wesentliches Motiv für die Finnlandpolitik der Sowjetunion und auch den Angriff auf Finnland zu sehen.

Wie verhielten sich die Großmächte angesichts dieser Entwicklung? Der sowjetische Angriff auf Finnland am 30. November 1939 wurde durch den Völkerbund verurteilt, die Sowjetunion aus diesem ausgeschlossen – zu einer Androhung von Sanktionen nach Art. 16 der Satzung des Völkerbundes kam es jedoch nicht. Militärischen Beistand hatte sich Finnland in erster Linie von Schweden erhofft. Dessen Regierung war jedoch keineswegs bereit, für den östlichen Nachbarn ein Risiko einzugehen. Als der schwedische Außenminister Rickard Sandler[114] sich für eine Unterstützung Finnlands aussprach, wurde er entlassen[115]. Finnlands westlicher Nachbar erklärte sich im Winterkrieg als nicht kriegführend[116], doch wurde von inoffizieller Seite Finnland mit Freiwilligen und Kriegsmaterial unterstützt[117]. Einem Transit von Interventionstruppen nach Finnland verweigerte sich Schweden kategorisch[118].

In Großbritannien und insbesondere in Frankreich war zwar die öffentliche Empörung groß, doch blieb die Unterstützung Finnlands, bedingt durch den Kampf gegen Deutschland und den damit zusammenhängenden Wunsch, die Beziehungen zur Sowjetunion nicht zusätzlich zu verschlechtern, lediglich halbherzig[119]. Das strategische Interesse der Westmächte lag insgesamt weniger in Finnland als an der norwegischen Küste und den schwedischen Erzvorkommen[120]. Die amerikanische Regierung bot sich zu Vermittlungen zwischen Finnland und der UdSSR an[121] und Präsident Roosevelt verurteilte die sowjetische Aggression[122].

---

[114] Rickard Sandler (1884–1964), Sozialdemokrat, schwedischer Premierminister (1925/26), Außenminister (1932–1939).

[115] Hentilä, Von der Erringung der Selbständigkeit, S. 201–203.

[116] Anders als im Krieg Deutschlands mit den Westmächten. Hier erklärte Schweden seine Neutralität.

[117] Zwei verstärkte Bataillone kamen dabei in Finnland zum Einsatz. Siehe hierzu Nevakivi, Apu jota ei annettu. Zu den schwedischen Freiwilligen vgl. Svenska frivilliga i Finland; zu den norwegischen Strømsøe, Frivilligbevegelsen; Falk, En krönika om F 19.

[118] Hentilä, Von der Erringung der Selbständigkeit, S. 207.

[119] Am 19.12.1939 wurde durch den französischen Ministerpräsidenten Daladier die Möglichkeit einer Truppenentsendung nach Nordschweden und Finnland vorgeschlagen. Die britischen Teilnehmer sprachen sich jedoch gegen solch ein Unternehmen und gegen den Abbruch der diplomatischen Beziehungen zur UdSSR aus. Es kam allerdings zu Waffenlieferungen und Entsendung von Kriegsfreiwilligen nach Finnland in begrenztem Umfang. Ferner wurden französische und britische Verbindungsoffiziere zu Marschall Mannerheim geschickt. Siehe hierzu Ueberschär, Hitler und Finnland, S. 101–105; Jokipii, Finnland und der Zweite Weltkrieg, S. 19.

[120] Hentilä, Von der Erringung der Selbständigkeit, S. 207.

[121] Einen Tag nach der Kündigung des sowjetisch-finnischen Nichtangriffsvertrages am 29.11.1940. Am 30.11. empfing Wladimir Potjomkin US-Botschafter Steinhardt und antwortete diesem, es bestehe »keine Möglichkeit, gute Dienste in Anspruch zu nehmen«. Falin, Zweite Front, S. 144.

Nachdem sowjetische Bomber finnische Städte bombardiert hatten, wurde die Luftfahrtindustrie der Sowjetunion seitens der USA mit einem Embargo belegt[123]. Außerdem gab es sehr konkrete Überlegungen zum Wiederaufbau der finnischen Wirtschaft nach dem Krieg, die der Konzeption nach dem späteren European Recovery Program (Marshallplan) ähnelten[124]. Dennoch wurden auch von den USA die Beziehungen zur UdSSR nicht abgebrochen[125] und sie blieben insgesamt bei ihrer isolationistischen Neutralitätspolitik. Diese Einschätzung ist auch zutreffend, wenn man die finnisch-amerikanische Legion, die im Gegensatz zu den britischen und französischen Freiwilligen noch kurz vor Ende des Winterkriegs in Finnland eintraf, berücksichtigt. Das Engagement der USA war zwar stärker als dasjenige Großbritanniens, aber auch dieses beschränkte sich im Wesentlichen auf moralische Unterstützung. Deren Wirkung auf die späteren amerikanisch-finnischen Beziehungen indes sollten nicht unterschätzt werden[126].

Das Deutsche Reich hielt sich dabei im Großen und Ganzen an die Abmachungen des Hitler-Stalin-Paktes, machte die Hinwendung Finnlands zu den Briten für den »Lauf der Geschichte« verantwortlich und war ansonsten hauptsächlich am Fortbestehen der finnischen Lieferungen aus den Kupferbergwerken bei Outokumpu und dem Eisenwerk Vuokseniska interessiert[127]. Maßgeblich wurde die Politik gegenüber Finnland durch den Wunsch guter sowjetisch-deutscher Beziehungen zur vollen Konzentration auf die westlichen Kriegsgegner bestimmt[128]. Hier ähnelte sie der Finnlandpolitik Großbritanniens – wenn auch mit anderen Vorzeichen.

Der militärische Verlauf des Winterkrieges ist im Zusammenhang dieser Darstellung nur von untergeordnetem Interesse. Wesentlich ist jedoch, dass die Sowjetunion weit geringere Erfolge als erwartet aufweisen konnte[129]. Im Friedens-

---

[122] Den Abbruch der diplomatischen Beziehungen zur Sowjetunion hat Roosevelt ernsthaft erwogen. In einem Brief an Botschafter Joseph C. Grew fragte der Präsident, wie man »mit den heutigen sowjetischen Führern Umgang pflegen kann, deren Vorstellungen von Zivilisation und Menschenglück sich doch so total von unseren unterscheiden«. Roosevelt Papers, vol. 1, 1940, S. 104, zit. nach Falin, Zweite Front, S. 145.

[123] Knipping, Die amerikanische Rußlandpolitik, S. 57–59.

[124] Berry, American Foreign Policy, S. 9, 35, 83.

[125] Im Endeffekt bestimmten machtpolitische Argumente und der potenzielle militärisch-strategische »Nutzen« der UdSSR angesichts der Expansion Japans, Italiens und Deutschlands. Knipping, Die amerikanische Rußlandpolitik, S. 22–25.

[126] Ueberschär, Hitler und Finnland, S. 105–108; Levering, American Opinion, S. 31. Zu den Finnlandbeziehungen der USA im Winterkrieg siehe außerdem Berry, American Foreign Policy, und Upton, Finland in Crisis.

[127] Ueberschär, Hitler und Finnland, S. 117.

[128] Hier ist insbesondere das deutsch-sowjetische Wirtschaftsabkommen vom 11.2.1940 von Bedeutung, abgedr. in ADAP, Serie D, Bd 7, Dok. 607, S. 599–605; Ueberschär, Hitler und Finnland, S. 110.

[129] Die Rote Armee sollte den finnischen Widerstand innerhalb von 2–3 Wochen brechen. Die Abwehrsiege der Finnen Ende 1939 am Kollaanjoki sowie bei Tolvajärvi und Suomussalmi führten im Januar 1940 zu einer Verdopplung des sowjetischen Kräfteansatzes. Im Februar 1940 gelang der Roten Armee bei Summa der Durchbruch durch die finnischen Verteidigungslinien. Siehe hierzu ausführlich Manninen, Suomi toisessa maailmansodassa; Talvisodan historia, t. 1–4;

schluss von Moskau vom 13. März 1940 behauptete Finnland daher auch seine Selbstständigkeit, musste aber sonst harte Bedingungen hinnehmen. Angesichts seiner militärischen Schwierigkeiten nahm Moskau von der »Volksregierung der Demokratischen Republik Finnland«, der sogenannten Terijoki-Regierung unter Kuusinen, Abstand und schloss den Friedensvertrag mit der Regierung Ryti/Tanner[130]. Finnland verlor ganz Karelien, den Stützpunkt Hanko, die Inseln im Finnischen Meerbusen sowie einen Teil von Salla[131]. Die sowjetische Basis in Hanko hatte dabei nicht nur defensive Bedeutung. Mit ihr verfügte die Sowjetunion zugleich über ein militärisches Druckmittel und einen Brückenkopf in Finnland[132]. Die Vorkriegsforderungen Stalins wurden also im Friedensvertrag bis auf den Abschluss eines Beistandspaktes erfüllt.

Möglicherweise waren es die Schritte der Westmächte in Richtung einer Intervention, die zum Abschluss eines letztlich doch moderaten Friedens – unter Bewahrung der Selbstständigkeit Finnlands – führten[133]. Der Winterkrieg und der Frieden von Moskau zeigten aber auch, dass Finnland alles in allem gegen die Sowjetunion auf sich allein gestellt war. Dieser Aspekt sollte in der späteren Außenpolitik Finnlands eine wichtige Rolle spielen. Darauf folgende Bemühungen Finnlands um ein skandinavisches Militärbündnis mit Norwegen und Schweden zum Schutz vor erneuten Aggressionen seitens der Sowjetunion führten – vor allem aufgrund gegensätzlicher deutscher Interessen – nicht zum Erfolg[134].

In der Zeit des sogenannten Zwischenfriedens blieb das finnisch-sowjetische Verhältnis gespannt. Hierbei spielte der deutsch-sowjetische Interessengegensatz im Norden Europas die entscheidende Rolle. Für das Deutsche Reich war Finnland aufgrund der Nickelerzgruben bei Petsamo, jedoch auch wegen der Rohstoffe Kupfer, Molybdän und Schwefelkies von Interesse[135]. Wesentlicher war im Gesamtzusammenhang aber wohl die strategische Nähe zu Norwegen und somit zur Atlantikküste. Infolge der deutschen Besetzung Norwegens im April bis Juni 1940 wurde Finnland etwa ab September 1940 zu einem Transitland für deutsches Mili-

---

Vehviläinen, Finland in the Second World War; Trotter, The Winter War. Zu dem aus den militärisch beeindruckenden finnischen Abwehrschlachten geborenen Mythos siehe Kap. IV.4.

[130] Hentilä, Von der Erringung der Selbständigkeit, S. 205–208.

[131] Jokipii, Finnland und der Zweite Weltkrieg, S. 19.

[132] Dies zeigt der sowjetische »Erweiterungsplan« für Hanko, in dem in einer »kleinen Lösung« ein Angriff von Örö bis Porkkala, in einer »großen Lösung« gar die Bedrohung von Turku oder Helsinki durch die Baltische Flotte geplant war. Manninen, The Soviet Plans, S. 66–70.

[133] Vor der Möglichkeit zur Einsicht in die entsprechenden sowjetischen Akten ist diese Frage jedoch nicht zu beantworten.

[134] Finnland und Schweden sondierten 1940 eine sehr enge Zusammenarbeit, wobei auch die Bildung einer schwedisch-finnischen Union diskutiert wurde. Deutschland widersprach solchen Plänen vehement. Von deutscher Seite wurde Finnland für den Fall einer Union mit Schweden mit Kündigung der deutsch-finnischen Zusammenarbeit gedroht. Andererseits verringerte sich Schwedens Interesse an einer engen Zusammenarbeit mit Finnland angesichts des wachsenden deutschen Einflusses in Finnland zunehmend. Talvela, Sotilaan elämä, t. 1, S. 264–266; Böhme, Vermutete sowjetische Ambitionen, S. 218, und Menger, Deutschland und Finnland, S. 86; Manninen, Operation Barbarossa, S. 143 f.

[135] Menger, Deutschland und Finnland, S. 71.

tärpersonal sowie für kriegswichtige Güter nach Norwegen. Die Sowjetunion forderte nun die Demilitarisierung und sowjetische Kontrolle der Ålandinseln[136], die Nickelgruben im Petsamo-Gebiet sowie das Ausscheiden Tanners aus der Regierung[137]. Sie plante ab Sommer 1940 mit dem Bedrohungsszenario eines gemeinsamen finnisch-schwedischen Angriffs als Verbündete des Deutschen Reiches[138]. Einen Plan zu einer Staatenunion Finnlands mit Schweden wusste die Sowjetunion zu verhindern[139]. Die strategische Bedeutung Finnlands im Kontext des Mächtedreiecks Deutsches Reich – Großbritannien – Sowjetunion wird in der Nickel-Krise von November 1940 bis Januar 1941 deutlich. Bereits im November 1940 protestierte Großbritannien gegen eine dominierende Stellung der Deutschen in Finnland[140]. In Petsamo war ein britisch-kanadisches Nickel-Konsortium Eigentümer der sich im Bau befindlichen Gruben. Die UdSSR plante deren Übernahme und Enteignung. Dagegen konnte nur das stark am kriegswichtigen Nickel interessierte Deutsche Reich Finnland Hilfe gegenüber sowjetischen Forderungen gewähren[141]. Finnland wurde zur offenen Streitfrage zwischen Moskau und Berlin. Bei den Verhandlungen Hitlers und Ribbentrops mit Molotow am 12. und 13. November 1940 in Berlin wurde die Frage, ob Finnland »endgültig als unverletzbarer Teil der sowjetischen Interessensphäre«[142] anzusehen sei, sogar zu einem der wichtigsten Besprechungspunkte. Letztlich verweigerte sich Hitler einer sowjetischen Besetzung Finnlands[143]. Eine solche stand schließlich den Plänen für einen deutschen Angriff auf die Sowjetunion entgegen.

Die Bedingungen für eine Teilnahme Finnlands am deutschen Krieg gegen die Sowjetunion zeigen, dass es alles versuchte, seine Selbstständigkeit auch gegenüber dem Deutschen Reich zu wahren. Das Land bemühte sich, diesen Krieg als »Sonderkrieg« zu führen[144] – ohne formelles Bündnis mit Hitlerdeutschlands Soldaten als »Waffenbrüdern«[145]. In der Wahrnehmung der Deutschen war für solch feine

---

[136] Molotow forderte dies am 27.6.1940. Die finnische Regierung kam diesem Drängen bereits Anfang Juli 1940 nach. Am 11.10.1940 unterzeichneten Molotow und Paasikivi das finnisch-sowjetische Aland-Abkommen. Vgl. Wagner, Finnlands Neutralität, S. 167 f.

[137] Hentilä, Von der Erringung der Selbständigkeit, S. 217; zu Petsamo siehe ausführlich Krosby, Finland, Germany and the Soviet Union.

[138] Manninen, The Soviet Plans, S. 62 f.

[139] Zu diesem Plan siehe Manninen, Toteutumaton valtioliitto.

[140] Nevakivi, Ystävistä vihollisiksi, S. 69.

[141] Jokipii, Finnland und der Zweite Weltkrieg, S. 21 f.; zur Nickelkrise siehe auch Menger, Deutschland und Finnland, S. 71–75. Ob, wie Maria Lähteenmäki ausführt, die Nickelvorkommen eine gewichtigere Rolle als generell Finnlands Lage an der Ostsee und dessen Nähe zu Leningrad gespielt haben, muss indes angesichts eines rasseideologischen Vernichtungskrieges gegen die Sowjetunion als Ganzes bezweifelt werden. Lähteenmäki, Päämääränä Petsamo, S. 308.

[142] Hillgruber, Hitlers Strategie, S. 305.

[143] Ueberschär, Hitler und Finnland, S. 240 f.

[144] Hentilä, Von der Erringung der Selbständigkeit, S. 220–225.

[145] »Waffenbrüderschaft« war ein Begriff, mit dem die Finnen und die Deutschen den gemeinsamen Krieg gegen die Sowjetunion beschrieben. Dieser Terminus sollte finnischerseits die Eigenständigkeit der finnischen Kriegführung unterstreichen. Zwar sei der Gegner derselbe, doch verfolge Finnland unterschiedliche Ziele als das Deutsche Reich. Insbesondere gegenüber Großbritannien und den Vereinigten Staaten sollte dieser Begriff deutlich machen, dass Finnland mit dem Welt-

Differenzierungen wenig Platz. In der deutschen Propaganda wurde Finnland schlicht zum »nördlichen Vorposten gegen den Osten«[146]. In der finnischen Diktion sollte der Krieg sich gegen den »Erbfeind« Sowjetunion richten, nicht aber gegen die Westmächte. In den ersten Wochen des Krieges scheint für eine solche Politik durchaus auch Platz gewesen zu sein. Bei den Westmächten erfreute sich Finnland schließlich weit größerer Sympathien als die Sowjetunion. Doch Neigungen bestimmen nur selten die Politik – besonders in Zeiten essenzieller Bedrohung.

Das finnisch-britische Verhältnis während des Kriegs der Jahre 1941 bis 1944 verschlechterte sich rasch. Ende Juni 1941 bombardierte die Royal Airforce Petsamo, worauf Finnland die diplomatischen Beziehungen zu Großbritannien abbrach. Als der finnische Angriff im September 1941 über die sowjetisch-finnische Grenze hinweg vorgetrieben wurde, erklärte Großbritannien Finnland formal den Krieg[147]. Die finnisch-amerikanischen Beziehungen blieben dagegen den Umständen entsprechend gut. Obwohl sich Großbritannien und die Sowjetunion mit Finnland im Kriegszustand befanden, blieb in den USA eine gewisse Sympathie für Finnland bestehen. Diese zeigte sich neben zahlreichen Vermittlungsangeboten vor allem darin, dass die USA trotz sowjetischen Drucks Finnland nicht den Krieg erklärten. Die diplomatischen Beziehungen zu Finnland wurden erst nach dem Ryti-Ribbentrop-Abkommen[148] im Sommer 1944 abgebrochen[149].

Nachdem die deutsch-finnischen Angriffe von Juni 1941 nach Anfangserfolgen bis Ende Dezember 1941 liegengeblieben waren und zeitgleich die USA in den Krieg gegen Deutschland eintraten, versuchte Finnland sich den Westmächten

---

krieg der Großmächte nichts zu tun habe. Zum Begriff ›Waffenbrüderschaft‹ siehe Manninen, Die deutsch-finnische »Waffenbrüderschaft«. Vgl. Jokisipilä, Aseveljiä vai liittolaisia? Im deutschen Begriff ›Waffenbrüder‹ allein, ist jedoch von – seitens dem offiziellen Finnland implizierter – kritischer Distanz nichts zu merken. Vielmehr schwingt der Verwandtschaftsbegriff mit. In der Propagandasprache des Ersten Weltkrieges wurde der Begriff ›Waffenbrüder‹ für das speziell verbündete Österreich verwendet. Siehe etwa A. Oskar Klaussmann, Treue Waffenbrüder. Heldentaten der Österreicher, Ungarn und Deutschen im Weltkriege 1914/15, Berlin 1915; Wilhelm Fischer, Aus eiserner Zeit 1914-1915. Eine Erzählung aus den Kämpfen der deutsch-österreichischen Waffenbrüder, Stuttgart 1915.

[146] Siehe hierzu Hecker-Stampehl, Vorposten des Nordens?, S. 313-326, Zitat S. 323.
[147] Hentilä, Von der Erringung der Selbständigkeit, S. 222.
[148] Im Ryti-Ribbentrop-Abkommen wurde die Zusammenarbeit zwischen Finnland und dem Deutschen Reich formalisiert. Der finnische Präsident Risto Ryti verpflichtete sich, ohne Zustimmung Deutschlands keinen Separatfrieden mit der Sowjetunion abzuschließen. Der Vertrag wurde – trotz Zustimmung des Kriegskabinetts – als persönliche Angelegenheit Rytis dargestellt, was Mannerheim nach dem Rücktritt Rytis den Abschluss des Waffenstillstandes ermöglichte. Diese Interpretation des Vertrages kann ebenso wie die These von der finnischen Separatkriegführung durchaus hinterfragt werden. Siehe hierzu Jokisipilä, Aseveljiä vai liittolaisia?
[149] In den USA brachte der sowjetisch-finnische Winterkrieg Finnland Sympathien ein. Der demokratische finnische Staat, der als einziger seine Schulden aus der Zeit des Ersten Weltkriegs zurückgezahlt hatte, wurde während und unmittelbar nach dem Winterkrieg diametral entgegengesetzt zur Diktatur Stalins in der Sowjetunion wahrgenommen. Siehe Olson, American Historians, S. 13; Jacobs, America and the Winter War; Büttner, Sowjetisierung oder Selbständigkeit?, S. 97.

anzunähern[150]. Angesichts des nicht mehr sicheren Sieges des Deutschen Reiches suchte Finnland so einer Auslieferung an die Sowjetunion durch die Westmächte im Falle des Niedergangs des deutschen Garanten vorzubeugen. So wurde vor der Landung der westlichen Alliierten in Sizilien im Juli 1943 finnischerseits sogar – wenngleich auch ohne Erfolg – die Landung amerikanischer Truppen in Lappland betrieben, um die dort stationierten deutschen Truppen zu vertreiben. Die Regierung Roosevelt lehnte dies ab. Intern wurde diese Entscheidung mit der Zugehörigkeit Nordeuropas zum »sowjetischen Interessengebiet« begründet[151].

Auf der Moskauer Außenministerkonferenz vom 19. bis 30. Oktober 1943 stimmte Großbritannien dem Prinzip der aufgeteilten Zuständigkeiten in Europa zu. Als die Sowjetunion die USA und Großbritannien dazu aufforderte, Luftwaffenstützpunkte in Schweden zu errichten, lehnten dies die Westmächte mit zwei Argumenten ab: Zum einen bedeute dies angesichts der geplanten westalliierten Landung in Europa 1944 eine Zersplitterung der Kräfte, zum anderen würde Schweden niemals ohne sowjetische Garantien für die Souveränität Finnlands auf alliierter Seite in den Krieg treten. Die Sowjetunion stellte daraufhin klar, dass sie keine Einmischung der Westmächte in den sowjetisch-finnischen Krieg wünsche[152]. Sowohl die USA, als auch Großbritannien waren also 1943 bereit, Finnland der sowjetischen Einflusssphäre zuzuordnen. Dennoch waren insbesondere die britischen Interessen in Finnland mit den korrespondierenden sowjetischen Ambitionen kaum vereinbar, diesen teilweise entgegengesetzt. So wollte Norwegen mit Hilfe Großbritanniens das Entstehen einer gemeinsamen norwegisch-sowjetischen Grenze verhindern. Diese war sowjetischerseits jedoch gewollt und neben Rohstoffinteressen unter anderem auch mit der sowjetischen Forderung nach Petsamo begründet[153].

Der Waffengang Finnlands an deutscher Seite barg eine ernste Bedrohung für Schweden[154]. Finnland als Gegner der Westmächte bedeutete außerdem, dass Schweden Gefahr lief, in den Krieg hineingezogen zu werden und davon abgesehen konnte eine starke deutsche Militärpräsenz in Finnland und in Norwegen nicht im Interesse Schwedens liegen. Insgesamt war daher Schweden am Erhalt des Status quo ante der Zeit vor dem Winterkrieg interessiert[155]. So bemühte sich

---

[150] Zu Finnland in der Defensive und dessen Verhältnis zum Deutschen Reich nach der Schlacht von Stalingrad siehe Wegner, Das Kriegsende in Skandinavien, S. 961–1000.

[151] Polvinen, Suomi Kansainvälisessa politiikassa, t. 1, S. 237–239; Büttner, Sowjetisierung oder Selbständigkeit?, S. 60.

[152] Böhme, Vermutete sowjetische Ambitionen, S. 227, und Böhme, The Problem of Airspace Violation, S. 209.

[153] Büttner, Sowjetisierung oder Selbständigkeit?, S. 75; Polvinen, Suomi kansainvälisessä politiikassa, t. 1, S. 31; Majander, Ennen kuin Pohjola asettui »tasapainoon«, S. 77.

[154] Die schwedische Regierung fürchtete sowohl die deutsche Nähe als auch die möglichen sowjetischen Absichten. Bereits im März 1941 im Rahmen der Vorbereitung zum ›Unternehmen Barbarossa‹ hatte Deutschland versucht, 76 000 Soldaten via Schweden nach Norwegen zu schicken. Schweden beantwortete dies mit der Mobilisierung von 80 000 Mann. Manninen, Operation Barbarossa, S. 142.

[155] Zur Finnlandpolitik Schwedens im Zweiten Weltkrieg siehe Carlgren, Swedish Foreign Policy, S. 169–198.

Schweden – durchaus eigennützig – um Vermittlung sowohl zwischen Finnland und den Westmächten als auch zwischen Finnland und der Sowjetunion. Folgerichtig wurden die Schritte in den Frieden zumeist über schwedische Kanäle vollzogen[156]. Nach dem Rücktritt Rytis traten aber verstärkt schwedische Bedenken über eine eventuelle deutsche Besetzung der Ålandinseln einerseits sowie – während der sowjetisch-finnischen Waffenstillstandsverhandlungen – Befürchtungen über einen möglichen Ausbau der Ålandinseln zu einem sowjetischen Flottenstützpunkt andererseits in den Vordergrund[157].

Auf der Konferenz von Teheran vom 28. November bis 1. Dezember 1943 wurde Finnland schließlich sachlich, wenngleich auch noch nicht formell – die eigentliche Einteilung in Interessensphären wurde erst später beschlossen – der sowjetischen Interessensphäre zugerechnet[158]. Dies geschah jedoch nicht automatisch, sondern war das Ergebnis von Machtpolitik, wobei Stalin zu dieser Zeit wohl als der mächtigste der »Großen Drei« anzusehen ist. Die Rolle Finnlands in der Politik Großbritanniens und der USA wird deutlich, betrachtet man die Positionen Churchills und Roosevelts auf der Konferenz von Teheran nicht isoliert, sondern im Wechselspiel mit Stalin: Roosevelt setzte sich dabei für die Selbstständigkeit Finnlands ein. Er forderte von Stalin ausdrücklich, die Souveränität Finnlands zu achten. Dieser erklärte, er wolle Finnland nicht besetzen, forderte aber für Finnland die Grenzen von 1940, eventuell weitere Abtretungen, Reparationszahlungen sowie die Vertreibung der deutschen Truppen[159]. Churchill widersetzte sich einer Erhebung von Reparationen, Roosevelt forderte den Verbleib von Viipuri bei Finnland. Stalin beharrte jedoch unter Androhung einer Teilbesetzung Finnlands auf den Reparationszahlungen und erklärte sich nicht zu einer Diskussion über Viipuri bereit[160]. Hier wird deutlich, dass für Stalin Finnland ungleich wichtiger war als für Roosevelt oder Churchill. Die Ablehnung von Interessensphären und der sowjetischen Annexion von Viipuri sowie die Politik eines selbstständigen Finnland entsprach vor allem der generellen Politik der USA. Sie muss also nicht unbedingt finnlandspezifisch motiviert gewesen sein[161]. Großbritannien stimmte im Gegensatz zu den USA grundsätzlich einer Einteilung in Interessensphären zu. Beide Westmächte waren aber nicht dazu bereit, wegen Finnland weltpolitisch wichtigere Konzessionen Stalins zu verspielen, und angesichts des Kriegsgegners Deutschland war die Kriegskoalition mit der Sowjetunion allemal wichtiger als

---

[156] Insbesondere mit Hilfe der sowjetischen Gesandten, der legendäre Madame Kollontay, mit der Stockholm zu einer Art »Drehscheibe« der Waffenstillstandsbemühungen und des Ausscheren Finnlands aus der Waffenbrüderschaft mit Deutschland wurde.

[157] Carlgren, Swedish Foreign Policy, S. 193–197. Durch das Beschwören der sowjetischen Gefahr für die Ålandinseln hatte die finnische Seite bereits 1941 versucht, schwedische Unterstützung gegen die Sowjetunion zu gewinnen. Manninen, Operation Barbarossa, S. 146.

[158] Büttner, Sowjetisierung oder Selbständigkeit?, S. 96. Böhme, Vermutete sowjetische Ambitionen, S. 228.

[159] Böhme, Vermutete sowjetische Ambitionen, S. 227 f.

[160] Büttner, Sowjetisierung oder Selbständigkeit?, S. 68; Polvinen, Suomi kansainvälisessä politiikassa. t. 2, S. 11, sowie die entsprechenden Dokumente in FRUS 1942, Cairo and Tehran, S. 590–592.

[161] Sautter, Geschichte der Vereinigten Staaten, S. 424.

eventuelle Sympathien für das kleine Finnland[162]. Wesentliches Ergebnis der Teheraner Konferenz war also, dass Finnland zwar eindeutig als sowjetisches Einflussgebiet gesehen, andererseits jedoch für das Land keine bedingungslose Kapitulation festgelegt wurde[163].

Als Finnland im Frühjahr 1944 trotz seiner strategisch insgesamt ungünstigen Position nicht in einen harten Frieden mit der Sowjetunion einwilligte, versuchte die Sowjetunion diesen am 9. Juli 1944 mit einer Großoffensive auf der Karelischen Landenge zu erzwingen. Am 16. Juni gelang der sowjetische Durchbruch bei Kuuterselkä, am 20. Juni fiel Viipuri. Finnland konnte in dieser Situation lediglich in einen Frieden einwilligen oder mit deutscher Hilfe versuchen, das Blatt zu wenden. Da Stalin erneut, wie bereits vor der Konferenz von Teheran, die bedingungslose Kapitulation forderte, schien die deutsche Option für Finnland immer noch vorteilhafter[164]. Das Deutsche Reich machte für seine Hilfe – die Schwäche Finnlands ausnutzend – den Verzicht auf einen Sonderfrieden zur Bedingung, was auch im bereits erwähnten Ryti-Ribbentrop-Abkommen erfolgte[165]. Die Rote Armee war indes nach der erfolgreichen Karelienoffensive nicht zu weiteren Operationen in der Lage. Das sowjetische Ziel war ein schnelles Ausschalten der finnischen Armee, um Kräfte gegen die Truppen des Deutschen Reiches in Weißrussland und Lappland freizusetzen. Nachdem dies mit militärischen Mitteln nicht möglich war, verlegte das sowjetische Oberkommando seinen Schwerpunkt weg von der finnischen Front[166]. In schweren Abwehrkämpfen zog sich die finnische Armee auf etwa die Stellungen zurück, welche sie auch Ende des Winterkrieges gehalten hatte. Ab Mitte Juli forderte Moskau von Helsinki nicht mehr die bedingungslose Kapitulation. Risto Ryti trat am 31. Juli von seinem Präsidentenamt zurück und machte so den Weg zu Friedensverhandlungen frei. Diese erfolgten drei Wochen später unter dem neuen Präsidenten Mannerheim, der sich der ungebrochenen Autorität bei den Streitkräften erfreute. Die sowjetischen Vorbedingung – der öffentliche Bruch mit Deutschland – entsprach auch der britischen und amerikanischen Linie. Am 2. September 1944 brach Finnland seine diplomatischen Beziehungen zum Deutschen Reich ab. Wenige Tage später wurden die finnisch-sowjetischen Kampfhandlungen eingestellt[167].

An den Waffenstillstandsverhandlungen zwischen Finnland und der Sowjetunion waren die Westmächte, entsprechend der Diskrepanz zwischen den angloamerikanischen und dem sowjetischen Interessen an Finnland, kaum beteiligt. Die USA waren bei den Vorverhandlungen am 6. September lediglich symbolisch

[162] Olson, American Historians, S. 17.
[163] Hentilä, Von der Erringung der Selbständigkeit, S. 228.
[164] Turtola, Finland's Path, S. 41; siehe hierzu bereits Apunen, Paasikiven-Kekkosen linja, S. 15.
[165] Hentilä, Von der Erringung der Selbständigkeit, S. 230 f.; vgl. Jokisipilä, Aseveljiä vai liittolaisia?
[166] Manninen, The Soviet Plans, S. 144. Diese Erkenntnis aus sowjetischen Akten entspricht auch der Einschätzung des amerikanischen Botschafters Hamilton bezüglich der strategischen Ziele Stalins. Bericht Hamiltons drei Jahre später, Hamilton an State Department, 10.1.1947, abgedr. in Salasanomia Helsingistä Washingtoniin, S. 26 f.
[167] Hentilä, Von der Erringung der Selbständigkeit, S. 233–235.

durch Botschafter William A. Harriman[168] vertreten, wobei dieser das amerikanische Desinteresse am Inhalt der Friedensbestimmungen bekundete. Das Memorandum des britischen Außenministers Eden an das Kriegskabinett vom 9. August 1944 zeigt die realpolitisch bestimmte britische Haltung gegenüber Finnland und der Sowjetunion: »Although we shall no doubt hope that Finland will be left some real degree of independence and a parliamentary regime. Russian dominance will in any case be predominant in Finland and we shall not be able, nor would it serve any important British interests, to contest this influence[169].« Entsprechend bestand London nicht auf einer Behandlung durch die Europäische Beratungskommission. Allerdings wurde sehr wohl erwartet, dass sich Moskau bezüglich der Friedensbedingungen abspreche. Das britische Interesse erschöpfte sich letztlich an der Petsamo-Frage sowie am künftigen finnischen Holzexport. Hier protestierte Großbritannien gegen die sowjetischen Bedingungen und forderte für den Fall einer Übergabe Petsamos an die Sowjetunion Entschädigungen für die Nickelminen des britisch-kanadischen Mond-Nickel-Konsortiums. Auch lehnte der britische Botschafter in Moskau, Sir Archibald Clark-Kerr, den sowjetischen Vorschlag, die Entschädigungssumme Finnland aufzubürden, ab. Letztlich einigte man sich auf eine Zahlung von 20 Millionen Dollar. Für Finnland wichtiger war, dass Großbritannien sich für eine Reduzierung der finnischen Reparationszahlungen von 600 Millionen Dollar auf 300 Millionen Dollar einsetzte[170].

Der Waffenstillstands- oder Vorfriedensvertrag vom 19. September 1944 setzte im Wesentlichen den Friedensvertrag von 1940 wieder in Kraft. Ostkarelien und Viipuri fielen erneut an die Sowjetunion, diese erhielt das Recht, in Porkkala eine Militärbasis einzurichten – das war bereits vor dem Winterkrieg im Jahr 1939 eine sowjetische Forderung gewesen – und auch das Gebiet um Petsamo musste abgetreten werden, wodurch eine gemeinsame Grenze der Sowjetunion und Norwegen entstand[171]. Aufgrund der Nähe Porkkalas zu Helsinki versuchten die Finnen Hanko anstelle Porkkalas anzubieten. Die Sowjetunion begründete ihre Forderung mit dem Schutz Leningrads von Seeseite[172]. Zum damaligen Zeitpunkt für die Sowjetunion von größerer Bedeutung war Art. 2 des Vorfriedens. Dieser sah die Internierung und Entwaffnung der deutschen Truppen in Finnland – nötigenfalls mit Hilfe der Sowjetunion – vor. Damit schied Finnland für die Sowjetunion nicht nur als Kriegsgegner aus, sondern die finnische Armee sollte fortan für die Alliierten »arbeiten«, was der Sowjetunion die Verlegung bedeutender Truppenkontingente an die Baltische Front erlaubte. Die über 200 000 Mann starke deutsche

---

[168] Harriman (1891–1986) war von 1943 bis 1946 Botschafter der USA in Großbritannien. Harriman/Abel, Special Envoy to Churchill and Stalin.

[169] Zit. nach Ludlow, Britain and Northern Europe, S. 154 f.; siehe auch Nevakivi, Finland and Cold War, S. 212.

[170] Büttner, Sowjetisierung oder Selbständigkeit?, S. 93–108; zur Reparationsfrage siehe Heikkilä, Liittoutuneet ja kysymys Suomen sotakorvauksista.

[171] Vertragstext in deutscher Übersetzung in Krosby, Friede für Europas Norden, S. 413–420; siehe auch Büttner, Sowjetisierung oder Selbständigkeit?, S. 93 f.

[172] Allison, Finland's Relations, S. 15.

20. Gebirgsarmee stand nördlich des Oulujoki. Am 28. September kam es zu ersten Kämpfen zwischen deutschen und finnischen Truppen. Aus sowjetischer Sicht sollte der finnische Kampf gegen die deutschen Truppen dem psychologischen Bruch mit dem ehemaligen Waffenbruder dienen. Auf beiden Seiten fielen im Lapplandkrieg über tausend Mann. Die von der 20. Gebirgsarmee durch ›Taktik der verbrannten Erde‹ durchgeführten Zerstörungen Lapplands erreichten erschreckende Ausmaße[173].

Für Finnland war es politisch und psychologisch von großer Bedeutung, dass das Land nicht besetzt wurde, auch wenn bis September 1945 sowjetische Truppen in Ivalo standen. Wesentlicher war jedoch die Alliierte Kontrollkommission zur Überwachung des Waffenstillstandes unter Generaloberst Andrej Ždanov, die angesichts ihrer über 150 sowjetischen Offiziere und Beamten eher eine sowjetische, denn alliierte Angelegenheit war. Auch verfügte Großbritannien über keinerlei militärische Eingreifmöglichkeiten. Da die USA sich nicht mit Finnland im Kriegszustand befunden hatten, waren sie in der Kontrollkommission nicht vertreten[174]. So befand sich Ende 1944 Finnland in einer verzweifelten Lage. Der finnisch-sowjetische »Fortsetzungskrieg« von 1941 bis 1944 hatte Finnlands internationale Lage keineswegs verbessert. Die Kriegsanstrengungen hatten das bevölkerungsschwache Land ausgezehrt, die Friedensbedingungen waren hart, und anders als nach dem Winterkrieg schien Finnland durch den gemeinsamen Angriff mit Deutschland auf die Sowjetunion auch weitestgehend die Sympathien der Westmächte verspielt zu haben. Finnland war ein besiegter Feindstaat und dazu noch einer innerhalb der sowjetischen Einflusssphäre. Andererseits konnte die Tatsache, dass Finnland nicht einer bedingungslosen Kapitulation gehorchen musste und zum »richtigen Zeitpunkt«[175] sich von Deutschland gelöst hatte, die Hoffnung auf die Möglichkeit der Selbstständigkeit wahren – zumindest solange die Kräfte der UdSSR im Kampf mit dem Deutschland gebunden waren. Finnland stellt die einzige Ausnahme hinsichtlich der Politik der bedingungslosen Kapitulation der Alliierten im Zweiten Weltkrieg dar. Angesichts des Winterkrieges ließ sich dieses Land zudem im oft zum Kampf zwischen Gut und Böse stilisierten Krieg auch nur schwer einordnen[176]. Zumindest das sollte sich auch in Zukunft nicht ändern.

---

[173] Zu den Zerstörungen siehe Ursin, Pohjois-Suomen tuhot.
[174] Nevakivi, Vom Fortsetzungskrieg bis zur Gegenwart, S. 241–252.
[175] Siehe Wegner, Finnland und der Zweite Weltkrieg, S. 38.
[176] Olson, American Historians, S. 18–19; O'Connor, Diplomacy for Victory.

IV. Finnland in nordatlantischer Wahrnehmung und Politik 1949 bis 1957

Zur Untersuchung der nordatlantischen Finnlandperzeption und deren Auswirkung auf die konkrete Finnlandpolitik werden in dieser Darstellung innerhalb der Allianz vorherrschende kollektive Perzeptionsmuster im Zusammenhang mit dem Kalten Krieges und der Organisationskultur der NATO untersucht.

Für die konkrete Politik ist allerdings nicht nur die Perzeption des jeweils anderen, sondern vor allem auch die Machtkonstellation von Bedeutung. Dies gilt insbesondere für die perzipierte Bedrohung[1]. Eine solche Bedrohungswahrnehmung bestand unstrittig gegenüber der Sowjetunion. Entscheidend ist hierbei nicht, ob die Politik eines Landes seitens der Entscheidungsträger eines anderen richtig oder falsch beurteilt wurde, sondern dass die Images (Fremdbilder) historisch wirksam waren[2]. Insbesondere den Arbeiten von Watt[3], Niedhart[4] und Wiggershaus[5] sind diesbezüglich grundlegende Überlegungen sowie auch konkrete Ansätze zu verdanken. So änderte sich beispielsweise zwar die amerikanische Sowjetperzeption in den 1960er-Jahren kaum, doch wandelte sich die Politik der USA gegenüber der UdSSR durch das Ende des US-Monopols im Bereich der nuklearstrategischen Waffen[6] – also einer Verschiebung der militärischen Machtkonstellation. Soll dieser wichtige harte Faktor ›Macht‹ neben dem weicheren Faktor ›Perzeption‹ berücksichtigt werden, so ist die Finnlandwahrnehmung in die schwerwiegendere, da machtpolitisch bedeutsamere Bedrohungsperzeption im Kalten Krieg einzuordnen. Im Kapitel IV.1 werden daher aufbauend auf dem diesbezüglichen Stand der Forschung aus verschiedenen Berichten und Diskussionsprotokollen des NATO-Rats die Bedrohungsvorstellungen der NATO-Staaten erarbeitet. Dieser Wahr-

---

[1] Für manchen suggeriert der Begriff ›perzipierte Bedrohung‹, dass diese gar nicht real sei, sondern lediglich subjektiv so wahrgenommen werde. Dies ist – um eventuellen Missverständnissen vorzubeugen – mit diesem Begriff nicht gemeint. Für die praktische Politik ist jedoch das wahre Ausmaß der Bedrohung (›reale Bedrohung‹ oder mathematisch gesprochen die ›absolute Bedrohung‹) in der Regel irrelevant. Die Politik richtet sich vielmehr grundsätzlich nach der perzipierten Bedrohung (um ein Bild aus dem Bereich der Meteorologie zu gebrauchen, nach der ›gefühlten Temperatur‹ des Kalten Krieges). Diese kann jedoch – zumindest theoretisch – durchaus mit dem wahren Ausmaß der Bedrohung übereinstimmen.

[2] Niedhart, Perzeption und Politik, S. 19.

[3] Watt, British Military Perceptions.

[4] Niedhart, Perzeption und Politik.

[5] Siehe hierzu einführend Wiggershaus, Nordatlantische Bedrohungsperzeptionen.

[6] Niedhart, Perzeption und Politik, S. 19; siehe hierzu auch Heuser, NATO, Britain, S. 16-18.

nehmung kommt angesichts des Auftrages der NATO, nämlich der Abwehr solcher Bedrohung, als Handlungsrahmen entscheidende Bedeutung zu. Finnland stellte für die NATO – das spiegelt sich auch in den Akten wieder – kein genuines Interessengebiet dar. Interesse an Finnland erwuchs aber aus dessen Nachbarschaft zum Gegner Sowjetunion sowie aus einem skandinavischen Kontext und aufgrund dessen Bedeutung als Ostseeanrainer. Die Finnlandperzeption der nordatlantischen Allianz bildete immer einen Teil der Bedrohungsperzeption durch die Sowjetunion und damit interdependent auch einen Teil des Lagebildes in Skandinavien, das sich für die NATO an der nördlichen Peripherie befand[7]. Die wahrgenommene politische-strategische Situation in Finnland schlug aber auch auf die Wahrnehmung Skandinaviens und der Sowjetunion durch. Schließlich wirkten bestehende internationale Verträge, politische Gepflogenheiten aber auch schlicht das Bild von herausragenden Politikern wie etwa Kekkonen oder Fagerholm und nicht zuletzt bedeutende Veränderungen wie etwa die Rückgabe des sowjetischen Stützpunktes in Porkkala direkt auf die Wahrnehmung Finnlands[8].

In Kapitel IV.4 soll stereotypen Finnlandbildern nachgespürt und der Versuch unternommen werden, sie aus diesen Perzeptionsmuster zu isolieren. Dabei geht es jedoch weniger um die Frage, ob diese Stereotype ›richtig‹ oder ›falsch‹ sind, als um deren Existenz und eventuelle Wirkung.

Das Denken politisch verantwortlicher Personen kann – auch wenn diese über einen professionellen Apparat zur Informationsbeschaffung verfügen – immer nur auf deren Stand der ›Kenntnis‹ aufbauen. Wahrnehmung ist ständigem Wandel unterworfen, passt sich der Situation laufend an, speist sich aber zugleich aus der Summe individuell oder kollektiv gespeicherter historischer Erfahrungen. Neue Eindrücke werden in dieses Schema (Perzeptionsmuster) eingeordnet und vervollständigen dieses Muster. Sie können (Vor-)Urteile bestätigen oder revidieren.

Menschliches Handeln ist aber stets von der Unvollkommenheit menschlichen Wahrnehmungsvermögens und dessen auch kulturell bedingten[9] Einschränkungen geprägt – das beginnt bei den Assoziationen, die bestimmte Begriffe hervorrufen. Vernünftiges Handeln findet also seine Beschränkung in den eigenen Prädispositionen oder anders ausgedrückt: Auch die besten Analysen sind durch die den Analysten zugänglichen begrenzten Informationen, aber auch durch die ›Voreinstellung‹ der Empfänger immer unvollkommen und subjektiv.

1. Sowjetische Bedrohung als Rahmen

Betrachtet man die Bedrohungsperzeptionen der Leitmächte der NATO, so ist festzustellen, dass in den unmittelbaren Nachkriegsjahren weniger ideologische

---

[7] Siehe Kap. IV.2.
[8] Siehe Kap. IV.3.
[9] Zur Schwierigkeit interkultureller Wahrnehmung siehe Trompenaars, Riding the Waves of Culture, S. 21–28.

**Perzeptionsmuster der nordatlantischen Finnlandperzeption
(schematische Darstellung)**

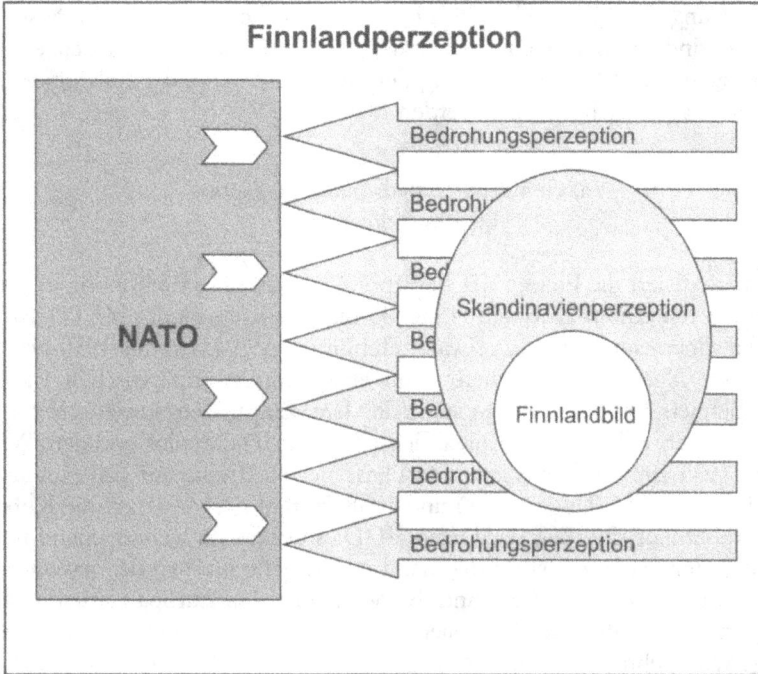

Finnlandperzeption

NATO

Bedrohungsperzeption

Bedroh[...]

Be[...]

Skandinavienperzeption

B[...]

Be[...]   Finnlandbild

Bedroh[...]

Bedrohungsperzeption

© MGFA
05986-03

Unterschiede – diese gab es schon seit 1917 – als unterschiedliche politisch-historische Erfahrungen im Umgang mit der Sowjetunion die Bedrohungsanalysen prägten. Neben dem persönlichen Erleben westlicher Spitzenpolitiker im Umgang mit den Sowjetführern sowie antikommunistischer Grundeinstellungen waren es die politischen Handlungen der UdSSR in der Nachkkriegszeit, gepaart mit einer aggressiven kommunistischen Rhetorik, die im Westen ein Gefühl der Bedrohung aufkommen ließen. Während die Einschätzungen der Sowjetunion durch die amerikanische und die britische Regierung im Jahr 1946 weitestgehend übereinstimmten, schien Frankreich bis 1947 eher eine Vermittlerrolle zwischen der UdSSR und den angelsächsischen Staaten einzunehmen[10]. Die verschiedenen NATO-Staaten folgten – wie Wilfried Loth und Beatrice Heuser trefflich herausgestellt haben – in ihrer ›großen Politik‹ unterschiedlichen Interessen[11], Strategien aber auch Perzeptionsmustern[12]. Für die Beschäftigung mit der Wahrnehmung Finnlands, die nicht

[10] Heuser, Western ›Containment‹ Policies, S. 1–7.
[11] Loth, Sicherheit und nationale Interessen, S. 311–323.
[12] Heuser, NATO, Britain.

von der Bedrohungsperzeption[13] losgelöst betrachtet werden kann, scheint es wahrscheinlich, dass sich diese Unterschiede stärker ausgewirkt haben, als in den ›großen‹ politischen Fragen, wie dem Umgang mit der Sowjetunion oder der nuklearen Rüstung. Wo liegen also die Phasen oder Brüche der Bedrohungsempfindung? Wo sind diesbezüglich die Unterschiede und Parallelen in den einzelnen Ländern zu suchen? Vor der Klärung der Skandinavien- und Finnlandperzeption soll diesen Fragen nachgegangen werden.

a) Gemeinsame Bedrohungsperzeption
bis zum Tode Stalins

Heuser periodisiert die Phasen der Perzeption sowjetischer Bedrohung in dem für diese Arbeit relevanten Zeitraum (1944/45 bis 1962) seitens der NATO grob wie folgt: Die allgemeine Bedrohungswahrnehmung von 1945/48 bis 1950 war mehr durch ihren allgemein politischen, denn einen konkret militärischen Charakter gekennzeichnet. Ein erster Höhepunkt in dem Empfinden sowjetischer Bedrohung stellte sich während des Koreakrieges bis zum Tod Stalins und dem Waffenstillstand 1953 ein. Diesem folgte eine Phase der Hoffnung auf Entspannung bis zu den Frösten 1956 (Ungarnkrise) und 1958 (Berlinkrise). Erst auf die Kubakrise 1962 folgte erneut eine Zeit der Détente[14]. Dies deckt sich weitestgehend mit den früheren Untersuchungen von Goldmann und Lagerkranz[15] zu den jeweiligen Bedrohungsvorstellungen der USA und der Sowjetunion in Europa sowie deren Einbindung in den Kontext der Polarisierung durch Link[16]. Demnach stieg die wechselseitige Wahrnehmung der Bedrohung ab 1947 an und erreichte 1948 den höchsten Grad. Mit der wachsenden Bipolarisierung 1949 setzte ein leichter Rückgang der empfundenen Bedrohung ein, der sich nach einem kurzen Anstieg 1950 stärker ausgeprägt fortsetzte (1951 bis 1953), wobei die militärisch-allianzpolitische Polarisierung bis 1955 erhalten blieb. In der Zeit von 1954 bis 1964 schwankte die gegenseitige Bedrohungsperzeption stark, wenngleich auf hohem Niveau. Höhepunkte der Bedrohung zeigten sich 1958 und 1961, Tiefpunkte 1956 und 1959. Der generell hochgradige Stand der Bedrohungswahrnehmung sank jedoch erst ab 1964. Doch wie stellte sich dieses Phänomen in den einzelnen NATO-Ländern dar?

Bereits Anfang des Jahres 1946 sah der britische Außenminister Bevin in Frankreich die Gefahr kommunistischer Subversion aufkommen. Aus der britischen Botschaft in Moskau erreichen ihn Berichte, die »einen den Religionskriegen des 16. Jahrhunderts vergleichbaren Weltanschauungskrieg des Kommunismus gegen die westliche Sozialdemokratie wie auch gegen den Kapitalismus amerikani-

---

13   Einen guten Überblick zur Bedrohungsperzeption geben Karber/Combs, The United States, NATO and the Soviet Threat, S. 399–429.
14   Heuser, NATO, Britain, S. 3.
15   Goldmann/Lagerkranz, Neither Tension, S. 260.
16   Link, Der Ost-West-Konflikt.

scher Prägung um die Weltherrschaft«[17] voraussahen. Eine Neubewertung der sowjetischen Politik nach der Hochstimmung von Jalta bahnte sich in London dabei wesentlich früher an als in Washington[18]. Bald setzte sich unter dem Eindruck der Analysen George F. Kennans eine ähnliche Einschätzung in der politischen Führung der USA durch, die UdSSR wurde als »Revolutionsstaat« wahrgenommen, die »Rolle der Realpolitik wurde weitestgehend ausgeblendet«[19]. Als die USA 1946/47 im Nahen und im Mittleren Osten sowie in Griechenland Großbritannien als Weltmacht ablösten, nahm auch in den Vereinigten Staaten das Feindbild Sowjetunion – demjenigen Großbritanniens ähnelnde – Konturen an[20].

Spätestens ab Herbst 1949 traten deutlich erkennbare Veränderungen der Bedrohungsperzeption seitens der USA ein. Grund hierfür war jedoch weniger ein Wechsel der Wahrnehmung als ein grundlegender Wandel der Machtverhältnisse. Das Zünden der ersten sowjetischen Atombombe Ende August 1949 in Verbindung mit dem Sieg der chinesischen Kommunisten über Tschiang Kai-scheks nationalchinesische Kräfte verschob das Kräfteverhältnis im Ost-West-Konflikt deutlich zugunsten der Sowjetunion. Zwar terminierte der Nationale Sicherheitsrat der USA in seiner Lageanalyse NSC 68 vom April 1950 die Möglichkeit eines atomaren Überraschungsangriffs auf die Zeit nach 1954/55. Auch wurden der UdSSR seitens der Vereinigten Staaten keine Angriffsabsichten unterstellt, doch zwang die neue Gesamtkapazität des kommunistischen Lagers die USA und Frankreich zu einer neuen Gewichtung sowohl ihrer politischen Interessen als auch konkret des militärischen Potenzials zwischen Europa und dem Pazifik[21]. Der Schwerpunkt des Ost-West-Konfliktes verlagerte sich von Europa nach Asien (Malaya, Indochina und schließlich Korea). In die gleiche Zeit fiel nicht zufällig auch der Wechsel in der amerikanischen Deutschlandpolitik durch die interne Festlegung auf die Einplanung eines westdeutschen Verteidigungsbeitrags als unentbehrlichen Bestandteil der Sicherheit des Westens[22].

Betrachtet man die Bedrohungsvorstellungen der Nordatlantischen Allianz auf regionaler oder nationaler Ebene, so ist evident, dass für die (nord)europäischen NATO-Staaten die Gefahr »vor der eigenen Haustür« nach wie vor eine größere Rolle spielte, als die im globalen Kontext als schwerwiegender wahrgenommenen Bedrohungen des Westens in »asiatischer Ferne«. Dies gilt insbesondere für diejenigen NATO-Staaten, die über keine konkreten Interessen in Asien verfügten. Für die Sicherheitspolitik der jungen Bundesrepublik Deutschland war neben dem Faktor »Sicherheit vor militärischer Bedrohung« insbesondere der Faktor »Sicherung bzw. Gewinnen der außenpolitischen Gestaltungsmacht« von maßgeblicher Bedeutung. Konkret hieß dies, dass die Regierung Adenauer mit ihrer Politik der Westbindung und Wiederbewaffnung eine Neutralisierung Deutschlands zwischen

[17] Niedhart, Perzeption und Politik, S. 14.
[18] Ebd., S. 18; Rothwell, Britain and the Cold War.
[19] Niedhart, Perzeption und Politik, S. 14; Yergin, Der zerbrochene Frieden, S. 167.
[20] Niedhart, Perzeption und Politik, S. 18 f.
[21] Wiggershaus, Nordatlantische Bedrohungsperzeptionen, S. 26–28.
[22] Schmidt, Strukturen des »Kalten Krieges«, S. 282.

den Blöcken als Hauptgefahr ansah. Die sich daraus ergebende Interessenkoinzidenz mit den USA führte dazu, dass die Bundesrepublik in der Freundschaft mit dem transatlantischen Partner mehr und mehr den Schlüssel zur Souveränität erblickte, schien in Washington doch die Neigung zu einem Containment gegenüber der Bundesrepublik Deutschland weniger ausgeprägt als in Paris oder London[23]. Im Neutralismus[24] sah, da für Konrad Adenauer hierbei das Erreichen der Souveränität auf dem Spiel stand, die Bonner Regierung eine Gefahr für die sich langsam entwickelnde (west)deutsche außenpolitische Gestaltungsmacht und somit eine perzipierte Bedrohung, die einer militärischen nur wenig nachstand.

Durch den Ausbruch des Koreakriegs 1950 stieg die perzipierte Sowjetbedrohung sprunghaft an. Der Kalte Krieg war – wenn auch lokal begrenzt – zu einem ›heißen‹ Krieg geworden. In der Folge gingen weite Teile der amerikanischen Administration davon aus, dass die UdSSR einen Krieg zwischen der kommunistischen und der demokratischen Welt für unvermeidbar hielt[25]. Auch wurde in den USA ein zentral gelenkter Weltkommunismus wahrgenommen[26]. Nach wie vor war man aber überzeugt, dass die Sowjetunion keinen Weltkrieg anstrebte, doch wurde ein ›großer Krieg‹ als potenzielle strategische Vorgehensweise der UdSSR nun auch nicht mehr ausgeschlossen[27]. Vor allem nahm man jedoch lokale und begrenzte Aktionen Moskaus sowie Aggressionen von Satellitenkräften als Szenario der nahen Zukunft an[28]. Doch ging sowohl MC 14/1 (Dezember 1952) als auch MC 48 (November 1954) von atomaren Schlägen auf das nukleare Arsenal der USA im Falle eines Weltkrieges aus[29]. Die britische Bedrohungsperzeption ähnelte hierbei stark derjenigen der USA. So stimmten beide Mächte in der Annahme eines »sowjetischen Generalplans«[30] zum Erringen der Weltherrschaft überein. Entlang der südlichen und westlichen Peripherie der Sowjetunion vermutete man eine Gefahrenkette von Südostasien bis Nordeuropa. Besonderes Augenmerk legte Großbritannien freilich auf seine Gebiete in Malaya, Burma, Singa-

---

23 Auch für die europäischen Westmächte war letztendlich eine Aufrüstung Westdeutschlands bei gleichzeitiger Präsenz der USA in der Bundesrepublik Deutschland eine gute Lösung. Sie hielt die Amerikaner in Europa, die Deutschen unter Kontrolle und sorgte dafür, dass der Sowjetunion auch konventionelle Truppen gegenüberstanden. Dies schuf wiederum freie Kapazitäten für die überseeischen Interessen der sich nach wie vor als Weltmacht definierenden westlichen Mächte Großbritannien und Frankreich. Zur »Gefahr der Neutralisierung Deutschlands« siehe u.a. Schmidt, Strukturen des »Kalten Krieges«, S. 284–286, und Rupieper, Der besetzte Verbündete, S. 250–254.

24 Zum Neutralismus im Adenauerschen Denken siehe beispielsweise Schwarz, Adenauer, Bd 1, S. 835, und Schmidt, Strukturen des »Kalten Krieges«, S. 288 f.

25 Wiggershaus, Nordatlantische Bedrohungsperzeptionen, S. 32.

26 Knapp, Die Einstellung der USA, S. 215.

27 Neben einer ›Salamitaktik‹, also einer Annexion einzelner Länder jeweils unterhalb der einen Weltkrieg auslösenden Schwelle, wurden auch Szenarios einer massiven Bedrohung der USA nach erfolgter Einverleibung der wirtschaftlichen Ressourcen (West-)Europas und später Großbritanniens befürchtet. Heuser, NATO, Britain, S. 4.

28 Wiggershaus, Nordatlantische Bedrohungsperzeptionen, S. 32.

29 Heuser, NATO, Britain, S. 5, 9.

30 FRUS 1950, vol. 3, S. 1658, »Overall Soviet Plan«; CIA Cold War Records, 1950–1959, S. 175–178; Wiggershaus, Nordatlantische Bedrohungsperzeptionen, S. 33.

pur und Hongkong. In Frankreich hingegen rechnete man mit einer durch Moskau betriebenen und zielbewussten Ablenkung von Europa. Gemeinsam war den drei Westmächten, dass sie alle ein Eingreifen Rotchinas in den Indochinakrieg nicht ausschlossen[31]. Die NATO-Dokumente DC 13[32] und MC 14/1[33] zeugen – ausgehend von den »angelsächsischen Mächten« – von einem strategischen Schulterschluss der NATO-Partner infolge des Koreakrieges. Der neuen Qualität sowjetischer Bedrohung wollte die Nordatlantische Allianz nun weltweit durch Zurückdrängen des sowjetischen Imperiums begegnen[34]. Doch trotz des aktuellen Bedrohungsschwerpunktes in Asien wurde im Jahr 1950 zukünftig auch Europa als gefährdet angesehen. Das Risiko eines sowjetischen Angriffs wurde für die Jahre 1952 bis 1954 am höchsten eingeschätzt. Die relative Überlegenheit der Sowjetunion – so die Analysen – erreiche 1952 ihren Höhepunkt. Jedoch erst ab 1954 würde die NATO gemäß ihrer Streitkräfteplanung in Europa in der Lage sein, einen sowjetischen Angriff aufzufangen[35].

b) Bröckelnde Front in Zeiten des Tauwetters

Retrospektiv betrachtet ist der Tod Stalins am 5. März 1953 ein grundlegendes Datum für den Umschwung innerhalb der Geschichte der Sowjetunion und somit auch der Ost-West-Beziehungen. Der historischen Dimension dieses Zeitpunkts waren sich die zeitgenössischen Beobachter zwar weitestgehend bewusst, doch war unklar, wer oder was Stalin folgen würde. In der Tat zogen sich die ›Diadochenkämpfe‹ bis 1958 hin[36]. Der bedeutende historische Einschnitt, die Entstalinisierung, erfolgte im Februar 1956 auf dem XX. Parteitag der KPdSU[37]. Entsprechend verworren und zunehmend komplizierter in der Argumentation stellte sich auch die Bedrohungsperzeption in »Zeiten des Tauwetters«[38] dar.

---

[31] Wiggershaus, Nordatlantische Bedrohungsperzeptionen, S. 33.

[32] DC 13, 1.4.1950.

[33] MC 14/1 (Final), 9.12.1952.

[34] Heuser, NATO, Britain, S. 23 ; siehe hierzu auch Heuser, Covert Action, S. 65-84.

[35] FRUS 1950, vol. 1, S. 414-416; ebenso Wiggershaus, Nordatlantische Bedrohungsperzeptionen, S. 35.

[36] Nach Stalins Tod waren die mächtigen Männer der Sowjetunion Berija, Malenkov, Chruščev. Außerdem spielten Marschall Klimentij E. Vorošilov und Außenminister Molotov eine bedeutende Rolle. Innenminister und NKWD-Chef Lavrentij P. Berija wurde nach Niederschlagung des Arbeiteraufstandes in der DDR am 10.7.1953 gestürzt, verhaftet und erschossen; am 8.2.1955 trat Malenkov als Ministerpräsident zurück, Bulganin folgte ihm als Vorsitzender des Ministerrats nach, Marschall Žukov als Verteidigungsminister. Molotov wurde im Juni 1956 als Außenminister entlassen, Žukov im Oktober 1957 infolge des 1956 durch die Unruhen in Polen ausgelösten, versuchten Sturzes Chruščevs aller Ämter enthoben. Am 27.3.1958 trat Bulganin als Regierungschef zurück und Chruščev übernahm auch dieses Amt.

[37] Zusammenfassend Altrichter, Kleine Geschichte der Sowjetunion, S. 128-134; ausführlicher Hildermeier, Geschichte der Sowjetunion. Der neueste Forschungsstand, insbes. zu den Partei-Militär-Beziehungen, findet sich bei Umbach, Das rote Bündnis, S. 75-148.

[38] Der Begriff »Tauwetter« stammt aus der gleichnamigen Novelle Ilja Ehrenburgs aus dem Jahr 1953. Ursprünglich stand er für das mit dem Tode Stalins einsetzende »mildere Klima in der In-

Unmittelbar nach Stalins Tod sah man insgesamt in den USA nach wie vor einen von sowjetischer Seite initiierten »großen Krieg« nicht als die wirkliche Gefahr an. Vielmehr befürchtete man in Washington, dass sich im Umfeld von Krisengebieten und Konflikten – hier vor allem Korea und Berlin – durch von unvorhergesehenen Entwicklungen ausgelöste unkontrollierbare Wirkungsketten Kriegsrisiken entwickeln könnten. Entwicklungspotenzial zu einem allgemeinen Krieg wohne auch lokalen Konflikten wie in Indochina oder im Mittleren Osten inne. Nur Bodentruppen – nicht eine strategische Atombombenoffensive – könne in solch einem begrenzten Kriegsfall ein weiteres Vordringen der sowjetischen Streitkräfte verhindern[39]. Das politische ›Tauwetter‹ wurde jedoch in seinen Ursachen sowohl in den USA als auch in Großbritannien unterschiedlich gedeutet. Nicht nur Hardliner klassifizierten es als eine taktische Variante zur Unterminierung der westlichen Wachsamkeit und Verteidigungsbereitschaft.

So blieb auch nach dem Tod Stalins die Perzeption der Sowjetunion in den USA wenig optimistisch und von grundlegendem Misstrauen gekennzeichnet. Vorherrschend war die Grundannahme, dass der ideologische Faktor dem realpolitischen Handeln eindeutig übergeordnet sei. Folglich sei ein grundlegender Wechsel der sowjetischen Strategie nicht zu erkennen. Dies könne dadurch erklärt werden, dass die Politik in der Sowjetunion weniger von Individuen, als von der totalitären Natur der Struktur des sowjetischen Staates und der Doktrin der kommunistischen Ideologie bestimmt werde. Diese Faktoren jedoch hätten auch nach Stalins Tod keine Änderung erfahren. Darüber hinaus hätten seine Nachfolger an der Formulierung der sowjetischen Politik der Stalin-Ära mitgewirkt und es gäbe keine Belege dafür, dass sie mit deren Hauptzielen nicht übereingestimmt hätten. Ferner existierten keine Beweise dafür, dass die neuen Sowjetführer nicht die grundlegende Feindschaft gegen alle nicht-sowjetischen Staaten teilten. Es müsse angenommen werden, dass die aktuelle Sowjetführung der alten stalinistischen Linie folge, deren Grundelement temporäre taktische Rückzüge darstellten, solange diese langfristig einen strategischen Vorteil versprächen. Für den Westen sei es wichtig, dass – sollte eine solche taktische Rückzugsphase eintreten – diese als integraler Bestandteil der sowjetischen Gesamtstrategie und nicht als eine Modifizierung derselben wahrgenommen werde. Die zur Zeit feststellbar nachgiebigere Linie der Sowjets liege vermutlich im Wunsch begründet, eine Illusion friedvoller Absichten zu erzeugen. Hierdurch solle Zeit gewonnen werden, um eine durch Stalins Tod eingetretene innere Schwächeperiode zu überwinden. Eine wahre innere Schwäche der Sowjetunion liege jedoch nicht vor, vielmehr müsse die Sowjetunion nach dem Tode des Prestigeträgers Stalin den eigenen Machtbereich konsolidieren. Seitens der kommunistischen Parteien – insbesondere der Kommunistischen Par-

---

nen- und Kulturpolitik«. Siehe hierzu Altrichter, Kleine Geschichte der Sowjetunion, S. 131. Später fand er auch seine Übertragung auf die außenpolitischen Beziehungen der Sowjetunion, passte doch die aus der Meteorologie entlehnte Terminologie gut zu Begriffen wie ›Kalter Krieg‹ oder ›Nachtfröste‹.

[39] Wiggershaus, Nordatlantische Bedrohungsperzeptionen, S. 39 f.

tei Chinas – seien nationalistische Forderungen zu erwarten, was für die UdSSR
eine Reduzierung äußeren Drucks zur Konsolidierung des kommunistischen
Machtbereiches notwendig machen könnte. Daher seien die westlichen Anstrengungen für ein derartiges Niveau der Stärke notwendig, um die unvermindert fort-
bestehende Bedrohung durch sowjetische Aggression abzuschrecken[40].

Beim Treffen der NATO-Minister am 23. April 1953 hob Außenminister John
Foster Dulles hervor, dass bereits Stalin in seinen Lehren die Notwendigkeit von
Konzessionen gegenüber dem Feind, um Zeit zu gewinnen, formuliert habe. Auch
habe der Sowjetführer die Marschrichtung vorgegeben, dass, wenn der Feind stark
sei, taktische Rückzüge notwendig seien, um die Kräfte für den Angriff zu sam-
meln. Insofern folge die neue Führung der Sowjetunion lediglich – nach wie vor –
den Lehren Stalins. Präsident Dwight D. Eisenhower forderte die Sowjetunion auf
drei Feldern auf, den Worten Taten folgen zu lassen: Beendigung der Kämpfe in
Korea und Indochina sowie Zustimmung zu einem Friedensvertrag für Österreich.
Nur ein derartiger Umschwung des Handelns der Sowjetunion, so warnte Dulles,
dürfe eine Änderung der Sowjetpolitik der NATO zufolge haben. Schließlich stelle
die Sowjetunion solange eine Gefahr dar, wie es sich bei ihr um eine totalitäre
Diktatur mit immenser wirtschaftlicher und militärischer Macht handele. Dieses
Regime misstraue allen Regierungen, die nicht die Direktiven der sowjetkommunis-
tischen Parteien akzeptierten. Zudem unterlägen die Führer der Sowjetunion keinen
moralischen Beschränkungen bezüglich des Gebrauchs von Gewalt zur Durchsetzung ihrer Ziele[41].

Die Jahre 1953 bis 1955 können retrospektiv für die NATO-Staaten als eine
»offene Zeit« der Veränderungen und Weichenstellungen beschrieben werden. Ein
»kurzes Zeitfenster« neuer Chancen und Risiken schien sich aufzutun. Noch einmal erschien in Europa die Deutschlandfrage zumindest für einen Teil der Politiker offen – die Lösung des Problems jedoch in greifbare Nähe gerückt zu sein.
Immer öfter wurde in der Öffentlichkeit die Frage gestellt, ob nicht doch eine
›friedliche Koexistenz‹ mit der Sowjetunion möglich sei. Dies geschah nicht selten
mit dem Zusatz, dass »der Friede mit der Sowjetunion nicht der Deutschlandfrage
zu opfern sei«. Prosowjetische Töne mischten sich nicht zuletzt auch in Dänemark
und Norwegen häufig mit antideutschen Ressentiments. Die politische Führung
der USA blieb dessen ungeachtet bei ihrer »Politik der Einheit und Stärke« des
Westens.

Der weitere Verlauf der Geschichte schien dieser Politik recht zu geben. Nach
der gescheiterten Viermächtekonferenz von Berlin und den Pariser Verträgen
(1954) verglich Dulles die Sowjetpolitik mit einem Strom, dessen Oberfläche mal
glatt und mal rau erscheine, die Stärke des Stroms könne aber nicht anhand seiner
Oberfläche beurteilt werden. Der Westen dürfe sich nicht durch die oberflächliche
Ruhe einlullen lassen. Die Sowjetunion, China und die Satelliten hätten an Stärke
gewonnen und machten Fortschritte bei der Entwicklung atomarer Waffen. Hinzu

---

[40] NATO Archives, C-R (53) 17, III.
[41] Ebd., C-R (53) 21, I.

käme, dass die der Sowjetunion eigene Taktik der Subversion verstärkt insbesondere in Kolonialgebieten und jüngst selbständig gewordenen ehemaligen Kolonien angewendet werde. Auf den von Präsident Eisenhower geforderten Feldern habe es hingegen keine Fortschritte gegeben[42]. Ebensowenig habe sich die Sowjetunion substanziell auf die Abrüstungsvorschläge des Westens eingelassen. Der Westen dürfe sich nicht durch sowjetische Drohungen von seiner Politik der Stärke und Einheit abbringen lassen. Die letzten zehn Jahre hätten gezeigt, dass den Drohungen der UdSSR nach einem Fait accompli[43] immer verbindliches Verhalten gefolgt sei. Beispiele hierfür seien die Handlungsweise der Sowjetführung nach der Veröffentlichung des Marshallplans[44], in den Monaten zur Entscheidungsfindung über den Nordatlantikvertrag, in der Zeit des Bruchs Jugoslawiens mit der Sowjetunion[45] und zuletzt bei den Verhandlungen über den Manila-Pakt[46]. Diese Argumentationslinie blieb weiterhin in der Nordatlantischen Allianz vorherrschend[47].

Diese Perzeption der Sowjetunion und somit die Politik der Stärke und Einheit behielt die Regierung der Vereinigten Staaten grundsätzlich auch noch zwei Jahre nach dem Machtwechsel im Kreml bei. Nach Wiggershaus setzte sich jedoch mit der Zeit zunehmend die Auffassung durch, dass es sich bei der sowjetischen Richtungsänderung um mehr als eine kurzfristige taktische Maßnahme handele. Vielmehr wurden Sachgründe, wie Einsicht hinsichtlich der Gefahren eines Nuklearkrieges, wirtschaftliche und politische Schwierigkeiten in der Sowjetunion und deren Satelliten sowie Einlenken wegen der sich abzeichnenden Westbindung der Bundesrepublik Deutschland, verbunden mit der politisch-militärischen Integration eines amerikanisch dominierten (West-)Europas, vermutet. Die Außenminister der drei westlichen Siegermächte beschlossen daher, die Vorteile des Wandels zum Zweck der Annäherung zu nutzen. Auch die Befürchtung einer zu schnellen Übervorteilung des »gerade erst« besiegten Deutschland spielte hierbei sicherlich

---

[42]   Dulles bezog sich hierbei wohl insbes. auf die Genfer Außenministerkonferenz 1953, bei der sich weder eine Lösung für Gesamtkorea und Gesamtvietnam noch für die deutsche und die österreichische Frage finden ließ.

[43]   Das »Fait accompli« war wohl auf den Beitritt Deutschlands zur NATO gemünzt. Das geht aus dem zeitlichen politischen Zusammenhang der Akte mit der Signatur NATO Archives, C-R (54) 50, IV, hervor.

[44]   Europäisches Wiederaufbauprogramm (European Recovery Program, ERP). Die Pariser Marshallplan-Konferenz (Juli bis September 1947) und die sowjetische Ablehnung des ERP als »Dollarimperialismus« gilt neben der Berlinkrise (1948/49) gemeinhin als eines der Anfangsdaten des Kalten Krieges.

[45]   Der Bruch Jugoslawiens mit der UdSSR wurde durch den Ausschluss Jugoslawiens aus der Kominform am 28.6.1948 manifest. 1955 wurde der »jugoslawische Weg zum Sozialismus« seitens der Sowjetunion anerkannt. In der Folge etablierte sich Jugoslawien als ›blockfreier‹ Staat.

[46]   Offiziell Südostasien-Pakt (South East Asia Treaty Organization, SEATO); abgeschlossen am 8.9.1954 in der philippinischen Hauptstadt Manila. Mitglieder dieser 1977 aufgelösten »asiatischen Version« der NATO waren Australien, Frankreich, USA (bis 1974), Großbritannien, Neuseeland, Pakistan (bis 1972), die Philippinen und Thailand (bis 1975). Der Südostasien-Pakt diente in seiner Zielrichtung, den Kommunismus einzudämmen, auch der Verteidigung von Staaten, die dem Pakt nicht angehörten: Kambodscha, Laos und Südvietnam. Zur Gründung der SEATO siehe Dingman, John Foster Dulles.

[47]   NATO Archives, C-R (54) 50, IV.

eine Rolle. Die west-östlichen Außenministertreffen der Jahre 1954 und 1955 legen hiervon Zeugnis ab[48].

Nach der Entlassung Malenkovs (März 1955) und dem Aufstieg der Chruščev-Fraktion, der als innenpolitisch begründet gedeutet wurde, meinten die Experten zwar mit einer »härteren« Innenpolitik, nicht aber mit wesentlichen Änderungen in der Außenpolitik rechnen zu müssen. Seit dem Tode Stalins und speziell dem Fall Berijas (und damit verbunden der sinkenden Bedeutung des einst so mächtigen Geheimdienstes) sei ein wachsender Einfluss des Militärs zu vermerken. Dass dies ein Erstarken von »militärischem Konservativismus« bedeute, sei jedoch nicht abzusehen. Die Parolen der ›friedlichen Koexistenz‹ würden weiterhin gebraucht. Angesichts der Wiederbewaffnung Westdeutschlands sei nach wie vor mit sowjetischen Drohungen oder propagandistischen Kompromissvorschlägen zu rechnen, nicht aber ernsthafte Konzessionen zu erwarten. Im Übrigen gelte weiterhin, dass die Sowjetunion, einmal vor ein Fait accompli gestellt, dieses für gewöhnlich akzeptiere[49].

Der Abschluss des österreichischen Staatsvertrages am 15. Mai 1955[50] in Verbindung mit dem sowjetischen Truppenrückzug aus Österreich und der Rückgabe des Stützpunktes im finnischen Porkkala[51] brachte die Vereinigten Staaten gewissermaßen in Erklärungsnot. Der bisherigen amerikanischen Argumentation zufolge hatte die Sowjetführung die Verlautbarungen der ›friedlichen Koexistenz‹ stets durch ihr Handeln als reine Propaganda entlarvt. Nun hatte sich der Kreml zumindest in einem der von Eisenhower angesprochenen Felder nachgiebig gezeigt und im Sinne der angekündigten Entspannungspolitik gehandelt. Doch sollte dieser New Look der sowjetischen Außenpolitik jetzt eine Änderung der Sowjetpolitik der NATO zufolge haben? In der Deutschlandfrage hatte die Genfer Gipfelkonferenz vom Juli 1955 keine Fortschritte gebracht. Nachdem eine »akzeptable« Vereinbarung über die europäische Sicherheit in Kraft getreten sei, habe die Sowjetunion sich unwillig gezeigt, auch nur einen Schritt in Richtung deutsche Wiedervereinigung zu unternehmen. Vielmehr habe nach der Genfer Konferenz Moskau in einer gemeinsamen Erklärung mit den Führern Ostdeutschlands erklärt, dass für eine fruchtbare Untersuchung der deutschen Frage die Teilnahme von Delegationen der DDR und der Bundesrepublik an den Genfer Gesprächen notwendig sei. Chruščev wurde bei einem Bankett am 17. September in Moskau gar mit den Worten zitiert, »der Weg der Zukunft ist der Weg der Deutschen Demokratischen Republik, schließlich werde ganz Deutschland den richtigen Weg erkennen«. In der Abrüstungsfrage hatte die Sowjetunion hingegen am 10. Mai die Demobilisierung von 640 000 Soldaten angekündigt. Der Zusammenhang mit der geplanten Aufrüstung der Bundesrepublik war mehr als offensichtlich. Dulles hob außerdem hervor, dass sich aufgrund der modernen Waffenentwicklung die Bedeutung der

---

[48] Wiggershaus, Nordatlantische Bedrohungsperzeptionen, S. 41–44.
[49] NATO Archives, C-M (55) 36.
[50] Zum österreichischen Staatsvertrag siehe Bischof, The Anglo-American Powers.
[51] NATO Archives, C-M (55) 87, Part I.

Mannstärke relativiere. Die NATO war sich außerdem einig, dass die genaue Anzahl der sowjetischen Streitkräfte nie offengelegt worden sei[52].

Aus der Warte Großbritanniens sahen die Veränderungen leicht anders aus, das
Land teilte jedoch die wesentlichen Grundeinschätzungen mit der Leitmacht USA.
Während es in den unmittelbaren Nachkriegsjahren die britische Regierung war,
die stets vor einer zu laxen Haltung gegenüber Stalin gewarnt hatte, wurde sie ab
1953 zu einem Vorreiter der These verringerter sowjetischer Gefahr. Das vorsätz-
liche Auslösen eines Krieges durch die UdSSR schien London angesichts gewach-
sener nuklearstrategischer Fähigkeiten der USA, insbesondere im Hinblick auf
Eindringsicherheit, Zielgenauigkeit und Zerstörungskraft, unwahrscheinlich. Die
UdSSR würde – so die regierungsseitigen britischen Einschätzungen – vielmehr
ihre Anstrengungen auf einen länger andauernden Kalten Krieg richten[53]. Aufgrund des geringen Wissens über die Ansichten Berijas und Malenkovs sei es klug,
sich bei der Interpretation der sowjetischen Schritte seit Stalins Tod nicht frühzei-
tig festzulegen. Während ohne Zweifel die ultimativen sowjetischen Ziele unverändert seien, so hätten die neuen Machthaber es doch für sinnvoll erachtet, »dem
Zuckerbrot den Vorzug über die Peitsche«[54] zu geben sowie in der Außenpolitik
eine flexiblere und sogar versöhnlichere Taktik zu übernehmen. Ein solches Vorgehen könne sich für den westlichen Zusammenhalt sowie den Aufbau und Un-
terhalt militärischer und wirtschaftlicher Stärke durchaus gefährlicher erweisen, als
die »bludgeoning xenophobia«[55] Stalins seit 1946. Doch eröffne dieser Paradig-
menwechsel für die Westmächte auch Chancen. Letztere sollten der Sowjetunion
auf halbem Wege entgegenkommen, um Einigung über spezielle offenstehende
Fragen zu erzielen. Andererseits müsse der Westen vermeiden, in eine Stimmung
falscher Sicherheit eingelullt zu werden. In diesem Sinne, jedoch ohne die veränderte sowjetische Situation in provozierender Weise auszunutzen, könne der Westen auf die neue russische Führung den größten Eindruck machen. Egal, ob diese
aus einer sprunghaften Laune heraus die Möglichkeit zu einer anhaltenden ›friedlichen Koexistenz‹ eröffne oder ob diese – kühl berechnend – in einem neuen taktischen Ansatz die Einheit und den Zusammenhalt des Westens zu zerrütten suche.
Im Sinne einer Stärkung der inneren Kontrolle über den Sowjetblock unter anhaltender Entwicklung der industriellen und militärischen Stärke der Sowjetunion
seien möglicherweise insbesondere folgende Schritte Moskaus zu erwarten: Versöhnlichere Ansätze bezüglich praktischer Probleme, dabei Einschläfern der west-

---

[52] Ebd.
[53] Wiggershaus, Nordatlantische Bedrohungsperzeptionen, S. 38. Wiggershaus bezieht sich hierbei
      vor allem auf folgendes Dokument: Australian Archives, Belconnen, Prime Minister A 5954,
      box 1793, C.O.S. (S) (52) 5th Meeting, Minute of Staff Conference, 30.5.1952. Vgl. Ovendale, The
      English-Speaking Alliance, S. 281 f.; Clark/Wheeler, The British Origins, S. 160–163.
[54] Das im englischen Original gebrauchte Bild ist das der Karotte und des Stocks, »to make the
      carrot more evident than the stick«. NATO Archives, C-R (53) 17, III. Diese Metapher rekurriert
      auf eine seit der Zarenzeit weit verbreitete Ansicht, dass Russland »seit jeher mit der Knute« re-
      giert werde und korrespondiert somit mit der Vorstellung vom »roten Zaren«.
[55] Etwa »knüppelschwingende Fremdenfeindlichkeit«; NATO Archives, C-R (53) 17, III.

lichen Wachsamkeit; zeitlich begrenztes Aussetzen von Methoden der direkten Aktion (wie etwa im Koreakrieg) und Wiederaufnahme einer diplomatischen Offensive, möglicherweise mit den Themen Viermächtegespräche über Deutschland, um die Ratifizierung der Europäischen Verteidigungsgemeinschaft (EVG) zu verhindern; flexiblere Vorschläge zur Abrüstung und Kontrolle der Atomenergie sowie erneute Offerten für einen Vertrag betreffend Österreich.

Insbesondere das Motiv des »Einlullens« ist britischerseit immer wieder zu finden. Vermutlich zielte es auf einen historischen Vergleich der aktuellen Lage mit dem Appeasement der 1930er-Jahre gegenüber Hitlerdeutschland. Der Westen solle aber dennoch die versöhnlichere Haltung der Sowjetunion in einigen internationalen Feldern ernst nehmen und darauf vorbereitet sein, die Situation zugunsten der freien Welt auszunutzen. Doch, so lautete das britische »ceterum censeo«, sei es klug anzunehmen, dass die bisherigen sowjetischen Ziele unverändert seien. Selbst wenn es sich bei den jüngsten Gesten des Kreml lediglich um einen Wechsel der Taktik handeln sollte, so bestünde dennoch die Möglichkeit, dass bei anhaltender westlicher Festigkeit langfristig eine Beeinflussung sowjetischer Politik dahingehend stattfinde, eine Rückkehr zu aggressivem Vorgehen zu erschweren[56]. Auch wenn das grundsätzliche Misstrauen blieb, so kann man in diesen Einschätzungen immerhin Ansätze erkennen, die deutlich an spätere politische Programme wie »Wandel durch Annäherung« erinnern.

Insgesamt bemühte sich die britische Regierung jedoch um Geschlossenheit des Westens und Kontinuität der Einschätzungen. In einem Diskussionsbeitrag Edens zur internationalen Lage auf einem Treffen des NATO-Rates am 14. Dezember 1953 zeigte sich Großbritanniens Wahrnehmung der sowjetischen Politik prinzipiell unverändert: Es gebe keinerlei Beweise, dass sich die grundlegende Feindschaft der UdSSR gegenüber dem Westen geändert habe, wenn auch die sowjetische Taktik flexibler und möglicherweise intelligenter geworden sei. Wesentlich sei daher, dass der deutsche Beitrag zur Verteidigung des Westens schnellstmöglich im Rahmen der EVG sichergestellt werde. Auch gelte es neben der nuklearen Abschreckung den qualitativen Vorsprung in der konventionellen Verteidigung zu halten. Betrachtet man jedoch die britische Politik genauer, so lässt sich – wenn auch bei unveränderter Einschätzung der Sowjetunion – eine auf die eigene relative Stärke des Westens zurückgehende geringere Bedrohungsperzeption feststellen. Eden gebrauchte das Bild einer langen Kletterpartie (»a long climb«): Die NATO habe zwar einen Rastplatz erreicht, doch müssten nun die nächsten Ziele auf der Route ausgewählt werden[57]. Um den zu erwartenden »long pull« oder »long haul« im – durch »Bolschewisierung Mitteleuropas«, Untergrundtätigkeit und sowjetische Spaltungsbemühungen des transatlantischen Bündnisses

---

[56] Ebd.

[57] Ebd., C-R (53) 53, IV; Das Bild des »long climb« entspricht der in der NATO vorherrschenden Ansicht, dass man sich im Ringen mit der Sowjetunion auf einen lange andauernden und kräftezehrenden Konflikt einrichten müsse. Häufig wurde dies mit dem Begriff eines »long haul« umschrieben. So beispielsweise seitens des kanadischen Außenministers Pearson im Dezember 1953. Siehe ebd., C-R (53) 54, 33.

geprägten – Kalten Krieg durchzustehen, müsse eine Überdehnung der volkswirt-
schaftlichen Kräfte im Aufbau konventioneller Verteidigung vermieden werden[58].
Die Vereinigten Staaten von Amerika konnten sich dieser Bedrohungsanalyse
nicht anschließen.

Spätestens nach dem Scheitern der 7. Berliner Außenministerkonferenz (Janu-
ar/Februar 1954) gab sich die britische Regierung jedoch keinen Hoffnungen auf
eine Entspannung auf dem europäischen Schauplatz des Kalten Krieges mehr hin.
Außenminister Eden äußerte auf der NATO-Ratstagung im April 1954, alle
NATO-Mitglieder stimmten in der Frage überein, dass die sowjetischen Ziele nach
wie vor unverändert seien: Die UdSSR versuche weiterhin die Verteidigungsanstrengungen der NATO zu verzögern und zu stören. Nachdem es den Führern der
Sowjetunion nicht gelungen sei, die Allianz zu entzweien, versuchten sie jetzt die
NATO zumindest möglichst schwach zu halten und eine Aufnahme der Bundesrepublik Deutschland zu verhindern. Auch wenn man keine dogmatischen Aussagen über die sowjetische Motivlage treffen könne, mit Sicherheit dürfe gesagt werden, dass die UdSSR nicht bereit sei, einen ernsthaften Preis für die Entspannung
zu zahlen – »möglicherweise sei die Tarnung besser, doch die Bedrohung bleibt«[59].
Die NATO habe jedoch auch wirtschaftlich die Konsequenzen des »long haul«
durchzustehen. Dies mache neben der Einigkeit der Allianz die Aufnahme
Deutschlands in das Bündnis der freien Länder notwendig[60].

Im Mai 1956 referierte der britische Außenminister John Selwyn Lloyd schließlich – man könnte fast sagen enttäuscht – über die Eindrücke, die seine Regierung
beim jüngsten Besuchs Chruščevs und Bulganins in Großbritannien gewonnen
hatte. Die Sowjetunion scheine akzeptiertes Mitglied der Völkergemeinschaft werden zu wollen. Zwar existiere weiterhin die sowjetische »Dampfwalzen-Technik«,
doch wolle Moskau nun die Welt nicht mehr militärisch, sondern auf den Feldern
von Wirtschaft und Technik beherrschen. Die Herren im Kreml hätten wohl gehofft, die westliche Einheit zu schwächen, doch dies sei misslungen. Der neuerli-
che Wechsel der sowjetischen Taktik sei ein Beleg für den Erfolg der NATO. Das
letztendliche Ziel der Sowjets sei nach wie vor die kommunistische Weltherrschaft[61].

Betrachtet man im Vergleich die französische Perzeption der UdSSR 1953, so
wird deutlich, dass hier entgegen der global und durch den asiatischen Schauplatz
des Kalten Krieges sowie eine Fokussierung auf die ideologische Auseinandersetzung zwischen freier und kommunistischer ›Welt‹ beeinflussten Sichtweise der
Vereinigten Staaten und der pragmatischen, aber eher kolonial geprägten Einschätzung Großbritanniens, der europäische Schauplatz, speziell die Deutschlandfrage,
bestimmend wirkten. So brachte der französische Vertreter den – ebenfalls als
taktischen Zug empfundenen – sowjetischen Politikwechsel seit dem Tode Stalins

---

[58]   Wiggershaus, Nordatlantische Bedrohungsperzeptionen, S. 39.
[59]   NATO Archives, C-R (54) 17, III, 30.
[60]   Ebd., 31.
[61]   Ebd., C-R (56) 20.

ganz konkret mit dem Bundestagsvotum für die EVG in Verbindung. Es sei wahrscheinlich, dass es sich um ein Manöver des Kreml mit dem Ziel handele, den Westen zu entzweien und die Integration Europas (speziell der Bundesrepublik Deutschland in Europa) zu verhindern. Der sowjetische Politikwechsel berge zweierlei Probleme: Zum einen die psychologische Gefahr, dass diese Politik diejenigen Kräfte, die ob aus finanziellen Gründen oder aus einer neutralistischen Haltung heraus eine Verminderung der Verteidigungsanstrengungen wünschten, Auftrieb erhielten. Zum zweiten, dass die Viet-Minh Vorteile aus einem möglichen Waffenstillstand in Korea zögen und ihren Druck auf Südostasien verstärkten. Für die Zukunft wurden französischerseits ein sowjetischer Vorstoß bezüglich der Deutschlandfrage zur Verhinderung einer Westintegration der Bundesrepublik Deutschland, Abrüstungsvorschläge und Angebote für einen neuen Österreich-Vertrag erwartet. Eine Politik der Stärke und klare Signale gegen eine Entspannung der Verteidigungsanstrengungen seitens der NATO, gepaart mit Aufklärung der Bevölkerung darüber, dass die neue sowjetische Politik eine Folge der Stärke des Westens sei, seien die notwendigen Folgen für die kommende Politik[62]. Auch Ende des Jahres 1954 lag Frankreich hinsichtlich seiner Perzeption der UdSSR grundsätzlich auf einer Linie mit den Vereinigten Staaten. Der französische Premier- und Außenminister Pierre Mendès-France betonte – vermutlich nicht zuletzt im Hinblick auf das Scheitern der EVG im französischen Parlament –, dass sich Frankreich nicht durch die Drohung der Sowjetunion beeinflussen lasse, im Falle einer Ratifizierung der Verträge von London und Paris den Französisch-Sowjetischen Pakt zu kündigen[63].

c) Abweichende Meinung des Nordens im Nordatlantischen Bündnis?

Mit Blick auf die Fragestellung dieser Darstellung kommt der Bedrohungsperzeption der Nordstaaten eine besondere Bedeutung zu. Neben der geografisch-strategischen Nähe zu Finnland ist hier auch nach der eventuellen Existenz einer gemeinsamen skandinavischen Bedrohungsidentität zu fragen. Aufgrund der Bedeutung Norwegens und Dänemarks für Finnland soll sich diese Frage hierbei auf diese beiden skandinavischen Länder beschränken. Der dritte skandinavische Staat, Island, wird aufgrund seiner unterschiedlichen geografischen Lage und der daraus resultierenden strategischen Bedeutung nicht in die Betrachtung mit einbezogen[64].

---

[62] Ebd., C-R (53) 17, III.
[63] Ebd., C-R (54) 50, IV.
[64] Innerhalb der skandinavischen NATO-Staaten spielte Island aufgrund seiner geostrategischen Lage, aber auch als Land ohne eigene Streitkräfte, eine Sonderrolle. Vor allem aufgrund der unterschiedlichen Qualität der sowjetischen Bedrohung Islands im Vergleich zu Dänemark und Norwegen und der geringeren Betroffenheit von Geschehnissen auf dem finnischen Schauplatz spielt daher im Rahmen dieser Darstellung Island lediglich eine nachgeordnete Rolle. Zur NATO und Island siehe Heinemann, Vom Zusammenwachsen des Bündnisses, S. 195-237.

Während im April 1953 die Vertreter der Vereinigten Staaten, Frankreichs, Griechenlands, Großbritanniens, Kanadas, der Niederlande und der Türkei – wenn auch mit verschiedener Intensität und unterschiedlicher Schwerpunktsetzung – alle betonten, dass es sich bei der neuen Politik der Sowjetunion seit Stalins Tod lediglich um einen Wechsel der Taktik Moskaus, nicht aber seiner Strategie handele, zeigte die Äußerung des norwegischen Repräsentanten Arne Skaug[65] eine andere Zielrichtung. Skaug betonte dabei ausdrücklich, dass der norwegische Außenminister ganz auf der Linie der norwegischen Regierung liege. Diese vertrete die Meinung, man müsse jede Möglichkeit zur Verminderung der Spannungen zwischen Ost und West ergreifen und, wann immer möglich, mit der UdSSR in Verhandlungen eintreten – selbst wenn oft an der Redlichkeit der Sowjetunion zu zweifeln sei. Dieses Risiko gelte es zu tragen. Jedoch stimme er zu, dass die Öffentlichkeit über die Notwendigkeit anhaltender westlicher Verteidigungsanstrengungen informiert werden müsse[66].

Doch bereits wenige Tage später schwenkte Norwegen in seinen politischen Äußerungen wieder auf die allgemeine Linie der NATO-Staaten ein. Beim Ministertreffen am 23. April 1953 hob der norwegische Außenminister Halvard Lange hervor, dass lediglich die sowjetischen Vorschläge zum Austausch verwundeter Kriegsgefangener in Korea einen positiven Versuch zur Entspannung bedeuteten. Folglich dürfe der Westen seine Verteidigungsanstrengungen nicht reduzieren, und es wäre unklug, den sowjetischen Führern gegenüber den Eindruck zu erwecken, dass allein Worte oder versöhnliche Gesten ausreichten, um eine Entspannung mit dem Westen zu erreichen. Doch wäre es eindeutig falsch, die Möglichkeit einer Krise in der UdSSR auszuschließen, die zu einer weitreichenden Änderung der Politik zum Vorteil des Westens führe. Eines der Ziele des nordatlantischen Bündnisses sei von Anfang an das Erreichen von Regelungen ausstehender kontroverser Punkte mit dem Sowjetblock gewesen. Die öffentliche Unterstützung in den NATO-Ländern werde stark nachlassen, wenn der Eindruck entstünde, dass ihre Führer, wenn sich die Möglichkeit böte, weniger zu Verhandlungen als zum Aufbau militärischer Stärke bereit seien[67]. Die norwegische Regierung war trotz unterschiedlicher Perzeption der Sowjetpolitik eben nicht dazu bereit, alleine das Risiko zu tragen, falls es sich bei deren Wechsel um Änderungen rein taktischer Natur handele. Geschlossenes politisches Auftreten im Rahmen der NATO kam den sicherheitspolitischen Bedürfnissen eines Landes an der Grenze zur Sowjetunion näher, als eine unbestimmte Hoffnung auf einen Wandel der Politik des übermächtigen Nachbarn. Doch dies waren pragmatische, realpolitische Überlegungen. Die Äußerungen Skaugs aber auch Langes zeigen deutlich, dass die norwegische Perzeption der Sowjetunion eine andere als die der angelsächsischen Füh-

---

[65] Skaug war von 1952–1955 Ständiger Vertreter Norwegens bei der NATO und der OEEC. Anschließend machte er sich als Handelsminister für die wirtschaftliche Integration in Europa stark. Zur Rolle Skaugs siehe auch Moon, Soviet-Norwegian Relations, S. 659–670.
[66] NATO Archives, C-R (53) 17, III.
[67] Ebd., C-R (53) 21, I.

rungsmächte der NATO, jedoch auch der innenpolitisch vom Kommunismus bedrohten Staaten an der Südflanke der NATO war. Insbesondere im Gegensatz zu den Vereinigten Staaten traute man anscheinend der Sowjetregierung in der poststalinistischen Zeit sehr wohl ehrliche Friedensbemühungen zu. Es überwog – anders als zeitgleich in Frankreich, Griechenland, Großbritannien, Portugal, der Türkei oder in den Vereinigten Staaten[68] – die Perzeption einer machtpolitisch motiviert agierenden Großmacht vor der eines Staates, dessen gesamtes Handeln ideologisch determiniert war. Folglich traute man der Sowjetunion, wie hier beim Austausch der politischen Akteure durch den Tod Stalins, durchaus die Fähigkeit zum Wechsel der Politik zu. Interessant ist, dass der belgische Außenminister Paul van Zeeland[69] als einziger die norwegische Sichtweise ausdrücklich unterstützte. Keine Chance einer Einigung mit dem Sowjetblock dürfe ausgelassen werden, so der belgische Außenminister, doch stimme er mit den übrigen NATO-Ministern überein, dass die nun günstige Lage vor allem der Zunahme der Stärke der NATO zuzuschreiben sei[70].

In Dänemark zeigte sich gegen Ende des Jahres eine insgesamt offene Haltung. So begrüßte Außenminister Hans Christian Hansen[71] einerseits die geplanten Verhandlung der drei Westmächte mit der Sowjetunion über die Deutschlandfrage und erhoffte sich davon internationale Entspannung, andererseits wurde jedoch deutlich, dass er einen Erfolg für eher unwahrscheinlich hielt. Sollten die Viermächtegespräche keinen wahren Fortschritt bringen, so werde ein westdeutscher Verteidigungsbeitrag umso wichtiger[72]. Auch der norwegische Außenminister Lange hielt einen Erfolg der Viermächtekonferenz für unwahrscheinlich. Ebenso wie sein dänischer Kollege betonte er die Notwendigkeit eines Beitrags deutscher Streitkräfte: Nur diese könnten den südlichen Teil des nördlichen NATO-Gebietes schützen[73]. Sowohl aus norwegischer als auch aus dänischer Sicht war die Bedrohung durch die Sowjetunion so groß, dass nur im Verbund mit der Bundesrepublik Deutschland dieser Gefahr wirkungsvoll begegnet werden konnte. Acht Jahre nach Kriegsende zeigt dies, dass die sowjetische Bedrohung – bei allen wirklichen Entspannungswünschen – sehr ernst genommen wurde. Wenn auch in Norwegen viele Menschen bereit waren, an einen nicht nur taktischen Wechsel der sowjeti-

---

[68] Bezeichnend für die in der NATO im April 1953 vorherrschende Wahrnehmung der Sowjetunion sind insbes. folgende Aussagen: »The Soviet bloc could never be considered as other than the antagonist of the Western World« (Beyen) oder »there could be no reason to doubt that they were firm believers in Communism and in the Soviet mission of world revolution« (Selwyn Lloyd). NATO Archives, C-R (53) 21, I.

[69] Paul van Zeeland (1893–1973). Der ehemalige belgische Ministerpräsident (1935–1937) war von 1949–1954 belgischer Außenminister. Er gehörte mit Paul-Henri Spaak zu den Vordenkern der Benelux.

[70] NATO Archives, C-R (53) 21, I.

[71] Hans Christian Hansen war dänischer Außenminister im Kabinet Hans Hedtoft II von 1953–1955. Nach dessen Tod 1955 übernahm er von diesem das Amt des dänischen Premierministers, das er bis zu seinem Tod 1960 bekleidete. Bis 1958 war er Außenminister in seinem eigenen Kabinett. Vgl. Hvidt, Statsministre i Danmark.

[72] NATO Archives, C-R (53) 54, 12–14.

[73] Ebd., C-R (53) 54, 21–24.

schen Politik zu glauben. Das Risiko, einer Fehlwahrnehmung zu unterliegen, schien den politisch verantwortlichen Kräften doch eindeutig größer, als die Unsicherheit, die von einem – freilich durch Einbindung in die EVG kontrollierten – Deutschland ausging, aber berechenbar schien. Nachdem sich das Scheitern der EVG abzuzeichnen begann, zeigten sich insbesondere Norwegen und Dänemark besorgt und machten sich angesichts der sowjetischen Bedrohung – obwohl keine EVG-Staaten – ausdrücklich für eine schnelle und baldige Lösung des EVG-Problems und eine Bewaffnung der Bundesrepublik Deutschland stark[74]. Eine nicht zu unterschätzende Rolle spielte hierbei der sich abzeichnende schnelle Aufbau der sowjetischen Seestreitkräfte[75], der insbesondere Dänemark ohne deutsche Hilfe aufgrund seiner seestrategisch bedeutsamen geografischen Lage[76] in deutliche Schwierigkeiten zu bringen drohte.

Nach der Machtübernahme durch Chruščev und dessen politischen Schritten in Österreich und Finnland sorgte diese Politik insbesondere in der Öffentlichkeit der skandinavischen NATO-Staaten für rege Diskussionen. Angesichts der neuen Entwicklungen der Ost-West-Beziehungen befinde sich – so der dänische Vertreter bei der NATO Jens A. Vestbirk[77] – der Westen in der schwierigsten Situation seit 1949. Der dänische Außenminister warnte in einer öffentlichen Ansprache seine Landsleute, dass die Kommunistische Partei versuchen werde, die neue Haltung der Sowjetunion zu ihrem Vorteil auszunutzen. Die ultimativen Ziele der Sowjetunion blieben trotz der neuen Verhandlungstaktik unverändert. Die Antwort auf den New Look der Sowjetunion sollte zwar innerhalb der NATO diskutiert werden, doch müsse die jeweilige Politik der Mitgliedsländer auf individuelle Lagen vor Ort abgestimmt sein. Eine uniforme Position in allen NATO-Staaten wäre nur eine nützliche Waffe für die Sowjetpropaganda und würde die öffentliche Meinung negativ beeinflussen.

Diese Ansicht stand in deutlichem Widerspruch zu der Geschlossenheitsrhetorik Griechenlands, Italiens, der Türkei und der Vereinigten Staaten, deren Regierungen ein Ausspielen der Länder untereinander durch die Sowjetunion befürchteten. In Norwegen, aber auch in Großbritannien und Kanada, hoffte man angesichts des sowjetischen New Look auf die Chance, den Ostblock in einer Art vorsichtigen ›Wandels durch Annäherung‹ positiv zu beeinflussen und somit – jedoch ohne Abgehen vom eigenen Standpunkt – zur Entspannung beizutragen[78]. Diese Denkfigur findet sich immer wieder in den Äußerungen Langes im NATO-Rat. Sollte die UdSSR wirklich versuchen, aus der Isolation der letzten Jahre auszubrechen, dann käme der Haltung des Westens eine besondere Bedeutung zu. Bei einer vollkommen ablehnenden Einstellung würden in der Sowjetunion nur die reaktionären Elemente gestärkt. Andererseits könnten durch Eingehen eines kal-

---

[74] Ebd., C-R (54) 18, I.
[75] Ebd., C-R (54) 50, V.
[76] Siehe hierzu ausführlich Kap. II.2.b.
[77] Jens Anthon Vestbirk (1894–1973) war von 1954–1956 Ständiger Vertreter Dänemarks bei der NATO.
[78] NATO Archives, C-R (55) 46.

kulierten Risikos zur Verstärkung der Kontakte mit Moskau die dortigen liberalen Kräfte gestärkt werden. Der italienische Außenminister Gaetano Martino hielt beim NATO-Außenministertreffen am 4. Mai 1956 seinem norwegischen Kollegen entgegen, dass es zwar möglich sei, durch eine Annäherung bis zu einem gewissen Grad eine Rückkehr zu einer Diktatur nach stalinistischem Muster eventuell zu verhindern, doch folge kollektiver Führung häufig wieder der Despotismus eines Einzelnen. Die Führung der Sowjetunion werde sich wahrscheinlich nicht zu einem demokratischen Regime entwickeln, sondern bilde nur das Vorspiel zu einer erneuten Diktatur. Er habe den Eindruck, die Experten der russischen Innenpolitik vergäßen leicht, dass in einigen NATO-Ländern starke und zudem gut organisierte kommunistische Parteien existierten, die eine nationale Gefahr und eine Bedrohung für die Allianz darstellten. Insbesondere sehe er das Problem, durch die momentane russische Politik einer »theoretischen Détente« werde der Strategie der italienischen und französischen kommunistischen Parteien zur Bildung von moskauhörigen Volksfrontregierungen nur zugearbeitet. Die psychologische Frage, die sich stelle, sei, bis zu welchem Grad eine NATO-Politik, die eine »theoretische Détente« favorisiere, in Wirklichkeit die Sowjetpolitik der Unterwanderung der NATO-Länder fördere[79].

Auch hierbei handelte es sich um eine Denkfigur, die in den kommenden Jahrzehnten immer wieder aufgegriffen werden sollte. Es war dies im Kern die Gegenposition zum Konzept eines ›Wandels durch Annäherung‹, das – wenn auch erst später so genannte – Konzept der ›Finnlandisierung‹.

d) Bedrohungsperzeption im Zwiespalt: Expansive Großmacht oder Revolutionsstaat?

Betrachtet man also die westliche Bedrohungsperzeption im Zeitraum 1946 bis 1956/57, so muss festgestellt werden, dass die Bedrohung in zweierlei Gestalt empfunden wurde. Maßgeblich waren hierbei weniger politisch-ideologische Unterschiede innerhalb des westlichen Bündnisses, als unterschiedliche Erfahrungen in der jüngsten Vergangenheit sowie geografische Prädispositionen und regional andersartig ausgeprägte Interessen. Allen NATO-Staaten war im Untersuchungszeitraum stets ein durch die sowjetische Politik ausgelöstes Bedrohungsgefühl gemein. Doch wurde dieses – der Ambivalenz der ideologisch-revolutionär begründeten Großmacht Sowjetunion folgend – entweder als eine »klassische staatliche« äußere Gefahr durch eine militärische Großmacht oder als eine »ideologisch-klassenkämpferische« innere Bedrohung eines Revolutionsstaates wahrgenommen. Auch waren Mischformen dieser Empfindungen mit höchst unterschiedlichen Gewichtungen möglich. Nicht zuletzt spielte die Stabilität des jeweiligen politischen Systems eines NATO-Mitgliedstaates hierbei eine nicht unbedeutende Rolle. Bis zur Gründung der NATO 1949 waren es die Europäer – insbesondere Großbri-

---

[79] Ebd., C-R (56) 20.

tannien –, die hinsichtlich der Wahrnehmung einer akuten sowjetischen Gefahr die Vorreiterrolle übernahmen. Mit der Herstellung des atomaren Patts ab 1949 zogen im Gleichklang mit dem sich steigernden nuklearen sowjetischen Gefahrenpotenzial die Vereinigten Staaten nun auch die Deutungshoheit hinsichtlich der Einschätzung sowjetischer Bedrohung an sich. Mit der durch Abschluss des Nordatlantikvertrags nun gesicherten Verantwortung amerikanischer Truppen für Europa wurde für den europäischen Kontinent die unmittelbare »klassisch-staatliche« Bedrohung geringer eingeschätzt. Die Perzeption der Gefährlichkeit der »Fünften Kolonnen Moskaus« blieb allerdings grundsätzlich bestehen. Mit zunehmendem Erfolg der Politik des Containment und der ökonomischen und politischen Konsolidierung der europäischen Staatenwelt begann insgesamt auf dem europäischen Schauplatz das »klassisch-staatliche« Element der Bedrohungsperzeption die Oberhand zu gewinnen – auch wenn insbesondere in Gestalt der südlichen NATO-Staaten kontinuierlich das »ideologisch-klassenkämpferische« Element im Spiel blieb. Der ›Koreaschock‹ 1950 spielte hierbei eine maßgebliche Rolle. Während sich global gesehen der Schwerpunkt perzipierter Bedrohung nach der Stabilisierung Europas durch die Gründung der NATO auf Asien fokussierte (auch als Folge immer stärker amerikanisch geprägter Wahrnehmung), brachte der Koreakrieg im Höhepunkt der empfundenen Bedrohung erneut die Angst vor einem konkreten militärischen Überfall der Sowjetunion auf Europa ins Bewusstsein. Eine besondere Rolle spielte hierbei die ›deutsche Frage‹, die doch allzusehr Parallelen zur ›koreanischen Frage‹ aufwies.

Sowohl die Stärke der perzipierten Bedrohung als auch das konkrete Threat Assessment war vom grundsätzlich vorherrschenden Bild des Sowjetstaates entweder als »rot eingefärbtes Zarenreich« oder aber als »Staat gewordene Weltrevolution« abhängig. Die Antworten auf diese Wahrnehmung fielen entsprechend aus; neben der militärischen Strategie der Abschreckung (gegen die klassisch-staatliche Bedrohung) spielten immer auch politische Strategien wie Stabilisierung und »ideologische Festigung des westlichen Lagers« (gegen die ideologisch-klassenkämpferische Bedrohung der ›Zersetzung‹) eine wesentliche Rolle. Die nordatlatischen Gegenmaßnahmen liefen auf der Ebene der klassisch-staatlichen Bedrohung und vor allem aufgrund der Gefahr eines atomaren Weltkrieges mit der Politik des Containment und der Abschreckung in der Praxis – entgegen aller Beteuerungen – auf die sowjetischerseits propagierte Koexistenz und Bildung der Blöcke hinaus. Der Bereich der ideologisch-klassenkämpferischen Bedrohung bot hingegen auch Möglichkeiten einer Politik des Rollback. Auf dieser Ebene provozierten die Maßnahmen (z.B. Propaganda, Wirtschaftshilfen, Aufbau westlicher Handelsbeziehungen oder begrenzte Geheimdiensttaktionen) im Gegensatz zur klassisch-staatlichen Variante nicht unmittelbar einen Weltkrieg. Sie lagen oft unterhalb der Schwelle rein militärpolitischen Handelns, bildeten aber, auch wenn es sich originär um Maßnahmen der Kultur-, Wirtschafts- oder Finanzpolitik handelte, einen nicht zu unterschätzenden Anteil im immer auch als ›Kampf der Systeme‹ verstandenen und gewissermaßen ›total geführten‹ Kalten Krieg. Somit stellte ›ideologisches Rollback‹ einen wesentlichen Anteil umfassend verstandener Sicherheitspolitik dar.

Entsprechend wurde – vor allem nach dem Tod Stalins – die Sowjetführung als »Virtuose auf den globalen Instrumenten der Macht« gesehen, als durchaus in der Lage, flexibel jeweils in die ›weichen Stellen‹ der westlichen Welt vorzustoßen. Während die Nordatlantische Allianz noch versuchte, ihre konventionelle Verteidigungslücke in Europa durch ›Spielen der deutschen Karte‹ zu schließen, brachte die durch den Tod Stalins veränderte Lage in der Sowjetunion doch teilweise das geschlossene Bild westlicher Bedrohungsperzeption zum Beben. Jetzt war es Großbritannien, aber auch Norwegen, die der Sowjetunion rationales machtpolitisches Handeln unterstellten – also das Sowjetreich zunehmend als »normale interessengeleitete Großmacht« wahrnahmen und somit auf einen möglichen Ausgleich und in der Folge eine Reduzierung der Verteidigungsanstrengungen hofften. Doch bildeten die sich im Innern (auf der ideologisch-klassenkämpferischen Ebene) bedroht fühlenden Staaten Kontinentaleuropas, insbesondere auch der 1955 in die NATO aufgenommene ›Frontstaat Westdeutschland‹ eine geschlossene Phalanx. Die USA, aber auch Frankreich, Griechenland, Italien und die Türkei drängten darauf, sich hinsichtlich der Wahrnehmung der Sowjetunion nicht spalten zu lassen. »Abweichlerische« Bedrohungsperzeptionen, wie die belgische, britische oder norwegische, die eine milde Art ›Wandel durch Annäherung‹ in der Sowjetunion nicht ausschließen wollten, wurden der von den USA vorgegebenen Politik der Stärke und Geschlossenheit geopfert.

Doch war ab 1953 ein neues Moment hinzugekommen. Die westliche Bedrohungsperzeption bewegte sich in der Folge immer zwischen den Ideen ernst gemeinter machtstaatlicher Koexistenz einerseits und ideologischer Unterwanderung durch die Verbündeten der Sowjetunion im eigenen Lager auf der anderen Seite. Die politisch-strategischen Handlungsmöglichkeiten oszillierten entsprechend zwischen einer geschlossenen Politik der Stärke und Abschreckung und der Idee eines ›Wandels der Sowjetunion‹ durch Stärkung gemäßigter Kräfte. Beides Denkfiguren, die bis zum Ende des Kalten Krieges in den 1990ern immer wieder zu finden waren. Ab 1955 war nach dem Spielen der ›(west)deutschen Karte‹ noch ein weiteres Denkmuster hinzugekommen. Nur zehn Jahre nach dem Zusammenbruch des Hitlerreiches konnte der Beitritt der Bundesrepublik Deutschland zur NATO in den meisten Mitgliedsstaaten wohl eher als ›Vernunftehe‹ denn als ›Liebesheirat‹ bezeichnet werden. Auf der Ebene der klassisch-staatlichen Bedrohung war dies mit Sicherheit ein durchschlagender Erfolg, auf der Ebene der ideologisch-klassenkämpferischen Bedrohung dagegen und angesichts der geforderten Geschlossenheit der demokratischen Phalanx innerhalb der Mitgliedsländer stellte der Beitritt der Bundesrepublik viele Regierungen von erst kürzlich vom ›deutschen Joch‹ befreiten Staaten vor große Herausforderungen. Doch überwog insbesondere im Norden Europas der greifbare Zugewinn an Sicherheit durch die zu erwartenden deutschen Divisionen.

Nach den Erfahrungen der Jahre 1956 (Ungarnkrise) und 1957 (Sputnik-Schock) schwanden trotz des spektakulären XX. Parteitag der KPdSU zunehmend die Hoffnungen auf die Wandlungsfähigkeit der Sowjetunion. Allgemein setzte sich bei der NATO die Ansicht durch, dass die UdSSR nicht bereit sei, sich innerlich zu wandeln, und in ihrer expansiven Außenpolitik lediglich eine Verschnaufpause einlege. Der klassenkämpferisch-ideologischen Komponente der sowjetischen Politik wurde erneut eine größere Bedeutung beigemessen. Doch bereits im aktuellen Threat Assessment von 1955 wurde ein 25 Jahre altes Zitat von Dmitrij Z. Manuilski[80] als Beleg sowjetischer Bedrohung herangezogen: »War to the hilt between Communism and Capitalism is inevitable. Today of course, we are not strong enough to attack. Our time will come in twenty or thirty years. To win we need the element of surprise. The people will have to be put to sleep, so we shall begin by launching the most spectacular peace movement on record. There will be electrifying overtures and unheard-of concessions. The capitalist countries, stupid and decadent, will rejoice to co-operate in their own destruction. They will leap at another chance to be friends. As soon as their guard is down, we shall clash them with our clenched fists[81].« Typisch für die erneut ideologisch determinierte Bedrohungsperzeption der zweiten Hälfte der 1950er-Jahre ist die Rede des SACEUR, General Alfred M. Gruenther, anlässlich der im Februar 1956 stattfindenden multilateralen Gespräche zur Verteidigungsplanung im Palais de Chaillot. Die Stärke, so der General, die der NATO zu entwickeln möglich war, habe der Sowjetunion die großen Schrecken eines zukünftigen Krieges vermittelt und sie somit zu der Überzeugung gebracht, dass ein Krieg nicht unvermeidlich sei. Chruščev habe alles Mögliche getan, um die Koexistenztheorie herauszustellen und so die Anstrengungen der NATO zu vermindern[82]. Im NATO-Dokument AC 100 wurde das sowjetische Einschwenken auf eine Politik der Koexistenz ähnlich begründet: »So long as such forces [forces which can respond without delay and with crushing effectiveness in the event of aggression, d. Verf.] exist, it is highly probable that Mr. Khrushtchev and his successors will continue to see the need for peaceful coexistence and to show little enthusiasm for resorting to war to retain their objective of world domination. That is the true reason they are seeking to convince us that their intentions are peaceful and therefore our forces are unnecessary. We must always be wary of such propaganda tactics[83].«

Während in der Sowjetunion die Ziele ›Weltrevolution‹ und ›Koexistenz‹ zunehmend zu schillern begannen[84], entschied sich die Nordatlantische Allianz, im Zweifelsfall das Ziel ›Weltrevolution‹ als Grundlage für das Threat Assessment anzunehmen.

---

[80]   Manuilski (1883–1959) organisierte 1905 den Matrosenaufstand von Kronstadt. Von 1931–1943 war er Kuusinens Nachfolger als Sekretär des Exekutivkomitees der Komintern.
[81]   Das Manuilski-Zitat stammt aus dem Jahr 1931. Er war Lehrer an der Leninakademie für politische Kriegführung. NATO Archives, C-R (55) 41 III.
[82]   Defence Planning – Multilateral Discussions. Verbatim Record of Presentations given at the Palais de Chaillot in Connection with Defence Planning, on Monday 20th February, 1956, at 10 a.m. Subject: Organization, Dispersal and Readiness of Air Force Units. Ebd., AC/100-VR/1, S. 3.
[83]   Ebd., Addendum to AC/100-VR/1, S. 3.
[84]   Altrichter, Kleine Geschichte der Sowjetunion, S. 148.

2. »Nordflanke« – Skandinavien auf der geistigen Landkarte der Allianz

Finnland ist ein Teil Skandinaviens. Dieser banal klingende Satz ist alles andere als selbstverständlich[85]. Ist man auf der Suche nach Finnland betreffenden Beiträgen, so findet man diese sowohl in den sich mit »Skandinavien« oder den »Nordischen Ländern« beschäftigenden Fachzeitschriften und Publikationen, aber auch in den Sparten »Osteuropa« oder »Baltische Länder«. Da es sich bei diesen Zuordnungen nicht um gottgegebene Tatsachen, sondern bereits um Interpretationen handelt, ist die Frage, ob Finnland eher als osteuropäisches oder als nordeuropäisches Land perzipiert wurde, aus mehreren Gründen im Rahmen dieser Darstellung von Interesse: Zum einen ist davon auszugehen, dass diese Zuordnung Finnlands auf den mental maps[86] zwischen Norden[87] und Osten nicht zufällig erfolgte; sicherlich hing sie nicht zuletzt davon ab, wie sich Finnland selbst kulturell und politisch präsentierte, möglicherweise sogar selbst wahrnahm. Zum anderen ist gerade dieses Problem, weil hinter ihm weit mehr als nur eine geografische Zuordnung steht, insbesondere angesichts der bipolaren Mächtekonfrontation als primär politische Frage zu verstehen[88]. In den 1950er-Jahren wandelte sich beispielsweise der Osteuropabegriff in den Perspektiven von Wissenschaft und Politikberatung von einem wahrgenommenen, gedachten und reproduzierten Raum hin zu einem a-räumlichen Systembegriff. ›Osteuropa‹ stand dann für die ›kommunistische Welt‹, für ein bestimmtes Gesellschaftssystem, für Wirtschaftsprinzipien und eben nicht mehr für einen Raum[89]. Hinter dem originär eher kulturell-geografisch-politisch belegten und durchaus miteinander zu vereinbarenden[90] Begriffspaar ›nordisch‹ und ›osteuropäisch‹[91] ist leicht auch das in einer bipolar-konfrontativen Welt inkompatible

---

[85] Siehe zu dieser Frage zusammenfassend Saarinen, Zur Wahrnehmung Finnlands, S. 364–383. Die Gedanken Saarinens lassen sich – selbstverständlich unter anderen Vorzeichen – auch auf die Zeit des Kalten Krieges anwenden.

[86] Zum Konzept der »geistigen Landkarten« siehe Schenk, Mental Maps, S. 493–514. Aktuell zu »mental maps« vgl. Damir-Geilsdorf/Hendrich, Orientierungsleistungen, S. 3–27.

[87] Eine kritische Auseinandersetzung mit »Norden« als Raum findet sich bei Engman, »Norden« in European History, S. 15–34.

[88] So weist Phillip Ther beispielsweise kritisch darauf hin, dass »in Deutschland der Kalte Krieg die subdisziplinäre Ordnung der Geschichtswissenschaft bestimmte« und »östlich des Böhmerwaldes« die »Zuständigkeit der Osteuropäischen Geschichte« beginne. Ther, Von Ostmitteleuropa nach Zentraleuropa – Kulturgeschichte als Areal Studies, S. 1, URL <http://hsozkult.geschichte.hu-berlin.de/forum/2006-06-004>.

[89] Lentz/Schmid, Blauer Riese, S. 137.

[90] Als widersprüchlich wurden dies Begriffe finnischerseits häufig nach erlangter Unabhängigkeit von Russland zur Abgrenzung von der Sowjetunion gesehen. In Winterkrieg und Fortsetzungskrieg erreichte diese Abgrenzung erwartungsgemäß ihren Höhepunkt.

[91] Raumbegriffe waren und sind stets einem Wandel unterworfen. Ob Finnland zu Nordeuropa, Osteuropa oder salomonisch zu Nordosteuropa zu rechnen ist, bedeutet mehr als nur eine intellektuelle Spielerei. Gerade in Zeiten internationaler Spannungen ist die Frage »zu wem man gehört« politisch bedeutsam. Siehe zum Fragenkomplex der betreffenden Raumbegriffe Lemberg, Zur Entstehung des Osteuropabegriffes, S. 48–91. Klaus Zernack führte 1977 den Begriff Ostmitteleuropa ein, der insbesondere nach dem Ende des Kalten Krieges an Bedeutung gewann.

Begriffspaar ›nordatlantisch‹ oder ›osteuropäisch‹ zu vermuten. Auch verstanden nicht alle Beteiligten das Gleiche, wenn von Skandinavien oder den Nordischen Ländern[92] die Rede war. Ein anderes wichtiges Raumkonzept, das speziell nach dem Zusammenbruch der Sowjetunion an Bedeutung gewonnen hat, ist der »baltic approach«[93], der den Ostseeraum[94] in den Mittelpunkt stellt.

In dieser Darstellung wird keinem der Raumkonzepte Vorrang gewährt. Vielmehr werden sie komplementär immer dort zum Tragen kommen, wo sie im zeitgenössischen Denken auftraten. Im Rahmen sicherheitspolitischer Überlegungen spielten zudem geostrategische Denkkategorien eine nicht zu unterschätzende Rolle. Für die NATO im Untersuchungszeitraum gilt, dass Skandinavien und somit Finnland – schon aus der militärischen Logik heraus – als ein Raum mit verschiedenen Dimensionen wahrgenommen wurde. Militärisch gesprochen wurde bei der NATO stets »joint«, also teilstreitkraftübergreifend, gedacht. Die unterschiedlichen Raumkonzepte lassen sich hier einfach den verschiedenen Teilstreitkräften, also Heer, Luftwaffe und Marine, zuordnen. Während im kontinentalen ›Heeresdenken‹ die skandinavische Halbinsel als eine Einheit im Westen der Sowjetunion wahrgenommen wurde, die lediglich durch Geländehindernisse wie Flüsse, Sümpfe oder Seen unterbrochen wird (Skandinavienkonzept), stellte im ›Marinedenken‹ Skandinavien die Südküste des Nordmeeres (arktisches Konzept), die Westküste des Atlantischen Ozeans (Atlantikkonzept), den Ostseeausgang und die Nordküste der Ostsee dar (Ostseekonzept). Als dritte, in der Historiografie kaum beachtete Dimension kommt die Wahrnehmung des ›Luftwaffendenkens‹, also des im Zeitalter des Kalten Krieges immanent signifikanten atomaren »strategic bombing«, zum Tragen: Es ist dies die Einordnung Skandinaviens in die Gesamtheit des ›arktischen Raumes‹ (arktisches Konzept). Dies gilt insbesondere seit der Einführung der ›Polarstrategie‹, also der Nutzung des kürzesten Verbindungsweges

---

Zernack, Osteuropa, S. 51–59; Troebst, Nordosteuropa, S. 53–69; Tuchtenhagen, Nordosteuropa, S. 73–80, zur Verortung Finnlands im Kalten Krieg insbes. S. 76 f.

[92] Diese Begriffe werden im Alltag und somit auch beispielsweise in den Akten der NATO oder nationaler diplomatischer Vertreter, in Zeitungsartikeln und sicherheitspolitischen Publikationen stets unterschiedlich, meist synonym, grundsätzlich jedoch eher unreflektiert verwendet. Differenzierende Definitionen finden sich dagegen etwa in Östergård, Nationale identiter, S. 15–22. In diesem Zusammenhang ist auch folgender Sammelband zur Konstruktion der europäischen Region ›Norden‹ von Interesse: Das Projekt Norden. Zum Begriff ›Norden‹ und den dahinterstehenden Konzeptionen siehe ausführlich Kliemann, Koordinaten des Nordens.

[93] Prominenteste Vertreter dieser Herangehensweise sind Göran Rystad und Marko Lehti. Siehe hierzu den aktuellen Sammelband The Baltic as a Multicultural World, hrsg. von Lehti, sowie In Quest of Trade and Security, vol. 2. Dieser Ansatz hat insbesondere seit der NATO-Mitgliedschaft der baltischen Länder und Polens auch sicherheitspolitisch an Bedeutung gewonnen. In Zeiten des Kalten Krieges war ein ›Ostseeansatz‹ aufgrund der dortigen eindeutigen Übermacht der Sowjetunion und ihrer Satelliten Polen und DDR für den Westen stets gleichbedeutend mit sowjetischem Hegemonialstreben.

[94] Zum Begriff sowie zur neueren Geschichtsforschung im Ostseeraum siehe Rytkönen, Der Ostseeraum; S. 29–30. Zum Ostseeraumkonzept Klinge, Die Ostseewelt, und Kirby, The Baltic World. Zur ›Konjunktur‹ des Ostseeraumkonzeptes seit Matti Klinges Die Ostseewelt in Deutschland siehe u.a. die Veröffentlichungen Die Ordnung des Raums, und Williams, Zur Konstruktion einer Region.

zwischen den USA und der Sowjetunion durch die jeweilige »nuclear striking force« bzw. die Abwehr derjenigen des Gegners.

In folgendem Kapitel werden unter Skandinavien die Staaten Dänemark, Finnland, Island, Norwegen und Schweden verstanden, wobei Island aufgrund seiner von den gegenüber Finnland stärker abweichenden geografischen, strategischen und politischen Voraussetzungen weniger im Zentrum der Betrachtungen steht. In den Augen der Nordatlantischen Allianz war diesen Staaten gemeinsam, dass sie sich an der strategischen Nordflanke befanden. Auf die politische Frage der perzipierten Zugehörigkeit Finnlands zu Skandinavien wird im Laufe des Kapitels noch zurückgegriffen.

a) Bündnis der Neutralen oder
Nordisches Gleichgewicht?

Nach dem Zweiten Weltkrieg stand die bündnispolitische Zugehörigkeit Skandinaviens oder anders ausgedrückt, die politische Ordnung im Norden Europas, alles andere als fest. Als Folge der Entwicklungen im Krieg waren in diesem Raum höchst unterschiedliche Voraussetzungen vorzufinden. Norwegen und Dänemark hatten deutsche Besatzungsherrschaft durchlebt, Schweden hatte in seiner Neutralität den Krieg unbeschadet überstanden und in Finnland hatten sich die Ereignisse mit Winterkrieg und deutsch-finnischer »Waffenbrüderschaft« im sogenannten Fortsetzungskrieg gänzlich anders entwickelt. Erst angesichts der durch deutsche Truppen angewandten Taktik der verbrannten Erde im Rahmen der »Operation Nordlicht«[95] begann sich die Entwicklung im Schlussakkord des Weltkrieges in Norwegen und Finnland anzugleichen – wenn auch mit dem entscheidenden Unterschied, dass die Sowjetunion gegenüber Norwegen als Befreier, gegenüber Finnland hingegen als Sieger auftrat.

Während für Finnland bereits in den ersten beiden Nachkriegsjahren politisch die Weichen für die gesamte Nachkriegsentwicklung gestellt wurden[96], waren für die anderen skandinavischen Staaten sehr verschiedene sicherheitspolitische Modelle denkbar. Bereits 1943 ergaben sich aus schwedischer Sicht grundsätzlich zwei Szenarios für die Zukunft: Entweder könnte sich Skandinavien als neutrale Zone aus der Politik der Großmächte weitestgehend heraus halten oder es würde in Interessensphären aufgeteilt. Im zweiten Fall würden Norwegen und Dänemark der angloamerikanischen Sphäre zuzurechnen sein, Schweden könnte seine Neutralität behaupten und Finnland sei der sowjetischen Sphäre zuzuordnen[97].

Eine grundlegende Einflussgröße stellte hierbei insbesondere in Bezug auf Norwegen und Dänemark deren traditionelle Beziehungen zu Großbritannien

---

[95] Lang, »Operation Nordlicht«, S. 25-41. Zu Zerstörungen in Finnland siehe Ursin, Pohjois-Suomen tuhot.
[96] Büttner, Sowjetisierung oder Selbständigkeit?, S. 17.
[97] Böhme, Vermutete sowjetische Ambitionen, S. 223; Carlgren, Smastatspolitik i stomaktskrig.

dar[98]. Hierbei ist schlicht die Rolle Norwegens als »Gegenküste« zu den britischen Inseln bedeutsam. Im Rahmen der Politik des Containment setzte sich Ende des Jahres 1946 in britischen Regierungskreisen zunehmend die Auffassung durch, dass dem »sowjetischen Expansionismus« im Norden Europas ein Riegel vorzuschieben sei. In einem Bericht der britischen Chiefs of Staff vom Juni 1947 wurde davor gewarnt, dass Skandinavien in sowjetische Hände fallen könne. Ein derartiges Szenario wurde für Großbritannien als nahezu ebenso gefährlich wie dasjenige einer sowjetischen Besetzung Frankreichs oder der Niederlande gewertet. Andererseits biete Skandinavien – auf halbem Weg zwischen London und Moskau gelegen – offensiv die Möglichkeit für vorgeschobene westliche Luftwaffenbasen und defensiv die Chance zur Errichtung eines verbesserten Frühwarnsystems gegen sowjetische Luftangriffe sowie Flankenschutz für Luft- und Seeoperationen im Nordmeer und in der Ostsee[99]. Etwa parallel konkretisierten sich skandinavische Pläne zu einer militärischen Zusammenarbeit unter schwedischer Führung – wobei Finnland aufgrund der sowjetischen Politik von den Planungen ausgeschlossen blieb[100]. Fortan konkurrierten eine skandinavische und eine angloamerikanische Sicherheitslösung miteinander.

Bis in das Jahr 1948 schien sich eher das Konzept einer skandinavischen Sicherheitslösung durchzusetzen. Norwegen[101] und Dänemark[102] verfolgten gegenüber der Sowjetunion eine ›Politik des Brückenbaus‹. Beide Länder verstanden sich dabei als ›Brücke‹ zwischen Ost und West und versuchten in beide Richtungen gute politische und wirtschaftliche Kontakte aufzubauen. In Norwegen stand die Politik des Brückenbaus jedoch bei zunehmender Spannung bald unter dem Vorbehalt, dass es sich für den Fall eines drohenden Krieges um offizielle Sicherheitsgarantien seitens Großbritanniens und der USA bemühen würde[103]. Dies entsprach auch dem sicherheitspolitischen Kontinuum Norwegens im Sinne einer »stillschweigenden britischen Sicherheitsgarantie« seit 1905[104]. Auf Dänemark bezogen erklärt sich die Politik des Brückenbaus zumindest bis April 1946 nicht zuletzt durch die sowjetische Besetzung Bornholms[105], später wohl durch die Erfahrung des sowjetischen Abzuges[106]. Bezeichnenderweise warnte noch im Januar 1948 der

---

[98] Ludlow, Britain and Northern Europe, S. 123-162; Eriksen/Skodvin, Storbritannia, NATO, S. 452-454; Salmon, Great Britain and Northern Europe, S. 197-215.

[99] Skodvin, Nordic or North Atlantic Alliance, S. 12 f.

[100] Nevakivi, Scandinavian Talks, S. 165-175.

[101] Norw. brobyggning. Die Politik des Brückenbaus knüpfte bewusst an die gleichnamige Politik von Halvdan Koht in der Zwischenkriegszeit an. Elvert, Europa und der Norden, S. 368-374.

[102] Petersen, Dänemark, S. 102.

[103] Pharo, Bridgebuilding and Reconstruction, S. 125-153; Pharo, Scandinavia, S. 194-223.

[104] Pharo/Eriksen, Norwegen in der NATO, S. 79.

[105] Auf der Insel Bornholm waren im Februar 1946 noch etwa 3000 Sowjetsoldaten stationiert. Am 5.4.1946 wurde der Truppenabzug abgeschlossen. Jürgensen, Die Stellung Bornholms, S. 194 f.

[106] Die sowjetischen Beweggründe für den Abzug aus Bornholm sind nach wie vor unklar. Bornholm hatte als ›Malta der Ostsee‹ eine hohe strategische Bedeutung. Fest steht, dass es bereits 1943, aber auch noch 1945, deutliche sowjetische Bestrebungen gab, die Ostsee zu einem mare clausum zu deklarieren. Die sowjetische Besetzung Bornholms sicherte dabei den Einfluss auf Dänemark als ›Herr der Ostseeausgänge‹. Am 20.2.1946 thematisierte der dänische Vertreter in

dänische Premierminister Hans Hedtoft[107] vor einem Beitritt Dänemarks zu einem der Machtblöcke[108]. Am Marshallplan nahmen die skandinavischen Länder gleichwohl teil. Einzig Finnland blieb die Teilnahme verwehrt. Der schwedische Außenminister Östen Undén stellte jedoch parallel dazu im Februar 1948 klar, dass Schweden weder an einer westlichen noch einer östlichen militärischen Kooperation interessiert sei[109].

Die Erfahrungen des Krisenjahres 1948 mit der kommunistischen Machtübernahme in Prag im Februar, der dänischen Osterkrise[110] sowie der Unterzeichnung des sowjetisch-finnischen FZB-Vertrags[111] im April führten zu einer ebenso zügigen wie grundlegenden Abkehr von dieser Politik des Brückenbaus. Eine bedeutende Rolle spielten dabei freilich auch die Ereignisse in Berlin, da dänische und norwegische Truppen als Besatzungsmacht im Bereich der Britischen Besatzungszone in Deutschland stationiert waren[112]. Nach der Osterkrise von 1948 stufte sich Dänemark sogar als das potenziell meistbedrohte Land Westeuropas ein[113].

In dieser Situation startete am 23. April 1948 Schweden eine Initiative für ein skandinavisches Verteidigungsbündnis mit Norwegen und Dänemark. Den konkreten Hintergrund für diese Initiative bildeten sowohl die Rede des britischen Außenministers Bevin über die Notwendigkeit eines westlichen Verteidigungsbündnisses gegen die sowjetische Expansion als auch der Abschluss des sowjetisch-finnischen FZB-Vertrages. Hinzu kamen Anzeichen, dass Stalin auch Norwegen solch einen Vertrag vorschlagen werde[114], was wiederum die mögliche Folge eines Einschwenkens Norwegens in das westliche Lager zu implizieren drohte. Damit schien Schweden plötzlich an die Nahtstelle des Ost-West-Konflikts im nordischen Gebiet zu geraten.

Moskau, dass die nun aufgebauten dänischen Streitkräfte in der Lage seien, den Auftrag in Bornholm von den Sowjets zu übernehmen. Erstaunlich schnell – bereits am 5.3.1946 – ließ Molotov den dänischen Vertreter Thomas Dossing wissen, falls Dänemark in der Lage sei, Bornholm mit eigenen Truppen zu besetzen ohne ausländisches Militär zu beteiligen, werde die Sowjetunion ihre Kräfte von Bornholm abziehen. Siehe hierzu auf der Basis sowjetischer Akten Holtsmark, Soviet Strategic Interests in Denmark, S. 7–11. Zur dänischen Perspektive siehe grundlegend Dau, Danmark og Sovjetunionen; Jensen, Tryk og tilpasning.

[107] Hedtoft (1903–1955) führte die Sozialdemokratische Partei Dänemarks von 1939–1941 und 1945–1955. Von 1947–1950 und 1953–1955 war er dänischer Premierminister. Ausführlicher Beitrag Hans Hedtoft in Hvidt, Statministre i Danmark.
[108] Petersen, Dänemark, S. 102.
[109] Suomen ja Yhdysvaltain väliset suhteet maailmanpolitiikan valossa vuonna 1949. Osa II. C. Suomi ja Pohjois-Atlantin sopimus »hampaineen«, S. 2. UA, UM Microfilmit I:a Raporttisarja 1949–1972, 5 C Washington DC, 2/1950–11/1950.
[110] Petersen, Påskekrisen 1948; Hansen/Sørensen, Paskekrisen 1948.
[111] Am 6.4.1948 unterzeichnete Finnland den FZB-Vertrag, am 28.4. wurde er vom finnischen Parlament ratifiziert.
[112] Levsen, Dänische und norwegische Truppen, S. 245. Zur dänischen Sicherheitspolitik siehe grundlegend Dansk sikkerhedspolitik 1948–1966, t. 2.
[113] Petersen, Dänemark, S. 103.
[114] Zetterberg, A Scandinavian Defence Union, S. 235.

Ein skandinavisches Militärbündnis wurde in Norwegen und noch stärker in Dänemark ernsthaft erwogen[115]. Am 7. September 1948 trafen sich in diesem Zusammenhang die Außenminister Dänemarks, Norwegens und Schwedens in Stockholm. Sowohl der dänische als auch der norwegische Außenminister versprachen dabei, dass ihr Land außerhalb des westlichen Blocks bleiben würde. Schweden betonte erneut seine Neutralität[116]. Ein Memorandum der Nordeuropaabteilung des britischen Außenministeriums vom 30. September beschäftigte sich mit Schweden in Bezug auf ein potenzielles skandinavisches Verteidigungsbündnis und mögliche Beziehungen zum nordatlantischen Sicherheitskonzept: In einem ersten Schritt sollten Dänemark und Norwegen einem Atlantikpakt gegenüber positiv gestimmt werden und schließlich diesem beitreten. In einem zweiten Schritt sollte Schweden im Rahmen eines gegenseitigen rein skandinavischen Verteidigungsbündnisses eingebunden werden. Damit sollte – so der britische Vorschlag – im Falle eines bewaffneten Konfliktes zwischen Ost und West ohne nordische Dimension, also ohne einen sowjetischen Angriff auf Dänemark oder Norwegen, Schweden sich non-belligerent analog zum finnischen Winterkrieg verhalten, seine Luftverteidigung jedoch mit der Norwegens und Dänemarks koordinieren, die Ostsee minenfrei halten und auch in Bezug auf wirtschaftliche Zwangsmaßnahmen aufseiten des Westens stehen. Im Falle eines sowjetischen Angriffs auf Norwegen oder Dänemark sollte Schweden mit allen militärischen Mitteln eingreifen, im unwahrscheinlichen Fall eines isolierten sowjetischen Angriffs auf Schweden sollte nur für Norwegen und Schweden der Bündnisfall eintreten[117].

Innerhalb Skandinaviens (ohne Finnland) unterschieden sich die Vorstellungen über ein nordisches Militärbündnis stark. Während vor allem Norwegen, aber auch Dänemark eine Verbindung zwischen einem Nordischen Militärbündnis und den Westmächten favorisierten[118], war Schweden an der strikten Neutralität eines solchen Bündnisses im Kalten Krieg gelegen. Letztendlich scheiterte das von Norwegen und Dänemark[119] favorisierte britische Konzept einer transatlantischen Anbindung an der Neutralitätspolitik Schwedens – zu diesem Zeitpunkt eine der stärksten Militärmächte in Europa[120] – und das von Schweden favorisierte Konzept eines neutralen skandinavischen Bündnisses am Widerstand der Regierung der Vereinigten

---

[115] Hierzu grundlegend Skodvin, Nordic or North Atlantic Alliance.

[116] Suomen ja Yhdysvaltain väliset suhteet maailmanpolitiikan valossa vuonna 1949. Osa II. C. Suomi ja Pohjois-Atlantin sopimus »hampaineen«, S. 3. UA, UM Microfilmit Ea Raporttisarja 1949–1972, 5 C Washington DC, 2/1950–11/1950.

[117] The Relation of Sweden to Scandinavian Cooperation and the North Atlantic Security (Hankey), TNA, PRO, FO 371 Scandinavia, Doc. No. N 11 004, 30.9.1948. Ausführlich hierzu Zetterberg, A Scandinavian Defence Union, S. 235–237.

[118] Siehe hierzu Eriksen/Pharo, Norway and the Early Cold War, S. 3–21.

[119] Zu den Unstimmigkeiten zwischen Dänemark und Schweden siehe Petersen, Danish and Norwegian Alliance Politics, S. 193–210.

[120] In den 50er-Jahren verfügte Schweden über mehr als 1000 Kampfflugzeuge, ein Heer mit 37 Brigaden und mehreren selbstständigen Verbänden sowie über die – nach der Sowjetunion – zweitstärkste Flotte in der Ostsee. Zetterberg, A Scandinavian Defence Union, S. 237.

Staaten. Diese stellten um den Jahreswechsel 1948/49 klar, dass ein neutrales skandinavisches Verteidigungsbündnis von den USA nicht akzeptiert würde[121].

Am 30. Januar 1949 kamen die Regierungen Dänemarks, Norwegens und Schwedens überein, dass ein skandinavisches Verteidigungsbündnis nicht machbar sei. In der Folge sondierte Norwegen die Möglichkeiten eines Verteidigungsbündnisses mit Großbritannien und den USA[122]. Dänemark, das stärker an einer militärischen Zusammenarbeit mit Schweden interessiert gewesen war als Norwegen, schlug nach dem Scheitern der nordischen Allianz erst noch ein bilaterales dänisch-schwedisches Militärbündnis vor. Ein solches wurde jedoch seitens Schweden abgelehnt. Angesichts der starken sowjetischen Militärpräsenz war Dänemark im Süden ein schwacher potenzieller Partner Schwedens, der außerdem aufgrund seiner geringen militärischen Stärke verbunden mit seiner seestrategischen Relevanz mehr Risiken als Chancen bot. Ein Bündnis mit Norwegen wäre für Schweden jedoch angesichts der militärischen Möglichkeiten – insbesondere im Norden – bedeutend attraktiver gewesen[123].

So entstand in Skandinavien eine sicherheitspolitische Konstellation, die Arne Brundtland 1966 als »nordic balance« in die Diskussion der skandinavischen Sicherheitspolitik einführte[124] und die in ihren Grundzügen das skandinavische Sicherheitssystem bis zur Auflösung der Sowjetunion prägte: Dänemark und Norwegen als NATO-Mitglieder mit Einschränkungen, Schweden als neutraler, im Grunde aber westlich orientierter Staat und Finnland als neutraler Staat, jedoch mit vertraglichen Verpflichtungen nach Osten. Diese stark interdependente Ordnung glich einem fein abgestimmten Mobile, das bei Änderung einer Komponente das Gleichgewicht verlieren würde. Nach Egil Ulstein widerlegt jedoch die Existenz der skandinavischen Bündnispläne, dass das nordische Gleichgewicht auf einer bewussten Entscheidung beruht habe. Vielmehr sieht er in der Theorie der Nordic Balance eine ex post facto-Rationalisierung vergangener politischer Entscheidungen, die eben nicht Produkt einer planvoll zielgerichteten politischen Linie gewesen seien. Dennoch kann, so ebenfalls Ulstein, kein Zweifel daran bestehen, dass bei den Entscheidungen, die zum skandinavischen Sicherheitssystem 1949 geführt hatten, die Berücksichtigung der Sicherheitsbedürfnisse der jeweils anderen skandinavischen Staaten – hierbei im Besonderen der finnischen Position – eine wich-

[121] Suomen ja Yhdysvaltain väliset suhteet maailmanpolitiikan valossa vuonna 1949. Osa II. C. Suomi ja Pohjois-Atlantin sopimus »hampaineen«, UA, UM Microfilmit Ea Raporttisarja 1949-1972, 5 C Washington DC, 2/1950-11/1950. Siehe hierzu ausführlich Alders, The Failure of the Scandinavian Defence Union, S. 125-153.

[122] Ulstein, Nordic Security, S. 8; Salmon, Great Britain and Northern Europe, S. 201-203.

[123] Zetterberg, A Scandinavian Defence Union, S. 238.

[124] Brundtland, The Nordic Balance, S. 30-63. Zur sicherheitspolitischen Diskussion der späten 1960er- und frühen 1970er-Jahre um die Nordic Balance siehe ausführlich Holst, Nordisk Balanse, S. 129-140; Moberg, The Nordic Balance Concept, S. 210-214; Orvik, Nordisk balanse, S. 106-118; Ulstein, Nordic Security, S. 8 f.; Seidenfaden-Bericht, vol. 1, S. 282-284. Kritische konzise Analyse des Konzepts der Nordic Balance bei Hentilä, Soviet Union, Finland and the »Northern Balance«, S. 239-256.

tige Rolle spielte[125]. Johan Jørgen Holst betont, dass das skandinavische Sicherheitssystem der Nordic Balance nicht verabsolutiert werden dürfe: »The term ›theory‹ is an overstatement, and the term ›balance‹ has frequently been burdened with
unrealistic assumptions about mechanistic automaticity of systemic responses to
change in any components of the system[126].«

Die Interdependenz der nationalen skandinavischen Sicherheitspolitiken bleibt
jedoch unabhängig von der Frage unbestritten, ob Brundtlands Nordic Balance
eine tragfähige politische Theorie bildete oder nicht. Hentilä merkt hierzu an, dass
unter der Nordic Balance eben zweierlei verstanden werden könne: Eine politische
Theorie und eine »Beschreibung der Situation im Norden«[127]. Als letzteres verdient
sie sicherlich Beachtung, zeigt sie doch die spezifische Situation Skandinaviens im
bipolaren Mächtekonflikt. Aus den Überlegungen eines Gleichgewichts bzw. eines
»Systems der kommunizierenden Röhren« heraus musste jegliche Politik der
Nordatlantischen Allianz in Skandinavien stets gesamtskandinavisch angelegt sein
– obwohl die NATO natürlich nur für einen kleinen Teil Skandinaviens verantwortlich zeichnete.

b) Sicherheitsprobleme an der Nordflanke der NATO

Für die Allianz stellte Skandinavien militärisch-strategisch gesehen zum einen die
Nordflanke für die Verteidigung von Mittel- und Westeuropa, aber auch, durch die
NATO-Mitglieder Norwegen und Dänemark bedingt, einen Wert an sich dar. In
mitteleuropäischer ebenso wie in amerikanischer Betrachtungsweise trat in erster
Linie der Charakter Skandinaviens in seiner Funktion als NATO-Nordflanke in
den Vordergrund. Bei den skandinavischen Mitgliedern des Bündnisses sah das
naturgemäß anders aus. Ein großer Teil der Sicherheitsprobleme an der Nordflanke der NATO wird bereits aus dieser Konstellation heraus verständlich. Hinzu
kommt, dass bei den skandinavischen NATO-Ländern, vielleicht mehr als bei den
übrigen Verbündeten, dem Disengagement eine besondere Bedeutung zuzukommen schien. Für eine trennscharfe Analyse der Verhältnisse muss daher die militärisch-strategische Situation vom politischen Geschehen getrennt untersucht, aber
interdependent verstanden werden.

Es scheint zudem, als habe es in der Perzeption der skandinavischen NATO-
Staaten mindestens zwei Bedrohungsszenarien gegeben. Einerseits ein politisch-
militärisches durch die Sowjetunion, dem mittels Abschreckung im nordatlantischen Rahmen begegnet werden konnte; das war die Furcht vor einem Einmarsch
sowjetischer Truppen. Andererseits eine Bedrohung durch den Ausbruch eines

---

[125] Ulstein, Nordic Security, S. 8 f.
[126] Holst, Five Roads to Nordic Security, S. 1. Diesen mechanistischen Ansatz kritisiert auch Hentilä,
    Soviet Union, Finnland and the »Northern Balance«, S. 239.
[127] Hentilä, Soviet Union, Finnland and the »Northern Balance«, S. 239.

Krieges – gar eines Atomkrieges; das war die Denkfigur der Kriegsfurcht[128]. Diese Ambivalenz gab es sicherlich in allen NATO-Staaten: In den skandinavischen Ländern scheint sie jedoch eine besondere Bedeutung erlangt zu haben. Auf die Sicherheitsarchitektur der Nordic Balance ist vor diesem Hintergrund bereits hingewiesen worden. Schweden bildete hierbei so etwas wie einen »strategischen Eckstein«[129]. Außerdem stellte dessen bewaffnete Neutralität eine wesentliche Voraussetzung für das Funktionieren der Nordic Balance dar. Diese basierte nicht zuletzt auf militärischer Stärke, welche wiederum nur im Zusammenhang mit einer starken Position der NATO-Staaten gewährleistet war. So ist Nordic Balance auch nur im Kontext der gesamten strategischen Situation in Skandinavien, in der Ostsee und im Nordmeer zu Wasser, zu Land und in der Luft verständlich. Im Folgenden wird daher die strategische Bedeutung Skandinaviens für das Atlantische Bündnis untersucht. Sie bildet angesichts des bipolaren konfrontativen Mächtesystems den Kontext für weitere Skandinavien betreffende Politik. Ein besonderes Augenmerk wird hierbei auf die skandinavische Integrationspolitik gelegt. Im Anschluss daran soll die Skandinavienpolitik innerhalb der unterschiedlichen politisch-strategischen Denkmodelle von Containment, Rollback und Disengagement verortet werden.

Strategische Bedeutung Skandinaviens

Bei einer Betrachtung Skandinaviens, speziell seiner strategischen Bedeutung für die NATO, muss stets neben den großen strategischen Linien westlicher Planungen auch eine regional-operative Komponente berücksichtigt werden. Erst hieraus lassen sich perzipierte Sicherheitslücken und nationalstaatliche Divergenzen innerhalb der Nordatlantischen Allianz erklären. Ferner kann Sicherheitspolitik im Untersuchungszeitraum – bei aller Dominanz nuklearen Denkens – nicht rein auf nukleare Überlegungen beschränkt werden. Konventionelles militärisches Denken spielte stets eine bedeutende Rolle. Strategische Belange zu Land, zur See und in der Luft müssen gleichermaßen interdependent betrachtet, verstanden und gewertet werden. Zuletzt ist die Chronologie der Ereignisse angesichts der rasanten technologischen Entwicklung von entscheidender Bedeutung[130].

Die Frage der ungeschützten NATO-Nordflanke gehört zu einem der Gründungsprobleme des Bündnisses. So war man sich in Norwegen wohl bewusst, dass insbesondere Frankreich innerhalb der NATO den Schwerpunkt auf West- und nicht auf Nordeuropa legte. Ziel der norwegischen Politik war dabei, die wichtigsten NATO-Bündnispartner zu einer Verteidigung des norwegischen Territoriums zu verpflichten und gleichzeitig die Sowjetunion davon zu überzeugen, dass Norwegen nicht Aufmarschgebiet für einen Angriff der NATO auf Sowjetterritorium

---

[128] Am dänischen Beispiel wird das Dilemma beschrieben in Hansen/Sorensen, Paskekrisen 1948, S. 37–40.
[129] Ruehl, NATO Strategy, S. 119.
[130] Zu diesen Einschätzungen siehe auch Kap. II.1 und V.1.b.

sei[131]. Für Dänemark waren die Probleme ähnlich gelagert. Die westliche Verteidigung sollte an der Rhein–Ijssel-Linie erfolgen, sodass Dänemark im besten Fall im Verlauf eines potenziellen Krieges von der NATO befreit, nicht aber verteidigt worden wäre[132]. Innerhalb der Allianz wurde bald nicht nur die mittlere Front, sondern auch die Südflanke als strategisch wichtiger denn die NATO-Nordflanke eingeschätzt. Der erste Durchbruch für die Skandinavier war 1951 die Einrichtung des NATO-Oberkommandos Europa-Nord (AFNORTH), in dem auch Großbritannien und die Vereinigten Staaten mitwirkten[133]. Hier sollte die Verteidigung an den Ostseezugängen zwischen Norwegen und Dänemark koordiniert und mittels eines britischen Oberbefehlshabers sowohl die Interessen der angelsächsischen Seemächte als auch die Einbindung derselben in die Verteidigung der Ostseeausgänge gewährleistet werden[134]. Als problematisch stellte sich jedoch bald die restriktive Politik der skandinavischen Bündnispartner dar, die einerseits zwar selbst nur relativ schwache militärische Kräfte aufstellten, aber andererseits kaum zu einer Stationierung amerikanischer Streitkräfte auf eigenem Territorium bereit waren. Integrierte militärische Zusammenarbeit lag ursprünglich nicht im Interesse der norwegischen Regierung und war zudem in der Bevölkerung Norwegens nicht gerade populär. Die Finnmark sollte nach Ansicht der norwegischen Verteidigungsplaner als eine Art Pufferzone zwischen der NATO und der Sowjetunion dienen. Durch restriktive norwegische Stützpunktpolitik sollte nicht zuletzt eine Bombardierung Norwegens im Kriegsfall verhindert oder zumindest hinausgezögert werden. Als Argument wurde dabei das »Gleichgewicht im Norden«, also die Nordic Balance angeführt. Man befürchtete, dass im Falle einer Errichtung von NATO-Stützpunkten in Norwegen die Sowjetunion Stützpunkte in Finnland verlangen würde. Diese wiederum würden Schweden stark gefährden[135]. Der gewonnene Schutz durch die NATO sollte überdies auf keinen Fall die UdSSR herausfordern. Indes war das nordische Sicherheitsproblem noch lange nicht gelöst, denn für eine wirkungsvolle Verteidigung gegen die Sowjetunion reichte freilich die Errichtung eines neuen Oberkommandos alleine noch nicht aus.

Im November 1951 stellte der Militärausschuss der NATO fest, dass die Luftstreitkräfte Dänemarks und Norwegens auch in den kommenden Jahren nur die Hälfte der für eine Verteidigung des Bereichs Nord seitens der Allianz als notwendig erachtete Stärke erreichen würden[136]. Der amerikanische Befehlshaber Luftstreitkräfte Europa-Nord schlug daher vor, 150 Jäger und Jagdbomber in Dänemark und 75 in Norwegen zu stationieren. Nach erfolglosen norwegischen Versuchen, alle Jagdflugzeuge in Dänemark stationieren zu lassen, bat der norwegische Verteidigungsminister Nils Langhelle im Juli 1952 den NATO-Oberbefehls-

131 Pharo/Eriksen, Norwegen in der NATO, S. 81.
132 Petersen, Dänemark, S. 107–110;
133 Pharo/Eriksen, Norwegen in der NATO, S. 86.
134 Thoß, NATO-Strategie, S. 260.
135 Pharo/Eriksen, Norwegen in der NATO, S. 93 f.
136 Petersen, Dänemark, S. 116 f.

haber, das Angebot zurückzuziehen[137]. Im Januar 1953 brach auch Dänemark seine diesbezüglichen Verhandlungen mit der USA endgültig ab[138]. Ein Jahr später bemühten sich die USA darüber hinaus um die Errichtung von Luftwaffenstützpunkten im südnorwegischen Sola und Gardermoen. Diese wurden insbesondere für die Stationierung von Begleitjägern für die Interkontinentalbomber auf ihrem Weg in die Sowjetunion benötigt. Im geheimen Strategic Air Command-Abkommen wurde der Bau dieser Flugplätze und die Stationierung von 49 Mann festgelegt[139]. Im dänischen Grönland besaßen die USA bereits 1949 vier große Militärstützpunkte. Mit der Durchsetzung der Polarstrategie[140] erlangte insbesondere Nordgrönland für die US-Luftstreitkräfte eine zentrale Bedeutung. Die Vereinigten Staaten behielten nach den amerikanisch-dänischen Verhandlungen über Grönland 1951 zwei Hauptverteidigungsräume, Narssarsuaq (Südgrönland) und Söndre Strömfjord (Westgrönland). Hinzu kam nun der Luftwaffenstützpunkt Thule[141] in Nordgrönland, der bis 1952 zu einem riesigen nuklearstrategischen Luftstützpunkt des Strategic Air Command (SAC) ausgebaut wurde. Dieser diente insbesondere der Bereitstellung von Mittelstreckenbombern für eine Nuklearoffensive gegen die Sowjetunion[142].

Die Nordflanke der NATO stand zwar unter dem Atomschutz des Bündnisses, blieb jedoch regional und konventionell militärisch schwach. Bei der NATO war man sich durchaus bewusst, dass man Dänemark und Norwegen auch psychologisch nicht überfordern durfte[143]. Es stellte sich sogar die Frage, ob Norwegen und Dänemark im Falle eines Versagens der Abschreckung überhaupt zu verteidigen wären. Der wesentliche konventionell-militärische Faktor für die Verteidigung Skandinaviens gegen einen Angriff der Sowjetunion blieb dabei Schweden. In Norwegen und Dänemark, aber auch bei der NATO, war dies wohlbekannt, und für die Sowjetunion war Schweden wegen einer dort möglichen Landung von NATO-Streitkräften als Durchmarschgebiet, aber auch als Basis für einen möglichen Angriff gegen Norwegen von strategischem Interesse. Hinzu kamen die dortigen Rohstoffreserven. Das gleiche galt umgekehrt im Kriegsfall auch für die Allianz. Angesichts der schwebenden Frage nach der militärischen Solidität der

---

[137] Pharo/Eriksen, Norwegen in der NATO, S. 92.

[138] Petersen, Dänemark, S. 116-119.

[139] Pharo/Eriksen, Norwegen in der NATO, S. 89 f. Zur norwegischen Verteidigungspolitik siehe ausführlich Tamnes, The United States and the Cold War; Tamnes, Integration and Screening, S. 59-100.

[140] Die Polarstrategie, also das nukleare Bekämpfen des Gegners aus der Luft unter Nutzung einer polaren Flugroute, barg gegenüber Angriffen über den Atlantik insbesondere den Vorteil bedeutend kürzerer Wege. Die Flugstrecke zwischen den Vereinigten Staaten und der Sowjetunion verkürzte sich dadurch auf sechs Stunden. Die Polarstrategie kennzeichnete sich zudem durch Verlegung der Luftstützpunkte so weit wie möglich nach Norden. Offensivkräfte (Bomberverbände) waren davon ebenso betroffen wie Defensivkräfte (Jagdverbände). Hinzu kam eine nach Norden verschobene Radarwarnkette. Lund, Die strategische Stellung, S. 224 f.

[141] Die Entfernung Thule – Moskau beträgt 4400 Kilometer. Das entsprach mit amerikanischen Bombern im Jahr 1955 einer Flugzeit von fünf Stunden. Ebd.

[142] Petersen, Dänemark, S. 111-116.

[143] Thoß, NATO-Strategie, S. 260.

NATO-Nordflanke, also auch des für Dänemark und Norwegen so relevanten Problems der Verlässlichkeit der amerikanischen und britischen Bündnispartner, stieg die Bedeutung Schwedens noch zusätzlich[144]. Dies belegt auch die Erklärung über die Verteidigungs- und Außenpolitik Schwedens und Finnlands, die der norwegische Vertreter, Dag Bryn, am 12. Februar 1952 vor dem Nordatlantischen Rat abgab[145].

Schweden war als skandinavische Militärmacht nicht zu unterschätzen. Es verfügte 1952 über Landstreitkräfte, die sich in Feldformationen, lokale Verteidigungseinheiten und Nationalgarde untergliederten. Die Feldverbände bestanden aus etwa 40 Brigaden, von denen sechs gepanzert waren. Die gesamte Stärke der Landstreitkräfte nach einer erfolgten Mobilisierung betrug etwa 450 000 Mann. Als Hauptschwäche des schwedischen Militärs sahen die Norweger den niedrigen Ausbildungsstand aufgrund der kurzen Wehrpflichtdauer von lediglich neun Monaten an. Als wesentlicher Teil der Verteidigung zu Lande wurde die Festung Boden in Nordschweden angesehen. Die Marine verfügte nach Kenntnis der NATO über 80 Kriegsschiffe, darunter drei Kreuzer[146]. Die schwedische Marine selbst – das zeigen Berichte des schwedischen Marineattachés in Moskau – schätzte sich im Kriegsfall als Hauptgegner der sowjetischen Baltischen Flotte innerhalb der Ostsee ein[147]. Die schwedische Luftwaffe nahm mit 600 bis 700 Jagdflugzeugen, Bombern und Aufklärungsflugzeugen in Westeuropa nach der Royal Airforce Großbritanniens den zweiten Platz ein. Die schwedischen Verteidigungspläne beruhten auf einer sogenannten Randverteidigung an den Grenzen und den Küsten Schwedens. Die finnisch-schwedische Grenze bildete hierbei den Schwerpunkt der Verteidigungsplanungen. Im Falle eines Rückzuges der schwedischen Truppen wurde dem Offenhalten der rückwärtigen Verbindungslinien nach Westen, speziell nach Trondheim, Oslo und Göteborg und wenn möglich auch nach Narvik, eine besondere Bedeutung zugemessen[148].

Geografisch stellte sich die skandinavische Halbinsel – nicht nur aus der Sicht Norwegens – als ein Gebiet dar, das zu Lande mit der Sowjetunion verbunden war und mit den dänischen Inseln und Jutland über eine Brücke zum europäischen Festland verfügte. Schwedische Politiker und Soldaten hatten eine der NATO ähnliche Sichtweise der sowjetischen Außenpolitik und Absichten. Sie gehörten also in weltanschaulicher Sicht zweifelsfrei zur westlichen Welt. Der kommunistische Imperialismus mit seinen expansiven Tendenzen – so urteilten die Norweger – stellte auch in den Augen Schwedens eine Gefahr für die ganze freie Welt dar. Schweden wusste, dass es einem sowjetischen Angriff alleine nicht lange widerstehen konnte, doch glaubten die Schweden dennoch an eine ausreichende Abschre-

---

[144] Ruehl, NATO Strategy, S. 119.
[145] NATO Archives, D-D (52) 38, Cosmic Top Secret, Defence and Foreign Policy on Sweden and Finland, Statement by the Norwegian Deputy, 4.2.1952.
[146] Ebd.
[147] Andolf/Johansson, The Baltic Sea, S. 223.
[148] NATO Archives, D-D (52) 38, Cosmic Top Secret, Defence and Foreign Policy on Sweden and Finland, Statement by the Norwegian Deputy, 4.2.1952.

ckung mittels eigener Verteidigungskräfte. Außerdem könne – so die schwedische Meinung – ein Beitritt zur westlichen Allianz die Spannung im Norden und in der Ostsee so vergrößern, dass das allgemeine Kriegsrisiko steigen und speziell Finnlands Position sich verschlechtern würden. Konkret drohe die Gefahr, dass die Sowjetunion im Falle eines schwedischen Beitritts zur NATO ihrerseits Kräfte nach Finnland verschieben würde. Damit wäre aber Finnlands Unabhängigkeit zerstört und man hätte der Sowjetunion einen strategischen Vorteil bezüglich der Ausgangsposition für einen potenziellen Krieg in Skandinavien verschafft[149]. Auch dies entspricht der Denkfigur der Nordic Balance.

Doch während sowohl aus historischen wie strategisch-politischen Gründen ein NATO-Beitritt Schwedens auszuschließen war, stand doch die Hoffnung im Raum, dass Schweden in eine Art begrenzter militärische Kooperation mit Norwegen und Dänemark, allerdings strikt außerhalb der NATO, eintreten werde. Hierüber herrschte – so der norwegische Vertreter Bryn – zwar innerhalb der vier demokratischen Parteien Schwedens Uneinigkeit, doch lehne die schwedische Regierung jeden Gedanken in diese Richtung kategorisch ab[150]. Was sich für die Nordatlantische Allianz lediglich als Hoffnungsschimmer darstellte, perzipierte die Sowjetunion bereits als Realität. Man nahm in Moskau eine fortschreitende Militarisierung Schwedens wahr. In einer Studie der sowjetischen Akademie der Wissenschaften wurde Schweden sogar als de facto bereits unter angloamerikanischem Einfluss stehend dargestellt[151]. Dies befindet sich wiederum im Gegensatz zur Nordic Balance-Theorie. Denn wenn die Sowjetunion Schweden bereits als vollkommen dem Westen zugehörig betrachtete und dies in Schweden auch bekannt war, konnte schließlich eine Westorientierung Schwedens nicht als Ungleichgewicht der Nordic Balance verstanden werden und damit negative Folgen für Finnland nach sich ziehen. So scheint die Idee der Nordic Balance in der Realität eine weit geringere Rolle gespielt zu haben, als im Denken der skandinavischen Staaten.

Gleichgültig, wie die Zukunft Schwedens auch aussehen mochte, die »Furcht des Alleingelassenwerdens« im Falle eines sowjetischen Angriffs blieb ein Leitmotiv der skandinavischen NATO-Partner[152]. Im Herbst 1952 zeigte das Bündnis daher ihr Interesse an Skandinavien und der Ostsee, indem es in den skandinavischen Gewässern das Manöver MAINBRACE abhielt[153]. »Operation MAINBRACE« war die erste große maritime NATO-Übung. Sie sollte zeigen, dass im Kriegsfall die NATO Norwegen und Dänemark zu verteidigen in der Lage war. In dem angenommenen Szenario der Operation MAINBRACE wurde davon ausgegangen, dass der Feind von Osten die norddeutsche Tiefebene überrannt habe und im Begriff sei, Dänemark anzugreifen. Während der Kiel-Kanal zu Land gehalten

---

[149] Ebd.
[150] Ebd.
[151] Dies geht aus folgendem Bericht des schwedischen Außenministeriums hervor: Utrikesdepartmentet 1920 års dossiersystem (UO 1920) HP 3. Er Marrat Moskva, Nr. 2, 24.1.1953, Cl'st Utrikesavd, zit. nach Andolf/Johansson, The Baltic Sea, S. 223, Anm. 24.
[152] Petersen, Dänemark, S. 114.
[153] Bindlingmaier, Die Bedeutung der Ostsee, S. 679.

werde, seien die Feindkräfte bereits in Nordnorwegen eingedrungen. Dazu wurden amphibische Landungen im Norden Norwegens erwartet[154]. Das militärische Machtvakuum in Deutschland und ein sowjetischer Einmarsch in Dänemarks waren schon in der Übungsanlage berücksichtigt.

Die Sowjetunion reagierte auf MAINBRACE im Oktober 1952 mit einer strengen Warnnote. Dänemark versicherte daraufhin sofort seine defensiven Absichten. Die restriktive Haltung Dänemarks gegenüber der NATO in der Stationierungsfrage wurde sicherlich stark durch die zwei Warnnoten der Sowjetunion an Dänemark von Oktober 1952 und Januar 1953 beeinflusst[155]. Um einem Szenario wie in MAINBRACE im Kriegsfall zu entgehen, also um durch die Allianz verteidigt und nicht erst befreit zu werden, bemühte sich Dänemarks, die Verteidigungslinie der NATO von der Rhein–Ijssel-Linie nach Osten zu verschieben. Ein Schutz der Halbinsel Jütland war jedoch schon aus Gründen der geografischen Gegebenheiten nur durch eine Einbeziehung Norddeutschlands in den zu verteidigenden Bereich möglich. Die Politik Dänemarks war also gewillt, zur Verbesserung der eigenen Sicherheitslage durch die Verschiebung der NATO-Verteidigungslinie nach Osten die vorgeschlagene Wiederbewaffnung Westdeutschlands zu akzeptieren[156]. Das gemeinsame sicherheitspolitische Interesse an einem durch die westliche Allianz abgesicherten Schutz der Ostseeausgänge und der Pragmatismus der dänischen Eliten überwog. Die dänische Öffentlichkeit stand jedoch noch länger den deutschen Nachbarn äußerst skeptisch gegenüber[157]. Spätestens seit dem Spofford-Plan[158] von Dezember 1950 zeichnete sich ein deutscher Verteidigungsbeitrag als Möglichkeit ab. Für das Sicherheitsdilemma an der Nordflanke der NATO gab es aus Sicht ihrer skandinavischen Mitglieder also zwei Möglichkeiten: Eine schwedische und eine westdeutsche Lösung. Aus sowjetischem Blickwinkel kam noch die Alternative einer Neutralisierung Skandinaviens hinzu[159].

Seitens der Sowjetunion wurde die Zusammenarbeit Schwedens mit den NATO-Mitgliedern Norwegen und Dänemark im Rahmen des Nordischen Rates mit zunehmendem Argwohn betrachtet. Am 10. April erschien in der sowjetischen Zeitung »Isvestija« ein Artikel von P. Rysakov unter dem Titel »Zwei Arten nordischer Zusammenarbeit«. In Gestalt des Nordischen Rates werde, so Rysakov, ein Organ geschaffen, das den Zielen der Politik der sogenannten Einigung Westeuropas zu kriegerischen Zwecken diene[160]. So seien auf der Tagung des Nordischen Rates Probleme strategischer Bedeutung besprochen worden, wie »Pläne zum Bau

---

[154] Time Magazine, 22.9.1952.
[155] Ingimundarson, Between Solidarity and Neutrality, S. 270.
[156] Petersen, Dänemark, S. 110 f.
[157] Thoß, NATO-Strategie, S. 259.
[158] Am 7.12.1950 schlug der Vorsitzende des Ständigen Rates der NATO, der NATO-Botschafter der USA, Charles M. Spofford, die Bildung selbstständiger deutscher »combat teams«, also Brigaden in Stärke von etwa 6000 Mann, im Rahmen einer europäischen Verteidigungsarmee vor. Verteidigung im Bündnis, S. 33.
[159] Hentilä, Soviet Union, Finland and the »Northern Balance«, S. 240 f.
[160] PAAA, AV (Neues Amt), Stockholm/12149, Bericht aus Stockholm an AA, 24.4.1953: »Isvestija« über die nordische Zusammenarbeit und die Stellungnahme der »Morgon Tidningen«.

einer Brücke oder eines Tunnels zwischen Dänemark und Schweden, eine Erweiterung des Wegenetzes in Südschweden und auf der dänischen Insel Seeland«[161]. Durch den Ausbau der strategischen Eisenbahnlinie und Landstraßen zwischen Östersund und Trondheim sowie der Verlegung einer Pipeline zwischen Jämtland und Trondheim-Fjord »solle Schweden in den Atlantikblock«[162] gezogen werden. Als Alternative zur internordischen Zusammenarbeit stellte Rysakov ein Modell vor, das erstens den »gemeinsamen Kampf für den Frieden« und zweitens »die Befreiung Dänemarks, Islands und Norwegens aus den Fesseln des nordatlantischen Kriegsblocks fordere«[163].

Bei aller Kalten-Kriegs-Rhetorik erscheint der »Isvestija«-Artikel in zweierlei Hinsicht interessant: In der Tat wurde zumindest im April 1954 auf der schwedisch-norwegischen Ministerkonferenz auch über den Ausbau der Trondheim-Östersund-Verbindung gesprochen. Der schwedische Außenminister Östen Undén bezeichnete für die Trondheimverbindung eine Kapazitätserhöhung »vom Bereitschaftsstandpunkt, wie auch für die friedliche Entwicklung als eine vernünftige, nicht mit hohen Kosten verbundene Maßnahme«[164]. Gleichzeitig wies Undén damit die Forderungen des schwedischen Marinebefehlshabers Vizeadmiral Stig Ericson nach Ausbau der Flotte zum Schutz der ›Trondheim-Verbindung‹ zurück. Spekulationen über eine Änderung der schwedischen Neutralitätspolitik im Zusammenhang mit der Diskussion der ›Trondheim-Verbindung‹ widersprach Undén vehement[165]. Betrachtet man jedoch die Integrationspolitik des Nordischen Rates einerseits und die von Bryn im NATO-Rat formulierten Ziele der stillschweigenden Behandlung Schwedens wie einen Alliierten andererseits, so sind hierbei die Affinitäten der im NATO-Rat geäußerten norwegischen Hoffnungen, der erfolgten Diskussionen im Nordischen Rat und der sowjetischen Befürchtungen doch klar erkennbar. Wenn eine militärische Verbindung Schwedens mit den skandinavischen NATO-Staaten oder gar mit dem Bündnis selbst schon nicht möglich war, so schien eine ›kleine Lösung‹ mit begrenzter politischer Zusammenarbeit im Nordischen Rat doch zumindest für die Nordatlantische Allianz einen Schritt in die richtige Richtung darzustellen.

Wie aber sahen die militärischen Planungen Schwedens selbst aus? Im Großen und Ganzen unterstellte man bezogen auf die Ostsee der Sowjetunion defensive Absichten. Allerdings gingen die schwedischen Militärplanungen – so zumindest die Einschätzung des wohlunterrichteten finnischen Militärs – davon aus, dass im Kriegsfall oder einer drohenden Kriegsgefahr die Sowjettruppen schnell die finnisch-schwedische Grenze am Torniofluss überqueren würden. Ein weiterer Vormarsch in Skandinavien würde sich jedoch als weit aufwändiger erweisen. Insgesamt – so hieß es in den Finnen zugänglichen schwedischen Dokumenten – steige

---

[161] Ebd.
[162] Ebd.
[163] Ebd.
[164] Ebd., Stockholm/12152, Bericht aus Stockholm, Haack an AA, 7.4.1954: Außenminister Undén zur schwedischen Außenpolitik.
[165] Ebd.

die Bedeutung Norrlands (Nordschweden) mit zunehmender bundesdeutscher Militärpräsenz in der Ostsee an: Hierdurch werde ein Vormarsch nach Westen im südlichen Skandinavien erschwert. Die Verteidigung Schwedens wurde sehr wohl als stark mit derjenigen Norwegens interdependent betrachtet. Damit erklärte sich auch die relative Zuwendung Schwedens zur NATO. Geriete Schweden einmal in sowjetische Hand, dann würde die Verteidigung Norwegens angesichts der langen norwegisch-schwedischen Grenze aussichtslos. Andererseits bedingten aber die schwedisch-norwegischen Verkehrsverbindungen, dass im Falle einer sowjetischen Invasion Norwegens immer ein Durchmarsch durch schwedisches Territorium notwendig sei[166]. Der Bedeutung der Verbindung nach Trondheim und Oslo war man sich in Stockholm offenbar genauso bewusst wie bei der NATO, aber auch in Finnland. Allerdings hatte es bis 1954 bereits eine deutliche strategische Akzentverschiebung nach Norden gegeben. Im Hinblick auf die Einschätzung der militärischen Bedeutung der Verbindungen und der norwegisch-schwedischen Interdependenz war man sich also bei der NATO sowie in Oslo, Stockholm, Helsinki und Moskau weitestgehend einig. Luftstrategisch war Schweden primär als Basis eines Frühwarnsystems für den Westen von Interesse, ansonsten lag es unter den Luftrouten der Westmächte von Island und Grönland in Richtung Sowjetunion[167]. Der Anflugweg von Thule in Nordgrönland in den Raum Moskau – Sverdlovsk führte zwangsläufig über die skandinavische Nordkalotte. Angriffe auf das gleiche Gebiet von Stützpunkten in Südgrönland oder Island aus bedingten den Überflug über Mittelskandinavien. Die sowjetischen Luftwaffenstützpunkte im Raum Murmansk – Archangelsk östlich der finnischen Grenze ermöglichten sowjetischen strategischen Bomberverbänden interkontinentale Angriffsoptionen gegen strategische Ziele in den Vereinigten Staaten[168]. Schweden und Norwegen kam daher im Norden sowjetischerseits auch die Bedeutung eines Glacis der vorgeschobenen Luftbasen zu[169].

Seestrategisch gingen die Schweden davon aus, dass auch nach der Wiederbewaffnung Westdeutschlands ein sowjetischer Angriff auf Dänemark möglich und wahrscheinlich sei. Sowjetisches Ziel sei dann der Gewinn der Ostseeausgänge. Der Westen werde hingegen um jeden Preis – das bedeutete notfalls atomar – versuchen diese zu halten, um der sowjetischen Flotte den Zugang zum Atlantik zu verwehren. Erfolgreiches Halten der Ostseeausgänge durch NATO-Kräfte habe dabei auch Auswirkungen auf die südliche Ostsee. Eine damit verbundene stärkere westliche Flottenpräsenz wiederum erschwere amphibische Unternehmungen auf Schweden von Finnland aus über den Bottnischen Meerbusen und von den baltischen Sowjetrepubliken auf die südliche Ostküste Schwedens. Somit verändere sich die strategische Bedeutung Schwedens bei stärkerer maritimer Macht des Westens – vor allem in der Ostsee von einem Schwerpunkt zwischen Skåne und

---

[166] SArk, T 22208, Puolivuotiskatsaus Ruotsista, Norjasta ja Tanskasta ajalta, 1.7.–31.12.54, Salainen, S. 5 f.
[167] Ebd.
[168] Lund, Die strategische Stellung, S. 224 f.
[169] Diese Einschätzung findet sich häufig in zeitgenössischen Analysen, so beispielsweise auch bei Hölter, Die »Kalotte Europas«, S. 43 f.

Norrland nach Norrland. Nach finnischer Einschätzung gewann dadurch der nördliche Teil der finnisch-schwedischen Grenze zwischen Kaaresuvanto[170] und dem norwegisch-finnisch-schwedischen Dreiländereck bei Treriksröset[171] an Bedeutung. Auch seien im Kriegsfall sowjetische amphibische Operationen auf das Gebiet Narvik – Harstad wahrscheinlich[172].

Im schwedischen Oberkommando war man 1954 der Ansicht, dass das neutrale Land sich aus einem großen Krieg zwischen Ost und West schon aufgrund seiner strategischen Lage vermutlich nicht werde heraushalten können. Dies alles wurde in Schweden jedoch unter der Grundannahme prinzipiell defensiver Absichten der Sowjetunion betrachtet[173]. Einen sowjetischen Separatkrieg gegen Schweden schätzte 1954 das schwedische Oberkommando daher auch als unwahrscheinlich ein, zumindest so lange, wie in Finnland keine Anzeichen auf militärische Vorbereitungen der Sowjetstreitkräfte zu beobachten seien[174]. Doch wie stellte sich die politische Situation in Finnland dar? Bei der anderthalb Wochen dauernden Tagung des Nordischen Rats im August 1954 war Finnland nach wie vor nicht vertreten und hatte auch – wie bereits anderthalb Jahre vorher in Kopenhagen – darauf verzichtet, aus Helsinki Sonderbeauftragte als Beobachter zu entsenden. Bei inoffiziellen internen Besprechungen am Rande der Tagung wurden – unter dem Eindruck sowjetischer Presseangriffe gegen Finnland – eine etwaige Einbeziehung Finnlands in den Nordischen Rat besprochen. Thema war auch das Verhalten der übrigen Mitglieder des Nordischen Rates angesichts der gegenseitigen Erhebung der bisherigen Gesandtschaften der Sowjetunion und Finnlands zu Botschaften. Frankreich, Großbritannien und die Vereinigten Staaten wollten dem sowjetischen Schritt binnen kurzer Zeit folgen. Den Einschätzungen der bundesdeutschen Handelsvertretung in Helsinki zufolge war es zumindest »von Interesse [...] dass diese Frage unter rein politischen Aspekten hinter den Kulissen der Tagung des Nordischen Rats in Oslo behandelt worden ist und dass sich selbst hierin eine übereinstimmende Betrachtungsweise der drei skandinavischen Partner noch nicht ergeben«[175] hatte.

Bei allen innerskandinavischen Divergenzen zeigte es sich aber, dass der Nordische Rat, wie von Norwegen im NATO-Rat beschworen und seitens der Sowjetunion befürchtet und propagandistisch ausgeschlachtet, sich mit mehr als nur Fragen der kulturellen und praktischen wirtschaftlichen Zusammenarbeit befasste. Allein die Möglichkeit des intensiven Austauschs der NATO-Länder mit Schwe-

---

[170] Schw. Karesuando.
[171] Finn. Kolmevaltapyykki.
[172] SArk, T 22208, Puolivuotiskatsaus Ruotsista, Norjasta ja Tanskasta ajalta, 1.7.–31.12.54, Salainen, S. 7.
[173] Andolf/Johansson, The Baltic Sea, S. 217–224.
[174] SArk, T 22208, Puolivuotiskatsaus Ruotsista, Norjasta ja Tanskasta ajalta, 1.7.–31.12.54, Salainen, S. 5 f.
[175] PAAA, AV (Neues Amt), Stockholm/12149, Politischer Bericht aus Oslo, Broich an AA, 19.8.1954: Nordischer Rat – Norwegens Stellung in der nordischen Gemeinschaft – Das Verhältnis zu Finnland.

den stellte eine neue Qualität der Zusammenarbeit dar. So wurde auch die politische Tragweite des jüngst abgeschlossenen finnisch-sowjetischen Handelsvertrags intern erörtert. Allgemein wurde in Oslo gegenüber den vergangenen Jahren eine verhältnismäßig größere Freiheit Finnlands festgestellt: Die Sowjetunion habe ein erheblich umfangreicheres Volumen für den beiderseitigen Außenhandel vorgeschlagen, doch sei es den Finnen »gelungen, die sowjetischen Wünsche um rund ein Drittel herabzudrücken«[176]. Auch in den gegenseitigen Regierungserklärungen vom 17. Juli in Moskau habe Finnland – so die einhellige Meinung – eigentlich »nur das wiederholt, was sich aus den früher abgeschlossenen Verträgen ergebe: die Bereitschaft zu weiterer freundschaftlicher Zusammenarbeit und der Wunsch nach Aufrechterhaltung des Friedens. Dagegen sei Finnland nicht darauf eingegangen, ein hierüber hinausgehendes Bekenntnis zur sowjetischen ›Friedens- und Sicherheitspolitik‹ abzugeben«[177].

Das Jahr 1955 brachte mit dem deutschen NATO-Beitritt und der zu erwartenden Aufstellung der Bundeswehr auch in Skandinavien die »strategische Wende«[178]. Bereits 1954 war Dänemark in der strittigen Stützpunktfrage mit den USA dahingehend übereingekommen, dass für den Verteidigungsfall »zur Aufnahme von Verstärkungskräften« zwei Flugplätze begrenzt ausgebaut würden[179]. Die norwegische Regierung war mit dem Schutz der NATO weiterhin unzufrieden. Auch hatte es Divergenzen zwischen dem Bündnis und Norwegen über die potenziellen Möglichkeiten eines sowjetischen Angriffs in Nordfinnland und Nordnorwegen gegeben. Das Südskandinavienproblem schien sich jetzt aber durch die Wiederbewaffnung Westdeutschlands zu lösen. Militärisch gesehen gab es angesichts der deutlichen, wenn auch durchaus prowestlichen Neutralitätsbeteuerungen Schwedens hierzu keine Alternative. Politisch war der Preis jedoch hoch. Sowohl in Dänemark als auch in Norwegen lag die Zeit der deutschen Herrschaft erst zehn Jahre zurück. Beide Länder hatten mit der Sowjetunion während des Krieges keine schlechten Erfahrungen gemacht. Sowohl aus Norwegen als auch aus dem dänischen Bornholm hatte sich die Rote Armee rasch zurückgezogen. Hinzu kamen organisatorische Probleme innerhalb der NATO, wie beispielsweise die Grenzziehung zwischen AFCENT und AFNORTH[180].

Doch die nahe Zukunft stellte sich für die skandinavischen NATO-Länder als durchaus dramatisch dar. Bis Ende 1957 rechnete man bei SACLANT mit einer rasanten Entwicklung der sowjetischen Flotte: Etwa 185 moderne Hochsee-

---

[176] Ebd.
[177] Ebd.
[178] Hentilä, Soviet Union, Finland and the »Northern Balance«, S. 240.
[179] Petersen, Dänemark, S. 116–122.
[180] Aufgrund der Stationierung dänischer und norwegischer Truppen gehörte Schleswig-Holstein bis zur Linie Hamburg – Lübeck zu AFNORTH. Daraus folgte, dass bei Aufstellung der Bundeswehr die Bundesrepublik Deutschland sich innerhalb zweier NATO-Kommandobereiche (AFNORTH und AFCENT) befand. Eine Veränderung der Bereiche war politisch heikel, bildeten doch Norwegen und Dänemark eine Einheit. Strategische Notwendigkeiten standen auch hier im Gegensatz zu politischen Bedenken. Zu der Problematik der Grenzen der Kommandobereiche siehe Thoß, NATO-Strategie, S. 261.

Kreuzer und Zerstörer seien – so die NATO-Analysen – im Bau, dazu über 500 Unterseeboote von denen etwa 400 für den Hochseeeinsatz tauglich seien. Hinzu kämen über 3500 Flugzeuge mit dem Auftrag, die Flotten zu unterstützen. Als maritimer Gegner stand der Atlantischen Flotte die sowjetische Nordmeerflotte gegenüber. Diese werde außerdem, solange die Ostseeausgänge nicht gesperrt seien, durch die Baltische Flotte verstärkt. Bei SACLANT rechnete man optimistisch mit einer wirkungsvollen Abriegelung der Ostsee innerhalb der ersten ein bis zwei Kriegstage. Dies würde sich positiv auf das Kräfteverhältnis im Atlantik auswirken, da in der Ostsee im Frieden sowohl hochseetaugliche sowjetische Kriegsschiffe als auch ebensolche U-Boote stationiert seien; nach Auffassung von SACLANT weit mehr, als die Sowjetunion für eine Kontrolle der Ostsee oder auch in Konkurrenz mit Schweden benötige. Innerhalb von zehn Tagen nach Kriegsbeginn wurde jedoch mit einer Dislozierung der sowjetischen U-Bootflotte in der Norwegischen See gerechnet, und innerhalb von 20 Tagen hielt man einen Angriff auf die wichtigsten Seeverbindungen der NATO für denkbar. Auf die Möglichkeit der atomaren Bestückung von Torpedos und die daraus resultierende besondere Gefahr für die euro-atlantischen Seeverbindungen wurde dabei besonders hingewiesen. Die maritimen Offensivplanungen der NATO sahen daher in der schnellen Blockade der Ostseeausgänge eine lebenswichtige Forderung für die Gesamtverteidigung des Bündnisses. Das Auslaufen der Ostseeflotte in den Atlantik musste unbedingt verhindert werden.

Diese für SACLANT so wichtige Aufgabe fiel jedoch in den Verantwortungsbereich des SACEUR. Im Sinne der Vorneverteidigung war daher sowohl die Unterstützung von SACEUR beim Verhindern sowjetischer Verschanzungen entlang der norwegischen Küste als auch das Zerschlagen einer möglichst hohen Anzahl feindlicher Kräfte noch vor ihrem Übertritt aus der Norwegischen See in den Atlantik vorgesehen. Hierfür sollten starke Seekräfte in der Enge zwischen Island und dem südlichen Ende der Norwegischen See bereitgehalten werden. Die maritime Unterstützung des SACEUR in Nordnorwegen und das Blockieren der Ostseeausgänge bildeten also gemeinsam einen wesentlichen Bestandteil der so weit vorne als möglich geplanten, offensiv geführten Verteidigung[181]. Aber auch hinsichtlich der Verteidigung des strategisch wichtigen Kanals unter dem Kommando des Channel Command (CHANCOM) kam, so der Commander in Chief Channel, Admiral of the Fleet Sir George Creasey, der Schließung der Ostseeausgänge sowie des Nord-Ostsee-Kanals und der Elbkanäle eine besondere Bedeutung zu[182]. Vergleicht man dieses Szenario mit den Bedürfnissen einer atomaren nationalen Verteidigung Norwegens und Dänemarks, so stellt sich heraus, dass nach wie vor die Verteidigungslinie an den Ostseeausgängen lag, was eine – zumindest zeitweise – Aufgabe weiter Teile Dänemarks bedeutete. Hinzu kam für beide Länder die Gefahr, zum atomaren Schlachtfeld zu werden.

---

[181] NATO Archives, C-R (55) 42, Summary record of a meeting of the Council held at the Palais de Chaillot, Paris XVIe, on Monday, 10th October, at 3.30 p.m.
[182] Ebd., C-R (55), 41, IV.

Dem strategischen Konzept MC 48 folgend, wurde bei SHAPE für den Bereich des SACEUR eine Vorwärtsstrategie in der Mitte ostwärts des Rheins mit Schwerpunkt im nördlichen Gebiet von Norwegen und im Süden auf der Linie Italien, Griechenland und Türkei unter nuklearer Unterstützung durch die 6. Flotte geplant. Das grundlegende Prinzip dieser Strategie sei, so der Supreme Allied Commander Europe (SACEUR), General Alfred M. Gruenther[183] im Oktober 1955, der Einsatz von Atomwaffen. Angesichts der nuklearen Fähigkeiten war insbesondere der Luftkomponente eine besondere Bedeutung zuzumessen. Die NATO verfügte 1955 über etwa 400 Flugplätze, davon etwa 120 Flugplätze erster Klasse. Amerikanische B 47-Bomber erlaubten ein tiefes Eindringen weit hinter die feindlichen Linien, ebenso die britischen V-Bomber. Mit dem neuen B 52-Bombern stand dabei die NATO an der Spitze der Luftfahrttechnologie. Der strategischen Bomberflotte kam neben einem enormen Abschreckungseffekt für den Fall, dass dieser versage, ein immenses Zerstörungspotenzial zu. Im Kriegsfall sollten die Luftstreitkräfte des SACEUR feindliche Flugplätze, Truppenverladungspunkte sowie Häfen des Sowjetblocks ausschalten. Zur Blockade der Ostseeausgänge sah sich der SACEUR jedoch so lange außerstande, bis die deutschen Truppen in Schleswig-Holstein einsatzbereit sein würden. Damit war allerdings nicht wie bisher angenommen bereits 1957, sondern erst ab 1959 zu rechnen[184]. Auch noch ein Jahr später, im Februar 1956, wurde die Bedeutung der Ostseeausgänge und das nach wie vor ungelöste Verteidigungsproblem immer wieder bei der NATO diskutiert[185]. Während der seegestützte atomare Gegenschlag als die Hauptaufgabe der umfangreicheren Seestreitkräfte des SACLANT geplant war, blieb die Sicherung der Ostseeausgänge ein Hauptauftrag der verbleibenden kleineren Seestreitkräfte des SACEUR. Die Verteidigung Nordnorwegens wurde – nach dem Schutz der Schwarzmeerausgänge – als dritte Aufgabe der dem SACEUR unterstellten Marinen genannt[186]. Man ging davon aus, dass Teile Norwegens in den ersten Kriegsta-

---

[183] Gruenther (1899–1983) gilt als amerikanischer Planer der alliierten Invasion in Nordafrika 1942 und 1943. Nach dem Zweiten Weltkrieg diente er als Deputy Commander U.S. Forces in Austria. Von 1951–1953 war er Stabschef bei SHAPE. Er folgte von 1953–1956 Eisenhower als Supreme Allied Commander Europe (SACEUR) nach.

[184] NATO Archives, C-R (55) 43.

[185] Ebd., AC/100-VR/6, Defence Planning – Multilateral Discussions. Verbatim Record of Presentations given at the Palais de Chaillot in Connection with Defence Planning on Saturday 25th February, 1956, at 10 a.m. Subject: Tasks and organization of naval forces (SACEUR), S. 3. Admiral Lemonnier (SHAPE) hob – neben der Bedeutung des Bosporus – die der Ostseeausgänge besonders hervor. Sie seien »Schlüssel und erste Ziele des Feindes«. Bezüglich der herausragenden Bedeutung der Ostseeausgänge gab es innerhalb der NATO keine Zweifel. Sowohl der Vertreter Großbritanniens, Sir Christopher Steel, als auch der Vertreter Dänemarks, Jens A. Vestbirk, und der bundesdeutsche General Speidel strichen in der Diskussion deren Bedeutung heraus. Speidel hob zusätzlich die Rolle eher offensiver Planungen hervor: Sowohl in der Defensive als auch in der Vorwärtsstrategie stelle die Ostsee die linke Flanke der Landstreitkräfte dar, somit könne die Notwendigkeit des Haltens der dänischen Engen gar nicht genug betont werden. Ebd., AC/100-R/6.

[186] Ebd., AC/100-VR/6, Defence Planning – Multilateral Discussions. Verbatim Record of Presentations given at the Palais de Chaillot in Connection with Defence Planning on Saturday 25th February, 1956, at 10 a.m. Subject: Tasks and organization of naval forces (SACEUR), S. 10 f.

gen vom Gegner überrannt würden, doch wurde es andererseits für die Sowjetunion als extrem schwierig eingeschätzt, das eroberte Norwegen auch zu halten. Eine Kombination aus Widerstand zu Lande und atomaren Luftangriffen auf Häfen und Flugplätze würde nach Einschätzung der NATO die Invasionskräfte davon abhalten, sich in dem von ihnen eingenommenen Gebiet festzusetzen[187]. Insbesondere in der Phase des Kriegsausbruchs, die durch einen intensiven atomaren Schlagabtausch gekennzeichnet sein würde, käme es besonders darauf an, die Ostseeausgänge zu halten. Dies sei eine Gemeinschaftsaufgabe aller Teilstreitkräfte und fordere sowohl offensive als auch defensive Operationen. In der ersten Phase eines Krieges seien es jedoch die lokalen Marinen der Frontstaaten, welche die Hauptlast des Angriffs zu tragen hätten. Aber auch während der Erholungs- und Reorganisationsphase nach den intensiven Atomschlägen käme der Ostsee noch eine hohe Bedeutung zu. Vor allem nach der – in der ersten Kriegsphase erfolgten – thermonuklearen Zerstörung der Infrastruktur zu Lande würde die Ostsee eine entscheidende Rolle als primärer Nachschubweg der Sowjetunion spielen. In der eher durch konventionelle Streitkräfte geprägten dritten Phase, der Phase der »nachfolgenden Operationen«, sei, falls dies bis dahin noch nicht erfolgt wäre, seitens der Sowjetunion eine Invasion Nordnorwegens – auch von See her – zu befürchten. In der Ostsee käme es in dieser dritten Phase für die NATO darauf an, dass die alliierten Seestreitkräfte die sowjetischen Seeverbindungen unterbrachen und weiterhin die Ostseeausgänge sperrten. Sowjetische Luftlandeunternehmen sowie amphibische Operationen gegen die dänischen Inseln und Schleswig-Holstein – auch von Westen her im Rücken der Verteidigungslinie des Heeres – müssten dann durch die Luft- und Seestreitkräfte der NATO verhindert werden[188]. Diese Herausforderungen sollten bereits in der nächsten Zukunft durch die Implementierung der Vorwärtsstrategie in der Ostsee gemeistert werden. Praktisch sollte dies durch den westdeutschen Verteidigungsbeitrag erfolgen. Jedoch sei – so betonte es der SACEUR – daraus kein geringerer Bedarf an Seestreitkräften für Dänemark und Norwegen abzuleiten. Die dänischen und norwegischen Marinen würden, so schwach sie auch seien, direkt den sowjetischen Seestreitkräften gegenüberstehen und müssten bis Hilfe seitens der großen Marinen käme das Schlüsselgelände für das ganze Bündnis verteidigen[189].

Dänemark und die Bundesrepublik Deutschland mussten schon aus Gründen des Schutzes des eigenen Territoriums an einer ›Vorneverteidigung‹, auch in das Gebiet der Ostsee hinein, gelegen sein. Für die Sowjetunion bedeutete dies, dass

---

[187] Ebd., AC/100-R/11, Defence Planing – Multilateral Discussions. Summary Record of Discussions at the Palais de Chaillot After Defence Planning Presentation, held on Wednesday, 29th February, 1956, at 10 a.m. Subject: General Discussion of Presentations given during the Series of Multilateral Meetings, S. 8 f.

[188] Ebd., AC/100-VR/6, Defence Planning – Multilateral Discussions. Verbatim Record of Presentations given at the Palais de Chaillot in Connection with Defence Planning on Saturday 25th February, 1956, at 10 a.m. Subject: Tasks and organization of naval forces (SACEUR), S. 3–8.

[189] Ebd., S. 10 f.

die Ostsee, die unmittelbar nach dem Zweiten Weltkrieg noch als mare sovieticum bezeichnet werden konnte[190], immer mehr zu einem »umkämpften« Gebiet des Kalten Krieges werden würde. Strategisch wäre dies für die Sowjetunion einem Rückzug gleichgekommen. Die Ostsee war aber nicht bloß Teil der Nordflanke der NATO, zumindest bis zur Insel Rügen stellte sie auch eine sowjetische Sicherheitszone dar.

Eine zweite mögliche Konfliktzone bildete der Norden Skandinaviens. Auch hier ergab sich ein Dilemma. Angesichts der konventionellen sowjetischen Stärke war im Kriegsfall ein Vormarsch der Roten Armee bis zum Erreichen der Atlantikküste wahrscheinlich. Diesem Szenario hätte entweder durch die Dislozierung starker NATO-Kräfte in Nordnorwegen oder aber auch durch eine massive Anbindung Schwedens an das Bündnis – bis hin zur Mitgliedschaft – entgegengewirkt werden können. Im Prinzip hätte dies eine Art ›Vorneverteidigung‹ auch im Norden Skandinaviens bedeutet. Eine solche Strategie drohte jedoch als Folge die Sowjetisierung Finnlands und die politische Lage auch noch im Norden Europas zu verschärfen. Dies hätte wiederum auch Auswirkungen auf die Lage in der Ostsee gehabt. Somit konnte mit militärischen Anstrengungen allein unmöglich das Sicherheitsproblem an der Nordflanke der NATO gelöst werden. Eine Antwort war also auf dem Feld der Politik zu suchen.

Nordische Integration als ›Containment‹ und ›Rollback‹?

Auch wenn durch den NATO-Beitritt Norwegens und Dänemarks ein nordisches Verteidigungsbündnis obsolet geworden war, so bestand diese Idee immer noch fort. Eine Aussage des schwedischen Staatsministers Tage Erlander über den Gedanken skandinavischer Verteidigungszusammenarbeit wurde 1951 schwedischerseits zwar umgehend dementiert, führte aber zu einer kurzfristigen norwegisch-schwedischen Verstimmung und alarmierte zudem die Sowjetunion. Am 30. September 1951, der als »Tag des Nordens« begangen wurde, äußerte der norwegische Ministerpräsident Einar Henry Gerhardsen[191] in einer Rundfunkansprache, dass »die Verhältnisse in der Welt es während der letzten zehn bis zwölf Jahre mit sich gebracht hätten, dass mehrere der nordischen Länder in außenpolitischer Hinsicht in verschiedenen Lagern stünden. Diese Entwicklung habe zum Teil außerhalb der eigenen Kontrolle der skandinavischen Länder gelegen. Wenn daher auch in dieser Hinsicht Unklarheit in der Orientierung entstanden sei, so sei doch Übereinstimmung darüber vorhanden, dass auf allen anderen Gebieten [gemeint waren Wir-

---

[190] Deutschen militärischen Kreisen stand aufgrund der Erfahrungen des Rückzuges von 1945 sehr deutlich die Bedeutung der Ostsee auch für die Kriegführung zu Land vor Augen. Die sowjetische Dominanz in der Ostsee war 1945 letztendlich durch das kriegsbedingte Ende der deutschen Marinepräsenz in diesem Raum bedingt. Eine gewisse Pattsituation in der Ostsee gehörte in den bundesdeutschen Verteidigungsüberlegungen dadurch sozusagen zum Standard.

[191] Gerhardsen war norwegischer Ministerpräsident 1945–1951, 1955–1963 und 1963–1965. Während des Zweiten Weltkriegs war der Sozialdemokrat in der norwegischen Widerstandsbewegung aktiv und wurde in den Konzentrationslagern Grini und Sachsenhausen eingesperrt. Olstad, Einar Gerhardsen. Die Gerhardsen-Biografie Olstads ist leider nur auf Norwegisch erschienen.

kungsbereiche außerhalb der Verteidigungspolitik] die Zusammenarbeit weitergeführt werden müsse. Denn wenn auch die Mittel verschieden seien, so sei das Ziel für alle skandinavischen Länder doch das gleiche«[192]. Auch in der finnischen Presse wurde die skandinavische Integration immer wieder thematisiert. Im Kreuzfeuer einer in den nächsten Jahren anhaltenden sowjetischen Kritik stand der finnische Reichstagspräsident Karl-August Fagerholm. Dieser bot sich hierfür aufgrund der ausgesprochen prowestlichen Orientierung der Sozialdemokratischen Partei Finnlands[193] förmlich an. Am 2. Oktober reagierte die Sowjetunion mit einem Kommentar des Senders Moskau, in dem die nordische Zusammenarbeit als die »Vorbereitung eines neuen Krieges gegen die UdSSR und den Versuch [...] die nordischen Völker hinters Licht zu führen« bezeichnet wurde. Die letzte Rede Fagerholms, so hieß es weiter, dass »die finnischen Regierungskreise der unrealistischen Außenpolitik zustimmen, die von den drei skandinavischen Ländern [gemeint waren Dänemark, Norwegen und Schweden] auf Befehl der Amerikaner geführt würde«[194]. Die skandinavischen Integrationsbestrebungen wurden sowjetischerseits als Folge amerikanischer Bestrebungen hingestellt. Finnland selbst wurde – zumindest in diesem Kommentar des Senders Moskau – nicht zu Skandinavien gerechnet.

Im Dezember 1951 wurde bei der Tagung des Rates des nordischen interparlamentarischen Bundes die Bildung eines »Nordischen Rates« beschlossen. In den Rat sollten jeweils 16 Parlamentsvertreter Dänemarks, Norwegens und Schwedens sowie fünf Vertreter Islands entsandt werden. An den Ratssitzungen sollten die Staats- und Außenminister der beteiligten Länder teilnehmen. Obwohl betont wurde, dass der »geplante ›Nordische Rat‹ keinerlei Zuständigkeit für militärische Fragen«[195] habe, traten die finnischen Vertreter diesem Vorschlag nicht bei. Da in den Pressemeldungen keine weitere Begründung der finnischen Haltung gegeben wurde, vermutete der deutsche Gesandte in Stockholm, Kurt Sieveking, »dass sich die Finnen nicht erneuten Angriffen von sowjetischer Seite aussetzen wollen, wie sie in letzter Zeit häufig gegen die nordische Zusammenarbeit gerichtet wurden«[196]. Die Nordische Integration wurde in Bezug auf Finnland als Gegenentwurf zu einer Sowjetisierung Finnlands gesehen und dies wohl beiderseits des ›Eisernen Vorhanges‹.

Die Bedeutung des Nordischen Rates wurde dabei durchaus unterschiedlich eingeschätzt. Nach seinen Statuten stellte das Gremium von Beginn an ein beratendes Organ für diejenigen Fragen dar, die zwei oder mehrere Parlamente oder Regierungen der Mitgliedstaaten berührten. Während Dänemark, Island, Norwegen und Schweden dem Rat beitraten, blieb Finnland diesem bei seiner Gründung fern. Doch beteiligte sich Finnland bereits vorher auf den Gebieten Sozialpolitik,

---

[192] PAAA, AV (Neues Amt), Stockholm/12149, Bericht aus Oslo, Broich an AA, 2.10.1951: Nordische Zusammenarbeit.
[193] Siehe hierzu Putensen, Im Konfliktfeld, S. 95.
[194] PAAA, AV (Neues Amt), Stockholm/12149, Bericht aus Oslo, Broich an AA, 2.10.1951: Nordische Zusammenarbeit.
[195] Ebd., Sieveking an AA, 7.12.1951: Bildung eines nordischen Rats.
[196] Ebd.

zivile Gesetzgebung, Kulturleben sowie Verkehrswesen an der nordischen Zusammenarbeit. Den formalen Bestimmungen zufolge konnte der Rat lediglich
Empfehlungen an die nationalen Regierungen geben. Diese wiederum sollten ihn
vor jeder Sitzung über die Maßnahmen unterrichten, die sie auf Empfehlung der
vorherigen Sitzung getroffen hatten. Der Nordische Rat bestand als einfache Par-
lamentsversammlung, wobei jedes Landesparlament aus seiner Mitte im Verhältnis
zur Stärke der Parteien eine bestimmte Anzahl von Mitgliedern[197] jeweils für ein
Jahr zu wählen hatte. Darüber hinaus sollte jede Regierung so viele Minister wie sie
für angebracht hielt in den Rat entsenden. Die enge Verbindung zwischen gewählten Vertretern und Ministern im Nordischen Rat war eine Lehre aus den negativen Erfahrungen, die aus der Bildung des Europarates gezogen worden war. So
verfügten die Minister – anders als im Europarat – in der Plenarversammlung des
Nordischen Rates über eigene Sitze, hatten dort ein Anhörungsrecht, wenngleich
auch kein Stimmrecht für die Empfehlungen des Rates. Einmal jährlich sollte der
Rat für etwa zehn Tage in der Hauptstadt eines der Mitgliedsländer tagen. Nach
den Satzungen des Rates standen diesem zwar alle Arbeitsfelder offen. Doch Fragen
von außen- bzw. verteidigungspolitischer Bedeutung wurden – einem ungeschriebenen Gesetz folgend – nicht behandelt. In der spannungsgeladenen Situation der
frühen 1950er-Jahre war dies als Zugeständnis der skandinavischen NATO-Länder
an die Sowjetunion, Schweden und Finnland zu sehen[198].

Als sich am 25. Juni 1952 Norwegen mit der Ratifizierung durch den Storting
als drittes Land dem Nordischen Rat anschloss, wurden die wesentlichsten Einwände gegen diesen Schritt in der politischen Diskussion Norwegens bezüglich
Finnland laut, das »aus Gründen, über deren Natur es keinen Zweifel gebe, nicht
beitreten könne«[199]. Der norwegische Außenminister Lange wies daher nicht zuletzt mit Blick auf Finnland, aber natürlich genauso wegen der allgemeinen Lage in
Skandinavien ausdrücklich darauf hin, dass im Nordischen Rat »keine Gefahr vorhanden sei, Fragen der Außenpolitik und der Verteidigung [...] zu behandeln«[200]. So
betrafen die diskutierten Themen insbesondere die wirtschaftliche Zusammenarbeit, Abschaffung des Passzwanges an den internordischen Grenzen, den Ausbau
der Post- und Tele-Unionen und Aufhebung der Grenzen für das Patentwesen.
Auf kulturellem Gebiet beschäftigte sich der Nordische Rat mit der Bildung einer
gemeinsamen nordischen Fernsehgesellschaft und der Gründung einer gesamtnor-
dischen Akademie für Lehrer, Journalisten, Jugendführer und Beamte. Auf sozial-
politischem Gebiet sollte eine Angleichung der nationalen Standards geschaffen

---

[197] Das dänische Folketing, das norwegische Storting und der schwedische Riksdag wählten je 16
Mitglieder in den Rat, der isländische Alting fünf. Bezüglich Finnlands waren für den Fall eines
Beitritts ebenfalls 16 Mitglieder der Eduskunta vorgesehen.

[198] PAAA, AV (Neues Amt), Stockholm/12149, Nordische Zusammenarbeit und der Nordische
Rat. Vortrag gehalten im April 1955 von Frantz Wilhelm Wendt, Generalsekretär der dänischen
Delegation des Nordischen Rates.

[199] Ebd., Bericht aus Oslo, Broich an AA, 26.6.1952: Norwegens Anschluss an den Nordischen Rat.

[200] Ebd.

werden, bei der Rechtspflege stand die Idee eines gemeinsamen Arbeitsmarktes als Ziel im Hintergrund.

Die nordische Integration galt zwei Jahre später nach wie vor als westlicher Gegenentwurf zu einer Skandinavien betreffenden Sowjetisierungspolitik. Das Fernbleiben Finnlands war daher nach wie vor ein seitens der westlichen Auslandsvertretungen zu beobachtendes Thema. Die zeitliche Koinzidenz der Nichtteilnahme der Finnen an der Tagung des Nordischen Rates 1954 einerseits und andererseits der gemeinsamen sowjetisch-finnischen Regierungserklärung zur gegenseitigen Freundschaft stieß in der finnischen Presse eine öffentliche Debatte über eine potenzielle Mitgliedschaft Finnlands im Nordischen Rat an. Als in der finnischen Boulevardzeitung »Ilta Sanomat« angeregt wurde, »die durch die Erklärung [vom 17. Juli 1954] wieder einmal manifestierte Freundschaft mit der Sowjetunion durch den Beitritt Finnlands zum Nordischen Rat zu ergänzen«[201], erwiderte die finnische kommunistische Presse »das offizielle Programm des Nordischen Rats sei nur eine scheinheilige Kulisse, hinter der sich sehr viel weitergehende Pläne, die mit dem Freundschaftsverhältnis Finnlands zur Sowjetunion unvereinbar seien, verbergen«[202]. Die sowjetische Stellungnahme erfolgte prompt am 17. August durch einen Artikel Rysakovs in der »Iswestija«. Darin wurde der finnische Kommunistenführer Eino Kilpi wie folgt zitiert: »Finnland kann keinen Anteil an solchen Bestrebungen haben, die von der politischen Haltung, die Finnland nun einmal eingenommen hat, abweichen. Es scheint unglaublich, dass gewisse Personen ihr Realitätsgefühl in einem solchen Grade verloren haben, dass sie überhaupt solche Gedanken, wie den Beitritt zum Nordischen Rat, aussprechen können. Die Tatsache, dass Dänemark und Norwegen dem Atlantikpakt angehören, sollte ausreichen, um solchen Plänen ein Ende zu bereiten[203].«

Etwa zeitgleich liefen in der norwegischen Presse Diskussionen darüber, ob nicht auf militärischem Gebiet – losgelöst von der NATO – eine engere skandinavische Zusammenarbeit sinnvoll sei[204]. Diese Überlegungen knüpften an frühere Gedanken zu einem skandinavischen, schwedisch dominierten neutralen Verteidigungsbündnis an. Dies lag insbesondere in der norwegischen Debatte über die Dauer der norwegischen Wehrpflicht begründet. Aufgrund der geringen Akzeptanz der NATO-Forderung einer 18-monatigen Dienstzeit in der Bevölkerung, die den verteidigungspolitischen Konsens der norwegischen demokratischen Parteien zu gefährden drohte, einigte man sich in Norwegen schließlich auf eine 16-monatige Dienstzeit[205].

---

[201] Ebd., Bericht aus Helsinki, Koenning an AA, 17.8.1954: Finnland und der Nordische Rat.
[202] Ebd.
[203] Ebd., 20.8.1954: Finnland und der Nordische Rat.
[204] Ebd., Bericht aus Oslo, Broich an AA, 15.9.1954: Nordischer Rat und NATO – Skandinavische Verteidigungsgemeinschaft statt Mitgliedschaft im Atlantikpakt.
[205] Der norwegische Vertreter im Atlantikrat, Skaug, betonte fast sich entschuldigend, »it is the political situation, which I have tried to describe that has motivated this proposal«. NATO Archives, C-R (54) 7, V, Statement by the Norwegian representative at the meeting of the Council held on Wednesday, 3rd March, 1954. Der Zusammenhang blieb auch dem Nicht-NATO-Mitglied

Nach dem Tod Stalins wurde in der norwegischen Öffentlichkeit die Bereitschaft zu einer konfrontativen Politik gegenüber dem übermächtigen Nachbarstaat immer geringer. Auch in Finnland hoffte man auf eine durch die Änderung der sowjetischen Politik begründete Entspannung der bipolaren Konfrontation: Der Leiter der in Finnland anwesenden Delegation des Obersten Sowjets, dessen Vorsitzender A.P. Volkov, hatte nämlich auf die Frage eines Journalisten nach der sowjetischen Einstellung zu einem eventuellen Beitritt Finnlands zum Nordischen Rat überraschend geantwortet, dies sei »eine interne Angelegenheit Finnlands«[206]. Der britische Botschafter interpretierte die Äußerungen Volkovs gegenüber dem britischen Foreign Office im Kontext eines Artikels in der »Isvestija« vom 17. August 1954, in dem die Sowjetunion einen finnischen Beitritt zum Nordischen Rat ablehnte. So seien Volkovs Worte nicht als Indiz für einen Wandel der sowjetischen Haltung gegenüber einem Beitritt Finnlands zu verstehen: »There can, I think, be no doubt that Volkov meant to convey a gentle reminder of Soviet views in the form ›of course it is up to Finland to take her own decision, but mind you don't take the wrong decision‹[207].«

Doch wurde – angestoßen durch die Äußerung Volkovs – Ende des Jahres 1954 die Frage eines finnischen Beitritts zum Nordischen Rat erneut virulent. Es war, wie bereits 1951, Reichstagspräsident Fagerholm, der anlässlich des dreißigjährigen Bestehens der Vereinigung »Pohjola-Norden« einen Vorstoß machte: »Alle vernünftigen Menschen haben akzeptiert«, so die Ausführungen Fagerholms, »dass sich Finnland von Formen der nordischen Zusammenarbeit fernhält, die auch nur zu geringsten Missverständnissen auf der anderen Seite führen könnten. Aber auf dem Hintergrund der zwei bis jetzt abgehaltenen Sitzungen des Nordischen Rates und der dort behandelten Fragen dürften heute Hinderungsgründe für unseren Beitritt nicht vorhanden sein[208].« Auf einer öffentlichen Versammlung der Sozialdemokratischen Partei in Lahti unterstrich Fagerholm erneut seine, eine nordische Integration befürwortende Linie. Diese wurde auch vom Fraktionsführer der schwedischen Volkspartei, John Österholm, geteilt, der im Reichstag davor warnte, dass, wenn sich Finnland außerhalb des Nordischen Rates hielte, es riskiere, »dass man aufhöre, mit Finnland auch in anderen nordischen Zusammenhängen zu rechnen«[209]. Es stehe also nichts Geringeres als die Fremdwahrnehmung Finnlands als skandinavisches Land auf dem Spiel. In anderen Worten: Finnland wäre dann dem sowjetisch dominierten Osteuropa zuzurechnen. Erneut folgte

Bundesrepublik Deutschland nicht verborgen. Siehe PAAA, AV (Neues Amt), Stockholm/12149, Bericht aus Oslo, Broich an AA, 15.9.1954: Nordischer Rat und NATO – Skandinavische Verteidigungsgemeinschaft statt Mitgliedschaft im Atlantikpakt.

206   PAAA, AV (Neues Amt), Stockholm/12149, Bericht aus Helsinki, Duckwitz an AA, 22.11.1954: Finnland und der Nordische Rat.

207   TNA, PRO, FO 371/116274, British Embassy, Helsinki (Creswell) to Foreign Office (Hohler), 29.1.1955.

208   PAAA, AV (Neues Amt), Stockholm/12149, Bericht aus Helsinki, Duckwitz an AA, 22.11.1954: Finnland und der Nordische Rat.

209   Ebd., Bericht aus Helsinki, Koenning an AA, 14.12.1954: Finnland und der Nordische Rat.

eine ablehnende sowjetische Reaktion auf potenzielle nordische Integrationspläne Finnlands. In der kommunistischen finnischen Zeitung »Ny Tid« wurde Öster-holms Rede zum Anlass genommen, gegen den Nordischen Rat zu polemisieren: Dieser sei »kein Organ der nordischen Zusammenarbeit, sondern nichts weiter als eine Filiale des Atlantikpaktes«. Als Beleg wurden die Bauprojekte eines Tunnels und einer Brücke zwischen Schweden und Dänemark aufgeführt, dazu der Ausbau der Trondheim-Route, die Errichtung von Stahl- und Walzwerken sowie chemischer Industrien gemeinsam mit Schweden und den nordischen NATO-Staaten[210].

Deutscherseits nahm man an, dass Ministerpräsident Kekkonen im Gegensatz zu seinem sozialdemokratischen Koalitionspartner der sowjetischen Linie der Ablehnung eines finnischen Beitritts zum Nordischen Rat weiterhin folgen werde[211]. Kekkonen galt den bundesdeutschen Vertretern als sowjetophil, doch hoffte man deutlich auf die Person Fagerholms. Die Einschätzung der Politik Kekkonens erwies sich vorerst als richtig, als im Dezember 1954 Außenminister Johannes Virolainen durch eine Erklärung vor dem Auswärtigen Ausschuss des Reichstages deutlich machte, dass Finnland einen Beitritt zum Nordischen Rat nicht in Erwägung ziehe[212]. Der britische Botschafter in Helsinki erklärte die Haltung Finnlands mit dessen Abhängigkeit von der Sowjetunion: »The plain fact is that, knowing the Soviet views on the subject, it is the present Finnish Government's policy to have nothing to do with the Nordic Council[213].«

Die deutschen Einschätzungen bezüglich der sowjetischen Ambitionen in Skandinavien lagen dabei auf der Linie der NATO: In Finnland, so stellte die durch den NATO-Rat eingesetzte Arbeitsgruppe »Trends of Soviet Policy« im April 1955 fest, würde versucht werden, den sowjetischen wirtschaftlichen, militärischen und politischen Einfluss auszubauen. Bezüglich Schweden werde als Ziel hingegen das Beibehalten strikter Neutralitätspolitik verfolgt. Die Entwicklung engerer skandinavischer Bindungen solle verhindert werden, die sowjetische Kritik der interskandinavischen politischen Kooperation im Nordischen Rat werde weiter fortgeführt. Diese Einschätzung wurde mit der am 8. Februar 1955 erfolgten Kritik Molotovs an Norwegen bei gleichzeitiger Zufriedenheit mit dem Stand der Finnlandbeziehungen der Sowjetunion unterfüttert[214]. Besorgt stellte der britische Botschafter in Helsinki in einer umfangreichen Analyse eine »more forward policy towards Scandinavia generally«[215] fest. Das sowjetisches Ziel sei möglicherweise die Bildung eines neutralen skandinavischen Blocks[216]. Die westlichen Hoffnungen richteten sich auf Fagerholm, der sich im Präsidentschaftswahlkampf (Wahl am

[210] Ebd.
[211] Ebd.
[212] Ebd., Bericht aus Helsinki, Koenning an AA, 26.7.1955: Nordischer Rat.
[213] TNA, PRO, FO 371/116274, British Embassy, Helsinki (Creswell) to Foreign Office (Hohler), 29.01.1955.
[214] NATO Archives, C-M (55) 46, Report on Trends and Implications of Soviet Policy, December 1954 to April 1955, Part I, 26.
[215] TNA, PRO, FO 371/116275, F 10338/50, Soviet Invitation to the Finnish President, 9.9.1955.
[216] Ebd.

15. Februar 1956) bereits ab Juli 1955 gegenüber seinem Konkurrenten Kekkonen durch wiederholte Aussagen für einen Beitritt Finnlands zum Nordischen Rat als ›Westler‹ positioniert hatte[217].

Den Vorhersagen der politischen Analytiker zum Trotz wurde jedoch Anfang Oktober 1955 öffentlich bekannt, dass bei den Verhandlungen Paasikivis und Kekkonens über die Rückgabe von Porkkala im September in Moskau die Sowjetregierung geäußert habe, sie sehe einen Beitritt Finnlands zum Nordischen Rat als dessen innere Angelegenheit an[218]. Etwa zeitgleich verließ auch die finnische kommunistische Presse ihren ablehnenden Kurs gegenüber der Politik der Nordischen Integration, was als zusätzlicher Beleg für einen Meinungsumschwung in der Sowjetunion gewertet wurde[219]. Man hatte sich im westlichen Lager fast schon daran gewöhnt, dass die Nordische Integration stets als ein Teil der Konsolidierung des westlichen Bündnisses gesehen wurde. Ganz unrichtig war diese Einschätzung auch nicht, schließlich zählte die NATO den Nordischen Rat 1956 noch zu den Gremien, die für die Implementierung des Art. 2 des NATO-Vertrages in Frage kämen. Der Nordische Rat wurde im NATO-Rat als eine Art Binnenorganisation, zumindest aber als eine Angelegenheit eindeutig westlicher Staaten angesehen. So wurde im »Proposal for a Survey of Article 2 Activities« unter anderem auch der Nordische Rat genannt. Dieses Arbeitspapier des NATO-Rats, das nur für den internen Dienstgebrauch und ausdrücklich nicht zur Publikation freigegeben war, führte die Gremien auf, innerhalb derer auf irgendeine Weise Art. 2-Aktivitäten stattfanden. In dieser Liste waren so verschiedene Gremien wie ECOSOC, UNESCO und WHO, die EGKS, der Europarat oder die WEU aufgeführt[220]. Es ging in diesem Dokument zwar nicht um der NATO untergeordnete Zusammenschlüsse, doch immerhin um solche, die seitens des Bündnisses als eine Art Kooperationspartner für die in Art. 2 formulierten Ziele, nämlich »Förderung der Voraussetzungen für die innere Festigkeit und das Wohlergehen der Mitgliedsländer durch Förderung der wirtschaftlichen Zusammenarbeit und Beseitigung der Gegensätze in der internationalen Wirtschaftspolitik«[221] gesehen wurden. Der dänische Vertreter Jens A. Vestbirk äußerte im Februar 1956 zu diesem Vorschlag, er habe keine Bedenken gegen die Untersuchung der Frage politischer Zusammenarbeit mit Mitgliedsstaaten des Nordischen Rats, solange das Schlussdokument nicht für die Öffentlichkeit bestimmt sei. Es sei jedoch sehr unerwünscht, wenn irgendwelche Diskussionen des Nordischen Paktes unter dem offiziellen Vorzeichen der NATO stattfänden. Schließlich würden hier viele delikate Angele-

---

217 PAAA, AV (Neues Amt), Stockholm/12149, Bericht aus Helsinki, Koenning, 26.7.1955: Nordischer Rat; TNA, PRO, FO 371/116275, F 10338/54, British Embassy, Helsinki (Creswell) to Foreign Office (Ward), 13.9.1955.
218 Ausführlich zum Moskaubesuch Paasikivis und Kekkonens siehe Rentola, Niin kylmää että polttaa.
219 PAAA, AV (Neues Amt), Stockholm/12149, Bericht aus Helsinki, Koenning an AA, 3.10.1955: Finnland und der Nordische Rat.
220 NATO Archives, C-M (56) 11, Proposal for a Survey of Article 2 Activities.
221 Nordatlantikvertrag, 4.4.1949; zit. nach NATO-Handbuch, S. 603.

genheiten berührt, dass die NATO auf der Hut sein müsse, keine Schwierigkeiten für die Mitgliedstaaten des Nordischen Paktes heraufzubeschwören[222]. Der Nordische Rat wurde in den sich mit dem Art. 2 auseinandersetzenden Dokumenten lediglich bezogen auf seine Binnenfunktion innerhalb der NATO-Länder beurteilt. Die Außenfunktion gegenüber Schweden und Finnland fand jedoch mit keinem Wort Erwährnung. Dies liegt in der Natur der Fragestellung dieser Papiere. Doch war ihren Verfassern die militärisch-politische Bedeutung des Nordischen Rates als Integrationsinstrument der NATO bewusst[223]. Folglich kannten sie wohl auch die Wirkung des Nordischen Rates in Bezug auf die Nicht-NATO-Länder Schweden und Finnland. Grundsätzlich sind aber zwei verschiedene Ansichten zu diesem Sachverhalt denkbar: Entweder wurde die Anbindung der Neutralen an das Bündnis durch Handelsintegration, als eine Art Rollback-Politik mit ökonomischen ›Samthandschuhen‹ begrüßt, oder dies wurde als Gefahr für die weitere Integration des Bündnisses befürchtet. Durch das Scheitern der ›drei Weisen‹ im Bereich des Art. 2 kam es aber in der Folge nicht dazu, dass der Nordische Rat seitens der NATO bewusst und gezielt »außenpolitisch« im Sinne sozialer oder gar propagandistischer Aufgaben gegenüber Schweden oder Finnland instrumentalisiert werden konnte. Schließlich gab es gar keinen organisatorischen Apparat innerhalb der NATO, der dies zu koordinieren in der Lage gewesen wäre. Dennoch spielte die nordische Kooperation eine nicht unbedeutende Rolle: Drei NATO-Länder waren hier zusammen mit Schweden und Finnland in einer häufig tagenden Organisation mit dem Ziel pragmatischer und realistischer Integrationsansätze eingebunden. Für die Finnlandpolitik und die Finnlandperzeption der NATO konnte dies nicht ohne Folgen sein.

Zwei Monate später äußerte der Generalstabschef des dänischen Heeres, Generalmajor Erik Kragh, auf einer Wochenendtagung der Dänischen Atlantischen Gesellschaft, dass die NATO sich nunmehr in ihrer »zweiten Phase« befinde. Die Jahre 1958 und 1959 seien einerseits durch eine Stärkung der westeuropäischen Verteidigung mittels des deutschen Beitrages, andererseits jedoch durch den Aufbau der sowjetischen strategischen Luftwaffe gekennzeichnet. Da »die Sowjets ihre Taktik zur Erreichung des ihnen vorschwebenden Zieles, d. h. der kommunistischen Weltherrschaft, zwar geändert [...], dieses Ziel selbst jedoch keineswegs fallen gelassen«[224] hätten, könne »der Atlantikpakt auf Dauer gesehen nicht allein auf militärischer Grundlage weiterexistieren«[225]. Statt mittels »offener Aggression« kämpfe die Sowjetunion nun mit »Wirtschaftsmaßnahmen, Unterminierung und

---

[222] NATO Archives, C-R (56) 6, III, The Implementation of Article 2 of the North Atlantic Treaty.

[223] Dass dies der Fall war, belegt bereits die Mitarbeit der beiden Mitgliedsländer des Nordischen Rates und der NATO, Norwegen und Dänemark, in der aufkommenden Islandkrise 1956, als der isländische Althing in einer Resolution den Abzug der Amerikaner von der Insel forderte. Heinemann, Politische Zusammenarbeit im Bündnis, S. 175; Heinemann, Vom Zusammenwachsen des Bündnisses, S. 216.

[224] PAAA, B 23/29, Bericht aus Kopenhagen, Duckwitz an AA, 2.5.1956: Rede des dänischen Generalmajors Kragh über NATO-Verteidigungsfragen, S. 3.

[225] Ebd., S. 2.

Infiltration«. Um dieser Herausforderung Herr zu werden, müsse die Zusammenarbeit der Mitglieder durch die Mobilisierung der »sozialen, kulturellen und wirtschaftlichen Möglichkeiten der NATO« intensiver gestaltet werden. Diese Aussage ist insbesondere daher interessant, als man sich für gewöhnlich bezüglich der »Harmlosigkeit« des Nordischen Rates auf die Formel berief, in diesem Gremium würden lediglich soziale, wirtschaftliche und kulturelle Fragen verhandelt. Die Denkfigur der ›Integration als Waffe‹ wurde in der Rede des dänischen Generalstabschefs noch zusätzlich durch die Äußerung verstärkt, dass dieser im Zusammenhang mit einer innerdänischen Diskussion über eine Herabsetzung des dänischen Verteidigungshaushaltes davor warnte, es könnten dann »auch die einfachsten militärischen Aufgaben, wie z.B. die Niederwerfung eines immerhin möglichen Aufstandes, nicht mehr gelöst werden«[226]. Durch soziale, kulturelle und wirtschaftliche Integration, gleich ob im nordischen oder im nordatlantischen Rahmen, sollten also eine mögliche Hinwendung der Bevölkerung zum Kommunismus und daraus folgende Regierungsumstürze verhindert werden – eine Argumentationslinie, die aus den Zeiten des European Recovery Program durchaus vertraut erscheint.

Auch schien sich der Nordische Rat aus Sicht der NATO für die Anbindung des neutralen Schwedens an das Bündnis aufgrund seiner Konzeption bestens zu eignen, die eindeutig verteidigungspolitische Themen ablehnte. Es wäre also möglicherweise zu erwarten gewesen, dass eine bevorstehende Mitgliedschaft Finnlands in diesem Gremium als westlicher Erfolg im Sinne einer Politik des Rollback betrachtet worden wäre, als eine Art Landgewinn im Kalten Krieg. Doch es finden sich in den Akten keine nennenswerten Anzeichen, dass die Mitgliedschaft Finnlands im Nordischen Rat als »Sieg des Westens« verbucht worden wäre. Vielleicht ist dies jedoch auf den allgemein eher skeptischen Ton der NATO-Dokumente und auf die von Vestbirk geforderte Rücksichtnahme auf die prekäre Lage der nordischen Staaten zurückzuführen.

Geradezu das Gegenteil war der Fall. Bei der Aufnahme Finnlands in den Nordischen Rat schien es sich vielmehr um einen Pyrrhussieg zu handeln. In der skandinavischen Presse tauchten bald Spekulationen auf, es handle sich bei der neuerdings auftretenden Toleranz gegenüber dem Nordischen Rat eher um eine sowjetische Taktik im Rahmen der »Good-Will-Offensive« zum Zwecke der Aufweichung der NATO im Norden mit dem Fernziel ihrer Auflösung[227] durch Bildung eines neutralen skandinavischen Blocks[228]. Dies passte zur allgemein zumindest skeptischen, wenn nicht sogar misstrauischen Stimmung gegenüber der Tauwetterpolitik Chruščevs. Es scheint jedoch innerhalb der Nordatlantischen Allianz zwischen den skandinavischen Ländern einerseits und den übrigen NATO-Staaten andererseits deutliche Interessen- und auch Perzeptionsunterschiede bezüglich einer zunehmenden nordischen Integration Finnlands gegeben zu haben.

---

[226] Ebd., S. 3.
[227] Ebd., AV (Neues Amt), Stockholm/12149, Bericht aus Helsinki, Koenning an AA, 3.10.1955: Finnland und der Nordische Rat.
[228] TNA, PRO, FO 371/116275, F 10338/50, Soviet Invitation to the Finnish President, 9.9.1955.

Am 7. Oktober 1955 wurde durch die finnische Regierung ein parlamentarischer Gesetzentwurf zurückgestellt. Dieser sah für den Fall vor, dass Finnland ein Mitglied des Nordischen Rates werde und in diesem militärische Fragen oder Probleme diskutiert würden, die den Rat zu einer Positionsbestimmung in einen Interessenkonflikt zwischen den Großmächten führen könnten, Finnland an diesen Debatten nicht teilnehmen werde. Die Premierminister Dänemarks, Norwegens und Schwedens begrüßten die Zurückstellung dieses Gesetzesentwurfes[229]. Am 28. Oktober 1955 wurde im finnischen Reichstag der Regierungsvorschlag, dem Nordischen Rat beizutreten, einstimmig und ohne Änderungen angenommen. Die Regierung hielt es aber wegen der besonderen Stellung Finnlands für richtig, in ihre Gesetzesvorlage Vorbehalte gegen eine Teilnahme der finnischen Delegation an einer etwaigen Diskussion über militärische Fragen aufzunehmen[230], sodass klar wurde, dass der Beitritt keinen Übertritt in das westliche Lager bedeutete. Vielmehr wurde er als Bestätigung einer neutralen Linie präsentiert.

Die Vertreter der finnischen Parteien im Nordischen Rat wurden nach dem gleichen Schlüssel gewählt, wie Delegierte dieser Parteien in den Reichstagsausschüssen saßen. Reichstagspräsident Fagerholm wurde zum Präsidenten der finnischen Delegation gewählt. Mit den Volksdemokraten Hertta Kuusinen, Eino Kilpi und Mauri Ryömä waren somit aber erstmals auch Vertreter der finnischen Kommunisten im Rat vertreten[231]. Die finnischen Abgeordneten verhielten sich bei ihrer erstmaliger Teilnahme an einer Konferenz Anfang des Jahres 1956 sehr zurückhaltend, die Sonderstellung Finnlands wurde immer wieder betont[232]. Bei aller finnischen Mäßigung muss jedoch bemerkt werden, dass man sich bei den regelmäßigen Außenministertreffen auch außerhalb der Tagesordnung in »Privatgesprächen« austauschte. Naturgemäß finden sich die Ergebnisse dieser Gespräche nicht in den offiziellen Kommuniqués wieder. Doch sollte für die Bewertung der finnischen Mitgliedschaft im Nordischen Rat dieser Umstand nicht zu sehr unterschätzt werden. Weite Teile der Finnland betreffenden Einschätzungen durch die dänischen und norwegischen Vertreter bei der NATO mögen auf die Gespräche der skandinavischen Außenminister untereinander zurückgehen[233]. Für die nordische und somit auch für die westliche Integration Finnlands, aber auch für die

---

[229] NATO Archives, C-M (55) 87, Part I, Analysis of the Trends of Soviet Policy.
[230] PAAA, AV (Neues Amt), Stockholm/12149, Bericht aus Helsinki, Koenning an AA, 3.11.1955: Finnland und der Nordische Rat.
[231] Ebd., 23.12.1955: Finnland und der Nordische Rat.
[232] Ebd., 6.2.1956: Tagung des Nordischen Rates (27.1.–3.2.1956).
[233] Von einer solchen »privaten« Unterhaltung des dänischen Außenministers Hansen mit dem isländischen Außenminister Gudmundsson über eine mögliche Auflösung der amerikanischen Militärbasis in Keflavik bei der Konferenz der nordischen Außenminister am 18./19.4.1956 berichtet vertraulich der bundesdeutsche Botschafter in Kopenhagen. Ebd., Bericht aus Kopenhagen, Duckwitz an AA, 26.4.1956: Konferenz der nordischen Außenminister in Kopenhagen. Auch bei der Konferenz der nordischen Außenminister in Reykjavik am 8./9.10.1956 wurden »privat« Themen wie der NATO-Stützpunkt Keflavik, der Suez-Konflikt und der Nahostkonflikt besprochen. Ebd., Bericht aus Reykjavik, Kuhle an AA, 17.10.1956: Konferenz der skandinavischen Außenminister in Reykjavik (Oktober 1956).

Wahrnehmung Finnlands als nordeuropäisches statt als osteuropäisches Land, spielte seine Mitgliedschaft im Nordischen Rat eine wesentliche Rolle.

Als Rollback oder Containment verstanden, konnte die nordische Integration Finnlands nicht im Interesse der Sowjetunion liegen. Finnland wurde zunehmend als skandinavisches, nordeuropäisches, im Umkehrschluss nicht osteuropäisches Land wahrgenommen. Somit musste, quasi als ›Kehrseite der Medaille‹, diese eindeutig finnische Souveränität bestätigende Politik eine Distanzierung Finnlands von der Sowjetunion implizieren. Der Wechsel in der sowjetischen – die nordische Integration betreffenden – Finnlandpolitik warf bereits für die Zeitgenossen die Frage nach dessen tieferen Gründen auf. Sie ist bis heute nicht geklärt. In der westlichen Perzeption bildete sich aber die Vorstellung, dass der Beitritt Finnlands zum Nordischen Rat gleichsam als eine Art ›Trojanisches Pferd‹ zu sehen sei. Ziel sei es, die eindeutige NATO-Mitgliedschaft Norwegens und Dänemarks zu unterminieren. Durch das finnische Beispiel sollte – so mutmaßten die Experten – ein dritter Weg außerhalb der NATO für die skandinavischen Länder aufgezeigt werden. Es blieb aber die Frage offen, wieso für die Sowjetunion die skandinavische ›Taube auf dem Dach‹ es wert sein konnte, den finnischen ›Spatzen in der Hand‹ zu riskieren. Mit der Akzeptanz finnischer Neutralität verfestigte sich in Skandinavien eine für den Kalten Krieg in Europa einzigartige Situation. Die Blöcke standen sich an einer Stelle des Eisernen Vorhangs eben nicht unmittelbar gegenüber.

Nordische Integration als ›Disengagement‹

Grundsätzlich war der Verlauf der Geschichte der nordischen Integration nach dem Beitritt Finnlands zum Nordischen Rat offen. Eine »Skandinavisierung« des Nordens konnte sicherheitspolitisch nach einem »norwegisch-dänischen« oder einem »schwedisch-finnischen Modell« ablaufen. Bei der ersteren Möglichkeit konnte die nordische Integration – wie gezeigt – Teil einer westlichen Strategie des Rollback bilden. Die zweite, die ›schwedisch-finnische Lösung‹, hätte eine zunehmende Neutralisierung Skandinaviens – also Disengagement bedeutet. Rein machtpolitisch gesehen musste dies für die NATO jedoch einem potenziellen Rückschritt in Norwegen und Dänemark gleichkommen. Solange dies den sowjetischen Einfluss in Finnland zurückdrängen half, also bis zur Anerkennung der finnischen Neutralität 1955, konnte selbst dies westlicherseits als Containment verstanden werden. Andererseits vermochte natürlich eine Politik des Disengagement auch die Macht der Sowjetunion in Skandinavien stärken; insbesondere bei einer weitgehenden Loslösung Dänemarks und Norwegens von der NATO. Diese Befürchtung wurde durch das Schlagwort der ›Finnlandisierung‹ gekennzeichnet. Anders ausgedrückt bildete das Sicherheitssystem der Nordic Balance einen für Skandinavien mehr oder weniger befriedigenden Status quo. Durch die Aufnahme Finnlands in den Nordischen Rat waren Veränderungen in die eine oder andere Richtung indes vorprogrammiert.

Der Gedanke des Disengagement war weder neu noch genuin auf die skandinavischen Verhältnisse bezogen. Konzepte einer »entmilitarisierten Zone zwischen Ost und West« waren beispielsweise vom britischen Premierminister Anthony

Eden als Antwort auf den sowjetischen Vorschlag eines Sicherheitspaktes unter Auflösung der Blöcke auf der Genfer Gipfelkonferenz im Juli 1955 ins Gespräch gebracht worden. Sie waren Exponenten des ›Geistes von Genf‹ oder des ›Zeitalters des Tauwetters‹. In dem seit April 1954 bestehenden Unterausschuss der Abrüstungskommission der Vereinten Nationen[234] beschäftigten sich fortan – bis zur erfolglosen Vertagung der Sitzungen im September 1957 – die Vertreter Frankreichs, Großbritanniens, Kanadas, der Sowjetunion und der USA mit solchen und ähnlichen Vorschlägen[235]. Vom 18. März bis zum 6. September 1957 tagte dieser Unterausschuss in London. Die Abrüstungsvorschläge der Westmächte wurden im September durch den sowjetischen Vertreter abgelehnt[236]. Es folgte einen Monat später als Vorschlag Polens der Rapacki-Plan. Dessen Bewertung vollzieht sich nach wie vor zwischen den Extremen »versäumte Entspannungschance« und »Trojanisches Pferd der UdSSR«[237]. Der Vorschlag des polnischen Außenministers Anton Rapacki vom 2. Oktober 1957 vor der Vollversammlung der Vereinten Nationen sah die Bildung einer atomwaffenfreien Zone beiderseits der Ost-West-Demarkationslinie einschließlich Polen, der ČSSR und der beiden deutschen Staaten vor. Die Bündniszugehörigkeit der Staaten sollte davon jedoch unberührt bleiben. Insbesondere die Diskussion um die atomare Bewaffnung der Bundeswehr wurde durch diesen Plan innen- wie außenpolitisch nachhaltig beeinflusst. Für Adenauer stellte der Rapacki-Plan eine »russische Falle« dar. Zum einen wäre die Annahme eines solchen Planes, so Bonn, einer Anerkennung der DDR nahegekommen, zum anderen hätte sie negative Auswirkungen auf die Truppenpräsenz der US-Streitkräfte in der Bundesrepublik nach sich gezogen. Insgesamt gefährdete der Plan in den Augen der bundesdeutschen Regierung also die Westbindung und drohte gar zu einer »Auflösung der NATO«[238] zu führen[239].

In der Tat barg der Rapacki-Plan genügend Potenzial, um die zentrifugalen Kräfte innerhalb der NATO gehörig zu stärken. Er kam zudem zu einer Zeit, als ohnehin im westlichen Lager immer wieder die Frage aufkam, ob es sich den lohne, »für Deutschland« auf eine Verbesserung der internationalen Beziehungen mit der Sowjetunion zu verzichten. Für die Bundesrepublik, die erst kürzlich in den Kreis des Westens aufgenommen worden war, schwebte über solchen Plänen eines amerikanisch-sowjetischen Rapprochement stets auch die Gefahr einer Einigung der Weltmächte auf Kosten der deutschen Frage[240].

---

[234] Die Abrüstungskommission wurde bereits 1952 ins Leben gerufen.
[235] Schöllgen, Geschichte der Weltpolitik, S. 125.
[236] Adenauer, Erinnerungen. Bis zur Bundespräsidentenwahl, S. 94.
[237] Laboor, Der Rapacki-Plan; Laboor, Der Rapacki-Plan und die DDR. Laboor ist teilweise einer DDR-zentrierten Sichtweise verhaftet; breitere Ansätze bieten bspw. Ozinga, The Rapazki Plan; Multan, The Rapacki Plan, S. 75–98.
[238] Schwarz, Adenauer, Bd 2, S. 383.
[239] Loth, Adenauer's Final Western Choice, S. 28; siehe auch Adenauer, Erinnerungen. Bis zur Bundespräsidentenwahl, S. 94–99.
[240] Görtemaker, Deutschland zwischen den Supermächten, S. 188.

Am 14. November 1957 wurde der »Londoner Abrüstungsvorschlag« vom September durch die Westmächte erneut eingebracht, diesmal als Resolutionsentwurf vor der UNO-Vollversammlung. Gegen die Stimmen der Sowjetunion und deren acht Satellitenstaaten wurde er angenommen. Dies stellte sich für den Westen zwar als moralischer Sieg dar, erbrachte durch die Weigerung der UdSSR jedoch freilich kein konkretes Resultat. Am 14. Februar 1958 präzisierte die polnische Regierung in einer erneuten Note den Rapacki-Plan. Diese zweite Version beinhaltete zusätzliche Zugeständnisse: die »Inaussichtnahme einer Land- und Luftkontrolle«[241], eine Zusammensetzung der Kontrollorgane aus Vertretern der NATO, des Warschauer Paktsystems und Neutraler sowie einen Vertragsabschluss durch eine einseitige Erklärung der vier Staaten in der atomwaffenfreien Zone[242]. Adenauer lehnte den Plan – wie alle Vorschläge zum Disengagement – ab, während in den westlichen Hauptstädten die Frage diskutiert wurde, ob auf dem Weg über eine Politik des Disengagement nicht doch der Spielraum der osteuropäischen Staaten gegenüber der Sowjetunion vergrößert werden könne[243].

Neu war, dass der Nordische Rat sich auf einer Sitzung der Außenminister angesichts dieser Entwicklung 1958 erstmals offiziell mit Fragen der europäischen Sicherheitspolitik beschäftigte. Aufgrund der Rücksichtnahme auf sowjetische Interessen hatten sich die Finnen stets von Diskussionen sicherheitspolitischer Art ferngehalten. Im Kommuniqué der routinemäßigen Konferenz der nordischen Außenminister am 18. und 19. März 1958 einigte man sich jedoch in Bezug auf europäisches Disengagement auf folgenden Wortlaut: »Man war der Ansicht, dass – von vorgelegten Plänen ausgehend – auch der Versuch einer etappenweisen Behandlung der Frage eines regionalen Abrüstungsabkommens in Europa unternommen werden sollte[244].« Unter die »vorgelegten Pläne« waren, so berichtete der deutsche Botschafter in Stockholm Dr. Herbert Siegfried dem Auswärtigen Amt in Bonn, nach »offizieller Ansicht neben dem Rapacki-Plan auch die sogenannten Eden- und Gaitskell[245]-Pläne zu rechnen«[246]. Die schwedische Presse ging jedoch von einer besonderen Bezugnahme auf den Rapacki-Plan aus. Im konservativen »Svenska Dagbladet« vom 21. März kam zur Sprache, dass diese »Einstellung der NATO-Staaten Dänemark und Norwegen [...] in Washington, London und Bonn

---

[241] Aufgrund ihrer relativen atomaren Schwäche hatte sich die Sowjetunion stets vertrauensbildenden Maßnahmen nach Art eines »open sky« verschlossen. Auch hier sollte dies nur für das bezeichnete mitteleuropäische Gebiet gelten.

[242] Adenauer, Erinnerungen. Bis zur Bundespräsidentenwahl, S. 98.

[243] Forndran, Kontroversen, S. 381.

[244] PAAA, AV (Neues Amt), Stockholm/12150, Konzept, Bericht aus Stockholm, Siegfried an AA, 26.3.1958: Konferenz der nordischen Aussenminister am 18./19.3.1958 in Stockholm. Anlage: Übersetzung des Kommuniqués über das nordische Außenministertreffen in Stockholm.

[245] Anfang 1957 setzte sich der Führer der britischen Labour Party, Hugh Gaitskell, für einen Rückzug beider Blöcke aus Mitteleuropa ein und befürwortete eine Wiedervereinigung Deutschlands im Rahmen eines europäischen Sicherheitssystems. Winkler, Der lange Weg nach Westen, Bd 2, S. 194.

[246] PAAA, AV (Neues Amt), Stockholm/12150, Konzept, Bericht aus Stockholm, Siegfried an AA, 26.3.1958: Konferenz der nordischen Außenminister am 18./19.3.1958 in Stockholm.

Bedenken hervorrufen dürfte«[247]. Tatsächlich gab diese Entwicklung in Bonn Anlass zur Besorgnis. In ganz Skandinavien waren aus konservativen Kreisen Warnungen zu vernehmen: In Dänemark vertrat die konservative »Berlingske Aftenavis« die Meinung, dass Dänemark, Island und Norwegen damit eine »von den Ansichten der westlichen Großmächte abweichende Haltung eingenommen hätten«[248]. In der regierungsnahen »Social Demokraten« wurde solch eine Interpretation freilich umgehend bestritten. Es sei, so hieß es in einem Leitartikel, »völlig unsinnig, wenn man die Befürwortung einer Abrüstung als Abstandnehmen von der festgelegten NATO-Linie oder als einen Bruch der bisherigen außenpolitischen Linie Dänemarks« bezeichnete. Staats- und Außenminister Hans Christian Hansen bemühte sich umgehend, den Eindruck, Dänemark könne sich von der NATO entfernen, zu korrigieren. Er erklärte öffentlich, dass die Verwunderung über die gemeinsame Verlautbarung weniger angebracht sei als eine Befriedigung darüber[249].

Die schwedische Berichterstattung schien aber auch im norwegischen Außenministerium Besorgnis zu erregen. Der Botschaft der Bundesrepublik Deutschland gegenüber wurde erklärt, dass diese Berichterstattung jedoch nicht offiziell dementiert werden könne, da sonst die »außenpolitische Lage Finnlands« gefährdet sei. Es seien aber auf der Konferenz keine Fragen der NATO-Politik behandelt worden und der Rapacki-Plan sei mit keinem Wort erwähnt worden. »Sowohl der Wunsch Norwegens, dass die Abrüstungsverhandlungen im Rahmen der UNO wieder aufgenommen würden, wie die Diskussion über die Möglichkeiten einer zeitweisen Einstellung der Atomwaffenversuche bei gleichzeitiger Kontrolle und Einstellung der Produktion spaltbaren Materials für militärische Zwecke, seien Bestrebungen, die in keiner Weise im Gegensatz zur NATO stünden, sondern im Gegenteil von der NATO sogar gefördert würden[250].« Sowohl in Dänemark als auch in Schweden bemühte man sich also umgehend, Schaden vom Bündnis abzuwenden.

Andererseits erscheint die Rücksichtnahme auf die »finnischen Belange«, also der Bezug auf die Nordic Balance, eher wie eine Ausrede. Es mutet doch recht unwahrscheinlich an, dass Finnland alleine die gesamte außenpolitische Linie der skandinavischen Staaten hätte beeinflussen können. Dies ist umso mehr der Fall, als der finnische Ministerialdirigent im Außenministerium, Osmo Orkomies, diesbezüglich gegenüber der Handelsvertretung der Bundesrepublik Deutschland streng vertraulich mitteilte, dass »Finnland und die skandinavischen Staaten den Abrüstungsvorschlägen und besonders dem Rapacki-Plan, wenn er auch erhebliche Mängel aufweise, mit großer Aufgeschlossenheit und Sympathie gegenüber stünden. Die Vertreter Norwegens und Dänemarks hätten ursprünglich daran gedacht,

---

[247] Ebd.
[248] Ebd., Bericht aus Kopenhagen, Duckwitz an AA, 27.3.1958: Dänisches Echo auf die Konferenz der skandinavischen Außenminister in Stockholm, 18./19.3.1958.
[249] Ebd.
[250] Ebd., Bericht aus Oslo, Oppler an AA, 29.3.1958: Konferenz der nordischen Außenminister in Stockholm, 18./19.3.1958.

für diesen Plan in den Gremien der NATO einzutreten und eine eingehende Diskussion zu empfehlen[251].« Ursprünglich sei beabsichtigt gewesen, dies auch im Schlusskommuniqué zu äußern. Der finnische Außenminister Paavo Juho Hynninen habe dagegen jedoch – so Orkomies – Bedenken geäußert, da es nach »finnischer Auffassung zu früh sei, über diesen und ähnliche Pläne in der Öffentlichkeit zu sprechen«[252].

Die Haltung Norwegens wird möglicherweise transparenter, berücksichtigt man eine amerikanische Einschätzung der politischen Linie dieses Landes vom September 1957. Der amerikanische Botschafter in Oslo betonte auf der Northern European Chiefs of Missions Conference in London, dass Norwegen aufgrund seiner nationalistischen Haltung, gepaart mit einem stark verankerten Pazifismus und echten Sorgen vor den Folgen eines Atomkrieges, ausländische Militärbasen ablehne[253]. Als Ergebnis der Konferenz lautete die Einschätzung bezüglich Norwegens daher, dass diese Nation zwar ihrer NATO-Mitgliedschaft weiterhin größere Wichtigkeit beimesse, doch wurde auch herausgestellt, dass in Norwegen Anzeichen für gegenläufige Tendenzen zu bemerken seien: »Pacifism and neutralism remain a latent force in Norway, particulary in the Labor Party[254].«

Der norwegische Ostreferent im Außenministerium betonte im Mai 1958 den westdeutschen Vertretern gegenüber erneut, dass der Rapacki-Plan in seiner »jetzigen Gestalt von allen norwegischen Stellen und zwar vorwiegend aus militärischen Gründen abgelehnt werde«. Es seien außerdem die Finnen gewesen, von denen die Initiative, sich bei der Stockholmer Außenministerkonferenz mit Themen der europäischen Sicherheit auseinanderzusetzen, ausgegangen sei. Mit der Formulierung habe man in erster Linie Finnland einen Gefallen erweisen wollen. Eine Lockerung der Bindung Norwegens an die NATO oder eine Änderung der offiziellen Politik Norwegens hinsichtlich mitteleuropäischer Probleme sei aus dem Ergebnis der Stockholmer Konferenz nicht zu folgern. Letztendlich hatte sich also durch die Erwähnung der Abrüstung im Schlusskommuniqué der Außenministerkonferenz auf den ersten Blick nichts geändert.

Der Rapacki-Plan wurde schließlich verworfen und die Abrüstungsvorschläge durch die Ereignisse der Berlinkrise bald beendet. Im Norden Europas war jedoch klar geworden, dass in Skandinavien Spielräume für eine Zone des Disengagement vorhanden waren. Andererseits musste die NATO erkennen, dass der nordischen Integration auch das Potenzial innewohnte, sich »gegen die NATO« zu wenden. Das entsprach letztlich dem Wahrnehmungsmuster der ›Finnlandisierung‹.

---

[251] Ebd., Bericht aus Helsinki, von Harlem an AA, 25.3.1958: Nordisches Außenministertreffen in Stockholm. Streng vertraulich.

[252] Ebd.

[253] FRUS 1955–1957, vol. 4, S. 622, Dok. 252, Northern European Chiefs of Mission Conference, London, September 19–21, 1957: Summary of Proceedings.

[254] Ebd., S. 636, Dok. 253, Northern European Chiefs of Mission Conference, London, September 19–21, 1957: Conclusions and Recommendations.

c) Skandinavienperzeption – skandinavische Perzeption

Grundsätzlich muss bei einer Betrachtung der Skandinavienperzeption der NATO zwischen der Skandinavienperzeption der außerskandinavischen Mitgliedstaaten (Fremdperzeption) und der skandinavischen NATO-Staaten (Eigenperzeption) unterschieden werden. Zusammenfassend kann hierzu Folgendes festgestellt werden.

Wie gezeigt wurde, spielten hierbei die unterschiedlichen strategischen Raumkonzepte eine nicht zu unterschätzende Rolle. Allen NATO-eigenen Perzeptionen war die Wahrnehmung Skandinaviens (mit Dänemark, Finnland, Norwegen und Schweden) als ein militärgeografisch als Einheit zu betrachtender Raum gemeinsam. Doch überwogen bei der Erfassung des skandinavischen Gebiets seitens der USA, und gewissermaßen auch seitens Kanadas, das arktische und das atlantische Konzept. Skandinaviens Bedeutung ergab sich aus nordamerikanischer Perspektive durch die luftstrategische Funktion Islands und Grönlands auf dem Weg zwischen den USA und der Sowjetunion. Mit der Implementierung der Polarstrategie ab 1952/53 kann von einer Nordverschiebung der Interessen die Rede sein. Zunehmend spielte die arktische Dimension Skandinaviens eine zentrale Rolle – hier insbesondere der US-Stützpunkt im nordgrönländischen Thule. Finnland war hingegen aus dieser Perspektive strategisch relativ unbedeutend. Zumindest solange dort keine Anstalten gemacht wurden, sowjetische Truppen zu stationieren und solange nicht befürchtet werden musste, dass im Kriegsfall Finnland ein luftstrategisches Glacis gegen die »striking force« bilden werde. Das Ostseekonzept spielte aus dieser Warte kaum eine Rolle. Die Ostsee galt es zu sperren, um ein Ausbrechen der Baltischen Flotte in den Atlantik zu verhindern. Ansonsten schien ihre Bedeutung zweitrangig.

Ähnlich stellte sich insgesamt Skandinavien aus britischer Sicht dar. Hier hatte das atlantische Konzept wesentliche Bedeutung. Doch kamen Schweden und auch Finnland vor allem in ihrer Rolle als Hinterland bzw. Glacis zur norwegischen Gegenküste durchaus ein gewisses Gewicht zu. Solange Schweden gewissermaßen »westlich neutral« ausgerichtet blieb, drohte keine Gefahr; jede Veränderung in Skandinavien zugunsten der strategischen Lage der Sowjetunion musste jedoch sofort Besorgnis erregen. Anders stellte sich die Bedeutung Skandinaviens für Kontinentaleuropa dar. Hier trat das Ostseekonzept als grundlegende Wahrnehmungsdeterminante ins Zentrum der Überlegungen. Skandinavien bildete eindeutig die Nordflanke, besondere Schwerpunkte waren auch hier die Ostseeausgänge und – bedingt – die westliche Ostsee. Die Bundesrepublik Deutschland brachte bei ihrem Beitritt zur NATO im Jahr 1955 eine Verstärkung des Gewichts des Ostseekonzeptes mit ins Bündnis. Die Ostsee, die aufgrund der Polarstrategie unter globalen Gesichtspunkten immer mehr an Bedeutung verloren hatte, gewann diese in regionaler Hinsicht durch die Militarisierung der deutschen Frage zurück. Dänemark erhielt, bei allen aus der Vergangenheit gespeisten und politisch motivierten Animositäten gegenüber Deutschland, mit der Bundesrepublik einen Partner, der weitestgehend strategisch ähnliche Prioritäten setzte. Im traditionell heeresmäßig geprägten deutschen militärischen Denken spielte auch das Skandinavienkonzept eine gewisse Rolle, doch sah sich die Bundesrepublik selbst im Schwerpunkt eines potenziellen sowjetischen Angriffs, sodass in kontinentaler Wahrnehmung Skandinavien die sekundäre, wenn auch nicht zu vernachlässigende Nordflanke darstellte.

Aus der Perspektive der skandinavischen NATO-Staaten war – das ist eine Binsenweisheit – Skandinavien hingegen von primärer strategischer Bedeutung. Man nahm sich selbst vor allem im Rahmen des Skandinavien- und Ostseekonzeptes wahr. Der eigenen militärischen Schwäche und auch der geringen Priorisierung durch die anderen NATO-Mitglieder war man sich in Dänemark und Norwegen dabei wohl bewusst. Norwegen hatte sich, nachdem sich die Politik des Brückenbaus als zu risikoreich erwiesen hatte, dazu durchgerungen, NATO-Mitglied mit Einschränkungen zu werden. Dänemark musste, um nicht isoliert dazustehen, dem norwegischen Beispiel folgen. Es entstand die später als Nordic Balance beschriebene strategische Situation in Skandinavien: Die Unversehrtheit des eigenen Landes schien am besten durch eine Politik der Stärke und Abschreckung durch die NATO einerseits, bei gleichzeitiger Deeskalation des Ost-West-Konflikts andererseits gewahrt zu werden. Im Endeffekt entsprach diese Linie hinsichtlich ihrer Ziele der Politik des Brückenbaus. Nur der Akzent war durch den Wechsel von einer »stillschweigenden britischen Garantie« zum »US-Atomschirm durch NATO-Mitgliedschaft« in Richtung der Absicherungskomponente verschoben worden. Militärische Integration war hingegen recht unpopulär.

Die Situation in Schweden und Finnland diente für Norwegen gewissermaßen als Gradmesser für die Intensität des Kalten Krieges in der Region. Da eine zu starke Involvierung in die NATO nicht gewünscht war, wurde das Heil im – freilich vorsichtigen und kontrollierten – Disengagement gesucht. Nordic Balance hieß eben nicht nur, dass, falls – wie stets postuliert – Norwegen oder Schweden »zu stark nach Westen neigten«, Finnland sowjetisiert würde, sondern auch, dass, wenn Schweden und stärker noch Finnland sich »dem Osten zuneigten«, Norwegen gezwungen sei, noch handfestere Garantien beim Bündnis (etwa in Form von amerikanischen Stützpunkten oder NATO-Truppenpräsenz) zu suchen. Dies war alles andere als gewollt und wahrscheinlich auch politisch nicht durchsetzbar. Somit bildete Schweden für die skandinavischen NATO-Staaten so etwas wie einen »strategischen Eckstein«. Dies galt in militärischer Hinsicht vor allem zu Wasser und zu Lande. Solange die NATO in diesen Dimensionen nicht in Skandinavien präsent war, musste insbesondere der schwedischen Flotte, die sich in den 1950er-Jahren[255] selbst als Hauptgegner der Baltischen Flotte in der Ostsee einschätzte, eine besondere Bedeutung zukommen. Aber auch politisch, gewissermaßen zur Beruhigung der Lage, lag Schweden für die skandinavischen NATO-Mitglieder zentral. Dänemark war sich seiner globalen strategischen Bedeutung als ›Wächter der Ostseezugänge‹ wohl bewusst und versuchte hieraus durchaus auch politisches Kapital zu schlagen. Man nahm sich nicht selten als das meistbedrohte NATO-Land wahr und suchte allein schon daher nach möglichst starker Anbindung an

---

[255] Mit dem Aufbau der Bundesmarine schwand die schwedische Position zunehmend Ende der 1950er-Jahre.

den Nordatlantikpakt; das Ganze jedoch möglichst, ohne die Sowjetunion herauszufordern und ohne sich dem erstarkenden südlichen Nachbarn auszuliefern – angesichts der Lage Dänemarks in der Ostsee im Grunde ein Ding der Unmöglichkeit.

So erklärt sich die Sonderhaltung der skandinavischen NATO-Staaten als häufige Befürworter einer Politik des Disengagement. Stets blieb diese jedoch durch die NATO-Mitgliedschaft abgesichert. Die Grenzen des für die westlichen Partner Erträglichen wurden dabei nicht überschritten, aber durchaus ausgelotet. Exemplarisch lässt sich dies an den Reaktionen auf den Rapacki-Plan und gegenüber den sowjetischen Noten vom Frühjahr 1957 belegen. Im Endeffekt handelte es sich bei einer solchen Vorgehensweise um Realpolitik, wobei sich im Zweifelsfall immer die globalstrategische Position der USA und Großbritanniens gegenüber der regionalen nordischen Haltung durchsetzte; schließlich lautete aus der Sicht Norwegens und Dänemarks die Alternative, um mit Rysakov zu sprechen, »Befreiung Skandinaviens vor der NATO«, also Sowjetisierung. Letzten Endes bestimmte stets das asymmetrische Machtgefüge die Haltung der skandinavischen NATO-Staaten. Dies galt jedoch sowohl gegenüber ›Ost‹, als auch gegenüber ›West‹. Die Angloamerikaner waren sich dieser Situation sehr wohl bewusst und hatten dementsprechend durchaus Verständnis für gewisse skandinavische Sonderpositionen. Schließlich wäre die Alternative hierzu ein deutlich stärkeres Engagement in Skandinavien gewesen, inklusive der hierbei »vorprogrammierten« Eskalationen im Kalten Krieg.

3. Finnland – Auf dem Weg nach Westen?

a) Weichenstellung: Friedensvertrag, Marshallplan und FZB-Vertrag

Finnland befand sich, wie in Kapitel III.4 gezeigt, gegen Ende des Zweiten Weltkrieges eindeutig innerhalb der sowjetischen Einflusssphäre. Für die angloamerikanischen Führungsmächte der NATO bedeutete dies ein bedauerliches, aber hinzunehmendes Faktum. Vor allem drei Ereignisse stellten die Weichen für die Verortung Finnlands innerhalb der entstehenden bipolaren Weltordnung: der Frieden von Paris, der Marshallplan und der FZB-Vertrag.

Am 29. Juli 1946 begann die Pariser Friedenskonferenz auf der über die Zukunft von Bulgarien, Finnland, Italien, Rumänien und Ungarn verhandelt wurde. Zu diesem Zeitpunkt erreichte in Finnland die Inflation etwa 50 Prozent pro Jahr und die Staatsfinanzen drohten zusammenzubrechen. Die Regierung Mauno Pekkala versuchte ergebnislos, mit dem Friedensvertrag Erleichterungen zu erreichen. Diese wurden nicht gewährt. Die Sowjetunion war nicht verhandlungsbereit, aber auch Großbritannien setzte sich beispielsweise für eine Verschärfung der militärischen Bestimmungen gegenüber dem Waffenstillstandsvertrag von 1944 ein. Ansonsten akzeptierte die britische Delegation die sowjetischen Friedensbedingungen[256]. Die Vereinigten Staaten gaben jedoch ein pro-finnisches Signal ab indem sie vorschlugen, die ungarischen und die finnischen Reparationskosten zu reduzieren. Gemeinsam mit der Sowjetunion stimmten Großbritannien und Frankreich indes dagegen[257]. Finnland akzeptierte den diktierten Frieden vom 10. Februar 1947, der das vollständige Recht auf Selbstbestimmung zurückbrachte, was durch den Abzug der alliierten Kontrollkommission im September desselben Jahres auch nach außen hin deutlich wurde[258].

Bei der Pariser Friedenskonferenz traten die Interessengegensätze zwischen der Sowjetunion und den Westmächten deutlich hervor. Dies umso mehr, als im Sommer 1947 George Marshall das European Recovery Program (ERP) vorstellte[259]. Am 4. Juli erweiterten die Außenminister Frankreichs und Großbritanniens die Einladungen zur European Recovery Conference auf 22 europäische Staaten – darunter auch Finnland, dessen Friedensvertrag seitens der Sowjetunion noch nicht ratifiziert worden war[260]. Einen Tag später übergab der sowjetische Gesandte in Helsinki, Aleksandr N. Abramov, der finnischen Regierung eine Note, in der die negative Sichtweise des Marshallplans seitens der Sowjetunion dargelegt wurde: Beim Marshallplan – so Stalin – handele es sich um eine Einmischung der Vereinigten Staaten in die Souveränität der europäischen Nationen im Dienste der amerikanischen Wirtschaft[261]. Während Präsident Paasikivi noch vorhatte, Finnland an der Pariser Konferenz teilnehmen zu lassen – amerikanische Kredite wurden angesichts der angespannten Haushaltslage dringend gebraucht –, erkundigten sich die finnische Kommunistenführerin Hertta Kuusinen[262] und ihr Ehemann Innenminister Yrjö Leino bei Abramov, ob Finnland an der Konferenz teilnehmen solle oder nicht. Am 8. Juli bestellte der Chef der alliierten Kontrollkommission, Grigori M. Savonenkov, den finnischen Premierminister Mauno Pekkala ein und eröffnete diesem, die Sowjetunion erwarte, dass Finnland der European Recovery Conference fernbleiben werde. Über dieses Gespräch sollte Vertraulichkeit bewahrt werden[263]. Zwei Tage später trafen sich der finnische Außenminister Carl Enckell und sein Stellvertreter Reinhold Svento mit Abramov, wobei dieser eine Erklärung des sowjetischen Außenministers Molotov verlas, in welcher der Marshallplan als Versuch klassifiziert wurde, einen Block gegen die Sowjetunion zu bilden. Folglich werde eine Teilnahme am European Recovery Program als feindlicher Akt gewertet[264]. Am selben Tag beschloss Präsident Paasikivi, dass sein Land nicht an der Konfe-

---

256 Nevakivi, Vom Fortsetzungskrieg bis zur Gegenwart, S. 262.
257 Hentilä, Finland and the Peace of Paris, S. 163 f.
258 Nevakivi, Vom Fortsetzungskrieg bis zur Gegenwart, S. 262.
259 Zum Marshallplan und zu diesbezüglicher weiterführender Literatur siehe Kap. II.2.a.
260 Hentilä, Finland and the Peace of Paris , S. 164 f.
261 Majander, The Limits of Sovereignty, S. 104 f.
262 Die Tochter von Otto V. Kuusinen war eine der einflussreichsten finnischen Kommunistenführer; vgl. Kap. III, S. 71 f., Anm. 46.
263 Majander, The Limits of Sovereignty, S. 109.
264 Ebd, S. 114.

renz teilnehmen werde,»da Finnland nicht in Angelegenheiten, die Zwietracht zwischen den Großmächten provozieren könnten, hineingezogen werden wolle«[265]. Die Reaktionen der westlichen Länder waren verhalten. In der schwedischen Presse wurde Finnland generell als ein sowjetischer Satellitenstaat oder zumindest als ein Staat auf dem Weg dorthin angesehen. In den USA zeigten die Regierungen Einfühlungsvermögen für die finnische Reaktion. Mitte August 1947 versicherte das State Department, dass Finnlands Haltung gegenüber dem Marshallplan verständlich sei und dass die Amerikaner das Land von politischen Komplikationen fernhalten wollten. 1948 trat Finnland der Weltbank, ein Jahr später dem Internationalen Währungsfond bei. Auch Großbritannien zeigte Verständnis für die finnische Reaktion, hier wurde jedoch Finnland umso mehr politisch zur sowjetischen Einflusssphäre gerechnet. Dies zeigte sich beispielsweise daran, dass das Economic Intelligence Department im Juni 1947 Finnland unter den sowjetischen Satelliten subsumierte[266].

Die wahrscheinlich bedeutendste Weichenstellung im Finnland der Nachkriegszeit war der »Vertrag über Freundschaft, Zusammenarbeit und gegenseitigen Beistand zwischen der Republik Finnland und der Union der Sozialistischen Sowjetrepubliken« (FZB-Vertrag) vom 6. April 1948[267]. Dies gilt sowohl für das finnische Selbstverständnis, als auch für die sowjetische aber auch die westliche Fremdwahrnehmung Finnlands[268]. Aus sowjetischer Perspektive betrachtet schien das Stalinsche Angebot zum FZB-Vertrag lediglich der letzte Akt zur Transformation der Länder innerhalb der sowjetischen Einflusssphäre in Satellitenstaaten darzustellen. Der Vorschlag Stalins bezog sich konkret auf die Pakte zwischen der Sowjetunion und den ehemaligen Feindstaaten Ungarn sowie Rumänien. Beide Staaten erklärten in Art. 1 der Beistandsverträge, dass sie ohne Einschränkung im Zusammenwirken mit der Sowjetunion »alle zur Verfügung stehenden Mittel zur Abwehr jeder Wiederholung irgendeiner Bedrohung einzusetzen, wie sie durch Aggressionshandlungen Deutschlands oder eines mit ihm verbündeten Staates in Europa entstehen könnten«. Art. 2 normierte das aktive Eingreifen aufseiten der Sowjetunion im Falle eines Angriffs Deutschlands oder dessen Verbündeter so, dass »die Vertragsparteien in jedem nur möglichen Umfange und in jeder möglichen Weise militärische und sonstige Beistandsleistungen zu gewähren« hatten[269]. Die darauf folgende Verunsicherung, teilweise als »finnische Frühjahrskrise« beschrieben, wurde im Westen sofort mit der Prager Frühjahrskrise in Verbindung gebracht

---

[265] Polvinen, Suomi kansainvälisessä politiikassa, t. 3, S. 267.
[266] Majander, The Limits of Sovereignty, S. 118-120.
[267] Zum Folgenden siehe u.a. Hanhimäki, We Are Not Czechs, S. 123; Lundestad, The American »Empire«; Lundestad, The American Non-Policy; Paterson, Soviet-American Confrontation.
[268] Die grundlegende Bedeutung des FZB-Vertrages ist unumstritten. Stalin selbst bezeichnete diesen am 9.4.1948 als »einen großen Wendepunkt für das Vertrauen und die Freundschaft unserer Länder«. Krosby deklarierte ihn »Grundstein« der finnisch-sowjetischen Beziehungen, Korobochin schreibt über den FZB-Vertrag als »event of special significance«. Allison, Finland's Relations, S. 22; Krosby, Friede für Europas Norden, S. 95; Korobochkin, The USSR and the Treaty of Friendship, S. 169; Nevakivi, Vom Fortsetzungskrieg bis zur Gegenwart, S. 268.
[269] Zit. nach Krosby, Friede für Europas Norden, S. 104.

und fügte sich gemeinsam mit der aktuellen politischen Lage in Griechenland und Italien ins Bedrohungsbild ein. In Helsinki selbst traten die finnischen Kommunisten bereits analog zu den Ereignissen in Prag mehr als nur selbstsicher auf[270]. Diese Bedrohungsperzeption führte in ihrer Gesamtheit zur beschleunigten Unterzeichnung des Brüsseler Paktes am 17. März 1948.

In der finnischen Historiografie ist die Frage nach den Ursprüngen des FZB-Vertrages nach wie vor strittig. Im Mittelpunkt steht hier das Problem des finnischen Anteils oder die Frage, wieso dieser Vertrag so viel vorteilhafter ausfiel als die etwa zeitgleichen Verträge der Sowjetunion mit Rumänien und Ungarn[271]. In den 1980er-Jahren wurde finnischerseits Mannerheim als treibende Kraft hinter dem FZB-Vertrag gesehen[272]. Dies begründet sich in einem Schreiben Mannerheims vom 20. Dezember 1944, in dem er gegenüber Ždanov den vorgesehenen Abbau finnischer Küstenartillerie mit Hinweis auf eine deutsche Bedrohung ablehnte. Nach dieser Ablehnung des finnischen Gesuchs durch Ždanov brachte Mannerheim erneut die Idee gemeinsamer sowjetisch-finnischer Verteidigungsinteressen ins Gespräch. Nach Polvinen und Jägerskjöld deutet dies – obwohl Mannerheims Tagebuch diesbezüglich keine Aussagen macht – bereits auf den zukünftigen FZB-Vertrag hin[273]. Maxim Korobochkin führt 1994 die Wurzeln des FZB-Vertrages auf die sowjetische Politik gegenüber den baltischen Staaten und Finnland zurück, die diese 1939 vertraglich an die UdSSR band, wohingegen Finnland einen solchen Gedanken bereits zu Beginn der Verhandlungen ablehnte[274]. Dies weist auf eine generelle Linie der sowjetischen Politik hinsichtlich der Zugehörigkeit Finnlands zur sowjetischen Interessensphäre hin, und auch nach den Aussagen Paasikivis erging der Anstoß vonseiten Moskaus[275]. Noch 1948 schrieben die finnischen Kommunisten den Vertrag Mannerheim zu, wohingegen Paasikivi und Mannerheim dies wiederholt dementierten und auf sowjetische Ursprünge verwiesen. Mit der Zeit wuchs die Bedeutung des FZB-Vertrages jedoch so sehr, dass sowohl die sowjetische Seite als auch die finnischen Kommunisten Mannerheims Bedeutung bezüglich des Vertrags schmälerten. Dagegen hob die nationale finnische Geschichtsschreibung verstärkt die Bedeutung Mannerheims wie auch sonst den finnischen Ursprung hervor[276].

Der Vertragstext selbst orientierte sich so stark am Entwurf Paasikivis, dass der spätere Präsident Kekkonen ihn nach den Verhandlungen in Moskau sogar in Anwesenheit Stalins scherzhaft »ein Diktat Paasikivis« nannte[277]. Die Verhandlungs-

---

[270] Upton, Communism in Scandinavia and Finland, S. 283.
[271] Hanhimäki, We Are Not Czechs, S. 92; Nevakivi, American Reactions, S. 279–291; Devlin, Finland in 1948; Leffler, A Preponderance of Power; Lundestad, Empire by Invitation?, S. 263–277; Taubman, Stalin's American Policy.
[272] Soikkanen, Tarjottu ja torjuttu isyys, S. 12.
[273] Ebd., S. 17 f.
[274] Ebd.
[275] Ebd., S. 13 f., 17–19.
[276] Ebd., S. 21.
[277] Zit. nach Nevakivi, Vom Fortsetzungskrieg bis zur Gegenwart, S. 270.

positionen der Finnen waren in Moskau bereits vor den Besprechungen bekannt[278] und somit auch die ›Schmerzgrenze‹ der finnischen Zugeständnisse. Es scheint der Sowjetunion so viel an dem Zustandekommen des Vertrags selbst gelegen zu haben, dass weitestgehend auf die für Finnland neuralgischen Punkte eingegangen wurde. Diese bezogen sich auf die ersten beiden Artikel des FZB-Vertrages sowie dessen Präambel, in der das »finnische Bestreben, außerhalb der Interessenkonflikte der Großmächte zu bleiben«[279], festgeschrieben wurde. Art. 1 des sowjetisch-finnischen Beistandsvertrages bezog sich im Unterschied zu den Verträgen der Sowjetunion mit Ungarn und Rumänien ausschließlich auf das finnische Staatsgebiet. Art. 2 sah bei einem drohenden Angriff Konsultationen aber keinen Beistandsautomatismus vor. So fiel der FZB-Vertrag für Finnland im Vergleich zu den Verträgen der Sowjetunion mit Rumänien, Ungarn, aber auch der Tschechoslowakei relativ vorteilhaft aus und machte das Land nicht zu einem sowjetischen Satelliten. Andererseits war Finnland nun ähnlich wie die tatsächlichen Satelliten mit einem Pakt an die UdSSR gebunden und bildete einen Teil des sowjetischen Sicherheitssystems.

Zu den Gründen des für die Unabhängigkeit Finnlands recht günstigen Vertragsabschlusses gibt es verschiedene Interpretationen. In diesen steht jeweils ein anderer geografischer Raum im Mittelpunkt der Betrachtung: Am häufigsten findet sich eine germanozentrische Sichtweise. Hier wird der relativ milde FZB-Vertrag als Zeichen des defensiven Charakters der Politik Stalins verstanden, in der es primär darum ginge, der potenziellen Bedrohung durch ein wieder erstarktes Deutschland zu trotzen[280]. Diese Sichtweise nimmt die sowjetische Politik des ›Goodwill‹ ernst. Sie ist in verschiedenen Spielarten zu finden: Entweder wird das sowjetische Handeln als Zeichen einer wirkungsvollen Abschreckung durch die Westmächte, also als vom Westen erzwungenes Goodwill verstanden – hier liegt der Fokus auf der perzipierten Stärke des Westens. Oder aber der Sowjetunion wird eine originäre Entspannungsabsicht zugeschrieben, wobei der Westen als der aggressivere Part im Kalten Krieg dargestellt wird.

Neben diesen Interpretationen mit ihren diametral entgegengesetzten Zielrichtungen, die dem Muster des bipolaren Mächtekonfliktes folgen, finden sich auch zwei weitere Interpretationen, die auf fennozentrischen Sichtweisen beruhen: In der ersten wird hervorgehoben, dass es sich bei Finnland um ein peripheres Land handele. Das Argument lautet in etwa, Finnland sei einfach »unwichtig genug« gewesen, als dass die Sowjetunion hierfür einen Großmächtekonflikt in Kauf genommen hätte[281]. Neben dieser Argumentation, in der Finnland keine aktive

[278] Ebd.
[279] Vertragstext bei Krosby, Friede für Europas Norden, S. 443. Krosby analysiert auf den S. 95–151 ausführlich sowohl die Verhandlungen zum FZB-Vertrag als auch seine späteren völkerrechtlichen und politischen Auslegungen. Im Anhang III (S. 439–448) finden sich nicht nur der ratifizierte Vertragstext, sondern auch sowjetische und finnische Entwürfe.
[280] Hanhimäki, We Are Not Czechs, S. 108 f.
[281] Zur strategischen Bedeutung Finnlands siehe Krosby, The Communist Power Bid, S. 224–243; Karsh, Geographical Determinism, S. 43–57; Penttilä, Finland's Search for Security, S. 29–34.

Rolle zugemessen wird, findet sich auch die ebenfalls fennozentrische Sichtweise, dass die wirkungsvolle Abschreckung durch das tapfere Verhalten der Finnen im Winterkrieg, verbunden mit der sowjetischen Furcht vor einem nicht gewinnbaren Guerillakrieg in Finnland zustande gekommen sei[282]. Ein weiterer Erklärungsansatz beruht auf der Annahme einer Art skandinavischen Balance of Power entsprechend der Nordic-Balance-Theorie. Im Wesentlichen lautet die entsprechende Überlegung, dass, wäre Finnland dem Ostblock zugefallen, Schweden sich der NATO zugewandt hätte und somit eine weitere »Front« im Kalten Krieg entstanden wäre. Dieses Erklärungsmuster kann als svecozentrische Sichtweise bezeichnet werden.

Keiner der beschriebenen Deutungsansätze ist vollkommen von der Hand zu weisen, wenngleich auch keiner für sich alleine vollkommen zu überzeugen vermag. Der germanozentrische Ansatz führt insofern nicht weiter, als die Frage letztlich auf das ›Wesen‹ der sowjetischen Außenpolitik im Kalten Krieg zurückgeführt werden muss. Hier befindet man sich bald wieder im Bereich des Problems, ob die ›friedliche Koexistenz‹ strategisch oder taktisch zu interpretieren sei[283]. Man unterliegt bald der Gefahr des Zirkelschlusses oder der Bestätigung bekannter Vorurteile im Sinne der psychologischen Figur des »labelling approach«[284]. Die fennozentrische Sichtweise erscheint wegen der strategischen Relevanz Finnlands für Leningrad[285] bzw. in ihrer Spielart der finnischen Abschreckung gemessen an den realen Machtverhältnissen fragwürdig. Für die svecozentrische Sichtweise gilt zum einen die bekannte Kritik an der Theorie der Nordic Balance[286]. Zum anderen ist kritisch zu bemerken, dass hier zwar einerseits – durchaus zutreffend – von einer hohen strategischen Relevanz Schwedens ausgegangen wird, andererseits wird der Wille der Sowjetunion zur Détente im Norden impliziert, aber angesichts der hohen strategischen Relevanz Schwedens nicht erklärt.

Es bleibt auf Erkenntnisse aus den russischen Archiven zu hoffen, wenngleich aber auch Korobochkin trotz Nutzung russischer Quellen die Frage nach den Gründen für die Finnland gewährte Selbstständigkeit nicht zufriedenstellend zu beantworten vermochte[287]. Das Ergebnis ist wohl der strategischen Gesamtsituation innerhalb und außerhalb Finnlands geschuldet: Gegen eine offene Intervention der Sowjetunion sprach 1948 bereits die Abschreckung durch den Westen, gepaart

---

[282] Rede Paasikivis am 21.4.1944: »We will shoot from behind every stone and tree, we will go on shooting for fifty years. We are no Czechs. We are not Dutchmen. We will fight tooth and nail behind every rock and over the ice of every lake. I will not fight for long. I am old, but others will fight.« John Scott, Report on a Fortnight in Finland. 21st April, 1944, OSS Document 76824, zit. nach Berry, The Ideology and Politics, S. 65.

[283] Siehe Kap. I.2.

[284] Die psychologische Figur des »labelling approach« beschreiben Brusten und Hurrelmann erstmals an Schülern. Sie kann aber nach Ansicht des Verf. durchaus auch auf die Wahrnehmung beispielsweise von Bedrohung angewendet werden. Der labelling approach ist eng verwandt mit der Figur der »selffulfilling prophecy«. Brusten/Hurrelmann, Abweichendes Verhalten.

[285] Siehe Kap. III.

[286] Siehe Kap. IV.2.

[287] Korobochkin, The USSR and the Treaty of Friendship, S. 169–189.

mit dem sowjetischen Goodwill – wahrscheinlich darin begründet, den westlichen Gegner nicht direkt vor den Toren Leningrads zu provozieren. Für einen stellvertretend von den finnischen Kommunisten durchgeführten Staatsstreich wie in Prag galt einerseits der Sowjetunion die KP Finnlands als ungeeignet, zum anderen ist nicht außer Acht zu lassen, dass das finnische Militär dagegen stand. Zumindest solange nichts anderes aus sowjetischen Archiven bekannt wird, ist davon auszugehen, dass der machtpolitische Faktor des antisowjetischen finnischen Militärs das »missing link« für das ansonsten schlecht in das allgemeine Bild der sowjetischen Außenpolitik des Jahres 1948 passende Verhalten darstellt. Eine wesentliche Rolle spielte hierbei wahrscheinlich die sowjetische Kenntnis darüber, dass die finnischen Streitkräfte 1944 Waffenverstecke angelegt hatten[288]. Auch wurden vermutlich, alarmiert durch die Ereignisse in Prag, militärischerseits Vorkehrungen zur Sicherung der Regierung getroffen[289]. Unterstaatssekretär im Verteidigungsministerium Generalleutnant Oiva Olenius[290] erklärte in diesem Zusammenhang gegenüber dem britischen Militärattaché, er habe keine Angst, dass ein linker Staatsstreich erfolgreich sein könne, da die Armee einen solchen ohne Zweifel niederschlagen werde – zumindest solange die Sowjetunion nicht direkt eingreife. Auch eine Infiltration der Polizei sei nicht gefährlich, da die Armee die »Situation in der Hand« habe. Dies sei auch den Kommunisten bekannt: »We had a drinking party with them – at which ›we‹ told them quite frankly that if they tried anything they would have ›had‹ it in a big way[291].« Auch den pragmatischen Möglichkeiten der UdSSR waren also Grenzen gesetzt: Direktes Eingreifen erschien inopportun und indirektes bedurfte auch realistischer Erfolgschancen ohne unmittelbare Einflussnahme.

Was auch immer die konkreten Gründe für den recht günstigen Abschluss des FZB-Vertrages gewesen sein mochten, der Westen nahm sowohl den Vertrag als

---

[288] Die Frage der Waffenverstecke hat ausführlich Matti Lukkari untersucht. Schriftliche Zeugnisse über das Anlegen von Waffenverstecken liegen über die Sache entsprechend nicht vor, doch waren nach Lukkari etwa 10 000 Personen involviert. Lukkari, Asekätkentä.

[289] Pertti Kilkki führt in seiner Biografie des 1945–1948 durch die (rote) finnische Staatspolizei, Valtiollinen poliisi (Valpo, vgl. Anm. 304), eingesperrten Oberst Valo Nihtilä aus, dass folgende Vorkehrungen zumindest dem Inspekteur der Artillerie, Generalmajor Uolevi Poppius, vorgeschlagen wurden: Zusammenziehen von Panzerkräften sowie zwei bis drei Jägerbataillonen in Bereitschaft im Raum Hyrylä (bei Helsinki) für den Fall eines kommunistischen Staatsstreichs, Verstärkung der Wachmannschaften für Präsident und Regierung sowie Ausrüstung derselben mit Maschinenpistolen, insbesondere zum Schutz des Präsidenten Paasikivi. Kilkki, Valo Nihtilä, S. 176 f.

[290] Oiva Olenius (1890–1968) war von 1938–1955 Kanzleichef im finnischen Verteidigungsministerium. Der im Jägerbataillon 27 ausgebildete »Hilfsgruppenführer« wurde im Bürgerkrieg Leutnant und nahm als Kompaniechef einer Maschinengewehrkompanie an den Kämpfen um Viipuri teil. Im Frieden leistete Olenius seinen Dienst fast ausschließlich im Verteidigungsministerium. Nachdem der Oberst 1938 als Kanzleichef eingesetzt wurde, stieg er in dieser Funktion bis zum General der Infanterie (1955) auf (Generalmajor 1940, Generalleutnant 1946). Siehe Suomen jääkärien elämäkerrasto.

[291] TNA, PRO, WO 106/6047, MA/20/5, Military Attaché Helsinki (Magill) to War Office, Director of Military Intelligence, 1.3.1948, Appendix »B«, Conversation with LtGen Olenius, Permanent Under Secretary at the Ministry of Defence, 13.5.48.

auch dessen »relative Milde« wahr. Entsprechend ambivalent gestalteten sich daher auch die Reaktionen. Der unmittelbare britische Widerhall war vor allem von Erleichterung geprägt[292]. Schließlich waren Entwicklungen analog zum Geschehen in der Tschechoslowakei erwartet worden. Außenminister Ernest Bevin äußerte in einer Kabinettssitzung am 8. April 1948, dass Finnland »rather as a neutral buffer state than as a Soviet satellite« behandelt worden wäre. Dies wurde auf die finnische »toughness« der Gruppe um Paasikivi zurückgeführt[293]. Die amerikanische Außenpolitik gegenüber Finnland schien auf den ersten Blick nach der Unterzeichnung des FZB-Vertrags keine klare Linie zu verfolgen. Während in einer öffentlichen Rede Trumans Finnland in die Liste der durch die Sowjetunion bedrohten freien Nationen eingereiht wurde[294], entwickelte sich im Gegensatz zur Griechenland- und Italienpolitik der Vereinigten Staaten deren Finnlandpolitik nicht interventionistisch. Obwohl eindeutig eine sowjetische Bedrohung wahrgenommen wurde, begegnete man dieser in Finnland nicht aktiv mittels Containment[295]. Wurde Finnland unterschwellig ohnehin einer Art sowjetischen Einflusssphäre zugerechnet oder galt es als nicht lohnendes Streitobjekt? Die Möglichkeit einer mangelnden Wahrnehmung von sowjetischer Bedrohung gegenüber Finnland ist indes auszuschließen.

Im Rahmen der unmittelbaren amerikanische Reaktion auf den FZB-Vertrag wurde dieser praktisch mit den Verträgen der UdSSR mit deren Satellitenstaaten gleichgesetzt. Am 10. April 1948 äußerte General Lucius D. Clay gegenüber General Omar Bradley: »We lost Finland[296].« Als der Text des Vertrags jedoch bekannt wurde, lief die amerikanische Einschätzung darauf hinaus, dass es noch eine Art geheimes Zusatzprotokoll gäbe[297]. Diese Vermutung wurde durch die Ausführungen des finnischen Ministers Taavi N. Vilhula am 12. April 1948, in denen von einer Anzahl unveröffentlichter Protokolle zum FZB-Vertrag die Rede war, ge-

---

[292] Siehe ausführlich zu den britischen Reaktionen Nevakivi, Miten Suomen, S. 137–153.

[293] Zit. nach Hanhimäki, We Are Not Czechs, S. 109 f., aus NA, FO 371/71407, Scott to Foreign Office, 8.4.1948, Cabinet Conclusion Regarding the Finno-Soviet Treaty, 8.4.1948.

[294] »But here again one nation has obstructed cooperative effort. That one nation prevented its weaker neighbors from joining in the Marshall plan, and it is doing everything in its power to prevent the plan from succeeding. This is not all. That nation has steadily expanded its control over its neighbors. It is a tragic record. Latvia, Lithuania, Estonia. Poland, Rumania, Bulgaria. Yugoslavia, Albania, Hungary. And now Czechoslovakia. One after another they have been brought under the domination of one nation. Nor is this the whole story. For that nation is now pressing its demands upon Finland. Its foreign agents are fighting in Greece and working to undermine the freedom of Italy. Free men in every land are asking: ›Where is this leading? [...] When will it end?‹« Truman Library – Public Papers of the Presidents: Harry S. Truman, 53. St. Patrick's Day Adresses in New York City, March 7, 1948; Truman Library (29.8.2008), URL: <http://www.trumanlibrary.org/publicpapers/index.php?pid=1418&st=&st1= >.

[295] Zur US-Politik im gleichen Zeitraum gegenüber Italien und Griechenland vgl. Miller, Taking Off the Gloves, S. 35–55; Miller, The United States and Italy; Smith, The United States, Italy and NATO; Wittner, American Intervention in Greece; Jones, A New Kind of War.

[296] Siehe Hanhimäki, We Are Not Czechs, S. 112; Yergin, Shattered Peace, S. 376.

[297] Hanhimäki, We Are Not Czechs, S. 110; NSC 7: The Position of the United States with Respect to Soviet Directed World Communism, 30 March, 1948, FRUS 1948, vol. 1, part 1, S. 546–550.

nährt[298]. Die Folge war wirtschaftlicher Druck der USA auf Finnland durch Einstellung der Exportlizenzen[299].

Bald änderte sich jedoch die Finnlandpolitik der Vereinigten Staaten. Vor den finnischen Wahlen im Juli 1948 wurde in den USA die Diskussion über einen zukünftigen 40 Millionen Dollar-Kredit an Finnland wieder aufgenommen. Am 26. Mai 1948 kündigte das amerikanische Commerce Department »the approval of over $ 4 million worth of export licences to Finland« an[300]. Bei den finnischen Parlamentswahlen im Juni 1948 wurden die »Volksdemokraten« abgestraft. Bei einer Wahlbeteiligung von 78 Prozent erreichten sie zwar immer noch 20 Prozent der Stimmen, doch verringerten sich ihre Mandate auf 38. Sie verlangten für eine Beteiligung an der Regierung fünf Ministerposten, dabei für Hertta Kuusinen den Posten des Außenministers. Gebildet wurde jedoch eine Minderheitsregierung unter Karl-August Fagerholm[301]. Als »Dank« für das Zurückdrängen der Kommunisten in Form der Wahlen wurde in einer Art »Mini-Marshallplan« für Finnland außerhalb des European Recovery Program Finnland am 1. September 1948 der »Fünf-Millionen-Dollar-Baumwoll-Kredit« durch die U.S. Bank und im November 1948 die »Zehn-Millionen-Dollar-Anleihe« der Export-Import-Bank gegenüber der finnischen Holzwirtschaftsindustrie gewährt[302]. Finnland sah man in den USA im Juli 1948 wohl nicht mehr als einen sowjetischen Satellitenstaat an, jedoch als ein Land, das zumindest innerhalb der sowjetischen Gefahrenzone lag[303].

Die Regierung Fagerholm bekämpfte den kommunistischen Einfluss wo es ihr möglich war. So löste sie die kommunistisch unterwanderte Spezialpolizei »Valpo«[304] auf und unterdrückte an dem von den Kommunisten später so genannten Blutdonnerstag von Kemi unter massivem Polizeieinsatz einen politisch motivierten Streik der Flößer. 1949 kam es zu einer Amnestie der gemäß Art. 13 des Waffenstillstandsvertrages als »Kriegsschuldige« verurteilten Politiker. Der Sozialdemokrat Väinö Tanner kehrte sogar zurück auf die politische Bühne[305]. Innenpolitisch kann also durchaus von einer eigenen finnischen Politik des Rollback des kommunistischen Einflusses die Rede sein. Seitens der USA wurde diese Linie stillschweigend mittels Kulturpolitik und Handelskrediten gestützt. Im Jahr 1949 setzte sich im State Department die Meinung durch, dass der FZB-Vertrag immer noch das Beste sei, was Finnland in der aktuellen Position hätte passieren können. Dem finni-

---

[298] Hanhimäki, We Are Not Czechs, S. 111; FRUS 1948, vol. 4, S. 778 f.; FRUS 1948, vol. 3, S. 112 f.
[299] Heikkilä, The United States and the Question, S. 250–254.
[300] Hanhimäki, We Are Not Czechs, S. 119 f.; Heikkilä, The United States, S. 255–258.
[301] Nevakivi, Vom Fortsetzungskrieg bis zur Gegenwart, S. 273 f.
[302] Hanhimäki, We Are Not Czechs, S. 119–121.
[303] Ebd.; FRUS 1948, vol. 4, S. 784 f.
[304] Valpo, Kurzform für Valtiollinen Poliisi (Staatspolizei); 1937 wurde die aus dem militärischen Geheimdienst der »Weißen« im finnischen Bürgerkrieg hervorgegangene Etsivä Keskuspoliisi (etwa Detektiv Zentralpolizei) zur rechtsgerichteten Valpo umgegliedert. Ab 1945 wurden die Schlüsselfunktionen der Valpo durch Kommunisten besetzt (Valpo II oder »Rote Valpo«). 1948 wurde die Valpo aufgelöst und 1949 durch die Suojelupoliisi (Schutzpolizei) ersetzt. Siehe hierzu Ahtokari, Punainen Valpo.
[305] Nevakivi, Vom Fortsetzungskrieg bis zur Gegenwart, S. 275 f.

schen Gesandten gegenüber wurde darüber hinaus auch Verständnis für die Ablehnung des Marshallplanangebotes signalisiert[306]. Die Finnlandpolitik der USA weist in dieser Zeit vor allem Parallelen zu ihrer Jugoslawienpolitik auf: Wirtschaftliche Unterstützung wurde durch wachsenden Handel sowie Kredite als eine Art Belohnung für die Widerstandsfähigkeit gegenüber Moskau gewährt[307]. So beschloss der US-Kongress am 1. November 1949 einen 5,5 Millionen Dollar-Kredit als Erfüllung einer »moralischen Pflicht«[308]. Selbstverständlich waren die Verhältnisse in beiden Staaten höchst unterschiedlich. Während man das Jugoslawien Titos als eine kommunistische Diktatur auf dem Weg der Entfremdung von der UdSSR wahrnehmen konnte, vermochte man Finnland als einen westlichen parlamentarischen Staat auf dem Weg der Annäherung zur UdSSR zu betrachten. Trotz dieses essenziellen Unterschieds hinsichtlich der Bewegungsrichtung war die absolute Position der beiden Staaten im Koordinatensystem zwischen Washington und Moskau durchaus vergleichbar.

Das Wahlergebnis von Juni 1948 hatte eindeutig die finnischen ›Weichen‹ auf West gestellt, allerdings konnte jede finnische Regierung nur mehr oder weniger flexibel auf den vorgegebenen ›Schienen‹ – um im Bild zu bleiben –, also dem Friedensvertrag und FZB-Vertrag, ›fahren‹. Gestaltungsspielräume ergaben sich aus der jeweiligen politischen Großwetterlage zwischen Sowjetunion und NATO unter besonderer Berücksichtigung der Deutschlandfrage und der Kräfteverhältnisse zwischen Ost und West auf dem skandinavischen Schauplatz. Das Jahr 1949 brachte dort die Entscheidung. Während einige Zeit lang ein eigener skandinavischer Block zur Debatte stand, kam dieser letztendlich wegen der unmöglich zu vereinbarenden Haltungen Norwegens und Schwedens nicht zur Realisierung[309], da die USA nicht bereit waren, ein neutrales skandinavisches Bündnis militärisch zu unterstützen und Schweden seine Neutralität nicht aufgeben wollte[310]. Während Dänemark mit Norwegen in die NATO eintrat und dies seitens der USA unter-

---

[306] UA, UM Microfilmit Ea Raporttisarja 1949–1972, 5 C Washington, DC 2/1950–11/1950, Suomen ja Yhdysvaltain väliset suhteet maailmanpolitiikan valossa vuonna 1949, Osa II. C. Suomi ja Pohjois-Atlantin sopimus »hampaineen«.

[307] Hanhimäki, We Are Not Czechs, S. 127; Brands, Redefining the Cold War, S. 41–53.

[308] UA, UM Microfilmit Ea Raporttisarja 1949–1972, 5 C Washington, DC 2/1950–11/1950, Suomen ja Yhdysvaltain väliset suhteet maailmanpolitiikan valossa vuonna 1949, Osa V. Yhdysvaltain suhtautuminen ollut Suomea kohtaan teoissakin suopeata.

[309] Siehe Kap. IV.2.a.

[310] Schwedischerseits wurde gegenüber den USA zur Begründung der Neutralität Schwedens neben dem Stichwort der »außenpolitischen Tradition« das »Finnland-Argument« ins Feld geführt. Es lautete sinngemäß, dass Finnland klar dem Ostblock zugerechnet werden müsse, wenn Schweden nicht neutral sei. Im Oktober 1948 erklärte der schwedische Botschafter Erik Boheman gegenüber dem State Department, dass Schweden im Falle eines Beitritts zu einem westlichen Verteidigungsbündnis als sowjetische Gegenmaßnahme eine Besetzung Finnlands befürchte. Dies würde die Sowjets direkt an die schwedische Grenze bringen und Schweden zu permanenter Mobilmachung zwingen. Auch argumentierte er, es sei Ziel der »milden« Politik der UdSSR gegenüber Finnland, Skandinavien nicht in militärische Zusammenarbeit mit den Westmächten zu treiben. Im Jahr 1949 nutzte Boheman das Finnland-Argument in einer Reihe öffentlicher Auftritte in den USA. In seinen Reden argumentierte er, dass ein neutraler skandinavischer Block die finnische Unabhängigkeit sichere. Silva, If Finland Weren't Finland, S. 152–154.

stützt wurde, stand in der Außenpolitik der USA ein Beitritt Finnlands weder zu einem skandinavischen Verteidigungsbündnis noch gar zur NATO zur Debatte[311]. So blieb Finnland, wie es der britische Militärattaché Magill treffend ausdrückte, »Russia's one remaining non-communist non-subservient so-called satellite«[312]. In der amerikanischen Öffentlichkeit wurde auffallend stark betont, dass Finnland kein Satellitenstaat sei und nicht hinter dem Eisernen Vorhang liege[313]. Im NATO-Dokument »Defence and Foreign Policy of Sweden and Finland«[314] findet sich die norwegische Einschätzung von 1952, der auch die NATO folgte: »Finland has, so far, escaped the fate of the Satellites. She has retained her Nordic democracy and rule of law. It is safe to say that Finland would never become a ›people's democracy‹ through internal influences alone. This would hold good even in the event of an armed revolt by the communist military groups, the so-called Toverikunnat or ›Comrade clubs‹[315].« Gleichzeitig wurde allerdings die militärische Schwäche Finnlands im Falle eines sowjetischen Angriffs betont: »Finnish resistance will not be able to retard Russian movement toward Scandinavia to any considerable extent[316].« Der norwegische Vertreter stellte schließlich die Frage, ob auch in Zukunft die Paasikivi-Politik[317] Bestand haben könne. Dies beantwortete er mit einer Variante der Nordic-Balance-Theorie: 1948 hätten die Schweden behauptet, dass jede Anbindung eines skandinavischen Blocks an die NATO den direkten sowjetischen Vormarsch bis an die norwegische und schwedische Grenze zur Folge haben werde. Dies sei jedoch beim NATO-Eintritt Dänemarks und Norwegens nicht eingetreten. Im Falle eines NATO-Beitritts Schwedens könne dies so bleiben oder auch nicht. Doch wenn die Sowjetunion der Meinung sei, Schweden nehme an, die UdSSR wüde so handeln, dann könne dies der Hauptgrund dafür sein, dass zur Zeit die Sowjetunion Finnland nicht besetze. Das Ziel Moskaus sei, die derzeitige schwedische Neutralität zu halten. Möglicherweise wüde der Kreml sogar noch darauf hoffen, dass sich Dänemark und Norwegen von der NATO trennten und sich mit Schweden verbündeten. Wegen des finnischen Volkes und im Interesse der NATO solle der derzeitige Status von Unabhängigkeit und innerer Frei-

---

[311] UA, UM Microfilmit Ea Raporttisarja 1949–1972, 5 C Washington, DC 2/1950–11/1950, Suomen ja Yhdysvaltain väliset suhteet maailmanpolitiikan valossa vuonna 1949, Osa II. C. Suomi ja Pohjois-Atlantin sopimus »hampaineen«.

[312] TNA, PRO, WO 106/6048, MA/20/53, Finland, monthly intelligence summary for February 1950.

[313] UA, UM Microfilmit Ea Raporttisarja 1949–1972, 5 C Washington, DC 2/1950–11/1950, Suomen ja Yhdysvaltain väliset suhteet maailmanpolitiikan valossa vuonna 1949, Osa V. Yhdysvaltain suhtautuminen ollut Suomea kohtaan teoissakin suopeata.

[314] NATO Archives, D-D (52) 38, Defence and foreign policy on Sweden and Finland. Statement by the Norwegian Deputy, 4.2.1952.

[315] Ebd.

[316] Ebd.

[317] Diese definierte er als »peace and friendship with the Soviet Union and the maintenance of peace, friendship and close contact with the other Nordic countries, especially Sweden«. Die Paasikivi-Politik wurde also als eher westlich denn östlich orientiert gesehen. Gegenüber der Sowjetunion gab es keinen »close contact«. NATO Archives, D-D (52) 38, Defence and foreign policy on Sweden and Finland, Statement by the Norwegian Deputy, 4.2.1952.

heit in Finnland erhalten werden. Die NATO könne zwar nicht direkt den Lauf der Dinge in Finnland beeinflussen, doch sollte dieser als ein Einflussfaktor der schwedischen NATO-Politik berücksichtigt werden[318].

b) Ortsbestimmung im Kalten Krieg:
Fagerholm oder Kekkonen?

Unter den machtpolitischen Voraussetzungen des Kalten Krieges waren für jede politische Führung Finnlands grundsätzlich – zumindest in der Theorie – zwei unterschiedliche Strategien denkbar, die leicht mit den Schlagworten ›Erfüllungspolitik‹ und ›Widerstandspolitik‹ zu charakterisieren sind[319]. Außerdem war auch eine Politik der freiwilligen Sowjetisierung des Landes denkbar, wie sie seitens der finnischen Kommunisten angestrebt wurde. Letzteres stand jedoch dem Willen der finnischen Mehrheit entgegen. Ohne Intervention durch die Sowjetunion war eine solche Politik also unrealistisch, umso mehr noch, als die Sowjetführung nur wenig Vertrauen in die Fähigkeiten der finnischen Kommunisten hatte[320].

Spätestens seit seiner Zeit als Ministerpräsident von 1948 bis 1950 galt der Sozialdemokrat Fagerholm als Exponent einer antikommunistischen Widerstandspolitik. Sein Nachfolger im Amt, der Agrarier Urho Kaleva Kekkonen hingegen, galt bald als die Personifizierung einer Erfüllungspolitik gegenüber Moskau[321]. Selbstverständlich war die außenpolitische Orientierung Finnlands nicht allein von Personen und schon gar nicht nur von diesen zwei führenden Politikern abhängig. In der Außenwahrnehmung Finnlands spielten diese beiden Persönlichkeiten aber prominente Rollen und auch in Finnland selbst wurde so mancher politische Richtungsstreit auf diese beiden reduziert. Für ein tieferes Verständnis der Entwicklungen in Finnland ist daher eine Grundkenntnis über diese Protagonisten – die biografische Seite der Finnlandperzeption – erhellend.

Fagerholm[322] wurde 1901 in Siuntio geboren und wuchs in ärmlichen Verhältnissen in Helsinki auf[323]. Seine Muttersprache war schwedisch. Mit 15 Jahren be-

---

318   Ebd.
319   Sowie selbstverständlich Kombinationen aus denselben.
320   Dies zeigt sich u.a. in der Nichtaufnahme der finnischen Kommunisten in die Kominform. Siehe zu den Beweggründen Adibekov, Why was the Communist Party of Finland, S. 199–215.
320   Siehe ausführlich zu den britischen Reaktionen Nevakivi, Miten Suomen, S. 137–153.
321   Zu diesem Gegensatz siehe das Kap. »Fagerholm vastaan Kekkonen« in Rautkallio, Paasikivi vai Kekkonen, S. 107–115. Den Gegensatz Kekkonen–Fagerholm betont auch Lehtinen, Aatosta jaloa ja alhaista mieltä.
322   Im Gegensatz zu Kekkonen ist Fagerholm eine wenig umstrittene Persönlichkeit. Eine kritische Biografie ist bis heute nicht erschienen. Seine Tätigkeit als Politiker ist recht gut dokumentiert, da er als Mann der Krisenjahre gelten kann. Wesentliche Aussagen zu Fagerholm finden sich in seiner Autobiografie, in Lehtinens Fagerholm-Biografie sowie in allen einschlägigen Werken zu Finnland 1948, der Nachtfrost- und Notenkrise. Lehtinens Darstellung stützt sich im Wesentlichen auf Aussagen Fagerholms, siehe Fagerholm, Puhemiehen ääni; Lehtinen, Fagerholm; Tervamäki, Dialogia, debattia ja polemiikkia.
323   Lehtinen, Fagerholm, S. 21 f.

gann er als Friseur zu arbeiten[324]. Im Herbst 1919 trat er dem nach dem finnischen Bürgerkrieg neu gegründeten schwedischsprachigen Arbeiterverein (Helsingfors Svenska Arbetarföreningen) bei[325]. Mit 19 Jahren fungierte er bereits als Vertrauensmann der Gewerkschaft. In jungen Jahren engagierte er sich in der sozialistischen Jugend und sympathisierte durchaus auch mit dem Kommunismus[326]. Es war die Zeit der Flügelkämpfe zwischen Kommunisten und Sozialdemokraten um die Arbeiterschaft, die den jungen Fagerholm prägen sollte. Er wurde 1922 Mitglied des Zentralkomitees der finnland-schwedischen Jugendabteilung und deren Vorsitzender. Etwa zu dieser Zeit fand er nach eigenen Angaben auch seine politische Linie innerhalb der Arbeiterbewegung: »Einen Sozialismus, der die Demokratie nicht zerstört und die Freiheitsrechte des Einzelnen respektiert[327].« Ein Jahr später quittierte er den Friseurberuf um sich ganz der Politik zu widmen. Er arbeitete bei der Zeitung des schwedischen Flügels des Arbeiterbewegung, »Arbetarbladet«, deren Chefredakteur er 1934 wurde. Ab 1930 saß der Sozialdemokrat auch im finnischen Parlament. Im Jahr 1934 wurde er Vorsitzender des schwedischsprachigen Arbeitervereins, »Svenska Arbetarföreningen«.

Als Chefredakteur des »Arbetarbladet« polemisierte er sowohl gegen die Kommunisten als auch gegen die Lapua-Bewegung und die deutschen Nationalsozialisten. Auf Intervention des deutschen Botschafters Wipert von Blücher musste er 1936 sogar 1050 Finnische Mark Strafe wegen Beleidigung Adolf Hitlers bezahlen[328]. Im finnischen Reichstag wurde der Abgeordnete Fagerholm Vorsitzender des »Ausschusses für Arbeiterfragen«, in dem soziale Probleme bearbeitet wurden[329]. Ein Jahr später schlug der Vorsitzende der Sozialdemokraten, Väinö Tanner, Fagerholm für den Posten des Sozialministers in der Regierung Cajander III[330] vor. Kekkonen gehörte der gleichen Regierung für die Agrarunion als Innenminister an[331]. Fagerholm war also der Sozialminister der finnischen Kriegszeit; in diesen Jahren verstärkte sich seine Gegnerschaft zu totalitären Systemen zusätzlich. Fagerholm forderte einen pro-westlichen und skandinavischen Kurs Finnlands. In einer Rede am 29. März 1941 warnte er vor einer Politik, die sich zu sehr an die Achsenmächte anlehne, weil dadurch die Freiheit der Finnen in Gefahr geriete[332]. Entsprechend setzte er sich dafür ein, dass die faschistische Vaterländische Volksbewegung (Isänmaallinen kansanliike, IKL) nicht in die Regierung aufgenommen wurde und drohte diesbezüglich sogar mit seinem Rücktritt[333]. Die IKL weigerte

---

[324] Fagerholm, Puhemiehen ääni, S. 11.
[325] Ebd., S. 27.
[326] Lehtinen, Fagerholm, S. 28.
[327] Fagerholm, Puhemiehen ääni, S. 23 f.
[328] Ebd., S. 51.
[329] Lehtinen, Fagerholm, S. 51.
[330] Der dritten Regierung Cajander (Nationale Fortschrittspartei) vom 12.3.1937-1.12.1939 gehörten sechs Minister der Sozialdemokraten, sechs Minister der Agrarunion sowie zwei der Nationalen Fortschrittspartei an.
[331] Lehtinen, Fagerholm, S. 45.
[332] Fagerholm, Puhemiehen ääni, S. 134.
[333] Ebd., S. 139.

sich wiederum im Winter 1943, sich an einer Regierung zu beteiligen, in der auch Fagerholm vertreten sei[334]. Seine Haltung gegen Hitlerdeutschland während der Zeit der »Waffenbrüderschaft« war gegen den pro-deutschen »mainstream« gerichtet und zeugt von persönlichem Mut. Sie zeigt aber auch, wie eigenständig Finnland dem Deutschen Reich gegenüber war, dass es sich solch einen Sozialminister leisten konnte. Nachdem Fagerholm sich 1943 in einer Rede für die Freiheit des deutsch besetzten Norwegens einsetzte, hatte er jedoch den Bogen überspannt. Am 17. Dezember 1943 wurde er aus der Regierung Edwin Linkomies entlassen[335]. Als namhafter Vetreter der Sozialdemokraten innerhalb der finnischen Friedensopposition sammelte er die parteiinterne Opposition gegen den Vorsitzenden der Sozialdemokratischen Partei Finnlands, Väinö Tanner[336]. Dies führte nicht zuletzt dazu, dass die Sozialdemokraten, die an allen Kriegsregierungen in Finnland beteiligt waren, nach dem Waffenstillstand mit der Sowjetunion übergangslos auch weiter an Regierungen beteiligt werden konnten. Nach einem kurzen Zwischenspiel als Sozialminister in der Regierung Paasikivi II[337] war Fagerholm von 1945 bis 1948 als Reichstagspräsident zumindest protokollarisch der zweite Mann Finnlands.

Seitens der Sowjetunion jedoch galten die Sozialdemokraten als Verräter und Erzfeinde. Dies begründete sich sowohl im weltweiten Gegensatz zwischen Menschewiken und Bolschewiken als auch in der speziellen Konstellation des finnischen Bürgerkrieges[338]. Sie galten grundsätzlich als »Sozialfaschisten«, im finnischen Fall unter der Bezeichnung »Tanneristen«. Tanner war ab Dezember 1939 Außenminister im Kabinett von Risto Ryti und bereits 1940 einmal durch die Sowjetunion aus der finnischen Regierung gedrückt worden. Während des Fortsetzungskrieges weigerte sich Molotov, mit einem Kabinett, in dem auch Tanner sitze, überhaupt nur zu verhandeln. Der Vorsitzende der Sozialdemokratischen Partei dagegen betonte immer wieder öffentlich, dass das Sowjetregime eines Tages zusammenbrechen werde. Selbst Stalin gegenüber soll er sich als »Menschewist« vorgestellt haben[339]. Er war ein entschiedener Gegner der Sowjetunion und Antikommunist. Folgerichtig schied er am 8. August 1944, als durch die Präsidentenwahl Mannerheims der außenpolitische Kurswechsel Finnlands eingeleitet wurde, aus der Regierung aus. Im sowjetischerseits geforderten »Verfahren gegen die finnischen Kriegsschuldigen« wurde Tanner verurteilt, unter der Regierung Fagerholm durch Präsident Paasikivi jedoch begnadigt. Er war der einzige ›Kriegsschuldige‹, der später wieder in die aktive Politik zurückkehrte, 1957 wurde er erneut Vorsitzender der Sozialdemokratischen Partei[340].

---

334 Ebd., S. 143.
335 Ebd., S. 145, 152.
336 Nevakivi, Vom Fortsetzungskrieg bis zur Gegenwart, S. 278.
337 Bei der zweiten Regierung Paasikivi handelte es sich um eine Beamtenregierung.
338 Siehe Kap. III.2. Zum Verhältnis der finnischen Bolschewisten und Menschewisten siehe ausführlich Beyer-Thoma, Kommunisten und Sozialdemokraten in Finnland.
339 Rintala, Four Finns, S. 60.
340 Putensen, Im Konfliktfeld, S. 95 f.

Fagerholm wurde seitens der Sowjetpropaganda, so beispielsweise in der »Literaturnaja Gasjeta« vom 11. August 1948, als »ein Mann Tanners« dargestellt. Dies war insofern zutreffend, als er als Sozialdemokrat natürlich ein »Mann Tanners« war; auch setzte er sich für dessen Begnadigung ein und bezeichnete ihn als »Ehrenmann«[341]. Andererseits hatte er eben zur parteiinternen Opposition gegen Tanner gehört und dessen außenpolitische Linie nicht geteilt. Eine Woche später wurde seine Regierung von der sowjetischen Presse als »Tanneristen, Kollaborateure und Mitglieder [...] faschistischer Organisationen« beschimpft[342]. Hierbei handelte es sich um mehr als reine Polemik, schließlich waren »faschistische Organisationen« laut Friedensvertrag verboten. Fagerholms Regierung stellte also in sich – so die »Literaturnaja Gasjeta« – einen Bruch des Friedensvertrages dar. Im September berichtete Radio Moskau, dass Fagerholm über eine finnische Beteiligung am Marshallplan verhandele. Als im November 1948 schließlich Tanner vorzeitig aus der Haft entlassen wurde, schrieb die »Literaturnaja Gasjeta«, dass Fagerholm zu einer Politik der »Reaktion und des Abenteuertums« zurückkehre. Die Anti-Fagerholm-Berichterstattung dieser Zeitschrift fand am 3. März 1949 ihren vorläufigen Höhepunkt, als berichtet wurde, Fagerholm wolle sein Land in die NATO führen[343]. Dieser selbst schloss jedoch wiederholt in seinen öffentlichen Reden jegliche Annäherung an das Atlantische Bündnis aus[344]. Aber auch nach seinem Rücktritt als Premierminister 1950 bildete Fagerholm die hauptsächliche Zielscheibe der sowjetischen Presse. Am 29. Mai 1950 erschien in der »Pravda« ein Artikel mit der Überschrift »Früchte der Amerikanisierung Finnlands«. Darin hieß es, Finnland werde durch die Wall Street versklavt. Während der Staat sich verschulde und die Arbeiter verarmten, würden die großen Banken und »zwanzig Familien« immer reicher. Fagerholms sozialdemokratische Regierung habe sich als Steigbügelhalter der »amerikanischen Imperialisten« erwiesen, faschistische Organisationen gefördert und eine »Propaganda der Rache« verbreitet[345].

Vermutlich waren die Ursprünge der sowjetischen Anti-Fagerholm-Kampagne bei den finnischen Kommunisten zu suchen, die in ihrer Propaganda identische Töne anschlugen[346]. Präsident Paasikivi versuchte die Kommunisten unbedingt aus der finnischen Regierung herauszuhalten. Er lag damit mit Fagerholm auf einer Linie, dessen Minderheitsregierung als »Bombe« gegen die KP bezeichnet wurde. Gegenüber dem britischen Botschafter Sir Oswald Arthur Scott erklärte Paasikivi Ende Juli 1948, dass »die Sache jetzt ihren rechten Gang nehme«, die Valpo werde nun gesäubert und die Sozialdemokraten übernähmen wieder die Führung in den Gewerkschaften[347]. Die Sozialdemokraten Fagerholm und Onni Hiltunen bildeten

[341] Kunnian mies. Fagerholm, Puhemiehen ääni, S. 138.
[342] Zitat nach Krosby, Friede für Europas Norden, S. 208 f.
[343] Ebd., S. 215.
[344] TNA, PRO, WO 106/6048, MA/20/46, Finland, monthly intelligence summary for November 1949.
[345] Ebd., MA/20/64, Finland, monthly intelligence summary for July 1950.
[346] Ebd., MA/20/53, Finland, monthly intelligence summary for February 1950.
[347] Rautkallio, Paasikivi vai Kekkonen, S. 110.

unter Präsident Paasikivi gemeinsam mit dem Agrarier Vihtori Vesterinen und dem Polizeichef von Helsinki Erik Gabrielson den inneren Zirkel, der alles tat, um einen kommunistischen Aufstand nach Art des Staatsstreichs in der Tschechoslowakei zu verhindern. Gleichzeitig stand Fagerholm für eine Politik, die sich an die USA und Großbritannien anlehnte, wobei er selbst eine wichtige Rolle bei den Verbindungen zur britischen Labour-Partei – aber auch zu den schwedischen und dänischen Sozialdemokraten – spielte[348]. Paasikivi schrieb nach einer Rede Fagerholms beruhigt in sein Tagebuch, auch die Sozialdemokraten passten auf, »dass die Kommunisten alleine keinen Blödsinn machten«[349].

Aufgrund der Präsidentschaftswahlen 1950 trat die erste Regierung Fagerholm ab, ihr folgte nach Neuwahlen Kekkonen als Ministerpräsident. Fagerholm wurde erneut Reichstagspräsident, dieses Amt hatte er bis 1956 inne. In jener Zeit profilierte er sich vor allem bei der nordischen Zusammenarbeit[350]. Im westlichen Ausland fiel er aber auch durch seine deutlichen Worte gegenüber der Sowjetunion auf. Bei einer Rede am 21. Mai 1950 zum Gedenken der Gefallenen des Winterkrieges und des Fortsetzungskrieges erklärte Fagerholm, dass »eine Nation, die ihre Krieger verleugne, auch ihr Recht auf Freiheit verleugne. Finnland aber habe nicht vor, von den Rängen der freien Nationen zu verschwinden«[351]. Solche Töne wurden durch die Organe der Sowjetunion stets als »reaktionär« gebrandmarkt. Neben dem Verhältnis zur UdSSR war der Beitritt Finnlands zum Nordischen Rat auch ein zentrales Thema im Präsidentschaftswahlkampf für die Wahl 1956. Fagerholm unterlag knapp dem Kandidaten der Agrarier, Kekkonen. Dieser beauftragte ihn daraufhin mit der Regierungsbildung[352]. Die schwierige Situation in Finnland angesichts des zeitgleichen Generalstreiks machte die Einbindung der Sozialdemokraten notwendig. Sie erwies sich aber auch als geschickter Schachzug, da dadurch die Spaltung der Sozialdemokraten durch die Entfremdung von Gewerkschaften und Regierung beschleunigt wurde. Erneut Premierminister, ließ sich Fagerholm bei den Wahlen um den Parteivorsitz der SDP als Gegenkandidat Tanners aufstellen. Er unterlag mit einer Stimme. Der linke Flügel der Sozialdemokraten um Emil Skog wollte nicht unter dem neuen Vorsitzenden arbeiten, was letztlich zur Spaltung der finnischen Sozialdemokratie führte[353]. Der durch Inflation und wachsende Arbeitslosigkeit ohnehin angeschlagene Premierminister Fagerholm trat nach seiner parteiinternen Niederlage vom Amt des Premierministers zurück[354]. Zwei kurze Beamtenregierungen und eine Wahl später trat er am 29. August 1958 seine dritte Amtszeit als Premierminister an. Die Fagerholmkrise oder Nachtfrostkrise

---

[348] Ebd., S. 57 f.
[349] »Sosiaalidemokraatit myös ovat valveilla, jotta kommunistit eivät yksin saa peuhata.« Paasikivi, J.K. Paasikiven Päiväkirjat, Eintrag 21.8.1948; siehe auch Rautkallio, Paasikivi vai Kekkonen, S. 111.
[350] Siehe Kap. IV.2.b.
[351] TNA, PRO, WO 106/6048, MA/20/64, Finland, monthly intelligence summary for July 1950.
[352] Visuri, Suomi kylmässä sodassa, S. 161.
[353] Fagerholm, Puhemiehen ääni, S. 306 f.
[354] Nevakivi, Vom Fortsetzungskrieg bis zur Gegenwart, S. 292–298.

des Jahres 1958, die auch teilweise als Duell zwischen Kekkonen und Fagerholm interpretiert worden ist, wird in einem späteren Kapitel behandelt[355].

Auf die westliche Fagerholm-Perzeption scheint sich neben der skandinavischen Wahrnehmung auch – obgleich mit veränderten Vorzeichen – die sowjetische Anti-Fagerholm-Kampagne ausgewirkt zu haben: Solch ein Feind der UdSSR musste ein Freund des Westens sein!

Weit bekannter als Karl-August Fagerholm ist Urho Kaleva Kekkonen[356]. Er war 25 Jahre lang Präsident der Republik Finnland[357] und führte fünf finnische Regierungen als Premierminister[358]. Nicht ohne Grund wurde wegen seiner Machtfülle und politischen Dominanz, insbesondere in den späteren Jahren seiner Präsidentschaft, Finnland nicht selten bissig als »Kekkoslovakia«[359] bezeichnet. Hinsichtlich der Lebensleistung Kekkonens ist im Finnland der 1990er-Jahre eine Art ›Historikerstreit‹ entstanden, wobei die Positionen durch die Kekkonen-Biografen Juhani Suomi[360] und zuletzt Esa Seppänen[361] einerseits und das kritische Urteil von Hannu Rautkallio[362], aber auch Lasse Lehtinen[363] beschrieben werden können. Diese Debatte betrifft nicht nur Kekkonens Politik gegenüber der Sowjetunion, sondern auch die Gesamtheit der Frage der Unabhängigkeit Finnlands von dieser. Letztlich berührt sie die Aufarbeitung der gesamten Stellung Finnlands im Kalten Krieg. Im Zentrum der Kontroverse steht die auch in dieser Darstellung behandelte Periode der Krisen 1958 bis 1961. Während Suomi die Politik Kekkonens eher als staatsmännisch und geschickt beschreibt, weist Rautkallio auf dessen Abhängigkeit von der Sowjetführung hin und zeigt insbesondere auf, wie Kekkonen seine Sonderbeziehung zur Sowjetunion auch für seine eigenen politischen Ziele ausnutzte. Lehtinen weist auf die Alternative einer sozialdemokratisch-skandinavischen pro-westlichen Linie hin. Nicht zuletzt kann diese Diskussion als innerfinnischer Aspekt der außerhalb Finnlands geführten »Finnlandisierungsdiskussion« der

---

[355] Siehe Kap. V.2.a.
[356] Ein Biogramm vermag im Rahmen dieser Studie lediglich grundlegende Aspekte ansprechen. Für eine deutsche Leserschaft, die mit der finnischen Geschichte nicht unbedingt vertraut ist, kann die Kenntnis der Biografien Kekkonens und Fagerholms nicht vorausgesetzt werden. Für weitere Beschäftigung mit den biografischen Aspekten sei auf die im Anmerkungsapparat angegebenen in finnischer und schwedischer Sprache erhältlichen Publikationen verwiesen.
[357] 1956–1981.
[358] 17.3.1950–9.7.1953 (Kekkonen I–IV) und 20.10.1954–3.3.1956 (Kekkonen V).
[359] So beispielsweise Göran Albinsson in einem Kommentar in der »Washington Post« vom 1.8.1976. Siehe Krosby, Friede für Europas Norden, S. 130.
[360] Suomi hat wie kein anderer das Leben Kekkonens erforscht und ist Hrsg. seiner Tagebücher. Seine achtbändige, in den Jahren 1986–2000 erschienene Kekkonen-Biografie deckt einen Zeitraum von 1936–1981 ab. Für diese Arbeit wurden folgende Bde herangezogen: Suomi, Urho Kekkonen, t. 1–3. Außerdem wird das von Suomi hrsg. Tagebuch Kekkonens der Jahre 1956–1962 genutzt: Urho Kekkosen päiväkirjat, t. 1.
[361] Esa Seppänen kritisiert die kritische Sicht Rautkallios, stellt sich bewusst in die Linie Suomis. In Miekkailija vastaan tulivuori beschreibt und analysiert er die Beziehung zwischen Kekkonen und Chruščev; siehe ebenso Seppänen, Adjutanttina Kekkosen linjalla.
[362] Rautkallio, Paasikivi vai Kekkonen; Rautkallio, Kekkonen ja Moskova; Rautkallio, Novosibirskin lavastus.
[363] Lehtinen, Fagerholm; Lehtinen, Aatosta jaloa ja alhaista mieltä.

1970er- und 1980er-Jahre verstanden werden. So bewegt sich diese finnische Geschichtsdiskussion in Analogie und als Teil des Problems der Bewertung der sowjetischen ›friedlichen Koexistenzpolitik‹[364] auch an den »alten Fronten« der innerfinnischen politischen Auseinandersetzung des behandelten Zeitraumes.

Der 1900 im karelischen Pielavesi geborene Kekkonen gehörte der gleichen Generation wie Fagerholm an. Er nahm als junger Mann aufseiten der Weißen am finnischen Bürgerkrieg teil. Sein Vater war ursprünglich Waldarbeiter, wenngleich Kekkonens Elternhaus wohl nicht im gleichen Sinne wie dasjenige Fagerholms als ärmlich zu bezeichnen ist. 1921 zog er nach Helsinki. Dort studierte er Jura und war aktives Mitglied der Akademischen Karelien-Gesellschaft (Akateeminen Karjala-Seura, AKS). Sein politisches Profil kann in jungen Jahren als rechtsgerichtet und nationalistisch beschrieben werden. In der Sprachenfrage vertrat Kekkonen radikal fennistische Ansichten. Im Jahr 1936 schloss er sein Jurastudium ab und arbeitete unter anderem als Herausgeber der fennomanischen[365] Zeitung »Suomalainen Suomi«[366]. 1930 wurde er in Helsinki Vorsitzender der AKS. In einer Zeit, als diese sich zunehmend in rechtsradikalen Bahnen bewegte, schlug Kekkonen jedoch moderatere Töne an. Als er sich 1932 im Zusammenhang mit seiner Doktorarbeit in Deutschland aufhielt, lernte er den Nationalsozialismus kennen. Die Bewegung wirkte auf ihn abschreckend und primitiv, sie öffnete ihm die Augen für die negativen Konsequenzen einer zu engen deutsch-finnischen Zusammenarbeit. 1936 zog er als Abgeordneter der Agrarunion für Viipuri in den finnischen Reichstag ein. In der Regierung von Kyösti Kallio IV[367] wurde der promovierte Jurist Kekkonen Innenminister[368]. In diesem Amt machte ihn insbesondere die Bekämpfung der rechtsradikalen IKL bekannt. Sein Beschluss zu deren Auflösung scheiterte jedoch am Amtsgericht Helsinki[369].

Auch wenn hinsichtlich ihres sozialen Profils und ihrer politischen Ausrichtung Fagerholm und Kekkonen recht unterschiedlich waren, lassen sich doch einige

---

[364] Siehe Kap. I.2.

[365] Im 19. Jahrhundert war im mittlerweile zum Russischen Reich gehörenden Großfürstentum Finnland Schwedisch Amts- und Verwaltungssprache geblieben. Mit dem Ziel, die Stellung der finnischen Sprache und somit die Chancen für die finnischsprachige Mehrheit im Großfürstentum zu verbessern, bildete sich die »Fennomanie«. Derer radikaler Flügel, die Jungfennomanen um Yrjö Koskinen, forderten Finnisch als einzige Amtssprache. In engem Zusammenhang mit diesem Programm stand die Vorstellung eines politischen Großfinnland um den Finnischen Meerbusen. In der Verfassung von 1919 wurden sowohl Schwedisch als auch Finnisch als Nationalsprachen festgeschrieben. Der Sprachenkonflikt spitzte sich aber ab 1934 erneut zu, als die Regierung eine Quote für schwedischsprachige Professoren an der Universität Helsinki plante. Es kam hierbei auch zu gewaltsamen Unruhen. Erst durch den gemeinsamen Feind im Winterkrieg verschwand der Gegensatz zwischen Fennomanen und Svekomanen aus dem universitären Umfeld und der finnischen Politik. Zu den Auseinandersetzungen der 1930er-Jahre siehe Klinge, Eine nordische Universität, S. 639–663.

[366] Dt. »Finnisches Finnland«. Lehtinen, Aatosta jaloa ja alhaista mieltä, S. 83 f.

[367] Die vierte Regierung mit dem späteren Präsidenten (1937–1940) Kallio als Premierminister (7.10.1936–12.3.1937) wurde deutlich von der Agrarunion dominiert, der zehn der 14 Minister angehörten.

[368] Nevakivi, Vom Fortsetzungskrieg bis zur Gegenwart, S. 193.

[369] Ebd., S. 194.

beachtenswerte Gemeinsamkeiten feststellen. Beide gehörten ursprünglich nicht zur finnischen Führungsschicht, beide hatten in jungen Jahren zu radikalen Positionen geneigt und sich dann zu entschiedenen Gegnern derselben entwickelt. Beide waren in den bewegten 1930er-Jahren als politische Journalisten maßgeblich am Kampf gegen radikale Positionen beteiligt. Der Kommunismus sowjetischer Prägung und der deutsche Nationalsozialismus wurde von beiden entschieden abgelehnt. Die bedeutendste Übereinstimmung ist jedoch die gemeinsame ablehnende Haltung gegenüber dem Fortsetzungskrieg an der Seite Hitlerdeutschlands.

Noch 1940 im Winterkrieg war Kekkonen eines von vier Mitgliedern des Auswärtigen Ausschusses, die gegen den Frieden mit der UdSSR stimmten[370]. Drei Jahre später im Fortsetzungskrieg wurde Kekkonen jedoch zum wohl profiliertesten Vertreter der Friedensopposition. Bedeutsam ist in diesem Zusammenhang vor allem seine vielzitierte programmatische Rede »Nachbarliche Beziehungen mit dem Erbfeind« vom Dezember 1943 vor der schwedischen Agrarunion in Stockholm. In dieser Rede verglich er die Situation 1943 mit derjenigen von 1920[371]. Die Unabhängigkeit Finnlands sei eine Conditio sine qua non. Es böten sich nach einem Friedensschluss für Finnland jedoch theoretisch zwei Möglichkeiten des außenpolitischen Verhaltens: Eine antisowjetische Politik oder eine Politik der Neutralität gegenüber der Sowjetunion. Offen und ohne Vorurteile müsse akzeptiert werden, dass es nicht im nationalen finnischen Interesse läge, einer antisowjetischen Front beizutreten und als Vorposten eines antisowjetischen Vormarsches im Krieg als Erster überrannt zu werden[372].

Doch während sich Fagerholms und Kekkonens Positionen gegenüber Hitlerdeutschland durchaus ähnelten, ergaben sich Unterschiede im außenpolitischen Denken nicht nur hinsichtlich der Sowjetunion, sondern auch gegenüber Skandinavien. Kekkonens Einstellung war hinsichtlich Schweden im Vergleich zu Fagerholms Linie der skandinavischen Integration eher distanziert. Eine Rolle spielte hierbei sicherlich auch, dass in Schweden die Sozialdemokraten regierten und Premierminister Tage Erlander besonders gute Beziehungen zu Kekkonens politischem Gegner Fagerholm unterhielt. Allerdings standen sich Kekkonen und Gunnar Hedlund, der Vorsitzende der schwedischen Agrarunion, die bis 1957 als Juniorpartner in der schwedischen Regierung fungierte, nicht nur parteipolitisch nahe. Auch in Norwegen und Dänemark gereichten die parteipolitischen und persönlichen Verhältnisse eher Fagerholm zum Vorteil. Sowohl zum norwegischen Premierminister Einar Gerhardsen als auch zum dänischen Premierminister Hans C. Hansen pflegte dieser gute Beziehungen[373].

Innerhalb Finnlands aber entwickelte sich Kekkonen, der sich als einer der wenigen Abgeordneten bereits nach dem Waffenstillstandsvertrag von 1944 optimis-

---

[370] Ebd., S. 214.
[371] Valtasaari, Paasikiven-Kekkosen linjan alkuvaiheita.
[372] Ebd., S. 30–31.
[373] Wahlbäck, Urho Kekkonen ja Ruotsi, S. 89 f.; Fagerholm, Puhemiehen ääni, S. 322.

tisch geäußert hatte, bald zum ›starken Mann‹[374]. Er gehörte der im November gebildeten Regierung Paasikivi als Justizminister an; bei der Wahl Paasikivis zum Präsidenten war er einer der Kandidaten für das Amt des Premierministers, scheiterte jedoch an der Ablehnung der Volksdemokraten[375]. Bereits während dieser Zeit stand er gegenüber der Alliierten Kontrollkommission für eine »Politik der Vorleistungen«. Als Justizminister drängte er darauf, die Prozesse gegen die ›Kriegsschuldigen‹ im Sinne der Kontrollkommission zu führen. An den Verhandlungen zum FZB-Vertrag nahm Kekkonen als Vertrauensmann des zu Hause gebliebenen Präsidenten Paasikivi teil. Er gehörte neben dem Abgeordneten der Schwedischen Reichspartei Johan Otto Söderhjelm zum inneren Zirkel, mit dem Paasikivi seine Strategie für die Verhandlungen mit Molotov besprach und führte auch größtenteils anstelle des Delegationsführers Mauno Pekkala die Verhandlungen[376]. Von 1950 bis 1953 und 1954 bis 1956 war Kekkonen Premierminister, dabei nahm er von 1952 bis 1953 sowie 1954 auch das Amt des Außenministers wahr. Innenpolitisch bewies er eine weniger glückliche Hand. Bereits im Mai 1950 reagierte seine Regierung auf einen Streik der Lokomotivführer mit der Einberufung eines Viertels derselben zum Militärdienst. Zwar kamen die Einberufenen größtenteils dem Gestellungsbefehl nach, weigerten sich jedoch, Lokomotiven zu fahren. Einige traten ihren Dienst gar nicht an. Mehrere Tausend Verfahren wegen militärischer Disziplinlosigkeit waren die Folge, letztlich wurde die Einberufung beendet, was Kekkonens Prestige freilich nicht zuträglich war[377]. Reichstagspräsident Fagerholm gelang es etwa zeitgleich, einen drohenden Generalstreik zu verhindern. Gegen das Votum der Kommunisten einigte man sich auf eine Erhöhung der Löhne um 15 Prozent[378].

Im Westen, aber auch in der Sowjetunion galten die Präsidentschaftswahlen von 1956 als Richtungswahlkampf. Max Jakobson beschreibt diese Wahlen als »Matrjoschka«[379]: Hinter Fagerholm habe Paasikivi gestanden, Kekkonen sei wiederum in Moskau der Kandidat des KGB, Paasikivi der Kandidat des Außenministers Molotov gewesen. Trotz innenpolitischer Schwierigkeiten konnte Kekkonen sich im Präsidentschaftswahlkampf außenpolitisch als legitimer Nachfolger Paasikivis und Garant für die guten Beziehungen mit der Sowjetunion profilieren und letztlich, wenn auch knapp, die Wahl für sich entscheiden[380].

In den Augen des britischen Militärattachés erfreute sich Fagerholm im Gegensatz zu Kekkonen einer gewissen Beliebtheit. Nach Kekkonens Regierungsantritt 1950 wurde dessen prononciert sowjetfreundliche Linie kritisch wahrgenommen: »It does at least seem clear that *Kekkonen* is anxious to appear as a man who is a

---

374 Nevakivi, Vom Fortsetzungskrieg bis zur Gegenwart, S. 245.
375 Ebd., S. 257.
376 Krosby, Friede für Europas Norden, S. 101, 108.
377 TNA, PRO, WO 106/6048, MA/20/64, Finland, monthly intelligence summary for July 1950.
378 Ebd.
379 Die typische russische Holzpuppe ›Matrjoschka‹ besteht aus mehreren Innenpuppen, die einander gleichen. Öffnet man eine Puppe, findet man in dieser stets eine kleinere Gleichartige.
380 Jakobson, Pelon ja toivon aika, S. 190.

better friend of *Stalin* than the so much abused *Fagerholm*[381].« Seine Antipathie gegenüber Kekkonen und dessen Partei brach in seinen sonst eher nüchtern gehaltenen nachrichtendienstlichen Berichten an den Director of Military Intelligence in London wie folgt hervor: »For what it is worth my own opinion is that these foxy farmers, wet Swedes and somewhat colourless liberals are far less capable of standing up to the Soviet bully than were their Social-Democrat predecessors[382].« Eine ähnliche Einschätzung findet sich auch etwa fünf Jahre später in einem Bericht des Northern Department des Foreign Office über die sowjetische Politik gegenüber Finnland:

> »There can be no doubt that the attitude of the Finnish Government towards Russia has of late been unnecessarily subservient. This is principally the fault of Dr. Kekkonen, the Prime Minister, an able and extremely ambitious man who, though no Communist or fellow traveller, is prepared to follow almost every policy which will suit his personal book and further increase his popularity with the weak and ageing President Paasikivi, whom he hopes to succeed at the next Presidential elections. As a result of skilful and unscrupulous intrigue he has recently become Prime Minister for the fifth time, and although it is hoped that he will reverse his present policy if he feels that his country's independence is in serious jeopardy, there is a risk that he may allow his ambition to outrun his country's interests[383].«

Solche Einschätzungen zogen sich durch die gesamte politische Karriere Kekkonens, wenngleich die Wortwahl meist differenzierter ausfiel. Fagerholm hingegen galt innerhalb des Bündnisses als »Mann des Westens«.

c) Rückgabe von Porkkala als ›Disengagement‹?

Das Jahr 1955 kann als Wendejahr im bipolaren Mächtekonflikt gesehen werden. Es war dies die Zeit des westdeutschen NATO-Beitritts und der Gründung des Warschauer Paktes. Am 19. September verlängerten Finnland und die Sowjetunion den FZB-Vertrag um 20 Jahre. Der Vertrag wäre 1958 abgelaufen und wurde somit bis 1975 verlängert. Gleichzeitig schlossen die UdSSR und Finnland den »Vertrag über die Rückgabe von Porkkala«[384]. Als ›Nebenprodukt‹ wurde Ministerpräsident Kekkonen anlässlich der Moskaureise des Präsidenten Paasikivi als ›Kronprinz‹ bestätigt, er galt in der Sowjetunion fortan als die finnische »Nr. 2« nach Paasikivi[385]. Wesentlicher als dieser personale Aspekt war jedoch der Gesamtzusammenhang in der bipolaren Mächtekonfrontation – mit einem Schlagwort, der ›Geist von Genf‹. Jakobson beschreibt ein Gespräch zwischen dem Generalsekretär der KPdSU und Marschall Žukov aus Chruščevs Erinnerungen. Bei einer Ru-

---

381   TNA, PRO, WO 106/6048, MA/20/58, Finland, monthly intelligence summary for April 1950 (Hervorhebungen im Original).
382   Ebd.
383   Ebd., FO 371/116274, Soviet policy towards Finland, 8.1.1955.
384   Der Vertragstext auf Finnisch und Russisch findet sich in KA, Porkkala-komitea 1955–1956, 540:341; eine deutsche Übersetzung bei Krosby, Friede für Europas Norden, S. 449–451.
385   Jakobson, Pelon ja toivon aika, S. 188.

derpartie auf dem Genfer See habe Chruščev den Marschall gefragt, was er davon halte, wenn sie die Truppen aus Finnland zurückziehen würden. Dies würde sich nicht nur auf Finnland auswirken, sondern auch auf andere Länder, beispielsweise Schweden und Norwegen. Žukov habe geantwortet, es gebe aus strategischer Sicht keinen Grund, die Truppen in Finnland zu halten und dass dies auch nur unnötig Geld koste[386]. Ob dieses Gespräch so stattgefunden hat oder nicht, es wirft ein Licht auf die sowjetischen Motive des Rückzuges. Insgesamt war die Rückgabe von Porkkala ein Mosaikstein in der Außenpolitik Chruščevs, die in Verbindung mit der Aussöhnung mit Tito und dem österreichischen Staatsvertrag eine Einheit bildete. Eine Außenpolitik, die der sowjetische Außenminister Molotov nicht gut-hieß[387]. Diese Haltung gegenüber Finnland muss nach Hentilä als ein Teil der Antwort auf den NATO-Beitritt der Bundesrepublik Deutschland im Mai 1955 verstanden werden. Die Sowjetunion zeigte damit einerseits ihre Koexistenzbereit-schaft, machte damit aber erneut das Verhalten (West-)Deutschlands zum Dreh- und Angelpunkt des finnisch-sowjetischen Verhältnisses[388].

Für Finnland bedeutete der Rückzug der sowjetischen Truppen schlichtweg ein Stück mehr Souveränität. Präsident Paasikivi hatte nicht umsonst die Truppen in Porkkala als »Schatten auf der finnischen Selbstständigkeit«[389] bezeichnet. 1956 sollte das Jahr des sowjetischen Truppenabzugs und der Mitgliedschaft im Nordi-schen Rat werden. Auch im Westen war sich der Tatsache, dass Teile der Roten Armee in Finnland stationiert waren, wohl bewusst. Jede besondere Aktivi-tät der in Porkkala stationierten Truppe wurde sorgfältig gemeldet[390] – genauso wie jede Äußerung der Kommunistischen Partei Finnlands.

Im September 1955 war zuerst in London, Washington und Stockholm zu hö-ren, dass der finnische Präsident Paasikivi einer Einladung nach Moskau zuge-stimmt habe. Die Erwartungen waren pessimistisch gespannt. Paasikivi, so wusste man bald im Foreign Office, werde von Premierminister Kekkonen und Verteidi-gungsminister Emil Skog begleitet, wobei insbesondere die Teilnahme des Vertei-digungsministers an der Delegation beunruhigte. Der Besuch wurde insgesamt in den Zusammenhang der sowjetischen Politik des New Look gestellt. Auch regis-trierte man seit 1954 größere Aktivität in der sowjetischen Finnlandpolitik. Vielfäl-tige Versuche der UdSSR, in verbindlichere politische Beziehungen mit Finnland zu treten und engere militärische Zusammenarbeit zu initiieren, waren bereits ge-meldet worden: Ein Abkommen über wissenchaftlich-technische Zusammenarbeit, Verkehrserleichterung durch den sowjetischen Militärstützpunkt Porkkala nahe Helsinki, Besuchererlaubnis für finnische Touristen in Karelien sowie nicht zuletzt das Angebot, der finnischen Luftwaffe Flugzeuge des Typs MiG zu liefern, Trai-

---

386 Ebd., S. 184.
387 Ebd., S. 185.
388 Hentilä, Maintaining Neutrality, S. 475.
389 Jakobson, Pelon ja toivon aika, S. 190.
390 So nahm der britische Militärattaché persönlich an Beobachtungsfahrten der finnischen Grenzwacht teil und meldete Sprengungen oder sowjetisches U-Bootaufkommen. TNA, PRO, WO 106/6048, MA/20/64, Finland, monthly intelligence summary for July 1950.

ningsmöglichkeiten anzubieten und hinsichtlich eines Radarschirmes zur Luftverteidigung zusammenzuarbeiten. Es wurde nicht nur gegenüber Finnland sondern
auch hinsichtlich Skandinavien eine sowjetische »forward policy« festgestellt. Der
norwegische und der schwedische Premierminister hatten Einladungen nach Moskau für Oktober 1955 und Januar 1956 angenommen. Vermutet wurde britischerseits daher, dass die Sowjetunion die Idee eines neutralen skandinavischen Blocks
wieder aufleben lassen wollte. Konkret würde für Paasikivis Moskau-Besuch seitens der Sowjetunion vermutlich eine Verlängerung des FZB-Vertrages, eine gemeinsame Erklärung zur Europäischen Sicherheit und eine engere militärische
Anbindung auf der Agenda stehen. Finnland hingegen wünsche Teile Kareliens
zurück und die Sowjets seien wohl darauf vorbereitet, den Marinestützpunkt in
Porkkala aufzugeben[391].

»Die Finnen« wurden zwar im Umgang mit lokalen Fragen gegenüber der Sowjetunion als »Meister«[392] angesehen. Im Foreign Office teilte man jedoch mit Botschafter Michael J. Creswell die Meinung, dass die Finnen den Verlockungen, die
Sowjetunion in »größeren Fragen« wie Europäische Sicherheit, Deutschland oder
Abrüstung zu unterstützen, erliegen könnten[393]. Das britische Foreign Office reagierte daher mit einer vorsichtigen Warnung an die Adresse des finnischen Außenministers: »Der zuständige Staatssekretär beobachte persönlich den Verlauf der
Moskau-Reise, sei aber zuversichtlich, dass die finnische Regierung den gleichen
Widerstand zeige, für den sie berühmt sei, und im Besonderen keine Dokumente
unterschreiben werde, die als Finnlands Einschwenken auf die Politik der Sowjets
bezüglich der Streitfragen Europäische Sicherheit und Abrüstung zitiert werden
könnten.« Außerdem wurde vor jeglicher Form einer militärischen Zusammenarbeit mit der Sowjetunion vor allem im Bereich Radarüberwachung gewarnt[394].

Angesichts des bevorstehenden Paasikivi-Besuchs in Moskau berichtete der
britische Botschafter von hohen finnischen Erwartungen bezüglich eines sowjetischen Abzugs aus Porkkala. Finnischerseits bestünde teilweise die Meinung, dass
dies nur für den Preis engerer militärischer Zusammenarbeit zu haben sei. Eine
solche Forderung könne die Einbindung Finnlands in die sowjetische Luftverteidigung durch Errichtung von sowjetischen Radarstationen sein. Auch gebe es ein
Gerücht, dass der Erste Stellvertretende Ministerpräsident der UdSSR Anastas I.
Mikojan für den Abzug aus Porkkala die Errichtung von Luftbasen in Nordfinnland gefordert habe. Für wahrscheinlicher hielt Creswell, dass es bei den Gesprächen um die deutsche Wiederbewaffnung gehe, und die Sowjetführung mit Finnland in Konsultationen über eine gemeinsame Verteidigung nach Art. 2 des FZB-
Vertrages eintreten wolle. Ein weiterer Aspekt des bevorstehenden Moskau-Be-
suchs wurde britischerseits im anstehenden Präsidentschaftswahlkampf gesehen.
Möglicherweise werde Tanner seitens der Sozialdemokraten zum Präsidentschafts-

---

[391] TNA, PRO, FO 371/116275, F 10338/50, Soviet Invitation to the Finnish President, 9.9.1955.
[392] »Past-masters«; ebd.
[393] Ebd.
[394] Ebd., FO 371/116275, Foreign Office (Ward) to Helsinki, Entwurf o.D., vermutlich 10.9.1955.

kandidaten aufgebaut und der Kreml wolle mit Paasikivi und Kekkonen eine Strategie durchsprechen, um dies zu verhindern[395].

Auch die nordischen NATO-Partner wurden auf diplomatischem Wege zu ihrer Einschätzung der Lage in Finnland befragt. Der norwegische Außenminister Lange antwortete, auch er habe keine Theorie zum bevorstehenden finnischen Präsidentenbesuch in Moskau. Das Einzige, was man den Finnen habe entlocken können, sei die Beteuerung, dass Emil Skog nicht in seiner Funktion als Verteidigungsminister, sondern als Vorsitzender der Sozialdemokraten mitfahre. Auch das schwedische Außenministerium wisse nicht mehr. Die größten Zugeständnisse, auf welche die Finnen hoffen könnten, seien aber die Aufhebung des sowjetischen Bannes über einen Beitritt zu den Vereinten Nationen oder gar zum Nordischen Rat[396].

Die Analyse der Ergebnisse der Moskau-Reise der finnischen Delegation begann bereits am Tag nach der Unterzeichnung der Verträge. Die offizielle britische Sichtweise kurz nach dem Besuch Paasikivis findet sich in einem Dokument vom 20. September, »The Visit of the President of Finland to Moskow«, welches eine Art Abschlussbewertung des Northern Department mit Sprachregelungen für die Botschafter darstellt[397]. Als Ergebnis nennt der Bericht die Verlängerung des Freundschaftsvertrages um 20 Jahre und die Räumung des Militärstützpunktes Porkkala. Aus militärischer Sicht hätten die Russen etwas wenig Wertvolles aufgegeben. Der Stützpunkt sei ursprünglich als ein Teil der Verteidigung Leningrads von Interesse gewesen, doch habe die technische Entwicklung der Nachkriegszeit diese Bedeutung überholt. Der Besitz eines solchen Stützpunktes nur zwölf Meilen von Helsinki entfernt habe den Russen die Möglichkeit gegeben, militärischen Druck auf die finnische Regierung auszuüben, doch sei ein solcher selbst beim Ausscheiden der Kommunisten aus der finnischen Regierung nicht angewendet worden. Die Anwesenheit von russischen Streitkräften in unmittelbarer Nähe zur Hauptstadt habe aber eine dauerhafte und unangenehme Quelle der Beunruhigung dargestellt. Die finnische Gegenleistung der Verlängerung des Freundschaftsvertrages sei als moderater Preis anzusehen, da die Finnen ohnehin keine Einwände gegen sie gehabt hätten. Es sei anscheinend sowjetischerseits kein Versuch gemacht worden, den Finnen eine Erklärung zur europäischen Sicherheit oder Abrüstung abzuverlangen. Ob geheime Abkommen über Belange von sowjetischem Interesse, wie ein gemeinsam betriebenes Radarsystem, engere militärische Zusammenarbeit, Ausstattung mit Flugzeugen des Typs MiG oder Finnlands Position gegenüber dem Nordischen Rat vereinbart worden seien, bleibe abzuwarten. Zwar hätten die Finnen den Abschluss eines Geheimabkommens dementiert, doch bleibe der Verdacht, dass die Verhandlungen nicht so redlich gewesen seien, wie es in den öffentlichen Erklärungen scheine. Schließlich sei über die Rückgabe von

---

[395] Ebd., F 10338/54, British Embassy Helsinki (Creswell) to Foreign Office (Ward), 13.9.1955.
[396] Ebd., 10727/9/55, British Embassy Oslo to Foreign Office (Ward), 13.9.1955.
[397] Ebd., FO 371/116276, The Visit of the President of Finland to Moscow, Northern Department, 20.9.1955.

Porkkala mit Paasikivi und Kekkonen bereits kurz vor deren Aufbruch nach Moskau Einvernehmen erzielt worden. Dies mache wiederum die finnische Erklärung unglaubwürdig, Verteidigungsminister Skog sei lediglich in seiner Funktion als Vorsitzender der Sozialdemokraten und um Kekkonen zu vertreten Delegationsmitglied gewesen. Ferner sei der russophile Sozialdemokrat Svento – ein »fellowtraveller« der Sowjetunion zwischen 1944 und 1948 – Angehöriger der Delegation gewesen[398]. Die Finnen und ihre skandinavischen Nachbarn seien jedenfalls mit dem Ergebnis der Verhandlungen zufrieden.

Über die mit dem von Moskau initiierten Besuch verbundenen Absichten der Sowjetunion wurde wie folgt spekuliert: Möglicherweise solle ein weiterer Beweis für deren Wunsch zur Entspannung der internationalen Beziehungen erbracht und ein Argument gegen Stützpunkte der USA in anderen Ländern gewonnen werden. Außerdem wollte man wohl Kekkonens Chancen für die kommende Präsidentschaftswahl stärken, aber auch eine Ermutigung der schwedischen Neutralität mit dem Ziel, die Idee eines neutralen skandinavischen Blockes wieder aufleben zu lassen, sei denkbar. Vorausgesetzt, dass es kein geheimes Zusatzabkommen gebe, sei das Ergebnis der Verhandlungen »as we would wish it«. Dies sei jedoch vertrauliche Information. Im Falle eines geforderten Kommentars sollte das Ergebnis der Verhandlungen begrüßt und die geringe militärische Bedeutung des Stützpunktes Porkkala hervorgehoben werden. Ein Vergleich zwischen Porkkala und NATO-Stützpunkten verlange die Antwort, die Überlassung von Porkkala sei mit Waffengewalt erzwungen worden, wohingegen es sich bei den NATO-Stützpunkten um Vereinbarungen zwischen souveränen Regierungen handele[399]. Außerdem seien Sowjettruppen nach wie vor in Ostdeutschland, Polen, Rumänien und Ungarn stationiert[400].

Die Sichtweise der USA findet sich in einem geheimen Dokument vom 22. September 1955 mit der Überschrift »Soviet-Finnish Agreements on Porkkala and Mutual Aid Pact«[401]. Die Erneuerung des Paktes zweieinhalb Jahre vor dessen Auslaufen wird hier als offensichtlich einziger Preis der Sowjetunion für die Rückgabe des Stützpunktes Porkkala beschrieben. Bewertet wurde dies als eine Geste, um die öffentliche Meinung der Welt zu beeinflussen und als ein Schritt, den die Sowjetunion als wichtigen Beitrag zur Entspannung präsentierte. Dem folgte eine kurze Analyse des FZB-Vertrags, die in der Feststellung endete, dass angesichts der schwachen finnischen Streitkräfte aus finnischer Sicht jede Politik, die nicht

---

[398] Gemeint war der dem linken Flügel der finnischen Sozialdemokratie zugehörige Abgeordnete Reinhold Konstantin Svento (bis 1938 Sventorzetski). Zu den Strömungen innerhalb der SDP und zu Sventorzetski/Svento siehe Soikkanen, Kohti kansanvaltaa., S. 450 f.

[399] Das Argument »Erzwingung mit Waffengewalt« erscheint recht gewagt, da ja letztlich das gesamte »System von Jalta« auf Waffengewalt beruhte und speziell der sowjetische Stützpunkt in Porkkala Ergebnis eines international und speziell seitens Großbritannien anerkannten Friedensvertrages war.

[400] TNA, PRO, FO 371/116276, The Visit of the President of Finland to Moscow, Northern Department, 20.9.1955.

[401] Ebd., Department of State, Office of Intelligence Research, Intelligence Brief No. 1824: Soviet-Finnish agreements on Porkkala and Mutual Aid Pact, 22.9.1955.

eine streng neutrale Stellung einhalte, lediglich die Realitäten der außenpolitischen Situation des Landes berücksichtige. Der Stützpunkt in Porkkala habe »ein dauerhaftes Symbol des Eingreifens in ihre nationale Souveränität« dargestellt. Die Rückgabe des Stützpunktes weise auf dessen verringerte strategische Bedeutung für die Sowjetunion hin. Bei seiner Errichtung 1944 hatte Porkkala geholfen, die Ostsee zu dominieren und den Seeweg nach Leningrad zu sichern. Die Implikationen moderner Kriegführung und die wachsende Seemacht des sowjetischen Blocks habe Porkkala inzwischen strategisch überflüssig gemacht. Nach US-Informationen waren in Porkkala Minenräumboote, Aufklärungskräfte sowie ein Geschwader Kampfjets stationiert. Die für diese Kräfte vorgesehenen Einsätze könnten genauso auch von anderen Stützpunkten auf sowjetischem Territorium aus durchgeführt werden. Unter den aktuellen Kräfteverhältnissen in Nordeuropa seien finnische Flugplätze im Norden des Landes von größerer strategischer Bedeutung als Porkkala. Zukünftiger sowjetischer Druck, solche Infrastruktur zu errichten, könne nicht ausgeschlossen werden. Als möglichen Preis hierfür könnte die Sowjetunion Finnland die verlorenen Gebiete Kareliens anbieten. Die Rückgabe Porkkalas wurde entsprechend den Äußerungen von Bulganin, Chruščev und Žukov mit dem für den 29. Mai 1956 vorgesehenen sowjetischen Rückzug aus Port Arthur in Verbindung gebracht. Außerhalb der Satelliten verfüge dann die Sowjetunion über keine weiteren Stützpunkte. Die Sowjetunion werde versuchen, dies propagandistisch als »an important Soviet move to relax international tensions and as a challenge to the US to match the Soviet action« darzustellen[402].

Bei einem Vergleich des »Intelligence Brief No. 1824« mit dem Bericht des finnischen Gesandten Johan Nykopp über sein Gespräch mit dem Assistant Secretary of State für European Affairs Livingston T. Merchant über Porkkala am gleichen Tag fallen starke Übereinstimmungen im Inhalt auf. Teilweise ähneln sich sogar die Formulierungen. Nykopp beschreibt recht ausführlich, wie er Merchant die finnische Position nahegebracht habe: Finnland sei sich sehr wohl des gesamtpolitischen Hintergrunds der Rückgabe von Porkkala bewusst. Auch der Propagandaeffekt für die Sowjetunion und deren Forderung, die USA mögen ihre ausländischen Stützpunkte aufgeben, seien bekannt. Der militärische Wert des Stützpunktes Porkkala sei im Atomzeitalter gesunken und die Idee, den finnischen Meerbusen zu schließen, stamme aus der Zarenzeit. Dennoch sei die Rückgabe von Porkkala für Finnland von großer Bedeutung. Die ausländische Militärmacht »nur zehn Meilen vor der Hauptstadt habe eine permanente Bedrohung der finnischen Unabhängigkeit dargestellt«. Die Rückgabe des Stützpunktes sei für Finnland daher ein Zeichen dafür, dass die Sowjetunion sich nicht in die inneren Angelegenheiten Finnlands einmischen wolle. Darüber hinaus sei es ein Hinweis, dass Moskau auch einer nicht-kommunistischen Regierung in Finnland vertraue und demzufolge nicht den finnischen Kommunisten zur Macht verhelfen werde, sondern vielmehr normale Beziehungen mit der rechtmäßigen Regierung Finnlands anstrebe. Auf die Frage Merchants nach einem geheimen Zusatzabkommen antwortete Nykopp,

---

[402] Ebd.

dass die Verlängerung des FZB-Vertrages die einzige Gegenleistung Finnlands für die Rückgabe der Basis darstelle. Den Porkkala-Vertrag bezeichnete Merchant als »very constructive«, stellte ihn jedoch in den Zusammenhang mit den Verhandlungen von Genf sowie allgemein mit der Deutschlandfrage. Das State Department verstehe in Gänze die positive Bedeutung des Porkkala-Vertrages für Finnland, auch wenn die Sowjetunion diesen als Propaganda gegen die Stützpunktpolitik der USA benutzen werde[403]. In groben Zügen folgte das State Department also der finnischen Auffassung, übernahm sie teilweise sogar fast wörtlich. In Form des »Intelligence Brief 1824« wurde diese ursprünglich »finnische Lesart« der Dinge als »amerikanische Interpretation« an die Verbündeten weitergegeben.

Der norwegische Vertreter im Nordatlantikrat, Jens Boyesen, teilte am 28. September 1955 die Sichtweise seiner Regierung bezüglich des sowjetischen Rückzuges aus Porkkala mit: Militärisch sei die Aufgabe des Stützpunktes fast ohne Bedeutung. Diese habe ohnehin lediglich dazu gedient, die finnische Regierung jederzeit am Verlassen Helsinkis hindern zu können. Die norwegische Regierung sei der Meinung, dass die sowjetischen Ziele vielmehr im politischen Bereich lägen: Mit Hinblick auf eine Erweiterung des Freundschaftsvertrages zwischen Finnland und der UdSSR solle in Finnland Stimmung gemacht werden, was in der Tat auch gelungen sei. Allgemein sei der Truppenrückzug aus Porkkala ein propagandistischer Schachzug, der die sowjetische Forderung, ausländischen Truppen sollten den Boden aller europäischen Länder verlassen, unterstützen solle. Damit war beabsichtigt, die öffentliche Meinung in Skandinavien zu beeinflussen. Die norwegische Regierung sei der Meinung, dass dem Rückzug aus Porkkala weitere positive Handlungen gegenüber Skandinavien folgen würden, die alle letztlich dazu dienten, die Skandinavier von der NATO zu lösen. Seine Regierung sei jedoch davon überzeugt, dass dieser sowjetische Plan nicht aufginge[404]. Die Vertreter Dänemarks, Italiens und der Vereinigten Staaten bestätigten diese norwegische Interpretation der sowjetischen Finnlandpolitik[405].

Noch am selben Abend wurde die norwegische Einschätzung per Fernschreiben nach Bonn weitergeleitet. Die »militärische Bedeutung dieser Rückgabe sei sehr gering«, berichtete der deutsche Vertreter bei der NATO, Franz Krapf. Die Sowjetunion beabsichtige »einerseits den Eindruck wachzuhalten, dass sie eine Politik der Entspannung betreibe, andererseits wohl auch ihre Kampagne gegen ausländische Militärstützpunkte zu fördern«. Ziel der Sowjetunion sei ebenso, »die skandinavischen Staaten von der NATO abzuwenden und die nordische Union selbst aufzulockern«[406]. Ähnlich liest sich der knappe Bericht des britischen Vertreters bei der NATO, Chetham, der die norwegische Sichtweise wie folgt zusammenfasste: Die Rückgabe des Stützpunktes habe nur geringe militärische Bedeutung. Die

[403] UA, UM Microfilmit Ea Raporttisarja 1949–1972, 5 C Washington, DC 9/1955–4/1956, Keskustelu apulaisvaltiosihteeri Livingston Merchant'in kanssa, 22.9.1955.
[404] NATO Archives, C-R (55) 39, VI, Withdrawal of Russian Forces from Porkkala.
[405] Ebd. Vgl. die amerikanische Reaktion in Hanhimäki, Containment, Coexistence and Neutrality, S. 217–228.
[406] PAAA, B23/13, Fs. aus Paris (NATO), Krapf an AA, 28.9.1955.

Sowjetunion wolle das Wohlwollen Finnlands und der Welt erreichen und die allgemeine Agitation gegen ausländische Stützpunkte verstärken. Darüber hinaus erwarteten die Norweger, dass die Sowjetunion nun stärkere Anstrengungen unternehmen würde, um alle NATO-feindlichen Elemente in Skandinavien zu ermutigen[407].

Während also die Vereinigten Staaten mit dem sowjetisch-finnischen Abkommen zufrieden waren und in groben Zügen die finnische Interpretation teilten, brachte Norwegens Regierung das gesamtskandinavische Moment in die Diskussion ein. Am skeptischsten war Großbritannien, das ein geheimes Zusatzprotokoll vermutete und die finnischen Erklärungen am kritischsten hinterfragte. Einig war man sich über den geringen militärischen Wert Porkkalas und den von der Sowjetunion erhofften Propagandaeffekt. In den NATO-Diskussionen findet sich keine Spur mehr von Zufriedenheit über den Vertrag, eher wurde die Perfidie der Sowjetpolitik betont und angesichts der Entspannungspropaganda des Kreml noch mehr auf die Gefahren des ›Einlullens‹ und den »long haul« hingewiesen, um die Geschlossenheit der antisowjetischen Phalanx zu gewährleisten. Die Verlängerung des FZB-Vertrages bis 1975 wurde in den Threat Assessments der NATO als Gegenleistung für den Rückzug der sowjetischen Truppen aus Porkkala genannt. Die Rede Molotovs vor den Vereinten Nationen, in der dieser den Rückzug aus Porkkala als Beispiel für die Friedfertigkeit der Sowjetunion darstellte und die Westmächte dazu aufrief, ihrerseits ausländische Militärbasen aufzulösen, bestimmte die Wahrnehmung des Porkkala-Ereignisses bei der NATO[408]. Dabei stand unausgesprochen die Deutschlandfrage und ausgesprochen die skandinavische Bündnistreue im Raum, sodass sich Norwegen und Dänemark sowie die USA und Westdeutschland propagandistisch herausgefordert sahen. Angesichts der Sowjetperzeption der NATO konnte Porkkala nur ein gefährlicher Schachzug der Sowjetunion sein: Timeo danaos et dona ferentes[409]!

Am selben Tag teilte der britische Botschafter die neueste Analyse aus Helsinki bezüglich des vergangenen Moskaubesuchs mit. Über die sowjetische Position angesichts einer möglichen Mitgliedschaft Finnlands bei den Vereinten Nationen und im Nordischen Rat wusste Creswell Folgendes zu Berichten: Bezogen auf eine Mitgliedschaft Finnlands bei den Vereinten Nationen sei die sowjetische Position unverändert. Chruščev habe über den Nordischen Rat geäußert, dass die Sowjetunion naturgemäß den Nordischen Rat nicht schätze, da zwei NATO-Staaten dort Mitglied seien. Doch sei ein möglicher Beitritt Finnlands dennoch vollkommen eine Angelegenheit, welche die finnische Regierung entscheiden könne. Kekkonen habe in den letzten ein bis zwei Tagen gegenüber einer schwedischen Zeitung angezeigt, dass jetzt Finnland möglicherweise unter »bestimmten Voraussetzun-

---

[407] TNA, PRO, FO 371/116276, UK Permanent Delegation Paris to FO, Chetham (NATO), 28.9.1955.

[408] NATO Archives, C-M (55) 87, part I, Analysis of the Trends of Soviet Policy.

[409] Equo ne credite, Teucri! Quidquid id est, timeo Danaos et dona ferentes (dt. Traut nicht dem Pferde, Trojaner! Was immer es ist, ich fürcht' die Danaer [Griechen], auch wenn sie Geschenke bringen.). Vergilius, Aeneis, Buch II, Vers 48 f.

gen« bereit sei, dem Nordischen Rat beizutreten. Unter solchen »bestimmten Voraussetzungen« sei ein endgültiges Verständnis, dass der Nordische Rat sich nicht mit Großmachtpolitik oder militärischen Dingen beschäftige, zu verstehen. Nach Ansicht des britischen Botschafters hatte Chruščev in Moskau grünes Licht für einen finnischen Beitritt gegeben: »My impression is that, as a result of M. Krushchev's statement, the Finnish Government are now revising their attitude towards the Nordic Council and that Finnish candidature may become a live issue at any moment[410].« Öffentlich wurde Kekkonens neue Linie erst ab Oktober 1955 bekannt[411]. Mit diesem Zugeständnis konnte Kekkonen nicht nur die Rückgabe von Porkkala, sondern auch die sowjetische Zustimmung zu einem Beitritt Finnlands zum Nordischen Rat im Präsidentschaftswahlkampf als sein Verdienst verkaufen. Dem nordischen Integrationspolitiker Fagerholm nahm er somit praktisch »den Wind aus den Segeln«. Hatte bisher die Frage der Nachfolge Paasikivis stark vereinfachend als eine Richungsentscheidung Finnlands zwischen ›Ost‹ (Kekkonen) und ›West‹ (Fagerholm) wahrgenommen werden können, erschien nun Kekkonen eindeutig als der geschickt zwischen Ost und West balancierende, auch geistige Nachfolger Paasikivis.

Die Umsetzung des Porkkala-Vertrages erfolgte im Januar 1956. Die Entfernung der Grenzpfähle begann am 18. Januar 1956 und wurde am 21. Januar durch die Unterzeichnung eines entsprechenden Protokolls durch die beteiligten finnischen und sowjetischen Offiziere abgeschlossen. An und für sich war damit in außenpolitischer Sicht die Rückgabe abgeschlossen. Doch folgte ein propagandistisches Nachspiel, das die westlichen Vertreter in Helsinki schlecht zu machen sich bemühten.

Am 23. Januar 1956 erfuhr die finnische Öffentlichkeit, dass zur Unterzeichnung des Rückgabeprotokolls am 26. Januar eine offizielle sowjetische Regierungsdelegation, bestehend aus Vizepremierminister Pervuchin, Vizeaußenminister Gromyko, Präsident des Obersten Sowjets Volkov und dem Stellvertreter des Verteidigungsministers, Marschall Vassiljevskij, teilnehmen werde. Gromyko hob in einem Rundfunkinterview die Bedeutung des finnisch-sowjetischen Freundschaftsvertrags hervor und auch Mikhail Pervuchin betonte in einer kurzen Ansprache, dass der Verzicht auf den Flottenstützpunkt Porkkala als ein Beitrag zur internationalen Entspannung betrachtet werden müsse und die Sowjetunion nunmehr keine militärischen Stützpunkte mehr auf fremdem Boden habe. Kekkonen stellte im Gegenzug die Rückkehr Porkkalas als Erfolg (seiner) Freundschaftspolitik zwischen Finnland und der Sowjetunion heraus[412]. Am Nachmittag fand zu Ehren der angereisten hochrangigen Sowjetdelegation ein feierlicher Empfang Kekkonens statt. Der deutsche Handelsvertreter Generalkonsul Reinhold Koen-

---

[410] TNA, PRO, FO 371/116276, British Embassy, Helsinki (Creswell) to Foreign Office (Macmillan), 28.9.1955.
[411] Siehe Kap. IV.2.b.
[412] PAAA, B 23/7, Bericht aus Helsinki, Koenning an AA, 29.1.1956: Rückgabe von Porkkala und sowjetischer Staatsbesuch.

ning berichtete hiervon mit negativem Unterton: »Es fiel auf, dass die anwesenden sozialdemokratischen Kabinettsmitglieder nicht an die Tafel zu den sowjetischen Gästen gebeten wurden.« Auf der Veranstaltung lastete, so Koenning weiter, »nicht allein die wenige Minuten zuvor ausgebrochene Regierungskrise, sondern vor allem die östlich anmutende Inszenierung«[413].

Für die Sowjetunion negative Schlagzeilen brachte bald der Zustand des zurückgelassenen Stützpunktes. Am 24. Januar inspizierte erstmals unter sowjetischer Führung eine finnische Delegation, unter anderem Premierminister Kekkonen und Außenminister Virolainen, den ehemaligen Stützpunkt Porkkala. Tags darauf erfolgte eine Besichtigung durch die Presse. Der von Virolainen als gut bezeichnete Zustand der Gebäude konnte seitens der finnischen Presse nicht bestätigt werden. Der schlechte Zustand von Porkkala wurde wiederholt auch in der finnischen Presse hervorgehoben. Der sowjetische Botschafter Viktor Lebedev räumte daraufhin gegenüber Virolainen ein, dass beim Aufbau des Flottenstützpunktes Grabsteine einiger Friedhöfe ohne Kenntnis der sowjetischen Zentralbehörden entfernt worden seien und die Sowjetunion Entschädigung leisten werde[414]. Im »Helsingin Sanomat« vom 30. Januar war zu lesen, dass die Finnen vom Zustand des ehemaligen Stützpunktes sehr enttäuscht seien[415]. Der britische Luftwaffenattaché wusste zu berichten, dass die Landebahnen in Porkkala durch Sprengungen unbrauchbar gemacht worden waren und somit nicht, wie von der finnischen Luftwaffe erhofft, von dieser genutzt werden konnten[416]. Viel mehr interessierte in Finnland jedoch bald die komplizierte Entschädigungs- und Rückübereignungsfrage des privaten Eigentums. Hierzu wurde eine Kommission unter Professor Veli Merikoski gebildet, die sich der Problematik annahm. Manche Eigentümer hatten ihre Entschädigungsrechte an Dritte verkauft, und der gegenwärtige Wert der meist zerstörten Häuser musste geschätzt werden.

Bei der NATO spielten solche Überlegungen freilich keine Rolle. Doch blieb die Aufgabe des Stützpunktes in Porkkala auch im Februar 1956 noch das einzige meldenswerte politische Ereignis an der Nordflanke des Bündnisses. Es wurde aber lediglich als »limited activity« gewertet[417].

Das Jahr 1956 brachte ansonsten das Ende der Détente und des ›Geistes von Genf‹. In seinem Jahresrückblick schrieb Botschafter Nykopp, dass vom ›Geist von Genf‹ nicht viel übrig geblieben sei. In Mitteleuropa sei, so die Einschätzung der Vereinigten Staaten, eine sowjetische Politik des Rollback zu erwarten. Die strategische Relevanz Skandinaviens sinke jedoch angesichts der neuen Flugzeugtechnologie, welche die Bedeutung der U.S. Air Force in Dänemark und Norwegen verringere. Die Vereinigten Staaten planten daher militärisch nicht mehr in Nordeuropa. Die neuen Einsatzgebiete der strategischen Bomberflotte lägen an

---

[413] Ebd.

[414] Ebd.

[415] Porkkala tänään. Helsingin Sanomat, 30.1.1956.

[416] TNA, PRO, FO 371/128594, Air Attaché Helsinki (Wing Commander Gray), Annual Report 1956, 27.12.1956.

[417] NATO Archives, C-M (56) 10, Analysis of the Trends of Soviet Policy.

der Südflanke der NATO[418]. Hiermit hinge auch wohl zusammen, dass es trotz der erhöhten Spannungen zwischen Ost und West zu keiner Belastung der finnisch-amerikanischen Beziehungen gekommen sei. Finnland werde sogar seitens der USA als Modell für politische Beziehungen zwischen der Sowjetunion und ihren westlichen Nachbarn propagiert. Das Land sei der Beweis dafür, dass selbst dann, wenn Moskau seine Truppen abziehe, der Westen sich nicht gleich eines solchen Gebiets bemächtige[419]. Anlässlich des Besuchs des Marschalls der Sowjetunion und Vorsitzenden des Ministerrates der UdSSR, Nikolai A. Bulganin, und Chruščevs in Finnland äußerte das State Department gegenüber dem finnischen Botschafter, es sei der Eindruck der USA, dass die Sowjetunion versuche, mittels Finnland die Beziehungen Norwegens und Schwedens zur NATO zu beeinflussen[420].

Betrachtet man die Rückgabe des sowjetischen Stützpunktes Porkkala genauer, so ist also festzustellen, dass es sich hierbei nicht um einen wirklichen Machtverzicht der Sowjetunion gehandelt hat und dass dieser Schritt seitens der NATO auch zu keinem Augenblick als solcher wahrgenommen wurde. In West und Ost waren sich die Fachleute bewusst, dass das militärische Gewicht des Stützpunktes Porkkala überholt war. Dies lag nicht nur an der gewachsenen Bedeutung der Luftwaffe als Träger des atomaren Schlagabtauschs, sondern auch daran, dass die strategische Position der Sowjetunion 1955 in der Ostsee weit vorteilhafter war als 1944 zur Zeit der Errichtung des Stützpunktes. Weltpolitische Ereignisse wie die Demilitarisierung Deutschlands und die Atombombe hatten Porkkala zu einer rein finnisch-sowjetischen, bilateralen Angelegenheit gemacht. Hinzu kam 1955 auch noch, dass Polen und die DDR Stützpunkte weit westlicher als Porkkala bereitstellten. Andererseits drohte mit dem Verteidigungsbeitrag der Bundesrepublik Deutschland die NATO sich stärker in der Ostsee zu engagieren. In Skandinavien aber schien Schweden immer enger an die Allianz heranzurücken, und auch Norwegen war inzwischen durch das SAC-Abkommen militärisch weit stärker an das Bündnis respektive die USA angebunden, als das noch 1949 zu erwarten war.

Die Aufgabe des Stützpunktes Porkkala stellte dennoch einen Truppenrückzug aus Finnland dar. Das war für Finnland wichtig, jedoch wurde gleichzeitig mit der Verlängerung des FZB-Vertrages die Anbindung an die Sowjetunion erneuert. Dieser war allerdings auf eine Bedrohung durch Deutschland gemünzt. Im Herbst 1955 hieß das, Finnland für den Kriegsfall als Verbündeten gegen die durch die Bundesrepublik Deutschland verstärkte NATO zu bewahren. Eine Implikation, die auch allen Zeitgenossen bewusst war. Als ein wahres Disengagement wurde die Aufgabe des Stützpunktes Porkkala seitens der NATO folglich nicht gesehen. Aus deren Blickwinkel handelte es sich außerdem lediglich um eine neue Dislozierung der sowjetischen Truppen aufgrund einer strategischen Verlagerung des Schwer-

[418] UA, UM Microfilmit Ha Raporttisarja 1949–1972, 5 C Washington, DC 1-9/1957, Suomen ja Yhdysvaltain väliset suhteet v. 1956, 2.2.1957.
[419] Ebd.
[420] Ebd., Pääministeri Bulganin'in ja puoluesihteeri Hrushtshev'in vierailu Suomessa Yhdysvalloista käsin nähtynä, 18.6.1957.

punktes nach Süden. Der Vorsitzende der Standing Group, General Sir John Whiteley, mahnte auf der Konferenz der NATO-Verteidigungsminister am 10. Oktober 1955, dass in dieser neuen Zeit der »smiling Russian faces« die harten Fakten der militärischen Realität beachtet werden müssten. Insbesondere betonte er die Entwicklung einer weitreichenden sowjetischen Bomberflotte. Angesichts der neuen sowjetischen schweren Jet-Bomber sei kein NATO-Land gegen sowjetische Luftangriffe gefeit. Abgesehen von den »Ouvertüren der laufenden russischen Friedensoffensive« gäbe es keinen wie auch immer gearteten Beweis, dass sich die Entwicklung der militärischen Fähigkeiten der Sowjetunion verlangsame[421]. Aus der finnischen Perspektive angesichts eines ohnehin stark asymmetrischen militärischen Kräfteverhältnisses stellte sich dies freilich anders dar.

d) Zwischen ›Finnlandisierung‹ und ›Rollback‹

Innerhalb der ›großen‹ Politik zwischen ›Ost‹ und ›West‹ bildete Finnland keine besondere Ausnahme. Wenn es also keinen speziellen Ort des Disengagement darstellte, so war es wohl ebenso Schauplatz des globalen »long pull«, wie andere Länder auch. Dieser »long pull« konnte sich prinzipiell in zwei Richtungen vollziehen: Als Rollback von West nach Ost oder als ›Finnlandisierung‹ von Ost nach West.

Im Jahr 1954 berichtete der finnische Botschafter in Washington, dass die Regierung Eisenhower insgesamt einen strikteren Kurs des Containment eingeschlagen habe. Der Druck auf die Verteidigungsanstrengungen Europas habe sich erhöht, denn eine Entspannung sei nach Ansicht des State Department nur möglich, wenn die Sowjetunion ihre Stützpunkte in Mittel- und Osteuropa aufgebe. Die USA hätten an Selbstsicherheit gewonnen, verfügten in der atomaren Produktion gegenüber der UdSSR über einen deutlichen Vorsprung und seien auch wirtschaftlich überlegen. Die Sowjetunion aber sei nach Stalins Tod politisch geschwächt und mit wirtschaftlichen Problemen konfrontiert. Die offizielle amerikanische Ansicht, so berichtete Nykopp, sei demzufolge, dass in naher Zukunft Finnland seitens Moskaus keine militärischen Abenteuer zu erwarten habe und sich die USA außenpolitisch stärker in Europa und somit auch in Finnland engagieren würden[422].

Sowohl die Sowjetunion als auch die NATO-Staaten versuchten Finnland mit wirtschaftlichen Mitteln »auf ihre Seite zu ziehen«. Derartige Bemühungen aufseiten der Sowjetunion wurden durch die Mitgliedstaaten dem Committee of Political Advisers der NATO mitgeteilt und dort gesammelt. Das Bündnis war somit ebenso eine freiwillige Tauschbörse für Informationen über die Sowjetunion wie auch der Ort für unter den Alliierten abgestimmtes nationales Handeln. Am 26. Juni 1957 präsentierten die USA und Großbritannien Working Papers über den Besuch

---

[421] NATO Archives, C-M (55) 41, II, Presentation by the Chairman of the Standing Group, 10.10.1955.
[422] UA, UM Microfilmit Ea Raporttisarja 1949–1972, 5 C Washington, DC 11/1953–11/1954, Amerikkalainen tilannearviointi ja sen vaikutus Yhdysvaltain suhtautumiseen Suomeen, 6.1.1954.

Bulganins und Chruščevs in Finnland. In beiden Papieren wurde auf das abgeschlossene Handelsabkommen zwischen der Sowjetunion und Finnland hingewiesen. Die USA vermeldeten, unbestätigten Berichten zufolge habe Chruščev Finnland die Rückgabe Kareliens für die Unterstützung eines neutralen finnischen Blocks in Aussicht gestellt[423]. Dies konnte der britische Report nicht bestätigen, doch wurde auch hier als Ziel für den sowjetische Finnlandbesuch »die Nutzung finnischen Territoriums als Propagandaplattform in Richtung Westen, Skandinavien und blockfreie Länder«[424] genannt. Der Abschluss eines Handelsabkommens im Wert von 100 Millionen Rubel zu einer Zeit, in der die Handelsbilanz Finnlands gegenüber dem Westen sich in einer Krise befände, würde Finnland wohl an die Wichtigkeit des Osthandels, dessen Verlust es sich nicht leisten könne, erinnern[425]. Seitens der NATO-Leitmächte USA und Großbritannien wurde die westliche Integration Finnlands über die Mitgliedschaft in »westlichen« Organisationen versucht. Neben dem bereits dargestellten Beitritt zum Nordischen Rat kam Finnland auch für die Organization of European Economic Co-operation (OEEC)[426], das im Entstehen begriffene European Free Trade Agreement (EFTA) oder eine geplante Nordic Customs Union (NCU) infrage. Das britische Foreign Office erklärte seine diesbezüglichen Leitlinien in einem Schreiben an die Botschaften in Stockholm und Helsinki im Februar 1958. Einen Eintritt in die OEEC würde Großbritannien willkommen heißen, vorausgesetzt die Finnen selber würden dies angesichts der Nachbarschaft zur Sowjetunion für möglich halten. Ähnlich mochte es sich hinsichtlich der EFTA verhalten. Doch sei angesichts der ohnehin bereits komplizierten Verhandlungssituation von einer Beteiligung Finnlands bereits im derzeitigen Stadium abzusehen. Sollte Finnland jedoch noch vor dem Abschluss der Verhandlungen über die EFTA Mitglied der OEEC werden und wünschen, der EFTA beizutreten, dann sollte trotz möglicher Nachteile Finnland an den Gesprächen beteiligt werden. Auch eine Mitgliedschaft Finnlands in einer NCU sei prinzipiell im Interesse Großbritanniens. Die Vorteile, dass Schweden und Finnland dadurch enger an den Westen angebunden würden, wögen schwerer als die Gefahr eines »semi-neutralist Nordic bloc«[427]. Eine NCU, die mit der EFTA assoziiert sei, würde möglicherweise eine OEEC-Mitgliedschaft Finnlands unnötig machen. Sie würde dennoch eine Verbindung zwischen Finnland und diesen Organisationen herstellen und dadurch Finnland sehr stark an den Westen und dessen Handelsmethoden binden. Die Politik Großbritanniens gegenüber der NCU sei daher eher die eines »wohlwollenden Interesses als einer Unterstützung von

---

[423] NATO Archives, AC/119-WP/54, Committee of Political Advisers, Bulganin-Khrushchev Visit to Finland, Note by the United States Delegation, 26.6.1957.

[424] »To use Finnish territory as a platform for propaganda directed to the West, to Scandinavia and to uncommitted countries.« Ebd., AC/119-WP/54/1, Committee of Political Advisers, Bulganin-Khrushchev Visit to Finland, Note by the United Kingdom Delegation, 26.6.1957.

[425] Ebd.

[426] Ab 1961 Organization for Economic Co-operation and Development (OECD).

[427] TNA, PRO, FO 371/134488, Foreign Office (Wright) an British Embassy Stockholm (Hankey), 25.2.1958.

ganzem Herzen«[428]. Die Haltung der Sowjetunion wurde so eingeschätzt, dass diese am stärksten gegen einen Beitritt Finnlands zur EFTA und weniger gegen eine Mitgliedschaft in der OEEC sei. Bei den Überlegungen zur britischen Haltung gegenüber einer Beteiligung Finnlands an den angesprochenen Organisationen spielten neben den wirtschaftlichen Aspekten vor allem strategische Erwägungen eine Rolle. Das übergeordnete Ziel bezogen auf Finnland war dessen Anbindung an den Westen. Dazu war man im Zweifelsfall auch bereit, gewisse Nachteile in Kauf zu nehmen – immer vorausgesetzt, dass der »westliche Charakter« dieser Organisationen nicht verwässert werde[429]. Etwa zeitgleich bemühten sich auch die Vereinigten Staaten, der finnischen Regierung einen Eintritt in die in der OEEC schmackhaft zu machen. Der finnische Botschafter in Washington berichtete ebenso vom amerikanischen Interesse an einer OEEC-Mitgliedschaft Finnlands. Eine solche würde laut State Department zukünftige US-Kredite für Finnland erleichtern[430].

In Zeiten des »long pull« wurde jedoch nicht nur mittels gewöhnlichem Güterverkehr »gezogen«. Dem Waffengeschäft kam angesichts des Kalten Krieges eine besonders sensible Bedeutung zu[431]. Im Falle eines neutralen Landes ohne nennenswerte Rüstungsindustrie wie Finnland wurde die Herkunft neuer Waffen genau beobachtet. Schließlich gab dies Aufschluss über die Blockzugehörigkeit oder zumindest eine gewisse Ausrichtung in Richtung eines Blockes. Zum einen brachte die Lieferung von militärischem Großgerät den Belieferten in eine gewisse Abhängigkeit hinsichtlich im Kriegsfalle so wichtiger Dinge wie Ersatzteile und Munition, zum anderen barg für den Lieferer das Bereitstellen moderner kriegstauglicher Technologien an einen ›unsicheren Kantonisten‹ stets die Gefahr, dass diese beim jeweiligen Gegner landen würden.

Die Ausrüstung der finnischen Luftwaffe war durch den Friedensvertrag auf maximal 60 Kampfflugzeuge begrenzt, wobei mittlere und schwere Bombenflugzeuge gänzlich verboten waren[432]. In der Praxis erwies sich die Begrenzung auf 60 Kampfflugzeuge jedoch im Untersuchungszeitraum als gar nicht relevant, da Finnland schon aus finanziellen Gründen nicht einmal die Hälfte dieser Zahl erreichte. Im Jahr 1953 kaufte das Land sechs Kampfflugzeuge des Typs »de Havilland-Vampire FB 52«[433]. Hierbei handelte es sich um ein britisches Jagdflugzeug, das ab 1943 während des Zweiten Weltkrieges entwickelt, aber nicht mehr eingesetzt worden war. Die Royal British Airforce flog dieses Muster bis 1955[434]. Im

---

428 »Benevolent interest rather than whole-hearted support.« Ebd.
429 Ebd.
430 UA, UM Microfilmit Ea Raporttisarja 1949-1972, 5 C Washington, DC 6-17/1958-1-2/1959, Poliittinen raportti n:o 5: Suomen ja Yhdysvaltain väliset poliittiset suhteet, 31.3.1958.
431 Zu dieser Problematik detailliert Jensen-Eriksen, Market, Competitor or Battlefield?
432 BA-MA, BW 2/5175, Bd 1, Fü B II, 4, Bericht über die Lage West, Sept./Okt. 1959 (Geheim), S. 56.
433 TNA, PRO, FO 371/128594, Air Attaché Helsinki (Wing Commander Gray), Annual Report 1956, 27.12.1956. Die Angabe findet sich auch in Turtola, Puolustuspolitiikka, S. 130.
434 Watkins, De Havilland Vampire.

Jahr 1950 war Großbritannien lediglich zum Verkauf veralteter Maschinen an Finnland bereit, und erst im Herbst 1952 stimmten die britischen Ministerien dem Verkauf von de Havilland Vampires zu[435]. Als die finnische Luftwaffe diese Flugzeuge einführte, handelte es sich folglich nicht mehr um den neuesten Stand der Technik, stellte jedoch gegenüber den veralteten deutschen Modellen aus der Zeit des Zweiten Weltkrieges eine deutliche Verbesserung dar.

Im Juli 1954 wurde bekannt, dass die Sowjetunion Finnland ein Angebot zur Lieferung von russischen Jagdflugzeugen des MiG 15-Typs gemacht habe. Die Sowjetunion bezwecke damit, so wusste die Handelsvertretung der Bundesrepublik Deutschland in Helsinki zu berichten, eine Einflussnahme auf die Ausrüstung der finnischen Luftwaffe zu erreichen, die in der Zukunft weitere Möglichkeiten des Ausbaues bieten könne. Die Finnen hätten die Bedeutung dieses Angebots voll erkannt und prüften diesen Vorschlag[436]. Auch in den Augen des britischen Joint Intelligence Committee stellte dies einen sowjetischen Versuch dar, Finnland über militärische Zusammenarbeit in den Ostblock zu ziehen[437]. So verlockend aus rein militärischer Sichtweise solch ein Angebot auch sein mochte – es handelte sich um ein modernes Jagdflugzeug –, umso stärker hätte die Annahme des Angebots Finnland militärpolitisch in den Ostblock eingebunden. 1956 verfügte nach britischen Berichten die finnische Luftwaffe über 118 Flugzeuge. Diese stolze Zahl relativiert sich jedoch bei der Aufschlüsselung: Bei lediglich fünf (!) dieser Flugzeuge handelte es sich um Kampfflugzeuge des Typs »Vampire«. Neun weitere »Vampire« wurden als Schulungsflugzeuge klassifiziert[438].

Im Oktober 1956 wurden Lizenzverträge über die Herstellung von Flugzeugrahmen des britischen Typs »Gnat« und Motoren des Typs »Orpheus« mit der finnischen Regierung verhandelt[439]. Zur Herstellung in Lizenz kam es allerdings nie[440]. Im November 1956 teilte das finnische Verteidigungsministerium mit, dass die finnische Luftwaffe in Großbritannien zwölf »Folland Gnat« Düsenjäger bestellt habe, die 1957 geliefert werden sollten[441]. Im Januar 1958 wurden diese allerdings noch als »in the status of purchasing«[442] angegeben. Diese zwölf Kampfjets bildeten fortan den Kern der finnischen Luftwaffe. 1959 verfügte nach deutschen Lageberichten die finnische Luftwaffe über 20 Kampfflugzeuge: sechs »Havilland-Vampire FB-52«, zwei »Hunting-Pembrooke C-53« sowie die zwölf »Folland Gnat«. Die Beurteilung der Leistungsfähigkeit der finnischen Luftwaffe blieb deutscherseits auch nach dieser Verbesserung niederschmetternd: »Die finnische Luft-

---

[435] Jensen-Eriksen, Brittisiivin suihkukoneiden aikakauteen, S. 312 f.
[436] PAAA, B 23/15, Bericht aus Helsinki, Koenning an AA, 7.7.1954: Finnische Landesverteidigung.
[437] Jensen-Eriksen, Brittisiivin suihkukoneiden aikakauteen, S. 315.
[438] TNA, PRO, FO 371/128594, Air Attaché Helsinki (Wing Commander Gray), Annual Report 1956, 27.12.1956.
[439] Ebd.
[440] Bingham, Folland Gnat.
[441] PAAA, B 23/15, Bericht aus Helsinki, Harlem an AA, 19.11.1956: Finnische Luftwaffe.
[442] TNA, PRO, WO 106/6050, Apreciation of the Finnish Defence Forces by Colonel Mortimer, British Military Attaché Helsinki, January 1958.

waffe ist bei ihrer weit unter dem zugestandenen Soll liegenden Stärke zu einem sinnvollen Einsatz nicht in der Lage[443].« Die britische Einschätzung des Vorjahres lautete ähnlich: »The Finnish Air Force is too small and poorly equipped to be effective in any foreseeable war[444].«

Die finnische Luftwaffe war also dem Material nach britisch. Es handelte sich jedoch nicht um die modernsten Flugzeugtypen. Die Royal Airforce selbst nutzte die »Folland Gnats« nicht als Kampfflugzeuge. Allerdings wurde sie neben Finnland auch den ›blockfreien‹ Staaten Indien und Jugoslawien geliefert[445]. Bis 1959 deckte Finnland seinen militärischen Materialersatz zu 80 Prozent im Westen und lediglich zu 20 Prozent im Osten[446]. Es konnte also bei allen Einschränkungen rüstungspolitisch als westliches Land angesehen werden.

Neben Jagdfliegern waren für eine wirkungsvolle Luftverteidigung im Atom- und Jetzeitalter moderne Radargeräte zur Ortung von angreifenden Flugzeugen notwendig. Die ›finnische Radarfrage‹ beschäftigte die NATO insofern speziell, weil das Errichten eines sowjetischen Radarschirmes in Finnland eine Verbesserung der Luftverteidigungskapazität der Sowjetunion bedeutet hätte. Im April 1950 berichtete der britische Militärattaché in Helsinki, die finnische Flugabwehr sei so veraltet, dass sie wohl kaum moderne Jets bekämpfen könne. Doch ihr »Widerstandsgeist bis zum letzten Mann und zur letzten Patrone« sowie ihre Kriegserfahrung wurden besonders hervorgehoben. In Finnland bestehe aber ein Bedarf an modernen Radargeräten[447]. Gerüchte über die Stationierung sowjetischer Radars waren nicht selten in den Zeitungen zu lesen und verdichteten sich zunehmend ab 1954. Die Ausstattung mit Radarsystemen insbesondere zur Flugabwehr war die erste Priorität der finnischen Streitkräfte. Neben mobilem 10–23 cm-Überwachungsradar und 3–10 cm-Höhenradar versuchten die finnischen Beschaffer Zielortungsradar zur Aufklärung von Schiffsartillerie für die Küstenartillerie und zur Ortung von Mörsern sowie Gefechtsfeldradar zu beschaffen[448]. Die meisten in Finnland akkreditierten Militärattachés waren 1956 der Meinung, dass entgegen aller Gerüchte Finnland keine für die Sowjetunion arbeitenden Radargeräte zur Luftüberwachung besitze. Die strenge Geheimhaltung aller mit Radar zusammenhängenden Fragen seitens der Finnen beruhe, so waren sich die Attachés der westlichen Länder einig, wohl weniger auf dem Verfügen über bestimmte Technologien als auf dem Fehlen von Ausrüstung. Dieser Meinung waren insbesondere auch der schwedische und der norwegische Militärattaché, die als besonders gut informiert galten. Die finnischen Streitkräfte experimentierten mit verschiedenen Ra-

443 BA-MA, BW 2/5175, Bd 1, Fü B II, 4. Bericht über die Lage West, Sept./Okt. 1959 (Geheim), S. 59.
444 PRO, WO 106/6050, Apreciation of the Finnish Defence Forces by Colonel Mortimer, British Military Attaché Helsinki, January 1958.
445 Bingham, Folland Gnat.
446 BA-MA, BW 2/5181, Fü S II, 74. Bericht über die Lage West, Sonderheft Finnland 1966, S. 15.
447 TNA, PRO, WO 106/6048, MA/20/58, Finland, monthly intelligence summary for April 1950.
448 Ebd., FO 371/128594, Air Attaché Helsinki (Wing Commander Gray), Annual Report 1956, 27.12.1956.

dartypen und Dislozierungen der Radarstationen. Der Bericht des britischen Luftwaffenattachés für 1956 weist folgende Radarstandorte aus: Ahvenvaara, Sodankylä, Oulu, Nykaarlepy[449] [sic!], Vaasa, Kauhava, Kuopio, Pori, Hämeenlinna, Selänpää, Utti, Turku, Malmi, Seutula sowie eine Erprobungsstation in Santahamina. Die finnischen Streitkräfte experimentierten 1956 mit Radartypen aus mehreren NATO-Ländern: Mobile amerikanische Radaranlagen des Typs »Gilfillan Mobile G.C.A.«, britische Radargeräte des Typs »Marconi SNW 40« sowie niederländische »Philipps S 110«[450]. Lieferung westlicher Radartechnologie war seitens der NATO anscheinend gewollt, schließlich wurde befürchtet, dass ansonsten Finnland hätte in Versuchung geraten können, seinen diesbezüglichen Bedarf in der Sowjetunion zu decken. Bei entsprechenden Absprachen hätte sich dies jedoch militärisch für die NATO nachteilig auswirken können. Auch auf dem wichtigen Feld der Radartechnologie wurde Finnland also ein »westliches Land«.

Die Einflussnahme auf Finnland zeigte sich allerdings nicht nur in »positiven« Maßnahmen, wie Waffenlieferungen, Handel oder Krediten. Die stärkere Politik des Containment kam auch bei der Durchsetzung des von den Vereinten Nationen beschlossenen Embargos gegen das kommunistische China zum Tragen. Als Beispiel sei hier der Fall des finnischen Tankers »Viima« erwähnt. Dieser lieferte Treibstoff nach China, was kurzfristig zu ernsthaften Störungen der finnisch-amerikanischen und finnisch-britischen Beziehungen führte. Man kann fast sagen, dass die Führungsmächte der NATO hier nach dem Prinzip »good cop, bad cop« handelten: Während die USA Finnland aufforderten, sich dem UN-Beschluss zu beugen und sich gleichzeitig aber auch in ökonomischer Hinsicht stärker an Finnland interessiert zeigten, stellte Großbritannien die Treibstofflieferungen nach Finnland ein. Die Vereinigten Staaten kritisierten den starken Osthandel Finnlands, zeigten sich jedoch auch bereit, der finnischen Metallindustrie zu helfen und dies so, dass dabei keine Probleme mit der UdSSR hervorgerufen werden konnten. Die USA verstünden sehr wohl die spezielle Situation Finnlands und seien sich bewusst, dass Finnland seine außenpolitische Linie nicht ändern könne. Dennoch mahnte das State Department aber eine größere Bewegungsfreiheit gegenüber der Sowjetunion an[451].

Insgesamt ging man bei der NATO nach dem zeitweilig vorherrschenden Eindruck eines Verlustes Finnlands auch weiterhin davon aus, dass es sich bei diesem Land um einen gefährdeten, aber im Kern westlichen Staat handele. Im Dezember 1954 vermeldete ein »Report on Trends and Implications of Soviet Policy April to December 1954«, dass die sowjetische Regierung Schritte unternommen habe, um ihre Position in Finnland zu stärken. Eine unmittelbare Bedrohung der finnischen

---

[449] Gemeint ist wohl Nykarleby (finn. Uusikaarlepyy).
[450] TNA, PRO, FO 371/128594, Air Attaché Helsinki (Wing Commander Gray), Annual Report 1956, 27.12.1956.
[451] UA, UM Microfilmit Ea Raporttisarja 1949–1972, 5 C Washington, DC 11/1953–11/1954, Amerikkalainen tilannearviointi ja sen vaikutus Yhdysvaltain suhtautumiseen Suomeen, 6.1.1954.

Unabhängigkeit wurde jedoch ausgeschlossen[452]. Diese Einschätzung blieb auch im Folgejahr ähnlich: »The Soviet Union will continue its efforts to increase its economic, military and political influence in Finland, to keep Sweden in a posture of strict neutrality, and to prevent the closer development of inter-Scandinavian ties[453].«

Da die Sowjetunion versuchte, Finnland als Paradebeispiel ihrer Koexistenzpolitik zu präsentieren, konnten die NATO-Staaten dort westliche Strukturen verstärken. Insbesondere Großbritannien und die Vereinigten Staaten waren stets bemüht, jedem Schritt der Sowjetisierung einen Schritt des Containment entgegenzusetzen oder – wenn möglich – gar der Sowjetunion einen Schritt voraus zu sein und deren Einfluss zu verringern. Letztendlich war dies nichts anderes als eine Politik des Rollback, die allerdings immer wieder auf sowjetischen Widerstand und sowjetisches Rollback stieß. Im Kalten Krieg war die Zugehörigkeit zu einem Block nicht nur machtpolitisch definiert, sondern auch ideologisch. Hier lag in Finnland ein klarer Vorteil der NATO, da der ›weiche Faktor‹ Ideologie Finnland als westlichen Staat auswies. Dieser Wahrnehmung soll in folgendem Kapitel nachgegangen werden.

4. Stereotype Finnlandbilder – Perzeptionsmuster der NATO

a) ›David gegen Goliath‹ oder Musterbeispiel ›friedlicher Koexistenz‹

Untersucht man die Finnlandperzeption des Nordatlantischen Bündnisses, so bedarf es einer kurzen Darstellung des allgemein vorherrschenden Finnlandbildes. Insgesamt gesehen beruhen Fremdbilder, und somit auch die Wahrnehmung Finnlands, auf der Summe der direkten oder indirekten Eindrücke, die über das Fremde tradiert wurden[454]. Kenntnisse über Finnland waren in der NATO abgesehen von den skandinavischen NATO-Ländern stets Spezialistenwissen. Folglich kam den Einschätzungen der wenigen ›Experten‹ stets eine besonders hohe Bedeutung zu. Aber auch Spezialisten gehören bestimmten ›Denkschulen‹ an – auch sie sind nicht objektiv.

Über das Finnlandbild der USA im Untersuchungszeitraum informiert zeitgenössisch eine Studie von Paasivirta[455]. Dieser identifiziert im Lauf der finnischen Geschichte seit Ende des 19. Jahrhunderts die Stereotype »das primitive Finnland«[456], das nach dem Februarmanifest 1899 sukzessive durch das Bild des tüchti-

---

[452]   NATO Archives, C-M (54) 116, Report on Trends and Implications of Soviet Policy, April to December 1954, 9.12.1954.
[453]   Ebd., C-M (55) 46, Report on Trends of Soviet Policy, December 1954 to April 1955, 29.4.1955.
[454]   Zum heutigen Finnlandbild siehe Janke, Zu Stereotypen und Images.
[455]   Die Studie beruht auf der Auswertung von Reiseberichten, Nachschlagewerken, Schulbüchern und Zeitungsberichten. Paasivirta, Suomen kuva Yhdysvalloissa; schwed. Übersetzung: USA ser på Finland.
[456]   Paasivirta, USA ser på Finland, S. 28–41.

gen »brave little Finland«[457] ergänzt wurde. Die Sichtweise in den USA wurde dabei interdependent zum dortigen Russlandbild entwickelt. Nach der Unabhängigkeit Finnlands dominierte das Bild vom »befreiten Finnland«, wobei in den 1930er-Jahren der »Finnish way of live«[458] durchaus als dem amerikanischen Pendant ähnlich wahrgenommen wurde. Die Finnen galten als demokratisch und moralisch integer. Nicht zuletzt war diese Sichtweise auf das pünktliche Bezahlen ihrer Auslandsschulden zurückzuführen[459]. Während des Winterkrieges entwickelte sich in der Wahrnehmung der USA das ›tüchtige Finnland‹ zum ›David gegen den sowjetischen Goliath‹[460]. Im Fortsetzungskrieg war dieses durchgehend positive Finnlandbild für kurze Zeit bedroht und negative Töne waren zu hören. Insgesamt wurde Finnland nun aber als »Land zwischen zwei Riesen« gesehen und man entwickelte ein erstaunliches Verständnis für diesen Gegner eines Alliierten. Die Argumente klangen eher moralisch-religiös als machtpolitisch. Im Rahmen einer in den USA immer latent vorhandenen Kritik an der »unholy alliance of Roosevelt and Stalin[461]« diente Finnland gar als ein Argument gegen eben diese Allianz. Andererseits wurde die Zusammenarbeit mit Hitlerdeutschland auch als eine Art »Sündenfall« interpretiert[462]. Nach dem Zweiten Weltkrieg wendete sich das Finnlandbild der USA zwar rasch zum Besseren, doch blieb es ambivalent: 1948 war Finnland in den Augen Amerikas jenes Land Europas, das sich am stärksten gegen den Kommunismus zur Wehr setzte[463]. Hierbei wurde ebenso auf Heldenlegenden aus dem Winterkrieg[464] zurückgegriffen wie auf die Personen Mannerheim und Tanner. Andererseits galt Finnland gleichzeitig gerade in der offiziellen Lesart auch als für den Westen »verlorenes Land«[465]. Hinzu kam Anfang der 1960er-Jahre das Bild als ›Schaufenster der friedlichen Koexistenz‹[466], das Paasivirta aufgrund der damaligen Aktualität zwar erwähnt aber nicht weiter ausführt.

Auch das deutsche Finnlandbild kann als verhältnismäßig gut erforscht betrachtet werden. Dabei gehörte in der Bundesrepublik die Kenntnis der finnischen Geschichte »ebensowenig zum Bildungsgut des Allgemeinhistorikers wie des durchschnittlichen Bildungsbürgers«[467]. »Der auf unspektakuläre Weise zwischen den Blöcken oszillierende Kleinstaat an der nördlichen Peripherie Europas«, so Bernd Wegner, »fand in der Bundesrepublik nie jenes politische und öffentliche Interesse, wie es dem Lande als ›Waffenbruder‹ der Kriegsjahre bzw. als Muster-

---

[457] Ebd., S. 43.
[458] Ebd., S. 78.
[459] Ebd., S. 80–88.
[460] Das Bild vom ›finnischen David gegen den sowjetischen Goliath‹ findet sich beispielsweise in »New York World-Telegram« vom 12.12.1939 (Help Finland) und vom 20.12.1939 (A Hint to the Rich). Paasivirta, USA ser på Finland, S. 108.
[461] Paasivirta, USA ser på Finland, S. 124.
[462] Ebd., S. 145.
[463] Ebd., S. 153.
[464] Ebd., S. 180.
[465] Ebd., S. 190.
[466] Ebd., S. 188.
[467] Wegner, Finnland in der westdeutschen Geschichtswissenschaft, S. 111.

beispiel ›friedlicher Koexistenz‹ in der DDR zuteil wurde«[468]. Möglicherweise erklärt dieser Sachverhalt aber, warum die beiden stereotypen Sichtweisen ›Waffenbruder‹ und ›Koexistenzpartner der UdSSR‹ so sehr das widersprüchliche Finnlandbild in der jungen Bundesrepublik prägten. Innerhalb der NATO konnte sich die amerikanische Wahrnehmung Finnlands mit der deutschen ergänzen. Zum einen war die Perzeption des Landes durch einen während des Zweiten Weltkrieges entstandenen[469] »Mythos der Finnen als eines kriegerischen ›Heldenvolkes‹ bis weit in die 60er-Jahre hinein«[470] geprägt, zum anderen bestimmten misstrauische Beobachtungen des Arrangements mit der Sowjetunion diese Wahrnehmung[471]. Siegfried Löffler weist zudem darauf hin, dass in den deutschen Medien der 1950er- und 1960er-Jahre zudem kaum zwischen Rücksichtnahme auf sowjetische Interessen und direkter oder indirekter Abhängigkeit von der Sowjetunion unterschieden wurde[472]. Auch wenn diese Differenzierung für das Ergebnis der finnischen Politik wenig relevant sein mag, für die deutsche Finnlandperzeption war dieser Unterschied jedoch sehr wohl von Bedeutung. Schließlich stand hinter der »Idee der Rücksichtnahme auf sowjetische Interessen« das Bild eines unabhängigen Finnland nordischer oder westlicher Prägung; hinter der »Idee der Abhängigkeit von der Sowjetunion« war hingegen das Image eines im Kalten Krieg »der Ostseite« zugehörigen Finnland zu vermuten. Meist wurde das Land eher als unfreiwilliger Teil sowjetischer Einflusssphäre gesehen. Die Beeinflussung des Bildes durch die deutschen Finnlandveteranen des Zweiten Weltkrieges[473] lässt annehmen, dass die Finnen, zumindest im deutschen konservativen Lager, als alles andere als »von Natur aus sowjetfreundlich« gesehen wurden. Die Studie von Marianne Junila zum Finnlandbild der dort eingesetzten deutschen Soldaten bestätigt diese Annahme[474]. In Helsinki fand 1952 zudem die erste Teilnahme deutscher Sportler an einer Olympiade seit 1936 statt[475]. Dieses durch die neuen Übertragungsmöglichkeiten des Fernsehens noch zusätzlich verstärkte, überproportional im Fokus deutschen Interesses stehende Sportereignis bestätigte das noch aus der NS-Propaganda stammende tradierte Bild vom »Volkscharakter« der Finnen als mit »sisu«[476] ausgestattete Heroen in Politik, Sport und geistiger Kultur[477]. Gerade

---

[468] Ebd., S. 112.
[469] Siehe Tuchtenhagen, Die Vermarktung des nördlichen Waffenbruders, S. 287–315.
[470] Wegner, Finnland in der westdeutschen Geschichtswissenschaft, S. 113.
[471] Löffler macht darauf aufmerksam, dass in der deutschen Presse insbesondere nach dem 17.6.1953 und nach dem Bau der Berliner Mauer am 13.8.1961 Finnland in manchen Kommentaren in die Nähe der Satelliten der Sowjetunion gerückt wurde, weil von den finnischen Politikern keine antikommunistischen Aktivitäten erwartet werden konnten. Löffler, Das Finnlandbild in den deutschen Medien, S. 206.
[472] Ebd.
[473] Ebd., S. 208. Insbesondere ist von einer Rezeption der militärischen Memoirenliteratur, etwa Erfurths oder Rendulics, insbesondere bei den militärischen deutschen Verantwortlichen auszugehen. Siehe Erfurth, Der finnische Krieg.
[474] Junila, Kotirintaman aseveljeyttä; Junila, Was ist Suomi?
[475] Löffler, Das Finnlandbild in den deutschen Medien, S. 207.
[476] Die stereotype Vorstellung, die Finnen besäßen eine Art bodenständige »Halsstarrigkeit« (bayrisch etwa »Quadratschädel«) und »Zähigkeit«, wird oft mit dem finnischen Begriff »sisu« beschrieben.

durch die sonst eher spärliche Präsenz Finnlands in den Medien wirkte dieses ausgesprochene Medienereignis umso stärker. Ebenso weist Paasivirta auf den sprunghaften Anstieg des allgemeinen amerikanischen Interesses an Finnland und des öffentlichen amerikanischen Goodwill durch die Olympiade 1952 hin[478]. Erkki Teräväinens Studie über die finnische Außenpolitik in der Berichterstattung führender westdeutscher Tageszeitungen – »Frankfurter Allgemeine Zeitung«, »Frankfurter Rundschau«, »Süddeutsche Zeitung«, »Die Welt« – differenziert das stereotype deutsche Bild von Finnland, doch bestätigt sie die wesentlichen Grundlinien[479]: Nach Teräväinen war das Interesse an finnischer Außenpolitik in den Zeitungen Westdeutschlands vergleichbar größer als in englischen oder französischen Blättern[480]. Dabei waren die meinungsmachenden, auf Nordeuropa spezialisierten deutschen Journalisten meist gut informiert und verfügten oft über Vorkenntnisse aus der Kriegs- und Vorkriegszeit. Finnland genoss insgesamt in den deutschen Zeitungen aufgrund des Winterkrieges einen guten Ruf. Die Berichte waren jedoch meist weniger aus genuinem Finnlandinteresse entstanden, vielmehr standen die komplexen finnisch-sowjetischen Beziehungen eindeutig im Vordergrund. Dabei weckten die Kommentare nicht selten Verständnis für die Zwangslage Finnlands, und die Bundesrepublik wurde dazu aufgefordert, Suomi mittels Wirtschaftskontakten an den Westen zu binden. Die allgemeine Tendenz lautete, der Westen dürfe Finnland nicht vergessen, dürfe aber bei aller Hilfe keineswegs die Sowjetunion herausfordern[481]. Die ›Politik der friedlichen Koexistenz‹ und deren kritische Analyse nahm weiten Raum ein. Insgesamt galt Finnland als ein Land, das sein Selbstbestimmungsrecht gegenüber dem Osten »couragiert verteidigte« und daher den Respekt des Westens verdiene[482]. Die Übereinstimmungen im amerikanischen und deutschen Finnlandbild treten insgesamt deutlich hervor: Finnen galten beiderseits des Atlantiks als antikommunistisch, heldenhaft, aber durch die Sowjetunion bedroht. In den Vereinigten Staaten komplettierte noch ihre wirtschaftliche Tüchtigkeit das Bild.

b) ›Freiheitlich-demokratischer Antibolschewist‹
oder ›Trojanisches Pferd‹

Aus der Vielzahl an Aussagen und Einschätzungen der NATO zu Finnland lassen sich insgesamt vier dominierende, sich teilweise ergänzende, teilweise widerspre-

---

Man kann davon ausgehen, dass diese Vorstellung, die in der Tornisterschrift Heinz Halters beschworen wird, auch nach dem Kriege noch weit verbreitet war. Halter, Finnland.
[477] Tuchtenhagen, Die Vermarktung des nördlichen Waffenbruders, S. 302.
[478] Paasivirta, USA ser på Finland, S. 151.
[479] Teräväinen, Lavastettu rinnakkaiselo.
[480] Pro Woche befasste sich mindestens ein Artikel mit der Außenpolitik Finnlands. Ebd., S. 294.
[481] Ebd., S. 294–296.
[482] Ebd., S. 299 f.

chende Finnlandstereotypen destillieren[483]. Den verschiedenen Berichten und Analysen scheinen diese Stereotypen oder Mischungen daraus zugrunde zu liegen[484]. Es sind diese als Muster zu verstehen, anhand derer sich Perzeptionen einordnen und systematisieren lassen. Gemeinsam bilden solche Stereotypen ein Perzeptionsmuster. Dieses war dann selbst Teil der Finnlandperzeption, prägte diese und beeinflusste die Bewertung von Sachverhalten und somit auch Entscheidungen. Besonders ist in diesem Zusammenhang darauf hinzuweisen, dass jeder Mensch seine Wahrnehmung an ›Erfahrungen‹ – auch an ›Erfahrungen aus zweiter Hand‹ – ausrichtet.

In den benutzten Quellen finden sich solche Stereotypen entweder wörtlich oder sie werden umschrieben. Manchmal scheint es, als habe ein Begriff Konjunktur. Er findet sich dann eine Zeit lang bei der NATO und auf nationaler Ebene. Es wäre reizvoll, einzelnen Begriffen nachzuspüren und ihre Urheber und die Verbreitung des Begriffes nachzuzeichnen, doch lässt dies die Quellenlage nicht zu. Die verwendeten Bilder liegen teilweise aber auch schlicht auf der Hand oder drängen sich in gewissen Situationen gar auf. Als eingängigste Stereotypen wurden entsprechend der erwähnten Finnlandbilder in den Vereinigten Staaten und der Bundesrepublik Deutschland folgende plakative Bilder ausgewählt: Finnland als ›freiheitlicher Demokrat‹, ›Antibolschewist‹, ›kleiner David‹ und ›Trojanisches Pferd‹.

Der ›freiheitliche Demokrat‹ ist eine Denkfigur, die auf die frühe Wahrnehmung der Vereinigten Staaten zurückgeht[485]. In der ideologischen Auseinandersetzung zwischen Ost und West kam dieser Klassifizierung eine besondere Bedeutung zu. Schließlich wurden ›dem Westen‹ die Attribute ›freiheitlich-demokratisch‹ gegenüber dem östlichen ›kommunistisch-diktatorischen‹ Gegenentwurf zugeschrieben. Ein freiheitlich-demokratisches Land wurde also ›dem Westen‹ zugerechnet[486]. Im Amerika der späten 1930er-Jahre hatte Finnland zusammen mit Schweden und der Schweiz zu den populärsten »Kleinstaaten Europas« gehört[487]. Selbst in der angespannten Lage des Dezembers 1958 betonte US-Senator Hubert H. Humphrey bei einer Pressekonferenz in Helsinki, dass »ein freies und unabhängiges Finnland den Sieg der Freiheit in der ganzen Welt in sich trage«[488]. Der ›freiheitliche Demokrat‹ Finnland bildete den Gegenentwurf zum »byzantinischen

---

[483] Der Terminus »Finnlandstereotype« sagt nichts über dessen Richtigkeit aus. Die Frage, ob solche stereotypen Vorstellungen der ›Wahrheit‹ entsprechen, ist auch wenig relevant, da diese ohnehin wirken – ob zutreffend oder nicht. In der Regel ist von einem gewissen objektiven Kern jedes Stereotyps auszugehen.

[484] Die Begriffe finden sich teilweise direkt in den Quellen wieder, teilweise werden sie auch lediglich umschrieben. Es handelt sich hier nicht um eine erbsenzählerisch quantitative Auswertung, vielmehr fielen beim Studium der Quellen immer wieder Wiederholungen bestimmter stereotyper Vorstellungen auf. Diese sollen hier deutlich gemacht und dadurch »isoliert« werden.

[485] Paasivirta, USA ser på Finland, S. 80–88.

[486] Dabei gehörten ›dem Westen‹ keineswegs nur Demokratien an. Beispiele hierfür sind die faktischen Militärdiktaturen Spanien und Türkei. Wohingegen Schweden oder die Schweiz – eindeutig Demokratien – eben nicht vertraglich mit den USA verbunden waren.

[487] Paasivirta, USA ser på Finland, S. 87.

[488] PAAA, B 23/29, Besuch des US-Senators Hubert H. Humphrey, 13.12.1958.

Osten«, zur Grausamkeit Stalins und zu allem was damit verbunden werden konnte. In einer Stellungnahme des norwegischen Vertreters bei der NATO ist beispielsweise diese Denkfigur anzutreffen: »Finland has, so far, escaped the fate of satellites. She has retained her Nordic democracy and rule of law[489].« »Nordische Demokratie« wurde hier im Gegensatz zur (östlichen) »Volksdemokratie« verstanden, hinzu kam das Moment der Rechtsstaatlichkeit. Diese Kriterien unterschieden Finnland von den Satelliten. Entsprechend bearbeitete die Arbeitsgruppe des Nordatlantikrates Trends of Soviet Policy Finnland 1955 unter der Rubrik Scandinavia, also nicht unter Europe oder Satellites[490]. Im Unterkomitee des NATO-Rates Soviet Economic Policy wurde Finnland gemeinsam mit den NATO-Staaten Frankreich, Griechenland, Großbritannien und der Türkei unter Europe subsumiert. Dasselbe galt auch für Österreich, wohingegen Jugoslawien zwar unter Europe, dort aber gesondert geführt wurde. Die Satelliten wurden in dieser Studie gar nicht behandelt[491]. Auch in den Lageberichten des westdeutschen Verteidigungsministeriums wurde Finnland zwischen 1959 und 1966 bei den westlichen Ländern – wie Österreich, Schweden und Schweiz – aufgeführt[492]. Interessant ist jedoch, dass in den westdeutschen Berichten des Auswärtigen Amtes das Stereotyp ›freier Demokrat‹ kaum vorzufinden ist.

Hingegen findet sich eine verwandte Sichtweise: Finnland, das genuin antikommunistische Land. Die stereotype Sichtweise ›Antibolschewist‹ wurde sowohl durch Mannerheim und die Streitkräfte als auch durch die finnischen Sozialdemokraten Tanner und Fagerholm verkörpert. Sichtlich beeindruckt schilderte 1951 der britische Militärattaché in Helsinki das Begräbnis Mannerheims. Das Fehlen angekündigter kommunistischer Störungsversuche führte er auf die »tiefe Einigkeit« der Finnen angesichts des Begräbnisses zurück. Im gleichen Bericht wurde auch die Bedeutung des Marschalls als Symbolfigur für die Unabhängigkeit hervorgehoben – nicht ohne zeitgleich ein düsteres Bild der Gegenwart zu zeichnen: »He was the symbol of that independence which is so direly threatened today, and his passing has served to emphasize the sad lack of leadership which constitutes one of the chief difficulties in present day Finland. He was their great man – just now they have no other[493].« In der Bundesrepublik waren es insbesondere die finnischen Sozialdemokraten, deren antikommunistische Stellung immer wieder hervorgehoben wurde: »Der stärkste Verfechter eines antikommunistischen Kurses ist der Führer der Sozialdemokratischen Partei, Tanner«[494], hieß es in einer Vorlage für Bundeskanzler Adenauer anlässlich des Besuchs Fagerholms in Bonn.

---

[489] NATO Archives, D-D (52) 38 (Cosmic), Defence and Foreign Policy of Sweden and Finland.
[490] Ebd., C-M (55) 46 (Limited distribution), Report on Trends and Implications of Soviet Policy, December 1954 to April 1955.
[491] Ebd., AC/89-WP/39 (NATO Confidential), Subcommittee on Soviet Economic Policy.
[492] BA-MA, BW 2/5175, Fü B II, 5, Bericht über die Lage West, November/Dezember 1959.
[493] TNA, PRO, WO 106/6049, MA/20/77, Finland, monthly intelligence summary for January 1951.
[494] PAAA, B 23/92. Aufzeichnung über die Einladung des finnischen Reichstagspräsidenten Fagerholm durch den Bundestagspräsidenten anlässlich des Empfangs beim Bundeskanzler, 3.5.1960.

Generell wurde weniger zwischen »antikommunistisch« und »antirussisch« unterschieden. Nicht selten finden sich, wie auch bei militärstrategischen Überlegungen, Rückgriffe auf den Zweiten Weltkrieg. Als »solidly anti-Russian« wurde britischerseits die finnische Reserveoffiziervereinigung beschrieben. Seit den Zeiten der Regierung Pekkala 1946 habe es immer wieder Bestrebungen gegeben, die Organisation zu verbieten. Etwa 20 000 ausgebildete Offiziere seien in ihr aktiv, und Treffen fänden wöchentlich statt. Da durch den Friedensvertrag jegliche Form militärischer Ausbildung innerhalb der Vereinigung verboten sei, beschränkten sich ihre Aktivitäten auf den sozialen Bereich. Jegliche Unterstützung dieses Vereins aber müsse so unaufdringlich wie möglich erfolgen und beschränke sich bis jetzt auf die Ausleihe militärischer Dokumentarfilme, wie beispielsweise »Burma Victory«[495]. Diese Speerspitze des Antibolschewismus galt es zu unterstützen und die antikommunistische Grundeinstellung zu fördern: »The Association as a whole is worthy of every encouragement and we shall endeavour to find further opportunities of helping it[496].« Entsprechend dieser Einschätzung wurden im Folgemonat durch den britischen Militärattaché weitere Filme organisiert und der Reserveoffiziervereinigung zur Verfügung gestellt. Es handelte sich um die Filme »Desert Victory«[497], »Britain's New Aircraft«[498] und »British Airborne Forces«[499].

---

[495] Bei »Burma Victory« handelt es sich um einen Roy Boulting/David MacDonald-»Dokumentarfilm« aus dem Jahr 1945. Der durch das britische War Office finanzierte Film diente propagandistischen Zielen und verstand sich als Antwort auf den amerikanischen Film »Objective Burma«, in dem die Rolle Großbritanniens in Burma nur wenig berücksichtigt wurde. Besonders wird in diesem 62-Minuten-Film die Rolle Mountbattens hervorgehoben und die Zerstörung des Mythos vom unbesiegbaren Japan durch britische Truppen thematisiert. Siehe New York Times (Netzausgabe) (19.12.2006), URL: <http://movies2.nytimes.com/gst/movies/movie.html?v_id= 233685>; ebenso Imperial War Museum – Film Archive, Onlinekatalog (19.12.2006), URL: <http://iwmcollections.org.uk>.

[496] TNA, PRO, WO 106/6049, MA/20/80, Finland, monthly intelligence summary for February 1951.

[497] »Desert Victory« war ein vom War Office finanzierter Roy Boulting/David MacDonald-»Dokumentarfilm« aus dem Jahr 1943. Er behandelt den Zweiten Weltkrieg auf dem afrikanischen Kriegsschauplatz zwischen den Truppen von Montgomery und Rommel von den Schlachten um El Alamein bis Tripoli. Der Film vermittelt ein Bild, bei dem Rommels Reputation verringert wird und betont die militärische Überlegenheit der Alliierten. Der Film endet mit der triumphalen britischen Militärparade in Tripoli. Siehe Imperial War Museum – Film Archive, Onlinekatalog (19.12.2006), URL: <http://iwmcollections.org.uk>; New York Times (Netzausgabe) (19.12.2006), URL: <http://movies2.nytimes.com/gst/movies/movie.html?v_id=13364>.

[498] Bei »Britain's New Aircraft« handelt es sich um einen 10-Minuten-Dokumentarfilm aus dem Jahr 1950 mit Aufnahmen einer Luftfahrtausstellung in Farnborough. U.a. zeigt der Film, der durchaus als Werbefilm für die britische Luftfahrtindustrie verstanden werden kann, Prototypen britischer Düsenflugzeuge mit ihrer Bewaffnung sowie deren Luftbetankung. Die Kernaussage des teils farbigen Kurzfilms lautet: »Once again Britain excels in the field of aviation.« Siehe Imperial War Museum – Film Archive, Onlinekatalog (19.12.2006), URL: <http://iwmcollections.org.uk>.

[499] Der Film ist ein Kurzfilm von zehn Minuten über Gleiter und Fallschirmjäger. Die Kernaussage des Filmes lautet: »Prepared and resolute airborne troops are part of Britain's contribution to the defence of world peace.« Siehe Imperial War Museum – Film Archive, Onlinekatalog (19.12.2006), URL: <http://iwmcollections.org.uk>.

Alles Filme, welche die Potenz der britischen Militärmacht und deren Kampf für die freiheitliche Demokratie herausstellten[500].

Als im Mai 1951 der Generalsekretär der Reserveoffiziervereinigung, Hauptmann Vollevi Räsänen, äußerte, es werde engerer Kontakt mit einer korrespondierenden britischen Vereinigung gewünscht, empfahl dies der Militärattaché gegenüber dem War Office, da »die Reserveoffiziervereinigung einen Aktivposten des antikommunistischen Finnland« darstelle[501]. Zu diesem Zeitpunkt bestanden bereits Kontakte zu entsprechenden Organisationen in Belgien, den Niederlanden und Skandinavien. In der Propaganda der finnischen Kommunisten wurde diese Zusammenarbeit bald entsprechend angegriffen und der Vorwurf erhoben, dass diese Hand in Hand mit dem Militärattaché der USA daran arbeite, Finnland in die NATO zu überführen und mit der Sowjetunion zu brechen. In diesem Zusammenhang wurden auch die Namen der pensionierten Generale Airo[502], Martola[503] und Talvela[504] ins Spiel gebracht[505]. Auf der folgenden britischen Militärattaché-konferenz wurde beschlossen, eine Verbindung zwischen der finnischen Reserveoffiziervereinigung und der britischen Territorial Army herzustellen. Hauptmann Räsänen sollte im Februar oder März 1952 nach England eingeladen werden. Solch ein Treffen müsse zwar absolut geheim bleiben, doch sollte dieser Pfad weiter beschritten werden[506].

Als antikommunistisch schätzten bundesdeutsche nachrichtendienstliche Berichte die finnischen Streitkräfte noch 1966 ein: »Keineswegs aber ist die militärische Führung gewillt, sich den Willen der KPF [Kommunistische Partei Finnlands] zu unterwerfen oder den Sowjets mehr als den unvermeidbaren Einfluss zuzubilligen. Diese Haltung setzt das Offizierkorps ständigen Angriffen der KPF aus, die schon wiederholt eine Säuberung von reaktionären und angeblich prowestlichen Elementen gefordert hat[507].« Ähnlich hatte bereits 19 Jahre vorher der britische Militärattaché geurteilt: »There has so far been no apparent Russian penetration of the armed forces, nor can these forces yet be regarded as ›reliable‹ from the Rus-

---

[500] TNA, PRO, WO 106/6049, MA/20/83, Finland, monthly intelligence summary for March 1951.
[501] Ebd.
[502] Generalleutnant Aksel Fredrik Airo, der »Stratege Mannerheims«, galt aufgrund seiner militärischen Ausbildung in Frankreich als frankophil. Eine Kurzbiografie findet sich in Brantberg, Sotakenraalit.
[503] Generalmajor Armas-Eino Martola, der »Vater der finnischen Artillerie«, galt aufgrund seiner Ausbildung in Frankreich als ausgesprochen prowestlich. Auch handelte es sich bei ihm um einen in Deutschland ausgebildeten Jägeroffizier. 1956 wurde er militärischer Ratgeber von UN-Generalsekretär Dag Hammarskjöld. 1966 wurde er Kommandeur der UN-Truppen auf Zypern. Eine Kurzbiografie findet sich in Brantberg, Sotakenraalit.
[504] Generalleutnant Paavo Talvela, der »Held von Tolvajärvi«, spielte auch nach dem Zweiten Weltkrieg als Berater Paasikivis eine Rolle. Er galt als anglophil, obwohl es sich bei ihm um einen in Deutschland ausgebildeten Jägeroffizier handelte. Eine Kurzbiografie in Brantberg, Sotakenraalit. Ausführlich zu Talvela siehe Vahe, Kenraali Paavo Talvela.
[505] TNA, PRO, WO 106/6049, MA/20/90, Finland, monthly intelligence summary for June 1951.
[506] Ebd., MA/20/101, Finland, monthly intelligence summary for August 1951.
[507] BA-MA, BW 2/5181 (Geheim), 74. Bericht über die Lage West, Sonderheft Finnland, 24.4.1966.

sian point of view[508].« »The vast majority of the army does *not* want a pact of any kind with *Russia*, and will *not* fight on Russia's side. Should a pact be concluded it is possible that many officers will resign[509].« Auch die Gegenseite teilte diese Einschätzung, wenn auch freilich mit einer anderen Bewertung derselben: So schrieb die Moskauer Zeitung »Bolschewik« in der Ausgabe von November 1950: »Es muss gesagt werden, dass die finnische Armee, speziell ihr Kommandopersonal, in einem ausgesprochen reaktionären, antidemokratischen Geist erzogen ist. Die Demokratisierung der Armee, die unter der Regierung Pekkala begonnen hatte, wurde vollkommen gestoppt, als die sozialdemokratische Partei Fagerholms an die Macht kam[510].«

Entsprechend der amerikanischen Wahrnehmung während des Winterkrieges wurde Finnland auch in der westlichen Öffentlichkeit des Kalten Krieges als ›kleiner David‹ empfunden, der die Werte Demokratie und Gerechtigkeit gegen den Goliath aus dem Osten verteidige. Als es in der ersten sowjetischen Angriffsphase des Winterkrieges neun finnischen Divisionen gelungen war, 30 sowjetische Divisionen schon an der Karelischen Landenge zum Stehen zu bringen und bis Mitte Februar 1940 Stalins Divisionen in einem Stellungskrieg zu binden, stieg die Achtung der Westmächte. Erst unter Einsatz von 60 Divisionen auf sowjetischer Seite konnte der Durchbruch erreicht werden. Der Erfolg des sprichwörtlich zähen Widerstands der Finnen begründete den militärischen Mythos Finnlands: Finnland galt nunmehr als nahezu uneinnehmbar, die Finnen als »Heldenvolk«[511]. Einem britischen Bericht von 1947 zufolge war das finnische Militär antisowjetisch. Es wurde als wenig modern und hinterwäldlerisch, die Offiziere auf Bataillons- und Regimentsebene als »*not* inspiring nor particularly well educated militarily«[512] und die Stabsarbeit als primitiv beschrieben. Weltanschaulich waren sie aber als antikommunistisch einzuschätzen: »The Finnish army remains loyal and stolidly hard-working and so far as is known Communist penetration during the year has been negligible[513].« Daher fasste Magill seine Einschätzung über das finnische Militär wie folgt zusammen: »They would in fact, make good guerilla soldiers of a well-disciplined type[514].«

Mitte der 1950er-Jahre findet sich ein fast gleichlautendes Urteil in einem Bericht der bundesdeutschen Handelsvertretung:

»Die seit 1944 erfolgreich geführte finnische Selbständigkeitspolitik steht also zuerst einmal auf dem finnischen und schwedischen Selbsterhaltungs- und Verteidigungswillen

---

[508] TNA, PRO, WO 106/6047, MA/20/1, Military Attaché Helsinki (Magill) to War Office, Director of Military Intelligence, 3.11.1947.
[509] Ebd., MA/20/5, Military Attaché Helsinki (Magill) to War Office, Director of Military Intelligence, 1.3.1948 (Hervorhebungen im Original).
[510] Ebd., WO 106/6048, MA/20/74, Finland, monthly intelligence summary for December 1950.
[511] Vgl. Jokipii, Finnland und der Zweite Weltkrieg, S. 17–19.
[512] TNA, PRO, WO 106/6047, MA/20/1, Military Attaché Helsinki (Magill) to War Office, Director of Military Intelligence, Appendix »D«, 3.11.1947 (Hervorhebung im Original).
[513] Ebd., WO 106/6048, MA/20/74, Finland, monthly intelligence summary for December 1950.
[514] Ebd., WO 106/6047, MA/20/1, Military Attaché Helsinki (Magill) to War Office, Director of Military Intelligence, Appendix »D«, 3.11.1947.

und schöpft ferner aus der Existenz einer der Sowjetunion feindlich gesonnenen Großmachtgruppierung Vorteile [...] Niemand bezweifelt, dass es sowjetischen Streitkräften zwar in kürzester Zeit gelingen würde, das nahezu wehrlose Finnland militärisch zu besetzen, jedoch würden in diesem Falle viele freiheitsliebende Finnen ›in die Wälder‹ gehen. Damit würden die Finnen in die Arme der Westmächte getrieben, die in geeignetem Augenblick die Chance nur zu ergreifen brauchten, um die Sowjetunion im Vorfeld Leningrads nach Kräften zu beunruhigen. Die hierin liegenden Gefahren wiegen [...] schwerer, als die Vorteile einer über das finnische Territorium nach Westen tatsächlich vorgeschobenen sowjetischen Militärgrenze, zumal die Neutralitätspolitik Finnlands und die allianzfreie Politik Schwedens [...] in gegenseitiger Abhängigkeit zueinander stehen[515].«

Die Absichten des finnischen Generalstabs für den Fall einer Eskalation der Spannungen zwischen Ost und West zu einem Krieg wurden 1951 wie folgt beschrieben: Das erste Ziel der finnischen Streitkräfte sei es, Zeit zu gewinnen. Daher würde Finnland sich, solange es sich mit dem Konzept der Unabhängigkeit vereinbaren lasse, außerhalb eines Krieges zwischen Ost und West halten. Hierzu würde sogar ein gewisser Grad der Kooperation mit der Sowjetunion in Kauf genommen. Der finnische Generalstab sei, so die britische Einschätzung, über die speziellen Forderungen der Sowjetunion im Falle eines Krieges gut im Bilde. Folglich würde angestrebt, diese Forderungen so zu erfüllen, dass eine Präsenz von Sowjettruppen in Finnland unnötig bliebe und Finnland nicht aktiv in den Krieg hineingezogen werde[516]. Eine Form der Allianz mit der Sowjetunion sei dabei in einer ersten Phase des Krieges wahrscheinlich. Solch eine Position werde so lange beibehalten, wie die UdSSR die Unabhängigkeit Finnlands respektiere und die Forderungen nicht exzessiv seien. Zwei Szenarios würden Finnlands Streitkräfte aufseiten der – weltanschaulich bevorzugten – Westmächte in einen potenziellen Krieg zwischen Ost und West eintreten lassen: Der Fall einer Regierungsübernahme seitens der Sowjetunion oder aber ein für die Westmächte so glücklicher Kriegsverlauf, dass diese ausreichend Hilfe bieten könnten, um sicherzustellen, dass Finnland nicht durch Sowjettruppen überrannt werden könne[517].

Im September 1959 wurde Finnland erstmals ausführlich in den Lageberichten des Führungsstabs der Bundeswehr II behandelt. Nachdem eingangs auf die Beschränkung der finnischen Streitkräfte auf »Aufgaben der inneren Sicherheit und der örtlichen Grenzverteidigung« durch den Friedensvertrag von 1947 hingewiesen worden war (Begrenzung der Landstreitkräfte auf 34 400 Mann, der Luftstreitkräfte auf 3000 Mann mit 60 Kampfflugzeugen, der Seestreitkräfte auf 4500 Mann mit einer Höchsttonnage von 10 000 Tonnen), bewerteten die Nachrichtenoffizie-

---

515 PAAA, B 23/13, Bericht aus Helsinki, Koenning an AA, 13.5.1955: Die Grundlagen der finnischen Neutralität.

516 Diese Einschätzung bezog sich auf zwei getrennte Gespräche mit Generalmajor Poppius und mit dem Leiter der Operationsabteilung (G 1 Ops), Oberstleutnant Sauramo, der in seiner Position ein enger Mitarbeiter des Chefs des finnischen Generalstabs war. TNA, PRO, WO 106/6049, MA/20/83, Finland, monthly intelligence summary for March 1951.

517 Diese Beurteilung beruhte auf ein Gespräch mit Generalmajor Torvald Ekman. Ebd., MA/20/89, Finland, monthly intelligence summary for May 1951.

re das militärische Potenzial Finnlands wie folgt: »Durch die Beschränkungen des Friedensvertrages sind die finnischen Streitkräfte zu schwach, und durch die wirtschaftliche Lage des Landes auch hinsichtlich ihrer Ausrüstung und Ausbildung zu sehr beschnitten, als dass sie ohne Hilfe von außen die Verteidigung der Neutralität Finnlands gewährleisten könnten[518].« Die Ausrüstung der Landstreitkräfte wurde als »hauptsächlich [...] Bestände aus dem II. Weltkrieg«[519] charakterisiert. Angesichts dieser ernüchternden Fakten macht sich die Beurteilung der Landstreitkräfte erstaunlich aus: »Der finnische Soldat ist ein zuverlässiger Einzelkämpfer, besonders bewährt im Wald- und Winterkampf. Die Landstreitkräfte sind jedoch schon rein zahlenmäßig nicht zu einer größeren Operation befähigt; nur kleinere Gruppen werden in abgelegenen Gegenden Widerstand leisten können[520].« Während die finnische Luftwaffe mit ihren nur 20 Kampfflugzeugen als »zu einem sinnvollen Einsatz nicht in der Lage«[521] eingestuft wurde, zollte der Bericht den schwachen finnischen Seestreitkräften[522] dennoch in personeller Hinsicht Lob (»Der finnische Matrose ist ein guter Seemann«[523]). Die Gesamtbeurteilung lautete: »Trotz günstiger personeller Voraussetzungen sind die finnischen Streitkräfte zahlenmäßig nicht in der Lage, die Neutralität des Landes ohne Hilfe von außen zu verteidigen«[524].

Während in der Tradition des Winterkrieges Finnland als ›tapferer David‹ gegen den übermächtigen ›sowjetischen Goliath‹ betrachtet wurde, sahen die materiellen und politischen Realitäten anders aus. Obwohl man Präsident Paasikivi noch für einen geschickt taktierenden ›Westler‹ hielt, verkörperte dessen Nachfolger Kekkonen für viele westliche Beobachter denjenigen, der das Tor für das ›Trojanische Pferd‹ geöffnet hatte. Als ›Trojanisches Pferd‹ wurde die ›Kriegslist‹ der Schaffung einer neutralen Zone durch die Sowjetunion verstanden, wobei sich letztendlich dahinter eine schrittweise Sowjetisierung verberge. Vor allem in der westdeutschen Sichtweise handelte es sich häufig um eine Projektion der finnischen außenpolitischen Situation auf die eigene Lage. So wurde das Auswärtige Amt sichtlich durch die »Neutralitätspropaganda des Staatsministers Kekkonen« beunruhigt. Anlässlich dessen Staatsbesuches in Wien im Frühjahr 1956 spekulierte man im Auswärtigen Amt darüber, ob Kekkonen mit dem österreichischen Bundeskanzler Julius Raab auch für Deutschland die Neutralität empfehle. Als am 3. März 1956 die österreichische »Wochenpresse« schrieb, es sei kaum ein Zufall, dass »das Blatt des finnischen Außenministers unmittelbar nach Abschluss des [österreichischen] Staatsvertrages Finnland mit Österreich verglich und es sozusagen als ersten Bundesgenossen auf

---

[518] BA-MA, BW 2/5175, Bd 1, Fü B II, 4, Bericht über die Lage West, Sept./Okt. 1959 (Geheim), S. 56.

[519] Insgesamt 62 Panzer und Panzerspähwagen; hervorgehoben wurde der Zukauf von zwölf sowjetischen Kampfpanzern des Typs T 54 im September 1959. Ebd., S. 58.

[520] Ebd.

[521] Ebd., S. 59.

[522] Zwei Küsten-Minenleger, 17 Schnellboote, vier Küsten-Minensucher, 32 Räumboote, 16 Motor-Patrouillenboote, zwei Küstenwachboote, neun Eisbrecher, drei Schlepper, ein Segelschulschiff.

[523] BA-MA, BW 2/5175, Bd 1, Fü B II, 4, Bericht über die Lage West, Sept./Okt. 1959 (Geheim), S. 59.

[524] Ebd.

dem Weg aktiver Koexistenz begrüßte«, war dies in Wien Anlass genug für einen Bericht nach Bonn. Mit einer gewissen Genugtuung wurde jedoch festgestellt, dass der Ballhausplatz im Allgemeinen keinen Wert darauf gelegt habe, »eine Parallelität zwischen der Lage Finnlands und Österreichs allzusehr zu unterstreichen«. Im Gegensatz zu Kekkonen seien sich »alle maßgeblichen österreichischen Staatsmänner darüber im Klaren, dass eine neutralistische deutsche Politik die größte Gefahr für Österreich wäre«[525]. Die Gefahr einer seitens der Siegermächte des Zweiten Weltkrieges geforderten Neutralität Deutschlands nahm 1956 Adenauer verstärkt wahr[526]. Im Mai des Jahres wurde ein Memorandum des ehemaligen amerikanischen Botschafters in Moskau, George F. Kennan, bekannt. In diesem hieß es unter anderem:

> »Ich halte es eher für günstig als für ungünstig, dass Schweden dem Atlantikpakt nie beigetreten ist, dass die Schweiz ihre traditionelle Neutralität in jeder Hinsicht gewahrt hat, dass Österreich faktisch neutralisiert wurde und dass sich Jugoslawien weder ausschließlich an den Westen noch an den Osten gebunden hat. Ich würde wünschen, dass diese Zone eher erweitert, als verkleinert würde. Wenn auch der Neutralitätsgedanke für kommunistische Propagandazwecke ausgenützt werden kann, wie es ja bereits geschehen ist, so sollte uns dies meiner Meinung nach nicht davon abhalten, die realen Vorteile, die mit einer Neutralität verbunden sind, zu erkennen. [...] Meiner Ansicht nach sollte die amerikanische Politik die Wiedervereinigung Deutschlands und eine möglichst baldige Wiederherstellung dieses Landes anstreben. Damit würde es eine Funktion als neutraler Faktor übernehmen, der die scharfe Schneide der beiden militärischen Pole in Europa abstumpfen und schließlich helfen kann, die Heftigkeit des Konfliktes zwischen Ost und West zu verringern[527].«

Am 6. Juni 1956 gab Präsident Eisenhower eine Erklärung ab, in der es unter anderem hieß, dass »Neutralität [...] nicht als eine Platzierung zwischen Recht und Unrecht oder Gut und Böse aufzufassen [sei], sondern lediglich als Ablehnung, sich militärischen Allianzen anzuschließen. Eine solche Haltung müsse keineswegs immer nachteilig für die USA sein[528].« Adenauer befürchtete, dass diese neue Haltung der USA verhängnisvolle Folgen für die amerikanische Deutschlandpolitik nach sich ziehe[529]. Doch nicht nur auf dem Gebiet der Außenpolitik, auch seitens des politischen Gegners konnten der Politik Adenauers durch die potenzielle Zugkraft der Idee eines Deutschland einschließenden neutralen Cordon sanitaire Schwierigkeiten erwachsen. Angesichts der in weiten Teilen der Bevölkerung unbeliebten Wiederbewaffnung schien solch ein Angebot durchaus verlockend, be-

---

[525] PAAA, B 23/7, Bericht aus Wien, Mueller-Graaf an AA, 3.3.1956, Bericht der Handelsvertretung der Bundesrepublik Deutschland in Helsinki vom 10.2.1956, 211-00 Tgb. Nr. 275/56, über die »Neutralitätspropaganda des Staatsministers Kekkonen«.

[526] Bereits seit den Zeiten der Stalinnote war Adenauer insbesondere den europäischen Westmächten gegenüber misstrauisch. Er erklärte gegenüber Eisenhower, dass Europa die starke Hand der USA brauche. AAPD 1952, Dok. 123, S. 335–341. Generell waren sich aber die Westmächte allein schon aus Gründen der Einbindung potenzieller deutscher Macht einig, dass eine Neutralität Deutschlands abzulehnen sei. Schmidt, Strukturen des »Kalten Krieges«, S. 287.

[527] Adenauer, Erinnerungen. Bis zu den Römischen Verträgen, S. 145.

[528] Ebd., S. 155.

[529] Ebd.

diente es doch zugleich nationale und wirtschaftliche Vorstellungen vieler Bürger. So erklärte der Sprecher der SPD, Fritz Erler, im Juli 1956 im Deutschen Bundestag, dass der Bundesrepublik durch die »Untätigkeit in der Förderung des internationalen Gesprächs über die Wiedervereinigung und [die] sehr aktive Tätigkeit auf dem Gebiete der Bewaffnung der Bundesrepublik« in der Gefahr stehe, »als Störenfried angesehen zu werden, über dessen Kopf hinweg man einmal eine Lösung suchen wird, die uns allen nur unangenehm sein kann«[530]. Ein in doppelter Hinsicht schlagkräftiges Argument, bedeutete dies doch, der Bundeskanzler verspiele mit seiner Kalten-Kriegs-Politik nicht nur die Wiedervereinigung, sondern auch das eigene Konzept der Westbindung. Auch wenn in der SPD der Begriff der ›Neutralisierung‹ Deutschlands verpönt war, so fand doch Erlers Konzept, dass das geeinte Deutschland politisch, ökonomisch und sozial zum Kreis der freien Völker gehören sollte, ohne unbedingt der »Revolver Amerikas an den Rippen der Sowjetunion«[531] zu sein, durchaus insbesondere in der Zeit geringerer gefühlter Bedrohung nach Stalins Tod Zuspruch. In Adenauers Erinnerungen findet sich wiederholt die Ansicht, dass sich 1956 zwar die »Methoden, nicht jedoch die eigentlichen Ziele« der Sowjetunion geändert hätten[532]. Seine Sichtweise entsprach dem Bild der Sowjetunion nach dem Tode Stalins, das in der NATO herrschte, und nach einer kurzen Phase der Détente auch gepflegt wurde: »In this new era of ›smiling faces‹ it is important to review the hard facts of reality[533].« Die Neutralität eines wiedervereinigten Deutschland hätte seiner Ansicht nach folglich zwingend eine Sowjetisierung Gesamtdeutschlands zur Folge gehabt. Eine österreichische oder finnische Lösung der Deutschlandfrage wurde seitens des Bundeskanzlers als eine sehr große Gefahr wahrgenommen. Auf der Konferenz der Beratenden Versammlung des Europarats in Straßburg wurde im April 1956 auch über Aspekte der europäischen Verteidigungsprobleme debattiert. Bundesaußenminister Heinrich von Brentano äußerte hier, die Bundesregierung sei überzeugt, dass »die Ziele der Sowjetunion die gleichen seien, auch wenn sich die Taktik geändert habe. Zwischen Abrüstung, Sicherheit und deutscher Frage bestünde ein enger Zusammenhang ohne Prioritätenproblem«.[534] Der österreichische ÖVP-Abgeordnete und spätere österreichische Außenminister Lujo Tončić-Sorinj unterstrich die neutrale Haltung Österreichs und betonte zugleich, »nur diejenigen Länder hätten Resultate

---

530 Ebd., S. 199.
531 Soell, Fritz Erler, S. 115.
532 So auch folgende für Adenauers Erinnerungen typische Passage: »Die ungeheure Gefahr, die der Kommunismus für die gesamte Welt darstellte, würde durch die Friedensbeteuerungen der sowjetischen Führer allein nicht behoben werden. Ihr Ziel war immer noch die Beherrschung der Welt. Wir standen einer dynamischen, in skrupelloser Propaganda erfahrenen, diktatorisch regierten Macht gegenüber, die dank ihrer geographischen Lage auf zwei Kontinenten daran gewöhnt war, global zu denken und zu planen. Adenauer, Erinnerungen. Bis zu den Römischen Verträgen, S. 153.
533 NATO Archives, C-R (55) 41, 10th October 1955, Presentation of the chairman of the Standing Group; Karikatur in der »Washington Post« vom 3.11.1961 »Notice the Big Change?« Der Begriff der »Soviets with the smiling face« findet sich häufiger in den einschlägigen NATO-Akten.
534 PAAA, B 23/29, Brieftelegramm aus Kehl/Straßburg, Feine an AA, 18.4.1956.

gegenüber [dem] Osten erzielt, die fest geblieben seien, so Finnland, Türkei, Österreich, wo die politischen Parteien sich zu einigen gewusst hätten«[535]. Das Beispiel Finnland vermochte also auch in der Betrachtung der Neutralität auf verschiedene Weise dienen. Finnland konnte, wie seitens der deutschen Regierung, als Gefahr für die Westbindung oder aber, wie es Tončić sah, als Beleg für eine erfolgreiche, weil von der Sowjetunion unabhängige Neutralitätspolitik angeführt werden. Interessant erscheint hier neben diesen ›zwei Seiten einer Medaille‹, wer sich hier für welche ›Seite der Medaille‹ entschied. Während für die deutsche Bundesregierung die finnische Neutralität auf den eigenen Standpunkt bezogen nur als Rückschritt von der Westbindung betrachtet werden konnte, war das finnische Konzept für die österreichische Seite – vielleicht auch im Sinne einer Autosuggestion – ein Beleg dafür, dass Neutralität, Unabhängigkeit und Zugehörigkeit zur westlichen Wertegemeinschaft sehr wohl miteinander vereinbar seien.

Die Frage der Wertschätzung der Koexistenzpolitik hing zudem vom Grad der Spannung zwischen den Vereinigten Staaten und der Sowjetunion ab. Die stereotypen Wahrnehmungen Finnlands als ›freiheitlicher Demokrat‹, ›Antibolschewist‹, ›kleiner David‹ oder aber als ›Trojanisches Pferd‹ wurde nicht nur durch die Perzeptionen der Sowjetunion, Skandinaviens und Finnlands bestimmt. Auch die grundsätzliche Frage, ob die Betroffenen sich »als im Krieg befindlich« wahrnahmen, spielte eine wesentliche Rolle. Der die meiste Zeit innerhalb der NATO wahrgenommene »long pull« konnte durchaus als Interpretation der internationalen Situation in Richtung (Kalter) Krieg verstanden werden. Eine ›Kriegslist‹ der Sowjetunion passte folglich durchaus ins Bild. Ein weiteres Kriterium bei der Gewichtung der Stereotype war der Stellenwert, der im Kalten Krieg dem Faktor Ideologie zugesprochen wurde. Je mehr die Akteure den »long pull« als quasireligiösen Kampf zweier Gesellschaftssysteme wahrnahmen, umso stärker setzte sich das Stereotyp ›Trojanisches Pferd‹ gegenüber den anderen stereotypen Vorstellungen von Finnland durch.

V. Nachtfröste nach dem Tauwetter –
Ereignisse, Perzeptionen, Reaktionen

Nachdem die Finnlandperzeption des Nordatlantischen Bündnisses in ihren unterschiedlichen Facetten bis 1957 dargelegt wurde, steht in vorliegendem Kapitel die Krisenbewältigung bei der Nachtfrostkrise oder Fagerholmkrise von 1958 und der Notenkrise von 1961 im Vordergrund. Insbesondere wird dabei die Wahrnehmung Finnlands im Laufe dieser Krisen beleuchtet. Aber auch die konkrete Finnlandpolitik der NATO, d.h. ihre Versuche, auf die Geschicke dieses Landes Einfluss zu nehmen, werden untersucht. Allgemeinere Aussagen über die Finnlandperzeption in all ihren historischen, regionalen und gesamtpolitischen Bezügen müssen hierbei durch den aktuellen Bedrohungskontext unmittelbar vor und während der Krisen ergänzt werden.

Für die NATO war Finnland – wie bereits gezeigt wurde – nie ein Schwerpunkt, schon gar nicht Selbstzweck, und wurde stets in die Geschehnisse der Weltpolitik eingeordnet betrachtet. Konkret bildete die sogenannte sowjetische Notenoffensive, gepaart mit dem zeitgleichen und grundlegenden Wandel der strategischen Situation weltweit, in Skandinavien und in der Ostsee den Rahmen für die Perzeption des Staates Finnland. Dies geschah freilich in Wechselwirkung mit den finnischen Krisen der Jahre 1958 und 1961. Die NATO-seitige Einschätzung über das, was die Sowjetunion in Finnland vorhabe, hing neben den dargelegten grundsätzlich vorhandenen Perzeptionsmustern von diesen Faktoren ab. In der Folge wird daher zuerst der außenpolitische und strategische Rahmen der Krisen aus Sicht des Bündnisses untersucht. Anschließend sollen die beiden finnischen Krisen vor diesem Hintergrund des Bedrohungskontextes betrachtet werden.

1. Bedrohungskontext 1957 bis 1961

a) Unfriedliche Koexistenz

Das Jahr 1956 wird häfig als ein Wendepunkt im Kalten Krieg gesehen. Die Doppelkrise von Ungarn und Suez beendete das, was oft mit dem Schlagwort ›Geist von Genf‹ beschrieben wird. Nach anderer Lesart bildete die Ausgangslage für die

---

[1] Stöver, Der Kalte Krieg, S. 81. Zur Frage der Entspannung nach wie vor grundlegend Görtemaker, Die unheilige Allianz. Zum aktuellen Stand der Forschung vor allem hinsichtlich der Öffnung russischer Archive Mastny, Die NATO, S. 439–464.

Genfer Gipfelkonferenz von 1955, also die Anerkennung des Status quo in Europa durch die Duldung des Beitritts der Bundesrepublik Deutschland zur NATO durch die Sowjetunion, einerseits und die de facto – aber nicht de jure – Anerkennung der DDR durch die Westmächte erst die Voraussetzung für das Vorgehen der Sowjetunion in Ungarn. Gegenseitige Respektierung der Einflusssphären, beiderseitige Besitzstandwahrung und die taktische Hinnahme des Status quo war die konkreten Ausformung des ›Geistes von Genf‹[2]. Die auf dem XX. Parteitag im Februar 1956 von Chruščev verkündete Entstalinisierung und die Auflösung der Kominform im April desselben Jahres wurden noch als deutliche Zeichen des ›Tauwetters‹ und der ›friedlichen Koexistenz‹ interpretiert. Die Reaktionen der Sowjetführung auf den Arbeiteraufstand von Poznań[3], der unter dem Damoklesschwert eines sowjetischen Militäreinsatzes von Panzerkräften des polnischen Innenministeriums blutig niedergeschlagen wurde, zeigte aber, dass die Sowjetunion keineswegs bereit war, ihre während des Zweiten Weltkrieges erkämpfte Machtposition aufzugeben[4]. Als im Oktober 1956 Imre Nagy den Austritt Ungarns aus der Warschauer Vertragsorganisation ankündigte, rückten umgehend sowjetische Panzer in Budapest ein, zogen jedoch bald wieder ab. Doch sobald es Chruščev gelungen war, sich der Zustimmung Chinas und Jugoslawiens zu einer gewaltsamen Niederschlagung des ungarischen Widerstandes zu versichern, begann am 1. November die Invasion des Landes durch sowjetische Truppen. Nach dreitägigen schweren Kämpfen war der Aufstand niedergeschlagen[5]. Der in der Suezkrise gebundene und politisch uneinige Westen reagierte entgegen seiner Rhetorik des Rollback so gut wie nicht[6]. Dabei zeigten letztlich die Suezkrise im Westen wie auch der Ungarnaufstand im Osten das »Einfrieren« des Status quo[7]. Während die Détente den Akteuren größere Spielräume eingeräumt hatte und somit auch größere Risiken in sich barg, zementierten die Ereignisse von 1956 letztlich die Bipolarität. Gewissermaßen wurde dadurch global gesehen die Welt sicherer, da das »ungeschriebene Gesetz galt, dass keine der Mächte sich in die Einflusszone des Anderen einmischen« werde[8]. Aber waren solche Zonen eindeutig definiert? Der ›Westen‹ hatte praktisch bereits in die ›friedliche Koexistenz‹ eingewilligt. Was im ›Osten‹ geschah, blieb weitestgehend Sache der Sowjetunion. Mehr noch, John Foster Dulles stellte gar Ende 1956 auf einer Pressekonferenz klar, dass die USA keinesfalls »die Sowjetunion mit einem Gürtel aus feindlichen Staaten zu umge-

---

2   Schmidt, Strukturen des »Kalten Krieges«, S. 332–338.
3   Dt. Posen.
4   Umbach, Das rote Bündnis, S. 128–130. Der aktuelle Forschungsstand zum Posener Aufstand findet sich bei Stibbe, Poland and Hungary 1956.
5   Zur sowjetischen Intervention in Ungarn 1956 siehe Soviet Military Intervention. Der aktuelle Forschungsstand findet sich im Sammelband Ungarn 1956 und bei Lendvai, Der Ungarnaufstand 1956.
6   Umbach, Das rote Bündnis, S. 130–132.
7   Dülffer, Die Suez- und Ungarn-Krise, S. 95–119; Das internationale Krisenjahr 1956; Gaddis, The Cold War, S. 107–109.
8   Gaddis, The Long Peace, S. 241.

ben« beabsichtige[9]. Etwa gleichzeitig waren die ersten sowjetischen Interkontinentalbomber vom Typ TU-20 und MYA-4 voll einsatzfähig. Ihre Anzahl wurde jedoch von der CIA mit rund 500 etwa dreimal zu hoch geschätzt[10].

Im Herbst 1957 brachten sowjetische Wissenschaftler den ersten Satelliten in die Erdumlaufbahn – den »Sputnik«. Dass von den sowjetischen Nuklearraketen interkontinentaler Reichweite (Intercontinental Ballistic Missiles, ICBM) des Typs SS-6 bis 1962 lediglich vier stationiert worden waren, war im Westen nicht bekannt[11]. Chruščev wiederholte das sowjetische Angebot eines Weltfriedensabkommens und der Abrüstung auf der Basis ›friedlicher Koexistenz‹. Nur wenig später auf dem 40. Jahrestag der Oktoberrevolution waren aber auch andere Töne von Chruščev zu hören: Er beschwor die sich verschärfende Dauerkrise des Kapitalismus, die »Überlegenheit der kommunistischen Ideologie und den künftigen Sieg des Sozialismus«[12]. In der Folge kam es zu einem Kopf-an-Kopf-Rennen um den Eindruck der jeweiligen technischen und somit letztendlich auch militärischen Überlegenheit. Ende Januar 1958 brachte auch die USA mit dem »Explorer« erfolgreich einen Satelliten in die Erdumlaufbahn. Chruščev kündigte im gleichen Jahr an, Raketen »wie Würstchen am Fließband zu produzieren«[13].

Einer der Hauptstreitpunkte des Kalten Krieges seit 1948, die Berlinfrage, blieb aber weiterhin ungelöst. Wie in einem Brennglas wurden in Berlin die Probleme des Ost-West-Konfliktes sichtbar. Gleichzeitig bildeten die Westsektoren Berlins als »Schaufenster« des Westen eine Bedrohung für die DDR. Bis 1956 hatten etwa 1,5 Millionen Menschen die DDR verlassen[14]. Am 10. November 1958 verlangte Chruščev bei einer Rede im Moskauer Sportpalast, die »Überreste des Besatzungsregimes in Berlin« aufzugeben. Am 27. November forderte er in einer Note an die Westmächte binnen sechs Monaten den Abzug der westlichen Truppen aus Berlin. Berlin sollte eine »freie Stadt«, das hieß entmilitarisiert werden, oder die Sowjetunion werde die Kontrolle der Zufahrt nach Berlin der DDR übertragen. Die Reaktion der Westmächte war eher schwach. Erst am 16. Dezember 1958 wies die NATO, nachdem dies zwei Tage vorher durch die westlichen Siegermächte des Weltkrieges und die Bundesrepublik geschehen war, die Note zurück. Die USA, Großbritannien und Frankreich stimmten am 16. Februar 1958 grundsätzlich einer Konferenz der Siegermächte zu. Voraussetzung war jedoch, dass die Sowjetunion ihr Ultimatum zurücknehme. Der britische Premierminister Harold Macmillan reiste zeitgleich nach Moskau und setzte sich kurz darauf im März in Washington für die Installierung einer »inneren Sicherheitszone« ein. Dies entsprach etwa den

---

9   Pressekonferenz vom 18.12.1956. Siehe Department of State, Bulletin 7, zit. nach Schöllgen, Geschichte der Weltpolitik, S. 118.
10 Umbach, Das rote Bündnis, S. 105.
11 Entgegen Umbach und Holloway geht Zaloga von sechs operablen ICBM aus. Auf jeden Fall war ihre Zahl gering. Zaloga, The Kremlin's Nuclear Sword, S. 49–50; Umbach, Das rote Bündnis, S. 106; Holloway, The Soviet Union, S. 43.
12 Altrichter, Kleine Geschichte der Sowjetunion, S. 143–146.
13 Umbach, Das rote Bündnis, S. 106.
14 Gaddis, The Cold War, S. 112 f.

Plänen des Führers der britischen Labour Party Gaitskell oder des polnischen Außenministers Rapacki[15]. Während rüstungspolitisch und rhetorisch auf eine Phase der relativen Entspannung eine neue Phase des Kalten Kriegs folgte[16], suchten die Westmächte angesichts des scheinbaren nuklearen Gleichziehens der Sowjetunion nach Möglichkeiten eines Nebeneinanderlebens mit der erstarkten UdSSR möglichst ohne Aufgabe der eigenen Ziele.

Auf der neunten Außenministerkonferenz der vier Siegermächte des Zweiten Weltkrieges 1959[17] waren die Vertreter der beiden deutschen Staaten zum ersten Mal als Beobachter zugelassen. Die Westmächte erklärten sich bei dieser letzten Genfer Konferenz dazu bereit, die Berlinfrage losgelöst von den Fragen Wiedervereinigung und Abrüstung zu behandeln. Faktisch bedeutete das nach Auffassung von Andreas Hillgruber die Aufgabe der ›gesamtdeutschen‹ Zielsetzung der Westmächte[18]. In Adenauers Bundesrepublik wurde dieser Wandel der amerikanischen Deutschlandpolitik wohl wahrgenommen: CDU-Fraktionschef Heinrich Krone notierte nach dem Tod von Dulles in sein Tagebuch:»Dulles ist tot. Koexistenz ist die Parole[19].« In den USA folgte auf Eisenhower im Januar 1961 John F. Kennedy als Präsident. Nach den Kriegsdrohungen Moskaus beim Gipfeltreffen in Wien am 3./4 Juni 1961 erneuerte Chruščev das Berlinultimatum. Noch im März 1961 lehnte die Sowjetunion aber eine physische Teilung Berlins ab[20]. Eine von Kennedy veranlasste Analyse des militärischen Kräfteverhältnisses in Europa ergab, dass die NATO gegenüber dem Warschauer Pakt konventionell deutlich unterlegen war und folglich bei einer Auseinandersetzung um Berlin ein rascher Rückgriff auf Atomwaffen nötig sei[21]. Am 25. Juli 1961 verkündete Kennedy in einer Rundfunkansprache die Three Essentials für Berlin: Freiheitsgarantie für die Bewohner Westberlins, westliche Truppenpräsenz und gesicherter Zugang. Einerseits bedeutete das die eindeutige Ablehnung der Forderungen Chruščevs vom 10. November 1958 und war somit eine Position der Stärke, andererseits war es auch die Akzeptanz des Status quo in Berlin[22]. Die Zweite Berlinkrise kulminierte und endete in der Berliner Mauerkrise mit der Abriegelung Westberlins in der Nacht zum 13. August 1961. Die Mauer als solche wurde ab dem 18. August errichtet; dennoch gilt der 13. August, der Tag der Abriegelung der Westsektoren durch Stacheldraht, gemeinhin als der Tag des Mauerbaus.

Seit 1946 waren rund 3,1 Millionen Menschen aus der SBZ bzw. DDR geflüchtet[23]. Die Mauer aber war so gut wie undurchlässig. Vom 13. August 1961 bis

---

15   Schöllgen, Geschichte der Weltpolitik, S. 137-140.
16   Altrichter, Kleine Geschichte der Sowjetunion, S. 146.
17   11.5.-20.6. und 13.7.-5.8.1959.
18   Hillgruber, Deutsche Geschichte, S. 71.
19   Krone, Aufzeichnungen, S. 152; siehe hierzu auch Schöllgen, Geschichte der Weltpolitik, S. 140 f.
20   Wagner, Walter Ulbricht, S. 437.
21   Diedrich, Die militärische Grenzsicherung, S. 134 f. Zu Kennedys Politik gegenüber dem Mauerbau siehe Catudal, Kennedy and the Berlin Wall Crisis. Zu den Vorbereitungen der DDR zum Mauerbau und der Haltung der Sowjetunion siehe Wagner, Walter Ulbricht, S. 432-473.
22   Stöver, Der Kalte Krieg, S. 51 f.
23   Siehe dazu Der Schatten der Mauer, S. 6 f., ebs. Gelb, The Berlin Wall.

Mai 1962 forderte sie bereits 22 Todesopfer und 46 Verletzte. Die USA schickten am 18. August Vizepräsident Lyndon B. Johnson und General Lucius D. Clay nach Berlin. Die US-Garnison wurde auf dem Wege über die Autobahn um 1500 amerikanische Soldaten aus der Bundesrepublik verstärkt. Die Truppenvermehrung wurde in Westberlin gefeiert[24]. Insgesamt demonstrierte der Westen jedoch Machtlosigkeit. Als am 25. Oktober General Clay, nachdem DDR-Grenztruppen US-Soldaten in Zivil die Durchfahrt verwehrt hatten, am Checkpoint Charlie Panzer auffahren ließ, antwortete Moskau ebenfalls mit dem Auffahren von Panzern[25]. Diese offene Konfrontation wurde weltweit als Symbol für die Spannung des Kalten Krieges wahrgenommen. Die Lage in Berlin symbolisierte aber gleichzeitig auch die Akzeptanz der abgesteckten Machtsphären in Europa. Die Sichtweise der Regierung in Washington lässt sich mit folgendem Kennedy-Zitat zusammenfassen: »But a wall is a hell of a lot better than a war[26].«

b) Strategischer Wandel und nukleare Dimension

Die Jahre 1957 bis 1961 waren aber nicht nur auf der politischen Ebene Jahre des Wechsels. Parallel vollzog sich in dieser Zeit in Verbindung mit einer »militärisch-technischen Revolution« auch ein strategischer Wandel. Dieser wirkte sich wiederum auf die politische Entscheidungsebene aus. Bereits im Februar 1956 wurden die luftgestützt-atomaren Fähigkeiten des Ostblocks zur Kriegführung als im Wachsen befindlich eingeschätzt. Durch die technologische Entwicklung und die resultierende größere Verfügbarkeit leichter Bomber des Typs Iljušin (Il)-28[27] in der Sowjetunion sei, so analysierte die NATO, die Vorwarnzeit für Europa deutlich gesunken. Folglich müssten sich dort die Prioritäten von heeresgestützter Verteidigung hin zu immer stärkeren Luftstreitkräften wandeln. Eine Il-28 benötige gemäß Threat Assessment der NATO mit einer Atombombe bestückt 63 Minuten von Tallinn nach Oslo. Das Kriegsbild habe sich somit signifikant verändert[28]. Der Vorteil der Inneren Linie verändere sich im Zeitalter der nuklear bewaffneten Fernbomber leicht ins Gegenteil, was sich für die eingekreiste Sowjetunion strategisch nachteilig auswirke. Durch die veränderte Lage würden für die NATO ein Frühwarnsystem und Luftverteidigungskapazitäten notwendig, um sowohl die »retaliatory force« als auch das »shield«[29] aus Bodentruppen und See-

---

[24] Bahr, Der Schock des Mauerbaus, S. 147.
[25] Diedrich, Die militärische Grenzsicherung, S. 142 f.; Zahlen siehe bei Hildebrandt, Die Mauer; zeitgenössisch zur Berlinkrise Speier, Die Bedrohung Berlins.
[26] Zit. nach Beschloss, The Crisis Years, S. 278.
[27] NATO-Code: BEAGLE.
[28] NATO Archives, AC/100-VR/1, Defence Planning – Multilateral Discussions. Verbatim Record of Presentations given at the Palais de Chaillot in Connection with Defence Planning, Monday 20th February, 1956, 10 a.m. Subject: Organization, Dispersal and Readiness of Air Force Units, S. 6.
[29] Diese Begriffe beziehen sich auf die Schwert-Schild-Doktrin, wobei die »retaliatory force« das atomare Schwert darstellte.

streitkräften zu schützen. Die Bewahrung des Schildes vor atomaren Angriffen sei aber nicht nur wegen der Bodentruppen selbst, sondern vor allem auch wegen der Sicherung des für den Einsatz der retaliatory force benötigten sogenannten »green area« wichtig[30]. Es galt hierbei: Ohne Schild kein ›Schwert‹.

Im Februar 1957 führten die vielfältigen Beratungen in der NATO zu einem neuen strategischen Gesamtkonzept, das im Dokument MC 14/2 (revised), gemeinhin bekannt als MC 14/2, festgehalten wurde[31]. Im April 1957 wurde die neue strategische Linie als Dokument MC 48/2 verabschiedet. MC 14/2 sah eine nicht-nukleare Verteidigungsalternative im Gegensatz zur »massive retaliation« der MC 48 vor, ohne diese jedoch auszuschließen. Die Folge war eine Aufstockung der konventionellen Streitkräfte. Gedanklich lag dieser Strategie jedoch die Überlegung zugrunde, dass angesichts der Waffenentwicklung und dem Aufholen des technologischen Nachteils durch die Sowjetunion auf die nukleare Abschreckung allein nicht unbedingt Verlass sei. Wie gehabt sollte durch nukleare Abschreckung ein Krieg verhindert werden. Neu an der MC 14/2 war allerdings, dass, sollte es dennoch zu einem Krieg kommen, dieser nicht mehr zwingend nuklear geführt werden sollte[32].

Den Schwerpunkt der sowjetischen Sicherheitspolitik suchte Chruščev indes von der traditionellen Akzentuierung massiver konventioneller Streitkräfte auf minimale atomare Abschreckung zu verlagern. Vojtech Mastny bezeichnet diesen Schritt als »Chruščevs strategische Revolution«. Hierdurch sollten die Ressourcen der Sowjetunion freigesetzt und gleichzeitig der internationale Großmachtstatus beibehalten werden. Während also die NATO in der MC 14/2 ihrer Strategie mehr konventionelle Elemente hinzufügte, ergänzte die Sowjetunion zunehmend nukleare Komponenten bei Reduzierung konventioneller Truppen[33].

---

[30] NATO Archives, AC/100-VR/1, Defence Planning – Multilateral Discussions. Verbatim Record of Presentations given at the Palais de Chaillot in Connection with Defence Planning, Monday 20th February, 1956, 10 a.m. Subject: Organization, Dispersal and Readiness of Air Force Units, S. 4 f. Die Schwert-Schild-Doktrin der NATO unterschied zwischen dem »Schwert«, also den strategischen Bombern des Strategic Air Command unter Führung der USA, und dem »Schild«, den taktischen Luftwaffen, konventionellen Streitkräften sowie taktischen Nuklearwaffen der Bündnisstreitkräfte. Den Schildkräften kam die Aufgabe zu, Flugplätze, Radarstationen, Navigationsstützpunkte und Raketenbasen der Schwertkräfte (»green areas«) zu sichern. Pommerin, Von der »massive retaliation«, S. 529.

[31] Die Bezeichnungen für diese NATO-Strategie variieren und sind daher höchst verwirrend. Beatrice Heuser schlägt vor, diese Strategie – dem britischen Sprachgebrauch folgend und in Abgrenzung zu MC 14/3 (flexible response) – als Strategie der abgestuften Reaktion (deliberate escalation) zu bezeichnen. Sie weist zudem darauf hin, dass bereits die Zeitgenossen regional unterschiedlich verschiedene Begrifflichkeiten verwendeten. Heuser, Die Strategie der NATO, S. 56 f.; zur Begrifflichkeit ebd., S. 61, Anm. 18, und S. 62, Anm. 28. Diese plakativen Namensgebungen sind jedoch ohnehin problematisch, da sich die Strategien dynamisch entwickelten und sich erst Stück für Stück in den Köpfen durchsetzten mussten, bis sie endgültig als offizielle Strategien angenommen wurden.

[32] Ebd., S. 56.

[33] 1955 kündigte die Sowjetunion eine Reduzierung ihrer Streitkräfte um 650 000 Mann an. Dieser Abbau wirkte sich auf die sowjetische Truppenstärke in Mitteleuropa kaum aus, war jedoch nach Mastny real. 1956 verkündete Chruščev eine weitere Reduzierung um 1,2 Mio. Mann. Zwar waren

Eine wesentliche strategische Änderung lag zudem in der neuen ›nordischen Dimension‹ der allgemeinen globalen strategischen Situation. Diese wirkte sich zusammen mit der bereits angesprochenen technologischen Entwicklung auf den Faktor ›Reaktionszeit‹ aus. Auf dem amerikanischen Kontinent steigerte sich dadurch der strategische Wert Kanadas. Die Frühwarnsysteme für die strategische Luftverteidigung rückten immer weiter in die unwirtlichen Regionen des Nordens vor[34]. Eine Studie über die Verteidigungslage der USA aus dem Jahr 1958 ergab, dass die Fähigkeit der UdSSR, insbesondere über den Nordpol überraschend Luftschläge auszuführen, gestiegen sei. Hieraus folgerte die NATO, dass die Einsatzbereitschaft der Vergeltungsstreitmacht (retaliatory striking power) nicht mehr ausreiche: Ein sowjetischer Überraschungsangriff via Nordpol würde nur wenige Minuten Vorwarnzeit zulassen, sodass in einem solchen Falle mit einer möglichen Zerstörung der gesamten Bomberflotte bereits am Boden gerechnet werden müsse. Um dies zu verhindern, musste sich eine angemessene Zahl von bestückten Bombern stets in der Luft befinden. Die Sowjetunion protestierte im Sicherheitsrat der Vereinten Nationen gegen dieses Vorgehen, zog diesen Protest jedoch nach den Erklärungen der USA zurück. Der daraufhin im Sicherheitsrat eingebrachte amerikanische Vorschlag zur Schaffung eines internationalen Inspektionssystems für die arktische Zone wurde auch seitens Schweden unterstützt, scheiterte jedoch am sowjetischen Veto[35]. Fast gleichzeitig vollzog sich eine Revolution hinsichtlich Mobilität und Reichweite atomarer Waffen. Im Juli 1960 gelang der USA der erste erfolgreicher Abschuss zweier Polaris-Raketen[36] von einem getauchten U-Boot[37].

Ein Beispiel für die technologische Schnelllebigkeit dieses Zeitabschnittes auch in strategischer Hinsicht ist das Flugabwehrsystem der sowjetischen Hauptstadt Moskau. Ab 1957 war das raketengestützte Flugabwehrsystem S-25[38] um Moskau einsatzbereit. Es handelte sich hierbei um ein aufwendiges stationäres Flugabwehrraketensystem. Ähnliche Planungen für Leningrad, das »Dal-Programm«, wurde aus Kostengründen und wegen der Entwicklung hin zu atomar bestückten Raketen in den frühen 1960er-Jahren nicht mehr verwirklicht. Gegen ballistische Flugkörper war dieses System machtlos. Typisch erscheint jedoch, dass, um den Westen über die militärische Stärke zu täuschen, die nicht mehr brauchbaren Raketen bei der Militärparade in Moskau 1963 dennoch »stolz« als Anti-Ballistic Missile (ABM) deklariert vorgeführt wurden[39].

---

die früheren Demobilisierungen nicht durchgeführt und die Schlagkraft nicht beeinträchtigt worden, doch fand grundsätzlich eine zahlenmäßige Verminderung von Truppen statt. Mastny, Die NATO, S. 459, 463.

[34] NATO Archives, C-R (58) 63, 17.12.1958, S. 16.
[35] Ebd., C-R (58) 32, 5.5.1958.
[36] Polaris-A-1-Testabschuss von »USS George Washington« am 20.6.1960.
[37] Zur rasanten technologischen Entwicklung der späten 1950er- und frühen 1960er-Jahre siehe im Detail Greiner, Zeittafel 1945-1972, S. 310-418.
[38] NATO-Code: GUILD.
[39] Zaloga, Defending the Capitals, S. 30-43.

Der technische Fortschritt alleine schaffte noch lange nicht mehr Sicherheit, er erwies sich sogar durch die Reduzierung der Vorwarnzeiten als Erhöhung der Gefahr. Die Zerstörungskraft der einsetzbaren Waffen hatte ein noch nie dagewesenes Potenzial erreicht. Dabei blieb die USA gegenüber der Sowjetunion bezüglich Nuklearwaffen und Trägersystemen weiterhin deutlich überlegen, wobei es der Sowjetunion gelang, ihre eigentliche Schwäche bis 1959 zu verschleiern[40]. Für 1960 wurde eine Überlegenheit der USA gegenüber der Sowjetunion hinsichtlich Langstreckenbombern[41] und Mittelstreckenbombern[42] angenommen.

Mit Blick auf die ICBM schien die Sowjetunion einen Vorsprung an landgestützten Interkontinentalraketen[43] bei einem Patt an U-Boot-gestützten Interkontinentalraketen (SLBM)[44] zu haben[45]. Angesichts der Geschwindigkeit, mit der sich nunmehr ein drohender nuklearer Krieg auslösen ließ, wurden für die NATO konventionelle militärische Vorstellungen wieder attraktiv, wobei bereits eine Nuklearisierung der konventionellen Kriegsführung geplant wurde[46].

c) Westliches ›Rollback‹ in der Ostsee

Für eine korrekte Einordnung der Ostsee in das strategische Denken der NATO ist entscheidend, dass die Allianz als atlantisches Seebündnis verstanden wird. Der euroatlantischen Seeverbindung kam der Natur des Bündnisses entsprechend entscheidende Bedeutung zu. Der Atlantik spielte sowohl in ökonomisch-politischer als auch in nuklearstrategischer Hinsicht als Nachschublinie für die Verteidigung Europas eine zentrale Rolle. Nach Einschätzung der NATO lag die wesentliche Bedrohung der atlantischen Verbindungen zwischen den USA und Europa in der sowjetischen U-Bootwaffe begründet. Aufgabe der Streitkräfte im Alliierten Kommandobereich Atlantik war es, dieser Bedrohung zu begegnen. Dies konnte aber grundsätzlich an drei Stellen, am Ursprung der U-Boote, also in den Häfen und

---

[40] Gaddis, The Cold War, S. 73.
[41] 540 (USA) gegenüber max. 190 (UdSSR). Zahlen nach Weltpolitik der USA, S. 268–269.
[42] 1175 (USA) gegenüber max. 1000 (UdSSR). Zahlen nach ebd., S. 268 f.
[43] 12 (USA) gegenüber wohl bis zu 50 (UdSSR). Zahlen nach ebd., S. 268 f. Die sowjetischen Zahlen sind nach neueren Erkenntnissen falsch. Siehe hierzu Zaloga, The Kremlin's Nuclear Sword, S. 49 f.; Umbach, Das rote Bündnis, S. 106; Holloway, The Soviet Union, S. 43.
[44] 48 (USA) gegenüber 48 (UdSSR). Die sowjetischen SLBM des Typs R-13/SS-N-4 (NATO-Code SARK) hatten im August 1960 die Testphase erfolgreich absolviert. Die U-Boote der 629 G- und 658 H-Klasse waren ab Oktober 1961 einsatzbereit. Zahlen nach Weltpolitik der USA, S. 268 f. Auch hier sind vermutlich die sowjetischen Zahlen als geringer einzuschätzen. Siehe hierzu Bukharin, Russian Strategic Nuclear Forces.
[45] Weltpolitik der USA, S. 268 f.
[46] Ahonen, Franz Josef Strauss, S. 25–51. Den neuesten Stand der Forschung hierzu siehe bei Hammerich/Kollmer/Rink/Schlaffer, Das Heer. Aufschlussreich in diesem Zusammenhang insbes. der Anhang von Michael Poppe.

Werften[47], an den Eingängen zum Atlantik, demnach etwa den Ostseeausgängen, oder unmittelbar durch den Schutz von Konvois bewerkstelligt werden[48].

Im Anhang zu MC 14/2 (revised), der Area Planning Guidance[49], findet sich die Ostsee im Gegensatz zum Nordatlantik, dem Englischen Kanal, der Nordsee und dem Mittelmeer nicht explizit aufgeführt. Abgehandelt wird sie unter »Skandinavien«, obwohl sie nicht zum skandinavischen Gebiet gerechnet wurde, sowie teilweise auch unter »Westeuropa«. Im Falle eines allgemeinen Krieges sollten bis zur nuklearen Gegenoffensive zu Land, See und in der Luft die sowjetischen Kräfte in NATO-Skandinavien und der westlichen Ostsee gebunden werden. Entsprechend der Schwert-und-Schild-Doktrin gehörte es zu den Aufträgen der westeuropäischen Schildkräfte – neben den Aufträgen »Schutz der nuklearen Vergeltungsfähigkeit Europas« (Schwert-Kräfte), »Aufrechterhaltung der territorialen Integrität Europas« und »Schutz von Industrie- und Bevölkerungszentren sowie Entladungsmöglichkeiten« –, die benachbarten Kommandos zu unterstützen, insbesondere um dem Feind die Ostseeausgänge und den Kiel-Kanal zu verwehren[50]. Die strategische Bedeutung Skandinaviens wurde einerseits in der Bedrohung der einzigen Seeroute, durch welche die sowjetische Nordmeerflotte den Atlantik erreichen konnte, andererseits in der dominierenden Stellung mit Blick auf die Ostseeausgänge gesehen. Skandinavien wurde auch für die Abriegelung feindlicher seegestützter Verbindungslinien in der Ostsee als höchst bedeutend eingeschätzt. Norwegens strategischer Wert lag für die NATO 1957 in dessen maritimer Beherrschung der sowjetischen Annäherungswege vom Nordkap über die Norwegische See zum Nord-Atlantik, aber auch in seinem Nutzen für Luftoperationen über der Ostsee. Dänemark wurde als »Schlüssel zu Operationen in der westlichen Ostsee«[51] bewertet. Schweden – obwohl kein NATO-Mitglied – könne materiell zur NATO-Verteidigung beitragen. Strategisch liege Schweden auf dem direkten Weg für jeden Angriff aus Osten auf NATO-Skandinavien. Im Falle einer Attacke auf andere skandinavische Staaten könne die Sowjetunion die Möglichkeit, dass sich Schweden der Allianz anschließe, nicht vernachlässigen. Außer zu Land durch Finnland im hohen Norden, müsse dabei jeder Angriff gegen Schweden in der Luft oder zur See (amphibisch) erfolgen. Die Verteidigung Skandinaviens müsse im Zusammenhang so geplant werden, dass, falls der Kontakt zu den Kräften von »Europa Mitte« in Norddeutschland abreiße, auch die Verteidigung dieses Gebietes geleistet werden könne. Insgesamt müsse »Skandinavien als Ganzes so weit vorne wie möglich verteidigt« werden, dies auch losgelöst von den Entwicklungen der Operationen weiter südlich. Der Schwerpunkt solle dabei auf der Verteidigung

---

[47] Die Baltische Flotte lag zu dieser Zeit vor allem in Kaliningrad und Tallinn.
[48] NATO Archives, C-R (58) 63, 17.12.1958, S. 7.
[49] MC 14/2 (Revised), 21.2.1957, Appendix (S. 15–33), Area Planning Guidance. A Report by the Military Committee to the North Atlantic Council on Overall Strategic Concept for the Defense of the North Atlantic Treaty Organization Area. Die folgenden Ausführungen beziehen sich auf dieses Dokument. Es ist u.a. auch abgedr. in NATO Strategy Documents.
[50] Ebd., S. 18.
[51] Ebd., S. 19.

von Jütland, Seeland und Nordnorwegen liegen. Außerdem sollten diejenigen Gebiete gehalten werden, die eine Verbindung zum NATO-Frühwarnsystem, eine Kontrolle der Ostseeausgänge, ein Bekämpfen sowjetischer Nuklearkräfte, ein Abschneiden der Verbindungslinien in und über der Ostsee sowie ein Verhindern vorgeschobener sowjetischer Positionen in Nordnorwegen ermöglichten[52]. Betrachtet man die strategischen Planungen der MC 14/2, so wurde von einem Szenario ausgegangen, das im Schwerpunkt einen sowjetischen Angriff über die norddeutsche Tiefebene ins Auge fasste. Hierbei wurde von einem raschen sowjetischen Vorstoß ausgegangen. Dies erklärt den Verteidigungsauftrag der Skandinavier für Schleswig-Holstein. Hinsichtlich des Ansatzes der Kräfte war der Erfolg eines solchen Auftrags für die kleinen skandinavischen Streitkräfte voraussichtlich allerdings mehr als zweifelhaft[53].

Das strategische Problem an der Ostsee war nach wie vor ungelöst. Im Juni 1957 hielt diesbezüglich der Befehlshaber der Alliierten Seestreitkräfte Europa, der britische Vizeadmiral Sir Arthur Pedder, in Oslo eine Rede. Er wies dabei auf die erhöhte Anzahl sowjetischer U-Boote in der Ostsee hin. Im Kriegsfalle, so Pedder, sei es die Aufgabe der NATO-Seestreitkräfte, mittels einer Blockade die sowjetischen U-Boote und Überwasserfahrzeuge in der Ostsee abzuriegeln. Hierbei komme Dänemark die Hauptrolle zu[54]. Das entsprach den NATO-Planungen für die erste Phase. Die Verteidigungsplaner in der Bundesrepublik hatten in der Ostsee einen anderen Ansatz: In der offiziösen Zeitschrift »Wehrkunde« wurde die Bedeutung der Ostsee als »leistungsfähigster Transportweg für den russischen Nachschub«[55] im Kriegsfall dargestellt. Zudem böten sich aus der Ostsee heraus verschiedene Möglichkeiten für die Sowjets, in den Atlantik vorzudringen: Unmittelbare Landung auf den dänischen Inseln, Landung in Schweden mit anschließendem Durchbruch nach Norwegen und Forcieren der Ostseezugänge von Westen[56]. Diese Lageanalyse entsprach exakt derjenigen der NATO für die »dritte Phase des Krieges«. Daraus ergäben sich für die Bundesmarine in der Ostsee die Aufgaben Sperrung der Ostseeausfahrten für die Sowjetunion in enger Zusammenarbeit mit Dänemark, Vereiteln von sowjetischen Landungen hinter der Heeresflanke, am Kieler Kanal und auf den dänischen Inseln im Zusammenwirken mit Heer und Luftwaffe sowie Verhindern von sowjetischen Seetransporten nach Pommern und Mecklenburg gemeinsam mit der Luftwaffe[57]. Entgegen der britischen defensiven Vorstellung des Sperrens der Ostseeausgänge war dies eine eher offensive Vor-

---

[52] Ebd., S. 21.
[53] Schon früh waren sich die sicherheitspolitischen Kreise in der Bundesrepublik der militärischen Notwendigkeit einer deutsch-dänischen Zusammenarbeit an den Ostseeausgängen bewusst. Der Süden der cimbrischen Halbinsel war für die deutschen Verteidigungsplanungen als »Barriere gegen einen Durchstoß feindlicher Verbände zur deutschen Nordseeküste«, als »Ausfallposition nach Süden gegen einen nach Westen durchgebrochenen Gegner« und als »Hinterland für die Sicherung der Ostseeausgänge« von essenzieller Bedeutung. Thoß, NATO-Strategie, S. 262.
[54] Svenska Dagbladet, 15.6.1957.
[55] Bindlingmaier, Die Bedeutung der Ostsee, S. 678.
[56] Ebd., S. 680.
[57] Ebd.

stellung. Sie korrespondierte mit der Strategie der Vorneverteidigung für die Ostsee, die auch beim SACEUR favorisiert wurde.

Solche unterschiedlichen Einschätzungen entsprachen durchaus den verschiedenen nationalen Verteidigungsbedürfnissen der einzelnen NATO-Staaten. Die gemeinsame Strategie versuchte dabei möglichst alle Bedürfnisse »unter einen Hut« zu bekommen. Während für eine Verteidigung der britischen Inseln angesichts knapper Ressourcen eine Sperrung der Ostseeausgänge durchaus ausreichend sein mochte, sah dies für die Bundesrepublik Deutschland, aber auch für Dänemark anders aus. Nach den NATO-Planungen wären bei einem Versagen der Abschreckung in der ersten Phase des Krieges Territorien dieser Länder an den Ostseeausgängen zu nuklearen Schlachtfeldern geworden. Das war nur durch zwei Optionen zu verhindern: Erstens natürlich durch das Vermeiden eines Kriegsausbruchs, zweitens, falls dies nicht möglich sei, durch eine Verteidigung so weit wie möglich »vorne«, also östlich in der Ostsee. Das wiederum entsprach freilich einer Gratwanderung. Das Verlagern der Verteidigung so weit wie möglich nach Osten barg schließlich die Gefahr, dass die Sowjetunion sich gerade dadurch bedroht fühlen konnte. Es galt also einerseits, die Verteidigung so weit wie möglich nach Osten zu verlegen (um im Kriegsfall das Risiko einer Atomschlacht um die Ostseeausgänge auf dem eigenen Territorium zu minimieren), und andererseits so zu verfahren, dass die Lage in der Ostsee nicht zum Ausbruch eines Krieges (inklusive Atomschlacht um die Ostsee) führte. Die Priorisierung innerhalb dieser beiden Möglichkeiten hing maßgeblich von der perzipierten Bedrohung durch die Sowjetunion ab.

Dieses grundlegende Dilemma der NATO an der Nordflanke stellte auch der neue SACEUR, General Lauris Norstad, bei seinem Antrittsbesuch Ende November 1956 in Norwegen fest[58]. Bei der Pressekonferenz am 30. November 1956 betonte er den »doppelten Auftrag« der NATO, »nämlich den Frieden zu erhalten, andererseits aber – wenn nötig – die in der NATO zusammengeschlossenen Länder zu verteidigen«. Durch die modernen Waffen sei eine vorgeschobene Verteidigung an der Ostgrenze der NATO-Mitgliedstaaten statt wie früher mit geplanten 90 Divisionen nun bereits mit 30 Divisionen möglich. Große Bedeutung komme hierbei dem künftigen militärischen Beitrag der Bundesrepublik Deutschland und dem sich daraus ergebenden Zuwachs der militärischen Stärke zu. Auf die Frage, ob die norwegischen und dänischen Marinestreitkräfte ausreichten, um den Ausbruch einer größeren feindlichen U-Bootflotte aus der Ostsee zu verhindern, beruhigte der General dahingehend, dass er dies als NATO-gemeinsame Aufgabe ausgab. Diese sei bei Erreichen der vollen Stärke der NATO (unausgesprochen

---

[58] Die Tatsache, dass Norstad für seinen ersten Besuch eines NATO-Mitgliedstaates als SACEUR in Europa ausgerechnet Norwegen auswählte, deutet auf eine verstärkte Aufmerksamkeit der NATO für ihre Nordflanke hin. Norstads Besuch stand symbolisch dafür, dass die USA Norwegen nicht »im Stich lasse«. Norstad spielte dies deeskalierend geschickt herunter, indem er auf seine eigenen norwegischen Wurzeln verwies. Norstads Großvater war aus Norwegen nach Amerika eingewandert, er selbst stammte aus einer Gegend der USA mit starkem norwegischen Bevölkerungseinschlag. PAAA, B 23/30, Bericht aus Oslo, Oppler an AA, 3.12.1956: Besuch des Oberbefehlshabers der NATO-Streitkräfte in Europa, General Lauris Norstad, in Oslo.

durch die Aufstellung der Bundeswehr) unter Kontrolle zu halten[59]. Während aus militärisch-strategischer Sicht die Aufstellung der Bundeswehr für die Verteidigungsplanung an der Nordflanke der NATO und somit auch für die nationale Verteidigung Norwegens eine deutliche strategische Verbesserung versprach, war sich der Amerikaner mit norwegischen Wurzeln durchaus bewusst, dass diese zugleich im Bereich der politisch-militärischen Zusammenarbeit innerhalb der NATO Probleme aufwarf. Es ging hierbei um nichts Geringeres als die gesellschaftliche Akzeptanz der NATO in Norwegen. Insofern ist Norstads Norwegenbesuch durchaus auch als ›Werbetour‹ für die deutsche Wiederbewaffnung zu verstehen.

Das norwegisch-westdeutsche Verhältnis blieb unterdes schwierig. Nachdem in allen NATO-Mitgliedsstaaten außer Dänemark, Island, Norwegen und Portugal deutsche Militärattachés akkreditiert worden waren, rief Mitte Dezember 1956 eine Äußerung des Verteidigungsministers Franz Josef Strauß, dass bis April 1957 geeignete deutsche Militärattachés nach Norwegen und Dänemark entsendet werden sollten, in der norwegischen Presse recht gemischte Reaktionen hervor. Die Ressentiments in der norwegischen Bevölkerung waren elf Jahre nach Kriegsende, deutscher Besatzung und der Zerstörung Nordnorwegens durch Truppen der Wehrmacht groß. Die ohnehin schwierige wehrpsychologische Lage in Skandinavien, also der in demokratischen Staaten so wichtige Rückhalt der Sicherheitspolitik im Volk, drohte sich durch die Diskussion über (west-)deutsche Militärattachés in Oslo und Kopenhagen sowie Verbindungsoffiziere in den NATO-Kommandos in Norwegen (Kolsaas) und Dänemark weiterhin zu verschlechtern. So wurde dieses Problem auch vermehrt von kommunistischer Seite[60] thematisiert. Norwegischerseits wies man vermehrt darauf hin, dass eine Entsendung von deutschen Verbindungsoffizieren »erst nach sorgfältiger Vorbereitung und Fortschreiten des Aufbaues der deutschen Bundeswehr in Angriff genommen werden sollte«[61]. Die sowjetische Propaganda nutzte dies aus, indem durchaus geschickt auf der Klaviatur der antideutschen Ressentiments gespielt wurde[62].

Insgesamt war die Schließung beziehungsweise das Offenhalten der Ostseezugänge für beide Seiten im Kalten Krieg eine wesentliche, da einen potenziellen Krieg zwischen Ost und West mitentscheidende strategische Frage. Die NATO konnte dieser Herausforderung zu ihren Gunsten jedoch lediglich mit atomaren Mitteln begegnen. Für die Schließung der Ostseeausgänge war die militärische Mitarbeit der Bundesrepublik Deutschland sowie eine starke und einige NATO-

---

[59] Ebd.
[60] Beispielsweise die kommunistische Zeitung »Friheten« am 17.12.1956: »In der westdeutschen Hauptstadt ist wiederholt erklärt worden, dass es nur eine Zeitfrage sei, wann man deutsche Offiziere in Oslo (NATO auf Kolsaas) treffen könne. Das Problem besteht darin, die richtige Form zu finden, die ehemaligen Nazi-Offiziere in Norwegen einzuführen. Wir können vorläufig wohl die Attaché-Frage als einen Vorstoß in diese Richtung ansehen.«
[61] PAAA, B 23/30, Bericht aus Oslo, Oppler an AA, 18.12.1956: Militärische Zusammenarbeit in der NATO; hier: Norwegische Presseveröffentlichungen betr. Entsendung deutscher Militärattachés nach Norwegen und Dänemark.
[62] Beispiele hierzu finden sich in Andolf/Johansson, The Baltic Sea, S. 226.

Nordflanke in Dänemark und Norwegen nötig. Während mit effektiven westdeutschen Streitkräften zumindest ab 1959 zu rechnen war, schien die Akzeptanz der NATO in deren skandinavischen Mitgliedsländern gerade angesichts der zu erwartenden deutschen Stärke in Verbindung mit einer inzwischen geringer eingeschätzten Bedrohung durch die Sowjetunion nach dem Tod Stalins gefährdet. Im Jahr 1957 nahm die Bundesmarine zum ersten Mal an einem NATO-Manöver teil[63]. Im Manöver »BROWN JUG« übten NATO-Seestreitkräfte die Abwehr eines Großangriffs auf die Ostseezugänge mit Schwerpunkt auf der dänischen Insel Seeland. Als Ergebnis wurde die »turmhohe Überlegenheit« des Gegners hervorgehoben und insbesondere auf seine Luftüberlegenheit hingewiesen. Hieraus erwuchs die Forderung, eine einheitliche NATO-Kommandostruktur im Raum um Jütland, der Deutschen Bucht und der westlichen Ostsee zu schaffen[64]. Am 12. September 1957 entschied der NATO-Rat, ein Interim Allied Naval Command in the Baltic aufzustellen. Im August 1958 schlug der SACEUR dem Ministerrat die Einrichtung eines ständigen Marinekommandos in der Ostsee vor. Da die Minister keine Einigung erzielten, war die Kommandofrage auch im November 1958 noch nicht geklärt[65]. An der strategischen Bedeutung der Ostsee hatte sich aber auch 1958 nichts geändert, ebensowenig wie an der dortigen sowjetischen Übermacht.

Die UdSSR versuchte aus ihrer regionalen militärischen Überlegenheit heraus mit politischen Mitteln die Ostseeausgänge freizuhalten und diesen Stand der Dinge festzuschreiben. Hierzu sollte ein wirkungsvoller westdeutscher Verteidigungsbeitrag und damit eine westdeutsche Dominanz in der westlichen Ostsee verhindert werden. Weitere Möglichkeiten, dies zu erreichen, waren die Einigkeit der NATO-Nordflanke, bevorzugt in Dänemark, auszuhebeln und durch die rechtliche Einordnung der Ostsee als mare clausum[66] Flotten von Nicht-Ostseeanrainern, also nordatlantische Flotten, außerhalb der Nordsee zu halten. Angesichts der Skepsis gegenüber einem wohl deutsch dominierten Ostseekommando schien die erstere Option durchaus Erfolg zu versprechen. Die sowjetische Sichtweise spiegelt sich beispielsweise in einem »Pravda«-Artikel vom 4. Dezember 1958 wieder. Hier wurde ausgeführt, dass die westlichen Plänen für ein Ostsee-Kommando der NATO dazu dienten, Dänemark von den skandinavischen Trends zur Neutralität zu isolieren. Außerdem sollten Dänemark und Norwegen hierdurch dazu gezwungen werden,

[63] Bindlingmaier, Die Bedeutung der Ostsee, S. 680.
[64] Sander-Nagashima, Die Bundesmarine, S. 185‒188.
[65] NATO Archives, MC 5/13, 12.11.1958, A report by the Military Committee to the North Atlantic Council on The Military Progress of the North Atlantic Treaty Organization, Report No. 11.
[66] Intensiv beschäftigt sich Bo Theutenberg in historischer, politischer und rechtlicher Hinsicht mit der Frage der Ostsee als mare clausum. Gegen die Versuche des Kreml, die Ostsee zu einer geschlossenen und folglich sowjetisch dominierten See zu machen, stellten sich insbesondere die Bundesrepublik Deutschland und Dänemark. Aber auch die Regierung Schwedens konnte aus strategischen Gründen hierfür nur wenig Begeisterung aufbringen. Theutenberg, Folkrätt och säkerhetspolitik; Andolf/Johansson, The Baltic Sea, S. 214 f.

ihre Sonderstellung innerhalb der NATO aufzugeben, also die Weigerung, im Frieden ausländische Truppen oder Atomwaffen auf eigenem Territorium zuzulassen[67].

Die Sicht der Nordatlantischen Allianz auf die Ostsee muss im Jahr 1958 auch im Zusammenhang mit den Planungen des strategischen Konzepts der MC 70 beurteilt werden. Demnach bestand das Prinzip der Abschreckung aus drei Elementen: Zum einen den Vergeltungskräften als schwere strategische Kräfte, die, so der SACEUR General Norstad, nichts von ihrer Effektivität und Wichtigkeit eingebüßt hatten. Zum anderen den Schildkräften zu Land, Wasser und in der Luft, die in den vorderen Gebieten zur Abschreckung beitrugen, und schließlich der Wille und die Bestimmung sowohl einzelner Länder als auch der Allianz, diese Kräfte wenn nötig für das Ziel einzusetzen, für das sie vorgesehen seien. Daher gelte es, Kräfte, die in der Lage seien entscheidende Aktionen durchzuführen, in den vorderen Gebieten bereitstehen zu haben. Die kürzlich durchlebte Bedrohung Berlins, so Norstad weiter, habe die Notwendigkeit solcher Kräfte erneut bestätigt[68].

In der regionalen Realität der Ostsee konnte aber von Abschreckung durch Schildkräfte noch nicht die Rede sein. Im August 1958 ging eine Studie des deutschen Bundesministeriums der Verteidigung über den Einsatz von U-Booten in der Ostsee davon aus, dass die Sowjetunion in diesem Bereich über 70 Zerstörer und Geleitfahrzeuge sowie 120 U-Jäger verfüge. Hinzu kämen gut 150 U-Boote der Baltischen Flotte. Die Zahl der sowjetischen Marineflieger wurde mit 1200 angegeben, wobei es sich hierbei überwiegend um Strahlflugzeuge handelte[69]. Deutscherseits wurde 1959 eine Gesamtzahl von 138 U-Booten in der Ostsee für erforderlich gehalten. Eine U-Bootkriegführung in der Ostsee wurde dann als sehr aussichtsreich angesehen, wenn sich die dänischen Meerengen im Besitz der NATO befänden[70]. Das politische Tauziehen um Dänemark zwischen der Sowjetunion und der NATO war also strategisch begründet.

Ab Juli 1959 wurde die Dienststelle Deutscher Anteil bei HQ AFNORTH aufgestellt und somit zumindest symbolisch dem westdeutschen Einsatz an der Nordflanke der NATO Rechnung getragen[71]. Die organisatorische Eingliederung der Bundesmarine blieb für die Bundesrepublik jedoch insgesamt unbefriedigend: Ihre beiden Einsatzräume, Nordsee und Ostsee, unterstanden zwei unterschiedlichen NATO-Befehlshabern. Der deutsche Befehlshaber der Seestreitkräfte Nordsee war dem CINCENT[72] unterstellt, der deutsche Befehlshaber der Seestreitkräfte Ostsee

---

67   NATO Archives, RDC/59/43, 12.2.1959, Soviet proposals to ban nuclear weapons from limitrophe areas.
68   Gemeint sind zu Nuklearschlägen befähigte Kräfte. NATO Archives, C-R (58) 63, 17.12.1958, S. 5 f.
69   Sander-Nagashima, Die Bundesmarine, S. 135 f.
70   Ebd., S. 146.
71   BA-MA, BW 1/129864, Aufstellungsbefehl Nr. 3/69 (Bw), 21.5.1969. Sie unterstand integriert dem Oberbefehlshaber der Alliierten Streitkräfte Europa North (CINCNORTH), truppendienstlich wurde sie dem BMVg unterstellt. Der Aufstellungsbefehl erfolgte erst zehn Jahre nach Aufstellung rückwirkend zum 1.7.1959. Rein formal bestand diese Dienststelle bis dahin gar nicht.
72   CINCENT, Commander in Chief Allied Forces Central Europe, dt. Oberbefehlshaber Alliierte Streitkräfte Europa Mitte.

dem CINCNORTH[73]. Weitergehende operative Vorstellungen Deutschlands in der Ostsee sowie eine Ausweitung des Operationsraums der Seestreitkräfte Ostsee in die Nordsee – nach deutscher Sicht zur erfolgreichen Verteidigung der Ostseeausgänge notwendig – lehnten die Briten ab[74]. In einem Gespräch mit dänischen Journalisten äußerte sich der damalige Verteidigungsminister Strauß über das Ostseeproblem: »Die Ostsee ist ein neuralgischer Punkt unserer Verteidigung. Die großen westlichen Seemächte unterschätzen noch immer ihre operative Bedeutung. Daher hofft Moskau auf wenig Widerstand zu stoßen, wenn es vorschlägt, die Ostsee zu einem geschlossenen Meer zu machen. Dadurch würden die Russen zum ersten Mal in ihrer Geschichte in einem politisch bedeutenden Seegebiet die Oberhand gewinnen. Die deutsche und die dänische Marine schaffen augenblicklich ein Gegengewicht. Sie unterstehen dem NATO-Kommando Europa Nord. Es wäre militärisch sinnvoller sie ›Europa Mitte‹ zuzuschlagen[75].« Die Folge dieses Interviews war sowohl in Dänemark als auch in Norwegen ein Sturm der Empörung. Dem damaligen Pressereferenten im Bundesministerium der Verteidigung und späteren DSACEUR[76] Oberst Gerd Schmückle zufolge wirkte der Vorschlag, »die beiden Flotten dem britischen Einflussbereich Europa Nord wegzunehmen und dem deutsch beeinflussten Kommandobereich Europa Mitte zu unterstellen [...] wie ein Sprengsatz«[77]. Der Vorstoß wurde von Bundeskanzler Adenauer missbilligt und Strauß ruderte auf der nächsten NATO-Parlamentarierkonferenz in Paris zurück: »Wir wissen, dass natürliche Strukturen – wie die zwischen Dänemark und Norwegen – nicht aufgelöst werden dürfen [...] Wir hoffen aber auch, dass unser Wunsch verstanden wird, die deutschen Seestreitkräfte unter einem einheitlichen Kommando zu wissen [...] Man sollte daran denken, eine Verbindung zwischen Europa Nord und Europa Mitte herzustellen, sodass kein schwacher Punkt in unserer Verteidigung entsteht[78].« Der gesamte Auftrag der Verteidigung der Ostseeausgänge, so forderte Strauß, sollte einem gemeinsamen Kommando für Land-, Luft- und Seestreitkräfte übertragen werden, ohne die aktuelle Grenze zwischen ›Europa Mitte‹ (CINCENT) und ›Europa Nord‹ (CINCNORTH) zu verändern. Dabei verfolge er weder ein spezielles nationales Interesse noch ginge es um eine Frage des Prestiges[79].

---

[73] CINCNORTH, Commander in Chief Allied Forces Northern Europe, dt. Oberbefehlshaber Alliierte Streitkräfte Europa Nord.

[74] Wegener, Der Auftrag der Bundesmarine, S. 137–139; Monte, Die Rolle der Marine, S. 599; Mückusch, »Wahlverwandtschaften«?, S. 6. Konteradmiral Edward Wegener war bis 1962 Unterabteilungsleiter im Führungsstab der Marine. Er übernahm als Vizeadmiral 1963 das NATO-Kommando Ostseezugänge (COMNAVBALTAP) von Vizeadmiral Gerhard Wagner.

[75] Strauß zit. in Schmückle, Ohne Pauken und Trompeten, S. 249.

[76] General Schmückle wurde 1979 erster deutscher Stellvertreter des SACEUR.

[77] Schmückle, Ohne Pauken und Trompeten, S. 249.

[78] Ebd., S. 250.

[79] NATO Archives, C-R (59) 47, 16.12.1959, Summary Record of a meeting of the Council held at the Porte Dauphine, Paris, XVIe., Wednesday, 16th December, 1959, 11 a.m. (Cosmic Top Secret – limited distribution). Am 15.1.1960 wurde auf die Forderung des deutschen Verteidigungsministers erneut reagiert. Dem NATO-Rat wurde folgendes Vorgehen vorgeschlagen: »The Council should note that SACEUR is working actively on a solution of this problem with the national authorities

Nach zähen Verhandlungen wurde dem CINCNORTH schließlich im Dezember 1961 das neue Alliierte Kommando Ostseezugänge, das COMBALTAP[80], unterstellt. COMBALTAP wurde vom dänischen Generalleutnant Tage Andersen geführt, dessen Vertreter der deutsche General von der Groeben war[81]. Unter dessen Kommando wurde das nachgeordnete Marinekommando Alliierte Seestreitkräfte Ostseezugänge, COMNAVBALTAP[82], geschaffen. Abwechselnd sollten diese durch einen dänischen und ein deutschen Admiral geführt werden[83]. Im Jahr 1962 wurde das Kommando des Befehlshabers Seestreitkräfte Ostsee aufgelöst und die der NATO unterstellten deutschen Einheiten dem COMNAVBALTAP zugeordnet; der deutsche Befehlshaber der Flotte wurde dabei zum NATO-Befehlshaber aufgewertet[84]. Vizeadmiral Gerhard Wagner übernahm COMNAVBALTAP[85] 1963, neun Monate nach Bildung des Führungsstabes waren diesem 20 Geschwader unterstellt: drei Zerstörer-Geschwader (davon ein dänisches), vier Schnellboot-Geschwader (davon ein dänisches), acht Minensuch-Geschwader (davon zwei dänische), zwei dänische Minenleger-Geschwader, ein deutsches Landungsgeschwader, ein dänisches U-Bootgeschwader und ein deutsches Marinefliegergeschwader. Hinzu kamen noch dänische Küstenschutzverbände einschließlich Küstenbatterien und Ortungsstationen[86]. Dem COMNAVBALTAP übergeordneten COMBALTAP wurden darüber hinaus die Führungsstäbe Landstreitkräfte Schleswig-Holstein und Jütland, LANDJUT[87], sowie entsprechende Luftstreitkräfte, AIRBALTAP[88], unterstellt. Die Landstreitkräfte von COMBALTAP umfassten die 6. Panzergrenadierdivision der Bundeswehr in Neumünster sowie zwei dänische Panzergrenadierbrigaden, eine Infanteriebrigade, ein Panzergrenadierbataillon und ein Feldraketenwerferbataillon. In einem Dreijahresprogramm sollten zudem die dänische Marine und Luftwaffe mit amerikanischer finanzieller Unterstützung durch Zukauf von Geleitzerstörern, Minenlegern und dem Hochleistungskampfflugzeug STARFIGHTER F 104-G verstärkt werden[89].

Die Organisation der Verteidigung der Ostseeausgänge wurde also 1962 gelöst, wobei bereits 1957 die Notwendigkeit erkannt worden war, das strategisch so wichtige Gebiet der Ostseeausgänge unter ein einheitliches Kommando zu stellen. Hierbei wird deutlich, wie politisch brisant die Unterstellung dänischer Verbände

---

concerned, and invite the NATO military authorities to report as soon as possible on the results of their negotiations.« NATO Archives, C-M (60) 3, 15.1.1960, Summary of proposals concerning defence questions made during the ministerial meeting of December 1959.

[80] COMBALTAP, Commander Allied Forces Baltic Approaches.
[81] Wachwechsel, S. 107.
[82] COMNAVBALTAP, Commander Allied Naval Forces Baltic Approaches.
[83] Verteidigung im Bündnis, S. 146. Bis 1.4.1965 ein bundesdeutscher Flaggoffizier; vgl. Wachwechsel, S. 107.
[84] Svennevig, Zusammenarbeit, S. 348–350; Mückusch, »Wahlverwandtschaften«?, S. 7.
[85] Zu Beginn hieß dieses Kommando noch Commander Allied Naval Forces Northern Area Central Europe, COMNAVNORCENT. Sander-Nagashima, Die Bundesmarine, S. 33.
[86] Wachwechsel, S. 107.
[87] LANDJUT, Allied Land Forces Schleswig-Holstein and Jutland.
[88] AIRBALTAP, Allied Air Forces Baltic Approaches.
[89] Wachwechsel, S. 107.

unter deutsches Kommando angesichts der jüngsten dänisch-deutschen Geschichte in Verbindung mit der dänisch-sowjetischen Vergangenheit speziell in Bezug auf Bornholm war. Die von Strauß geforderte Lösung, die Ostseeausgänge dem CINCENT zu unterstellen, erscheint auch in der Retrospektive aus kontinentaler Sicht logisch. Für Großbritannien waren jedoch die Ostseeausgänge letztendlich für die Verteidigung der Britischen Inseln so wichtig, dass dieses Unterfangen in eigenen Händen bleiben sollte. Hinzu kamen wohl Fragen des Prestiges und der Seemachttradition. So unterstanden die größtenteils deutschen Marinekräfte bei COMNAVBALTAP einem dänischen General bei COMBALTAP, der wiederum dem britischen CINCNORTH unterstellt war. Die deutsche Position wurde jedoch dadurch aufgewertet, dass mit dem COMNAVBALTAP erstmals ein deutscher Vizeadmiral ein integriertes NATO-Kommando führte.

Parallel zu den organisatorischen Schwierigkeiten beunruhigte die militärischen Planer insbesondere in der Bundesrepublik Deutschland und Dänemark die strategische Lage in der Ostsee[90]. Innerhalb der Ostsee kam der Insel Bornholm für den Einsatz von U-Booten bereits vor dem Einsetzen von Feindseligkeiten eine besondere operative Bedeutung zu. Eine Friedensstationierung von U-Booten auf Bornholm erschien jedoch angesichts der dänischen Verpflichtung, keine fremden Truppen auf Bornholm zuzulassen, mehr als fragwürdig[91]. Ein deutsches Planspiel des Jahres 1960 ging davon aus, dass die Sowjetunion in der Ostsee mittels ihrer überlegenen Ostseeflotte und den dazugehörigen sehr starken Marinefliegerverbänden weitgehend die Seeherrschaft besitze. Südwestlich Bornholm sollte ein Sperrsystem aus Minen errichtet werden, was jedoch den Besitz der Insel seitens der NATO voraussetzte. Sollten die Sowjets sich unmittelbar nach dem Ausbruch von Feindseligkeiten bemühen, die Ostseeausgänge in die eigene Hand zu bekommen, dann war anzunehmen, dass diese Absicht relativ schnell zum Erfolg führen würde. Die Planübung ergab, dass es ausgeschlossen sei, in einer solchen Lage südwestlich von Bornholm Sperren zu verlegen[92]. Planspiele im folgenden Jahr sahen für den Spannungsfall (»Simple Alert« der NATO) den Einsatz von je einem U-Boot an den Ausgängen des Finn- und Rigabusens sowie an der äußeren Danziger Bucht zur »taktischen Fernaufklärung« vor[93]. Den Seestreitkräften Schwedens maß man im Verteidigungsfall ein besonderes Gewicht zu, da sie nach wie vor nach der sowjetischen Baltischen Flotte die zweitstärkste Flotte der Ostsee stellten. Sie würden im Falle einer schwedischen Neutralität starke feindliche Kräfte binden. Von daher müsse, so die deutsche Auffassung, der NATO sehr an einer Neutralität Schwedens gelegen sein. Diese wiederum sei aber abhängig davon, dass die Ostseeausgänge in der Hand der NATO blieben. Ginge Dänemark verloren, seien die Seeverbindungen Norwegens und der Zugang Schwedens zum

---

[90] Zur dänischen Sicht der Lage siehe Villaume, Allieret med forbehold; Due-Nielsen, Danmark, Norden og NATO.
[91] Sander-Nagashima, Die Bundesmarine, S. 138-139. Zur Bedeutung Bornholms siehe auch Kap. IV.2.a.; vgl. Hornemann, Bornholm mellem Ost og Vest.
[92] Sander-Nagashima, Die Bundesmarine, S. 160-165.
[93] Ebd., S. 148.

Atlantik gefährdet. Schweden sei dann militärisch, wirtschaftlich und politisch von der Sowjetunion abhängig[94]. Diese strategischen Überlegungen widersprechen der Theorie der Nordic Balance: Eine in Dänemark schwache NATO war demnach keineswegs Bedingung für die Neutralität Schwedens, sondern vielmehr werde diese im Kriegsfalle erst durch die Stärke der Allianz an den Ostseeausgängen ermöglicht. Folgt man dieser Argumentation, dann lässt sich auch für Finnland schlussfolgern, dass eine stärkere Präsenz der NATO in der westlichen Ostsee auch den Grad der Freiheit Finnlands erhöhen müsse. Es darf jedoch nicht vergessen werden, dass es sich hierbei um Überlegungen für den Spannungs- oder Kriegsfall handelt. Für den Fall des ›tiefsten Friedens‹ spricht Vieles dafür, dass eine geringe NATO-Präsenz in der Ostsee sich eher positiv auf Finnlands Unabhängigkeit von der Sowjetunion auswirkte.

Auf alle Fälle ergab sich aus diesen strategischen Überlegungen eine zentrale Position Dänemarks und Schwedens. Letztlich glich in den Augen der NATO die labile Situation in der Ostsee einem Kartenhaus. Angelehnt an den Begriff der Nordic Balance könnte man für die Ostsee der Jahre 1958 bis 1960 von der unausgesprochenen Annahme einer Baltic Balance sprechen: Generell dominierte die Sowjetunion mit ihrer Baltischen Flotte die Ostsee. Während die Bundesrepublik gemeinsam mit Dänemark die sowjetische Überlegenheit noch nicht zu neutralisieren vermochte, war dies jedoch mit der schwedischen Flotte der Fall. Solange Schweden neutral war, zählte es maritim zum Westen, da es sowjetische Kräfte binden würde. Das Dilemma konzentrierte sich auf Bornholm – das ›Malta der Ostsee‹. Die Insel war zwar in dänischer Hand, konnte aber aus den besagten politischen Gründen nicht zum NATO-Stützpunkt ausgebaut werden, was der NATO vielleicht einen strategischen Vorteil gebracht hätte. Um das Bild des Kartenhauses zu gebrauchen: Bei Wegnahme einer ›Karte‹, also der Streitkräfte nur eines Landes, wäre die Baltic Balance zusammengebrochen und dann die Ostseeausgänge im Kriegsfalle rasch in sowjetische Hände geraten. Dies wiederum hätte für die NATO, und speziell für Dänemark und die Bundesrepublik, einen Rückfall in die Szenarien von 1952 bedeutet. Diesen Gordischen Knoten suchte die deutsche Wegener-Denkschrift von 1961 ›nach Art Alexanders‹ zu lösen: Konteradmiral Edward Wegener ging davon aus, dass in der mittleren Ostsee die Insel Bornholm den Brennpunkt des Geschehens darstellen würde. Nach Abschluss des Aufbaus der Bundesmarine wurde erwartet, dass diese dem Gegner die Nutzung der mittleren Ostsee nachhaltig streitig machen könne. Die Operationsmöglichkeiten in der östlichen und nördlichen Ostsee seien davon abhängig, ob Bornholm gehalten werden könne, aber auch von der Haltung Schwedens. Er forderte daher in seiner Marinekonzeption eine massive Konzentration westlicher Seemacht in der Ostsee, insbesondere von Trägerkampfgruppen der U.S. Navy. Mit deren Hilfe könne es gelingen, die feindlichen Seestreitkräfte in der mittleren und östlichen Ostsee zu vernichten. Anschließend könnten in der tiefen Flanke des Gegners Brückenköpfe im großen Stil gebildet werden, um den Gegner zu Lande einzuschließen. Diese

---

[94]   Ebd., S. 199.

Forderung einer Vorwärtsverteidigung in der Ostsee stand allerdings im Widerspruch zu den aktuellen Plänen der NATO[95]. Sie enthielt aber auch einen vollkommen anderen Ansatz als das vorsichtige Taktieren und Austarieren der skandinavischen Ostseeanrainer und trug damit, wie auch schon die Forderung von Strauß, das dynamisch-aggressive Element des Rollback in die Ostsee. Dies widersprach jedoch nicht nur der aktuellen NATO-Strategie, sondern auch der kompletten politischen Konstellation der Jahre 1958 bis 1961, der Aufrechterhaltung des Status quo – der im Grund unfriedlichen ›Koexistenz‹ zwischen Ost und West, die sich im Ostseetheater in einer Baltic Balance äußerte.

Die Stärke der Baltischen Flotte lag aber vor allem in ihren Luftstreitkräften. Die Marineflieger zählten zur Elite der Sowjetmarine. Ab Ende 1960 ging man im Verteidigungsministerium in Bonn zwar davon aus, dass die sowjetischen Fliegerverbände umorganisiert und der Heimatluftverteidigung unterstellt worden waren, doch war man dennoch von überlegenen sowjetischen Fliegerkräften überzeugt. Den eigentlichen Kern der Kampfkraft der Marineflieger der Baltischen Flotte bildeten, so das Threat Assessment, 90 mittelschwere Bomber des Typs Tupolev (Tu)-16[96]. Diese konnten im Rahmen der Schwerpunktoperationen in Nord- und Ostsee zusätzlich durch 120 Tu-16 der Nordmeerflotte und 60 bis 90 Tu-16 der Schwarzmeerflotte verstärkt werden. Die Bomber des Typs Tu-16 besaßen atomare Kapazität und waren darüber hinaus mit Luft-Luft- und Luft-Boden-Raketen bestückt[97]. Im Dezember 1961 wurde aber nach Sander-Nagashima eine »kopernikanische Wende« in der Ostsee konstatiert. Diese Feststellung geschah rückwirkend auf Sommer 1960. Das veränderte Szenario in der Ostsee stellte sich demnach, wie folgt dar: In der Sowjetunion werde befürchtet, dass sich eine »Strategie des Überfalls« nuklearer Art bei der NATO durchsetzen könne. Den insgesamt 24 000 Einsatzflugzeugen der USA und der NATO stünden nur etwa 17 000 der Sowjetunion und derer Satelliten gegenüber. Die UdSSR versuche daher auf dem Gebiet der interkontinentalen Kernwaffen gleichzuziehen, zum anderen sei für die Luftverteidigung ein Schwerpunkt gesetzt worden. Während die sowjetische Nordmeerflotte die Fähigkeit zu Aufträgen wie Erfassung und Abwehr der Strike Fleets und Polaris-U-Boote der NATO bis hin zu küstennaher Verteidigung unter dem Luftschirm der eigenen Luftwaffe oder aber Angriffe auf gegnerische Mutterländer oder taktische Landungsunternehmen in Nordnorwegen besitze, handele es sich bei der Baltischen Flotte lediglich um ein Kampfinstrument taktisch-operativer Kriegführung. Die Baltische Flotte bestehe aus einem Geschwader mit den Kreuzer-Zerstörer-Brigaden 127 und 128 als taktisch-offensivem sowie der Ostbaltischen Flottille als taktisch-defensivem Arm. Aufgabe der Ostbaltischen Flottille sei der Schutz der östlichen Ostsee sowie des Finnischen Meerbusens. Die Flottille stütze sich auf Talinn, wohingegen die Baltische Flotte aus Kaliningrad geführt werde. Seit Sommer 1960 seien die meisten leichten Bomber Il-28 der

---

[95] Ebd., S. 202–204.
[96] NATO-Code: BADGER.
[97] Sander-Nagashima, Die Bundesmarine, S. 200.

Baltischen Flotte abgezogen und nicht durch modernere Typen ersetzt worden. Nur in der Nordmeerflotte sei die Il-28 durch Tu-16 abgelöst worden. Neben Hubschraubern, Transport- und Verbindungsflugzeugen verfüge die Baltische Flotte nur noch über zehn Flugboote »MADGE«. Aufgabe der Tu-16 Regimenter in Bykov-Ostrov sei weitreichende Aufklärung bis hin zu den Britischen Inseln und in die Biskaya. Die Jagdfliegerverbände seien im Sommer 1960 an die Protivovozdušnaja Oborona (PVO), die sowjetische Teilstreitkraft zur Heimatluftverteidigung[98], abgegeben worden. Ihre Aufgabe sei die Abwehr der westlichen Strike Force. Die Mikojan-Gurević (MiG)-19[99] würden also nicht als Jagdbomber gegen Seeziele, sondern als Abfangjäger gegen westliche Strike-Flugzeuge eingesetzt. Dies bedeute für den Kriegsschauplatz Ostsee folgende weitreichende Änderungen: »Keine Jagdflugzeuge mehr, keine leichten Bomber mehr für Angriffe auf Schiffsziele in der Ostsee, Festlegung der mittelschweren Bomber wahrscheinlich auf Einsatzgebiete außerhalb der Ostsee. Der Baltischen Flotte stehen unmittelbar zur Verfügung nur Flugzeuge für die Nahaufklärung und ASW- [Anti-Submarine Warfare]- bzw. Transportaufgaben[100].« Eine Abgabe der Flugzeuge an die Baltische Flotte im Kriegsfall wurde ausgeschlossen, da eine permanente Einsatzbereitschaft zur Durchführung oder aber Abwehr eines ›Strike‹ gegeben sein müsse. Auch ließe rein zahlenmäßig die Stärke der PVO mit ›nur‹ etwa 1000 Flugzeugen gegenüber den Verbänden der 2. und 4. ATAF[101], des Bomber Command und den taktischen Verbänden der USAF sowie der auf Trägergruppen der U.S. Navy gestützten Kampfflugzeuge eine solche Abgabe nicht zu, da die PVO weiterhin als unterlegen anzusehen sei[102]. Als Folge dieser Entwicklung sei die Sowjetunion im Augenblick nicht in der Lage, sofort zu Beginn eines bewaffneten Konfliktes einen Hauptschlag gegen die Dänischen Meerengen zu führen. Die Baltische Flotte sei also zur Zeit eher defensiv ausgerichtet, wobei der Kampf um Bornholm nach wie vor als entscheidend zu betrachten sei. Südlich Bornholm könne die Baltische Flotte leicht westliche U-Boote an der Durchfahrt hindern, nördlich Bornholm durch den Bornholmgatt käme es auf die Haltung Schwedens an[103].

So hatte sich die Lage in der Ostsee ab Mitte 1960 für die Sowjetunion dramatisch verschlechtert. Letztlich konnte sie mit der nummerischen Überlegenheit und

---

[98]　Die PVO Strany wurde nicht erst ab 1957 aufgebaut, wie Sander-Nagashima den Vortrag von Trummer zitiert, sondern existierte bereits ab 1946 und ab 1948 als eigene Teilstreitkraft. Anscheinend war Trummer 1961 über die PVO weniger gut informiert oder drückte sich missverständlich aus. Die PVO war ursprünglich auf bodengestützte Luftverteidigung ausgerichtet und somit artillerielastig, wandelte sie sich ab etwa 1949 mit der Unterstellung von MiG-15 in ein System integrierter Luftverteidigung. Ab 1957/58 konzentrierte sich die PVO auf strategische Luftverteidigung. Möglicherweise meinte Trummer dies mit den »neuen Teilstreitkraft«. Kipp, Soviet »Tactical« Aviation.
[99]　NATO-Code: FARMER.
[100]　MGFA, Hitata 1961, Vortrag Kapitän z.S. Hans Trummer, Operative Einsatzmöglichkeiten der sowjetischen Ostsee-Flotte und Möglichkeiten des Zusammenwirkens mit der Nordmeer-Flotte in unserem Raum vom 7.12.1961. Zit. nach Sander-Nagashima, Die Bundesmarine, S. 212.
[101]　ATAF, Allied Tactical Air Force.
[102]　Sander-Nagashima, Die Bundesmarine, S. 210–213.
[103]　Ebd., S. 218.

dem technischen Fortschritt der USA im Jahr 1960 nicht mithalten, sodass die exponierte Position in der Ostsee aufgegeben werden musste. Wie bereits 1946 mit dem Verzicht auf Bornholm kann auch die Umgliederung von 1960 als ›Frontbegradigung‹ verstanden werden. Der Sowjetunion gelang es allerdings, diesen Machtverlust gegenüber dem Westen über ein Jahr lang zu verschleiern. Es scheint daher in der Retrospektive und vor dem strategischen Hintergrund der überlegenen nordatlantischen Striking Fleet wohl möglich, dass die zahlreichen Initiativen der Sowjetunion für ein Disengagement in der Ostsee durchaus ernst gemeint waren. Schließlich hätte dieses die ›Frontbegradigung‹ politisch abgefedert. Angesichts eines Scheiterns solch einer politischen Lösung, die einem Einfrieren des Status quo gleichgekommen wäre, ergab sich eine für die NATO weitestgehend undurchschaubare und dadurch gefährliche sowjetische Politik in der Ostsee.

Für Finnland aber mussten sich Veränderungen im skandinavisch-baltischen Kräftegleichgewicht zwischen NATO und der Sowjetunion in der einen oder anderen Form auswirken. Solch eine Erschütterung des Status quo bewirkte, dass Finnland sich neu zwischen den Mächten verorten musste, oder, von der anderen Seite betrachtet, dass Finnland in stärkerem Maße zu einem Objekt im Zerren der Mächte wurde. Der Sowjetunion waren in dieser Situation der zeitlich befristeten regionalen militärischen Schwäche aber keineswegs die Hände gebunden. Als nukleare Großmacht verblieb unterhalb einer gewissen Eskalationsschwelle eine ganze Bandbreite politischer Sanktionsmöglichkeiten. Deren Anwendung ist aus der Berlinkrise hinreichend bekannt.

d) Sowjetische Notenoffensive

Ab 1957 begann die NATO eine sowjetische Notenoffensive und auch generell stärkere sowjetische Aktivitäten gegenüber den Staaten an ihrer Nordflanke festzustellen. Am 29. März 1957 trug der Ständige Vertreter Norwegens, Knut Aars[104], im NATO-Rat über die am 21. März an den norwegischen Premierminister Einar Gerhardsen übergebene[105] Note Bulganins an den norwegischen Premierminister vor[106]. Bulganin bezog sich darin auf den Besuch Gerhardsens sowie des Ministers Arne Skaug in der UdSSR im November 1955. In dem Papier warf er die Frage der Weiterentwicklung der sowjetisch-norwegischen Beziehungen auf. Vor dem Hintergrund der neuesten internationalen Entwicklungen, »der Absicht der Regierung der Vereinigten Staaten, [...] ihre Streitkräfte im Nahen Osten einzusetzen und den Plänen, amerikanische mit Atomwaffen ausgerüstete Spezialeinheiten [...] in NATO-Mitgliedstaaten zu stationieren«, lobte Bulganin die restriktive Stationierungspolitik Norwegens. Doch sei norwegisches Territorium jederzeit für die NATO-Streitkräfte gegen die Sowjetunion nutzbar. Schon morgen könnten NATO-Streitkräfte

---

[104] Von 1955 bis 1963 war Jens Boyesen Ständiger Vertreter Norwegens bei der NATO. Er wurde durch Knut Aars (Ständiger Vertreter von 1970–1971) vertreten.
[105] NATO Archives, C-M (57) 93, Annex B.
[106] Ebd., C-R (57) 18.

in Norwegen einquartiert werden. Aars zitierte wörtlich, dass Bulganin ausdrücklich nicht zu »einer Kündigung des Nordatlantikvertrages heute oder morgen«
aufrief. Nach Ansicht Aars' machte der Abschnitt der Bulganin-Note, der sich mit
der Stationierung von Atomwaffen in Westeuropa beschäftigte, die Hauptsorgen
der Sowjetregierung deutlich. Sollten diese Pläne der NATO-Strategen ausgeführt
werden, würde das norwegische Volk teuer für ausländische Basen in Norwegen
bezahlen müssen. Zwar hege die UdSSR nicht die Absicht, Norwegen anzugreifen,
doch als Antwort auf aggressive Handlungen könne sie gezwungen sein, »the most
energetic measures in order to inflict a destructive blow against the aggressor and
also against the bases which are located near our borders« zu unternehmen. Doch
wünsche, so Bulganin, die Sowjetunion eine andere Entwicklung der Dinge. Eine
jahrhundertelange russisch-norwegische Freundschaftstradition beschwörend, äußerte Bulganin, dass »if the two countries embark upon the path of lasting friendship,
it would in a decisive manner improve the situation in the whole North European
area«. Die guten Beziehungen Norwegens zu den Vereinigten Staaten oder zu
Großbritannien müssten hierdurch keineswegs gestört werden. Doch warf Bulganin die Frage auf, wieso die sowjetisch-norwegischen Verhältnisse nicht genauso
gut sein sollten, wie die sowjetisch-finnischen Beziehungen. Die Note endete mit
der Beteuerung, die Sowjetregierung werde das äußerste unternehmen, um die
Freundschaft zwischen Norwegen und der UdSSR zu stärken. Seine Regierung sei
bereit, jeden Vorschlag zur Weiterentwicklung der sowjetisch-norwegischen Beziehungen im allerfreundlichsten Geist zu untersuchen[107].

Interessant ist insbesondere der Ansatz, mit dem die NATO dieser Note begegnete. Die norwegischen Behörden versuchten, so Aars, die Zeit auszunützen
und wollten keine übereilte Antwort formulieren. Diese sollte an alle NATO-De-
legationen verteilt werden. Den Inhalt des Briefes wollte man dann im Rat oder im
Committee of Political Advisors diskutieren[108]. Ein Alleingang Norwegens wurde
also ausgeschlossen, um nicht das Verhältnis zwischen Norwegen und der NATO
zu stören.

Am 28. März, also demselben Tag als der NATO-Rat die Bulganin-Note an
Norwegen behandelte, erhielt der dänische Premierminister Hans Christian Hansen ebenfalls eine Note Bulganins[109]. Sie wurde am 3. April 1957 im NATO-Rat
besprochen. Den Ausführungen des dänischen Vertreters Sandager Jeppesen[110]
zufolge wurde hier einerseits für Dänemark eine nukleare Drohkulisse für den Fall
eines Krieges aufgebaut, andererseits die Vorteile einer ›friedlichen Koexistenz‹
Dänemarks mit der Sowjetunion präsentiert. Bezugnehmend auf den dänisch-sowjetischen Notenaustausch von 1952, als während der NATO-Übung MAINBRACE
die dänische Regierung den Sowjets versicherte, sie werde niemals die Bedrohung

---

[107] Ebd.
[108] Ebd.
[109] Ebd., C-M (57) 93, Annex B.
[110] Sandager Jeppesen vertrat den Ständigen Vertreter Dänemarks Mathias A. Wassard.

eines anderen Staates von ihrem Territorium aus zulassen[111], warnte Bulganin vor einer möglichen Stationierung mit atomaren Waffen ausgerüsteter amerikanischer Einheiten in Dänemark. In diesem Fall, so Bulganin, würde Dänemark ein Risiko eingehen, das angesichts der Zerstörungskraft moderner Waffen für ein Land wie Dänemark Selbstmord bedeute, falls es in einem Atomkrieg ausländischen Mächten die Möglichkeit zur Errichtung von Basen eingeräumt habe. Bulganin betonte die strategische Bedeutung der dänischen, die Ostseeausgänge kontrollierenden Gewässer und führte sie als Hauptgrund für das Interesse der NATO an Dänemark auf. Für die Sicherheit eines Landes in der Position Dänemarks, so die sowjetische Sicht, sei es fraglich, ob diesem mit der Zugehörigkeit zu einem militärischen Block gedient sei. Bulganin warf die rhetorische Frage auf, ob nicht internationale Garantien der territorialen Integrität und Sicherheit Dänemarks dienlicher wären. Insgesamt, so führte Jeppesen aus, liege die Note an Dänemark auf der Linie derjenigen an Norwegen, doch unterscheide sie sich zum Ersten in der eindeutigen Aufforderung an Dänemark, die NATO zu verlassen, zum Zweiten im harscheren Ton und zum Dritten durch die Einladung an Premierminister Hansen, der Sowjetführung seine Sichtweise der allgemeinen internationalen Situation mitzuteilen[112]. Konkreter Anlass für die Note war die dänische Annahme eines amerikanischen Angebotes von taktischen nuklear bestückbaren Flugabwehrraketen des Typs »NIKE«[113] und Artillerieflugkörpern des Typs »HONEST JOHN«[114] im gleichen Monat[115].

Der norwegische Vertreter Boyesen stellte am 9. April 1957 die Hauptlinien der norwegischen Antwort auf die Bulganin-Note dem NATO-Sicherheitsrat auf Botschafterebene vor. Der dänische Vertreter erklärte hierzu, dass der dänische Premier- und Außenminister Hansen mit dieser Vorgehensweise grundsätzlich einverstanden sei. Die norwegische Antwort war also bereits bilateral zwischen Dänemark und Norwegen abgestimmt und die NATO-Partner sollten lediglich informiert werden. Jedoch schlug der Vertreter der Türkei vor, die Reaktionen auf solche Warnungen an einzelne NATO-Staaten nicht nur untereinander bilateral abzustimmen, sondern auch aus dem übergeordneten Blickwinkel des Rates zu betrachten[116]. Auch die Niederlande hatten inzwischen eine der sowjetischen

---

[111] Siehe hierzu Kap. IV.2.b.

[112] NATO Archives, C-R (57) 20.

[113] Die NIKE war als Boden-Boden- oder Boden-Luft-Rakete einsetzbar. Mit einer Nutzlast von 70 kg konnte sie nuklear mit 2 KT und 4 KT oder aber konventionell bestückt werden. In letzterem Fall breitete sie als Flugabwehrrakete in der Luft einen »Splitterteppich« aus und brachte so Flugzeuge zum Absturz. Nuklear bestückt sollte sie atomar bewaffnete Flugzeugschwärme bekämpfen und dabei die an Bord befindlichen Atombomben zur Explosion bringen, um deren Detonation auf der Erde zu verhindern (sog. dead man effect). Spreckelsen/Vesper, Blazing Skies.

[114] Bei der HONEST JOHN handelte es sich um eine Boden-Boden-Rakete, die mobil vom LKW aus abgeschossen werden konnte und nuklear bestückt in der Lage war, Gefechtsköpfe von 1 KT Sprengkraft etwa 40 km weit zu verschießen. Foss, Die Artillerie, S. 89.

[115] Petersen, Dänemark, S. 123.

[116] Diese Betrachtung aus der übergeordnete Perspektive findet sich im Dokument NATO Archives, C-M (57) 93.

Norwegennote ähnliche Warnung per Radio erhalten, was dazu führte, dass im NATO-Rat der Beschluss gefällt wurde, die sowjetischen Warnungen binnen kurzer Zeit zu behandeln[117]. Am selben Tag fand in Helsinki die Tagung der nordischen Außenminister statt. Die Außenminister Östen Undén (Schweden), Halvard Lange (Norwegen), Gudmundur I. Gudmundsson (Island) und der stellvertretende Außenminister Dänemarks Ernst Christiansen entschieden hier unter anderem Maßnahmen zur Errichtung eines nordischen Instituts für das Studium der theoretischen Atomphysik sowie eines gemeinsamen Organs für die Behandlung der Atomfragen. Bezüglich des ebenfalls diskutierten Problems der Abrüstung wurde Einigkeit erzielt, dass praktische Ergebnisse anfänglich besser durch eine Konzentration der Arbeit auf enger begrenzte Ziele erreicht werden könnten. So wären etwa die Fragen der konventionellen Rüstung zunächst getrennt zu behandeln. Außerdem wurde die Bedeutung des norwegischen Vorschlags auf im Voraus zu erfolgende Registrierung von Versuchen mit Kernwaffen unterstrichen. Angesichts der sowjetischen Noten an Dänemark und Norwegen wurden jedoch weiterreichende Fragen, wie die Einbeziehung des Nordens in die europäische Marktgemeinschaft, nicht besprochen. Zumindest in den offiziellen Gesprächen wurden die Bulganin-Noten nicht thematisiert[118].

Am 24. April 1957 stellte Dänemark schließlich seine eng mit der norwegischen Regierung abgestimmte Antwort auf die Note Bulganins dem NATO-Sicherheitsrat vor. Thematisiert wurden bei dieser Sitzung Fragen, die das Bündnis als Gesamtheit betrafen, wie auch die Antwort auf die Warnung der Sowjetunion an Dänemark, die Feststellung, es handele sich bei Grönland um einen amerikanischen Militärstützpunkt außerhalb der Kontrolle Dänemarks, sowie allgemeine Fragen der Abrüstung. Am 29. April sollte die Antwort in Moskau vorliegen, am 1. oder 2. Mai, dem Tag des bevorstehenden NATO-Ministertreffens in Bonn, deren Veröffentlichung erfolgen[119]. Die dänische Regierung betrachtete die Note als Teil einer allgemeinen Kampagne gegen einige Länder in Europa sowie des Nahen und Fernen Ostens. Zudem suche die Sowjetunion nach dem niedergeschlagenen Ungarnaufstand nach Wegen aus der internationalen Isolation.

Beim Treffen der NATO-Außenminister am 2. Mai 1957 in Bonn äußerte der dänische Minister Ernst Christiansen[120], dass die Bulganin-Note in Dänemark nicht zu einer Diskreditierung der NATO, sondern vielmehr zu einer deutlicheren Wahrnehmung der sowjetischen Bedrohung und somit des Wertes moderner (atomarer) Waffen zum Zweck der Verteidigung geführt habe[121]. Der norwegische

---

[117] Ebd., C-R (57) 22.
[118] PAAA, AV (Neues Amt), Stockholm/12149, Bericht aus Helsinki, Dufner an AA, 23.4.1957, Tagung der nordischen Außenminister in Helsinki.
[119] NATO Archives, C-R (57) 25.
[120] Von August 1955 bis Ende Mai 1957 war Christiansen Minister ohne Portefeuille und Stellvertretender Außenminister im Kabinett Hansen I. Der ehemalige Kommunist war 1931 aus Protest gegen die Politik Stalins in die Sozialdemokratische Partei gewechselt. 1943 wurde Christiansen von der Gestapo verhaftet. Petersen, Danske Revolutionære.
[121] NATO Archives, C-R (57) 26.

Außenminister Halvard Lange wies darauf hin, seine Regierung teile die dänische Einschätzung der sowjetischen Motive. Der Hauptgrund für die Bulganin-Note an Norwegen läge erstens im Säen von Zweifeln an der NATO und Schüren von Ängsten im Zusammenhang mit der Nuklearisierung der Waffentechnologie und zweitens in der Ermutigung zum Neutralismus. Jedoch solle sich das Bündnis nicht ausschließlich auf Drohungen beinhaltende Elemente der jüngsten sowjetischen Kampagne konzentrieren. Die sowjetische Politik sei keinesfalls allein als versuchte Zerrüttung des Westens zu verstehen. Vielmehr müsse die NATO die postulierten sowjetischen Ängste vor einem Angriff des Westens durchaus ernst nehmen[122]. Angesichts der Ereignisse in Polen und Ungarn könne die Sowjetunion befürchten, dass bei einer Schwächung ihrer Position der Westen zu einer Intervention verleitet werde. Folglich sei der defensive Charakter der Allianz stets zu unterstreichen. Ihre Antwort auf die politischen Offensiven der UdSSR müsse auf einer Politik der Stärke und Einigkeit beruhen, ohne sich jedoch in der Verteidigungsstrategie nur auf die atomare Komponente zu beschränken[123].

Betrachtet man die Bulganin-Noten von 1957 an Dänemark und Norwegen hinsichtlich der Wahrnehmung der Sowjetpolitik vor dem Hintergrund der Frage der ›friedlichen Koexistenz‹ oder ›Sowjetisierung‹ des Westens, so zeigen sich in der Einschätzung der Sowjets sowohl seitens der norwegischen als auch der dänischen Regierung Elemente beider Perzeptionsmuster. Dasjenige der ›Sowjetisierung‹ ist jedoch insbesondere angesichts der Warnungen Moskaus, und hier speziell gegenüber Dänemark, die vorherrschende Denkfigur. In der Auffassung der norwegischen Regierung findet sich aber trotz eindeutig überwiegender Sowjetisierungsängste auch ein gewisses »Verständnis« für die sicherheitspolitischen Bedürfnisse des Kreml. Dessen Absichten wurden nicht als rein expansiv wahrgenommen, vielmehr unterstellte die norwegische Regierung der sowjetischen Führung zumindest die Möglichkeit zu generell friedlichen Absichten im Sinne einer Koexistenz beider Blöcke. Die Folgerung war freilich dieselbe wie in Dänemark: Die NATO dürfe sich nicht entzweien lassen, sondern müsse mit einer Zunge sprechen. Koordinierte Außen- und Sicherheitspolitik innerhalb des Bündnisses und eine Politik der Stärke seien das Gebot der Stunde. Auf die politische Neutralitätsoffensive der UdSSR gelte es flexibel und politisch im Sinne des Art. 2 des NATO-Vertrages zu reagieren.

Nur einen Monat nach dem Bonner Außenministertreffen analysierte ein Bericht der Political Division des Nordatlantikrats vom 13. Juni 1957 unter dem Titel »The Recent Soviet Political Offensive«[124] die »friedvolle Koexistenz-Kampagne«[125] der Sowjetunion im Zeitraum April bis Juni 1957. Annex B dieses Dokuments enthält eine Chronologie der sowjetischen politischen Offensive. Insgesamt

---

[122] Hier widersprach Lange seinem britischen Kollegen Selwyn Lloyd, der die in den Noten angeführten sowjetischen Ängste vor einem Angriff oder einer nuklearen Einkreisung seitens der NATO lediglich als propagandistischen Vorstoß wertete.

[123] NATO Archives, C-R (57) 27.

[124] Ebd., C-M (57) 93.

[125] Campaign of »peaceful co-existence«.

30 sowjetische Noten, Pressemitteilungen und andere außenpolitische Schritte wurden hier in einen Zusammenhang gebracht. Dazu gehörten die Erklärung des Außenministeriums über EURATOM[126], über sowjetische Abrüstungsvorschläge[127], fünf russische Atomtests[128], den Besuch Mikojans in Österreich und die diversen Bulganin-Noten an die NATO-Ostseestaaten, die Bundesrepublik Deutschland, Norwegen und Dänemark sowie die Siegermächte des Zweiten Weltkrieges Frankreich, Großbritannien, USA [129]. Interessanterweise endet diese Aufstellung – gleichsam als Höhepunkt – mit dem Besuch Chruščevs und Bulganins in Finnland[130].

Aus der Gesamtschau der in Annex B aufgelisteten Ereignisse wurden folgende Bewertungen und Rückschlüsse abgeleitet: Angesichts des durch die Niederschlagung des Ungarnaufstandes enger zusammengerückten Bündnisses und der zunehmenden Macht der Vereinigten Staaten im Mittleren Osten versuche die UdSSR, durch ihre Koexistenzkampagne die Initiative wiederzugewinnen. Ohne die Entstehung großer Kosten erhoffe sich die Sowjetunion allgemein ein Nachlassen der westlichen Verteidigungsanstrengungen, suche aber auch konkret nach Möglichkeiten, »Keile in das westliche Bündnis zu treiben«. Hierbei gehöre es zur sowjetischen Strategie, das bilaterale Gespräch zu suchen. Die Kampagne richte sich gegen die Ausrüstung oder Stationierung der Verbündeten der USA mit Atomwaffen. Die britische Atompolitik solle ebenso wie das mögliche Entstehen einer »vierten Atommacht« verhindert werden. Die Koexistenzkampagne zeige sich auch in der Neutralitätspolitik gegenüber Österreich wie in der nach Skandinavien gerichteten Koexistenzpropaganda, inklusive der Hervorhebung des finnischen Modells. Dabei hindere dies die Sowjetunion nicht daran zu versuchen, sich in interne finnische Angelegenheiten einzumischen und Schweden mit einem Spionagenetz zu überziehen. Die Verlogenheit der sowjetischen Koexistenz- und Abrüstungspropaganda werde durch die sowjetischen Atomtests und die Einmischungsversuche in Finnland offenbar. Insgesamt handele die Sowjetunion jedoch aus einem Moment der strategischen Schwäche und Isolation durch die Ereignisse in Ungarn heraus[131].

Während des angesprochenen Besuches Bulganins und Chruščevs in Finnland hielten sich demonstrativ sowohl der amerikanische Botschafter John Hickerson als auch der britische Botschafter Michael J. Creswell von Helsinki fern, während der dänische und der norwegische Botschafter in Helsinki verblieben[132]. Der Besuch wurde seitens Großbritanniens als politischer Druck gewertet, mit dem sich

---

[126] 16.3.1957.
[127] 18.3., 30.4.1957.
[128] In der Zeit vom 5.–18.4.1957.
[129] Bulganin letter to Adenauer (18.3.1957); Bulganin letter to Gerhardsen (19.3.1957); Bulganin letter to Hansen (28.3.1957); Notes to three Western Powers on Middle East (19.4.1957); Bulganin letter to Macmillan (20.4.1957); Soviet note to Federal Republic on nuclear weapons (27.4.1957); Bulganin letter to Mollet (20.5.1957).
[130] Bei dem Besuch handelte es sich um eine Einladung des finnischen Ministerpräsidenten an seinen sowjetischen Kollegen Bulganin, der vom 6.–13.6.1957 stattfand.
[131] NATO Archives, C-M (57) 93.
[132] Rautkallio, Kekkonen ja Moskova, S. 133.

die Sowjetunion der Gefolgschaft Finnlands versichern wolle. Entsprechend wurden auch die Reden Kekkonens mit Bezug auf den FZB-Vertrag interpretiert. Creswell berichtete am 19. Juni über die Instrumentalisierung Finnlands für die »Friedensvorstellungen« der Sowjetunion. Finnland sei ein kleines demokratisches Land, das zwar ideologisch dem Westen zuneige, aber dermaßen von der Macht der Sowjetunion abhänge, dass es gezwungen sei, sich der sowjetischen Strategie anzuschließen und lediglich über eine »nominelle politische Unabhängigkeit« verfüge[133]. Den Vereinigten Staaten hingegen schien der Besuch Bulganins und Chruščevs weniger Sorgen zu bereiten, auch wenn in der Sache die Bewertung derjenigen Großbritanniens ähnelte: »Finland is a country of Western education and Eastern location[134].« Der Besuch wurde im Ergebnis als Erfolg gewertet. Finnland halte an seiner Neutralität fest und habe keine Versprechungen an die Sowjetunion abgegeben, jedoch versuche diese, durch Finnland die Haltung Norwegens und Schwedens gegenüber der NATO zu beeinflussen[135]. Creswells Berichte über die geheimen Saunagespräche von Tamminiemi zwischen Kekkonen und Chruščev, in denen über ein Einschwenken Kekkonens auf die sowjetische außenpolitische Linie gegen eine Rückgabe Kareliens und eine Revision des Pariser Friedensvertrages an Finnland verhandelt wurde[136], erscheinen nach heutigem Stand der Forschung eher zweifelhaft. Esa Seppänen legt durchaus überzeugend dar, dass die unbekannte »vertrauenswürdige Quelle«[137] Creswells wohl doch nicht so gut informiert gewesen sein kann, zumal beim Saunabesuch am 8. Juni von finnischer Seite nur Kekkonens Adjutant General Ragnar Grönvall anwesend war[138].

Nach seiner Rückkehr aus Finnland sah sich Chruščev in Moskau einer Palastrevolte seitens Malenkov, Molotov und Lazar' M. Kaganjović[139] gegenüber. Sie forderten im Präsidium des Parteisekretärs bei einer Versammlung am 18. Juni offen die Absetzung des 1. Sekretärs Chruščev[140]. Unter anderem wurde diesem hierbei auch eine Art reaktionäre Verschwörung mit Hilfe Kekkonens vorgeworfen und der Saunaabend von Tamminiemi als Beweis aufgeführt – von einem Vorwurf der Abtretung Kareliens oder Ähnlichem war jedoch nicht die Rede. Durch Einberufung einer Sitzung des Zentralkomitees (ZK), wobei mit Hilfe Marschall Georgij K. Žukovs das Militär die ZK-Mitglieder nach Moskau einflog, gewann Chruščev die Oberhand, »verbannte« Malenkov, Molotov und Kaganjović

---

[133] »Nominal political independence«, TNA, PRO, FO 371/NF 10338/32, British Embassy Helsinki (Creswell) to FO, 19.6.1957; Rautkallio, Kekkonen ja Moskova, S. 141.
[134] UA, UM Microfilmit Ea Raporttisarja 194–1972, 5 C Washington, DC 1–9/1957, Pääministeri Bulganin'in ja puoluesihteeri Hrushtshev'in vierailu Suomessa Yhdysvalloista käsin nähtynä, 18.6.1957.
[135] Ebd.
[136] Rautkallio, Kekkonen ja Moskova, S. 136 f.
[137] »From a reliable source«, TNA, PRO, FO 371/NF 10338/34, British Embassy Helsinki (Creswell) to FO, 25.6.1957; Rautkallio, Kekkonen ja Moskova, S. 138, Anm. 5 und S. 491, Anm. 4.
[138] Seppänen, Miekkailija vastaan tulivuori, S. 136–147.
[139] Lazar' M. Kaganjović war der 1. Stellvertreter des Ministerpräsidenten und Marschalls Nikolaj A. Bulganin.
[140] Altrichter, Kleine Geschichte der Sowjetunion, S. 133.

aus seiner Umgebung und ging gekräftigt als ›starker Mann‹ aus dieser Krise hervor[141]. Hält man sich dies alles vor Augen, so stellt sich die Frage, was denn bei dem Finnlandbesuch Bulganins und Chruščevs geschehen sein mag, dass die NATO diesen in eine Reihe mit den bedrohlichen Noten Bulganins stellte. Sieht man von den eher unglaubwürdigen Saunaberichten Creswells ab, so bleibt im Kern, dass die prinzipiell durch einen Staatsbesuch demonstrierte freundliche Haltung der Sowjetunion gegenüber Finnland als andere Seite der Medaille der ›Koexistenzpropaganda‹ zur Aufweichung der Nordflanke der NATO gesehen wurde. Dieser Gedanke folgte gewissermaßen reziprok der Idee der Nordic Balance und Baltic Balance: Skandinavien und die Ostseeanrainer wurden dabei als strategische Entität nach Art eines Mobiles verstanden. Finnland stellte darin nur einen mit den anderen Staaten interdependenten Baustein dar. Gemeinsam mit all den Vorkommnissen in Dänemark, Norwegen, Schweden, Polen, der DDR und der Bundesrepublik Deutschland mussten die Ereignisse in Finnland im politisch-strategischen Denken der NATO ein logisches System ergeben.

In der Gesamtschau ist diese Logik auch retrospektiv betrachtet nicht von der Hand zu weisen[142]: In der Ostsee hatte der Warschauer Pakt mehrere Vorstöße für eine Neutralisierung dieses Seegebiets und Skandinaviens versucht. Eine Woche nach Chruščevs Rückkehr aus Finnland, am 21. Juni 1957, schlugen Polen und die DDR in einer gemeinsamen Erklärung vor, die Ostsee zu einem »Friedensmeer« werden zu lassen. Dies hatte Chruščev bereits im März 1956 dem schwedischen Ministerpräsidenten Tage Erlander bei dessen Besuch in Moskau vorgeschlagen und dabei die Neutralität Schwedens als vorbildlich gelobt[143].

Am 12. Dezember 1957 erhielt der dänische Premierminister Hansen eine erneute Note Bulganins, die inhaltlich derjenigen vom März 1957 ähnlich war[144]. Dänemark reagierte NATO-intern auf diese Noten: Die bereits beschlossene dänische Ablehnung einer Atombewaffnung der eigenen Streitkräfte wurde offiziell bekanntgegeben. Dies geschah unter Hinweis auf die geografische Lage Dänemarks und mit der Erläuterung, dass die Entspannung nicht beeinträchtigt werden solle[145].

Am 7. Juli 1958 hielt Walter Ulbricht eine Rede, in der er die finnische Zusammenarbeit mit der Sowjetunion und die bündnisfreie Politik Schwedens lobte.

---

[141] Molotov, der bereits im Juni 1956 als Außenminister entlassen worden war, wurde Botschafter in der Mongolei, Malenkov in Ostkasachstan und Kaganović in Perm im Ural mit der Führung von Staatsbetrieben betraut. Gegenüber der Zeit Stalins war dies ein geradezu ›zarter‹ Umgang mit der innerparteilichen Opposition. Neue Politbüromitglieder wurden u.a. Generalleutnant Leonid I. Brežnev, Marschall Georgij K. Žukov sowie der 76-jährige ›Regierungschef‹ von Terijoki, O.V. Kuusinen, dessen Tochter die finnische Kommunistische Partei führte. Altrichter, Kleine Geschichte der Sowjetunion, S. 133; Seppänen, Miekkailija vastaan tulivuori, S. 159-163; Rautkallio, Kekkonen ja Moskova, S. 143-145.

[142] Kähönen weist darauf hin, dass Finnland seitens der Sowjetunion als skandinavischer Staat wahrgenommen wurde. Dies spiegelte sich auch in der organisatorischen Zuordnung Finnlands zur Skandinavien bearbeitenden Abteilung im sowjetischen Außenministerium wieder. Kähönen, The Soviet Union, Finland and the Cold War, S. 180.

[143] Mastny, Die NATO, S. 455.

[144] Dansk sikkerhedspolitik 1948-1966, t. 2, S. 368-373.

[145] Ebd., S. 355-359.

Dänemark hingegen warnte er vor den Gefahren durch die NATO. Dänemark und Norwegen waren zwar in einer Bulganin-Note vom 8. Januar erst für ihren »entscheidenden Beitrag für den Frieden«, also für ihren Atomwaffenverzicht gelobt worden[146], doch war das Ostseeproblem immer noch nicht gelöst und die Frage eines NATO-Kommandos für die Ostseeausgänge wurde diskutiert. Mikojan machte dies bei seiner öffentlichen Rede auf Rügen deutlich[147]: »Wir wünschen, dass der Friede ewig über den Küsten dieses Meeres ruhen soll. Deshalb können wir die verdächtigen NATO-Pläne über die Errichtung eines Ostseekommandos nicht ignorieren. Diese Pläne sind eine klare Drohung gegen die Sicherheit der Ostseeländer.« Am 20. August folgten den Worten auch ›Taten‹: Der sowjetische Botschafter Andrej A. Smirnov erschien bei Außenminister von Brentano in Bonn und erhob »Vorstellungen der Sowjetregierung gegen gewisse militärische Maßnahmen in dem zur Bundesrepublik gehörenden Teil der Ostsee«[148]. Der sowjetische Druck hatte im Sommer 1958 inzwischen auch stärkere Auswirkungen auf die NATO-interne Diskussion: Am 16. Juni 1958 schlug Norwegen seinen Partnern drei Punkte zur Entspannung der Lage in Europa vor. Dem norwegische Aide-Mémoire zufolge sollte erstens für Europa ein System von Inspektionen und Kontrollen etabliert werden. Dieses sollte ähnlich dem Rapacki-Plan für Mittel- und Osteuropa ein Verbot zur Stationierung und Herstellung strategischer Flugkörper enthalten. Zweitens war vorgesehen, in Mitteleuropa eine Verbotszone für die Herstellung von ABC-Waffen zu errichten. Drittens plante man in einer europäischen Zone eine Reduzierung konventioneller Streitkräfte oder doch die Festlegung einer Obergrenze. Im Committee on European Security wurde dieser Vorschlag insgesamt ablehnend bewertet. Aus strategischer Sicht würde solch ein regionale Einschränkungen beinhaltendes Vorgehen die Ausgangsposition zur Verteidigung des Westens im Kriegsfall verschlechtern, da die ohnehin schon geringe Staffelung der Streitkräfte in die Tiefe dadurch noch zusätzlich abgeflacht, die alliierte Verteidigungslinie dadurch nach Westen verschoben und somit die Allianz gezwungen sein würde, ihr strategisches Verteidigungskonzept zu ändern. In politischer Hinsicht solle weiterhin das Prinzip gelten, dass Sicherheitsabkommen nicht unabhängig von der Lösung politischer Probleme erfolgen dürften[149]. Beim Treffen des Sicherheitsrats am 11. September 1958 klammerte man das Problem aus der aktuellen Diskussion aus und beschloss, den norwegischen Vorstoß im Rahmen genereller Vorschläge zur Abrüstung später zu behandeln[150]. Mit der zwei Monate danach einsetzenden Berlinkrise erledigte sich der Vorschlag und wurde zu den Akten gelegt.

---

[146] Ebd., S. 374–382.
[147] Am 9.8.1958.
[148] Bindlingmaier, Die Bedeutung der Ostsee, S. 680.
[149] NATO Archives, C-M (58) 117, 27.8.1958.
[150] Ebd., C-R (58) 46, 11.9.1958.

2. Nachtfrostkrise 1958

a) Die Nachtfrostkrise aus finnischer Perspektive

Unter der Überschrift »Nachtfröste« (finn. »Yöpakkaset«) werden in der finnischen Geschichtsschreibung verschiedene Sanktionen der Sowjetunion gegenüber Finnland im Zeitraum 1958/59 zusammengefasst. Durch diese »fror« die Sowjetunion ihre diplomatischen, wirtschaftlichen und kulturellen Beziehungen zu Finnland förmlich »ein«. Der Begriff ›Nachtfröste‹ (russ. zamorozki) geht auf Chruščevs Rede beim Mittagessen während des Leningradbesuchs Kekkonens am 25. Januar 1959 zurück[151]. Die Benennung erfolgte also gegen Ende der Krise und entspricht der Vorliebe des aus bäuerlichem Milieu stammenden Sowjetführers für Entlehnungen aus Metereologie und Landwirtschaft. Zum anderen ist dieser Vergleich auch charakteristisch für dessen Sicht der sowjetisch-finnischen Beziehungen: Von Nachtfrösten wird nicht mitten im Winter geredet, sondern dann, wenn die Tage bereits wieder lau sind. Auf sie folgt für gewöhnlich der »Frühling«. Sie sind – um in der Terminologie Chruščevs zu bleiben – quasi eine Begleiterscheinung des »Tauwetters«.

Die Fagerholm- oder Nachtfrostkrise ist außerhalb Finnlands weit weniger bekannt als die Notenkrise des Jahres 1961[152]. In der finnischen Geschichtsschreibung hingegen gilt sie fast ebenso als eine Zäsur der Nachkriegszeit wie die Jahre 1948 und 1961[153]. Sie stellt von außen gesehen den Beginn einer härteren Hand Moskaus gegenüber Finnland dar, einschließlich Überschreitung der Grenze der Einmischung in innere Angelegenheiten oder von innen betrachtet den Beginn der politischen ›Linie‹ Kekkonens[154]. In der seit Ende der Sowjetunion geführten finnischen Debatte um die historische Rolle Kekkonens spielt die Notenkrise eine herausragende Rolle. Die Frage lautet hier, ob dieser letztlich als Opportunist mit Hilfe der Sowjetunion seinen innenpolitischen Gegner Fagerholm sowie Tanners Flügel der Sozialdemokraten kaltgestellt habe oder ob der geschickte Realist Kekkonen Finnlands Unabhängigkeit durch persönlichen Einsatz und unorthodoxe Methoden rettete[155].

---

[151] Seppänen, Miekkailija vastaan tulivuori, S. 174; Visuri, Suomi kylmässä sodassa, S. 165; Jacobson, Pelon ja toivon aika, S. 254.

[152] Die Nachtfrostkrise wird in Putensens Werk über Finnland und die deutsche Frage kenntnisreich und komprimiert auf sieben Seiten behandelt. Im englischsprachigen Raum scheint die Krise nach dem zeitgenössischen Aufsatz von Forster eher in Vergessenheit geraten zu sein. Sie erscheint nach der Notenkrise von 1961 vielmehr als ein Vorspiel derselben, so etwa bei Allison. Krosby porträtiert recht ausführlich Fagerholm und ›seine‹ Krise. Putensen, Im Konfliktfeld, S. 94-101; Forster, The Finnish-Soviet Crisis, S. 147 f.; Allison, Finland's Relations, S. 22; Krosby, Friede für Europas Norden, S. 227-237; Kronvall, Sweden's Reactions, S. 56-82.

[153] Teräväinen, Yöpakkaskausi ja Saksa, S. 329-333.

[154] Visuri, Suomi kylmässä sodassa, S. 159.

[155] Stellvertretend für diese Debatte stehen Rautkallio und Suomi. Siehe Kap. I.6 und IV.3.b.

Die dritte Regierung Fagerholms war wohl aus mehreren Gründen der Sowjetführung suspekt. Als ein Grund erscheint, dass durch das Kabinett Fagerholm III
eine Regierung des Bündnisses der Kommunisten und des abgespaltenen linken
Flügels der Sozialdemokraten unter Emil Skog, der SKDL, verhindert worden war.
Diese war bei den Reichstagswahlen im Juli 1958 mit 50 von 200 Sitzen als stärkste
Kraft hervorgegangen, aber trotz ›Anraten‹ der sowjetischen Botschaft nicht mit
der Regierungsbildung betraut worden. In der am 29. August 1958 ernannten Regierung war sie nicht vertreten[156]. Der zweite und möglicherweise gewichtigere
Grund ist in der Person Fagerholms selbst zu sehen. Er galt als starker Mann der
skandinavisch orientierten Sozialdemokraten Finnlands. Er stand ebenso für die
Zerschlagung der kommunistisch indoktrinierten Geheimpolizei Valpo wie für die
Entlassung Tanners aus der Haft und für die ›nordische Idee‹. Der Sowjetunion
galt er als »reaktionärer Tannerist«[157]. Ein dritter Grund lag in der Zusammensetzung des Kabinetts: Der eigentliche Vertreter des ›Tanner-Flügels‹ war – natürlich
neben Tanner selbst – Väinö Leskinen, der 1957 die Wahl Tanners zum Vorsitzenden der finnischen Sozialdemokraten als Gegenkandidat Fagerholms durchgesetzt hatte[158]. Als Vertreter des rechten Flügels der finnischen Sozialdemokratie
hatte er Anspruch auf einen Ministerposten. Da die Agrarunion das Handelsminis-
terium für sich beanspruchte, wurde Leskinen Sozialminister im Kabinett Fagerholm III[159]. Auch der in der Regierung vertretene stellvertretende Vorsitzende der
finnischen Sozialdemokraten, Olavi Lindblom, war der Sowjetunion als erklärter
Antikommunist ein Dorn im Auge. Häufig ist zu lesen, dass zum ersten Mal seit
dem Krieg auch Konservative in einer Regierung vertreten waren. Dies ist nicht
korrekt[160]. Jedoch war die Nationale Sammlungspartei zum ersten Mal Mitglied
einer stabilen Mehrheitsregierung, und dies dazu noch in den Funktionen des
Verteidigungs- und des Finanzministers[161]. Fagerholm war darüber hinaus ein
ernst zu nehmender Gegner Kekkonens. Mit seiner von diesem unabhängigen
Mehrheitsregierung schien sich auch ein mächtiger Gegenkandidat für die nächste
Präsidentschaftswahl herauszubilden[162]. Zu Kekkonen jedoch hatte Chruščev
1957, wohl auch persönlich, Vertrauen aufgebaut[163].

Raimo Väyrynen legt in seiner komparativen Untersuchung der Krisen von
1948, 1958/1959 und 1960/1961 für die Nachtfröste den Zeitraum August 1958
bis Januar 1959 fest. Als erstes Anzeichen der sich anbahnenden Krise nennt er

156 Vihavainen, Hyvinvointi-Suomi, S. 851.
157 Siehe Kap. IV.3.b.
158 Rautkallio, Kekkonen ja Moskova, S. 108.
159 Fagerholm, Puhemiehen ääni, S. 318.
160 In der Beamtenregierung unter Sakari Tuomioja von November 1953 bis Mai 1955 waren vier
     Minister der Nationalen Sammlungspartei (Kansallinen Kokoomus) vertreten. Rautkallio, Kekko-
     nen ja Moskova, S. 236.
161 Allison, Finland's Relations, S. 138. Es waren dies Verteidigungsminister Toivo Wilherheimo und
     Finanzminister Päiviö Hätämäki. Zu letzterem erschien im November 2006 eine Biografie: Tarkka,
     Isänmaan unilukkari.
162 Nevakivi, Vom Fortsetzungskrieg bis zur Gegenwart, S. 302.
163 Seppänen, Miekkailija vastaan tulivuori, S. 169–174.

jedoch einen Artikel vom April 1958 in der »Novoje Vremja«, in dem ausführlich dargelegt wurde, dass der Einfluss »faschistischer und reaktionärer Kräfte« in Finnland anwachse[164]. Im April jährten sich die Besetzungen von Tampere und Helsinki durch die Weißen sowie die deutsche Landung in Hanko im finnischen Bürgerkrieg zum 40. Mal[165]. In der sowjetischen Presse wurden die stattfindenden Feierlichkeiten als »chauvinistische Demonstrationen, die dem Ziel dienten, die sowjetisch-finnischen Beziehungen zu stören, um eine neue Waffenbrüderschaft mit der westdeutschen Militärclique einzugehen«, bezeichnet[166]. Max Jakobson[167] zufolge brach die Krise herein, als am 13. August der finnische Botschafter Eero Wuori von einem Artikel der »Isvestija« berichtete, in dem Juri Gološubov das neue Kabinett als das »rechteste aller Kabinette in Nachkriegsfinnland« bezeichnete, in dem die Konservativen gemeinsam mit »Tanners und Leskinens sozialdemokratischer Clique« das Kabinett dominierten. »Auf diese Weise hätten die Rechtszirkel Finnlands, aktiv unterstützt durch reaktionäre Zirkel im Westen und speziell in den skandinavischen Ländern, ihre Wünsche verwirklicht.« Doch erstmalig wurde auch Kekkonens Agrarunion angegriffen: Sie sei »gegen die Erwartungen nicht in der Lage, den Angriffen der Rechten zu widerstehen«[168]. Kekkonen fuhr daraufhin den designierten Außenminister wütend an, wie er denn an einer gemeinsamen Regierung mit Leskinen teilnehmen könne[169]. Kähönen stellt in seiner jüngst erschienenen und auf sowjetischen auswärtigen Akten beruhenden Studie die Nachtfrostkrise in einen Zusammenhang mit der Berlinkrise und der Konsolidierung des sowjetischen Lagers angesichts einer immer stärker werdenden westdeutschen Wirtschaft[170]. Konkret weist er darauf hin, Kekkonen sei über den finnischen Geheimdienstexperten Kustaa Vilkuna seitens des KGB Anfang Oktober 1958 informiert worden, dass der sowjetische Botschafter Viktor Z. Lebedev nicht mehr aus seinem »Urlaub« zurückkehren werde. Der KGB-General Viktor Vladimirov warnte Vilkuna davor, dass, sollte die militärische Kooperation zwischen Dänen und Westdeutschen in der Ostsee zustandekommen, die Sowjetunion von Finnland Gewissheiten im Geiste des Paktes von 1948 verlangen werde[171]. Möglicherweise wurden die ›Nachtfröste‹ konkret dadurch ausgelöst, dass der Visaantrag von Otto V. Kuusinen zum 40. Jahrestag der Kommunistischen Partei

---

[164]	Väyrynen, Conflicts in Finnish-Soviet Relations, S. 129.
[165]	Siehe Kap. III.2.
[166]	Zit. nach Väyrynen, Conflicts in Finnish-Soviet Relations, S. 129.
[167]	Jakobson war zur Zeit der Nachtfrostkrise Pressesprecher im finnischen Außenministerium.
[168]	Jakobson, Pelon ja toivon aika, S. 241. Zitat aus der Isvestija, 13.8.1958, nach Väyrynen, Conflicts in Finnish-Soviet Relations, S. 236.
[169]	Wörtlich: »Olet saatanan hullu, jos menet hallitukseen Leskisen kanssa« [Du bist ein Wahnsinniger des Teufels, wenn Du mit Leskinen eine Regierung bildest]. Jakobson, Pelon ja toivon aika, S. 243.
[170]	Kähönen, The Soviet Union, Finland and the Cold War, S. 118-122, 127.
[171]	Ebd., S. 128. Kähönens Quelle hierfür stammt jedoch keineswegs aus russischen Archiven, sondern aus den bereits vielfach ausgewerteten Tagebüchern Kekkonens (Eintrag vom 9.10.1958).

Finnlands am 23. August abgelehnt wurde[172]. Der finnische Bolschewist und Weggefährte Lenins war von Chruščev 1957 zum Politbüromitglied bestimmt worden. Er stand gleichsam symbolisch für die bolschewistische finnische Linie, aber auch für die gescheiterten Versuche der gewaltsamen Sowjetisierung Finnlands im finnischen Bürgerkrieg und Winterkrieg. Dagegen schien sein Erzrivale Tanner, das Symbol der finnischen Menschewisten, als Pate hinter der Regierung Fagerholm zu stehen[173]. Am 28. August hielt Tanner eine Rede in der er darlegte, dass die Russen »schon immer gefährliche Nachbarn« gewesen seien und damit zu rechnen sei, dass »die Sowjets aus Finnland einen echten Satellitenstaat machen wollten«. Die sowjetische Presse bezeichnete Tanner daraufhin – wieder einmal – als »reaktionär«[174].

Zu den unter dem Begriff ›Nachtfröste‹ zusammengefassten Sanktionen gehören zahlreiche mehr oder weniger bedeutsame Ereignisse sowie sowjetische Pressekommentare[175]. Die wichtigsten waren dabei der Abbruch der Verhandlungen zum Saimaakanal am 11. September und die »Urlaubsfahrt« des Botschafters Lebedev[176] mit einer Reduzierung des Botschaftspersonals um die Hälfte am 14. September. Die finnische Handelsdelegation, die bereitstand, die Handelsprotokolle für das kommende Jahr 1959 zu besprechen, wurde schlicht nicht eingeladen, und das finnische Botschaftspersonal in Moskau versuchte vergeblich, die entsprechenden Zuständigen zu erreichen. Ende November verhängte Moskau eine Sperre für Importware aus Finnland. Hinzu kamen zunehmend Schwierigkeiten im Handel mit den Satellitenstaaten, speziell mit Ungarn, sowie mit China. Als Begründung für die einzelnen Blockaden wurde meist »Urlaub« angegeben. Die Importsperre erklärte man offiziell mit mangelndem Import Finnlands aus der Sowjetunion[177]. Während das Handelsembargo die finnische Wirtschaft empfindlich traf, kam eine massive Einmischung der Sowjetunion in eindeutig innere Angelegenheiten Finnlands hinzu. Beispielsweise wurde durch Einwirkung des finnischen Außenministeriums die Publikation der Memoiren des ehemaligen kommunistischen Ministers Yrjö Leino[178], Ehemann der Tochter des finnischen Kommunistenführers Kuusi-

---

[172] Rautkallio, Kekkonen ja Moskova, S. 224–226; Nevakivi, Vom Fortsetzungskrieg bis zur Gegenwart, S. 301. Zu Kuusinen siehe Kap. III, Anm. 46.

[173] Zu Kuusinens symbolträchtiger Rolle für den finnischen Kommunismus siehe Jakobson, Pelon ja toivon aika, S. 233–234, und Kap. III.2; zu Tanner Kap. III.2 und IV.3.b.

[174] Krosby, Friede für Europas Norden, S. 229 f.

[175] Eine Übersicht über alle Einzelmaßnahmen findet sich bei Väyrynen, Conflicts in Finnish-Soviet Relations, S. 235–252.

[176] Am 15.11. reiste Botschafter Viktor Z. Lebedev mit der offiziellen Begründung einer Urlaubsreise aus Helsinki ab. Am 10.10. wurde er mit einer neuen Aufgabe betraut aber kein Nachfolger ernannt. Visuri, Suomi kylmässä sodassa, S. 165; Rautkallio, Kekkonen ja Moskova, S. 232–235; Väyrynen, Conflicts in Finnish-Soviet Relations, S. 135.

[177] Väyrynen, Conflicts in Finnish-Soviet Relations, S. 133–137; Nevakivi, Vom Fortsetzungskrieg bis zur Gegenwart, S. 301 f.

[178] Das Buch erschien erst 1991 in Finnland. Leino, Kommunisti sisäministerinä. Fagerholm hatte gegenüber dem Verlag Tammi bereits grünes Licht für die Leino-Memoiren gegeben. Auf Intervention des Geschäftsträgers der UdSSR, Filippov, wurde das Buch zensiert, da Enthüllungen über die kommunistischen Parteiführer und die Kuusinens befürchtet wurden. Die Exemplare

nen, Hertta Kuusinen, oder das Vorführen des westdeutschen Films »Der Arzt von Stalingrad«[179] verhindert[180].

Der »weiterhin rätselhaften Nachtfrostkrise«[181] fehlt jedoch ein eindeutiges Dokument in Form einer sowjetischen Note oder ähnliches, das den Grund für die Krise erklärt[182]. Daher gibt sie auch heute noch Anlass zu Spekulationen, insbesondere bezüglich der Rolle Kekkonens. Fest steht jedoch, dass mit Chruščevs Berlin-Ultimatum vom 10. November für Finnland ein weiteres und politisch schwerwiegendes Element der Unsicherheit hinzukam. Durch den FZB-Vertrag bestand die Möglichkeit, dass die Sowjetunion auf Konsultationen drängen würde. Dies hätte ihr aber die Möglichkeit gegeben, aus Finnland einen Satelliten zu machen[183]. Fagerholm sah die Situation ähnlich wie die Krise von 1948 und meinte, Finnland müsse lediglich »Nerven bewahren«[184]. Kekkonens Tagebuchaufzeichnungen zufolge erklärte der KGB-Vertreter Vladimir V. Ženichov gegenüber Kekkonen am 26. November, Finnland müsse nur auf seine bisherige Linie zurückkehren und dass, sobald es eine neue Regierung gäbe, mit dem »Botschafter und dem Handel alles in Ordnung käme«[185]. Fagerholm beharrte jedoch, von Kekkonen mit einer Aufforderung zur Regierungsauflösung konfrontiert, darauf, dass ein Rücktritt der Regierung von der Agrarunion ausgehen müsse. Es solle klar sein, wer die Schuld am Sturz der Regierung trage[186]. Innerhalb der Agrarunion wurde starker Druck auf die eigenen Mitglieder in der Koalitionsregierung unter Fagerholm ausgeübt – speziell auf Außenminister Virolainen. Dieser trat am 4. Dezember 1958 zurück, wenige Stunden später verließen auch die vier anderen Minister der Agrarier das Kabinett. Daraufhin beantragte Fagerholm bei Kekkonen die Auflösung der Regierung. Die Krise war jedoch damit noch nicht beendet, die Importblockade hielt an und kein sowjetischer Botschafter war in Sicht. Am 10. Dezember 1958 hielt Kekkonen eine viel beachtete Rede, in der er die antisowjetische Berichterstattung im Inland kritisierte und weiter ausführte, die UdSSR »müsse glauben

---

waren teilweise bereits an die Händler ausgeliefert, mussten zurückgerufen werden und wurden 1962 verbrannt. Suomi, Urho Kekkonen, t. 3, S. 164 f.; Teräväinen, Lavastettu rinnakkaiselo, S. 105.

[179] Der Spielfilm »Der Arzt von Stalingrad« handelt von einem deutschen Stabsarzt als Gefangenenarzt im sowjetischen Kriegsgefangenenlager 5110/47 bei Stalingrad. Er beruht auf dem gleichnamigen Roman von Heinz G. Konsalik. Konsalik, Der Arzt von Stalingrad.

[180] Rautkallio, Kekkonen ja Moskova, S. 233.

[181] Nevakivi, Vom Fortsetzungskrieg bis zur Gegenwart, S. 302.

[182] Auch Kähönen kann solch ein Dokument nicht anführen. Kähönen, The Soviet Union, Finland and the Cold War.

[183] Urho Kekkosen päiväkirjat, t. 1, S. 138, Eintrag vom 11.11.1958.

[184] Suomi, Urho Kekkonen, t. 3, S. 168 f., Zitat S. 170. Die Frage, ob Moskau wirklich den FZB-Vertrag aktivieren wollte, ist umstritten. Rautkallio, Kekkonen ja Moskova, S. 240; siehe hierzu auch Teräväinen, Lavastettu rinnakkaiselo, S. 114.

[185] Urho Kekkosen päiväkirjat, t. 1, S. 146, Eintrag vom 26.11.1958.

[186] Ebd., Eintrag vom 28.11.1958; Suomi, Urho Kekkonen, t. 3, S. 178.

dürfen, dass Finnland nicht Teil eines geheimen, gegen die Sowjetunion gerichteten Komplotts sei«[187].

Nachdem am 13. Januar die Bildung einer neuen Regierung geglückt war, ließ der Bürgermeister von Leningrad den finnischen Präsidenten wissen, dass dieser nun gerne, wie im November des Vorjahres angefragt, seine »Privatreise« nach Leningrad antreten könne. Das folgende Minderheitenkabinett Vieno Sukselainen II bestand aus Ministern der Agrarunion sowie der Schwedischen Volkspartei[188]. Virolainen war im Kabinett nicht vertreten. Die neue Regierung wurde vom abtrünnigen linken Flügel der Sozialdemokraten unter Emil Skog sowie seitens der Kommunisten geduldet. In Leningrad traf Kekkonen am 22. und 23. Januar Chruščev, der dies launig damit begründete, er müsse aufpassen, dass sich nicht aufgrund Kekkonens Anwesenheit Leningrad von der Russischen Föderation löse[189]. Chruščev »erklärte« in seiner Rede vom 23. Januar 1959 nachträglich die Gründe der Krise und beendete sie mit den Worten:

»Soweit ich weiß, hat Herr Fagerholm breite Schultern. Aber hinter seinem Rücken sehen wir Tanner und seine Unterstützer, Herrn Leskinen und andere Personen, wohl bekannt für ihre Feindschaft gegen die Sowjetunion [...] Wenn wir die Zusammensetzung des Fagerholm-Kabinetts ergründen und berücksichtigen, welche Vertreter darin aufgenommen wurden, wird klar, dass vom Standpunkt unserer Beziehungen nichts Gutes zu erwarten war. Und das geschah in Wirklichkeit: Einige Journalisten und viele Publikationen haben sich auf antisowjetische Kommentare spezialisiert und erhalten offensichtlich guten Lohn von reaktionären Kreisen und finanzielle Hilfe von Drittländern, die an einer Zerstörung der Beziehungen zwischen Finnland und der Sowjetunion interessiert sind [...] Es gibt Personen, die behaupten, wir machten Pläne für die Einverleibung Finnlands. Das ist selbstverständlich absurd[190].«

Die Krise war somit beendet und das »Vertrauen« wieder hergestellt. Die Verhandlungen über die Handelsverträge fanden sofort statt und ein neuer Botschafter wurde nach Helsinki entsandt. Dort war Präsident Kekkonen nun der unangefochtene Machthaber, der im Gegensatz zur Regierung Fagerholm III anscheinend das Vertrauen des Kreml genoss.

In seinen Memoiren zitiert Fagerholm aus der Rede Chruščevs, um anschließend festzustellen, dass während der kurzen dritten Regierungszeit seine Kontakte zu Tanner minimal waren und dieser sich auch nicht im Geringsten in die Regierungsarbeit einzumischen versucht habe[191]. Doch letztlich spielen auch hier die Wahrnehmungen und nicht die Frage »wie es wirklich gewesen ist« die entscheidende Rolle. Seppänen erklärt die Nachtfrostkrise mit Russlands »Fenster zum Westen« und zitiert dabei Chruščev gegenüber Kekkonen bei dessen Leningradreise: »Peter der Große hat uns als Erbe ein ›geöffnetes Fenster‹ hinterlassen, schlie-

[187] Krosby, Friede für Europas Norden, S. 234, 187 f.; Urho Kekkosen päiväkirjat, t. 1, S. 184–192; Rautkallio, Kekkonen ja Moskova, S. 284 f.
[188] Urho Kekkosen päiväkirjat, t. 1, S. 182, Eintrag vom 13.1.1959.
[189] Seppänen, Miekkailija vastaan tulivuori, S. 178; Suomi, Urho Kekkonen, t. 3, S. 206.
[190] Istvestija, 24.1.1959, zit. nach Väyrynen, Conflicts in Finnish-Soviet Relations, S. 242; weitere Auszüge aus der Rede in Suomi, Urho Kekkonen, t. 3, S. 209 f.
[191] Fagerholm, Puhemiehen ääni, S. 324.

ßen Sie es nicht, Herr Präsident[192]!« In seinen Memoiren bemerkt Fagerholm zum
Scheitern seiner dritten Regierung aber auch: »Die Ursache war nicht nur außenpolitisch[193].« Max Jakobson weist darauf hin, dass die Wahl Tanners zum Partei-
vorsitzenden der Sozialdemokraten gleichbedeutend mit einer Kriegserklärung an
Kekkonen gewesen sei. Dieser hatte jedoch, wie aus seinen Tagebüchern hervor-
geht, auch während der Krise engen Kontakt zu KGB-Mitarbeitern[194]. Auf diese
Weise blieb er mit Moskau im Gespräch – unorthodox, unkontrolliert und mit
kurzen Wegen. Es scheint allerdings unwahrscheinlich, dass die Nachtfrostkrise
von Kekkonen und dem KGB inszeniert wurde. Dagegen spricht schon, dass der
finnische Präsident keine Macht über diese sowjetische Behörde besaß und letztlich der UdSSR doch immer die finnischen Kommunisten näher standen als der
»Kapitalist« Kekkonen. Die ›Opfer‹ der Nachtfrostkrise, Fagerholm, aber auch
dessen Finanzminister Päiviö Hetemäki, haben jedoch wiederholt behauptet, dass
es in der Situation durchaus Handlungsfreiheit in Richtung Ost oder West gegeben
habe und dass Finnland mit westlicher Hilfe die Krise hätte durchstehen können.
Diese Meinung wird auch bei Jakobson reflektiert[195]. Eine Drohung der Sowjetunion, den FZB-Vertrag zu aktivieren, ist letztendlich nicht nachgewiesen. Kekkonens politisches Programm war schlicht ein anderes: friedliche Annäherung an die
Sowjetunion. Er befürchtete, dass Finnland für den Westen lediglich als »Märtyrer
der Freiheit« diene und begründete dies historisch mit dem finnischen Winterkrieg,
der »genügend Friedhofskreuze« verursacht habe[196]. Hinzu kam ein tiefes Misstrauen gegenüber Deutschland, wobei Kekkonens Perzeption des Westen wohl
weitestgehend in den Kategorien des Zweiten Weltkrieges verhaftet war[197].

Betrachtet man die Notenkrise vor der Folie der ›großen Linie‹ der internationalen Entwicklung, so ergeben sich außer der generell gespannteren Weltlage keine
konkreten Berührungspunkte mit der Politik der NATO. Nimmt man aber die
Lage in der Ostsee ins Blickfeld, so fällt auf, dass die Nachtfrostkrise mit der Forderung des SACEUR zu einem gemeinsamen Kommando an den Ostseeausgängen zumindest zeitlich zusammenfällt. Die beiden KGB-Agenten in Helsinki, die

---

[192] Seppänen, Miekkailija vastaan tulivuori, S. 174.
[193] Fagerholm, Puhemiehen ääni, S. 323.
[194] Jakobson, Pelon ja toivon aika, S. 230. Die häufigen Kontakte Kekkonens zu den KGB-
Offizieren in Helsinki sind durch seine Tagebuchaufzeichnungen deutlich belegt. Es scheint dem
Verf. jedoch eher, dass Kekkonen über diese seine personalisierte Außenpolitik gestaltete und
somit über einen direkten ›Draht‹ nach Moskau verfügte. Dem finnischen Botschafter in Moskau,
Wuori, kam dann nur noch eine ausführende Funktion zu. Die Politik gegenüber der Sowjetunion
war ›Chefsache‹. Dem KGB-Überläufer Anatoli Golitsin zufolge war Kekkonen der hochrangigs-
te finnische Agent des KGB unter dem Decknamen »Timo«. Möglicherweise wurde Kekkonen in
den Berichten, die sicherlich die KGB-Agenten in Finnland nach den Gesprächen mit dem finnischen Präsidenten anfertigten, als Quelle »Timo« angegeben. Dies lässt jedoch nicht den Schluss
zu, dass Kekkonen ein »KGB-Mitarbeiter« gewesen sei. Die KGB-Vorwürfe finden sich in Rautkallio, Kekkonen ja Moskova, S. 432–459. Nach Ansicht des Verf. verleiht dieses Kap. der sonst
sehr ernst zu nehmenden und gründlich recherchierten Studie einen leicht unseriösen Anstrich.
[195] Rautkallio, Kekkonen ja Moskova, S. 288–290; Jakobson, Pelon ja toivon aika, S. 260 f.
[196] Zit. nach Suomi, Urho Kekkonen, t. 3, S. 190.
[197] Jakobson, Pelon ja toivon aika, S. 260.

Residenten Vladimir Ženichov und Viktor Vladimirov, konstruierten eine Verbindung zwischen sowjetisch-finnischen Sicherheitskonsultationen und den Plänen
der NATO in der Ostsee und der Regierung Finnlands[198]. Der weitere Verlauf der
Krise schritt jedoch losgelöst von etwaigen Entwicklungen in der Ostsee voran.
Auch der augenscheinliche Zusammenhang mit der Berlinkrise erscheint eher
zufällig zu sein. Die finnische Nachtfrostkrise begann lange vorher und endete
auch weit vor der Berlinkrise. Die Nachtfrostkrise oder Fagerholmkrise scheint
also eine rein finnische Krise gewesen zu sein[199]. Sie wurde durch einen seitens der
Sowjetunion in Finnland wahrgenommenen bevorstehenden Politikwechsel verursacht und konnte somit auch mittels einer neuen, in den Augen der UdSSR auf die
alte Linie zurückschwenkenden Politik beendet werden. Dies schließt nicht aus,
dass die generell in eine strategische Defensive geratende Sowjetunion versuchte,
die ›Reihen fester zu schließen‹ und die Nachtfrostkrise ein Teil dieser Ostseepolitik war. Allerdings scheint auch hier die Lage in der Ostsee zwar eine Kulisse abgegeben zu haben, doch wirkte sie sich letztlich eher positiv auf die Krise aus, als
dass es sie beispielsweise verschärft hätte. Die aufkommenden Probleme in Berlin
hatten starken Einfluss auf die Nachtfrostkrise, da sie das Potenzial bargen, der
Sowjetunion einen Vorwand zur Aktivierung des FZB-Vertrages zu liefern. Doch
fand dies nicht statt, und außerdem ist selbst der Wille der Sowjetunion, diesen in
Kraft zu setzen, eher zweifelhaft. Es handelte sich also bei der Nachtfrostkrise
eher um eine begrenzte Korrektur, ein ›Drehen an der Stellschraube‹ des sowjetisch-finnischen Verhältnisses, das sich aus sowjetischer Sicht ein wenig ›gelöst‹
hatte. Die Nachtfrostkrise ist nur schwerlich als Teil eines »overall soviet plan«
zu interpretieren, sie belegt jedoch eine Grundhaltung des Kreml, die durch Einkreisungsängste und den festen Willen, den Status quo um jeden Preis zu halten,
gekennzeichnet ist. Hier drängen sich Parallelen zu Polen, Ungarn und Berlin geradezu auf.

Auf finnischer Seite ist letztlich keine besonders geschickte Strategie des Kri-
senmanagements zu erkennen. Wesentliche Entscheidungsträger waren sich uneinig oder gar verfeindet und letztendlich ›löste‹ der Präsident die Krise im Alleingang, indem er genau das tat, was die Sowjetunion von ihm verlangte: Auflösung
der Regierung und Demonstrieren der guten nachbarschaftlichen Beziehungen
sowie Einwirken auf die Presse. Die erfolgreiche Krisenbewältigungsstrategie liegt
eher darin, dass über den Präsidenten die Kanäle zur Sowjetführung nie wirklich
geschlossen waren und das ›Vertrauen‹ in die ›Loyalität‹ der Person Kekkonen
gehalten werden konnte. Der Preis lag jedoch in der Frage der Wahrnehmung
durch die NATO: Konnte ein Land, das beipielsweise bereit war, seine Pressefrei-
heit zu opfern oder der Sowjetunion ein ›Vetorecht‹ bei der Bildung seiner Regierung einzuräumen, noch als freiheitlich-demokratisch wahrgenommen werden?
Hatte die Sowjetunion den Kampf um das Bild von Finnland gewonnen und dadurch die Grenze zwischen ›Ost‹ und ›West‹ verschoben? Konnte man Finnland

---

[198] Kähönen, The Soviet Union, Finland and the Cold War, S. 137.
[199] Ähnliche Einschätzung auch ebd., S. 139.

nun noch als ›neutral‹ bezeichnen? »Hast du schon gemerkt, dass sich das Verfahren zur Regierungsbildung geändert hat? Es reicht nicht mehr, dass die Regierung das Vertrauen des Reichstags hat – man braucht jetzt auch das Vertrauen der Duma«, zitiert Jakobson den designierten Außenminister Virolainen am 13. August 1958, also zu Beginn der Notenkrise. Es stellt sich die Frage, ob Regierungen in Finnland aus Sicht der Sowjetunion seit 1948 nicht durchgängig von deren Wohlwollen abhängig waren und die finnische und auch die westliche Öffentlichkeit in Zeiten der Détente dies nur verdrängt hatte.

b) Die Nachtfrostkrise in der
nordatlantischen Wahrnehmung

Die USA waren auf die Notenkrise bereits im Vorfeld durch das, was Rautkallio als »Hickersons Kampagne« beschreibt, gut vorbereitet. Im Januar 1958 war der amerikanische Botschafter in Helsinki, John Hickerson, nach Washington gereist, um dort Vorbereitungen für den Eventualfall eines erhöhten wirtschaftlichen Drucks auf Finnland zu treffen. Insbesondere Senator Hubert H. Humphrey, Abgeordneter von Minnesota, machte sich für die Bereitstellung von Krediten an Finnland stark[200]. Der Beginn des Jahres 1958 stand im Zeichen der Unterzeichnung einer Ausnahme zum Battle Act[201] für Finnland durch Präsident Eisenhower am Weihnachtsabend 1957. Diese Sonderregelung machte zukünftig US-Kredite an Finnland ohne langwierige Ausnahmeverfahren möglich. Im Februar kamen die Verhandlungen eines 4,5 Milliarden Finnmark-Kredits für die Kemijoki O.Y. und Tampella zu einem positiven Abschluss[202]. Der CIA-Bericht »Sino-Soviet Bloc Activities in Finland« vom 11. Juli 1958 stellte bereits wirtschaftlichen Druck auf Finnland fest[203]. Am 26. Juli 1958 brachte der Vertreter der Vereinigten Staaten bei der NATO eine Note über den Wahlerfolg der kommunistischen Partei in Finnland in Umlauf[204]. Neben dem Wahlergebnis enthielt das Dokument eine kurze Analyse der Gründe, die zum Wahlsieg der SKDL geführt hatten. Vor allem wurde der Ausgang der Wahl auf die schlechte ökonomische Situation in Finnland und die hohen Arbeitslosenzahlen der vergangenen Monate zurückgeführt. Während

---

[200] Rautkallio, Kekkonen ja Moskova, S. 176.

[201] Der »Mutual Defense Assistance Control Act« von 1951 (der sog. Battle Act) ist im Zusammenhang mit der amerikanischen Politik des Containment zu verstehen. Bereits 1949 hatten die USA mit dem »Export Control Act« im Alleingang ein Embargo für Hightechprodukte in die Ostblockstaaten verhängt. Die USA zwangen durch den Battle Act die bislang vom Osthandel profitierenden westeuropäischen Staaten auf diese Blockadepolitik einzuschwenken. Dieses US-Gesetz schrieb vor, dass amerikanische Wirtschafts-, Finanz- und Militärhilfe einem Land dann versagt werde, wenn es bestimmte gesetzlich definierte Güter in einen Mitgliedstaat des Warschauer Paktes oder nach Nordkorea lieferte. Der Battle Act stellt somit einen wesentlichen Schritt zur Blockbildung im Kalten Krieg dar. Hohmann, Angemessene Außenhandelsfreiheit, S. 57.

[202] UA, UM Microfilmit Ea Raporttisarja 1949–1972, 5 C Washington, DC 6–17/1958–1–2/1959, Poliittinen raportti n:o 5. Nykopp an Ulkoasiainministeriö, 31.3.1958.

[203] Rautkallio, Kekkonen ja Moskova, S. 176.

[204] NATO Archives, AC/119-WP (58) 63, 26.7.1958.

die Agrarunion und in geringerem Maße die Sozialdemokraten vom finnischen Wähler für die schlechte wirtschaftliche Lage verantwortlich gemacht worden seien, profitierten davon die Kommunisten. Hierzu habe ihre höchst effektive Organisation beigetragen. Wahlentscheidend seien letztlich die Wählerwanderungen von etwa 300 000 Familien der Nebenerwerbslandwirte gewesen, die sich aufgrund des zu geringen Ertrags ihrer Höfe durch industrielle oder sonstige lohnabhängige Arbeit über Wasser halten müssten. In der Nachkriegszeit hätten die Kommunisten den Kampf mit den Agrariern und Sozialdemokraten um diese Bevölkerungsgruppe für sich entscheiden können. Darüber hinaus habe der Bruch innerhalb der Sozialdemokraten, der zu einer getrennten Liste der unabhängigen Sozialdemokraten geführt hatte, die sozialdemokratischen Stimmen gespalten. Auch hätten kurzfristige sowjetische Gesten, wie beispielsweise das zeitlich geschickt eingesetzte Angebot einer Kreditlinie von einer halben Milliarde Rubel, den Kommunisten geholfen. Mit dem Blick auf zukünftige Entwicklungen wurde festgestellt, dass sich die demokratischen Parteien in ihrer Gegnerschaft zu einer kommunistischen Regierungsbeteiligung einig seien. Andererseits verträten die großen demokratischen Parteien in vielen zentralen Themen unterschiedliche Interessen. Trotz des kommunistischen Wahlsieges bleibe daher die grundsätzliche politische Situation in Finnland unverändert. Möglicherweise bewirke jedoch der Schock des kommunistischen Wahlsiegs eine höhere Kooperationsbereitschaft der demokratischen Führer untereinander[205].

Weiter scheint man sich bei der NATO bis zur Berlinkrise nicht konkret mit Finnland beschäftigt zu haben. Auf nationaler Ebene wurde jedoch die Entwicklung in diesem Land genau beobachtet. Nach dem Schreck über den Wahlsieg der Kommunisten machte sich in Großbritannien und den USA zuerst Erleichterung breit. Es wurde in diesem »Schock« der heilsame »Effekt« gesehen, dass die »antikommunistischen Reihen geschlossen« würden[206]. Über die Schwierigkeiten der neuen Regierung, die ablehnende Haltung der Sowjetunion und des finnischen Präsidenten sowie des abgespaltenen linken Flügels, der »Skogisten« unter Aarre Simonen, waren sowohl Washington als auch London gut informiert. Am 3. September 1958 beschrieb der britische Botschafter Douglas Busk bereits ausführlich den Widerstand der sich auf die Sowjetunion stützenden Opposition der SKDL[207]. Am 29. September schickte Botschafter Hickerson einen ausführlichen Bericht »Soviet Attitude Toward Fagerholm Government« nach Washington, in dem der sowjetische Wunsch nach einem Rücktritt der Regierung Fagerholm deutlich wird[208]. Am 20. Oktober war man dort jedoch zuversichtlich, dass die Regierung Fagerholm III nicht fallen werde. Im »Status Report Finland« an den für Europa zuständigen Undersecretary of State C. Douglas Dillon heißt es, dass derzeit die Wahrscheinlichkeit eines Sturzes der Regierung gering sei, da dies vermutlich eine

---

[205] Ebd.
[206] TNA, PRO, FO 371/142860, NF 1011/1, Finland: Annual Review for 1958, 16.1.1959.
[207] Ebd., FO 371/NF 1015/30, 3.9.1958; siehe Rautkallio, Kekkonen ja Moskova, S. 227.
[208] Rautkallio, Kekkonen ja Moskova, S. 231, 510, Anm. 17.

Regierungsübernahme der Kommunisten zu Folge hätte[209]. Diese Argumentation erscheint nur auf den ersten Blick paradox. Finnland wurde letztlich im Perzeptionsmuster des ›freiheitlich-demokratischen Antibolschewisten‹ folgendermaßen wahrgenommen: Die genuin antikommunistischen Finnen würden schon alles tun, damit die Kommunisten nicht an die Macht kämen, also würde die Regierung andauern. Im State Department wurde demnach nicht daran gezweifelt, dass sich die Finnen nach wie vor auf der ›richtigen Seite‹ befänden. Auf höchster Ebene beriet man über einen amerikanischen Kredit von 20 Millionen Dollar an Finnland. Hierbei handelte es sich der Absicht nach um reinste Politik des Containment:

»(a) No over-all objective of US foreign policy has a higher priority than reducing, or preventing the expansion of, the area subject to Soviet domination. (b) With the exception of Iran, Afghanistan and Turkey is the only free nation in the world free of foreign domination, which possesses a common border with the USSR[210].«

Die Lage in Finnland wurde sogar zu einem »test case of Western ability to concert efforts in assisting a free nation to withstand political and economic pressures«[211] stilisiert. Somit gewann der ›Fall Finnland‹ grundsätzliche Bedeutung für die Stärke der USA im Kalten Krieg. Auch wenn es sich bei dieser ins Grundsätzliche führenden Einschätzung wohl primär um ein Argument handelte, das die Freigabe der 20 Millionen Dollar erwirken sollte, so ist doch diese Priorisierung Finnlands bedeutsam. Sie ergibt sich aber weniger aus einer in geostrategischer Hinsicht perzipierten wichtigen Lage des Landes. Sie ist vielmehr die Folge einerseits der Priorisierung Europas als Gebiet der direktesten Konfrontation zwischen Ost und West und andererseits dem »psychologischen Wert« Finnlands: »If we and our allies cannot or do not meet this tests in the psychologically important case of Finland, we must recognize that there are serious limitations in our ability to compete effectively with the USSR in the cold war[212].«

Im November 1958, also nach dem Berlin-Ultimatum Chruščevs, fand die eskalierende Krise in Finnland auch außerhalb der USA stärkere Beachtung. Am 22. November berichtete die deutsche Handelsvertretung in Helsinki (Generalkonsul Overbeck) per Fernschreiben, dass die Sowjetunion am Vortag »alle finnischen Importe und Exporte gesperrt und also eine Art Handelskrieg eröffnet« habe. Die Vertretung hatte diese Nachricht vertraulich aus dem finnischen Außenministerium erhalten, wo der sowjetische Schritt als »existenzbedrohend für die finnische Wirtschaft« gewertet wurde. Außerdem befürchtete man schwerwiegende Rückwirkungen auf die innenpolitische Lage Finnlands. Staatspräsident Kekkonen neige dazu, durch den Austritt der von den Agrariern gestellten Minister aus der Regierung jene aufzulösen. Die Sozialdemokraten »sollten geopfert werden«. Zwar sei eine Beteiligung der Kommunisten an der nächsten Regierung, die vermutlich aus

---

[209] Ebd., S. 235 f. Das Dokument ist hier ins Finnische übersetzt fast vollständig abgedruckt: NA, 760F.00/10-2058 C, Burke Ellbrick an C. Douglas Dillon, 20.10.1958.
[210] FRUS 1958–1960, vol. 10, part 2, Doc. 193, Memorandum from the Assistant Secretary of State for Policy Planning (Smith) to Acting Secretary of State Herter, 23.10.1958.
[211] Ebd.
[212] Ebd.

Agrariern, sozialdemokratischer Opposition, den Volksparteien und den Konservativen gebildet werde, »zunächst nicht vorgesehen«, doch rechne man auf deren parlamentarische Stützung. Präsident Kekkonen und seine Partei erhofften durch diese Maßnahme die finnisch-sowjetischen Beziehungen wesentlich zu verbessern. Dagegen würden, so Overbeck, im Außenministerium Bedenken geltend gemacht, dass der Sturz der Regierung ein Abgleiten in das östliche Lager nach sich ziehen könnte. Man sei bereits früher den Sowjets gegenüber oft zu nachgiebig gewesen und es widerspreche dem politischen Grundsatz, Vorleistungen zu machen. Des Weiteren liege eine wahrscheinliche Einladung Chruščevs nach Stockholm, Kopenhagen und Oslo nicht im finnischen Interesse, da schon ein optischer Erfolg der Sowjetführung in Skandinavien die finnische Position schwäche. Im finnischen Außenministerium sei daher darum gebeten worden, dass die Bundesrepublik Deutschland diesbezüglich auf ihre Verbündeten einwirke[213].

Die bundesdeutschen Sorgen galten indes vor allem einer möglichen Anerkennung der DDR durch eine neue (kommunistische) finnische Regierung. Die Handelsvertretung in Helsinki erhielt daher die Anweisung, »im Fall einer Regierungsneubildung in Finnland unverzüglich im Außenministerium aufs Deutlichste zum Ausdruck zu bringen, dass eine etwaige Anerkennung der sogenannten DDR das Verhältnis zur Bundesrepublik aufs Schwerste belasten und [...] als unfreundlicher Akt angesehen würde«[214]. Ursprünglich sollten die Botschafter in Kopenhagen und Oslo angewiesen werden, bei der jeweiligen Regierung im Sinne der finnischen Anregung hinsichtlich möglicherweise bevorstehender Besuche Chruščevs vorstellig zu werden[215]. In der Direktorenbesprechung legte Außenminister Heinrich von Brentano jedoch fest, dass lediglich der dänische und der norwegische Botschafter in Bonn »beiläufig« angesprochen werden sollten[216]. Die weitere Finnlandpolitik sollte mit den NATO-Regierungen abgestimmt werden. Die deutsche Vertretung bei der NATO wurde angewiesen, den NATO-Rat über die Entwicklung in Finnland und eine dadurch möglicherweise bevorstehende Anerkennung der DDR seitens der Republik Finnland zu unterrichten. Die Bundesrepublik würde interessieren, »welche Möglichkeiten nach Ansicht der NATO-Regierungen bestehen, um [ein] Abgleiten Finnlands in den sowjetisch beherrschten Bereich zu verhindern«. Darüber hinaus sollten der dänische und der norwegische NATO-Botschafter persönlich gefragt werden, »ob die Meldung zutreffe, dass Chruščev möglicherweise im Frühjahr 1959 Schweden, Norwegen und Dänemark besuchen werde«[217]. Tags darauf findet sich in Kekkonens Tagebuch der Eintrag, der finnische Sozial-

---

[213] P.A.A.A., B 23/93, Fs. (verschlüsselt) Helsinki an AA, 22.11.1958.
[214] Ebd., Abt. 2, 203-83.00/94.06, Dem Herrn Minister, 25.11.1958, Aufzeichnung über die gegenwärtige Lage Finnlands und die von Seiten des Auswärtigen Amtes ergriffenen Maßnahmen. Am 27.11.1958 wurde die Aufzeichnung dem Bundeskanzler vorgelegt.
[215] Ebd., Aufzeichnung über die gegenwärtige Lage Finnlands und die von Seiten des Auswärtigen Amtes ergriffenen Maßnahmen (Entwurf).
[216] Ebd., Lage in Finnland, Chruschtschow-Besuch in Skandinavien, hdschr. Notiz Carstens (Hervorhebung im Original).
[217] Ebd., Brentano an Natogerma Paris, 27.11.1958.

minister Väinö Leskinen habe in Bonn versprochen, dass »gemeinsam mit den Kräften der Sozialdemokraten und der Nationalen Sammlungspartei die Sache in Finnland schon gegen den Russen gedreht werde«[218]. Nachdem die Regierung Fagerholm zurückgetreten war, erschien Generalkonsul Overbeck im finnischen Außenminsterium und erklärte, dass er das Land verlassen werde, sollte Finnland die DDR anerkennen[219].

Während im Auswärtigen Amt in Bonn noch auf höchster Ebene über die Finnlandpolitik beraten wurde, hielt sich der amerikansiche Senator Humphrey auf seiner Durchreise in die Sowjetunion vom 25. bis 27. November 1958 in Finnland auf. Am 25. November autorisierte John Foster Dulles seinen Botschafter in Helsinki, Finnland begrenzte wirtschaftliche Hilfe anzubieten. Dies sollte jedoch mit größter Vorsicht und Diskretion geschehen: »We do not wish any US offer assistance to create situation in which US and USSR would appear engaged in economic struggle over Finland. Such situation would not be in best interest US or Finland[220].« Humphrey stattete Staatspräsident Kekkonen einen einstündigen Besuch ab[221]. Bei diesem Gespräch soll der Senator diesem wirtschaftliche Hilfe der USA angeboten haben, um die Nachtfröste durchzustehen[222]. Auf seiner Pressekonferenz kurz vor der Abreise aus Helsinki betonte er jedenfalls, dass ein »freies und unabhängiges Finnland den Sieg der Freiheit der ganzen Welt in sich trage. Das Volk der Vereinigten Staaten bewundere die Finnen und werde Finnland stets treue Freundschaft bewahren«. Diese Äußerung entspricht exakt der Argumentation des State Department. Fest steht, dass Hickerson am 28. November, also dem Tag nach der Abreise Humphreys, die Frage der amerikanischen Dollarhilfe mit dem Staatssekretär im Außenministerium, Oskar Vahervuori, diskutiert hat. Zu diesem Zeitpunkt waren nach Aussage Vahervuoris lediglich Staatspräsident Kekkonen, Premierminister Fagerholm, Außenminister Virolainen, der Geschäftsführer der Bank von Finnland Klaus Waris und der Abteilungsleiter Wirtschaftspolitik im Außenministerium Olli Kaila eingeweiht[223]. Insofern spricht alles dafür, dass das Angebot durch Senator Humphrey direkt an Kekkonen erfolgte. Das amerikanische Kreditangebot kam jedoch nicht mehr zur Anwendung. Noch am 3. Dezember, also dem Tag vor dem Rücktritt der Regierung Fagerholm III, besprachen

---

[218] Urho Kekkosen päiväkirjat, t. 1, S. 182, Eintrag vom 28.11.1958.

[219] Ebd., S. 152, Eintrag vom 7.12.1958; siehe hierzu ausführlich Hentilä, Neutral zwischen den beiden deutschen Staaten, S. 41.

[220] FRUS 1958–1960, vol. 10, part 2, Doc. 196, Tel. Department of State (Dulles) to Embassy in Finland, 25.11.1958.

[221] Über diesen Besuch bei Kekkonen findet sich jedoch nichts in den Tagebüchern Kekkonens. Rautkallio erwähnt ebenfalls den Besuch bei Kekkonen und bezieht sich dabei auf ein Interview mit dem finnischen Botschafter in den USA, Johan Nykopp. Rautkallio, Kekkonen ja Moskova, S. 177.

[222] PAAA, B 23/93, Bericht aus Helsinki, Overbeck an AA, 13.12.1958.

[223] FRUS 1958–1960, vol. 10, part 2, Doc. 197, Tel. Embassy Finland an Department of State, 26.11.1958, Anm. 3. Demnach existiert ein tel. Bericht über die Unterredung Hickersons mit Vahervuori als Tel. 267 unter dem Zeichen 860E.10/12-258. Die Akte ist in den FRUS nicht abgedruckt.

sich Fagerholm und Botschafter Hickerson über die Geheimhaltung des Kreditangebotes[224].

Gleichzeitig wurde in einem vertraulichen Arbeitspapier des Subcommittee on Soviet Economic Policy der NATO Finnland als Ziel der »ökonomischen Offensive« des Ostblocks angesprochen. Der Schwerpunkt dieses Dokuments mit dem Titel »The Economic Offensive of the Sino-Soviet Bloc« liegt auf der sowjetischen Wirtschaftspolitik in der Vereinigten Arabischen Republik, in Lateinamerika, Asien und Afrika. Neben Finnland wird Österreich als europäisches Ziel dieser gemeinsamen ›Offensive‹ Chinas und der Sowjetunion genannt. Die Sowjetunion versuche, so heißt es in diesem Dokument, mittels ökonomischem Druck »die Koalitionsregierung Finnlands zu zwingen, die Finnische Kommunistische Partei an der Regierung zu beteiligen«[225]. So seien die im Mai vor den Wahlen angekündigten sowjetischen Kredite an Finnland in Höhe von 100 bis 125 Millionen Dollar nach der Regierungsbildung nicht mehr thematisiert worden. Auch verzögere die Sowjetunion Verhandlungen über ein neues Handelsabkommen, das die Finnen angesichts ihrer hohen Arbeitslosigkeit und Abhängigkeit der finnischen Industrie vom sowjetischen Markt abzuschließen wünschten. Diese Maßnahmen wurden als »a crude attempt to exert pressure on the Finnish government« gewertet[226]. Koordinierte Sofortmaßnahmen seitens der NATO erfolgten jedoch nicht. Vermutlich erklärt sich das dadurch, dass Hickerson dem State Department empfahl, das Finnlandproblem nicht im NATO-Rat zu diskutieren, da zusätzliche Angebote aus NATO-Ländern die Finnen abstoßen würden[227].

Am 7. Dezember gab Overbeck per Fernschreiben eine erste Analyse der Lage in Finnland ab. Demnach hätten sich die finnisch-sowjetischen Beziehungen seit Herbst des Jahres zunehmend verschlechtert. Die Sprengung des Kabinetts Fagerholm sei zwar durch Rücksichtnahme auf Moskau herbeigeführt worden, jedoch könne nicht »von direktem sowjetischen Druck im Sinne einer Einmischung in die inneren Angelegenheiten Finnlands – wie dies von ausländischer Presse behauptet worden war – gesprochen werden«. Vor allem die an der Regierung beteiligte Agrarpartei um Präsident Kekkonen habe »durch laufende scharfe Kritik an [dem] Kabinett Fagerholm [der] Sowjetpresse erst Argumente für eine Art anti-finnische Pressekampagne geliefert«. »Alle Parteien, mit Ausnahme der am Regierungssturz beteiligten«, verträten, so Overbeck, den Standpunkt, dass »man nicht hätte nachzugeben brauchen«. Kekkonen scheine ganz offen der Ansicht zu sein, dass der Westen im Kalten Krieg nur Verluste aufzuweisen habe und auch in Zukunft der

[224] Ebd., Doc. 198, Tel. Embassy Finland an Department of State, 3.12.1958.
[225] NATO Archives, AC/89-WP/39, 25.11.1958.
[226] Ebd.
[227] FRUS 1958–1960, vol. 10, part 2, Doc. 200, Tel. Embassy Finland an Department of State, 9.12.1958. Hier wird auf ein Telegramm Hickersons diesen Inhalts Bezug genommen. Das Dokument selbst (Department of State, Central Files, 740.5/12-958) ist in den FRUS nicht abgedruckt.

Verlierer sein werde. Daher solle es Finnland nicht auf eine Kraftprobe mit Russland ankommen lassen[228].

Die Analyse der Rundfunkrede Kekkonens vom 10. Dezember, die das Ende der Krise einleitete, fiel in Bezug auf den Redner noch weniger schmeichelhaft aus. Ihr psychologischer Hintergrund wurde als eine Mischung aus »Furcht, Bauernschläue, gekränkter Eitelkeit und starkem Geltungsbedürfnis« beschrieben. Außerdem fehle Kekkonen das »vom Vorgänger Paasikivi gewohnte staatsmännische Format«. Kekkonen habe »dem Verhältnis zur Sowjetunion unverkennbar den Vorrang eingeräumt«. Durch diese »eindeutige Ausrichtung nach Osten« habe er einen »entscheidenden Teil der Souveränität des Landes preisgegeben«. Es müsse befürchtet werden, dass »die Außenpolitik Finnlands in Zukunft von der Sowjetunion bestimmt werden wird«[229]. Staatspräsident Kekkonen sei »neben den Sowjets als die eigentliche treibende Kraft anzusehen, die den Sturz Fagerholms verursacht hat«[230]. Er habe mit seiner Regierungserklärung vor dem Ausschuss für Auswärtige Angelegenheiten am 24. November 1958 das Stichwort für den Austritt der Agrarier aus dem Kabinett geliefert, als er von einem »nationalen Notstand« sprach, der im Zusammenhang mit der Berlin-Frage gesehen werden müsse und den Rücktritt der Regierung erfordere mache[231]. Overbeck erwarte, dass die Sowjets »in dem Gefühl des bisher leicht gewonnenen Spiels« in naher Zukunft Forderungen wie die »Beteiligung Finnlands an dem sogenannten Ostsee-Friedensprojekt, die Anerkennung der DDR oder die Abkehr vom westlich orientierten multilateralen Handelssystem aufstellen könnten«[232]. Gegenüber Finnland und dem skandinavischen Raum seien folgende Ziele erkennbar: »Aufweichung der Nordflanke der NATO (Norwegen, Dänemark), die Neutralisierung (›Befriedung‹) der Ostsee, die Anerkennung der sog. DDR durch Finnland.« Um ihre Ziele zu verwirklichen, benötige die Sowjetunion eine ergebene finnische Regierung, die als »Fürsprecher im skandinavischen Raum« auftrete. Die Sowjets würden es als »Krönung ihrer Theorie von der ›friedlichen Ko-Existenz‹ betrachten, wenn die Finnen aus eigenem Antrieb eine Volksfrontregierung bildeten«[233]. Seine Analyse schloss er mit einem Appell, dass Finnland »nicht preisgegeben werden sollte«[234]. »Der Westen solle keinen Zweifel darüber lassen, dass er Finnland nicht den Sowjets preiszugeben gewillt« sei[235]. Beim bevorstehenden NATO-Außenministertreffen sollte jedoch vermieden werden, die Behandlung der finnischen Krise so an die Öffentlichkeit gelangen zu lassen, dass der Sowjetunion die Möglichkeit geboten werde, aus der Haltung der NATO-Staaten eine Einmischung in

---

[228] PAAA, B 23/93, Fs. aus Helsinki, Overbeck an AA, 8.12.1958.
[229] Ebd., Bericht aus Helsinki, Overbeck an AA, 16.12.1958, Rundfunkrede des finnischen Staatspräsidenten vom 10.12.1958.
[230] Ebd., B 23/134, Bericht aus Helsinki, Overbeck an AA, 8.12.1958.
[231] Ebd.
[232] Ebd., B 23/93, Fs. aus Helsinki, Overbeck an AA, 8.12.1958.
[233] Ebd., B 23/134, Bericht aus Helsinki, Overbeck an AA, 8.12.1958.
[234] Ebd., B 23/93, Fs. aus Helsinki, Overbeck an AA, 8.12.1958.
[235] Ebd., B 23/134, Bericht aus Helsinki, Overbeck an AA, 8.12.1958.

innere Angelegenheiten Finnlands zu konstruieren[236]. Die künftige Entwicklung in Finnland gebe »Anlass zur größten Sorge«[237].

Overbecks Analyse wurde nahezu wörtlich in die Orientierung des Außenministers umgesetzt. Auch fällt auf, dass anscheinend seine Bewertungen der sowjetischen Politik auf der allgemeinen Linie des Auswärtigen Amtes lagen. Er vermutete auch handfeste militärische Gründe hinter der außenpolitischen Linie Kekkonens. Dieser habe in seiner Rede vom 10. Dezember 1958 davor warnen wollen, dass »eine Intensivierung der Verteidigungsmaßnahmen der NATO vor allem im Skandinavien- und Ostseeraum massiveres Vorgehen der Sowjets zur Folge haben könnte«[238]. Andererseits sah er hinter Kekkonens Erklärung, dass »gute Beziehungen zur Sowjetunion die Zusammenarbeit Finnlands mit skandinavischen Ländern fördere«, den offensichtlich »verschleierten Hinweis, dass Skandinavien im Falle fortgesetzten sowjetischen Drucks stärkeren Anschluss an die NATO suchen könne«[239]. Auf den FZB-Vertrag ging er dagegen nur am Rande ein: Es bestehe auch Anlass zu der Vermutung, dass »die Sowjetunion unter Hinweis auf die Aufrüstung in der Bundesrepublik finnischen Stellen die Besetzung strategisch wichtiger Stellen in Finnland angedroht« habe[240].

Die Linie des Auswärtigen Amtes bei den Pariser Konferenzen im Dezember 1958 (Ministertreffen des Europarats, Treffen der NATO-Außenminister) lautete, dass »von westlicher Seite alles getan werden [sollte], um Finnland in seinem Widerstand gegen den östlichen Druck zu unterstützen«. Dies schloss die Gewährung von Krediten westlicher Länder ein. Finnland sollte erkennen, dass der Westen bereit war, ihm zu helfen. Jedoch sollte »sorgfältig alles vermieden werden, was Finnland in Schwierigkeiten mit seinem östlichen Nachbarn bringen könnte«. Keinesfalls dürfe der Sowjetunion die Möglichkeit geboten werden, »aus der Haltung der NATO-Staaten eine Einmischung in die inneren Angelegenheiten Finnlands zu konstruieren«[241]. Dies entsprach der Linie der USA. Dennoch wurde das Thema öffentlich gemacht:

»Die finnische Krise spielt bei den deutschen Überlegungen zur Vorbereitung der Pariser Konferenzen auch eine Rolle [...] Die Analyse der finnischen Ereignisse [gehört] – vor allem die kommunistische Bedrohung eines durch Verträge garantierten neutralen Staates – mit zum Verhandlungsprogramm der deutschen Delegation. Außenminister von Brentano wird voraussichtlich im Zusammenhang mit dem sowjetischen Plan – eine ›Freie Stadt Westberlin‹ zu schaffen – auf den Fall Finnland hinweisen. Das Land sei

236 Ebd., B 23/93, Fs. aus Helsinki, Overbeck an AA, 8.12.1958.
237 Ebd., B 23/134, Bericht aus Helsinki, Overbeck an AA, 8.12.1958.
238 Ebd., B 23/93, Bericht aus Helsinki, Overbeck an AA, 16.12.1958, Rundfunkrede des finnischen Staatspräsidenten, 10.12.1958.
239 Ebd., B 23/7, Fs. aus Helsinki, Overbeck an AA, 13.12.1958.
240 Ebd., B 23/93, Bericht aus Helsinki, Overbeck an AA, 16.12.1958, Rundfunkrede des finnischen Staatspräsidenten, 10.12.1958.
241 Ebd., Abt. 2, Ref. 203-83.00/94.06, Dem Herrn Minister, 11.12.1958, Lage in Finnland. Am 12.12.1958 wurde die Aufzeichnung Minister Brentano vorgelegt.

mit ähnlichen Garantien ausgestattet, aber jetzt der kommunistischen Machtergreifung ausgesetzt[242].«

In die gleiche Richtung deutete auch Verteidigungsminister Strauß. Er betonte in der Diskussion um die richtige Verteidigungsstrategie das Moment der Psychologischen Verteidigung. Neben den benötigten starken Kräften zur nuklearen Abschreckung sowie schlagkräftigen Schildkräften forderte der deutsche Verteidigungsminister wie bereits 1957 eine NATO-weite Vorbereitung der Psychologischen Verteidigung: Militärische Verteidigungsplanungen müssten durch gezielte Maßnahmen gegen indirekte oder aggressive Akte psychologischer Natur ergänzt werden[243]. Am 17. Dezember hielt Strauß anlässlich der NATO-Tagung über den Bayerischen Rundfunk eine Rede zur internationalen Lage. Darin stellte er ganz auf der Linie der internen Threat Assessments der NATO die Verbindung zwischen der Lage im Nahen Osten, Berlin und Finnland her.

»In Finnland erleben wir als praktischen Anschauungsunterricht, wie buchstäblich vor unseren Augen ein tapferes kleines Volk nach dem bewährten Rezept der stufenweisen Ausdehnung der Weltrevolution durch eine Kombination massiver politisch-wirtschaftlicher Druckmaßnahmen zum Satelliten erniedrigt werden soll. Vom chinesischen Festland aus lassen die Kommunisten Kanonen sprechen. Ein Vertragsbruch, der heuchlerisch mit dem attraktiven Titel ›der Liquidation des Besatzungsregimes‹ verbrämt wird, soll ganz Berlin dem Würgegriff der Sowjets ausliefern[244].«

Die Entwicklung in Finnland beschäftigte weiterhin die deutsche Regierung. Ein Bericht Overbecks vom 20. Januar 1959 wurde am 27. Januar Außenminister Brentano vorgelegt. Mit der Bildung der Regierung Sukselainen sei zwar eine Atempause geschaffen und die Gefahr der Errichtung einer Volksfront zunächst abgewendet, doch trete der Ernst der Lage klar hervor, wenn man sich die Entwicklung des vergangenen Jahres vergegenwärtige. Overbeck entwickelte die Theorie, dass Kekkonen die Regierung Fagerholm gezielt stürzen und somit »zugleich die Konservativen und die ihm verhassten Sozialdemokraten in den Augen der finnischen Öffentlichkeit diskreditieren«[245] wollte. Kekkonen habe bereits im Juli 1958 versucht, gemeinsam mit den Kommunisten und der sozialdemokratischen Opposition eine Regierung zu bilden. Die Kekkonen nahestehende Zeitung »Maakansa« habe die Regierung Fagerholm trotz der Beteiligung der Agrarier an der Regierungsverantwortung vom ersten Tage an scharf kritisiert und ihr ein Abweichen von der außenpolitischen Linie vorgeworfen. Bei der Neubildung der Regierung habe der Staatspräsident wiederum versucht, »die Kommunisten und die sozialdemokratische Opposition an der Regierung zu beteiligen. Er sei hierbei am Widerstand im bürgerlichen Lager und bei der Sozialdemokratie gescheitert. Die nach 40-tägiger Regierungskrise entstandene Regierung Sukselainen sei als Minderheitsregierung

---

[242] Ebd., Auswärtiges Amt, Ref. 203 an Nachrichtenzentrale – Bundespresseamt, 15.12.1958.
[243] NATO Archives, C-R (58) 64, 17.12.1958, S. 8.
[244] UA, UM 1958–1960, 12 L, 39, Suomen suhteet muihin maihin, Neuvostoliitto 1958–1960; 12L, 39, Kölnissa oleva kaupallinen edustusto. Kirjelmä no 5201/979, Viittaus Suomeen puolustusministeri Straussin radiopuheessa, 22.12.1958.
[245] PAAA, B 23/134, Bericht aus Helsinki, Overbeck an AA, 20.1.1959.

mit nur 48 von 200 Abgeordneten sehr schwach.« Sie werde aber von den bürgerlichen Parteien und den Sozialdemokraten gestützt, da »das Kabinett wohl die
letzte parlamentarische Lösung ohne kommunistische Beteiligung« darstelle.
Durch »seine nachgiebige Politik« habe Kekkonen »die Sowjets geradezu in der
Hoffnung ermuntert, dass das Zustandekommen einer Volksfrontregierung nur
eine Frage von Monaten« sei. Sollte dies verhindert werden, so sei es möglich, dass
»Moskau gegenüber Finnland einen harten Kurs verfolgen« werde. Dies würde
allerdings den Verzicht Moskaus auf die »bisherige friedliche Koexistenzpolitik«
bedeuten, »die den Hintergedanken hatte, über Finnland auf die skandinavischen
Staaten im Sinne einer Neutralisierung einzuwirken«. Es bestehe aber auch die
Möglichkeit, der Kreml sei bereits zu der Erkenntnis gelangt, dass die Aufgabe der
Koexistenzpolitik eher zum Ziel führe, da die skandinavischen Staaten Norwegen
und Dänemark durch einen »harten Kurs« Moskaus davon abgeschreckt werden
könnten, sich allzu stark in der NATO zu engagieren[246].

Die Analyse des Foreign Office in London war der deutschen Einschätzung
hinsichtlich des »passiven Drucks« durch die Sowjetunion ähnlich. Allerdings war
der Londoner Blick eher auf die finnischen außenpolitischen als auf die innenpolitischen Implikationen der Krise gerichtet. Der Leiter des Northern Department im
Foreign Office, Permanent Under-Secretary at the British Foreign Office Baron
Thomas Brimelow, war der Meinung, Kekkonen wolle mit seinem Vorgehen sowjetischen Befürchtungen, dass die Sicherheit ihrer europäischen Position durch die
Politik des Westens bedroht werde, Rechnung tragen. Wesentlicher Aspekt dieser
Bedenken sei die atomare Bewaffnung der Bundesrepublik Deutschland in Verbindung mit einer ausgerechnet durch deutsche Initiativen geförderten Entwicklung zu einer stärkeren finnischen Verbindung mit dem Westen. Kekkonen befürchte, dass ein Zusammentreffen westlicher Tendenzen in Finnland mit der
politischen Stoßrichtung in Mitteleuropa (Berlinkrise) »die Sowjets zu einem Gegenschlag und zwar zu einer Intervention in Finnland veranlassen« könnte. Er
wolle der UdSSR jeden Vorwand zu einem Eingreifen in Finnland nehmen. Auch
käme es den Sowjets nicht unbedingt auf eine kommunistische Regierung in Finnland an[247]. Brimelow stellte also Kekkonen nicht, wie Overbeck dies tat, als »Gehil-
fen Moskaus« dar, sondern eher als vorsichtigen Politiker, der das Wohl seines
Landes im Auge habe. Insgesamt wurden seitens des Foreign Office für die Ereignisse in Finnland eher handfeste außenpolitische, also machtpolitische Faktoren als
bestimmend angesehen, wohingegen das Auswärtige Amt eher innenpolitische und
ideologische Gründe als entscheidend wertete. Bedeutsam ist auch, dass Brimelow
bis zu einem gewissen Grad auch die Bundesrepublik für die Krise in Finnland
mitverantwortlich machte.

Naturgemäß wurde der Nachtfrostkrise vor allem in Skandinavien große Aufmerksamkeit geschenkt. Als am 4. Dezember die Regierung Fagerholm III zu-
rücktrat, trugen der dänische und der norwegische Vertreter vor dem Committee

---

[246] Ebd.
[247] Ebd., Bericht aus London an AA, 20.1.1959.

of Political Advisers über die aktuellen Entwicklungen in Finnland vor[248]. Tags
darauf teilten die norwegische und dänische NATO-Delegation mit, dass man sich
in den skandinavischen Außenministerbesprechungen zwar grundsätzlich darüber
einig gewesen sei, Chruščev aufzufordern, den Besuch der skandinavischen Außenminister zu erwidern. Eine formelle Einladung sei jedoch noch nicht erfolgt.
Die endgültige Entscheidung habe zwar öfter auf der Tagungsordnung skandinavischer Außenministertreffen gestanden, aber immer wieder aufgrund der internationalen Lage verschoben worden[249]. Die dänischen Zeitungen sprachen von einem sowjetischen Würgegriff, der Finnland wirtschaftlich zu lähmen drohe. Auf
längere Sicht sei es daher nicht unnatürlich, wenn dessen »Partner im Nordischen
Rat eine wirtschaftliche Unterstützung Finnlands in Erwägung zögen, da nur die
nordischen Staaten die Möglichkeit hätten, die sowjetische Umklammerung zu
lockern«[250]. Auch in der NATO wurden die nordischen Staaten bezüglich Finnland
aktiv. Am 13. Januar 1959 erklärten der norwegische und der dänische Vertreter
beim Treffen des Committee of Political Advisers, dass sie nach Konsultationen
mit ihren Außenministerien über die Ereignisse in Finnland berichten könnten[251].
In ihren Augen drohte die Krise ganz Skandinavien zu betreffen. Am selben Tag
hatte der sowjetische Botschafter in Oslo, Mikhail Gribanov, der norwegischen
Regierung einen Vorschlag zur Intensivierung der Handelsbeziehungen unterbrei-
tet[252]. Am 19. Januar protestierte das sowjetische Außenministerium gegen Aufklä-
rungsflüge, die von britischen und amerikanischen Flugzeugen entlang der norwegisch-sowjetischen Grenze durchgeführt worden seien. Der norwegische Botschafter
in Moskau antwortete, dass keine amerikanischen oder britischen Flugzeuge in Norwegen stationiert seien, aber gelegentlich ausgewählte Flugzeuge Landeerlaubnis
erhielten. Dies beinhalte jedoch keinen Wechsel der Politik. Die norwegischen Behörden hätten darüber hinaus keinerlei Kenntnis über die Verletzung norwegischen
Territoriums gehabt[253].

Betrachtet man die politischen Reaktionen der NATO während der Nachtfrostkrise, so sind diese insgesamt als sehr zurückhaltend zu werten. Obwohl große Besorgnis über die Entwicklung in Finnland herrschte, wurde versucht, die
Krise nicht durch Provokation der Sowjetunion zu verschlimmern. Die westlichen
Länder waren bemüht, das Problem auf Finnland zu begrenzen. Das entsprach
zum einen dem Interesse Dänemarks und Norwegens, zum anderen auch dem

[248] NATO Archives, AC/119-R(58) 35, 2.12.1958.
[249] PAAA, B 23/93, Fs. aus Paris, NATO, Blankenhorn an AA, 5.12.1958.
[250] Ebd., B 23/134, Bericht aus Kopenhagen an AA, 10.12.1958, dänische Reaktion auf den Rücktritt
der Koalitionsregierung Fagerholm.
[251] NATO Archives, AC/119-R (59) 2, 27.2.1959, Committee of Political Advisers, Meeting of the
Committee held on Tuesday, 13th January, 1959, Action Sheet. Gribanov war maßgeblich an der
Vorbereitung der ersten Stalin-Note von 1952 beteiligt gewesen. Siehe Die Stalin-Note vom
10. März 1952.
[252] NATO Archives, AC/119-WP (59) 19, 16.2.1959, Committee of Political Advisers, Soviet-
Norwegian economic relations, Note by the Norwegian Delegation.
[253] Ebd., AC/119-R (59) 5, 9.2.1959, Committee of Political Advisers, Meeting of the Committee
held on Tuesday, 3rd February, 1959, Action Sheet.

Wunsch Kekkonens. Insgesamt ist ein ausgeprägtes Wohlwollen, teilweise auch Vertrauen in die Politik Finnlands festzustellen. Die Krise wurde als Teil eines Ganzen gesehen, zu dem die Spannungen um Berlin ebenso gehörten wie der politische Druck auf Norwegen und Dänemark. Doch die Strategie der NATO – wenn man von einer solchen überhaupt sprechen kann – lautete Deeskalation: Finnland sollte nicht mit NATO-Aktivitäten in Verbindung gebracht werden können. Eine Ausnahme zu dieser Politik stellte die Reaktion Deutschlands dar. Für die Bundesrepublik ging es zentral um die Frage der Nichtanerkennung der DDR. Die Verbindung der Nachtfröste mit der Berlinkrise wurde bewusst hergestellt und das Finnlandargument genutzt, um die nationalen und internationalen Gegner von einer harten Linie in der Berlinfrage zu überzeugen. Die Rede von Strauß zur internationalen Lage war dabei mehr als nur eine »Strauß'sche Anwandlung«. Die deutsche Außenpolitik war auch die einzige, die auf den Rücktritt der Fagerholmregierung mit einer diplomatischen Drohung reagierte. Die Strauß-Rede entsprach im Prinzip durchaus der außenpolitischen Linie Brentanos. Doch fehlte hier die Abstimmung mit den NATO-Partnern.

Egal, ob Deutschland, Großbritannien, Dänemark oder Norwegen: All diese Staaten hatten, wenn sie nach Finnland blickten, lediglich die eigene Bedrohung durch die Sowjetunion im Auge. Doch während Großbritannien, Norwegen und Dänemark versuchten, die Krise durch Nichteinmischung zu begrenzen, um die eigene Bedrohung gering zu halten, unternahm es die Bundesrepublik, sie in einer Art ›Frontstaatmentalität‹ für sich auszunutzen – bedroht war man in Westberlin ja bereits. Vielmehr galt es einer Opferung deutscher Interessen, um der Koexistenz mit der Sowjetunion willen, entgegenzuwirken. Die amerikanische Politik hingegen war von einer Mischung aus Deeskalation und Containment geprägt. Dabei kam das Kreditangebot an Finnland anscheinend zu spät, wobei fraglich ist, ob Kekkonen es angenommen hätte, wenn es früher erfolgt wäre. So scheint die amerikanische Diskretion hinsichtlich der Kredite auch nicht nur mit der prekären Lage in Finnland, sondern ebenso mit der psychologischen Wirkung für die Weltöffentlichkeit in Bezug auf die USA zu tun gehabt haben. Hält man sich vor Augen, wie die Verteidigung der westlichen Position in Finnland als eine grundsätzliche psychologische Frage apostrophiert worden war, so war es nur folgerichtig, dass, nachdem die Sowjetunion sich mit dem Rücktritt der Regierung Fagerholm III durchgesetzt hatte, in der Öffentlichkeit nicht der gescheiterte Unterstützungsversuch, sondern vielmehr das (angebliche) Desinteresse des Westens in den Mittelpunkt gerückt wurde. Man ist hierbei fast an den Fuchs in der Fabel des Äsop erinnert: »Wer will schon so sauere Trauben!«

Während der Krise ist bei der NATO also weitestgehend eine ›Politik des Aussitzens‹ festzustellen. Doch kaum zeichnete sich ein Ende ab, war eine starke Aktivität westlicher Regierungen zu bemerken. Der »long pull« ging in die nächste Runde.

c) Die Nachtfrostkrise als internationale Krise
im Rahmen des »long pull«

Am 27. Februar 1959 brachte die britische Vertretung im Committee of Political Advisers eine Note über die sowjetisch-finnischen Beziehungen in Umlauf. Hier wurde über die Entwicklung des Einvernehmens der beiden Länder im Rückblick über den Zeitraum eines halben Jahres berichtet. Die finnische Frage wurde ab der Bildung der Fagerholm-Regierung nach den Wahlen im Juli 1958 untersucht. Die Analyse umfasste die Bildung der Fagerholm-Koalition am 29. August, den Rücktritt des Kabinetts am 4. Dezember, die Bildung der Minderheitsregierung Sukselainen am 13. Januar 1959, schließlich die Gespräche zwischen Kekkonen und Chruščev in Leningrad am 22. und 23. Januar und die Eröffnung der Handelsgespräche in Moskau am 9. Februar. Das explizit erklärte Ziel dieser Note war es zu zeigen, dass »die Russen, trotz anhaltenden Bestreitens einer Einmischung in die inneren Angelegenheiten Finnlands, durch direkte und indirekte Aktion eine Regierung gestürzt und das Bilden einer neuen von ihrer Bestätigung abhängig gemacht hatten«[254]. Aus Chruščev Rede während des unerwarteten Besuchs des finnischen Präsidenten Kekkonen in Leningrad könnten folgende Forderungen abgeleitet werden: Die Sowjetregierung sei zu der Forderung berechtigt, dass keine finnische Regierung ohne russische Billigung existieren dürfe; die Freiheit der finnischen Presse zur Kritik an der russischen Politik oder deren Kommentierung müsse begrenzt werden; der finnische Außenhandel mit der Sowjetunion dürfe nicht unter sein derzeitiges Niveau fallen und müsse ausgeglichen sein[255]. Ausführlich wurde hierbei auf die schlechte ökonomische Lage Finnlands seit Ende des Zweiten Weltkrieges eingegangen. Die sowjetischen Reparationsforderungen im Friedensvertrag von 1947 hätten die traditionelle Ausrichtung der finnischen Wirtschaft so verdreht, dass neue unwirtschaftliche, auf den sowjetischen Markt ausgerichtete Exportindustrien entstanden seien. Mit der Bezahlung der Reparationen hätten diese unprofitablen Wirtschaftszweige ihren Absatzmarkt verloren. Hinzu kämen Belastungen durch den Verlust Kareliens mit seinen Kraftwerken und landwirtschaftlichen Betrieben sowie der Aufnahme von einer halben Million karelischer Flüchtlinge durch die etwa vier Millionen Einwohner des übrigen Landes. Die wahre Armut Finnlands sei durch Inflation verschleiert worden, die Handelsbilanz mit dem Westen sei nicht ausgeglichen und westliche Importe überstiegen die Nachfrage aus dem Westen nach finnischen Waren deutlich. Der Osthandel mache 25 Prozent des finnischen Außenhandels aus, wobei die finnische Volkswirtschaft einen großen Rubelüberschuss angehäuft habe. Aufgrund der privatwirtschaftlichen Organisation sei es indes nicht möglich, die inländischen Konsumenten dazu anzuhalten, mehr russische Güter zu konsumieren. Als im Herbst 1957 die finnische Wirtschaftskrise akut geworden sei, verfügte das Land neun Monate lang über

---

[254] NATO Archives, AC/119-WP (59) 29, 27.2.1959, Committee of Political Advisers, Soviet-Finnish Relations, Note by the United Kingdom Delegation, NATO Confidential Working Paper.
[255] Ebd.

keine parlamentarische Regierung. Im Juli 1958 profitierten die Kommunisten mit 50 von 200 Sitzen im Parlament von der ökonomischen Krise. Aber auch die Abspaltung des linken Flügels, der Skogisten, von der sozialdemokratischen Partei sei dafür verantwortlich. Diese Situation erinnere in vielerlei Hinsicht an die sowjetische Taktik in den Ländern Osteuropas, bevor diese sich zu Satellitenstaaten entwickelten. Auch hier habe es jeweils kommunistische Massendemonstrationen, sowjetische Presseangriffe und wirtschaftlichen Druck gegeben. Der totalen kommunistischen Kontrolle sei immer eine Fusion einer sozialdemokratischen Splittergruppe mit der kommunistischen Partei vorausgegangen[256]. Obwohl mit den finnischen Zugeständnissen die Krise bewältigt werden konnte, basiere die derzeitige agrarische Minderheitenregierung auf einer gefährlichen Grundlage. Zwar seien die Kommunisten von der Regierung ausgeschlossen, doch könne späterer Druck ihre Miteinbeziehung erwirken. Weitere Massendemonstrationen, eine wohlbekannte Taktik, seien geplant[257].

Im Nachklang der Krise versuchte die britische Außenpolitik den eigenen Einfluss in Finnland zu erhöhen. Bereits am 12. Januar 1959 hatte der britische Botschafter Douglas L. Busk darum gebeten nach London reisen zu dürfen, um unter anderem über aktuelle politische und ökonomische Fragen zu diskutieren[258]. Die Reise wurde für Anfang Februar genehmigt[259]. Die Dokumente, die in Vorbereitung dieser Reise angefertigt wurden, thematisieren zum einen »counter-action«[260] zur politischen Entwicklung in Finnland und zum anderen »the West German threat to our trade with Finland«[261]. Letztlich wurde jedoch festgestellt, dass der westdeutsche Handelsvorsprung aus wirtschaftspolitischer Sicht zwar bedrückend sei, politisch sei es jedoch besser, die Finnen handelten mit der Bundesrepublik als mit der Sowjetunion. Unterm Strich wurde eine verstärkte Öffentlichkeitsarbeit Großbritanniens in Finnland als eine Möglichkeit gesehen, den eigenen Einfluss zu erhöhen. Politische oder wirtschaftliche Aktionen sowohl offener als auch verdeckter Natur seien zur Zeit nicht mit Aussicht auf einen Vorteil für Finnland durchzuführen. Wohl um einer kommunistischen Machtübernahme vorzubeugen, sollten die Pläne für wirtschaftliche Hilfe jedoch laufend aktuell gehalten werden und »Informationsaktivitäten« mit Nachdruck erfolgen[262]. Der britische Botschafter in Helsinki schlug vor, dass Premierminister Harold Macmillan auf seiner Rückreise von Moskau einen Besuch in Helsinki abstatten solle, um dem »deprimierenden Effekt des Leningradbesuchs Kekkonens zu begegnen«. Unter Hinweis

---

256 Ebd.
257 Ebd.
258 TNA, PRO, FO 371/142870, British Embassy, Helsinki (Busk) an FO (Permanent Under-Secretary of State Frederick Hoyer Millar), 12.1.1959.
259 Ebd., Permanent Under-Secretary to British Ambassador, Helsinki, 22.1.1959.
260 Ebd., Foreign Office an Douglas Busk (Top Secret), 27.1.1959. Die Gegenmaßnahmen sind leider nicht nachzuvollziehen, da die entsprechenden Sätze auch heute noch für die Öffentlichkeit nicht freigegeben und daher in den Dokumenten geschwärzt sind.
261 Ebd.
262 Ebd., NF 1051/7, Dokument ohne Bezeichnung und o.D., verm. Februar 1959, teilweise geschwärzt.

auf sein Besuchsprogramm in Washington, Bonn und Paris kam dessen Finnland-besuch jedoch nicht zustande[263]. Angesichts der Krise um Berlin war Finnland in der britischen Außenpolitik eben doch bloß von sekundärem Interesse. Stattdessen besuchte Parlamentary Undersecretary Robert Alexander Allan Finnland, was jedoch nicht den gleichen Effekt hatte[264].

Premierminister Macmillan hatte während des Winterkrieges längere Zeit in Finnland verbracht und war nach Angaben Overbecks an den Ereignissen dort sehr interessiert. Allan reiste in seinem Auftrag nach Helsinki, überbrachte die »besten Wünsche für das finnische Volk« und sprach die Hoffnung aus, dass »Finnland seine Freiheit bewahren möge«. Overbeck wusste zu berichten, dass der Besuch Allans dem Wunsch nach Intensivierung der Handelsbeziehungen diente. Dies geschah sowohl auf bilateraler finnisch-britischer Ebene als auch mittels einer Diskussion über einen möglichen finnischen Beitritt zur Freihandelszone der »äußeren Sieben« (gemeint EFTA)[265]. Rautkallio zufolge arbeiteten der britische und der amerikanische Botschafter eng zusammen und versuchten immer wieder – meist erfolglos – auf Kekkonen einzuwirken[266]. Im Juni 1959 berichtete Busk, die Vereinigten Staaten erwögen, Kekkonen nach Amerika einzuladen. US-Botschafter Hickerson habe ihm erzählt, dass er dieser Idee ursprünglich negativ gegenübergestanden habe, da sich Kekkonen in letzter Zeit wie ein »son of a bitch« verhalten habe, doch habe ihn einer seiner Mitarbeiter mit den Worten überzeugt: »Yes, but we want him to be *our* son of a bitch«[267].

Am 22. Januar 1959 teilte das Auswärtige Amt der Handelsvertretung in Helsinki mit, dass die »Bundesregierung beabsichtigt, in Übereinstimmung mit dortiger Auffassung Finnland weiterhin moralische und in dem Umfang, in dem dies möglich ist, wirtschaftliche Hilfe zu gewähren. Eine Änderung der Haltung der Bundesregierung [sei] nicht beabsichtigt. Doch werden wie bisher öffentliche Erklärungen über die Bereitschaft der Bundesregierung, Finnland Unterstützung zu gewähren, vermieden werden[268].« Hinsichtlich der Frage westlicher Wirtschaftshilfe für Finnland stimmten der Zweite Botschaftssekretär der italienischen Botschaft, Cesare Gnoli, mit der Ansicht des Auswärtigen Amtes überein, dass »Kredite und Hilfsmaßnahmen eines westlichen Staates das kritische finnisch-sowjetische Verhältnis nur weiter erschweren« könnten. Die Bundesrepublik hatte jedoch begonnen, über das Wirtschaftsministerium Kredite und Investitionen privater Kreise zu prüfen[269].

---

263 Ebd., Thomas Brimelow, Suggestion that Prime Minister should visit Helsinki, 7.2.1959.
264 Ebd., British Embassy, Helsinki (Busk) an FO, Northern Department (Brimelow), 25.3.1959.
265 PAAA, B 23/133, Bericht aus London, von Herwarth an AA, 17.7.1959, Besuch des Parlamentarischen Unterstaatssekretärs im FO, Robert Allan, in Helsinki.
266 Rautkallio, Kekkonen ja Moskova, S. 315 f.
267 TNA, PRO, FO 371/142870, British Embassy, Helsinki (Busk) an FO, Northern Department (Brimelow), 2.6.1959 (Hervorhebung durch Unterstreichung im Original).
268 PAAA, B 23/134, Tel. AA, Carstens an Diplogerma, 22.1.1959.
269 Ebd., B 23/134, Aufzeichnung Ref. 203, 20.1.1959.

Bei der NATO wird zeitgleich der sowjetische Abbruch der Verhandlungen über eine Neuauflage des Handelsabkommens und des im Mai 1958 zugesagten 100 Millionen Dollarkredits an Finnland im Report des Committee of Economic Advisers aufgeführt[270]. Die Nachtfrostkrise wurde aber zwei Tage später mit der Reise Kekkonens nach Leningrad als beendet angesehen. In seinem Abschlussbericht darüber, der neben dem deutschen Außenminister auch dem Bundeskanzler und dem Bundespräsidenten zur Kenntnis gebracht wurde, stellte Overbeck fest, dass »es dem Staatspräsidenten im Alleingang gelungen sei, die von ihm künstlich übertriebene Spannung des finnisch-sowjetischen Verhältnisses auch wieder zu beseitigen«. Aus finnischer Sicht positiv zu werten seien »die sowjetische Zusage der Nichteinmischung in die innerfinnischen Verhältnisse, die Unterstreichung des Koexistenzgedankens gegenüber Finnland, die Aussicht auf eine baldige Ernennung eines sowjetischen Botschafters und die Einlösung der im Mai [1958] getroffenen wirtschaftlichen Vereinbarungen«. Dennoch sei nicht der Status quo ante wiederhergestellt: Die Sowjetunion habe die »sozialdemokratische Parteiführung (Tanner, Leskinen, Fagerholm) gewissermaßen ›exkommuniziert‹«, mache die Forderung nach »einer verschärften Überwachung der finnischen Presse geltend« und habe somit das »entscheidende Bollwerk gegen die Errichtung einer Volksfront in Finnland [...] mundtot gemacht«. Somit sei nach wie vor Besorgnis über die weitere Entwicklung am Platze. Kekkonen erschien nun wieder in einem positiveren Licht und ihm wurde sogar zugesprochen, dass seine politische Linie das Ziel habe, »seinem Land eine gewisse Selbständigkeit und Unabhängigkeit zu erhalten, d.h. auch die Gefahr einer späteren Bolschewisierung Finnlands zu vermeiden«. Die Zukunft des Landes wurde jedoch in düsteren Farben geschildert. Die Sowjetunion habe ihre Ziele nicht aufgehoben, sondern lediglich aufgeschoben. Als weitere Maßnahme schlug Overbeck daher vor, der Westen solle Finnland »wirtschaftliche und moralische Hilfe zuteil werden lassen«. »Westliche unpolitische Hilfe«, die »die nationalen Kräfte unterstütze und ihnen das Gefühl gebe, dass der Westen nicht gewillt ist, Finnland aufzugeben«, bewirke am meisten[271]. Noch verfüge die finnische Außenpolitik »über einen gewissen, wenn auch sehr begrenzten Spielraum«. Dieser biete sich »einmal in den verschiedenen Gremien der nordischen Zusammenarbeit [...] zum anderen in der Ausweitung seines Handels mit dem Westen, die auch eine stärkere politische Annäherung an die Staaten der freien Welt zur Folge haben dürfte«. Der Rahmen des finnischen Spielraums werde »einerseits vom sowjetischen Druck, andererseits von der Einigkeit und Stärke des Westens bestimmt«[272].

In Skandinavien wirkte sich die Nachtfrostkrise ambivalent aus. Zum einen führte die gemeinsame Erfahrung der Gefahr der Nachtfrostkrise zu einer norwe-

[270] NATO Archives, C-M (59) 2, 21.1.1959, The economic offensive of the Sino-Soviet bloc.

[271] PAAA, B 23/93, Bericht aus Helsinki, Overbeck an AA, 30.1.1959, Leningrad-Reise von Staatspräsident Kekkonen. Der Bericht lag am 12.2.1959 dem Außenminister, am 13.2.1959 dem Bundeskanzler und Bundespräsidenten vor.

[272] Ebd., Overbeck an AA, 11.3.1958, Finnland im Spannungsfeld zwischen Ost und West.

gisch-schwedischen Annäherung und zu einer Verstärkung der bilateralen norwegisch-schwedischen Zusammenarbeit, auch hinsichtlich militärischer Planungen[273].
Dies barg jedoch auch ein Risiko für die zunehmende Integration der NATO. Am
24. Februar 1959, also einen Monat nach Beendigung der Notenkrise durch Kekkonens Besuch in Leningrad, wurden Chruščev seitens Dänemark, Norwegen und
Schweden Einladungen zum Staatsbesuch übergeben. Als möglichen Zeitraum
schlug man den Monat August vor[274]. Bald darauf informierte der dänische
NATO-Vertreter den NATO-Rat, dass sein Land die finanzielle Decke für das
nationale Verteidigungsbudget beschlossen habe. Das Budget sei zwar höher als
das derzeitige, würde aber nicht ausreichen, um die im Dokument MC 70 aufgestellten Anforderungen an die Streitkräfte zu erfüllen. Gleichzeitig solle eine Ver-
kürzung der Wehrdienstzeit von 16 auf 12 Monate bei gleichzeitiger Erhöhung der
Anzahl von Berufs- und Zeitsoldaten von 6000 Mann auf 10 000 Mann durch
zusätzliche Einstellung von Zeitsoldaten beschlossen werden[275]. Am 4. März traf
sich der sowjetische Botschafter mit dem norwegischen Premier- und Außenminister. Thematisiert wurden hierbei die Entwicklungen im militärischen Bereich. Im
Mittelpunkt des Gesprächs stand die militärische Integration mit der Bundesrepublik
Deutschland, die Anlage von NATO-Depots und anderen NATO-Einrichtungen
auf norwegischem Territorium sowie die Entsendung eines norwegischen Offiziers
in das Hauptquartier COMNAVNORTH[276] in Kiel-Holtenau. Am 15. April besprachen sich der sowjetische Botschafter und der norwegische Außenminister Lange,
wobei letzterer erklärte, dass die sich im Bau befindlichen militärischen Anlagen in
Norwegen, ob Luft-, Seestützpunkte oder Nachschubdepots, ausschließlich der
Verteidigung dienten und voll unter norwegischer Kontrolle stünden. Der deutsche Beitritt zur NATO, so Lange, sei die beste Garantie gegen ein Wiederaufle-
ben des deutschen Militarismus. Auch die Frage einer Umwandlung der Ostsee in
eine »Zone des Friedens« wurde diskutiert, wobei Lange Norwegen aufgrund seiner geografischen Lage schlicht als »nicht betroffen« erklärte. Am 20. April druckte
die »Pravda« den Wortlaut einer Note des sowjetischen Außenministers Gromyko
an die norwegische Regierung ab. In der Note wurde gegen ausländische Basen in
Norwegen protestiert. Es wurde daran erinnert, dass die Sowjetunion Norwegen
von den Deutschen befreit habe. Die Bundeswehr aber werde »unter anderem von
Generalen und Offizieren der ehemaligen Nazi-Armee, die Norwegen brutal und
degradierend unterdrückt habe, zu rachelüsternen Zwecken aufgestellt«[277]. Dieser
wolle Norwegen nun Militärbasen auf norwegischem Territorium ermöglichen.
Die aggressive NATO betreibe eine Steigerung der internationalen Spannung und
verschlimmere die Situation in Nordeuropa. »Ob Norwegen wolle oder nicht, die

---

[273] Petersson, Brödrafolkens väl, S. 131–140.
[274] NATO Archives, AC/119-R (59) 8, 27.2.1959, Committee of Political Advisers, Meeting of the Committee held on Tuesday, 24th February, 1959.
[275] Ebd., C-R (59) 9, 9.3.1959, Reorganization of Danish defences.
[276] Dem Vorgängerkommando von COMNAVBALTAP.
[277] NATO Archives, AC/119-WP (59) 47, 29.4.1959, Committee of Political Advisers, USSR protest regarding NATO military depots in Norway.

Errichtung militärischer Stützpunkte für ausländische Staaten auf norwegischem Territorium folge den Zielen, einen neuen Krieg vorzubereiten. Dies bringe große Gefahren für Norwegen selbst, welches leicht in einen bewaffneten Konflikt hineingezogen werden könne[278].«

Bereits während des Ausklangs der Notenkrise hatte Radio Moskau vor einer deutschen Wiederbewaffnung in der Ostsee gewarnt und dazu aufgerufen, aus der Ostsee ein »Meer des Friedens« zu machen. Der Begriff ›Meer des Friedens‹ rekurrierte auf eine gemeinsame Initiative der DDR und Polens im September 1957, die darauf zielte, dass die Ostseeanrainer sich gegenseitig den Status quo garantieren und untereinander bilaterale Nicht-Angriffs-Pakte schließen sollten[279]. Insgesamt sah die NATO die sowjetischen Bemühungen um ein weltweites Disengagement in dem sowjetischen Ziel, den Westen am »Aufbau militärischer Stärke um die Peripherie der kommunistischen Welt« zu hindern. Der Fokus liege dabei zur Zeit auf Deutschland und Berlin. Parallel zu ihren Bemühungen in der Bundesrepublik habe die Sowjetunion auch in anderen Regionen entlang der sowjetischen Grenze atomwaffenfreie Zonen zu etablieren versucht. Dies sei im Nahen und Fernen Osten sowie abgestuft auch in der Ostseeregion der Fall. In einer neuen (dritten) Version des Rapacki-Plans vom Januar 1959 wurde wiederum eine atomwaffenfreie Zone in Mitteleuropa vorgeschlagen. Dabei sollten in einer ersten Phase die westlichen Streitkräfte mit ihren Atomwaffen in Deutschland bleiben, doch sollte die Nuklearbewaffnung »eingefroren« werden. In einer zweiten Phase waren Gespräche über eine konventionelle Abrüstung in Mitteleuropa vorgesehen. Deren Ergebnisse sollten gleichzeitig mit einem totalen Atomwaffenverbot in Deutschland, Polen und der ČSSR implementiert werden[280].

In der Lageanalyse »trends and implications of Soviet policy« stellte das Committee of Political Advisers fest, dass die UdSSR in letzter Zeit ein unmittelbares Interesse an den skandinavischen Angelegenheiten zeige. Ihr starker Druck auf Finnland habe erfolgreich zum Sturz der Regierung Fagerholm geführt. Der plötzliche Leningradbesuch Kekkonens habe eine Normalisierung der sowjetisch-finnischen Beziehungen bewirkt. Diese basiere jedoch auf Beschränkungen der Außen- und Innenpolitik Finnlands. In Norwegen protestiere der Kreml gegen den Bau eines zivilen Flugplatzes in Spitzbergen, gegen die Anlage von NATO-Depots zur Unterstützung der deutschen Bundesmarine und gegen angebliche Verletzungen des sowjetischen Luftraums durch amerikanische und britische Flugzeuge bei der Nutzung nordnorwegischer Flugplätze. Dieser neue Kurs sei vermutlich Ausdruck sowjetischer Sorge über jede Veränderung der militärischen Lage entgegen ihrer eigenen Interessen im nordischen Bereich. Er könne auch als Versuch der Verhinderung einer fortschreitenden Integration Norwegens und Dänemarks in das Ver-

---

[278] Ebd.
[279] Ebd., RDC/59/43, 12.2.1959, Soviet proposals to ban nuclear weapons from limitrophe areas.
[280] Ebd.

teidigungssystem der NATO verstanden werden[281]. Nach italienischen Informationen hatte der sowjetische Botschafter in Finnland angedeutet, dass den nordeuropäischen Staaten und insbesondere Finnland aus einer Nordischen Verteidigungsunion Vorteile erwachsen würden. Die italienische Vertretung stellte den Zusammenhang zum rumänischen Vorschlag einer Balkankonferenz her. Ziel solcher indirekter Kampagnen sei es, die NATO in ihren Flanken zu schwächen. In die gleiche Richtung gingen Berichte über den Besuch einer finnische Militärdelegation in der Sowjetunion im Mai 1959[282].

Beim NATO-Ministertreffen im Dezember 1959 in Paris stellte Strauß die hohe Bedeutung heraus, welche die Bundesregierung einer Beibehaltung der Schildkräfte und der Lagerung von taktischen Atomsprengköpfen in Europa beimesse. Deutschland tue sein Bestes, um diese Position auch gegenüber dem eigenen Volk verständlich zu machen. Doch werde die Stellung der deutschen Regierung gegenüber der Bevölkerung erschwert, wenn andere Mitglieder der Allianz atomare Bewaffnung ablehnten oder die Lagerung von Gefechtsköpfen auf ihrem Territorium nicht erlaubten. Er rief daher die entsprechenden Länder (Norwegen, Dänemark) auf, ihre Haltung zu überdenken[283]. Die nukleare Feuerkraft der Bundeswehr könne sehr schnell erhöht werden, wenn es möglich sei, nukleare Munition für schwere Artillerie wie 203 mm-Haubitzen oder das zukünftige 175 mm-Geschütz zu erhalten[284]. Möglicherweise könnten diesbezüglich die USA helfen[285]. Der norwegische Außenminister Lange, der den Vorsitz führte, entgegnete hinsichtlich der Lagerung von nuklearen Waffen, dass es derzeit keine Änderung der Position gebe, die der norwegische Premierminister auf der NATO-Gipfelkonferenz 1957 eingenommen habe. Diese Haltung sei vorherbestimmt durch die besonderen und

---

[281] Ebd., C-M (59) 28, 16.3.1959, Trends and implications of Soviet policy; AC/119-WP (59) 30, 2.3.1959, Committee of Political Advisers, Trends and implications of Soviet policy, Working Paper.

[282] Ebd., AC/119-WP (59) 62, 29.5.1959, Comité Politique, Politique sovietique envers les etats de l'Europe du Nord, Note de la Délégation de l'Italie; AC/119-R (59) 19, 29.5.1959, Committee of Political Advisers, Meeting held on Tuesday 26th May, 1959; AC/119-R (59) 17, 14.4.1959, Committee of Political Advisers, Meeting held on Tuesday 12th May, 1959. Rautkallio beschreibt die sowjetischen Versuche einer Instrumentalisierung der Idee einer Nordischen Verteidigungsunion weitestgehend gestützt auf Akten des Foreign Office im Kap. »Pohjoismaiden blokki ja Suomi«. Die Neutralisierungsbemühungen Skandinaviens fügen sich gut ins Bild mit den Bemühungen um ein ›Meer des Friedens‹. Rautkallio, Kekkonen ja Moskova, S. 339–352.

[283] NATO Archives, C-R (59) 47, 16.12.1959, Summary Record of a meeting of the Council held at the Porte Dauphine, Paris, Wednesday, 16th December, 1959, 11 a.m. (Cosmic Top Secret – limited distribution).

[284] Die Artillerie der Bundeswehr verfügte ab 1958 mit der Ausrüstung des Raketenartillerie(Lehr) Bataillons 42 mit dem Waffensystem HONEST JOHN grundsätzlich über Trägersysteme, um taktische atomar bestückte Raketen zu verschießen. Bis August 1959 wurden die ersten drei Bataillone auf Divisionsebene aufgestellt. Die in Schleswig-Holstein dislozierte 6. Panzergrenadierdivision stellte am 2.10.1959 ihr Raketenartilleriebataillon auf, das ab Anfang 1960 mit HONEST JOHN einsatzbereit war. BA-MA, Fü H III 8, Az 10-30-25, 15.9.1959. Ich danke Herrn Poppe für den Hinweis auf dieses Aktenstück.

[285] NATO Archives, C-R (59) 47, 28.12.1959, Summary Record of a meeting of the Council held at the Porte Dauphine, Paris, Wednesday, 16th December, 1959, 11 a.m. (Cosmic Top Secret – limited distribution).

einmütig akzeptierten Bedingungen, unter denen Norwegen 1949 der Allianz bei-
getreten sei. Begründet sei diese Sachlage durch die wichtigen Implikationen mit
anderen Ländern in Skandinavien außerhalb der NATO, besonders mit Finnland[286]. So konnte die Situation in Finnland als Argument für höchst verschiedene
politische Ansätze im Kalten Krieg dienen. Etwa ein Jahr vorher hatte Strauß das
Finnland-Argument genutzt, um die Geschlossenheit des Bündnisses in der Berlinfrage zu beschwören. Außenminister Lange benutzte es, um die Ausnahmeregel
für die skandinavischen Länder zu begründen.

Die Nachtfrostkrise hatte im west-östlichen Tauziehen den Westen für kurze
Zeit am aktiven ›Ziehen‹ gehindert. Letztlich stellte sie sich als ›Etappensieg‹ der
Sowjetunion dar. Dies galt nicht nur für deren Einfluss in Finnland, sondern für
ganz Skandinavien. Während die Noten des Jahres 1957 die skandinavischen
NATO-Länder die Nähe des schützenden Bündnisses suchen ließen, bewirkten die
Nachtfröste eher, dass man sich im Norden der Gemeinsamkeit der Probleme
bewusst wurde. Gleichzeitig empfand man die Bundesrepublik Deutschland als
belastend für die Beziehungen zur Sowjetunion.

d) Finnlandperzeptionen: ›Finnlandisierung‹
oder Modell ›friedlicher Koexistenz‹?

Auch während und nach der Nachtfrostkrise war das Finnlandbild weitestgehend
von den Perzeptionsmustern der Nachkriegszeit geprägt. Als aus der Wahl im Juni
1958 die SKDL als stärkste Macht hervorging, wurde dies zuerst mit der Unterstützung durch die Sowjetunion, der besseren Organisation und natürlich der
Spaltung der Sozialdemokraten erklärt. Der Wahlsieg der ›Skogisten‹ und Kommunisten war ein Schock. Dabei waren Finnlands Kommunisten auch nach der ersten
Regierung Fagerholm von 1948 immer stark gewesen. 1955 mussten die Westmächte mit Schrecken erkennen, dass mit Finnlands Hertta Kuusinen nun erstmals
eine Kommunistin bei den Parlamentariern des Nordischen Rates saß. Finnland
war aus westlicher Sicht aber das antibolschewistische Land gewesen, das Land,
das die sowjetischen Panzer des Winterkrieges durch seine Guerillataktik mit
Brandflaschen aufgehalten hatte. Das weiße Finnland Mannerheims. Die in der
Geschichte Finnlands immer präsente rote Seite zeigte sich in den Köpfen des
Westens schlichtweg nur in Gestalt einer russischen Gefahr. Die Perzeptionsmuster des ›freiheitlichen Demokraten‹, des ›Antibolschewisten‹ und des ›kleinen tapferen Davids‹ dominierten bei aller Professionalität die scheinbar rein analytischen
Threat Assessments.

Zuerst schien der Lauf der Dinge auch diesem Perzeptionsmuster recht zu geben. Fagerholm einte die »freiheitlichen Demokraten« und die SKDL wurde nicht
an der Regierung beteiligt. Das ›antibolschewistische Finnland‹ hatte das getan, was

---

[286] Ebd., C-R (59) 48, 28.12.1959, Summary Record of a meeting of the Council held at the Porte
Dauphine, Paris, Wednesday, 16th December, 1959, 3.30 p.m.

von ihm erwartet wurde. Doch im Verlauf der Nachtfröste verhielt sich Finnlands Politik anders als von ihr eigentlich erwartet wurde. Kekkonen war nicht ›David‹ und ging auf die Forderungen des ›Goliath‹ Chruščev ein. Was war passiert? Die Erklärung konnte nur anhand eines anderen Perzeptionsmusters aus dem Repertoire der jüngsten finnischen Geschichte erfolgen. Finnland hatte sich schon einmal als das ›Trojanische Pferd‹ des Nordens gezeigt. Kekkonen war das ›Trojanische Pferd‹ innerhalb Finnlands.

Realpolitische Haltungen angesichts der Übermacht der Sowjetunion fanden sich vor allem im ebenfalls betroffenen Skandinavien sowie in US-Botschafter Hickersons unfreundlicher aber rein machtpolitischer Bezeichnung Kekkonens als »our son of a bitch«. Am stärksten war die Idee von Finnland als ›Trojanischem Pferd‹ in der durch Aufrüstung und Berlinkrise ideologisch aufgeheizten Bundesrepublik Deutschland. In der Strauß-Rede vom 17. Dezember 1958 finden sich diese Momente wieder: »In Finnland erleben wir, wie [...] ein tapferes kleines Volk [...] zum Satellitenstaat erniedrigt werden soll.« Deutlicher kann das Stereotyp ›tapferer David‹ kaum bedient werden. Doch nach der Rede waren – um im Bild zu bleiben – die sowjetischen Krieger bereits »aus dem Pferd geschlichen«. Alles was an Politik ›friedlicher Koexistenz‹ folgen sollte, geschah in einem ohnehin nicht mehr westlichen Land. Aber auch das Stillhalten der übrigen NATO-Partner kann als Akzeptanz eines dem Osten zugehörigen Finnland gesehen werden. Was die Sowjetunion auf ihrer Seite des Vorhangs tat, war ihre Sache, der Status quo durfte nicht geändert werden, um keinen Weltkrieg heraufzubeschwören. Dies korrespondiert übrigens mit der finnischen Selbstwahrnehmung Kekkonens bereits zu Beginn der Krise.

Die Ausnahme bildet hier die Politik der USA. In den Kreditangeboten an Finnland, der Rede des Senators Humphrey und der Einladung Kekkonens findet sich das Perzeptionsmuster des bedrohten ›freiheitlichen Demokraten‹, diese Finnlandpolitik war eine Politik des Containment, wenngleich auch eines erfolglosen.

Nach der Nachtfrostkrise ist das Verhalten der skandinavischen NATO-Staaten nur schwerlich als ›Glaube‹ an eine ›friedliche Koexistenz‹ zu interpretieren. Vielmehr zeigt sich daran die Angst, dass bei »provokativem« Verhalten der NATO die Grenze des Sowjetreichs dem eigenen Bereich rasch näher rücken konnte. Die Nachtfrostkrise wurde als »Anziehen der Zügel« interpretiert. Finnland war in den Augen der Skandinavier noch einmal davongekommen, doch in einer weiteren Krise könnte dies möglicherweise nicht mehr der Fall sein. Eine solche sollte in Skandinavien daher unbedingt vermieden werden. Insgesamt kann die Haltung der NATO gegenüber Finnland angesichts der Nachtfrostkrise vielleicht wie folgt beschrieben werden: In den Augen des Bündnisses gehörte Finnland zur ›westlichen Welt‹ – es sei denn, die Sowjetunion hatte ernsthaft etwas dagegen.

3. Notenkrise 1961

Dass jegliche Hinwendung Finnlands zum Westen seitens der Sowjetführung keinesfalls toleriert würde, wurde dem westlichen Lager spätestens im Oktober 1961 wieder in Erinnerung gebracht. Dies geschah in Form einer zehnseitigen sowjetischen Note an die finnische Regierung vom 30. Oktober 1961[287]. Die Sowjetregierung habe, so hieß es dort, »bereit mehrmals die finnische Regierung sowie die Regierungen anderer Staaten auf die bedrohliche Lage aufmerksam gemacht, die in Westdeutschland [entstehe], wo die Kräfte des Militarismus erneut ihr Haupt erheben und sich verstärken. Westdeutschland wird in raschem Tempo zum Herd der Kriegsgefahr in Europa, darunter auch in dessen nördlichem Teil«[288]. Diese ›Kriegsgefahr‹ wurde, antideutsche Ressentiments aus der Zeit des Zweiten Weltkrieges beschwörend, in der Note genauer ausgeführt:

»An das Lenkrad dieser gefährlichen Militärmaschine [der Bundeswehr] sind ehemalige Hitlergenerale und Hitleroffiziere gesetzt, deren Namen mit Verachtung die Russen und Franzosen, die Tschechen und Dänen, die Polen und Norweger, sowie viele andere Völker Europas eingedenk sind. Es könnte gesagt werden, dass diese ehemaligen Hitlerleute jetzt umerzogen seien und anstelle einer Todeswaffe jetzt den Palmzweig des Friedens in der Hand hätten. Bedauerlicherweise steht es damit jedoch ganz anders. Die Leiter der Bundeswehr betätigen sich wie früher aktiv auf der Bahn des Militarismus und Revanchismus, zerren ihr Land und dessen Verbündete auf den Weg von militärischen Abenteuern und Diversionen, die vor allem gegen die der Bundesrepublik Deutschland benachbarten Staaten gerichtet sind[289].«

Anschließend wurde festgestellt, dass entgegen der »naiven Illusionen« mancher »Kreise im Westen« die NATO keineswegs die Bundesrepublik Deutschland kontrolliere, sondern vielmehr »die Armee der Bundesrepublik Deutschland die Hauptstoßkraft der NATO in Europa«[290] darstelle:

»Nach dem ›Recht des Stärkeren‹ haben die Generäle und Offiziere der Bundeswehr eine feste Position in den Stäben der NATO inne, und es ist schon keine Rede mehr von irgendeiner Kontrolle über ihre Tätigkeit, sondern davon, dass sie selber in der NATO kontrollieren und kommandieren. Spricht davon beredt nicht etwa die ›geräuschlose Okkupation‹ von Basen und Stützpunkten in England, Frankreich und anderen europäischen Mitgliedstaaten der NATO durch Truppen der Bundeswehr? [...] Mit der Flagge der NATO bemäntelt, sucht der westdeutsche Militärklüngel zu seiner Verfügung die zerstörendste Waffe zu bekommen – die thermonukleare Waffe, wobei diese gefährlichen Bestrebungen die volle Unterstützung bei der Regierung der Bundesrepublik Deutschland finden[291].«

Nachdem die NATO derart zum Instrument des ›deutschen Militarismus‹ umgedeutet wurde, beschreibt die Note auf vier Seiten die westdeutsche Zusammenarbeit mit Dänemark und Norwegen in Nordeuropa und der Ostsee, um anschließend eine unmittelbare Drohung gegen Finnland zu postulieren: »Die Zerstörung Rovaniemis wie auch vieler anderer Städte Europas durch die Hitlerfaschisten

---

287 Teräväinen, Die Notenkrise von 1961, S. 245–267.
288 UA, UM 1951–1981, 12 L, 40, Suomen suhteet muihin maihin, Neuvostoliitto 1961, Noottikriisi, 31.10.1961, Note der Sowjetregierung an die finnische Regierung (inoffizielle deutsche Übersetzung), S. 1.
289 Ebd., S. 1 f.
290 Ebd., S. 2.
291 Ebd., S. 2 f.

dient als ernste Mahnung an diejenigen, die heute, bewusst oder unbewusst, die Augen vor der Gefahr des wiedererstehenden deutschen Militarismus und Revanchismus verschließen, dessen militärische Vorbereitungen im Raum Nordeuropas und der Ostsee auch die Sicherheit Finnlands unmittelbar bedrohen[292].« Auf den letzten anderthalb Seiten der Note wird die ›deutsche Frage‹ hinsichtlich des Abschlusses eines Friedensvertrages und die ›Berlinfrage‹ zur Sprache gebracht: »Von den führenden NATO-Mächten begünstigt, verschärft die Bundesregierung durch ihre provokatorischen Handlungen in Westberlin und durch die militärischen Vorbereitungen sowohl auf ihrem Territorium als auch auf den Territorien der NATO-Partner die Lage in Europa und die abenteuerlichsten Bonner Generäle versteigen sich sogar dazu, mit der Entfesselung eines neuen Krieges zu drohen[293].« Um der »Infiltration des Nordens Europas und des Ostseeraums durch die westdeutschen Militaristen und Revanchisten und ihr Bestreben, diesen Raum als ein Aufmarschgebiet für neue Kriegsabenteuer zu nutzen«, zu begegnen, unterbreite »die Sowjetregierung der Regierung Finnlands den Vorschlag, Konsultationen über Maßnahmen zur Sicherung der Grenzen beider Länder vor der Gefahr eines militärischen Überfalls Westdeutschlands und der mit ihm verbündeten Staaten durchzuführen, wie dies im Vertrag über Freundschaft, Zusammenarbeit und gegenseitige Hilfe zwischen der UdSSR und der Finnischen Republik vorgesehen ist«[294]. Militärkonsultationen hätten aber das Ende jeglicher finnischen Neutralität im Kalten Krieg bedeutet. Sie wurden gemeinhin als Stufe zur Integration Finnlands in den Ostblock verstanden. Aus einer sowjetischen Note wurde damit die finnische ›Notenkrise‹.

Zum Zeitpunkt der Aushändigung der Note befand sich Präsident Urho Kekkonen nach seiner Kanada- und USA-Reise – ein Besuch der infolge der Nachtfrostkrise zustande gekommen war und der Finnland wieder stärker an den Westen binden sollte – gerade auf Hawaii[295]. Mitte November 1961 traf sich der finnische Außenminister Ahti Karjalainen mit Gromyko, um die Möglichkeiten zu einer Lösung der Krise zu sondieren. Hierbei argumentierte der sowjetische Außenminister, dass in der gegenwärtigen internationalen Situation »konkrete Folgerungen über die Sicherheit unserer Grenzen notwendig seien«[296]. Am 24. November traf Kekkonen persönlich Chruščev in Novosibirsk, um die Krise zu bereinigen. Dem offiziellen Kommuniqué zufolge überzeugten Chruščev Kekkonens Argumente im Sinne der Nordic Balance, dass nicht durch Militärkonsultationen mit Finnland stärkere Spannungen in Europas Norden getragen werden sollten und dem sowjetischen Sicherheitsinteresse durch eine Neutralität Finnlands somit besser gedient sei. Andererseits wirke die sowjetische Politik der ›friedlichen Koexistenz‹ gegenüber Finnland auch im Sinne Moskaus auf ganz Skandinavien. Um die ›Kriegspsy-

---

[292] Ebd., S. 8.
[293] Ebd., S. 10.
[294] Ebd.
[295] Nevakivi, Vom Fortsetzungskrieg bis zur Gegenwart, S. 304.
[296] Regierungskommuniqué über Gespräche in Moskau vom 14.11.1961. Ulkopoliittisia lausuntoja ja asiakirjoja (1961), S. 178.

chose‹ nicht voranzutreiben, so die offizielle Version, lenkte Chrušċev ein[29⁻]. Auch in Kekkonens Rundfunkansprache vom 26. November 1961 findet sich die gleiche Interpretation der Gespräche in Novosibirsk[298].

Aus deutscher Perspektive ist 1961 das Jahr des Mauerbaus in Berlin. Bei der Betrachtung der finnischen Notenkrise drängt sich einem deutschen Betrachter dabei förmlich auf, eine Verbindung zur Berliner Mauerkrise herzustellen. Hält man sich streng an die Chronologie, wird jedoch deutlich, dass zu dem Zeitpunkt, als der sowjetische Außenminister Gromyko dem Botschafter Finnlands in der Sowjetunion, Eero Wuori, die Note überreichte, die Berlinkrise im engeren Sinne bereits deutlich abgeklungen war. Nach der Abriegelung Westberlins am 13. August 1961 wurde die erhöhte Gefechtsbereitschaft für alle Streitkräfte in der DDR zwar erst am 5. Dezember endgültig aufgehoben, doch war der militärische Kräfteansatz bereits im August stark reduziert worden[299]. Andererseits muss der Oktober 1961 aber als eine spannungsreiche Zeit gesehen werden, als eine Zeit der Krise um Berlin im weiteren Sinne[300]. Ob die Notenkrise lediglich als eine Begleiterscheinung oder Nachwehen der Berlinkrise ausgelegt werden kann, hängt also stark davon ab, wann das Ende der Berlinkrise angesetzt wird. Jenes bleibt aber auch in der neueren Forschung unscharf. Die Notenkrise ist auf alle Fälle im Zusammenhang der gespannten Weltlage Ende des Jahres 1961 zu sehen. Dabei kann jedoch weniger von einem unmittelbaren Zusammenhang als von zwei auf teilidentischen Ursachen beruhenden Krisen die Rede sein.

Es lohnt daher, den Blick auf die finnische Diskussion über die Notenkrise von 1961 zu werfen. Anschließend werden Auswirkungen der sowjetischen Politik der ›friedlichen Koexistenz‹ und deren unterschiedlichen Perzeptionen betrachtet, um derart eingeordnet die Wahrnehmungen und Reaktionen auf die Krise im Nordatlantischen Bündnis zu diskutieren. Schließlich wird der keinesfalls rein ökonomische Aspekt westlicher Integration mittels des Instruments EFTA in einen Zusammenhang mit der Krise gestellt.

a) Die Notenkrise aus finnischer Perspektive

Die genauen Gründe, welche die Sowjetführung zu der Note bewogen haben, sind bis heute nicht eindeutig erforscht, aber auch die Rolle Kekkonens bleibt umstrit-

---

[29⁻] Nikita Sergeevich Khrushchev, S. 155 f.
[298] »During the discussion I pointed out that the initiation of the proposed consultations might cause anxiety and war psychosis in the Scandinavian countries. For this reason I suggested that the Soviet Union should not insist on the consultations it had proposed, and expressed the opinion that were the question settled in this way it would calm public opinion in the whole of Scandinavia and result in a reduced need for military preparations not only in Finland and Sweden but also in Norway and Denmark, which are members of the NATO.« UA, UM 1951–1981, 12 L:41, Suomen suhteet muihin maihin, Neuvostoliitto 1961, Noottikriisi, Speech held by the President of the Republic over radio and television, November 26, 1961 (unofficial translation).
[299] Wagner, Walter Ulbricht, S. 471.
[300] Siehe Kap. V.1.a.

ten. Vereinfachend können hierbei die Positionen von Juhani Suomi, Hannu Rautkallio sowie Viktor Vladimirov genannt werden. Ihnen ist gemeinsam, dass sie die
Notenkrise vor allem mit innerfinnischen und bilateralen finnisch-sowjetischen
Ansätzen zu erklären versuchen. Sie beschäftigen sich mehr oder weniger umfassend auch mit der Frage, wie es Finnland gelingen konnte, die Notenkrise zu lösen,
ohne die sowjetische Forderung nach Konsultationen zu erfüllen.

Suomi zufolge war die Notenkrise ein Resultat innersowjetischer Machtkämpfe.
Die Militärfraktion um Vjačeslav M. Molotov habe diese härtere Gangart gegenüber Finnland gefordert. Bis zu Kekkonens Canossagang nach Novosibirsk habe
sich jedoch die gemäßigte Gruppe um Chruščev innerhalb der KPdSU durchgesetzt[301]. Im Oktober 1961 habe Chruščev einer Delegation finnischer Kommunisten gegenüber die kommende Note bereits angedeutet, damit diese hieraus einen
Vorteil ziehen könnten[302]. Somit war die Notenkrise eigentlich bereits durchge-
standen, als Kekkonen nach Novosibirsk fuhr. Durch diese symbolische Reise
zeigte die Sowjetunion, dass sie jederzeit Finnland fester an sich binden könne,
wenn sie dies wünschte.

Nach Rautkallio handelte es sich bei der Note um den Teil eines Planes zum
Machterhalt Kekkonens, der zwischen diesem und Chruščev vereinbart worden
war. Gromyko erklärte gegenüber dem finnischen Außenminister Ahti Karjalainen,
dass die zentrale Forderung der Note, das sowjetische Drängen auf Konsultationen nach dem FZB-Vertrag, auf Forderungen des sowjetischen Militärs zurückge-
he[303]. Rautkallio erklärt dies damit, dass Gromyko eben nicht in Chruščevs Ge-
heimpläne mit Kekkonen eingeweiht gewesen sei. Im Wesentlichen stützt sich
diese These auf den Jahresbericht der sowjetischen Botschaft in Helsinki für das
Jahr 1961. In diesem ist zu lesen, dass die Note nicht auf einer militärischen Bedrohung durch Westdeutschland gründe, sondern sich auf die finnische Politik
beziehe[304]. Ihr steht jedoch die Aussage Gromykos entgegen, worauf Rautkallio
postuliert, dass sich im Sowjetsystem das Militär keine von Chruščev abweichende
Meinung habe leisten können. Ein wichtiges Glied in seiner Argumentationskette
ist auch das ›falsche timing‹ der Note, nachdem die Berlinkrise bereits abgeklungen
war[305]. Diese Aussage ist jedoch ebenso zweifelhaft wie das Ende der Berlinkrise
umstritten ist. Die Berlinfrage war auf alle Fälle noch offen und innerhalb der
NATO wurde beim Treffen der Außen- und Verteidigungsminister am 13. Dezember in Paris als Hauptpunkt über die Frage diskutiert, ob man mit der Sowjetunion verhandeln solle oder wie sonst die Berlinfrage gelöst werden könnte[306]. Im
Zusammenhang mit der recht unaufgeregten Reaktion Kekkonens »belegen« für
Rautkallio diese Punkte, dass es sich bei der Notenkrise um ein abgekartetes Spiel

---

301 Suomi, Urho Kekkonen, t. 3, S. 547.
302 Ebd., S. 508.
303 Rautkallio, Agenda Suomi, S. 147.
304 Ebd., S. 132.
305 Ebd., S. 153.
306 NATO Archives, C-R (61) 64, 2.1.1962, Summary Record of a meeting of the Council held at the
    Permanent Headquarters, Paris, Wednesday 13th December, 1961, 10.15 a.m.

zur Sprengung der Honka-Union[307] und zum Machterhalt Kekkonens gehandelt habe.

Auch Vladimirov[308] weist in seinen Memoiren der innenpolitischen Situation im Finnland des Jahres 1961 die ausschlaggebende Rolle für die Notenkrise zu. Er widerspricht jedoch Rautkallios Theorie einer Verschwörung unter den Machthabern Kekkonen und Chruščev. Die Sowjetunion habe zwar bereits 1960 begonnen, die Wiederwahl Kekkonens bei den Präsidentschaftswahlen 1962 zu unterstützen, doch sei die Folgerung Rautkallios, bei Kekkonen habe es sich um einen Agenten der Sowjetunion oder des KGB gehandelt, nicht zutreffend. Vielmehr habe Kekkonen die Rolle eines Freundes der Sowjetunion zum maximalen Vorteil Finnlands gespielt.[309] Im Gegensatz zu Olavi Honka, der in der Sowjetunion als Kandidat Tanners galt und von dem ein stärker prowestlicher Kurs erwartet wurde, war Kekkonen für Chruščev ein Garant für eine sowjetfreundliche Politik Finnlands. Vladimirov zufolge habe es sich bei der Notenkrise also um ein Manöver zur Stärkung Kekkonens gehandelt, jedoch im Rahmen normaler Machtpolitik. Die Idee zu diesem Manöver habe von Vladimir V. Ženichov, dem KGB-Residenten in Helsinki[310], gestammt[311].

Diese Diskussion ist, wem auch immer man Glauben schenken mag, in verschiedener Hinsicht von Interesse. Die offizielle Version zur Krisenlösung des finnischen Auswärtigen Amtes und die späteren Erklärungen von Suomi, Rautkallio und auch von Vladimirov gehen alle von einer Teilidentität sowjetischer und finnischer Interessen sowie speziell der Interessen Chruščevs und Kekkonens aus. Sieht man von der an Verschwörungstheorien erinnernden Interpretation Rautkallios von einer fingierten Krise ab, so ist festzustellen, dass der Knoten nicht etwa durch ein besonders geschicktes Auftreten oder Verhandeln Finnlands gelöst wurde[312], sondern dass die deutliche Geste des ›Canossaganges‹ nach Novosibirsk und das Vertrauen Chruščevs in Kekkonen in einer sich ohnehin beruhigenden Lage das Problem aus der Welt schafften. Tatjana Androsova hat gezeigt, dass nach dem Treffen der Außenminister Karjalainen und Gromyko am 11. November 1961 die Schwierigkeiten bereits aus dem Weg geräumt gewesen seien[313]. Beim

---

[307] Im Februar 1961 nominierte Tanners SDP Olavi Honka zu ihrem Präsidentschaftskandidaten. Er wurde von der sog. Honka-Union, einem Bündnis aus Sozialdemokraten, den meisten bürgerlichen Parteien sowie den von Kekkonens Agrarunion abgespaltenen Kleinbauern unter Veikko Vennamo gestützt. Am Tag des Treffens zwischen Chruščev und Kekkonen in Novosibirsk zog Honka seine Kandidatur zurück. Nevakivi, Vom Fortsetzungskrieg bis zur Gegenwart, S. 303 f.

[308] Der spätere KGB-General Viktor Vladimirov gehörte der KGB-Vertretung in Helsinki an.

[309] Vladimirov, Näin se oli, S. 125.

[310] Jakobson, Pelon ja toivon aika, S. 274.

[311] Vladimirov, Näin se oli, S. 132.

[312] Esa Seppänen hat geradezu minutiös die Verhandlungen Kekkonens und Chruščevs in Novosibirsk rekonstruiert und rekurriert dabei u.a. auf die persönlichen Zeugnisse auch der sowjetischen Beteiligten. Die eigentliche Verhandlung in Novosibirsk dauerte dannach lediglich eine Stunde. Neben Kekkonen und Chruščev war lediglich der KGB-Vertreter in Helsinki, Vladimir V. Ženichov, im Verhandlungsraum anwesend. Ein Gesprächsprotokoll liegt nicht vor und wurde vermutlich auch nicht angefertigt.

[313] Androsova, Neuvostoliiton ja Suomen suhteet, S. 13.

Treffen Kekkonens mit Chruščevs habe es sich folglich um eine Inszenierung gehandelt[314]. Die Reise nach Novosibirsk bewirkte aber, dass die sowjetische Supermacht ohne ihr Gesicht zu verlieren von ihren aus welchen Gründen auch immer formulierten maximalistischen Forderungen an Finnland abrücken konnte. Nach Lasse Lehtinen handelte es sich bei der Novosibirsk-Reise Kekkonens um eine »Demütigung«[315]. Auch wenn diese Interpretation wohl überzogen ist[316], so ist doch die damit verbundene Machtdemonstration Chruščevs nicht zu übersehen. Die Frage ist allerdings, an wen sich diese Demonstration der Stärke richtete, und die Vermutung liegt nahe, dass eher die Westmächte als das ohnehin schwächere Finnland die Adressaten waren. Gegenüber US-Botschafter Bernard Gufler erklärte Kekkonen zumindest nach seiner Rückkehr aus Novosibirsk, er glaube, dass die Note gegen die NATO, Schweden und in geringerem Maß gegen Finnland gerichtet gewesen sei und Chruščev damit mehr Aufmerksamkeit der Weltöffentlichkeit erreicht habe, als mit einer Rede oder einer Beschwerde an die NATO[317].

Durch das Treffen von Novosibirsk entstand eine doppelte Gewinnsituation: Kekkonen stand als der geschickte Verhandler da und seine innenpolitischen Gegner wurden desavouiert, Chruščev konnte sich zugleich als »friedliebend« und dennoch mächtig beweisen und Kekkonen enger an sich binden. Verlierer waren wieder einmal die finnischen Sozialdemokraten und damit der Westen, der auf diese gesetzt hatte. Die vielen kleinen Schritte der Bemühungen um Finnland seitens der Staaten der Nordatlantischen Allianz machte die Notenkrise auf einen Schlag zunichte.

Bei aller Diskussion um die innenpolitischen Implikationen der Notenkrise droht bei der Debatte unter finnischen Historikern um die Rolle Kekkonens die Gefahr, dass der eigentliche Inhalt der Note aus dem Auge verloren wird: Die sowjetische Forderung nach gemeinsamen militärischen Konsultationen basierend auf einer angeblichen Bedrohung der UdSSR durch Westdeutschland.

Ein Blick in die Akten des finnischen Außenministeriums erhellt in diesem Zusammenhang die Beweggründe der sowjetischen Note. Hier findet sich die Notiz über ein Gespräch der stellvertretenden Militärattachés Finnlands und der Sowjetunion in Stockholm bei einem Mittagessen am 31. Oktober 1961 im Hinblick auf die Note vom Vortag. Der sowjetische Oberstleutnant Neboračko[318] betonte einen Tag nach Überreichung der Note, die Sowjetunion sei nicht an den inneren Angelegenheiten Finnlands interessiert, sondern wolle sich für den Fall eines befürchteten Dritten Weltkrieges vorbereiten. Dabei gehe es ihr nicht um Basen in Finn-

---

[314] Hierfür spricht auch, dass Chruščev extra eine Sauna für den Besuch des finnischen Präsidenten aufbauen ließ. Seppänen, Miekkailija vastaan tulivuori, S. 259.
[315] Lehtinen, Aatosta jaloa ja alhaista mieltä, S. 380.
[316] Seppänen, Miekkailija vastaan tulivuori, S. 264 f.
[317] FRUS 1961–1963, vol. 16, Doc. 208, Tel. Embassy Finland an Department of State, 2.12.1961.
[318] Es ist zu vermuten, dass es sich bei Neboračko (in der Quelle Neboratchko) um den sowjetischen KGB-Residenten in Stockholm oder eine von diesem instruierte Person handelte. UA, UM 1918–1981, Erittäin salaiset asiakirjat »Noottikriisi« 1961–1962, Kc 2, II Sotilasasiamies Tukholma N:o 85/16a (salainen – vain nimettyjen henkilöiden tietoon), 1.11.1961.

land, sie wolle aber im Falle eines Krieges eine Situation wie diejenige Leningrads im Zweiten Weltkrieg verhindern. Auch die Befürchtung, dass es sich bei der Note um den Auftakt zu einer Sowjetisierung Finnlands handele, wusste er zu zerstreuen: »Die Unabhängigkeit Finnlands sei für die Sowjetunion eine ›heilige Angelegenheit‹[319].« Die vergangenen Kriege zwischen Finnland und der Sowjetunion seien im Wesentlichen die Schuld Stalins und Molotovs gewesen. Auf die Frage des finnischen Majors Esko Raunio, ob die Sowjetunion im Falle einer Besetzung Nordnorwegens finnisches Territorium zu nutzen plane, antwortete Neboračko, dass es beispielsweise nach Narvik viele andere Wege als durch Finnland gäbe. Aber Narvik sei uninteressant und der Schwerpunkt in einem Krieg sei Mitteleuropa[320]. Der Versuch, Westdeutschland von der NATO zu trennen, sei bereits beim Adenauerbesuch in Moskau fehlgeschlagen. Die Sowjetunion würde einen neutralen Norden (Schweden, Norwegen, Finnland) respektieren, Dänemark aber werde zu Mitteleuropa gerechnet und befände sich ohnehin in den Händen Westdeutschlands. Er sei über den wachsenden militärischen Einfluss Westdeutschlands in Norwegen und Schweden sehr besorgt. Der Ausbruch des Dritten Weltkrieges läge auch dieses Mal in deutscher Hand[321].

Betrachtet man die Ausführungen Neboračkos im Lichte der internationalen Situation und dem letztlichen Ergebnis der Notenkrise, so ist der Umgang mit der Note wie folgt erklärbar: Ziel des sowjetischen Dokuments war keineswegs eine Sowjetisierung Finnlands oder ein militärisches Vordringen an die Westgrenze Finnlands, sondern vielmehr die Konzentration auf den militärstrategischen Schwerpunkt in Mitteleuropa. Hierzu galt es Bedrohungen in der Nordflanke auszuschließen. Dies fügt sich in die gesamte Ostsee- und Skandinavienpolitik der Sowjetunion seit etwa 1955 ein, inklusive der Rückgabe Porkkalas, der Friedenspropaganda um die Ostsee und der Drohnoten bei jeglichen drohenden Veränderungen der restriktiven Politik Norwegens und Dänemarks gegenüber der NATO. Im Gegensatz zu früheren Forderungen in Bezug auf Nordeuropa wurde jedoch Dänemark als »verloren« angesehen. Von Finnland erwartete die Sowjetunion also eher grundsätzliche Garantien und weniger konkrete militärische Schritte, wie ein Durchmarschrecht für die Rote Armee nach Norwegen oder Militärbasen. Die defensive sowjetische Haltung in Skandinavien ist letztendlich sehr gut mit den

---

[319] Der stellvertretende finnische Militärarraché in Stockholm Major Esko Raunio zitiert wörtlich: »Meillä kommunisteilla on myös oma isänmaa, joka on kaikki kaikessa. Suomen itsenäisyys on NL:lle *pyhä asia* [Hervorhebung durch Verf.] ja se tulee säilymään kaikissa olosuhteissa ja sinun lapsesi saavat kasvaa ja varttua *itsenäisessä Suomessa* [Hervorhebung im Original].« UA, UM 1918–1981, Erittäin salaiset asiakirjat »Nootikriisi« 1961–1962, Kc 2, II Sotilasasiamies Tukholma N:o 85/16a (salainen – vain nimettyjen henkilöiden tietoon), 1.11.1961.

[320] »Kysyessäni suoraan, että jos venäläiset haluavat miehittää Pohjois-Norjan, käyttävätkö he silloin hyväkseen Suomen aluetta, hän vastasi, että se oli suora kysymys, mutta esim. Narvikiin on monta muuta tietä kuin Suomen alueen läpi (NL:n strategiset ohjukset) ja niiden jälkeen ›Narvik är ingenting‹ ›Muista aina, että painopiste sodassa on Keski-Euroopassa‹«. UA, UM 1918–1981, Erittäin salaiset asiakirjat »Nootikriisi« 1961–1962, Kc 2, II Sotilasasiamies Tukholma N:o 85/16a (salainen – vain nimettyjen henkilöiden tietoon), 1.11.1961.

[321] Ebd.

offensiven Planungen in Mitteleuropa zu vereinbaren. Letztlich bildeten diese – wie auch die oben aufgeführten Ausführungen zur Marine in der Ostsee zeigen[322] – mit eine Grundlage für eine Politik der Stärke der Sowjetunion in Berlin. Im finnischen Außenministerium waren aber spätestens ab dem 1. November die eigentlichen Adressaten der Note, nämlich Westdeutschland und Norwegen, bekannt[323].

Jedenfalls betonte der stellvertretende finnische Militärattaché in seinem Bericht die ernste Sorge, die sein sowjetischer Gegenpart in Bezug auf aggressive Ziele Westdeutschlands hege. Diese Stockholmer Einschätzung steht im Gegensatz zu dem bei Rautkallio zitierten sowjetischen Jahresbericht. Man weiß jedoch, dass Kekkonen ein tiefes Misstrauen gegen die Deutschen hegte, und auch in Chruščevs Aussagen findet sich häufig dieses Moment. Hier kommt erneut der Nachkriegszeitcharakter des Kalten Krieges zum Tragen. Hinzu kam, dass eine westdeutsche Aufrüstung und ein militärisches Vordringen in die Ostsee tatsächlich erfolgten. Es scheint sich hierbei jedoch weniger um eine Perzeption akuter Bedrohung als um ein eher diffuses Gefühl (west)deutschen Wiedererstarkens gehandelt zu haben.

Bereits die Zeitgenossen konnten über die konkreten Beweggründe der Note nur spekulieren. Dies wird auch in der Rede des britischen Vizeaußenministers Heath vom 2. November 1961 deutlich: »The intentions of the Soviet Government in sending this Note are not clear, but under the smokescreen of propaganda of the kind put out, it can do nothing but arouse suspicions, and these suspicions are rampant at the moment[324].« Daran hat sich bis heute wenig geändert. Die Spekulationen basieren lediglich auf einer wesentlich breiteren Quellenbasis.

b) Perzeption ›friedlicher Koexistenz‹
als Bedrohung

Betrachtet man die politische Lage im Norden Europas der Jahre 1960 bis 1961, so wird bald offensichtlich, dass es an dieser Schnittstelle zwischen Ost und West – von der Berlinkrise überlagert – durchaus Spannungen gab. Die bereits ausgeführte, ab 1957 zu verzeichnende sowjetische Notenoffensive fand mit den Nachtfrösten von 1958 keineswegs ihr Ende, sondern ging kaum merklich abgeschwächt weiter. Sie bildet den außenpolitischen Kontext der finnischen Noten.

So musste die norwegische Regierung am 13. Mai 1960 erneut eine Sowjetnote entgegennehmen. Sie bezog sich auf den sogenannten U-2-Zwischenfall vom 1. Mai

---

[322] Siehe Kap. V.1.

[323] Der Leiter der Politischen Abteilung Jaakko Hallama erklärte gegenüber der amerikanischen Botschaft am 1.11.1961, er glaube nicht, dass die Sowjets in Richtung einer Besetzung Finnlands oder einer Bereitstellung von Basen drängen wollten. Wenn etwas Drastisches in Bezug auf Finnland beabsichtigt wäre, hätten die Sowjets dies unvermittelt getan. FRUS 1961–1963, vol. 16, Doc. 190, Tel. Embassy Finland an Department of State, 1.11.1961.

[324] UA, UM 1951–1981, 12 L, 41, Ulkomaisten hallitusten lausuntoja Neuvostoliiton nootin johdosta (IV), 6.11.1961.

1960, als es der Sowjetunion gelang, ein amerikanisches Aufklärungsflugzeug des Typs Lockheed U-2 über Sverdlovsk abzuschießen[325]. Beim abgeschossenen Piloten Captain Gary Powers hatte der sowjetische Geheimdienst eine Karte gefunden, deren Inhalt naheliegte, dass Powers auf seinem Aufklärungsflug vom NATO-Luftstützpunkt Incirlik (Türkei) gestartet war und seine Route über Peshawar (Pakistan), den Aralsee, Sverdlovsk, Arkangelsk und Murmansk führte, um in Bodø (Norwegen) zu landen. Auch habe Powers ausgesagt, dass er sich zwei bis drei Wochen in Bodø aufgehalten habe, um die dortigen Landeverhältnisse zu studieren. Norwegen habe sich dadurch zu einem Teilnehmer an den »provokativen Aktionen der USA gegen Norwegens Nachbar – der Sowjetunion – gemacht [...] Da solche Aktionen nur als unfreundlich gegen die UdSSR und unverträglich mit normalen guten nachbarschaftlichen Beziehungen zwischen den beiden Staaten gesehen werden können, halte es die Sowjetregierung für notwendig zu betonen, dass ein nicht geringer Teil der Verantwortung für den aggressiven Akt, welchen die U.S. Air Force durchgeführt habe, bei der Regierung Norwegens«[326] liege. Die Note endete mit einer handfesten Drohung: »Es ist bekannt, dass die Sowjetunion Mittel besitzt, die es – sollte es notwendig sein – möglich machten, die Militärbasen, die für die Durchführung aggressiver Aktionen gegen die Sowjetunion genutzt werden, unschädlich zu machen[327].«

Im selben Monat besuchte der finnische Reichstagspräsident Fagerholm die Bundesrepublik Deutschland. Dieser Besuch war ursprünglich als Gegengewicht zum DDR-Besuch einer Parlamentsdelegation unter Leitung Fagerholms gedacht, wurde aber, von Juli 1959 ausgehend, aufgrund finnischer innenpolitischer Gründe mehrfach verschoben. So war der Bezug zur DDR-Fahrt über ein Jahr später nicht mehr erkennbar. Zu den politischen Programmpunkten des Fagerholmbesuchs zählte auch ein halbstündiges Gespräch mit Bundeskanzler Adenauer. Geplant waren hierbei Aussprachen über den Beitritt Finnlands zur EFTA und das finnische Investitionsprogramm zur Bekämpfung der Arbeitslosigkeit[328]. Der Besuch scheint jedoch aus deutscher Sicht wenig erfolgreich gewesen zu sein. Zu Förderprogrammen, die Finnland stärker an den Westen hätten binden können, kam es infolge des Besuches nicht. In den Akten des Auswärtigen Amtes findet sich hierzu diese handschriftliche Notiz: »Besuch bei BK [Bundeskanzler] unbefriedigend. F [Fagerholm] habe sich sehr schweigsam verhalten, auch keine Fragen gestellt.

---

[325] Zum sog. U-2-Zwischenfall siehe Lashmar, Spy Flights, S. 138–189, sowie die Memoiren von Gary Powers, Powers/Gentry, Operation Overflight. Zu technischen Details der Lockheed U-2 siehe Pockock, Dragon Lady.

[326] NATO Archives, AC/119-WP (60) 54, 24.5.1960, Committee of Political Advisers, Soviet Note to the Norwegian government on facilities offered to foreign military aircraft.

[327] Ebd.

[328] P.A.A.A, B 23/92, Aufzeichnung über die Einladung des finnischen Reichstagspräsidenten Fagerholm durch den Bundestagspräsidenten anlässlich des Empfangs beim Bundeskanzler am 3. Mai 1960, 21.4.1960.

Peinliche Stillen keine politischen Unterhaltung[en] nur allgemeine Floskeln BK sei ungehalten gewesen über den Zeitverlust einer halben Stunde[329].«

Im Sommer 1960 erreichte eine Note der DDR alle Ostseeanrainerstaaten mit Ausnahme der Bundesrepublik Deutschland. Hierin wurden bilaterale und multilaterale Übereinkünfte zur »Sicherung des Friedens in der Ostsee« vorgeschlagen – im Prinzip eine Neuauflage des Rapacki-Planes. Die betroffenen NATO-Staaten Norwegen und Dänemark beschlossen die Note zu ignorieren[330].

Im Krisenjahr 1961 schließlich besuchte Präsident Kekkonen zunehmend westliche Länder, dabei im März Oslo, im Mai London sowie im Oktober Ottawa und Washington. Durch den Besuch in Kanada sollte »ein Gegengewicht gegen die mehrfachen Besuche Kekkonens in Ostblockstaaten geschaffen« und dem finnischen Präsidenten der Schritt auf den amerikanischen Kontinent erleichtert werden[331]. Der Besuch in Großbritannien war der erste eines finnischen Staatsoberhauptes. Das gemeinsame finnisch-britische Kommuniqué enthielt die offizielle Anerkennung der finnischen Neutralitätspolitik durch Großbritannien, finnische Zusagen für britische Importe und das britische Einvernehmen, dass, bevor Vereinbarungen mit der EWG getroffen würden, die EFTA-Länder und Finnland konsultiert würden[332]. Letzteres war insbesondere im Hinblick auf sowjetische Befürchtungen einer Allianz Finnlands mit der westlichen EWG quasi durch die Hintertür der EFTA von Bedeutung[333]. Dem deutschen Nachrichtendienst fiel jedoch beim Besuch Kekkonens vor allem »die ernste Besorgnis, die Kekkonen in Gesprächen mit dem britischen Premier und dem Foreign Office über die Wiederbewaffnung der Bundesrepublik und die Anwesenheit deutscher Streitkräfte in der Ostsee äußerte«[334], auf. »Finnland könnte deswegen, besonders aufgrund seiner Verpflichtungen aus dem finnisch-sowjetischen Freundschafts- und Beistandspakt, in eine schwierige Lage geraten und die finnische Politik danach richten müssen. Als einen gangbaren Weg für die Vermeidung eines militärischen Konflikts bezeichnete Kekkonen die Verwirklichung der Prinzipien der friedlichen Koexistenz und einer allgemeinen Abrüstung[335].«

Die Bedeutung der »friedlichen Koexistenz« für Finnland wurde auch in Washington gesehen. Der National Security Council Report vom Dezember 1960 betrachtete die sowjetische Koexistenzpropaganda als eine Art Versicherung vor der Gefahr einer »Absorption Finnlands in den sowjetischen Orbit«:

---

[329] Ebd., hdschr. Vermerk Tel. 5/5, 5.5.1960.
[330] NATO Archives, AC/119-R (60) 25, 12.7.1960, Committee of Political Advisers, Action Sheet: »DDR« Note to Baltic States proposing agreements designed to »consolidate peace in the Baltic«.
[331] Durch den Besuch in Kanada sollte auch der Weg zu einem inoffiziellen Besuch in den USA geebnet werden. PAAA, B 23/92, Botschaft Ottawa, Siegfried an AA, 1.3.1961, Geplanter Besuch des finnischen Staatspräsidenten Kekkonen in Kanada im Herbst 1961.
[332] Ebd., Handelsvertretung Helsinki, Overbeck, an AA, 19.5.1961, Offizieller Besuch des finnischen Staatspräsidenten in Großbritannien.
[333] Siehe hierzu Kap. V.3.d.
[334] BA-MA, BW 2/5177, 15. Bericht über die Lage West des Fü B II, Mai–Sept. 1961 (Geheim).
[335] Ebd.

»Any significant move by the USSR to capture Finland militarily or politically would have certain adverse effects for the Soviets. For example, such a move would probably cause Norway and Denmark to reconsider their position on the use of nuclear weapons in their territory and push Sweden into closer association with the West and possibly with NATO. Moreover, the Russians would suffer a substantial propaganda setback, inasmuch as Finland is cited by them as an example of ›peaceful co-existence‹[336].«
Erklärtes Ziel der Außenpolitik der Vereinten Staaten blieb weiterhin ein »unabhängiges, demokratisches und westorientiertes Finnland, so frei wie möglich von Verwundbarkeit durch sowjetischen Druck«[337]. Dabei hinge die finnische Unabhängigkeit von den »Verbindungen Finnlands zur freien Welt«[338] ab. Als positive Entwicklungen nennt der Bericht den amerikanischen 37 Millionen Dollarkredit an die holzverarbeitende Industrie sowie die finnischen Anstrengungen zur Konvertibilität der finnischen Mark mit den Währungen Westeuropas[339].
Im Hauptquartier der NATO in Paris wurde die Außenpolitik der Sowjetunion Ende November 1961 als durch die Politik der ›friedlichen Koexistenz‹ geprägt angesehen. Die Working Group of Soviet Experts definierte diese Politik als »an intense struggle against the non-communist world by political, economic and ideological means, limited only by the need to refrain from actions which carry serious risks of a world war«[340]. ›Friedliche Koexistenz‹ bedeutete also in den Augen der NATO keineswegs etwas genuin Friedliches, sondern stellte vielmehr eine Bedrohung dar. Es handelte sich in der Perzeption der NATO, zumindest im Hauptquartier, in Washington und in Bonn, hierbei um die sowjetische Waffe im Kalten Krieg oder, anders ausgedrückt, um die totale Strategie im »long pull«. Wenn Kekkonen diese Politik verteidigte, machte er sich zum Anwalt der Sowjetunion. In den Augen der USA war eine solche Haltung verständlich, da Finnland von der Aufrechterhaltung des friedlichen Scheins dieser Koexistenz sich eine Wahrung der staatlichen Unabhängigkeit versprechen konnte. Die Ostseepolitik der Bundesrepublik wurde hingegen durch eine Ideologie der ›friedlichen Koexistenz‹ in Form einer »Ostsee als Friedensmeer« bedroht, widersprach dies doch dem Prinzip, die Verteidigungslinie in einem potenziellen Krieg so weit wie möglich nach Osten zu verschieben. Die sicherheitspolitischen Interessen Deutschlands und Finnlands lagen also in Fragen der ›friedlichen Koexistenz‹ diametral auseinander.
Die sogenannte sowjetische Politik der ›friedlichen Koexistenz‹ im Norden Europas manifestierte sich auch im Laufe des Jahres 1961 in zahlreichen Sowjetnoten. Sie richteten sich letztlich alle gegen die Gründung eines Ostseekommandos der NATO. Am 31. August 1961 erhielt die dänische Regierung eine unpublizierte

---

[336] FRUS 1958–1960, vol. 10, part 2, Doc. 229, NSC 6024, 30.12.1960.
[337] Ebd.
[338] Ebd.
[339] Ebd.
[340] NATO Archives, C-M (61) 144, 5.12.1961, Trends and implications of Soviet policy, Report by the Expert Working Group.

Warnnote, in der das Ostseekommando thematisiert wurde[341]. Insbesondere protestierte die Sowjetunion hier gegen die Einbeziehung der Insel Bornholm in das Gebiet dieses Kommandos. Es sei ein Bruch des einstigen dänischen Versprechens bei Abzug der Sowjettruppen, die Ostseeinsel bleibe allein unter dänischer Kontrolle[342]. Dies belaste die dänisch-sowjetischen Beziehungen und werde Schwierigkeiten für Dänemarks neutrale Nachbarn bringen[343]. Eine ähnliche Note überreichte am 5. September der sowjetische Botschafter in Oslo dem norwegischen Premierminister. Auch diese bezog sich auf die NATO-Kommandostruktur in der Ostsee[344]. So ist es nicht verwunderlich, dass die sowjetische Note an Finnland vom 30. Oktober 1961 in den Augen der NATO als eine von vielen Sowjetnoten, die sich mit der Bildung eines NATO-Kommandos in der Ostsee beschäftigten, erscheint. Dies galt umso mehr, nachdem das Treffen vom 24. November in Novosibirsk zeigte, dass Chruščev nicht auf militärischen Konsultationen beharrte und er die Note vielmehr auch öffentlich mit dem Ostseekommando und der Politik Dänemarks und Norwegens in Verbindung brachte[345]. Folgt man dieser Interpretation der Sowjetexperten der Allianz, so handelte es sich bei der Note vom 30. Oktober vielmehr um eine Reaktion auf die mittelfristige Politik Dänemarks und Norwegens, und viel weniger um eine Angelegenheit zwischen der Sowjetunion und Finnland. Finnland war lediglich Schauplatz dieser Auseinandersetzung.

c) Die Notenkrise in der
nordatlantischen Wahrnehmung

Nachdem die sowjetische Note an Finnland bekannt geworden war, reagierten am 31. Oktober die Vereinigten Staaten, Norwegen und Deutschland mit Regierungskommuniqués. Washington bezeichnete die Note als »typischen Versuch der Sowjetunion, Verwirrung zu stiften und die Aufmerksamkeit von den eigenen Aktivitäten abzulenken«[346]. Angesichts der Detonation einer sowjetischen 50 Megatonnenbombe und der harten Haltung gegenüber Deutschland und Berlin habe die Sowjetunion gute Gründe zu versuchen, durch falsche Anschuldigungen die eigene aggressive Politik zu verdecken. Die USA stellten sich dabei entschieden vor ihre nordatlantischen Verbündeten und speziell vor die Bundesrepublik: »Die alten Anschuldigungen gegen die Deutsche Republik und die Verteidigungsallianz der NATO haben

---

[341] Ebd.
[342] Siehe Kap. IV.2.a.
[343] NATO Archives, C-R (61) 64, 2.1.1962, Summary Record of a meeting of the Council held at the Permanent Headquarters, Paris, Wednesday 13th December, 1961, 10.15 a.m.
[344] Ebd., AC/119-R (61) 31, 28.9.1961, Committee of Political Advisers, Meeting held on 26th September 1961, Action Sheet.
[345] Ebd., C-M (61) 144, 5.12.1961, Trends and implications of Soviet policy, Report by the Expert Working Group.
[346] UA, UM 1951–1981, 12 L., 41, Ulkomaisten hallitusten virallisia kommunikeoja Neuvostoliiton nootin johdosta (I), 31.10.1961.

sich wiederholt als falsch erwiesen. Die aktuellen Behauptungen in Bezug auf Finnlands skandinavische Nachbarn sind genauso absurd. Wir finden es absto-ßend, dass die Sowjetunion versucht, Finnland in seine Propagandaaktivitäten zur Ablenkung einzuschließen, speziell angesichts der von Finnland gewählten Neut-ralitätspolitik[347].« Am 1. November erging ein Fernschreiben an den US-Vertreter bei der NATO in Paris, in dem abgestimmt mit Großbritannien eine »NATO-Ak-tion gegen die sowjetische Propaganda-Offensive« vorgeschlagen wurde[348].

Fast identisch lautete die Reaktion aus Bonn:

»Die in der jüngsten sowjetischen Note an die finnische Regierung enthaltenen unquali-fizierten Anschuldigungen gegen die Bundesrepublik sind absurd. Der Verteidigungs-charakter der NATO ist so bekannt, dass diese Unterstellungen keiner Widerlegungen im Einzelnen bedürfen. Die gegen die Bundesrepublik erhobenen Anschuldigungen dienen nur als Vorwand, um die eigenen aggressiven Ziele der sowjetischen Außenpoli-tik zu rechtfertigen. Die Note ist in Wahrheit ein erneuter Vorstoß des sowjetischen Imperialismus. Er erfolgt in einem Augenblick, in dem die sowjetische Regierung mit der Explosion der Super-Bombe gegen den Protest der gesamten nichtkommunisti-schen Welt die Menschheit in Schrecken zu versetzen sucht. Es zeigt sich, dass der sow-jetische Griff nach Berlin nur ein Teil der aggressiven sowjetischen Expansionspolitik ist, die auch andere europäische Länder bedroht[349].«

Die am nächsten Tag folgende Presseerklärung aus London folgte der gleichen Argumentationslinie wie die Noten aus Washington und Bonn: Es sei klar, dass es keine Bedrohung seitens Westdeutschland gebe. Die Bundesrepublik Deutschland sei Mitglied der NATO und diese ein reines Verteidigungsbündnis. Bei der Note, die dem sowjetischen Bombenabwurf folge, handele es sich um ein Dokument propagandistischer Art, das sich deutlich als Fortführung des sowjetischen Ner-venkrieges gegen den Westen und speziell gegen die skandinavischen Länder ent-puppe. Die sowjetische Note wurde zudem mit der Deutschlandfrage in Zusam-menhang gebracht. Intention dieser Note sei es, Druck auf die Finnen auszuüben, sodass diese einen separaten Friedensvertrag mit Ostdeutschland abschlössen[350].

Einzig die norwegische Regierung reagierte weit zurückhaltender und konzili-anter. Zwar wurde auch hier der Verteidigungscharakter der NATO betont, es fehlten aber Anschuldigungen in Bezug auf den sowjetischen Atomtest. Lediglich wurde die Frage gestellt, ob die Sowjetunion auf Finnland Druck ausüben wolle, um Entscheidungen zu treffen, die nicht im Sinne Finnlands seien. Norwegen werde sich nicht zu Angelegenheit äußern, zu denen die finnische Regierung Stel-

---

[347] Ebd.
[348] FRUS 1961–1963, vol. 16, Doc. 191, Memorandum of Conversation, Washington, 1.11.1961, Anm. 3.
[349] UA, UM 1951–1981, 12 I., 41, Ulkomaisten hallitusten virallisia kommunikeoja Neuvostoliiton nootin johdosta (I), 31.10.1961; PAAA, B 23/126, Stellungnahme zur sowjetischen Note an Finnland, 31.10.1961.
[350] Ebd., Ulkomaisten hallitusten kommunikeoja Neuvostoliiton nootin johdosta (II), 1.11.1961. Der britische Botschafter in Washington, Brimelow, traf sich am 1.11.1961 mit Cristensen (Officer in Charge, Northern Europe), um das Vorgehen in der finnischen Krise abzustimmen. FRUS 1961–1963, vol. 16, Doc. 191, Memorandum of Conversation, Washington, 1.11.1961.

lung zu nehmen habe. Der geplante norwegische Besuch in Moskau werde nicht abgesagt, er sei durch die Entwicklung sogar noch dringlicher geworden[351]. Die norwegische Reaktion lag damit weniger auf der Linie der NATO, als auf der des neutralen Schweden infolge einer Sondersitzung des schwedischen Reichstages am 31. Oktober. Hier hieß es, »es wäre nicht angebracht, von schwedischer Seite irgendwelche näheren Kommentare abzugeben, solange die Regierung Finnlands nicht zu dem in der Note vorgebrachten Vorschlag, Konsultationen aufzunehmen, Stellung genommen hat«[352]. Der isländische Premierminister Bjarni Benediktsson[353] erklärte, dass »durch die Note eine Spannung geschaffen worden sei, die mit der des Jahres 1940 verglichen werden könne. Es sei noch unklar, was die Sowjetunion mit diesem ›neuen Schachzug im Nervenkrieg‹ anstrebe, ob es sich wieder um Militärstützpunkte in Finnland handele oder ob die nordischen Länder auf neue Forderungen, wie z.B. die Anerkennung der sowjetisch besetzten Zone Deutschlands, vorbereitet werden sollten«[354].

Die unmittelbaren Reaktionen der Vereinigten Staaten, Großbritanniens und der Bundesrepublik Deutschland waren also abgestimmt. Sie unterschieden sich weder inhaltlich in ihrer Argumentation noch in der Schärfe des verbalen Gegenangriffs gegen die Politik der Sowjetunion. Eine Verbindung zur Berlin- und Deutschlandfrage wurde in allen drei Antworten hergestellt. Während die Bundesrepublik Deutschland, angelehnt an die Position der USA, Stärke zeigte, demonstrierte Norwegen als weiterer in der Note direkt angesprochener NATO-Staat Verhandlungsbereitschaft. Es scheint, als ob diese Position mit den anderen Bündnisregierungen nicht abgestimmt war. Auffällig ist hier vielmehr die Ähnlichkeit mit dem schwedischen Kommuniqué. Dies erklärt sich aus dem Umstand, dass Finnland sich bereits am 31. Oktober mit den nordischen Staaten beraten und diese gebeten hatte, sich nicht öffentlich zu äußern, bevor die finnische Regierung dies getan hätte[355].

Bedeutender war, dass die NATO sich von den sowjetischen Noten nicht beirren ließ und die Integration der Streitkräfte im Norden Europas weiter vorantrieb. So reiste der deutsche Verteidigungsminister Mitte November nach Norwegen[356]. Strauß ließ sich von der Krise in Helsinki auch nicht davon abhalten, durchaus wahrheitsgemäß bei einer Pressekonferenz in Oslo die sowjetische Behauptung als absurd zu bezeichnen, der Warschauer Pakt sei in der Ostsee den NATO-Streit-

---

[351] Ebd., Ulkomaisten hallitusten virallisia kommunikeoja Neuvostoliiton nootin johdosta (I), 31.10.1961; PAAA, B 23/126, Fs. aus Oslo, von Holten an AA, 2.11.1961.

[352] PAAA, B 23/126, Fs. aus Stockholm, Werkmeister an AA, 1.11.1961.

[353] Benediktsson (1908–1970) war seit 1936 Mitglied des Zentralkomitees der isländischen Unabhängigkeitspartei. Ab 1940 war er Bürgermeister von Reykjavik, von 1947–1956 isländischer Justizminister, bis 1953 auch Außenminister. Von 1963–1970 war er isländischer Premierminister. Ab September 1961 vertrat der Jurist (als Justizminister 1959–1963) seinen Vorgänger Ólafur Thors bis zum eigenen Amtsantritt.

[354] PAAA, B 23/126, Bericht aus Reykjavik, Rowold an AA, 3.11.1961, Sowjetrussische Note an Finnland, hier: Reaktion in Island.

[355] FRUS 1961–1963, vol. 16, Doc. 190, Tel. Embassy Finland to Department of State, 1.11.1961.

[356] Basler Nachrichten, 20.11.1961.

kräften sowohl zahlen- als auch ausrüstungsmäßig haushoch überlegen. Andererseits dementierte er sowjetische Meldungen über gemeinsame deutsch-dänische Flottenmanöver größeren Stils. Es habe lediglich eine Landeübung von ein paar Hundert Marinesoldaten mit einem deutschen Schiff gegeben. In der angespannten Stimmung in Skandinavien war der Besuch des als Antikommunist bekannten deutschen Verteidigungsministers durchaus eine heikle Angelegenheit. So teilte der stellvertretende sowjetische Außenminister Vasili V. Kuznetsov dem finnischen Außenminister Wuori mit, dass durch den Besuch von Strauß in Norwegen sich die bevorstehenden Verhandlungen über ein NATO-Einheitskommando in der Ostsee sowie die geplanten NATO-Übungen in der Ostsee die Lage im Norden verschlechtert haben[357]. Kekkonen reagierte einen Tag nach der planmäßigen Abreise von Strauß[358], also am 19. November 1961, bei einer Wahlkampfrede in Jyväskylä: »Strauß hat uns in den Tagen, wo wir hier in Finnland im Schatten der sowjetischen Note leben, einen unglaublichen Bärendienst erwiesen[359].« Was auf den ersten Blick wie eine nicht abgestimmte Aktion des als ›Kalter Krieger‹ bekannten Ministers aus Bayern scheint[360], war jedoch in Wirklichkeit die Lösung eines diffizilen diplomatischen Problems. Der Leiter der Politischen Abteilung des finnischen Außenministeriums, Jaakko Hallama, hatte wiederholt gegenüber dem amerikanischen Botschafter in Helsinki auf eine Widerlegung der Sowjetnote durch die NATO gedrängt[361]. Norwegen und Dänemark wollten jedoch, wohl aufgrund der finnischen Bitte vom 31. Oktober um Zurückhaltung, von einer solchen Note nichts wissen. Um diese umzustimmen, hätte es seitens der USA einer Offenlegung des Ursprungs der Bitte bedurft. Dies war jedoch finnischerseits nicht gewünscht. Somit blieb nur noch der Weg, dass »in Verbindung mit der NATO oder losgelöst die USA oder wenn möglich andere Westmächte Erklärungen abgeben, dass die NATO oder einzelne Mächte die Absicht haben, die Unabhängigkeit Finnlands« zu respektieren und dies auch von anderen Mächten erwarten«[362]. Eine solche Erklärung gab Strauß tags darauf ab. Auch die Reaktion des finnischen Präsidenten in Jyväskylä ist eher als Schachzug denn als echte Empörung zu deuten. Gegenüber der amerikanischen Botschaft stellte er zumindest seine Äußerungen in Jyväskylä als solchen dar: »I for my part don't care much about what Strauss was doing in Norway, but I said what I did in order to create better atmosphere for talks with the Soviets[363].«

Die Nordatlantische Allianz betrieb parallel aber auch weiterhin – anscheinend unbeeindruckt von der Entwicklung in Finnland – ihre Maßnahmen zur Deeskalation. Am selben Tag flog der norwegische Außenminister Lange wie verabredet

[357] PAAA, B 23/126, Fs. Oslo an AA, 17.11.1961.
[358] Strauß besuchte am 16. und 17.11.1961 Norwegen. Er reiste am 18.11. ab.
[359] Volksrecht, 20.11.1961.
[360] Ahonen, Franz Josef Strauss, S. 25–51.
[361] Am 1., 6. und 9.11.1961, FRUS 1961–1963, vol. 16, Doc. 197, Tel. Embassy Finland to Department of State, 17.11.1961.
[362] Ebd.
[363] Ebd., Doc. 201, Tel. Embassy Finland to Department of State, 21.11.1961.

nach Moskau. Er wies die sowjetische Behauptung, dass sich seit 30. Oktober die Lage zugespitzt habe, zurück. Bei dem Besuch des deutschen Verteidigungsministers habe es sich um einen routinemäßigen Gegenbesuch unter Verbündeten gehandelt[364]. Einen Tag später begann in Kolsås bei Oslo die Konferenz über das geplante deutsch-dänische NATO-Kommando im Ostseegebiet.

Am 21. November, also am Tag bevor Kekkonen seine Reise nach Novosibirsk antrat, übermittelte US-Botschafter Bernard Gufler diesem eine persönliche Nachricht von Kennedy. Dies geschah lediglich mündlich unter absoluter Geheimhaltung und ohne dass schriftliche Zeugnisse hinterlassen worden wären. Auch im Tagebuch Kekkonens ist sie nicht erwähnt[365]. Kennedy stellte in dieser Verbalnote wirtschaftliche und politische Unterstützung in Aussicht, auch seien die USA wenn nötig dazu bereit, sich für Finnlands Sicherheit und Unabhängigkeit einzusetzen und die Vereinten Nationen einzuschalten:

>»I want to assure you of the readiness of my country to give Finland our political and economic support. We stand ready to extend commercial and economic assistance in the event of economic pressure against Finland designed to secure political compliance. We are prepared, when opportune, to speak out firmly on behalf of Finland's security and independence. We could be willing to carry to the United Nations actions seeming to threaten your country's independence, depriving you of the right to follow your chosen course of neutrality. I am sure that the unity of all patriotic Finns, irrespective of party, when their country is threatened is a great source of strength underlying Finland's resolve to determine its own destiny[366].«

Kekkonens Antwort hierauf beinhaltete neben »warmem persönlichen Dank« an Kennedy auch die Einschätzung, dass kein wirtschaftlicher Druck seitens der Sowjetunion zu befürchten sei. Im schlimmsten Fall könne es aber nötig werden, Kommunisten in entscheidende Positionen bringen zu müssen[367].

Inwiefern die Rückendeckung durch die USA und Großbritannien sich auf die Lösung der Krise ausgewirkt hat, ist nicht mehr zu rekonstruieren, da der Inhalt des Gesprächs zwischen Kekkonen und Chruščev in Novosibirsk nicht überliefert ist[368]. Es ist jedoch durchaus möglich, dass Kekkonen, mit den Neutralitätsgarantien der angloamerikanischen NATO-Führungsmächte ausgestattet, eine standfestere Position gegenüber sowjetischem Druck einnehmen konnte oder sogar diese westlichen Garantien angedeutet hat.

---

[364] PAAA, B 23/126, Fs. Oslo an AA, 20.11.1961.
[365] Es findet sich lediglich der Eintrag, England garantiere, dass die NATO Finnland nicht angreife und nicht finnisches Gebiet verletze, wie die Note vom 30.10. suggeriere. Was der britische Botschafter in Helsinki, Sir Con O'Neill, im Einzelnen bei seinem Treffen mit Kekkonen am 21.11. vorbrachte, ist nicht bekannt. Urho Kekkosen päiväkirjat, t. 1, S. 447, Eintrag vom 21.11.1961.
[366] FRUS 1961–1963, vol. 16, Doc. 199, Tel. Department of State (Rusk) to Embassy Finland, 20.11.1961.
[367] Ebd., Doc. 201, Tel. Embassy Finland to Department of State, 21.11.1961.
[368] Es ist auch nicht zu erwarten, dass hierzu eine direkte Überlieferung auftauchen wird, da bei der Besprechung selbst lediglich Kekkonen, Chruščev und Zenichov anwesend waren und wohl kein Gesprächsprotokoll geführt wurde. Seppänen, Miekkailija vastaan tulivuori, S. 269–276.

Nach Kekkonens Rückkehr aus Novosibirsk regte das State Department erneut an, die Ereignisse in Finnland im Nordatlantikrat zu diskutieren. Nach dessen Meinung schien die Gefahr militärischer Konsultationen zwischen Finnland und der Sowjetunion nach wie vor nicht gebannt zu sein[369]. Die Wahrnehmungen der Notenkrise innerhalb des Bündnisses blieben weiterhin unterschiedlich. Als wesentliche Triebfeder wurden außenpolitische, außerhalb der Entwicklung in Finnland liegende Gründe genannt. Dabei stand aber in den Analysen nach den ersten unmittelbaren Reaktionen weniger die Berlinkrise, als die Aufstellung von COMBALTAP im Mittelpunkt der Betrachtungen. Dies lag insbesondere an der sowjetischen Note an Dänemark vom 12. Dezember, die durchaus als Verdeutlichung der Finnlandnote vom 30. Oktober betrachtet werden kann. So erklärte der dänische Außenminister Jens Otto Krag[370] auf dem Treffen der Außen- und Verteidigungsminister der NATO am 13. Dezember in Paris, »seine Gespräche mit prominenten Finnen hätten gezeigt, dass diese nach wie vor besorgt und unruhig seien. Obwohl die unmittelbare Gefahr vorbei sei, schiene es nun, dass die Sowjets die Finnen mit der Begründung, die russische Sicherheit sei bedroht, jederzeit unter Druck setzen könnten. Wenn auch die Lage in Finnland kein direkter Ausläufer der Berlinkrise sei, so werde sie doch durch diese verschlimmert. Die dänische Reaktion auf diese Situation sei klar und unmissverständlich. Das gemeinsame Ostseekommando sei durch das Parlament mit sehr großer Mehrheit bestätigt worden und die aktive Unterstützung der NATO durch die Bevölkerung sei noch nie so groß gewesen. Chruščev habe durch seine Drohungen in Skandinavien das Gegenteil von dem erreicht, was er angestrebt habe[371].« Auf eine sowjetische Note, die Dänemark am 12. Dezember erhalten habe, werde eine standfeste Antwort folgen[372].

Übereinstimmung herrschte innerhalb des Nordatlantischen Bündnisses, dass angesichts der angespannten Weltlage die Situation in Finnland nicht eskaliert werden dürfe. Die NATO-Partner zeigten daher ostentativ, dass sie sich nicht aus der Ruhe bringen lassen würden. Eine Bedrohung der Sowjetunion durch die NATO sei nicht gegeben und daher sei die Angelegenheit in Finnland herunterzuspielen. Weder im Schlusskommuniqué des NATO-Ministertreffens vom 13. bis 15. Dezember 1961 in Paris[373] noch des folgenden vom 4. bis 10. Mai 1962 in Athen[374] finden sich folglich Aussagen zur Lage in Finnland. Weder Skandinavien noch die Ostsee finden auch nur Erwähnung. Die Konzentration auf Berlin und

[369] FRUS 1961–1963, vol. 16, Doc. 204, Tel. Department of State to Mission to the North Atlantic Treaty Organization and European Regional Organizations, 25.11.1961.
[370] Krag (1914–1978), der spätere Premierminister (1962–1968), war von 1958–1962 dänischer Außenminister. Eine umfangreiche Biografie Krags erschien 2001/2002. Lidegaard, Jens Otto Krag.
[371] NATO Archives, C-R (61) 64, 2.1.1962, Summary Record of a meeting of the Council held at the Permanent Headquarters, Paris, Wednesday 13th December, 1961, 10.15 a.m.
[372] Ebd.
[373] Ministerial Communiqué, Paris 13th–15th Dec 1961, Final Communiqué (21.2.2006), URL: <www.nato.int/docu/comm/49-95/c611213a.htm>.
[374] Ministerial Communiqué, Athens 4th–6th May 1962, Final Communiqué (21.2.2006), URL: <www.nato.int/docu/comm/49-95/c620504a.htm>.

die NATO-Südflanke bedeutet jedoch nicht, dass das Geschehen an der Nordflanke nicht genauestens beobachtet und auch am Rande der Konferenz diskutiert
worden wäre. So thematisierte der dänische Außenminister Krag die Einrichtung
des Baltic Command (COMBALTAP) im Dezember des Vorjahres: Die Vorbereitung dieses Schrittes habe eine Reihe diplomatischer Aktivitäten seitens der
Sowjetunion ausgelöst, die auf die nordischen Staaten gezielt hätten. Nach der
Indienststellung des Kommandos habe die Sowjetunion eine Protestnote an Dänemark gerichtet, die zurückgewiesen worden sei. Seitdem habe er aber den Eindruck, dass der Druck auf Finnland, Schweden, Norwegen und Dänemark abge-
nommen habe[375]. In Bezug auf Finnland erklärte er:

> »Einige westliche Regierungen hatten sich über Finnlands Haltung gegenüber der Sow-
> jetunion besorgt gezeigt, und diese Besorgnis habe in Helsinki Befremden ausgelöst.
> Die finnische Politik ziele auf den Erhalt des Friedens und des Gleichgewichts im Ge-
> biet der Ostsee und gründe darauf, dass Finnland die Möglichkeit gegeben werde, sich
> selbst mit den Mitteln seiner eigenen Wahl zu helfen. Es erkläre sich aus diesem Kon-
> zept des Gleichgewichts, dass Finnland seine Verteidigung durch den Kauf von Waffen
> sowohl im Osten als auch im Westen zu stärken trachte. Die NATO-Länder sollten sich
> bemühen, Finnlands schwierige Situation zu verstehen und begreifen, dass es im Grun-
> de ein westliches demokratisches Land sei. Die dänische Regierung vertrete die Ansicht,
> dass der Westen solche Schritte wie öffentliche Erklärungen zur Unterstützung Finn-
> lands vermeiden sollte, da diese gegenteilige Auswirkungen haben könnten. Anderer-
> seits sei es unentbehrlich, dass europäische Handelsabkommen den Erhalt oder ein
> Wachstum des finnischen Handels mit den westeuropäischen Ländern und Nordameri-
> ka sicherstellten[376].«

In Paris wurde indessen die Reise Kekkonens nach Novosibirsk als Erfolg der
sowjetischen Politik gewertet. Der Ostreferent im französischen Außenministerium erklärte gegenüber dem deutschen NATO-Botschafter Herbert Blankenhorn,
dass im Westen, »wenn die Sowjets einmal einen Augenblick aufhörten, mit massiven Drohungen einen Gesprächspartner unter Druck zu setzen, dies bereits als
großer Erfolg gewertet würde«[377]. In Wirklichkeit habe Chruščev dadurch, dass die
Wiederwahl Kekkonens und somit die Weiterführung der sowjetfreundlichen Politik Finnlands sichergestellt sei, bereits einen beachtlichen Erfolg erzielt. Durch
die Anerkennung der sowjetischen Argumente über eine Kriegsgefahr in Europa
und das Versprechen Kekkonens, im Falle einer »kritischen Entwicklung im Ostseeraum« Chruščev »erforderlich werdende Maßnahmen mitzuteilen«, besitze darüber hinaus die Sowjetregierung ein Druckmittel nicht nur gegen Finnland, sondern
auch gegen Norwegen und Dänemark. Durch dieses Vorgehen habe die Sowjetunion auch geschickt eine Verbindung zwischen finnischer Neutralität und der
Berlinfrage hergestellt[378]. Diese Ansicht korrespondiert auch mit der amerikanischen Einschätzung vom 28. November 1958: »Soviets in our opinion have asser-

---

[375] NATO Archives, C-M (62) 21, 29.5.1962, Summary Record of a Meeting of the Council held in
the Zappeion Building in Athens, Friday 4th May, 1962, 11.30 a.m.
[376] Ebd.
[377] PAAA, B 23/126, Fs. aus Paris (diplo), Blankenhorn an AA, 27.11.1961.
[378] Ebd.

ted succesfully right to exercise large measure control over major internal and external Finnish policies[379].«

Ähnlich liest sich die deutsche Einschätzung der Notenkrise in Finnland zum Jahreswechsel 1961/1962:

»(1) Weder militärische Stützpunkte noch militärische Konsultationen waren das ausschließliche Anliegen Moskaus. Das schließt nicht aus, dass sich die UdSSR im Wege von Geheimabsprachen ihr erforderlich erscheinende militärische Sicherheitsvorkehrungen von Kekkonen hat einräumen lassen (Ausdehnung des militärischen (Vorwarn) Glacis der Satellitenstaaten nach Norden, Ausdehnung des Rapacki-Planes nach Norden?). (2) Der sowjetische Vorstoß hatte zwei Zielrichtungen: Auf die innenpolitische Situation Finnlands, auf den ganzen skandinavischen Raum. Als Vorwand diente die der Bundesrepublik unterstellte ›aggressive Haltung‹, die damit in der Weltöffentlichkeit diffamiert und gleichzeitig bei ihren Bündnispartnern diskreditiert werden sollte[380].«

Den diplomatischen Vorstoß der Sowjetunion sahen die Auswerter in der Bundesrepublik innenpolitisch als »im Wesentlichen gelungen«[381] an, da durch den »Verzicht Honkas, des Führers der sowjetfeindlichen Gruppen, auf die Präsidentschaftskandidatur [...] die Wiederwahl Kekkonens praktisch gesichert«[382] sei. Außenpolitisch habe Chruščev Finnland »die Rolle eines ›Wachhundes‹ gegenüber den anderen« skandinavischen Staaten aufgebürdet«[383]. Die politische Offensive ziele auf »die anderen skandinavischen Länder (Fernziel alter Chruschtschev-Plan: ›Ostsee-Friedensmeer‹ durch Neutralisierung Skandinaviens), deren Haltung bisher weitgehend von der Rücksichtnahme auf Finnland beeinflusst war und deren Beitrittswünsche zur EWG sich in jüngster Zeit in einem für die UdSSR unerwünschtem Maße verdichtet hatten«[384].

Die Lage in Finnland wurde nach dem Erhalt der sowjetischen Note also zu keinem Zeitpunkt als derart kritisch eingeschätzt, dass abgestimmte Maßnahmen seitens der NATO ergriffen worden wären. Dies erklärt sich vor allem daraus, dass am 1. November auf die Frage, welche Hilfe die USA Finnland zukommen lassen könnte, Kekkonen ausrichten ließ, Finnland benötige keine Hilfe[385]. Seitens der Vereinigten Staaten blieb es also bei der präsidentiellen Verbalnote. In London fand am 20. November 1961 beim Northern Department des Foreign Office eine Besprechung mit Vertretern des Information Research Department (IRD)[386] und

---

[379] FRUS 1961–1963, vol. 16, Doc. 206, Tel. Department of State to Mission to the North Atlantic Treaty Organization and European Regional Organizations, 28.11.1961.

[380] BA-MA, BW 2/5177, 17. Bericht über die Lage West des Fü B II, Okt–Dez 1961 (Geheim).

[381] Ebd.

[382] Ebd.

[383] Ebd.

[384] Ebd.

[385] Urho Kekkosen päiväkirjat, t. 1, S. 443, Eintrag vom 1.11.1961.

[386] Das Information Research Department des britischen Foreign Office wurde 1948 gegründet, um sowjetischer Propaganda und Infiltration entgegenzuwirken. Von dort wurde im Geheimen Gegenpropaganda mit Mitteln der Psychologischen Kriegführung betrieben. U.a. wurden Informationen oder fertige Beiträge an die Medien weitergegeben sowie antisowjetische Buchpublikationen und Filme unterstützt. Das IRD bestand mit bis zu 60 Mitarbeitern bis 1977. Häufig handelte es sich bei diesen in den 1950er-Jahren um politische Emigranten aus Warschauer-Pakt-Staaten

des Permanent Under Secretary's Department (PUSD)[387] statt. Unter dem Vorsitz des Leiters des Northern Department R.H. Mason lautete die Frage, »what we might be able to do covertly in the publicity field« – die Besprechung behandelte also kein Sofortprogramm, sondern mittelfristige Maßnahmen. Der Vertreter des PUSD schlug vor, dass Schweden zur Lösung des Problems instrumentalisiert werden solle. So könne ein schwedischer Kommentar an die Sowjetunion gerichtet werden, in dem sie gewarnt werde, dass, je mehr Kontrolle die UdSSR über Finnland erhielte, umso näher würde Schweden an die NATO rücken. Es wurde jedoch bezweifelt, ob Schwedens Regierung, die an die Einhaltung strikter Neutralität gebunden sei, sich auf so etwas einlasse. Mason warf die Frage auf, welche Haltung Großbritannien von Finnland erwarte und ob dies diejenige von 1939 sei. Vorgeschlagen wurde, robuste Reaktionen in der skandinavischen Presse zu fördern, tendenziöse Kommentare der linken Splittergruppierungen der sozialdemokratischen Parteien in Norwegen und Dänemark herauszustellen und solche Publikationen zu verbreiten, die den Widerstand in Finnland stärken könnten. Kekkonen solle vor seiner Reise in die Sowjetunion davon überzeugt werden, dass die sowjetischen Vorwürfe haltlos seien. Dazu wollte man Kuznetsovs Einlassungen über die Gefährlichkeit der NATO-Aktivitäten in der Ostsee lächerlich machen. Ferner sollte eine Broschüre über die kommunistische Machtübernahme von 1948 in der Tschechoslowakei[388] übersetzt und in Finnland in Umlauf gebracht werden[389].

Die einzige ›handfeste‹ Maßnahme, die Idee einer Instrumentalisierung Schwedens, war zu diesem Zeitpunkt unrealistisch und wurde also verworfen. Der schwedische Ministerpräsident Tage Erlander hatte bereits am 9. November in einem Interview geäußert, dass »alle Spekulationen mehr oder minder sensationeller Art hinsichtlich Schwedens zukünftiger Haltung überflüssig«[390] seien: »Schwedens Anschluss beispielsweise an die NATO [könne] deshalb nicht einmal diskutiert werden[391].« So blieb außer der Verbreitung einiger Artikel und Bücher nicht viel zu tun.

Ein halbes Jahr nach der Krise, im Juli 1962, bewertete die Atlantic Policy Advisory Group die zukünftige Situation in Skandinavien und Finnland wie folgt: »In strategischer Hinsicht liegt die Bedeutung Skandinaviens unter anderem in: (i) der Barriere, die es für den sowjetischen Zugang zu wärmeren Gewässern darstellt; (ii) der Basis, die es für Gegenangriffsoptionen (inklusive Anti-U-Boot-Operationen) bietet; (iii) der vorteilhaften Lage für das Feststellen und Warnen vor einem bevor-

---

mit journalistischem Profil. Siehe hierzu David Leigh, Death of the Department that Never Was. The Guardian, 27.1.1978, S. 13.

[387] Das PUSD war das Verbindungsorgan des Foreign Office zu den britischen Nachrichtendiensten.

[388] Vermutlich handelte es sich um den Band Zinner, Communist Strategy. Der gebürtige Tschechoslowake Zinner wanderte in die USA aus, kämpfte im Zweiten Weltkrieg in der U.S. Army und arbeitete von 1945–1949 im U.S. State Department.

[389] TNA, PRO, FO 1110/1400, Record of a meeting held in Mason's office on November 20 to discuss recent Fenno-Soviet developments.

[390] PAAA, B 23/126, Bericht aus Stockholm an AA, betr. Schwedische Neutralitätspolitik, 7.12.1961.

[391] Ebd.

stehenden Angriff[392].« Dabei sei die Lage dieses im Frieden nur durch schwache NATO-Kräfte geschützten Gebietes stark von der Situation in den Nicht-NATO-Ländern Finnland und Schweden abhängig. Die finnische Regierung werde zwar ihr Bestes tun, um zu verhindern, dass ihr Land in eine antiwestliche Stellung gebracht werde, jedoch sei der Erfolg der finnischen Politik nicht sicher. Die Sowjetunion sei in der Lage, auf Finnland innenpolitisch und in wirtschaftlicher Hinsicht sehr starken Druck auszuüben, wobei die Verpflichtungen dieses Landes durch den sowjetisch-finnischen Vertrag dessen Handlungsspielraum erheblich einschränke[393].

Die Einschätzung der Allianz bezüglich Finnland blieb auch weiterhin skeptisch aber hoffnungsvoll: »In Nordeuropa wird der gegenwärtige Status quo vermutlich gehalten werden, obgleich es möglich ist, dass Finnlands Handlungsfreiheit durch sowjetischen politischen, wirtschaftlichen und militärischen Druck beschnitten wird[394].«

d) FINEFTA und Notenkrise als Teil des internationalen »long pull«

Die Notenkrise stellte ähnlich wie auch schon die Nachtfrostkrise einen Teil des »long pull« zwischen Ost und West dar. Die Nachtfröste waren für die Sowjetunion insgesamt erfolgreich verlaufen, ein ähnliches Muster zeigt auch der Verlauf der Notenkrise. Geht man allerdings davon aus, dass der Adressat der Note an Finnland vom 30. Oktober 1961 im Wesentlichen die NATO war, so kann die Notenkrise jedoch weit weniger als sowjetischer Erfolg gewertet werden. Außenpolitisch hatte die Nachtfrostkrise die Nordatlantische Allianz dazu gezwungen, den sowjetischen Einfluss in Finnland als Faktum hinzunehmen. Innenpolitisch war mit dem Abtreten der Regierung Fagerholm III eine mögliche antisowjetische Alternative ausgeschaltet worden. Bei der Notenkrise war zwar im Innern die Präsidentschaftskandidatur Honkas verhindert worden, andererseits hatte die NATO strikt an ihrer Politik in Skandinavien festgehalten. Es scheint diese Krise sogar, folgt man den dänischen Einschätzungen, eine gewisse Dynamik in den Integrationsprozess um die Ostsee gebracht zu haben. Die Vereinigten Staaten, Großbritannien und die Bundesrepublik verfolgten, wenn auch bezogen auf Finnland recht vorsichtig, weiterhin ihre Politik der Stärke. Dies war zum einen militärisch möglich und zum anderen angesichts der Berlinkrise auch politisch notwendig. Jede im Ostseeraum gezeigte Schwäche hätte sich unmittelbar auf die Situation in Berlin ausgewirkt. Hinzu kam, dass das durch die Erfahrung der Nachtfrostkrise verstärkte Bemühen um eine Anbindung Finnlands an den Westen sich auszuzahlen begann. Insbesondere die Besuche Kekkonens in Großbritannien und den USA hatten die finnischen Westbeziehungen vertieft. Nicht zuletzt sorgte das insgesamt

---

[392] NATO Archives, C-M (62) 79, 11.7.1962, Basic Assumptions for an Assessment of the Long Term Threat to NATO.
[393] Ebd.
[394] Ebd., MC 100 (Military Decision), 24.1.1963, Military Decision on MC 100, A Report by the Military Committee on the Long Term Threat Assessment.

eher leise Auftreten der Nordatlantischen Allianz in der Nachtfrost- und Notenkrise für einen Zuwachs an gegenseitigem Vertrauen. Es blieb jedoch im Westen
bei der Einschätzung, dass der »long pull« in Finnland nur mittels wirtschaftlicher
Integration sowie im Bereich der Rüstungspolitik erfolgreich verlaufen könne.
Dabei gelte es äußerst vorsichtig vorzugehen, um die Sowjetunion möglichst wenig
zu provozieren. Das geeignete Mittel hierzu schien die Assoziierung Finnlands mit
der EFTA zu sein.

Kurz vor Ausbruch der Notenkrise analysierte ein deutscher »Bericht über die
Lage West« die außenpolitische Situation wie folgt:

> »Nachdem es der finnischen Staatsführung gelungen war, das unter der Regierung Fa-
> gerholm abgekühlte Verhältnis mit der UdSSR wieder zu normalisieren, haben sich seit
> Beginn dieses Jahres die Bemühungen des finnischen Staatspräsidenten und der Regie-
> rung erneut darauf gerichtet, die Beziehungen mit dem Westen zu festigen und zu ver-
> tiefen. Die äußeren Anzeichen hierfür sind: Die Assoziierung Finnlands mit der EFTA,
> die Besuche des finnischen Staatspräsidenten in einer Reihe westlicher Länder. Der As-
> soziierungsvertrag trat am 1. Juli 1961 in Kraft. Er bietet Finnland die Möglichkeit, auf
> seinen wichtigsten westlichen Exportmärkten konkurrenzfähig zu bleiben. Um die Zu-
> stimmung Moskaus zu der Assoziierung zu erlangen, schloss Finnland Ende November
> 1960 ein bilaterales Zollabkommen mit der UdSSR ab, in dem die Finnen den Sowjets
> auf gewissen Warensektoren die gleichen Zollvorteile wie den EFTA-Ländern einräu-
> men[395].«

Es lohnt sich daher, den wirtschaftspolitischen Zusammenhang des 1961 verhan-
delten Finnish-European Free Trade Agreement (FINEFTA)[396] etwas genauer zu
betrachten. Im März 1957 unterzeichneten Belgien, die Bundesrepublik Deutschland, Frankreich, Italien, Luxemburg und die Niederlande die Römischen Verträge,
die Anfang 1958 in Kraft traten[397]. Mit der Europäischen Wirtschaftsgemeinschaft
(EWG) und EURATOM wurde damit eine neue Stufe der Integration vollzogen[398]. Die Etablierung einer »Großen Freihandelszone« im Rahmen der aus dem
Marschallplan entstandenen Organisation für European Economic Cooperation
(OEEC) scheiterte 1958, doch führte sie letztlich zur European Free Trade Association (EFTA), die jedoch erst 1960 verwirklicht werden konnte[399]. Auch im Nordischen Rat sollte die wirtschaftliche Integration vorangetrieben werden. Im Juli
1958 schlug ihm dessen Komitee für Wirtschaftliche Zusammenarbeit die Bildung
eines Gemeinsamen Nordischen Marktes vor[400]. Im November 1958 nahm er
diese Empfehlung an, wobei die finnischen Vertreter an der Behandlung dieses

---

[395] BA-MA, BW 2/5177, 15. Bericht über die Lage West des Fü B II, Mai–Sept 1961 (Geheim).
[396] Maude, The Cold War as an Episode, S. 46.
[397] Europa von der Spaltung zur Einigung, S. 147.
[398] Krüger/Wiggershaus, Einführung, S. XIV.
[399] Raulff, Die Entwicklung in Westeuropa, S. 295.
[400] Anderson, The Nordic Council, S. 127–135. Diese Anfänge wurden letztlich in den Jahren 1968
bis 1969 bei den Nordek-Verhandlungen wieder aufgegriffen. Die Nordek-Verhandlungen schei-
terten 1970 am Widerstand der Sowjetunion. Zur Nordek siehe Hecker-Stampehl, Finnland, der
Nordismus, S. 177–193.

Punktes nicht teilnahmen[401]. Im Beschluss von Kungälv vom 12. Juli 1959 wurden jedoch die Pläne für eine Nordische Zollunion zugunsten einer engeren wirtschaftlichen Zusammenarbeit der skandinavischen Staaten innerhalb der Kleinen Freihandelszone (EFTA) aufgegeben. Am 20. November 1959 paraphierten Dänemark, Großbritannien, Norwegen, Österreich, Portugal, Schweden und die Schweiz die Stockholmer Konvention über die Schaffung der Europäischen Freihandelszone. Finnlands Haltung war jedoch bis etwa November 1959 noch weitestgehend unklar[402].

Klar tritt hingegen das sicherheitspolitisch motivierte Ziel einer Westintegration Finnlands zutage: Mitte des Jahres 1959 sah die US-Botschaft in Helsinki Finnlands Neutralität unter anderem dadurch gefährdet, dass die »finnische Amtsgewalt [also Kekkonen] das Angebot, Hilfe zu leisten, falls diese gebraucht und gewünscht sei, um sowjetischem Druck standzuhalten, rundweg abgelehnt habe«[403] sowie dadurch, dass »das einst lebhafte Interesse Finnlands, der OEEC beizutreten«[404], vollkommen erloschen sei. Andererseits mache sich Finnland für einen »neutralen nordischen Block« mit Norwegen und Dänemark stark. Dem müsse mit der Möglichkeit, kurzfristig durch Geldmittel im Fall einer Krise nach Art der Nachtfröste reagieren zu können, begegnet werden. Langfristig müssten, abgesehen von dem bereits anvisierten 37 Millionen Dollarkredit, ein Auslandskreditprogramm über etwa 200 Millionen Dollar über fünf oder zehn Jahre Laufzeit aufgestellt werden. Darüber hinaus sollte der kulturelle Austausch verstärkt werden[405]. Eine solche Politik konnte sich indes nicht sofort durchsetzen, da seitens des State Department eine EFTA-Mitgliedschaft Finnlands durchaus kritisch gesehen wurde. Hickerson argumentierte vehement gegen die Vorstellung, Finnland werde von der Sowjetunion genutzt, um die europäische Integration von innen heraus zu stören: »If this point was intended to imply that Finland would be some kind of ›Trojan horse‹ for Soviets, I find no evidence to support this view[406].«

Der Meinung, dass die Zukunft Finnlands durch Wirtschaftshilfe zu beeinflussen sei, war auch der Vizedirektor der CIA, General Charles P. Cabell. Bereits während der Nachtfrostkrise hatte er sich für eine US-Wirtschaftshilfe für Finnland eingesetzt. Sollte diese in der Krise ausbleiben, könnte dies »der entscheidende Faktor für eine ungünstige Wende in Finnlands zukünftiger wirtschaftlichen und politischen Entwicklung« sein[407].

---

[401] Väyrynen, Conflicts in Finnish-Soviet Relations, S. 90 f.
[402] PAAA, AV (neues Amt), Stockholm/12150, Bericht aus Stockholm, Marchtaler an AA, Die 7. Tagung des Nordischen Rates in Stockholm, 1.–7.11.1959.
[403] FRUS 1958–1960, vol. 10, part 2, Doc. 206, Despatch Embassy Finland to Department of State, 4.6.1959.
[404] Ebd.
[405] Ebd.
[406] Ebd., Doc. 210, Tel. Embassy Finland to Department of State, 29.7.1959.
[407] Ebd., Doc. 188, Memorandum Acting Director of Central Intelligence (Cabell) to Under Secretary of State (Herter), 15.9.1958.

Im Oktober 1959 wurden im Dokument NSC 5914/1, »Statement of U.S. Policy towards Finland« beide europäischen Kooperationsmöglichkeiten, also mit Hilfe der Äußeren Sieben/EFTA oder über einen gemeinsamen Nordischen Markt, gleichermaßen positiv gesehen und sogar zu einer ›Schicksalsfrage‹ stilisiert: »The ability of Finland to associate in one way or another with those economic movements [...] may ultimately be a major determinant of Finland's fate as an independent and Western-oriented country[408].« Im gleichen, die amerikanische Politik gegenüber Finnland festlegenden Dokument erscheinen die Finnen erneut als per se antikommunistisch: »The Finns do not and would not deliberately serve Soviet interests. They have preserved their democratic institutions intact and, since 1948, when they courageously removed the Communist cabinet ministers, they have joined forces to isolate the Communists from the government. Despite Soviet urging, they have skillfully avoided participation in Soviet-sponsored enterprises such as the Warsaw Pact[409].«

Das Vertrauen in Finnland als genuin antikommunistisches Land hatte sich gegen die Vorstellung des ›Trojanischen Pferdes‹ durchgesetzt und ermöglichte erneut eine Politik des Containment einzugehen. Dies erscheint nach der Nachtfrostkrise nicht unbedingt folgerichtig, da die Argumente, die für eine Wendung Finnlands nach Osten sprachen, nach wie vor Geltung hätten haben können. Die in NSC 5914/1 verwendete historische Begründung, 1948 habe sich die finnische Regierung gegen die Kommunisten durchgesetzt, erscheint im Licht des Jahres 1959 eher zweifelhaft. Schließlich war erst vor kurzer Zeit von der Sowjetunion eine Regierung unter genau dem Mann zum Rücktritt gezwungen worden, der 1948 diese Politik durchgesetzt hatte: Fagerholm. Es ist anhand der vorliegenden Dokumente nicht nachzuvollziehen, wer oder was diese Sicht von Finnland als westlicher Staat in das Strategiepapier eingebracht hat. Wahrscheinlich ist jedoch, dass diese Wahrnehmung der generellen Einschätzung Finnlands entsprach. Sie findet sich in schwächerer Form auch bereits in dem unter Eisenhower entstandenen Vorgängerdokument NSC 5403[410].

Die Politik der Führungsmacht der EFTA entspricht durchaus der amerikanischen Auffassung. Ebenfalls im Oktober 1959 wurden die außenpolitischen Ziele Großbritanniens in Bezug auf die EFTA wie folgt definiert:

»(i) to see that a form of association between Finland and E.F.T.A. is reached which is acceptable to, and meets the needs of, the Finns. If this is not achieved, Finland's competitive position in the U.K. market will suffer as a result of increased competition from the other Scandinavian countries; and the resulting increasing isolation from the West will result in her slipping, ecomomically and politically, further into the Soviet orbit. (ii) to achieve such an association in a way which will not allow Finland to be placed in the

---

[408]   Ebd., Doc. 213, NSC 5914/1, Statement of U.S. Policy towards Finland, 14.10.1959.
[409]   Ebd.
[410]   »Although the Communists are strong in Finland and control 22 % of the Parliament seats, most Finns are intensely anti-Soviet and pro-Western. Since 1948 the Communists have had no place in the Government, and there is little likelihood of their taking over Finland by coup or through participation in the government.« FRUS 1952–1954, vol. 8, Doc. 417, 12.1.1954.

position of being able (under Soviet pressure) to interfere with the consolidation of the E.F.T.A. or veto wider arrangements between E.F.T.A. and the Six (as long as the Finns maintain their present policy that they do not seek full membership, no difficulties should arise on this score)[411].«

Auch hier wird deutlich, dass das Bild Finnlands als ›Trojanisches Pferd‹ durchaus in die Überlegungen mit einfloss. Dem trug jedoch das Mittel der Assoziation statt der Vollmitgliedschaft Rechnung. Letztere war also gar nicht gewünscht.

Auch in Bonn wurde die FINEFTA als politisches Instrument gedeutet: »Da die Schaffung der Nordischen Zollunion vor allem dazu dienen sollte, Finnland den Anschluss an eine größere westeuropäische Wirtschaftsgemeinschaft zu ermöglichen, stand [...] nach dem Scheitern der Zollunionspläne die Frage eines eventuellen Anschlusses Finnlands an die EFTA im Mittelpunkt des Interesses[412].« Dies entsprach der amerikanischen Sichtweise: »The importance of the Seven plan to Finland, weather Finland joins or is forced to back away, can scarcely be overemphasized. If Finland moves forward, with or without Soviet objection, it will be a major step toward real independence and the establishment of further long-term and binding economic ties with the West[413].«

So sind die sowjetischen Reaktionen auf die EFTA-Verhandlungen mit Finnland nicht weiter verwunderlich. Nachdem im März 1960 der Ministerrat der EFTA in Wien die »Finnlandfrage« diskutiert hatte, folgte am 14. April eine Sowjetnote an Schweden, in der die der EFTA zugestandenen Rechte auch für die Sowjetunion gefordert wurden[414]. Als Reaktion auf die Gründung der EFTA am 3. Mai 1960 erhielt tags darauf der finnische Außenminister Karjalainen eine Note. In ihr wurde deutlich die Verbindung zwischen EFTA und der NATO durch die Schnittmenge der Mitglieder Dänemark, Großbritannien, Norwegen sowie Portugal angeprangert und Finnland vor einem Beitritt gewarnt[415]. Im Mai gelangten in Lissabon die Verhandlungen zwischen Finnland und der EFTA zu einem grundsätzlich positiven Abschluss, wobei Finnland auf Zeit spielte, da die Haltung der UdSSR weiterhin als problematisch galt[416]. In Moskau wurde eine Assoziierung mit der EFTA jedoch nicht so kritisch gesehen wie eine Mitgliedschaft in der EFTA, und selbst diese war immer noch der EWG, deren Mitglieder sämtlich dem Nordatlantischen Bündnis angehörten, vorzuziehen[417]. Solange die EFTA eine reine Freihandelszone blieb, konnte diese in den Augen der Sowjetunion sogar als Vorteil gesehen werden. Sie verhinderte eine tiefere europäische Integration, hielt den französisch-britischen Gegensatz aufrecht und hatte durchaus das Potenzial, in

---

[411] TNA, PRO, FO 371/159319, Finland and the E.F.T.A. (Confidential), o.D., verm. Oktober 1959.
[412] PAAA, AV (neues Amt), Stockholm/12150, Bericht aus Stockholm, Marchtaler an AA, 7. Tagung des Nordischen Rates in Stockholm, 1.–7.11.1959.
[413] FRUS 1958–1960, vol. 10, part 2, Doc. 208, Despatch Embassy Finland to Department of State, 17.7.1959.
[414] Seppinen, Suomen Efta-ratkaisu yöpakkasten, S. 178.
[415] Ebd., S. 182 f. Hier ist die finnische Übersetzung der Note abgedruckt.
[416] Ebd., S. 191–196.
[417] Krosby, Friede für Europas Norden, S. 295.

Gegensatz zur EWG zu geraten[418]. Allerdings wurde in ihr auch eine Art Vorstufe zur EWG gesehen[419].

Von seiner viertägigen Moskaureise im November 1960 brachte Präsident Kekkonen das prinzipielle Einverständnis Moskaus zu einer Assoziation mit der EFTA mit. Bei der Gelegenheit wurde auch das finnisch-sowjetische Handelsabkommen für das Jahr 1961 unterzeichnet. Es sah eine Steigerung des finnischen Osthandels um 7 bis 9 Prozent vor. In Sachen Saimaa-Kanal war die Sowjetunion nach dem Einfrieren der Verhandlungen 1958 nun wieder bereit, diesen Finnland für 50 Jahre zu verpachten – inzwischen sogar einschließlich eines Landstreifens an den Ufern des Kanals[420]. Der Saimaa-Kanal war neben seinem wirtschaftlichen Nutzen auch von politischer Bedeutung. In den entsprechenden Verhandlungen spielten finnischerseits auch Viipuri und der dazugehörige Außenhafen von Uuras[421] als potenzielle finnische Pachtgebiete eine Rolle[422]. Dadurch sollte finnischerseits wohl auch die ›Karelische Frage‹ offengehalten werden. Andererseits band die Verpachtung des Saimaa-Kanals Finnland im »long pull« wieder stärker an die Sowjetunion.

Für die Nordatlantische Allianz bildete die EFTA den neuen Rahmen für das »Westbindungsprogramm« Finnlands. Nun deutlicher ausgesprochen folgte die FINEFTA der gleichen Logik wie 1954 der Nordische Rat. Dies hinderte die Vereinigten Staaten jedoch nicht daran, den Beitritt zu diesem Vertrag auch als Druckmittel gegen zu große Konzessionen gegenüber der Sowjetunion einzusetzen[423]. Mit dem Inkrafttreten des Assoziierungvertrages von Finnland mit der EFTA im Juli 1961 hatte also die NATO durchaus einen Sieg zu verzeichnen, allerdings beruhte er auf einem Kompromiss Finnlands. Auf dieses Land bezogen kann also die Notenkrise durchaus auch als Korrektiv einer zumindest durch die Sowjetunion wahrgenommene Übervorteilung des Westens gesehen werden. Zieht man 1962 die Bilanz, so hatte sich die UdSSR im Norden Europas sowohl hinsichtlich ihrer militärischen Stärke als auch im Hinblick auf ihre ökonomische Attraktivität dem Westen als unterlegen erwiesen. Die Notenkrise von 1961 als Zeichen der Stärke zelebriert war also eher ein aus der Schwäche geborener Reflex.

Dass dies innerhalb der NATO-Staaten auch so gesehen wurde, lässt sich möglicherweise aus dem rüstungspolitischen Verhalten der betroffenen Staaten ablesen, auch wenn solche Einschätzungen naturgemäß in den Akten nicht zu finden sind, da allein schon um die notwendigen Geldmittel zu erhalten stets die Stärke des Gegners betont werden musste. Im Jahr 1962, wohl nicht zuletzt aus der Erfahrung der Notenkrise heraus, versuchten die finnischen Streitkräfte verstärkt

---

[418] Seppinen, Suomen Efta-ratkaisu yöpakkasten, S. 82.
[419] Zur Verbindung EFTA und EWG siehe ebd., S. 405–414.
[420] FRUS 1958–1960, vol. 10, part 2, Doc. 228, Despatch Embassy Finland to Department of State, 3.12.1960.
[421] Schw. Trångsund; russ. Vysotsk.
[422] Seppänen, Miekkailija vastaan tulivuori, S. 225.
[423] FRUS 1958–1960, vol. 10, part 2, Doc. 227, Tel. Department of State to Embassy Finland, 14.11.1960.

auch westliche Waffen zu erwerben, um die »Grundlagen der Neutralität Finnlands zu stärken«[424]. Dies geschah schon deshalb, um den Kauf von sowjetischen MiG 21[425] auszubalancieren, deren Erwerb im Zuge der Notenkrise vorgeschlagen worden war[426]. Bei der Suche nach einem modernen Kampfflugzeug hatte Finnland von Frankreich, Großbritannien und Schweden aber Absagen erhalten, sodass der Ankauf von russischen MiG 21 ab 1961 sich auch hieraus erklärt[427]. Dies wiederum war, so zumindest die deutsche Einschätzung, eine Festlegung, die weitere technische Implikationen mit politischen Folgen in sich barg: Das Jägerleitsystem musste auf diesen Flugzeugtyp umgestellt werden, sodass selbst in Zukunft wohl Flugzeuge desselben Typs gekauft werden würden[428]. Die finnische Luftwaffe, die bis dahin britische Modelle eingesetzt hatte, begann nun modernste sowjetische Muster zu fliegen[429]. Im finnischen Heer war die Periode der politischen Krisen 1958 bis 1961 auch als eine Zeit technischer Modernisierung zu sehen. In den Jahren 1959 bis 1962 wurden die noch aus dem Zweiten Weltkrieg stammenden Panzer – größtenteils sowjetische Beutepanzer – ausgemustert und durch modernere Typen ersetzt[430]. Ab 1959 wurde der russische Kampfpanzer T-54 zum gängigen finnischen Panzermodell. Die Sowjetunion war allerdings nicht dazu bereit, diese in der nachtkampffähigen Version, ausgerüstet mit modernen Infrarotzielgeräten, zu verkaufen[431]. Dies weist darauf hin, dass in der UdSSR den finnischen Streitkräften nicht voll vertraut wurde. Nachdem 1958 in Finnland bereits drei britische Kampfpanzer »CHARIOTEER« getestet worden waren, kaufte Finnland 35 weitere Panzer dieses Typs. 1961 konnten zwar weitere 41 britische Kampfpanzer beschafft werden, doch handelte es sich um bereits veraltete Panzer des Typs »COMET« Mk 1[432].

Im Bereich der Radartechnologie setzte sich jedoch Großbritannien durch. Die finnischen Streitkräfte bestellten britische Radargeräte im Wert von 3 Millionen Dollar[433]. Dem Kauf von britischen Flugabwehrraketen stand jedoch der Friedensvertrag von 1948 entgegen, da durch ihn der Erwerb von Raketen allgemein verboten worden war. Da in Großbritannien aber befürchtet wurde, dass eine Ablehnung des Verkaufs solcher Waffen zu einem Vertrauensbruch mit dem als

---

[424] FRUS 1961–1963, vol. 16, Doc. 226, Paper prepared by the Department of State, o.D., vermutlich Juli 1962.
[425] NATO-Bezeichnung: FISHBED.
[426] Salminen, Puolueettomuuden nimeen, S. 86.
[427] BA-MA, BW 2/5181, Fü S II, 4, Bericht über die Lage West, Sonderheft Finnland 1966, S. 15.
[428] Ebd., S. 47 f. 1966 verfügte Finnland über 22 Jagdflugzeuge des sowjetischen Typs MIG 21 E und elf britische Gnat, davon zwei als Aufklärer.
[429] Siehe Kap. IV.3.d.
[430] Beispielsweise wurden 1959 etwa 30 deutsche »Sturmgeschütz 40«, 1961 etwa 220 Kampfpanzer des sowjetischen Typs A-20, ein Erprobungspanzer aus dem Jahr 1937 und 1962 15 deutsche Panzerkampfwagen IV ausgemustert.
[431] Salminen, Puolueettomuuden nimeen, S. 120.
[432] Turtola, Puolustuspolitiikka, S. 131. Zu den genauen Zahlen der einzelnen Modelle siehe Muikku/Purhonen, Suomalaiset panssarivaunut.
[433] FRUS 1961–1963, vol. 16, Doc. 226, Paper prepared by the Department of State, o.D., vermutlich Juli 1962.

prowestlich eingeschätzten finnischen Militär führen könnte, wurde dieses Thema unter den Verbündeten heftig diskutiert[434]. Eine grundlegende Bedingung für die Abgabe britischer Raketen an Finnland war, dass die Finnen versicherten, sie würden diese in gleichen Stückzahlen von Ost und West erwerben[435].

Während Dänemark, Großbritannien, Norwegen (und auch Schweden) sich für eine Lockerung der Bestimmungen aussprachen, waren die amerikanischen Joint Chiefs of Staff der Ansicht, es könne nicht im Interesse des Westens liegen, dass Finnland über Fernlenkwaffen verfüge, da »nicht sicherzustellen war, dass diese Waffen nicht gegen den Westen eingesetzt werden würden«[436]. Eine Revision der Studie ergab jedoch, dass es sich bei der Frage der ferngelenkten Waffen für Finnland nicht um ein militärisches, sondern um ein politisches Problem handele. Das militärische Risiko, so urteilte das State Department, sei vom Vertrauen in die finnische Führung abhängig. Der jüngste Verlauf der finnisch-sowjetischen Beziehungen rechtfertige jedoch nur geringes Vertrauen[437]. Offensichtlich gab es neben dem unterschiedlichen rüstungspolitischen Interesse der USA und Großbritanniens auch Differenzierungen in der Wahrnehmung Finnlands und speziell Kekkonens. Die Trennlinie zwischen einer westlichen oder östlichen Finnlandperzeption lag in den USA dort, wo militärische Interessen berührt wurden. War man zwar im wirtschaftlichen Bereich bereit, Konzessionen zu machen, war dies im militärischen Bereich nicht mehr der Fall. Das vage Bild des ›finnischen Antikommunisten‹ reichte eben nicht aus, um Rüstungshochtechnologie zu verkaufen. Andererseits war man sehr wohl bereit[438], Finnlands militärische Moral, auch durch den Verkauf ausgewählter Waffen zu stärken[439]. Vom 19. Oktober bis 7. November 1962 besuchte der Oberbefehlshaber der finnischen Streitkräfte, General Sakari Simelius[440], die USA, um das Misstrauen der Amerikaner zu zerstreuen. Speziell sollte klargestellt werden, dass es keine militärischen Konsultationen mit der Sowjetunion gegeben habe. Praktisch ging es auch um die Vorbereitung von Rüstungskäufen für Heer, Luftwaffe und Marine[441]. Der Besuch fiel zufällig mit der kubanischen Raketenkrise zusammen, was zwar dessen Ergebnisse in Bezug auf Marine- und Luftwaffenkontakte deutlich schmälerte, aber andererseits die psychologische Wirkung des Besuchs verstärkte[442].

Interessant erscheint in diesem Zusammenhang, dass in der unverändert als kritisch angesehenen internationalen Lage des Jahres 1962 sich der Leiter der fin-

---

[434] Ebd.
[435] Salminen, Puolueettomuuden nimeen, S. 175.
[436] FRUS 1961–1963, vol. 16, Doc. 226, Paper prepared by the Department of State, o.D., vermutlich Juli 1962.
[437] Ebd.
[438] Ebd.
[439] Ebd., Doc. 236, Memorandum of Conversation, 7.10.1962.
[440] Jaako Sakari Simelius (1900–1985) war von 1959 bis 1965 Oberbefehlshaber der finnischen Streitkräfte.
[441] FRUS 1961–1963, vol. 16, Doc. 238, Memorandum of Conversation, 26.10.1962.
[442] Salminen, Puolueettomuuden nimeen, S. 177–182.

nischen Abteilung Waffenentwicklung, Generalmajor Karl Gunnar Löfström[443], privat in der Bundesrepublik Deutschland aufhielt und sogar sieben Tage lang durch die Bundeswehr betreut wurde. Das Besuchsprogramm war maßgeschneidert und enthielt ebenso – wohl den persönlichen Interessen des Besuchers entsprechend – einen Besuch bei der Topografischen Lehrbatterie und beim Militärgeografischen Amt. Hinzu kamen seiner Verwendung entsprechende Besuche beim Spezialfahrzeughersteller Faun, beim Rechenanlagenproduzenten Telefunken und Besprechungen mit den Rüstungsabteilungen Verteidigungswirtschaft (Abt. W) und Wehrtechnik (Abt. T) des Bundesministeriums für Verteidigung[444]. Aufschlussreich in Bezug auf die Wahrnehmung Finnlands durch das deutsche Verteidigungsministerium ist folgender Zusatz im Besuchsprogramm: »Der Besuch hat im Hinblick auf die traditionelle deutsch-finnische Freundschaft eine besondere militär-politische Bedeutung. Die außenpolitische Lage Finnlands verbietet jedoch eine Unterrichtung des Gastes über VS-NfD[445] hinaus. Es muss nach Möglichkeit vermieden werden, diese Einschränkung erkennen zu lassen[446].« Bei den Besprechungen im Bundesministerium der Verteidigung betonte Löfström den privaten Charakter seines Besuchs, teilte aber mit, dass der Generalstabschef der finnischen Streitkräfte über seine Besprechungen unterrichtet sei und er von diesem beauftragt worden sei, diese inoffiziellen Kontakte aufzunehmen. Auf die Frage, wie das Bundesverteidigungsministerium sich verhalten solle, wenn deutsche Firmen Material, das mit Kriegswaffen in Zusammenhang stehe, nach Finnland liefern wollten, führte Löfström aus, dass die Verpflichtung zur Einhaltung der Bestimmungen des sowjetisch-finnischen Staatsvertrages lediglich den finnischen Behörden obliege. Diplomatischer Kontakt zwischen Deutschland und Finnland solle nach wie vor vermieden werden. Sollte jedoch auf militärischem Gebiet eine inoffizielle Verbindung erforderlich sein, so sollte diese zwischen dem deutschen und finnischen Militärattaché in Stockholm hergestellt werden[447]. Finnisch-deutsche Militärkontakte waren, sicher nicht zuletzt durch die Notenkrise und wegen der historischen Implikationen und deren sowjetischer Perzeption, weitaus diffiziler als beispielsweise finnisch-amerikanische[448].

---

[443] Generalmajor Löfström (1903–1984) ist insbes. für seine Leistungen auf dem Gebiet der Fotogrammetrie bekannt. Im Zweiten Weltkrieg leitete er die finnischen Luftbildaktivitäten. Nach Verwendungen als Leiter des Luftbildbüros der Topografischen Abteilung (1952) und Leiter des Technischen Büros Kartendienste des Heeres wurde er 1960 Leiter der Abteilung Waffenentwicklung im finnischen Heer. 1963 wurde er pensioniert. Savolainen, In Memoriam, S. 98–100.

[444] BA-MA, BW 1/2468, Fü B II 8, TgbNr. 4190/62 (VS-NfD), Besuch GenMaj Dipl. Ing. Löfström (Finnland) bei der Bundeswehr (26.8.–2.9.1962).

[445] VS-NfD (Verschlusssache – Nur für den Dienstgebrauch) ist der niedrigste Grad der Geheimhaltung von Verschlusssachen, beispielsweise üblich für allgemeine militärische Vorschriften, Befehle, Dienstpläne.

[446] BA-MA, BW 1/2468, Fü B II 8, TgbNr. 4190/62 (VS-NfD), Besuch GenMaj Dipl. Ing. Löfström (Finnland) bei der Bundeswehr (26.8.–2.9.1962).

[447] Ebd., W 1 2, 5.9.1962, Vermerk betr. Besuch des finnischen Generalmajors Dipl.-Ing. Löfström.

[448] Während General Löfström sich privat in der Bundesrepublik Deutschland aufhielt, handelte es sich beim Besuch von General Simelius um einen offiziellen Besuch. Siehe hierzu auch Fotos in Salminen, Puolueettomuuden nimeen, S. 192.

Die Notenkrise kann folglich erst in der Gesamtschau richtig bewertet werden. Sie war in den Augen der NATO lediglich *ein* Zug im »long pull« zwischen Ost und West. Sie gehört in den Kontext der militärischen Lage in der Ostsee, des Kampfes um die wirtschaftliche und teilweise rüstungspolitische Integration Finnlands in Europa sowie der Frage, welche Parteien und Personen in Finnland die Macht ausübten und wessen Sympathien diese genossen oder nicht. Den größeren Rahmen hierzu bildeten andere Objekte des »long pull« wie etwa Berlin, die Ostsee oder Skandinavien.

VI. Das finnische Beispiel zwischen »guerre de cinquante ans« und »long peace«

1. Finnland im Kalten Krieg – Kalter Krieg um Finnland

Welche Ausprägungen zeigte also die bipolare Nachkriegsordnung in Finnland oder, von der anderen Seite betrachtet, was lehren uns die regionalen finnischen bzw. skandinavischen Erkenntnisse über den globalen Konflikt? Welche Rolle spielte die Nordatlantische Allianz? Um sich dieser Frage zu nähern, gilt es kurz die Entwicklung des Kalten Krieges in Finnland zu rekapitulieren. Zur Verortung Finnlands im Kalten Krieg von 1948 bis 1961 ist es wesentlich, sich nicht von zeitlich späteren Entwicklungen oder auch den Selbstdarstellungen skandinavischer Regierungen während des Kalten Krieges blenden zu lassen. Als Ausgangspunkt der Verortung Finnlands zwischen ›Ost‹ und ›West‹ muss daher auf die entscheidende machtpolitische Veränderung – auf die Zäsur von 1944 – zurückgegangen werden.

Zwar musste Finnland sich nicht einer bedingungslosen Kapitulation unterwerfen und wurde auch nicht besetzt, doch war der sowjetische Druck weit größer als der westliche. Die Lücke, die durch das Ausbleiben des ehemals dominierenden deutschen politischen Einflusses, der wohl zu diesem Zeitpunkt kaum westlich genannt werden kann, entstand, wurde weit mehr vom russischen Nachbarn denn vom wohl finnischerseits präferierten fernen britischen ›Sieger‹ ausgefüllt. Der britische Außenminister Ernest Bevin kommentierte diese Situation mit einem wohlwollenden Achselzucken: »Although we shall no doubt hope that Finland will be left some real degree of independence and a parliamentary regime, Russian dominance will in any case be predominant in Finland and we shall not be able, nor would it serve any important British interests, to contest this influence[1].« Insofern waren sowohl die finnische Ablehnung der Marshallplanhilfe und die Unterzeichnung des FZB-Vertrages lediglich folgerichtige, realpolitische Schritte, welche die Verortung Finnlands in der Einflusssphäre der Sowjetunion bestätigten. Während des Auftakts zum Kalten Krieg, als der kommunistische Staatsstreich in Prag und die Berliner Blockade die westliche Welt in Atem hielten, zählte der amerikanische Präsident Truman Finnland mit Griechenland und Italien zu den am meisten bedrohten Staaten Europas. Neben Wirtschaftshilfe, die Finnland außerhalb

---

[1]   Nevakivi, Finland and Cold War, S. 212.

des Marshallplanes erhielt, bildeten europäische Integration und die Formierung des transatlantischen Bündnisses zwei sich ergänzende Instrumente des Containment in Europa. Wie an der Südflanke in Griechenland und Italien stellte auch an der Nordflanke die Einbindung »bedrohter Staaten« in die Nordatlantische Allianz die beste Lösung dar. Bezogen auf das sich bereits innerhalb der sowjetischen Einflusssphäre befindende Finnland schied dieses Vorgehen allerdings von vornherein aus. Im Norden Europas entstand das später vom norwegischen Staatswissenschaftler Arne Brundtland als Nordic Balance beschriebene System, dass für Norwegen und Dänemark eine NATO-Mitgliedschaft mit Einschränkungen, für Schweden westlich orientierte Neutralität und für Finnland eingeschränkten sowjetischen Einfluss bedeutete. Dabei zeigte sich, dass die Einbindung der strategisch so entscheidend am Nordatlantik gelegenen skandinavischen Staaten bereits eine militärisch die NATO fast überfordernde Aufgabe darstellte. Dies entsprach der anfänglichen Schwäche des Bündnisses in Europa, wobei dessen Stärke zu dieser Zeit lediglich auf der nuklearen Überlegenheit der Vereinigten Staaten beruhte. Während des ersten Höhepunktes perzipierter Bedrohung nach dem Koreaschock und in Zeiten extremer Bipolarität belegt dies der mehr als defensive Ansatz der NATO-Übung OPERATION MAINBRACE. Der Eindruck, dass Finnland 1948 noch einmal davongekommen war, wurde der geschickten Politik seines Präsidenten Paasikivi und seinem energisch gegen die Kommunisten durchgreifenden Premierminister Fagerholm zugeschrieben. Das finnische Militär schien mit seinem streng antikommunistischen Offizierkorps darüber hinaus als Garant gegen einen kommunistischen Staatsstreich. Entsprechend wohlwollend unscharf beschrieb der britische Militärattaché in Helsinki 1950 den Status Finnlands als »Russia's one remaining non-communist non-subservient so-called satellite«[2].

Die nordatlantische Skandinavienpolitik war in dieser Zeit von äußerster Vorsicht geprägt. Angesichts der freilich stets zu kaschierenden eigenen Schwäche galt es vor allem den sowjetischen Gegner im Norden nicht zu provozieren, dabei auf Zeit zu spielen, um sukzessive unter dem Schutz des amerikanischen Atomschirmes an politischer, wirtschaftlicher und militärischer Stärke zu gewinnen. Die ›nordische Integration‹ bildete hierbei ein wesentliches, ›leises‹ und mit äußerster Vorsicht angewendetes politisches Instrument. Ebenso ›leise‹, jedoch von höchster militärischer Bedeutung waren hingegen die amerikanischen Bemühungen um das geheime Strategic Air Command-Abkommen zwischen den USA und Norwegen, das letztlich einen dem Wortlaut der norwegischen Verzichtserklärung entsprechenden und damit völkerrechtlich ›legalen‹ Ausweg aus dem Stationierungsvorbehalt Norwegens in Bezug auf atomar bestückbare Bomber schuf.

Die Zeit zwischen 1952 und 1954 war aus Gründen der bis dahin unmöglich vollziehbaren Aufrüstung im Westen und der gleichzeitig zunehmenden militärischen Stärke der UdSSR seitens der NATO als »Zeit der größten Gefahr« eingeschätzt worden. Die ›Diadochenkämpfe‹ nach dem Tod Stalins 1953 und die daraus folgende Beschäftigung der Sowjetunion mit sich selbst half – eher unverhofft –,

---

[2]   TNA, PRO, WO 106/6048, MA/20/53, Finland, Monthly intelligence summary for February 1950.

diese Zeit gefahrlos zu überbrücken. Der aufkommende ›Geist von Genf‹ bot eine Verschnaufpause, welche die Nordatlantische Allianz zu nutzen verstand. Im Ost-West-Gegensatz nahm bei der NATO das Gefühl einer akuten militärischen Bedrohung vermehrt ab, vielmehr wurde die Konfrontation mit dem Sowjetblock nun als langfristiger »long climb« oder als »long haul« beschrieben. Bei diesem ›langen Gezerre‹ kam es in den Augen der Bündnispartner vor allem darauf an, die Nerven zu bewahren, sich nicht von sowjetischer Friedenspropaganda ›einlullen‹ oder gar entzweien zu lassen. Neben den Aktivitäten im militärischen Bereich galt es, sich auf eine ›lange Kletterpartie‹ im wirtschaftlichen, politischen und kulturellen Bereich einzustellen. Letztendlich kam es bei einem ›Kampf der Ideologien‹ darauf an, die eigenen Ideen attraktiv zu halten.

Da eine zu starke Ausweitung solcher Artikel 2-Aktivitäten aus unterschiedlichen Gründen im NATO-Rahmen nicht durchführbar war, mussten hierfür andere Instrumente gefunden werden, wie beispielsweise die OEEC. Auf die skandinavische Nordflanke bezogen, bedeutete dies die Etablierung des Nordischen Rates, der Schweden wirtschaftlich und kulturell an den Westen zu binden versprach und, obwohl hier die Erfolgschancen gering geachtet wurden, auch für Finnland offenstand. Etwa gleichzeitig rückte mit der Einführung der flugzeitverkürzenden Polarstrategie die Bedeutung Skandinaviens für den potenziellen nuklearen Schlagabtausch im Kriegsfall in den Vordergrund.

Es war wohl die drohende und 1955 letztlich vollzogene Mitgliedschaft der Bundesrepublik Deutschland in der NATO, die seitens der Sowjetunion zu einer ›Politik der friedlichen Koexistenz‹ führte. Sie betraf in geografischer Hinsicht das unmittelbar westlich an das sowjetisch dominierte Territorium angrenzende Gebiet von Österreich über Deutschland, die Ostsee nach Skandinavien. Über die Ehrlichkeit dieser ›Politik der friedlichen Koexistenz‹, also die Frage, ob dahinter Bestrebungen nach einer kommunistischen Weltrevolution standen oder ob es sich um genuine Friedensbemühungen handelte, ist viel diskutiert, dabei jedoch nur wenig belegt worden. Letztlich sind die Intentionen Chruščevs jedoch für den weiteren Verlauf der Geschichte wenig relevant, da diese Frage ins – vielleicht reizvolle – kontrafaktische »was wäre gewesen wenn« führt. In den Augen der Nordatlantischen Allianz war, das steht fest, das mit der Einwilligung zu einer solchen Politik verbundene Risiko schlichtweg zu groß. Die ›Trümpfe‹, die ohne greifbare Gegenleistung die Sowjetunion der NATO aus der Hand zu geben vorschlug, waren zahlreich: Die Bundesrepublik mit ihrem militärischen und vor allem wirtschaftlichen Potenzial, das luftstrategisch so wertvolle Gebiet Skandinaviens sowie die Ostsee, deren Ausgänge als wesentlicher Eckstein transatlantischer Verteidigung galten. Letztendlich hätte dies in strategischer Hinsicht für die Westmächte eine Rückkehr zur Situation der Schwäche von 1948 bedeutet – jedoch mit dem feinen Unterschied, dass inzwischen die Sowjetunion neben ihrer konventionellen Macht auch über ein stattliches atomares Arsenal verfügte. Auf alle Fälle lehnte die Nordatlantische Allianz die als ›Sirenengesänge‹ perzipierten sowjetischen Neutralisierungsversuche ab, die letztlich einem militärischen Verlust der Nordflanke gleichgekommen wäre. Insbesondere die amerikanische Führungsmacht vertrat angesichts der rasch zwischen Friedensbeteuerungen und handfesten Drohungen wechselnden Politik Chruščevs die Ansicht, dass die Sowjetunion sich letztendlich immer einem Fait accompli gebeugt habe und dies auch weiterhin tun werde.

Ein solches Fait accompli wurde mit der Aufnahme der Bundesrepublik Deutschland in die NATO im Mai 1955 geschaffen. An der Nordflanke sollte dies Auswirkungen auf das Kräfteverhältnis in der Ostsee sowie in Südskandinavien haben. Darüber hinaus zwang die immer stärker werdende Militärpräsenz in Mitteleuropa auch die Sowjetunion und ihre Satelliten, ihren Schwerpunkt vermehrt auf Mitteleuropa zu legen. Der skandinavische Schauplatz wurde also letztlich militärisch entlastet, was vorerst jedoch eine politische Belastung bedeutete. Der beschlossene westdeutsche Verteidigungsbeitrag wirkte sich zwar politisch unmittelbar aus, militärisch nahm er jedoch erst später retardierenden Einfluss, also mit der faktischen Aufstellung der Masse der Bundeswehr etwa im Zeitraum 1958 bis 1961. So stellte die NATO für 1954/1955 eine stärkere Aktivität der Sowjetunion in Skandinavien fest, die analog zum eigenen Verhalten als »forward policy« beschrieben wurde. Hierzu wurde ebenso die Rückgabe des sowjetischen Stützpunktes im finnischen Porkkala wie auch eine Kombination aus ›Friedensinitiativen‹ gerechnet, die vor allem die Ostsee betrafen. Letztere beinhalteten angesichts der örtlichen maritimen Überlegenheit des Warschauer Paktes stets den Vorschlag, »ostseefremde«, also etwa britische oder amerikanische Flotten, aus der Ostsee auszuschließen und diese – so die Bündnisdiktion – zu einem ›Roten Meer‹ zu machen.

Hinsichtlich der Einschätzung Finnlands blieb das Bündnis skeptisch. Nachdem für kurze Zeit amerikanischerseits die finnische Bewertung geteilt wurde, dass die Rückgabe von Porkkala einen großen Schritt in Richtung finnische Eigenständigkeit bedeute, überwog bald die Wahrnehmung, dass die UdSSR lediglich ihre Kräfte umgruppiert habe und nun andere Stützpunkte weiter westlich an der Südküste der Ostsee nutze. Hinsichtlich der ›großen‹ strategischen Linie war dies durchaus zutreffend, im Hinblick auf die Bedeutung der Aufgabe des Stützpunktes für Finnland jedoch nicht. Auch bei dessen Beitritt zum Nordischen Rat befürchteten die nordatlantischen Bündnispartner kurzfristig eine Unterminierung der unter westlichen Vorzeichen erfolgenden skandinavischen Integration. Jegliche Konzilianz der Sowjetunion in Finnland wurde mit den ›Friedensinitiativen‹ in der Ostsee gleichgesetzt. Letztendlich ginge es darum, die Nordflanke zu schwächen und die angesichts ihrer Grenze zur Sowjetunion ohnehin oft wankelmütigen Norweger aus dem Bündnis zu brechen. Im Rahmen des »long pull« wirkte sich jedoch die Rückgabe von Porkkala und der finnische Beitritt zum Nordischen Rat als deutlicher Punktsieg des Westens aus: Finnland konnte international als »neutrales skandinavisches Land« gelten.

Auf den ersten Blick mag es dem Betrachter hinsichtlich Finnland erstaunlich erscheinen, dass die Nordatlantische Allianz nicht 1956 den Vergleich zur Situation von 1948 anstellte und ihre dort deutlich verbesserte Lage ›feierte‹. Die Politik des auf militärischer Stärke beruhenden Ausharrens, gepaart mit einem politischen Rollback mittels vorsichtiger und maßgeschneiderter Integration hatte sich schließlich eindeutig bewährt. Beim genaueren Hinsehen scheint das Fehlen einer positiven Selbsteinschätzung des Bündnisses indes verständlicher: Zum einen gehört es zum Wesen der Quellengattung militärische Feindlagebeurteilungen, dass diese den »worst case« zugrunde legen, zum anderen war das Interesse der NATO eben nur am äußersten Rande auf Finnland und die dortigen in ihrem Sinne begrüßenswerten Entwicklungen gerichtet. Der Allianz kamen als Verteidigungsbündnis nach Art. 5 des Nordatlantischen Vertrages wesentlichere Kernaufgaben zu, als die politischen Nebenaufgaben nach Art. 2. Viel schwerer wog daher die perzipierte Gefahr einer potenziellen Schwächung des Bündnisses in Norwegen oder Dänemark. Die Nordflanke, speziell die Ostseeausgänge, waren darüber hinaus, das belegte das Manöver BROWN JUG im Jahr 1957, noch lange nicht militärisch gesichert. Angesichts der Probleme ›vor der Haustür‹ und sowjetischer regionaler Luftüberlegenheit schweiften die Gedanken kaum ab in Richtung des im Kriegsfall nach wie vor »ostwärts der Front« liegenden Finnland. In einem solchen Fall – das stand in den Augen der Feindlageexperten fest – würde Finnland angesichts seiner militärischen Ohnmacht ohnehin gezwungen sein, sich der sowjetischen Strategie anzuschließen. Es galt sich also dem auf politischer Ebene so schwierigen Problem eines einheitlichen Kommandos der an der Schnittstelle zwischen den NATO-Kommandos NORTH und CENTER gelegenen Ostseeausgängen zu widmen.

Mit der Bundesrepublik Deutschland bzw. deren militärischem Instrument, der Bundeswehr, und der mit ihrer Aufstellung verbundenen Strategie der Vorneverteidigung hielt ein dynamisches Moment in die militärische Lage in der Ostsee und Südskandinavien – und somit der Nordflanke – Einzug. Während mit Ungarn- und Suezkrise der Kalte Krieg immer mehr zum ›kalten Stellungskrieg‹ wurde und sich diese Tendenz des Beibehalten des Status quo auch angesichts der Berlinkrise fortsetzte, gilt dies bei genauerem Hinsehen nicht für das angeblich so sehr zur ›friedlichen Koexistenz‹ geeignete Skandinavien. Gerade hier kann durchaus von einem ›kalten Bewegungskrieg‹ die Rede sein. Die hier im Vergleich zu Mitteleuropa sprichwörtlich »weniger festgefahrene Situation« ermöglichte sowohl ein gewisses Disengagement, bot aber in dieser ersten Phase des Kalten Krieges auch Möglichkeiten des politischen Rollback. Dies galt jedoch reziprok in beide Richtungen, also sowohl für die Sowjetunion und ihre Satelliten als auch für die Nordatlantische Allianz. Während das Jahr 1957 für Mitteleuropa noch weitestgehend als Jahr der Entspannung, wenn auch der zunehmenden Zementierung der Blöcke gilt, so kann das für die Nordflanke nicht behauptet werden. Es ist dies das Jahr der von der NATO so bezeichneten »sowjetischen Notenoffensive«, einer Folge von massiven Drohungen Moskaus an Dänemark und Norwegen, deren Hintergrund die anwachsende westdeutsche Militärmacht im Allgemeinen und Diskussionen über ein gemeinsames Ostseekommando im Speziellen bildeten. Auf Finnland bezogen begann 1957 in den Augen der NATO der härtere Griff der Sowjetunion. Spätestens ab hier ist ein deutlicher Unterschied zwischen finnischer Selbstwahrnehmung und nordatlantischer Fremdwahrnehmung zu beobachten. Während finnischerseits der bald legendäre Saunabesuch Chruščevs und Kekkonens als Zeichen der guten nachbarschaftlichen Beziehungen und somit der Entspannung der Lage zwischen beiden Ländern gewertet wurden, nahm die Nordatlantische Allianz

gerade diese Entspannung als Zunahme der Spannung, als Druck auf Skandinavi-
en, wahr. Finnland galt Amerikanern, Briten und Deutschen als »country of Western education and eastern location«[3]; Finnen und Sowjets verstanden indes Finnland als kapitalistisch, also westlich. An und für sich ist das kein Widerspruch – es
verhält sich hier ähnlich wie mit der Frage, ob ein Glas halb voll oder halb leer sei.
Für das Bündnis wog in der Bedrohungsanalyse die realpolitische Zuordnung
meist mehr als die ideologische, für die Sowjetunion war hier die Ideologie das
ausschlaggebende Argument. Dies ist jedoch wohl weniger eine grundsätzliche
Priorisierung oder ein Spezifikum der Blöcke, sondern beruht auf der Annahme
eines »worst case scenario«. Dabei spielte offensichtlich bei der NATO auch das
Bewusstsein, der ›eigene Arm‹ reiche eben nicht bis nach Finnland, eine Rolle.

Als 1958 die Sowjetunion sich anschickte, den in ihren Augen seit 1944 ständig
gewachsenen westlichen Einfluss auf Finnland zurückzudrehen und mit politisch-
wirtschaftlichem Druck den Rücktritt der Regierung Fagerholm erzwang, versuchten die USA erst als es bereits zu spät war, mittels eines Kreditangebots Finnland zu stützen. Die nordatlantische Finnlandpolitik angesichts der Nachtfrostkrise
kann als sehr behutsam, ja übervorsichtig bezeichnet werden. Dies stützt das Bild
der allgemeinen Linie des Erhalts des Status quo. Es sollte die Sowjetunion weder
provoziert werden noch der Eindruck eines ›Gezerres um Finnland‹ entstehen –
ein schwieriges Unterfangen in Zeiten des »long pull«. Während die USA aus
Gründen der Geheimhaltung und der Kalten-Kriegs-Psychologie eine wirtschaftliche Stützung Finnlands nicht im NATO-Rat diskutieren wollten, war insbesondere
Deutschland daran interessiert, den sowjetischen Druck auf Finnland öffentlich zu
machen. Verteidigungsminister Strauß thematisierte den Fall Finnland in einer
Rundfunkrede, um den Rüstungsgegnern im eigenen Land wie in Skandinavien
»das wahre Gesicht« der Sowjets zu zeigen. Dies korreliert mit der bundesdeutschen Strategie der Vorneverteidigung. Innerhalb der NATO wurde zwar der finnische Fall diskutiert, aber man hörte vor allem auf die Argumente der vorsichtigen Skandinavier und saß die Krise insgesamt recht tatenlos aus. Bewusst wurde
Finnland in gemeinsamen Kommuniqués nicht erwähnt. Praktisch betrieb die
Nordatlantische Allianz also während der Krise eine Deeskalationspolitik.

Nachdem es nicht gelungen war, die Regierung Fagerholm zu halten, wurde ei-
nerseits deutlich das westliche Desinteresse an Finnland herausgestellt – man
wollte ja nicht als Verlierer dastehen –, andererseits folgte nach Beendigung der
Krise ein Bündel ›leiser‹ nordatlantischer Maßnahmen, deren Ziel es war, Präsident
Kekkonen im Speziellen und die Finnen im Allgemeinen vom Wohlwollen und der
Stärke des Westens zu überzeugen. Vor allem aber sollte das dem »sowjetischen
Teufel« wieder einmal »von der Schippe gesprungene« Finnland wirtschaftlich an
den Westen gebunden werden, um so dessen Neutralität in künftigen Krisen zu
sichern. Hierbei handelte es sich jedoch um zumindest mittelfristige Maßnahmen.

---

[3]   UA, UM Microfilmit Ea Raporttisarja 1949–1972, 5 C Washington, DC 1–9/1957, Pääministeri
Bulganin'in ja puoluesihteeri Hruhtshev'in vierailu Suomessa Yhdysvalloista käsin nähtynä,
18.6.1957.

Sie folgten dem alten Muster des Marshallplanes zum Containment kommunistischer Bewegungen in Europa. Auch die Mittel waren teilweise die alten. So wurde eine Mitgliedschaft Finnlands in der OEEC, die ja 1948 zur Kontrolle über die ERP-Mittel gegründet worden war, angestrebt. Parallel wurde eine Mitgliedschaft in einer in der Diskussion befindlichen Nordic Customs Union im Rahmen des Nordischen Rates oder alternativ im britischen Konkurrenzprojekt EFTA verfolgt. Letzteres Bemühen wurde schließlich 1961 mit dem Assoziierungsvertrag zwischen Finnland und der EFTA von Erfolg gekrönt. Hochrangige Besuche ließen sich jedoch nicht kurzfristig arrangieren. Immerhin schickten die USA noch während der Krise Senator Humphrey auf seiner Rückreise von Moskau nach Finnland, und Großbritannien entsandte bald darauf den Parlamentarischen Unterstaatssekretär Allan. Besuche eines Staatsoberhauptes gelangen erst 1961: Präsident Kekkonen reiste nach Oslo, London, Ottawa und Washington. Der »long pull« um Finnland war wieder im vollen Gange.

Obgleich dieser, mit Ausnahme der Bundesrepublik Deutschland, die kaum etwas so sehr fürchtete wie eine Anerkennung der DDR durch Finnland, sich gegenüber diesem Land meist mit Samthandschuhen vollzog, ließ sich die Nordatlantische Allianz in ihrem sicherheitspolitischen Kernanliegen an der Nordflanke nicht beirren: Die kritische militärische Integration in Europas Norden, also im Wesentlichen die Integration der deutschen Anteile, wurde angesichts der durch die Nachtfröste in Finnland und die Krise in Berlin erneut heftiger gefühlten sowjetischen Bedrohung stärker vorangetrieben. Das gemeinsame Kommando für die Verteidigung der Ostseeausgänge stellte sich aber angesichts des durch die Erfahrung der deutschen Besatzungszeit belasteten deutsch-dänischen und deutsch-norwegischen Verhältnisses sowie der Interessen Großbritanniens als schwierige Geburt heraus. Dies wiederum suchte die Sowjetunion durch das Weiterführen der Notenoffensive gegen Dänemark und Norwegen einerseits, und verschiedene Angebote, die meist nach Art des Rapacki-Planes von Satellitenstaaten vorgetragen wurden, andererseits auszunutzen. Während in Berlin auf hohem Spannungsniveau der Status quo gehalten wurde, brach 1960 durch das Wettrüsten auf globaler Ebene kurzfristig die sowjetische Überlegenheit in der mittleren Ostsee zusammen. Der NATO war also bis 1961 in der Nordflanke der große Wurf auf ›leisen Sohlen‹ gelungen. Noch Ende des Jahres sollte mit COMBALTAP endlich das Ostseeproblem gelöst werden. Mit Olavi Honka schien zudem in Finnland dem seitens des Bündnisses als allzu sowjetfreundlich empfundenen Präsidenten Urho Kekkonen ein neuer, eher westlich orientierter Gegner erwachsen zu sein.

Diesen vielen kleinen Siegen, die zusammen eine strategische Position der Stärke für die Nordflanke der NATO hätten bedeuten können, suchte die Sowjetunion mit der Note vom 30. Oktober 1961 abrupt einen Riegel vorzuschieben. Großbritannien und die USA versicherten dem finnischen Präsidenten ihre Rückendeckung und innerhalb der Allianz wurden die Reaktionen sorgsam abgestimmt, doch kam es auch diesmal zu keinen öffentlichen Äußerungen des Bündnisses. Nachdem die NATO und insbesondere Dänemark sich bezüglich der militärischen Integration mittels COMBALTAP nicht beirren ließen, blieb in Bezug auf die Nordatlantische

Allianz die Note jedoch ohne Wirkung. In der Ostsee vor ein Fait accompli gestellt, gab es außer Noten und Drohungen keine sowjetischen Maßnahmen. Angesichts des rätselhaften Novosibirsk-Besuches des finnischen Präsidenten und dessen Ablehnung westlicher Unterstützung entstand aber aus dem Blickwinkel des
Bündnisses der Eindruck, Finnland drifte nun wieder in die sowjetische Einflusssphäre ab, aus der es bereits fast entkommen zu sein schien. Die Krisenjahre
1958 bis 1961 bildeten also für die Allianz einen Wendepunkt in der Perzeption
Finnlands – nun wieder unter Zunahme des Einflusses Moskaus.

Zusammenfassend ist festzustellen, dass das Bündnis im Untersuchungszeitraum der Sowjetisierung Finnlands stets eine Skandinavisierung entgegensetzte.
Dies geschah möglichst leise und unauffällig und muss als westliche Seite des »long
pull« interpretiert werden. Ohne dieses ›Ziehen‹ des Westens auf militärischer,
wirtschaftlicher und politischer Ebene ist weder das erfolgreich auf Eigenständigkeit beharrende Verhalten Finnlands noch das vorsichtige Verhalten der Sowjetunion verständlich. Die angebliche »Tatsache«, dass es sich bei Finnland um ein
nordisches Land handelte, wurde dabei durchaus zielgerichtet durch die NATO
gestützt. Es ist aber hervorzuheben, dass es sich bei dieser Politik, die durchaus
Züge eines umsichtigen Rollback annehmen konnte, nicht um genuine Finnlandpolitik, sondern entsprechend dem Verständnis der Nordatlantischen Allianz um
›Nordflankenpolitik‹ handelte, wobei Finnland lediglich einen Teil dieser Politik
bildete. Diese Sichtweise ersetzt freilich nicht den Blick auf die finnisch-sowjetischen Beziehungen, sie vervollständigt aber das stark aus den Perzeptionsmustern
des Kalten Krieges gespeiste immer noch vorherrschende und auf die Ostbezie-
hungen zentrierte Finnlandbild.

2. Finnlandperzeption – Kampf um wahrgenommene Räume

Für die Untersuchung des Bildes der Nordatlantischen Allianz von Finnland lag in
dieser Studie ein diplomatiegeschichtlicher Ansatz auf der Hand. Dem Untersuchungsgegenstand »Nordatlantische Allianz« näherten wir uns mit militärhistori-
schen, aber auch mit eher kulturwissenschaftlichen Methoden. Dass militärgeschichtliche Fragen wie die nach der Strategie oder der technologischen Entwicklung
von Waffensystemen bei der Untersuchung sicherheitspolitischer Probleme unab-
dingbar sind, wird niemand bestreiten. Wie verhält es sich aber mit dem für die
vorliegende Arbeit gewählten ›Werkzeug‹ der Perzeptionsmuster? Die Annahme
eines NATO-spezifischen Wahrnehmungsmusters, eines eigenen Denkschemas,
scheint insgesamt zu tragen. Die Frage nach der Perzeption Finnlands im Rahmen
der Bedrohungsempfindung zu stellen hilft dabei, Wesen und Zweck des Atlantischen Bündnisses nicht aus den Augen zu verlieren. Auch betont die gewählte
Annäherungsweise die Relativität der Aussagen. Nicht was Finnland im Kalten
Krieg – absolut gesprochen – gewesen ist, kann diese Untersuchung ergründen,
der Ertrag begrenzt sich vielmehr auf das Verständnis der Allianz von Finnland.
Auch ist festzustellen, dass Sichtweisen häufig gewissen historisch tradierten Ste-

reotypen, etwa dem ›tapferen Finnen‹ oder dem ›Trojanischen Pferd‹ folgten. Versucht man sich die ›NATO-Brille‹ aufzusetzen, und nutzt man Akten dieser Organisation, so läuft man stets auch Gefahr, dieses Denken absolut zu setzen.

Die Suche nach Regelmäßigkeiten in der Wahrnehmung erleichtert es dem Betrachter wiederum, diese Sichtweise zu hinterfragen. Diese Studie beleuchtet eine Seite der Geschichte des Kalten Krieges in und um Finnland. Um Vollständigkeit des historischen Bildes zu erreichen, bedarf es komplementär zumindest auch eines Blicks auf die sowjetische Perspektive sowie auf die finnische Sicht der Dinge. Während letztere weitestgehend bekannt ist, bleibt bezogen auf die Finnlandpolitik der UdSSR noch manches Desiderat. Zentral interessiert insbesondere die Frage, ob und wann für Finnland eine kommunistische Herrschaft angestrebt wurde. Auch die westliche Politik kann nicht als umfassend erklärt gelten. So gilt es beispielsweise noch, die angloamerikanische Kulturpolitik in Finnland im Rahmen des Kalten Krieges zu untersuchen. Dabei wäre besonders auf die Frage nach dem Einfluss der Fennoamerikaner etwa in Minnesota auf die Politik der USA einzugehen.

Die Wahrnehmung Finnlands seitens der NATO war stets an die Bedrohungsszenarien durch die Sowjetunion gekoppelt und wurde von der Politik Moskaus in Skandinavien maßgeblich mitbestimmt. Während aufgrund der Erfahrungen von 1948 noch häufig die Finnen als »genuin antibolschewistisch« gesehen wurden und die Idee von »antisowjetischen Guerillakämpfern in den finnischen Wäldern« die Finnlandperzeption bestimmten, gewannen angesichts der stark asymmetrischen Machtverteilung vermehrt auch negative Bilder der Finnen und speziell Kekkonens an Überzeugungskraft. Immer wieder tauchte das Bild Finnlands als ›Trojanisches Pferd‹ der Sowjetunion auf. Lediglich auf die Streitkräfte bezogen konnte sich im gesamten Zeitraum vorliegender Untersuchung das Bild vom ›tapferen David gegen den sowjetischen Goliath‹ halten. Für die Nordatlantische Allianz taugte im Untersuchungszeitraum 1949 bis 1961 das heute weit verbreitete Bild Finnlands als ›Musterbeispiel friedlicher Koexistenz‹ wenig, derartige Vorstellungen wurden stets als Sowjetpropaganda klassifiziert. Dies sollte sich erst mit der KSZE-Konferenz von 1973 bis 1975 im Rahmen eines abgewandelten Bedrohungskontextes ändern.

Die Hilfsbereitschaft des Nordatlantischen Bündnisses begründete sich mit den positiven tradierten Finnlandbildern. Das betraf sowohl die Bereitstellung von Krediten an den ›fleißigen Schuldenrückzahler‹ wie auch die Lieferung von Waffen an die ›tapferen Finnen‹. Beim Transfer von Hochtechnologie wie Jetflugzeugen zeigte sich jedoch, dass beispielsweise seitens der britischen Waffenindustrie die gleichen Modelle zur Verfügung gestellt wurden wie etwa auch für Indien oder Jugoslawien. Angesichts der Nachtfrostkrise, dem ersten Wendepunkt in der Finnlandperzeption der NATO, gelang es Finnland nicht mehr, moderne Kampfflugzeuge aus nordatlantischer Produktion zu beschaffen. So wurde trotz militärpolitischer Vorbehalte auf russische MiG zurückgegriffen, was wiederum die transatlantische Perzeption Finnlands als östliches Land verstärkte. Dies führte dann einerseits zu verstärkten Anstrengungen, die Moral der nach wie vor als ›westlich orientiert‹

wahrgenommenen finnischen Streitkräfte durch Lieferungen von NATO-Waffen aufrechtzuerhalten, andererseits sperrten sich die Vereinigten Staaten angesichts solcher militärischen Zusammenarbeit mit dem Gegner gegen den Verkauf westlicher Hochtechnologie, wie etwa die für Finnland vertraglich ohnehin verbotenen Fernlenkwaffen. Hier kam wieder einmal die Befürchtung zum Tragen, dass Finnland sich als ›Trojanisches Pferd‹ entpuppen könnte. Der politischen Skandinavisierung Finnlands waren also durch die Bedrohungsperzeption immer wieder Grenzen gesetzt. Eine generell sehr wohl gewünschte Westbindung Finnlands stellte sich als Quadratur des Kreises dar, da sie eines Vertrauensvorschusses bedurft hätte. Ein solcher wurde jedoch angesichts der insgesamt unsicheren weltpolitischen Lage als zu hohes Risiko eingeschätzt.

In der Gesamtschau kann von 1949 bis 1961 die Finnlandwahrnehmung der Nordatlantischen Allianz als in sich recht geschlossen betrachtet werden. Einzig die skandinavischen Staaten, allen voran Norwegen, neigten in Zeiten der Entspannung dazu, Finnland als ›Beispiel friedlicher Koexistenz‹ darzustellen. Der finnische Nachbar diente vor allem Norwegen als Argument für eine vorsichtige Politik gegenüber der Sowjetunion. Das Modell der Nordic Balance diente dabei häufig der Begründung einer Sonderrolle Skandinaviens. Die Nordatlantische Allianz wies dabei im Untersuchungszeitraum eine erstaunliche Flexibilität in der Wahl der Mittel auf. Ihre Vorgehensweise erscheint recht undogmatisch. Wahrscheinlich trug diese Bereitschaft, unterschiedliche, sicherheitspolitisch gewachsene Traditionen innerhalb der Mitgliedsstaaten anzuerkennen, auch einen Teil zur Erfolgsgeschichte der NATO im Kalten Krieg bei. Bei stark abweichenden Meinungen reagierte das Bündnis, indem es das Schreckgespenst eines Zerbrechens der Allianz heraufbeschwor. Dabei erwies sich die Bedrohungsperzeption der Sowjetunion als wirkungsvolle Klammer.

Wie zu Beginn festgestellt, ist die Verortung der finnischen Position im Kalten Krieg zwischen ›Finnlandisierung‹ und ›friedlicher Koexistenz‹ mit der Gesamtbewertung des Kalten Krieges zwischen den Polen ›Fünfzigjähriger Krieg‹ und ›langer Frieden‹ interdependent – das stellte sich schon für die Zeitgenossen nicht viel anders dar. Da es sich bei den Begriffen ›Finnlandisierung‹ und ›friedliche Koexistenz‹ aber um propagandistische Schlagwörter handelt, kann ihr Gebrauch leicht in die Irre führen. Beide gegensätzliche Positionen weisen gemeinsam darauf hin, dass neben dem politisch-militärisch geführten Kalten Krieg gerade im Norden Europas der ›Herrschaft über die Köpfe‹ eine besondere Rolle zukam. Letztendlich wurde in Finnland ›mit geistigen Waffen‹ um Einflusssphären ›gekämpft‹. Das Denken der NATO war aber nicht auf den Raum Finnland begrenzt, vielmehr bildete dieser Staat auf der ›mental map‹ der NATO lediglich einen Teil der Nordflanke. Lässt man sich auf diese auf militärisch-strategischen Gegebenheiten beruhende Raumvorstellung ein, so wird die Logik dieser beiden Kampfbegriffe verständlich. Folgt man also dem Perzeptionsmuster der Nordatlantischen Allianz und denkt in gesamtskandinavischen, übergreifend strategischen Zusammenhängen, dann bilden ›friedliche Koexistenz‹ und ›Finnlandisierung‹ letztendlich die beiden Seiten einer Medaille: ›Finnlandisierung‹, im Kontext der Zeit gesehen, bedeutete für das Bündnis, dass im Hinblick auf Norwegen und Dänemark – nicht auf Finnland (!) – eine ähnliche Beziehung zur Sowjetunion eintreten würde wie sie bereits seit 1948 für Finnland festgeschrieben war. Das gleiche beinhalteten die sowjetischen Forderungen nach einer ›friedlichen Koexistenz‹ und einem ›Friedensmeer Ostsee‹: nämlich das Herstellen einer »finnischen Situation« für Dänemark und Norwegen. Bereits eine »schwedische Situation«, die gesamte Nordflanke der NATO betreffend, hätte jedoch für die Allianz schlicht einen strategischen Rückschritt bedeutet. Sie war somit angesichts der hohen strategischen Relevanz der Ostseeausgänge, der atlantischen Westküste Norwegens und später auch des skandinavischen Gesamtterritoriums als Raum für das ›Schild‹ im Rahmen der Schwert-Schild-Strategie strategisch nicht akzeptabel.

Für den Kalten Krieg in Finnland gelten die Charakteristika einer »controlled conflictuality«[4]. Der Krieg fand dabei nicht nur an genuin sicherheitspolitischen, sondern an allen gesellschaftlichen und kulturellen Fronten statt. Der Nordatlantikpakt hielt sich dabei an die Spielregeln, die Gaddis für den »long peace« als charakteristisch erachtet, mischte sich also beispielsweise im Zweifelsfall nicht in die Einflusssphäre der Sowjetunion ein. Andererseits wurde aber versucht, eben gerade diese Einflusssphäre zu verschieben. Dieser vor allem mit diplomatischen, wirtschafts- und kulturpolitischen Mitteln geführte Kampf folgte der militärischen Logik strategischen Denkens. Ein derart verstandener Primat des Militärischen bestimmte die besondere Situation Finnlands und Skandinaviens von 1949 bis 1961. Die Politik folgte bereits im Frieden der Logik eines möglichen künftigen Krieges. So verwischte angesichts der Totalität des neuen, potenziell nuklearen Kriegsszenarios die klassische Trennung zwischen Politischem und Militärischem oder, anders ausgedrückt, zwischen ›friedenstypischem‹ und ›kriegstypischem‹ Handeln.

Für das finnische Beispiel kann zusammenfassend festgestellt werden, dass die nordatlantische Politik bereits im Frieden die strategischen Züge eines künftigen Krieges vorwegnahm. Der amerikanische Botschafter in Helsinki bezeichnete das Überleben eines freien Finnlands als »near miracle«. Angesichts des insgesamt schwachen Engagements der Allianz in Finnland scheint das auf den ersten Blick zutreffend. Schenkte man jedoch Carl von Clausewitz Glauben, so ist der an der Nordflanke der NATO aufzufindende und an Frieden erinnernde Zustand kontrollierter Konflikthaftigkeit und geringer Aktivität auch für einen Krieg nicht untypisch: »Richten wir den Blick auf die Kriegsgeschichte überhaupt, so finden wir so sehr das Gegenteil von einem unaufhaltsamen Fortschreiten zum Ziel, dass ganz offenbar *Stillstehen* und *Nichtstun* der *Grundzustand* der Heere mitten im Kriege ist und das *Handeln* die *Ausnahme*[5].«

---

[4]   Maier, The Cold War, S. 14.
[5]   Clausewitz, Vom Kriege, S. 407 (Hervorhebungen im Original).

Abkürzungen

AA   Auswärtiges Amt
ABM   Anti-Ballistic Missile
ACE   Allied Command Europe
AFNORTH
    Allied Forces Northern
    Europe
AIRBALTAP
    Allied Air Forces Baltic
    Approaches
AKS   Akademische Karelien-
    Gesellschaft
APJ   Airpower Journal
ASW   Anti-Submarine Warfare
ATAF   Allied Tactical Air Force
AV   Auslandsvertretung
BMVg   Bundesministerium der
    Verteidigung
CC   Cooperation and Conflict
CEH   Contemporary European
    History
CENTO Central Treaty Organization
CIA   Central Intelligence
    Agency
CINC   Commander in Chief
CINCENT
    Commander in Chief Allied
    Forces Central Europe
CINCNORTH
    Commander in Chief Allied
    Forces Northern Europe
COMBALTAP
    Commander Allied Forces
    Baltic Approaches
COMECON
    Council for Mutual Economic
    Assistance, siehe auch RGW

COMNAVBALTAP
    Commander Allied Naval
    Forces Baltic Approaches
CSU   Christlich Soziale Union
CWIHP Cold War International
    History Project
DH   Diplomatic History
DSACEUR
    Deputy Supreme Allied
    Commander Europe
ECOSOC
    Economic and Social
    Council
EFTA   European Free Trade
    Associaton, auch European
    Free Trade Agreement
EGKS   Europäische Gemeinschaft
    für Kohle und Stahl
ERP   European Recovery Program
    (Marshallplan)
EURATOM
    Europäische
    Atomgemeinschaft
EVG   Europäische Verteidigungs-
    gemeinschaft
EWG   Europäische Wirtschafts-
    gemeinschaft
FA   Foreign Affairs
FCA   Friendship, Cooperation
    and Mutual Assistance
    Treaty, siehe auch
    FZB, YYA
FINEFTA
    Finnish European Free
    Trade Agreement
FO, F.O. Foreign Office

FRUS	Foreign Relations of the United States	NCU	Nordic Customs Union
Fs.	Fernschreiben	NKWD	Volkskommissariat für Innere Angelegenheiten der SU
FZB	Vertrag über gegenseitige Freundschaft, Zusammenarbeit und Beistand, siehe auch FCA, YYA		(russ.: Narodny Komissariat Wnutrennich Del)
		OAS	Organization of American States
GATT	General Agreement on Tariffs and Trade	o.D.	ohne Datum
		OEEC	Organization for European Economic Cooperation
GG	Geschichte und Gesellschaft		
HMRG	Historische Mitteilungen der Ranke-Gesellschaft	PAAA	Politisches Archiv des Auswärtigen Amts
ICBM	Intercontinental Ballistic Missile	PRO	Public Records Office
		PVO	Protivovzdušnaja Oborona (= TSK Heimatluftverteidigung)
IHR	International History Review		
IKL	Isänmaallinen Kansanliike		
IR	International Relations	PUSD	Permanent Under Secretary's Department
IRD	Information Research Department		
		RGW	Rat für gegenseitige Wirtschaftshilfe, siehe auch COMECON
JMH	Journal of Military History		
JPR	Journal of Peace Research		
JSS	Journal of Strategic Studies	RKP	Ruotsalainen Kansanpuolue
KGB	Komitet gossudarstvennoj bezopasnosti	SAC	Strategic Air Command
		SACEUR	Supreme Allied Commander Europe
Kok	Kansallinen kokoomus		
KPdSU	Kommunistische Partei der Sowjetunion	SACLANT	
			Supreme Allied Commander Atlantic
KPF	Kommunistische Partei Finnlands		
		SArk	Sota-arkisto
KT	Kilotonne	SDP	Sosiaalidemokraattinen Puolue
LANDJUT			
	Allied Land Forces Schleswig-Holstein and Jutland	SEATO	South East Asian Treaty Organization
MC	Military Council	SHAPE	Supreme Headquarters Allied Powers Europe
MDAP	Mutual Defense Assistance Program		
		SJH	Scandinavian Journal of History
Ml/Kesk	Maalaisliitto/Keskusta Puolue		
		SKDL	Suomen Kansan Demokraattinen Liitto
MÖStA	Mitteilungen des österreichischen Staatsarchivs		
		SLBM	Submarine-Launched Ballistic Missile
NAM	Non-Alignment Movement		
		Tel.	Telegramm
NATO	North Atlantic Treaty Organization	TNA	The National Archives
		TSK	Teilstreitkraft

UA	Ulkoasiainministeriön Arkisto	WEU	Westeuropäische Union
UNESCO		WHO	World Health Organization
	United Nations Educational,	WO	War Office
	Scientific and Cultural	YYA	Sopimus ystävyydestä,
	Organization		yhteistyöstä ja keskinäisestä
UNO	United Nations Organization		avunannosta, siehe auch
VfZ	Vierteljahrshefte für		FCA, FZB
	Zeitgeschichte	ZK	Zentralkomitee

Quellen und Literatur

Archivalische Quellen

NATO Archives, NATO Document Series, Brüssel[1]

North Atlantic Council (C)
North Atlantic Council of Deputies (D)
Atlantic Committees (AC)
Political Committee (AC 119)
Working Group on Trends of Soviet Policy at the Committee of Economic Advisers (AC 89)
Committee on Multilateral Discussions on the New Procedures for Defence Policy (AC 100)
Military Committee (MC)

The National Archives (TNA), Kew

Public Records Office (PRO)
Foreign Office (FO) 371: Political Departments, General Correspondence 1906-1966
FO 1110: Foreign Office: Information Research Department
Foreign and Commonwealth Office (FCO) 9/325: NATO and Finland
War Office (WO) 106: Directorate of Military Operations and Military Intelligence and Predecessors, Correspondence and Papers

---

[1] Die Aktensignaturen der NATO Archives differenzieren neben Provenienz auch nach der Gattung der Schriftstücke. Nach der Information über den Bestand (C, D, AC, AC 119, AC 89, AC 100, MC) findet sich durch einen Strich (-) getrennt die Information über die Gattung. Dabei steht -D für Document (gemeinsam beschlossen), -M für Memo (gemeinsam beschlossen), -R für Record of a Meeting, also Sitzungsprotokoll (kein gemeinsamer Beschlusscharakter), -VR für Verbatim Records, also wörtliches Verlaufsprotokoll einer Sitzung (kein gemeinsamer Beschlusscharakter) und -WP für Working Paper, also Arbeitspapier als Diskussionsgrundlage für eine Sitzung (kein gemeinsamer Beschlusscharakter). Die in Klammern gesetzte Zahl – z.B. (52) – bezieht sich auf das Entstehungsjahr des Schriftstücks (z.B. 1952).

Ulkoasiainministeriön arkisto (UA)
[Archiv des Außenministeriums], Helsinki

UM Ulkoasiainministeriö 1951-1981. 12 L: 40-49. Suomen suhteet muihin mai-
hin. Neuvostoliitto 1961. Noottikriisi.
UM 1918-1981. Kc 2: Erittäin salaiset asiakirjat »Noottikriisi« 1961-1962.
UM 1951-1981. 12 L: 39. Suomen suhteet muihin maihin. Neuvostoliitto
1958-1960.
UM Microfilmit Ea Raporttisarja 1949-1972, 5 C Washington, DC
UM 1951-1981. 7 D. Maailmanpolitiikka

Sota-arkisto (SArk) [Kriegsarchiv], Helsinki

T 22208. Sotilasasiamiesten (puoli) vuosikatsaukset 1953-1959, Ecaa 1 SAL

Kansallis-arkisto (KA) [Nationalarchiv], Helsinki

540, 341. Porkkala-komitea 1955-1956.

Bundesarchiv-Militärarchiv (BA-MA), Freiburg

BW 1: Bundesministerium der Verteidigung
BW 2: Führungsstab der Bundeswehr/der Streitkräfte
BW 4: Militärattachéstäbe

Politisches Archiv des Auswärtigen Amtes (PAAA), Berlin

B 11: Länderabteilung (1951-1958)
B 23: Länderreferate Nordische Staaten
Auslandsvertretung (AV) (Neues Amt), Stockholm

Internet

Truman Library – Public Papers of the Presidents: Harry S. Truman, 53. St. Patrick's
Day Adresses in New York City, March 7, 1948; Truman Library (29.8.2008), URL:
<http://www.trumanlibrary.org/publicpapers/index.php?pid=1418&st=&st1= >.

Gedruckte Quellen

Akten zur Auswärtigen Politik der Bundesrepublik Deutschland 1949-1953. Hrsg. im Auftrag des Auswärtigen Amts vom Institut für Zeitgeschichte, München 1997-2001

Akten zur deutschen auswärtigen Politik 1918-1945. Aus dem Archiv des Deutschen Auswärtigen Amtes, Serie D: 1937-1941, Bd 7: Die letzten Wochen vor Kriegsausbruch, Göttingen 1956

CIA Cold War Records. Selected Estimates on the Soviet Union, 1950-1959. Ed. by Scott A. Koch, Washington, DC 1993

Documents on International Affairs 1954. Ed. by Denise Folliot, London 1957

Europa von der Spaltung zur Einigung. Darstellung und Dokumentation 1945-2000. Hrsg. von Curt Gasteyger, Bonn 2001

Foreign Relations of the United States. Diplomatic Papers. Ed. by the Department of State, Washington, DC
1942: The Conferences at Cairo and Tehran, 1943, 1961
1948 vol. 1, part 1: General; The United Nations, 1975
1948 vol. 3: Western Europe, 1974
1948, vol. 4: Eastern Europe; The Soviet Union, 1974
1950, vol. 1: National Security Affairs; Foreign Economic Policy, 1977
1950, vol. 3: Western Europe, 1977
1950, vol. 7: Korea, 1976
1952-1954, vol. 8: Eastern Europe; The Soviet Union, 1988
1955-1957, vol. 4: Western European Security and Integration, 1986
1958-1960, vol. 10, part 2: Eastern Europe Region; Poland; Greece; Turkey; Yugoslavia, 1994
1961-1963, vol. 16: Eastern Europe; Cyprus; Greece; Turkey, 1994

NATO Strategy Documents, 1949-1969. Ed. by Gregory W. Pedlow in cooperation with NATO International Staff Central Archives, Brussels 1997

Literatur

Abelshauser, Werner, The Causes and Consequences of the 1956 West German Rearmament Crisis. In: NATO, S. 311-331

Adenauer, Konrad, Erinnerungen. Bis zu den Römischen Verträgen 1957, Augsburg 1996

Adenauer, Konrad, Erinnerungen. Bis zur Bundespräsidentenwahl 1959, Augsburg 1996

Adenauer Studien, Bd 3: Untersuchungen und Dokumente zur Ostpolitik und Biographie. Hrsg. von Rudolf Morsey und Konrad Repgen, Mainz 1974

Adibekov, Grant, Why was the Communist Party of Finland Not Admitted into the Cominform? In: Finnish-Soviet Relations, 1944-1948, S. 199-215

Agrell, Wilhelm, Sweden and the Cold War. The Structure of a Neglected Field of Research. In: SJH, 10 (1985), S. 239-253

Åhlund, Bertil, Svensk marin säkerhetspolitik 1939-1945 [Schwedische maritime Sicherheitspolitik], Stockholm 1994 (= Marinlitteraturföreningen, 78)

Ahonen, Pertti, Franz Josef Strauss and the German Nuclear Question, 1956-1962. In: JSS, 18 (1995), 2, S. 25-51

Ahti, Martti, Kaappaus? Suojeluskuntaselkkaus 1921; Fascismin aave 1927; Mäntsälän kapina 1932 [Entführung? Schutzkorpskrise 1921; Geist des Faschismus 1927, Aufstand von Mäntsälä 1932], Keuruu 1990

Ahti, Martti, Salaliiton ääriviivat. Oikeistoradikalismi ja hyökkäävä idänpolitiikka 1918-1919 [Umrisse eines Geheimbundes. Rechtsradikalismus und aggressive Ostpolitik 1918-1919], Espoo 1987

Ahtokari, Reijo, Punainen Valpo. Valtiollinen poliisi Suomessa »vaaran vuosina« [Rote Staatspolizei. Die Staatspolizei im Finnland der »Jahre der Gefahr«], Helsinki 1969

Alders, Gerald, The Failure of the Scandinavian Defence Union, 1948-1949. In: SJH, 2 (1990), S. 125-153

Allison, Roy, Finland's Relations with the Soviet Union, 1944-1984, London [et al.] 1985

Altrichter, Helmut, Kleine Geschichte der Sowjetunion 1917-1991, München 1997

Altrichter, Helmut, Rußland 1917. Ein Land auf der Suche nach sich selbst, Paderborn 1997

American Civil-Military Decisions. A Book of Case Studies. Ed. by H. Stein, Birmingham, AL 1963

The Anatomy of Communist Takeovers. Ed. by Thomas T. Hammond, New Haven, CT 1975

Anderson, Gidske, Halvard Lange. Portrett av en nordmann [Halvard Lange. Portrait eines Nordmannes], Oslo 1981

Anderson, Stanley V., The Nordic Council. A Study of Scandinavian Regionalism, Seattle, WA 1967

Anderson, Terry H., The United States, Great Britain, and the Cold War, 1944-1947, Columbia, MO [et al.] 1981

Andolf, Göran, and Bertil Johansson, The Baltic Sea – A Sea of Peace? Swedish Views on Soviet Naval Policy in the Baltic, 1945-1985. In: In Quest of Trade and Security, vol. 2, S. 213-256

Androsova, Tatjana, Neuvostoliiton ja Suomen suhteet Urho Kekkosen ensimmäisellä presidenttikaudella [Die sowjetisch-finnischen Beziehungen in Urho Kekkonens erster Präsidentenamtszeit]. In: Historiallinen Aikakauskirja, 1 (1996), S. 3-17

Anfänge westdeutscher Sicherheitspolitik 1945-1956. Hrsg. vom Militärgeschichtlichen Forschungsamt, Bd 1: Von der Kapitulation bis zum Pleven-Plan. Mit Beiträgen von Roland G. Foerster, Christian Greiner, Georg Meyer, Hans-Jürgen Rautenberg und Norbert Wiggershaus, München 1982

Annäherung an eine europäische Geschichtsschreibung. Hrsg. von Gerald Stourzh, Wien 2002 (= Archiv für österreichische Geschichte, 137)

Appleman, Roy E., Disaster in Korea. The Chinese Confront MacArthur, College Station, TX 1989

Apunen, Osmo, The FCA Treaty in Finland's System of Treaties. In: Yearbook of Finnish Foreign Policy 1973, S. 41–44

Apunen, Osmo, Paasikiven-Kekkosen linja [Die Paasikivi-Kekkonen-Linie], Helsinki 1977

Arenth, Joachim, Der Westen tut nichts! Transatlantische Kooperation während der zweiten Berlin-Krise (1958–1962) im Spiegel neuer amerikanischer Quellen, Frankfurt a.M. [et al.] 1993 (= Europäische Hochschulschriften, 217)

Armitage, John A., The View from Czechoslovakia. In: Witnesses to the Origins, S. 210–230

Assessing the Soviet Threat. The Early Cold War Years. Ed. by Woodrow J. Kuhns, Washington, DC 1997

Assmann, Jan, Das kulturelle Gedächtnis. Schrift, Erinnerung und politische Identität in frühen Hochkulturen, 5. Aufl., München 2005

Aunesluoma, Juhana, Britain, Sweden and the Cold War, 1945–1954. Understanding Neutrality, Basingstoke [et al.] 2003

Aunesluoma, Juhana, Takaovi länteen. Kekkonen, noottikriisi ja länsivallat [Die Hintertür zum Westen. Kekkonen, die Notenkrise und die Westmächte]. In: Historiallinen Aikakauskirja, 100 (2002), 2, S. 131–136

Bahr, Egon, Der Schock des Mauerbaus aus der Sicht des Berliner Senats. In: Vom Kalten Krieg zur deutschen Einheit, S. 145–148

Bajanov, E., Assessing the Politics of the Korean War, 1949–1951. In: CWIHP Bulletin, 6/7 (1995/96), S. 54–68

The Baltic as a Multicultural World: Sea, Region and Peoples. Ed. by Marko Lehti, Berlin 2005

Barros, James, The Åland Islands Question. Its Settlement by the League of Nations, New Haven, CT [et al.] 1968

Berger, Helge, und Albrecht Ritschl, Die Rekonstruktion der Arbeitsteilung in Europa. Eine neue Sicht des Marschall-Plans in Deutschland 1947–1951. In: VfZ, 43 (1995) 3, S. 473–519

Berghahn, Volker, und Bernd Stöver, Amerikanische Befreiungspolitik und Offensivstrategien im Kalten Krieg. In: Eine Welt – eine Geschichte?, S. 306–315

Berghahn, Volker R., Sarajewo, 28. Juni 1914. Der Untergang des alten Europa, München 1999

Berghe van den, Yvan, Der Kalte Krieg 1917–1991, Leipzig 2002

Berry, R. Michael, American Foreign Policy and the Finnish Exception. Ideological Preferences and Wartime Realities, Helsinki 1987 (= Studia historica, 24)

Berry, R. Michael, The Ideology and Politics of Midwifery in American-Finnish Relations, 1943–1945. In: Charting an Independent Course, S. 57–90

Beschloss, Michael R., The Crisis Years. Kennedy and Khrushchev, 1960–1963, New York 1991

Beugel, Ernst Hans van der, From Marshall Aid to Atlantic Partnership. European Integration as a Concern of American Foreign Policy, Amsterdam 1966

Beyer-Thoma, Hermann, Kommunisten und Sozialdemokraten in Finnland 1944-1948, Wiesbaden 1990

Bindlingmaier, G., Die Bedeutung der Ostsee für die NATO und die Aufgabe der Bundesmarine. In: Wehrkunde, 12 (1958), S. 675-681

Bingham, Victor F., Folland Gnat: Sabre-Slayer and Red Arrow, Hailsham 2000

Birk, Eberhard, Der Funktionswandel der Westeuropäischen Union (WEU) im europäischen Integrationsprozeß, Würzburg 1999

Bischof, Günter, The Anglo-American Powers and Austrian Neutrality, 1953-1955. In: MÖStA, 42 (1992), S. 368-393

Bloch, Michael, Ribbentrop, London [et al.] 2003

Böhme, Klaus-Richard, The Problem of Airspace Violation in Modern Swedish History. In: Militärhistorisk Tidskrift, 1990, S. 201-216

Böhme, Klaus-Richard, Vermutete sowjetische Ambitionen in Skandinavien. In: Kriegsende im Norden, S. 217-231

Bohn, Ingrid, Finnland von den Anfängen bis zur Gegenwart, Regensburg 2005

Bonwetsch, Bernd, und Peter M. Kuhfus, Die Sowjetunion, China und der Koreakrieg. In: VfZ, 33 (1985), S. 28-87

Bonwetsch, Bernd, Die Sowjetunion und der Beginn des Korea-Krieges. Juni-Oktober 1950. In: Unruhige Welt, S. 9-24

Boog, Horst, Der strategische Bombenkrieg. Luftwaffe, Royal Air Force und U.S. Army Air Forces im Vergleich bis 1945. In: Militärgeschichte, N.F., 6 (1992), 6, S. 18-28

Borhi, László, Empire by Coercion. The Soviet Union and Hungary in the 1950s. In: Cold War History, 1, (2001), 1, S. 47-72

Borhi, László, Rollback, Liberation, Containment or Inaction. U.S. Policy and Eastern Europe in the 1950's. In: Journal of Cold War Studies, 1 (1999), S. 67-110

Borodkin, Michail M., Die finnländische Grenzmark im Bestande des russischen Reiches, Berlin 1911

Boulding, Kenneth E., National Images and International Systems. In: International Politics, S. 422-431

Bozo, Frédéric, Two Strategies for Europe. De Gaulle, the United States and the Atlantic Alliance, Lanham, MD 2000

Brands, Henry W. Jr., Redefining the Cold War. American Policy Toward Yugoslavia, 1948-1960. In: DH, 11 (1987), S. 41-53

Brantberg, Robert, Sotakenraalit [Kriegsgenerale], Tampere 1998

Bredow, Wilfried von, Der KSZE-Prozeß. Von der Zähmung zur Auflösung des Ost-West-Konflikts, Darmstadt 1992

Brinkley, Douglas G., Dean Acheson and European Unity. In: NATO, S. 129-160

British Intelligence, Strategy and the Cold War, 1945-1951. Ed. by Richard Aldrich, London 1992

Brundtland, Arne Olav, The Nordic Balance. In: CC, 2 (1966), 2, S. 30-63

Brusten, Manfred, und Klaus Hurrelmann, Abweichendes Verhalten in der Schule. Eine Untersuchung zu Prozessen der Stigmatisierung, 3. Aufl., München 1976

Büttner, Ruth, Sowjetisierung oder Selbständigkeit? Die sowjetische Finnlandpolitik 1943-1948, Hamburg 2001 (= Hamburger Beiträge zur Geschichte des östlichen Europa, 8)

Buffet, Cyril, The Berlin Crisis, France and the Atlantic Alliance, 1947-1961. From Integration to Desintegration. In: Securing Peace in Europe, S. 84-104

Bullock, Alan, Hitler and Stalin. Parallel Lives, London 1991

Bukharin, Oleg, Russian Strategic Nuclear Forces. Ed. by Pavel Podvig, Cambridge, MA 2001

Die Bundeswehr 1955 bis 2005. Rückblende – Einsichten – Perspektiven. Im Auftrag des Militärgeschichtlichen Forschungsamtes hrsg. von Frank Nägler, München 2007 (= Sicherheitspolitik und Streitkräfte der Bundesrepublik Deutschland, 7)

Le Canada et l'OTAN après 40 ans 1949-1989. Ed. par Paul Létourneau, Québec 1992

Carlgren, Wilhelm M., Neutralität oder Allianz. Deutschlands Beziehungen zu Schweden in den Anfangsjahren des Ersten Weltkrieges, Stockholm [et al.] 1962 (= Acta Universitatis Stockholmiensis, 6)

Carlgren, Wilhelm M., Småstatsdiplomati i Stormaktskrig. Promemoria vån krigsåren av Ragnar Kumklin [Kleinstaatendiplomatie im Krieg der Großmächte. Erinnerungen aus den Kriegsjahren von Ragnar Kumklin]. In: Historisk Tidskrift, 4 (1977), S. 436-452

Carlgren, Wilhelm M., Swedish Foreign Policy During the Second World War, London 1977

Catudal, Honoré M., Kennedy and the Berlin Wall Crisis. A Case Study in U.S. Decision Making, Berlin 1980

The Changing Western Analysis of the Soviet Threat. Ed. by Carl Christoph Schweitzer, New York 1990

Charmley, John, Churchill's Grand Alliance, San Diego, CA 1995

Charting an Independent Course. Finland's Place in the Cold War and in U.S. Foreign Policy. Ed. by T. Michael Ruddy, Claremont, CA 1998

Child of Conflict. The Korean-American Relationship. Ed. by Bruce Cumings, Seattle, WA 1983

Clark, Ian, and Nicholas J. Wheeler, The British Origins of Nuclear Strategy, 1945-1955, Oxford 1989

Clausewitz, Carl von, Vom Kriege. Hinterlassenes Werk des Generals Carl von Clausewitz. Vollst. Ausg. im Urtext mit erneut erw. histor.-kritischer Würdigung hrsg. von Werner Hahlweg, 19. Aufl., Bonn 1980 (Nachdr. 1991)

The Cold War after Stalin's Death. A Missed Opportunity for Peace? Ed. by Klaus Larres and Kenneth Osgood, Boulder, CO [et al.] 2006

Cold War Respite: The Geneva Summit of 1955. Ed. by Günter Bischof and Saki Dockrill, Baton Rouge, LA 2000

Coleman, Peter, The Liberal Conspiracy. The Congress for Cultural Freedom and the Struggle for the Mind of Postwar Europe, New York 1989

Connelly, Matthew, A Diplomatic Revolution. Algeria's Fight for Independence and the Origins of the Post-Cold War Era, New York 2002

Craig, Gordon A., Deutsche Geschichte 1866–1945. Vom Norddeutschen Bund bis zum Ende des Dritten Reiches, München 1996

Crampton, Richard J., A Concise History of Bulgaria, Cambridge 2005

Creswell, Michael, »With a Little Help from our Friends«. How France Secured an Anglo-American Continental Commitment, 1945–1954. In: Cold War History, 3 (2002), S. 1–28

Crisis and Controversy. Essays in Honour of A.J.P. Taylor. Ed. by Alan J. Sked and Chris Cook, London 1976

Crockatt, Richard, The Fifty Years War. The United States and the Soviet Union in World Politics, 1941–1991, London 1996

Cumings, Bruce, The Origins of the Korean War. Liberation and the Emergence of Separate Regimes, 2 vols, Princeton, NJ 1981, 1990

Czempiel, Ernst-Otto, Außenpolitik und Internationale Politik. Ansätze und Probleme. In: Internationale Politik, S. 12–31

Dalloz, Jacques, The War in Indochina, 1945–1954, Dublin 1990

Damir-Geilsdorf, Sabine, und Béatrice Hendrich, Orientierungsleistungen räumlicher Strukturen und Erinnerung. Heuristische Potenziale der Verknüpfung der Konzepte Raum, Mental Maps und Erinnerung. In: Mental Maps, S. 3–27

Danmark og det internationale system [Dänemark und das internationale System]. Hrsg. von Bertel Heurlin und Christian Thune, København 1989

Dansk sikkerhedspolitik 1948–1966 [Dänische Sicherheitspolitik], t. 2. Hrsg. vom Udenrigsministeriet, København 1969

Dau, Mary, Danmark og Sovjetunionen 1944–1949 [Dänemark und Sowjetunion 1944–1949], København 1969

Deighton, Anne, The Impossible Peace. Britain, the Division of Germany and the Origins of the Cold War, Oxford 1993

Deutsche Politiker 1949–1969, Bd 2. Hrsg. von Torsten Oppelland, Darmstadt 1999

Das Deutsche Reich und der Zweite Weltkrieg, Bd 8: Die Ostfront 1943/44. Der Krieg im Osten und an den Nebenfronten. Mit Beitr. von Karl-Heinz Frieser, Klaus Schmieder, Klaus Schönherr [et al.]. Im Auftrag des Militärgeschichtlichen Forschungsamtes hrsg. von Karl-Heinz Frieser, München 2007

Deutscher, Isaac, Trotzki, 3 Bde, Stuttgart 1962–1963

Deutschland und die USA im 20. Jahrhundert. Geschichte der politischen Beziehungen. Hrsg. von Klaus Larres und Torsten Oppelland, Darmstadt 1997

Deutschland und Finnland 1871–1914. Politik – Wirtschaft – Öffentliche Meinung. Hrsg. von Olli Kaikkonen und Manfred Menger, Joensuu 1992 (= Joensuun Yliopiston Humanistisia Julkaisuja, 13)

Devlin, Kevin, Finland in 1948. The Lesson of a Crisis. In: The Anatomy of Communist Takeovers, S. 433–447

Diedrich, Torsten, Die militärische Grenzsicherung an der innerdeutschen Demarkationslinie. In: Vom Kalten Krieg zur deutschen Einheit, S. 127-143

Dijk, Ruud van, The 1952 Stalin Note Debate. Myth or Missed Opportunity for German Unification, Washington, DC 1996 (= CWIHP, Working Paper, 14)

Dingman, Roger, John Foster Dulles and the Creation of the South-East Asia Treaty Organization in 1954. In: IHR, 11 (1989) 3, S. 457-477

Dobbs, Charles M., The Unwanted Symbol. American Foreign Policy, the Cold War and Korea, 1945-1950, Kent 1981

Dobson, Alan P., U.S. Economic Statecraft for Survival, 1933-1991. Of Sanctions, Embargoes and Economic Warfare, London 2002

Dockrill, Saki, The Eden Plan and European Security. In: Cold War Respite, S. 161-189

Dülffer, Jost, Jalta, 4. Februar 1945. Der Zweite Weltkrieg und die Entstehung der bipolaren Welt, München 1998 (= 20 Tage im 20. Jahrhundert, 6)

Dülffer, Jost, Die Suez- und Ungarn-Krise. In: Das Zeitalter der Bombe, S. 95-119

Due-Nielsen, Carsten, Danmark, Norden og NATO 1948-1962 [Dänemark, der Norden und die NATO 1948-1962], København 1991 (= Dansk Udenrigspolitisk skrifter, 17)

Duffield, John S., The Soviet Military Threat to Western Europe: U.S. Estimates in the 1950s and 1960s. In: JSS, 15 (1992), S. 208-227

Duiker, William J., U.S. Containment Policy and the Conflict in Indochina, Stanford, CA 1994

Dulles, Allen W., The Marshall Plan. Ed. by Michael Wala, Oxford [et al.] 1993

Einfluss, Vorbilder, Zweifel. Studien zu den finnisch-deutschen Beziehungen vom Mittelalter bis zum Kalten Krieg. 6. Deutsch-finnisches Historikerseminar in Tampere 27.-31.3.2003. Hrsg. von Vesa Vares, Tampere 2006 (= Institut für Geschichte, Tampere Universität, Publikationen, 20)

Einhorn, Eric S., National Security and Domestic Politics in Post-War Denmark, Odense 1975

Elgey, Georgette, La République des illusions, 1945-1951, Paris 1965

Elvert, Jürgen, Europa und der Norden. Die Geschichte einer wechselseitigen Fehlwahrnehmung im 19. und in der ersten Hälfte des 20. Jahrhunderts. In: Kriegsende im Norden, S. 339-374

Ende des Dritten Reiches – Ende des Zweiten Weltkriegs. Eine perspektivische Rückschau. Im Auftrag des Militärgeschichtlichen Forschungsamtes hrsg. von Hans-Erich Volkmann, München 1995 (= Serie Piper, 2056)

Engman, Max, »Norden« in European History. In: Annäherung an eine europäische Geschichtsschreibung, S. 15-34

Engman, Max, Pietarinsuomalaiset [Die Petersburger Finnen], Helsinki 2004

Engman, Max, St. Petersburg und Finnland. In: Finnland-Studien, S. 74-84

Entschieden für Frieden. 50 Jahre Bundeswehr 1955 bis 2005. Im Auftrag des Militärgeschichtlichen Forschungsamtes hrsg. von Klaus-Jürgen Bremm, Hans-Hubertus Mack und Martin Rink, Freiburg i.Br., Berlin 2005

Erfurth, Waldemar, Der Finnische Krieg 1941-1944, Wiesbaden [et al.] 1950

Eriksen, Knut Einar, und Helge Ø. Pharo, Norway and the Early Cold War. Conditional Atlantic Cooperation, Oslo 1993 (= IFS Info, 5)

Eriksen, Knut Einar, und Magne Skodvin, Storbritannia, NATO og et skandinavisk forbund [Großbritannien, die NATO und ein skandinavischer Verbund]. In: Internasjonal Politikk, 3 (1981), S. 437-511

Erler, Fritz, und Richard Jaeger, Beiträge zur Rüstung, Köln 1962

Erll, Astrid, Kollektives Gedächtnis und Erinnerungskulturen. Eine Einführung, Stuttgart, Weimar 2005

Etzold, Thomas H.J., and John L. Gaddis, Containment, New York 1978

Europäische Union. Ökonomie, Institutionen und Politik. Wolf Schäfer zum 65. Geburtstag. Hrsg. von Rolf Hasse und Gudrun Peschutter, Bern 2006

Europe, Cold War and Coexistence, 1953-1965. Ed. by Wilfried Loth, London [et al.] 2004 (= Cold War History, 4)

Fagerholm, Karl-August, Puhemiehen ääni [Die Stimme des Parlamentspräsidenten], Helsinki 1977

Falin, Valentin, Zweite Front. Die Interessenkonflikte der Anti-Hitler-Koalition, München 1995

Falk, Greger, En krönika om F 19. Den svenska frivilliga flygflottiljen i Finland under vinterkriget 1939-1940 [Eine Chronik der F 19. Die schwedische freiwillige Luftflotte während des Winterkrieges 1939-1940], Stockholm 1988

The Fate of East Central Europe. Hopes and Failures of American Foreign Policy. Ed. by Stephen D. Kertesz, Notre Dame, IN 1956

Fautua, David T., The »Long Pull« Army. NSC 68, the Korean War, and the Creation of the Cold War U.S. Army. In: JMH, 61 (1997), S. 93-120

Fejtö, François, Le Coup de Prague 1948, Paris 1976

Fink, Troels, Deutschland als Problem Dänemarks. Die geschichtlichen Voraussetzungen der dänischen Außenpolitik, Flensburg 1968

Finnish-Soviet Relations, 1944-1948. Papers of the Seminar organized in Helsinki, March 21-25, 1994, by the Department of Political History, University of Helsinki. In Cooperation with the Institute of Universal History, Russian Academy of Sciences, Moscow, ed. by Jukka Nevakivi, Helsinki 1994

Finnland und Deutschland. Forschungen zur Geschichte der beiden Länder und ihrer Beziehungen. Protokollband des 3. deutsch-finnischen Historikerseminars auf Schloß Spyker (Rügen) vom 15.-19. September 1993. Hrsg. von Dörte Putensen und Manfred Menger, Hamburg 1996

Finnland-Studien. Hrsg. von Edgar Hösch, Wiesbaden 1990 (= Veröffentlichungen des Osteuropa-Institutes München. Reihe: Geschichte, 59)

Finnlandstudien, Bd 3. Hrsg. von Edgar Hösch, Olivia Griese und Hermann Beyer-Thoma, Wiesbaden 2003

Fischer, Alexander, Sowjetische Reaktionen auf die Gründung der NATO. In: Das Nordatlantische Bündnis, S. 55-68

Fish, M. Steven, After Stalin's Death. The Anglo-American Debate Over a New Cold War. In: DH, 10 (1986), S. 333-355

Five Roads to Nordic Security. Ed. by Johan Jørgen Holst, Oslo [et al.] 1973

Folin, Jacques de, Indochine 1940-1955, Paris 1993

Folly, Martin H., Breaking the Vicious Circle. Britain, the United States, and the Genesis of the North Atlantic Treaty. In: DH, 12 (1988), 1, S. 59-77

Forndran, Erhard, Kontinuitäten und Veränderungen in den transatlantischen Beziehungen seit 1918. In: Transatlantische Beziehungen, S. 30-35

Forndran, Erhard, Kontroversen über die Rüstungspolitik. In: Die USA und Deutschland im Zeitalter des Kalten Krieges, Bd 1, S. 375-386

Forster, Kent, Finland's Policy in the United Nations and the Paasikivi Line. In: Journal of Central European Affairs, 21 (1962), 4, S. 465-476

Forster, Kent, The Finnish-Soviet Crisis of 1958/1959. In: International Journal, 15 (1960), S. 147-150

Foss, Christopher F., Die Artillerie der Streitkräfte aus aller Welt, Stuttgart 1975

Freedman, Lawrence, The Evolution of Nuclear Strategy, 3rd ed., Houndmills 2003

Frei, Daniel, Feindbilder und Abrüstung. Die gegenseitige Einschätzung der UdSSR und USA, München 1985

Fursenko, Aleksandr, and Timothy Naftali, »One Hell of a Gamble«. Krushchev, Castro and Kennedy, 1958-1964, New York 1997

Gaddis, John L., The Cold War, London 2005 [Dt. Übersetzung: Der Kalte Krieg. Eine neue Geschichte, München 2007]

Gaddis, John L., The Emerging Post-Revisionist Synthesis on the Origins of the Cold War. In: DH, 7 (1983), 3, S. 171-204

Gaddis, John L., The Long Peace. Inquiries into the History of the Cold War, New York [et al.] 1987

Gaddis, John L., Strategies of Containment. A Critical Reappraisal of Postwar American National Security Policy, New York, Oxford 1982

Gaddis, John L., We Now Know. Rethinking Cold War History, Oxford 1997

Gadolin, Carl Axel Johan, Der Staatspräsident J.K. Paasikivi und die »Paasikivi-Linie«. In: Politische Studien München-Grünwald, 10 (1959), S. 789-801

Gardner, Lloyd C., Imperial America. America's Foreign Policy Since 1898, New York 1976

Garthoff, Raymond L., Some Observations on Using Soviet Archives. In: DH, 21 (1997), 2, S. 243-257

Gedächtnis und Erinnerung. Ein interdisziplinäres Lexikon. Hrsg. von Nicolas Pethes und Jens Puchatz, Reinbek bei Hamburg 2001

Geiling, Martin, Außenpolitik und Nuklearstrategie. Eine Analyse des konzeptionellen Wandels der amerikanischen Sicherheitspolitik gegenüber der Sowjetunion 1945-1963, Köln [et al.] 1963

Gelb, Norman, The Berlin Wall, London 1986

Genscher, Hans-Dietrich, Erinnerungen, Berlin 1999

George, Alexander L., The Causal Nexus Between Cognitive Beliefs and Decision-Making Behavior. The »Operational Code« Belief System. In: Psychological Models, S. 95-124

Gersdorff, Gero von, Die Gründung der Nordatlantischen Allianz, München 2009 (= Entstehung und Probleme des Atlantischen Bündnisses, 7)

Geschichtliche Grundbegriffe. Historisches Lexikon zur politisch-sozialen Sprache in Deutschland, Bd 3. Hrsg. von Otto Brunner, Werner Conze und Reinhart Koselleck, Stuttgart 1982

Gimbel, John, The Origins of the Marshall Plan, Stanford, CA 1976

Görtemaker, Manfred, Deutschland zwischen den Supermächten. In: Die USA und Deutschland im Zeitalter des Kalten Krieges, Bd 1, S. 181–190

Görtemaker, Manfred, Die unheilige Allianz. Die Geschichte der Entspannungspolitik 1943–1979, München 1979

Goldmann, Kjell, and Johan Lagerkranz, Neither Tension nor Détente. In: CC, 12 (1977), S. 251–264

Goltz, Rüdiger von der, Meine Sendung in Finnland und im Baltikum, Leipzig 1920

Goncharev, Sergei, John W. Lewis and Xue Litai, Uncertain Partners. Stalin, Mao and the Korean War, Stanford, CA 1993

Graham, S.E., The (Real)politics of Culture. U.S. Cultural Diplomacy in UNESCO, 1946–1954. In: DH, 30 (2006), 2, S. 231–251

Greiner, Christian, Die alliierten militärstrategischen Planungen zur Verteidigung Westeuropas 1947–1950. In: AWS, Bd 1, S. 119–323

Greiner, Christian, Klaus A. Maier und Heinz Rebhan, Die NATO als Militärallianz. Strategie, Organisation und nukleare Kontrolle im Bündnis 1949 bis 1959. Im Auftrag des Militärgeschichtlichen Forschungsamtes hrsg. von Bruno Thoß, München 2003 (= Entstehung und Probleme des Atlantischen Bündnisses bis 1956, 4)

Greiner, Christian, Zeittafel 1945–1972. In: Verteidigung im Bündnis, S. 310–418

Grose, Peter, Operation Rollback. America's Secret War Behind the Iron Curtain, Boston, MA 2000

Haataja, Lauri, Jälleenrakentava Suomi [Finnland im Wiederaufbau]. In: Suomen historian pikku jättiläinen, S. 737–846

Hacker, Jens, Der Ostblock: Entstehung, Entwicklung und Struktur 1939–1980, Baden-Baden 1983

Häikiö, Martti, Presidentin valinta [Die Wahl des Präsidenten], Juva 1993

Die häßlichen Deutschen? Deutschland im Spiegel der westlichen und östlichen Nachbarn. Hrsg. von Günther Trautmann, Darmstadt 1991

Halbwachs, Maurice, Les cadres sociaux de la mémoire, Paris 1952 [dt. Ausgabe: Halbwachs, Maurice, Das Gedächtnis und seine sozialen Bedingungen, Frankfurt a.M. 1985]

Halbwachs, Maurice, La mémoire collective, Paris 1950 [dt. Ausgabe: Halbwachs, Maurice, Das kollektive Gedächtnis, Frankfurt a.M. 1991]

Halter, Heinz, Finnland. Tornisterschrift des Oberkommandos der Wehrmacht Abteilung Inland, [o.O.] 1942

Hammerich, Helmut R., Dieter H. Kollmer, Martin Rink und Rudolf Schlaffer, Das Heer 1950 bis 1970. Konzeption, Organisation und Aufstellung. Unter

Mitarb. von Michael Poppe, München 2006 (= Sicherheitspolitik und Streit-kräfte der Bundesrepublik Deutschland, 3)

Hammerich, Helmut R., Jeder für sich und Amerika gegen alle? Die Lastenteilung der NATO am Beispiel des Temporary Council Committee 1949 bis 1954, München 2003 (= Entstehung und Probleme des Atlantischen Bündnisses bis 1956, 5)

Hanhimäki, Jussi M., Containing Coexistence. America, Russia, and the »Finnish Solution«, Kent, London 1997

Hanhimäki, Jussi M., Containment, Coexistence and Neutrality. The Return of the Porkkala Naval Base as an Issue in Soviet-American Relations. In: SJH, 18 (1993), S. 217-228

Hanhimäki, Jussi M., The Lure of Neutrality. Finland and the Cold War. In: The Cold War after Stalin's Death, S. 257-276

Hanhimäki, Jussi M., »We Are Not Czechs«: Finland and the »Spring Crisis« of 1948 in Comparative Perspective. In: Charting an Independent Course, S. 91-128

Hansen, Per Henrik, und Jakob Sørensen, Påskekrisen 1948. Dansk doppeltspil på randen af den kolde krig [Die Osterkrise 1948. Dänisches Doppelspiel am Rande des Kalten Krieges], København 2000

Harbutt, Fraser J., The Iron Curtain. Churchill, America, and the Origins of the Cold War, New York [et al.] 1986

Hardach, Gerd, Der Marshall-Plan. Auslandshilfe und Wiederaufbau in West-deutschland 1948-1952, München 1994

Harriman, Willian A., and Elie Abel, Special Envoy to Churchill and Stalin, 1941-1946, New York 1975

Hecker-Stampehl, Jan, Finnland, der Nordismus und die Nordek-Verhandlungen. 1968-1970. In: Einfluss, Vorbilder, Zweifel, S. 177-193

Hecker-Stampehl, Jan, Vorposten des Nordens? Finnland als Bollwerk des Abend-landes in Veröffentlichungen aus dem Zweiten Weltkrieg. In: Kahden kult-tuurin välittäjä, S. 313-326

Heikkilä, Hannu, Liittoutuneet ja kysymys Suomen sotakorvauksista 1943-1947 [Die Alliierten und die Frage der finnischen Reparationszahlungen 1943-1947], Helsinki 1983

Heikkilä, Hannu, The United States and the Question of Export Licenses to Fin-land, 1947-1948. In: SJH, 8 (1983), S. 250-254

Heinemann, Winfried, Politische Zusammenarbeit im Bündnis. In: Von Truman bis Harmel, S. 171-184

Heinemann, Winfried, Vom Zusammenwachsen des Bündnisses. Die Funktions-weise der NATO in ausgewählten Krisenfällen 1951 bis 1956, München 1998 (= Entstehung und Probleme des Atlantischen Bündnisses bis 1956, 1)

Heino, Iiris, Hinnalla hengen ja veren. Suomalaisten vapaaehtoisten sotasurmat Virossa vuonna 1919 [Zum Preis von Leben und Blut. Kriegsopfer der finni-schen Freiwilligen in Estland 1919], Helsinki 2000 (= Sotasurmatutkimuksia, 1)

Heiße Kriege im Kalten Krieg. Hrsg. von Bernd Greiner, Christian Th. Müller und Dierk Walter, Hamburg 2006 (= Studien zum Kalten Krieg, 1)

Helin, Ronald A., Finland Regains an Outlet to the Sea. The Saimaa Canal. In: The Geographic Review, 58 (1968), 2, S. 167-194

Hentilä, Seppo, Finland and the Peace of Paris, 1946-1947. In: Finnish-Soviet Relations, S. 151-168

Hentilä, Seppo, Maintaining Neutrality Between the Two German States. Finland and Divided Germany until 1973. In: CEH, 15 (2006), 4, S. 473-493

Hentilä, Seppo, Neutral zwischen den beiden deutschen Staaten. Finnland und Deutschland im Kalten Krieg, Berlin 2006

Hentilä, Seppo, Soviet Union, Finland and the »Northern Balance«, 1957-1963. In: Europe, Cold War and Coexistance, S. 239-256

Hentilä, Seppo, Von der Erringung der Selbständigkeit bis zum Fortsetzungskrieg 1917-1944. In: Jussila/Hentilä/Nevakivi, Politische Geschichte Finnlands, S. 115-230

Herbst, Ludolf, Optionen für den Westen. Vom Marshallplan bis zum deutsch-französischen Vertrag, München 1989

Heuser, Beatrice, Covert Action within British and American Concepts of Containment. In: British Intelligence, S. 65-84

Heuser, Beatrice, NATO, Britain, France and the FRG. Nuclear Strategies and Forces for Europe, 1949-2000, Basingstoke [et al.] 1999

Heuser, Beatrice, Nuclear Mentalities? Strategies and Beliefs in Britain, France and the FRG, Houndmills, Basingstoke, New York 1998

Heuser, Beatrice, Die Strategie der NATO während des Kalten Krieges. In: Entschieden für Frieden, S. 51-62

Heuser, Beatrice, Western ›Containment‹ Policies in the Cold War. The Yugoslav Case, 1948-1953, London [et al.] 1989

Hildebrandt, Alexandra, Die Mauer. Zahlen. Daten, 2. Aufl., Berlin 2005

Hildermeier, Manfred, Geschichte der Sowjetunion 1917-1991. Entstehung und Niedergang des ersten sozialistischen Staates, München 1998

Hillgruber, Andreas, Eine Bilanz des Zweiten Weltkrieges aus der Sicht der kriegführenden Mächte. In: Hillgruber, Großmachtpolitik und Militarismus, S. 53-67

Hillgruber, Andreas, Deutsche Geschichte 1945-1982. Die Deutsche Frage in der Weltpolitik, Stuttgart 1983

Hillgruber, Andreas, Großmachtpolitik und Militarismus im 20. Jahrhundert. Drei Beiträge zum Kontinuitätsproblem, Düsseldorf 1974

Hillgruber, Andreas, Hitlers Strategie. Politik und Kriegführung 1940-1941, Frankfurt a.M., München 1965

A History of NATO. The First Fifty Years, 3 vols. Ed. by Gustav Schmidt, Houndmills, Basingstoke, New York 2001

Hölter, Hermann, Die »Kalotte Europas« macht von sich reden. In: Wehrkunde, (1956), 1, S. 43-44

Hönsch, Jörg K., Ostmitteleuropa und die Sowjetunion zwischen den Weltkriegen. In: Der Westen und die Sowjetunion, S. 136-137

Hohmann, Harald, Angemessene Außenhandelsfreiheit im Vergleich. Die Rechtspraxis der USA, Deutschlands (inklusive der EG) und Japans zum Außenhandel und ihrer Konstitutionalisierung, Tübingen 2002 (= Jus Publicum, 89)

Holloway, David, The Soviet Union and the Arms Race, London 1986

Holst, Johan Jørgen, Five Roads to Nordic Security. In: Five Roads, S. 239-256

Holst, Johan Jørgen, Nordisk Balanse [Nordisches Gleichgewicht]. In: Norsk sikkerhetspolitikk, t. 1, S. 129-140

Holsti, Kalevi J., Strategy and Techniques of Influence in Soviet-Finnish Relations. In: The Western Political Quarterly, 17 (1964), 1, S. 63-82

Holsti, Ole R., Foreign Policy Formation Viewed Cognitively. In: Structure of Decision, S. 18-54

Holtsmark, Sven G., Soviet Strategic Interests in Denmark: The Baltic Straits and Bornholm. In: Holtsmark, Sven G., The Limits to Soviet Influence. Soviet Strategic Interests in Norway and Denmark, 1944-1947. IFS Info, Institutt for forvarsstudier, 7 (1994), S. 7-11

Hornemann, Jacob, Bornholm mellem Øst og Vest. En udenrigspolitisk dokumentation af Bornholms stilling op til og under de sovjetiske befrielsestroppers ophold på Bornholm 1945-1946 og under den kolde krig, Rønne 2006

Huldén, Anders, Finnlands deutsches Königsabenteuer 1918, Berlin 1997

Hvidt, Kristian, Statsministre i Danmark fra 1913 til 1995 [Staatsminister in Dänemark von 1913 bis 1995], København 1995

Ingimundarson, Valur, Between Solidarity and Neutrality. The Nordic Countries and the Cold War, 1945-1991. In: CWIHP, Bulletin No. 11, (1998), S. 269-274

In Quest of Trade and Security. The Baltic in Power Politics, 1500-1990, vol. 2: 1890-1990. Ed. by Göran Rystad, Klaus-R. Böhme and Wilhelm M. Carlgren, Lund 1995

International Behaviour. A Social-Psychological Analysis. Ed. by Herbert C. Kelman, New York 1965

International Politics and Foreign Policy. A Reader in Research and Theory. Ed. by James N. Rosenau, New York 1968

Das internationale Krisenjahr 1956. Polen, Ungarn, Suez. Im Auftrag des Militärgeschichtlichen Forschungsamtes hrsg. von Winfried Heinemann und Norbert Wiggershaus, München 1999 (= Beiträge zur Militärgeschichte, 48)

Internationale Politik. Grundlagen, Auswirkungen, Verläufe. Hrsg. von Josef Mück, Wiesbaden 1970

Jackson, Robert, At War with the Bolsheviks, London 1972

Jacobs, Travis Beal, America and the Winter War, 1939-1940, New York 1981

Jacobson, Max, Yöpakkasista noottikriisiin [Von den Nachtfrösten zur Notenkrise]. In: YYA-Suomi, S. 100-120

Jägerskiöld, Stig, Mannerheim 1867-1951, Herford 1985

Jakobson, Max, Pelon ja toivon aika. 20. Vuosisadan tilinpäätös II [Zeit der Ängste und Wünsche. Zusammenfassung des 20. Jahrhunderts II], Keuruu 2001

Janke, Katharina, Zu Stereotypen und Images über Finnland in Deutschland, Frankfurt a.M. [et al.] 2002 (= Leipziger Arbeiten zur Fachsprachenforschung, 23) [Magisterarbeit auf CD-Rom]

Jensen, Bent, Tryk og tilpasning. Sovjetunionen og Danmark siden 2. Verdenskrig [Druck und Anpassung. Die Sowjetunion und Dänemark nach dem Zweiten Weltkrieg], København 1987

Jensen-Eriksen, Niklas, Brittisiivin suihkukoneiden aikakauteen [Auf britischen Flügeln ins Zeitalter der Strahlflugzeuge]. In: Sotahistoriallinen Aikakauskirja, 25 (2006), S. 304-338

Jensen-Eriksen, Niklas, Market, Competitor or Battlefield? British Foreign Economic Policy. Finland and the Cold War, 1950-1970, London 2004

Jian, Chen, China's Road to the Korean War, New York 1994

Jian, Chen, The Sino-Soviet Alliance and China's Entry into the Korean War, Washington, DC 1992 (= CWIHP, Working Paper, 1)

Joenniemi, Pertti, Finland, Europe and St. Petersburg in Search for a Role and Identity. In: Studia Slavica Finlandensia, 13 (1996), S. 101-108

Jokipii, Mauno, Finnland und der Zweite Weltkrieg – eine historische Ortsbestimmung. In: Schicksalsschwere Zeiten, S. 15-34

Jokisipilä, Markku, Aseveljiä vai liittolaisia? Suomi, Saksan liittosopimusvaatimukset ja Rytin-Ribbentropin-sopimus [Waffenbrüder oder Verbündete? Finnland, die Forderung Deutschlands nach einem Bündnisvertrag und der Ryti-Ribbentrop-Vertrag], Helsinki 2004 (= Bibliotheca historica, 84)

Jonas, Michael, Wie man einen Außenminister stürzt. Wipert von Blücher, das Auswärtige Amt und die Regierung Cajander/Holsti. In: Kahden kulttuurin välittäjä, S. 257-277

Jones, Howard, A New Kind of War. America's Global Strategy and the Truman Doctrine in Greece, New York 1989

Jürgensen, Kurt, Die Stellung Bornholms im ost-westlichen Spannungsfeld nach 1945. In: Kriegsende im Norden, S. 189-195

Julku, Kyösti, Englannin suunnitelmat ja toimenpiteet Ruotsi-Suomen auttamiseksi Suomen sodan aikana vv. 1808-1809 [Englands Pläne und Handlungen zur Hilfe Schweden-Finnlands während des Finnlandkrieges der Jahre 1808-1809]. In: Turun historiallinen arkisto, 13 (1956), S. 137-141

Junila, Marianne, Kotirintaman aseveljeyttä. Suomalaisen siviiliväestön ja saksalaisen sotaväen rinnakkainelo Pohjois-Suomessa 1941-1944 [Die Heimatfront der Waffenbrüder. Das Zusamenleben finnischer Zivilisten und deutscher Soldaten], Helsinki 2000 (= Bibliotheca historica, 61)

Junila, Marianne, »Was ist Suomi?« Saksalaisen sotilaan Suomi-kuvan raamit [Der Rahmen des Finnlandbildes deutscher Soldaten]. In: Historian Viesti, (1997), S. 65-75

Jussila, Osmo, Seppo Hentilä und Jukka Nevakivi, Politische Geschichte Finnlands seit 1809. Vom Großfürstentum zur Europäischen Union. Ins Dt. übers. von Kaija Menger, Berlin 1999

Kähönen, Aappo, The Soviet Union, Finland and the Cold War. The Finnish Card in the Soviet Foreign Policy, 1956-1959, Helsinki 2006 (= Bibliotheca Historica, 103)

Kahden kulttuurin välittäjä. Hannes Saarisen juhlakirja [Vermittler zwischen zwei Kulturen. Festschrift für Hannes Saarinen]. Hrsg. von Aleksanteri Suvioja und Erkki Teräväinen, Tampere 2006

Kaikkonen, Olli, Deutschland, Rußland, Finnland. Grundlagen der gegenseitigen Beziehungen. In: Deutschland und Finnland, S. 9-22

Kaikkonen, Olli, Die Pläne der deutschen Flotte in Richtung Finnland in den Jahren 1871-1914. In: Research Reports, Institute of Political History, University of Helsinki, 1 (1988), S. 58-86

Kallenautio, Jorma, Suomi katsoi eteensä. Itsenäisen Suomen ulkopolitiikka 1917-1955 [Finnland blickte nach vorne. Die Außenpolitik des unabhängigen Finnlands 1917-1955], Helsinki 1985

Kaplan, Karel, Die Entwicklung des Rates für gegenseitige Wirtschaftshilfe (RGW) in der Zeit von 1949-1957. Zu einigen Fragen der Kontinuität in den Integrationsproblemen und -tendenzen, Ebenhausen 1977

Kaplan, Karel, Der kurze Marsch. Kommunistische Machtübernahme in der Tschechoslowakei 1945-1948, München [et al.] 1981

Kaplan, Lawrence S., Amerika und die Bündnisverstrickungen 1949-1956. In: Nationale Außen- und Bündnispolitik, S. 1-17

Karber, Phillip A., and Gerald A. Combs, The United States, NATO and the Soviet Threat to Western Europe. Military Estimates and Policy Options, 1945-1963. In: DH, 22 (1998), 3, S. 399-429

Karsh, Efraim, Geographical Determinism. Finnish Neutrality Revisited. In: CC, 21 (1986), S. 43-57

Kelman, Herbert C., Sozialpsychologische Aspekte internationalen Verhaltens. In: Beiträge zur Sozialwissenschaft, 1 (1966), S. 141-239

Kent, John, British Imperial Strategy and the Origins of the Cold War, 1944-1949, Leicester 1993

Kerenskij, Aleksandr F., Die Kerenski-Memoiren. Rußland und der Wendepunkt der Geschichte, Wien 1966

Keßelring, Agilolf, Deutsche Einsatzoptionen für die finnischen Freiwilligen im Ersten Weltkrieg. In: Kahden kulttuurin välittäjä, S. 279-299

Keßelring, Agilolf, Des Kaisers »finnische Legion«. Die finnische Jägerbewegung im Ersten Weltkrieg im Kontext der deutschen Finnlandpolitik, Berlin 2005 (= Schriftenreihe der Deutsch-Finnischen Gesellschaft e.V., 5)

Kilkki, Pertti, Valo Nihtilä – päämajan eversti. Muistelmien pohjalta elämäkerraksi kirjoittanut [Valo Nihtilä – Oberst im Hauptquartier. Aus Memoiren zur Biografie geschrieben], Porvoo, Helsinki, Juva 1994

Kipp, Jacob W., Soviet »Tactical« Aviation in the Postwar Period. Technological Change, Organizational Innovation and Doctrinal Continuity. In: APJ, 2 (Spring 1988), 1, S. 10-12

Kirby, David, The Baltic World, 1772-1993. Europe's Northern Periphery in an Age of Change, London [et al.] 1995

Kitchen, Martin, The British Empire and Commonwealth. A Short History, Basingstoke 1996

Kleinsteuber, Hans J., Stereotype, Images und Vorurteile. Die Bilder in den Köpfen der Menschen. In: Die häßlichen Deutschen?, S. 60-68

Kliemann, Hendriette, Koordinaten des Nordens. Wissenschaftliche Konstruktionen einer europäischen Region 1770-1850, Berlin 2005 (= Nordeuropäische Studien, 19)

Klinge, Matti, Eine nordische Universität. Die Universität Helsinki 1640-1990, Helsinki 1992

Klinge, Matti, Die Ostseewelt, Helsinki 1995

Knapp, Manfred, Die Einstellung der USA gegenüber der Sowjetunion in der Periode des Kalten Krieges 1947-1969. In: Der Westen und die Sowjetunion, S. 205-234

Knapp, Manfred, Grundzüge der amerikanischen Europapolitik in der Entstehungsphase des Ost-West-Konflikts 1945-1949. In: Europäische Union, S. 397-426

Knapp, Manfred, Politische und wirtschaftliche Interdependenzen im Verhältnis USA – (Bundesrepublik) Deutschland 1945-1975. In: Die USA und Deutschland, S. 153-219

Knipping, Franz, Die amerikanische Rußlandpolitik in der Zeit des Hitler-Stalin-Pakts 1939-1941, Tübingen 1974

Knorr, Klaus, The Strained Alliance. In: NATO and American Security, S. 3-10

Kölbl, Carlos, und Jürgen Straub, Schema. In: Gedächtnis und Erinnerung, S. 519 f.

Konsalik, Heinz G., Der Arzt von Stalingrad, München 1956

Korobochkin, Maxim L., The USSR and the Treaty of Friendship, Cooperation and Mutual Assistance with Finland. In: Finnish-Soviet Relations, S. 169-189

Koselleck, Reinhart, Erfahrungsraum und Erwartungshorizont. Zwei historische Kategorien. In: Kosellek, Vergangene Zukunft, S. 349-375

Koselleck, Reinhart, Krise. In: Geschichtliche Grundbegriffe, Bd 3, S. 617-650

Koselleck, Reinhart, Vergangene Zukunft. Zur Semantik geschichtlicher Zeiten, 3. Aufl., Frankfurt a.M. 1995

Kramer, Mark, Power, Politics, and the Long Duration of the Cold War. In: Reinterpreting the End of the Cold War, S. 21-38

Kriegsende im Norden. Vom heißen zum kalten Krieg. Hrsg. von Robert Bohn und Jürgen Elvert, Stuttgart 1995 (= Historische Mitteilungen der Ranke-Gesellschaft, Beih. 14)

Krisis. Krisenszenarien, Diagnosen, Diskursstrategien. Hrsg. von Henning Grunwald und Manfred Pfister, München 2006

Krone, Heinrich, Aufzeichnungen zur Deutschland- und Ostpolitik 1954-1969. In: Adenauer Studien, Bd 3, S. 134-201

Kronvall, Olof, Den bräckliga barriären. Finland i svensk säkerhetspolitik 1948-1962 [Die bröckligen Barrieren. Finnland in der schwedischen Sicherheitspolitik 1948-1962], Stockholm 2003

Kronvall, Olof, Sweden's Reactions to the Porkkala Agreement and the ›Night Frost‹. Finland in Swedish Foreign Policy, 1955-1956 and 1958-1959. In: Security and Insecurity, S. 56-82

Krosby, Hans Peter, The Communist Power Bid in Finland in 1948. In: Political Science Quarterly, 75 (June 1960), S. 224-243

Krosby, Hans Peter, Finland, Germany and the Soviet Union, 1940-1941. The Petsamo Dispute, Madison, WI, Milwaukee, WI 1968

Krosby, Hans Peter, Friede für Europas Norden. Die sowjetisch-finnischen Beziehungen von 1944 bis zur Gegenwart, Wien [et al.] 1981

Krüger, Dieter, und Norbert Wiggershaus, Einführung. In: Mastny/Schmidt, Konfrontationsmuster, S. IX-XIV

Krüger, Dieter, Sicherheit durch Integration? Die wirtschaftliche und politische Zusammenarbeit Westeuropas 1947 bis 1957/58, München 2003 (= Entstehung und Probleme des Atlantischen Bündnisses bis 1956, 6)

Kuhfus, Peter M., Widerstand und Hilfe. Hintergründe der chinesischen Intervention in Korea. September 1950-Januar 1951. In: Unruhige Welt, S. 30-40

Kuniholm, Bruce R., The Origins of the Cold War in the Near East, Great Power Conflict and Diplomacy in Iran, Turkey and Greece, Princeton, NJ 1994

Kuusisto, Allan A., The Paasikivi-Line in Finlands Foreign Policy. In: Western Political Quarterly, 12 (1959), S. 37-49

Laboor, Ernst, Der Rapacki-Plan. Realistische Friedensidee oder Kampfplan gegen Bonn? Die Sicht Warschaus, Moskaus und Berlins, Berlin 1993 (= Hefte zur DDR-Geschichte, 11)

Laboor, Ernst, Der Rapacki-Plan und die DDR. Die Entspannungsvision des polnischen Außenministers Adam Rapacki und die deutschlandpolitischen Ambitionen der SED-Führung in den fünfziger und sechziger Jahren, Berlin 2003

Lackman, Matti, Suomen vai Saksan puolesta? Jääkäriliikkeen ja jääkäripataljoona 27:n (1915-1918) synty, luonne, mielialojen vaihteluita ja sisäisiä kriisejä sekä niiden heijastuksia itsenäisen Suomen ensi vuosiin saakka. [Für Finnland oder für Deutschland? Die Geburt, die Natur, Stimmungsschwankungen, innere Krisen der Jägerbewegung und im Jägerbataillon 27 sowie deren Spiegelungen bis in die ersten Jahre des unabhängigen Finnlands], Helsinki 2000

Lähteenmäki, Maria, Päämääränä Petsamo. Saksalaisten matka Lappiin 1940-1941 [Endziel Petsamo. Die Lapplandreise der Deutschen 1940-1941]. In: Kahden kulttuurin välittäjä, S. 299-311

Lang, Arnim, »Operation Nordlicht«. Die Zerstörung Nordnorwegens durch deutsche Truppen beim Rückzug aus Finnland im Spätjahr 1944. In: Kriegsende im Norden, S. 25-41

Lappalainen, Matti, Mannerheim. Kansansa johtajana [Mannerheim, als Führer unserer Nation], Helsinki 2006

Lashmar, Paul, Spy Flights of the Cold War, Gloucestershire 1996

Lauerma, Matti, Kuninkaallinen Preussin Jääkäripataljoona 27. Vaiheet ja vaikutus [Das Königlich Preußische Jägerbataillon Nr. 27. Phasen und Einfluß], Porvoo 1966

Lebow, Richard Ned, We Still Don't Know! In: DH, 22 (Fall 1998), 4, S. 627-632

Leffler, Melvyn P., A Preponderance of Power. National Security, the Truman Administration, and the Cold War, Stanford, CA 1992

Lehti, Marko, A Baltic League as a Construct of the New Europe. Envisioning a Baltic Region and Small State Sovereignty in the Aftermath of the First World War, Frankfurt a.M. [et al.] 1998 (= Europäische Hochschulschriften, Reihe 3, 817)

Lehtinen, Lasse, Aatosta jaloa ja alhaista mieltä. SDP:n ja Urho Kekkosen suhteet 1944-1981 [Edle Gedanken und niedere Stimmung. Die Beziehungen zwischen der SDP und Kekkonen 1944-1981], Helsinki 2002

Lehtinen, Lasse, Fagerholm – Kekkosen tasavallan kakkonen. Pohjoismaisen poliitikon muotokuva [Der Zweite in Kekkonens Republik. Portrait eines nordischen Politikers], Porvoo 1981

Leino, Yrjö, Kommunisti sisäministerinä [Kommunist im Innenministerium], Tammi 1991

Lemberg, Hans, Zur Entstehung des Osteuropabegriffes im 19. Jahrhundert. Vom Norden zum »Osten« Europas. In: Jahrbücher für Geschichte Osteuropas, 33 (1985), S. 48-91

Lemke, Bernd, Dieter Krüger, Heinz Rebhan und Wolfgang Schmidt, Die Luftwaffe 1950 bis 1970. Konzeption, Aufbau und Integration einer Teilstreitkraft der Bundeswehr, München 2006 (= Sicherheitspolitik und Streitkräfte der Bundesrepublik Deutschland, 2)

Lendvai, Paul, Der Ungarnaufstand 1956. Die Revolution und ihre Folgen, München 2006

Lenin ja Suomi [Lenin und Finnland]. Hrsg. von Jaakko Numminen, Osmo Apunen, Sune Jungar und Toivo J. Paloposki, 3 Bde, Helsinki 1988

Lentz, Sebastian, und Stella Schmid, Blauer Riese. In: Osteuropa, (2005), 12, S. 134-138

Létourneau, Paul, und Stéphane Roussel, Der kanadische Beitrag zum Entstehen der nordatlantischen Gemeinschaft 1947-1949. In: Von Truman bis Harmel, S. 101-108

Levering, Ralph B., American Opinion and the Russian Alliance, 1939-1945, Chapel Hill, NC 1976

Levsen, Dirk, Dänische und norwegische Truppen als Partner der britischen Besatzungsmacht in Deutschland. In: Kriegsende im Norden, S. 241-250

Lewin, Moshe, The Soviet Century, London 2005

Lidegaard, Bo, Jens Otto Krag 1914-1961, København 2001

Link, Werner, Der Ost-West-Konflikt. Die Organisation der internationalen Beziehungen im 20. Jahrhundert, 2. Aufl., Stuttgart, Berlin 1988

Lippmann, Walter, The Cold War. A Study of the United States Foreign Policy, New York 1947

Löffler, Siegfried, Das Finnlandbild in den deutschen Medien. In: Zur Neuorientierung, S. 205-216

Loth, Wilfried, Adenauer's Final Western Choice, 1955-1958. In: Europe, Cold War and Coexistence, S. 23-36

Loth, Wilfried, Die Formierung der Blöcke. Strukturen des Ost-West-Konflikts 1948-1950. In: Die westliche Sicherheitsgemeinschaft, S. 7-24

Loth, Wilfried, Der Krieg, der nicht stattfand. Ursprünge und Überwindung des Kalten Krieges. In: Wie Kriege entstehen, S. 285-298

Loth, Wilfried, Sicherheit und nationale Interessen. Die atlantische Allianz im Kalkül ihrer Mitgliedstaaten. In: Nationale Außen- und Bündnispolitik, S. 311-323

Loth, Wilfried, Die Teilung der Welt. Geschichte des Kalten Krieges 1941-1955, München 1980; 8. Aufl., München 2000; 9. Aufl., München 2002

Ludlow, Peter, Britain and Northern Europe, 1940-1945. In: SJH, 4 (1979), S. 123-162

Luftkriegführung im Zweiten Weltkrieg. Ein internationaler Vergleich. Im Auftrag des Militärgeschichtlichen Forschungsamtes hrsg. von Horst Boog, Herford, Bonn 1993 (= Vorträge zur Militärgeschichte, 12)

Lukacs, John, Finland Vindicated. In: FA, 71 (1992), 4, S. 50-63

Lukkari, Matti, Asekätkentä [Waffenverstecken], Helsinki 1992 (Neuaufl. 2005)

Lund, Nils, Die strategische Stellung der skandinavischen Länder im Rahmen der russischen und der amerikanischen Polarstrategie. In: Wehrkunde, (1955), 6, S. 224-229

Lundestad, Geir, The American »Empire« and Other Studies of U.S. Foreign Policy in Comparative Perspective, Oxford 1990

Lundestad, Geir, The American Non-Policy Towards Eastern Europe, 1943-1947, Oslo 1978

Lundestad, Geir, The American Non-Policy Towards Eastern Europe. Universalism in an Area not of Essential Interest to the United States, New York 1975

Lundestad, Geir, Empire by Invitation? The United States and Western Europe, 1945-1952. In: JPR, 23 (1986), S. 263-277

Luntinen, Pertti, The Imperial Russian Army and Navy in Finland, 1908-1918, Helsinki 1997 (= Studia Historica, 56)

Luntinen, Pertti, Saksan keisarillinen laivasto Itämerellä. Aikeet, suunnitelmat ja toimet [Die deutsche kaiserliche Flotte im Mittelmeer. Vorhaben, Pläne und Handlungen], Helsinki 1987 (= Historiallisia Tutkimuksia, 143)

McCullough, David, Truman, New York 1992

McDermott, Kevin, Stalin. Revolutionary in an Era of War, New York 2006

MacDonald, Douglas J., Formal Ideologies in the Cold War. Towards a Framework to Empirical Analysis. In: Reviewing the Cold War, S. 180-206

McMahon, Robert J., Credibility and World Power. Exploring the Psychological Dimension in Postwar American Diplomacy. In: DH, 15 (1991), S. 455-471

McMahon, Robert J., Heiße Kriege im Kalten Krieg. In: Heiße Kriege im Kalten Krieg, S. 16-34

Mai, Gunther, Westliche Sicherheitspolitik im Kalten Krieg. Der Korea-Krieg und die deutsche Wiederbewaffnung 1950, Boppard a.Rh. 1977 (= Militärgeschichte seit 1945, 4)

Maier, Charles S., The Cold War as an Era of Imperial Rivalry. In: Reinterpreting the End of the Cold War, S. 13-20

Majander, Mikko, Ennen kuin Pohjola asettui »tasapainoon«. Pohjoismaat suurvaltaintressien raja-alueena kylmän sodan syntyvaiheissa. [Bevor der Norden ins

Gleichgewicht kam. Die nordischen Länder im Grenzgebiet der Großmacht-interessen zu Beginn des Kalten Krieges]. In: Ajankohta. Poliittisen historian vuosikirja, 1 (1995), S. 75-87

Majander, Mikko, The Limits of Sovereignty. Finland and the Marshall Plan in 1947. In: Finnish-Soviet Relations, S. 100-128

Majander, Mikko, The Paradoxes of Finlandization. In: Northern Dimensions, S. 85-94

Majander, Mikko, Pohjoismaa vai kansandemokratia? Sosiaalidemokraatit, kom-munistit ja Suomen kansainvälinen asema 1944-1951 [Nordisches Land oder Volksdemokratie? Sozialdemokraten, Kommunisten und die internationale Position Finnlands], Helsinki 2004

Manchester, William, American Caesar: Douglas MacArthur, 1880-1964, Boston, MA 1978

Mannerheim, an Officer of the Imperial Army, Marshal of Independent Finland. Ed. by Timo Vihavainen [et al.], Helsinki 2005

Mannerheim, Gustav, Erinnerungen, Zürich [et al.] 1951

Manninen, Ohto, Die deutsch-finnische »Waffenbrüderschaft« – Realität oder Mythos? In: Schicksalsschwere Zeiten, S. 41-51

Manninen, Ohto, Operation Barbarossa and the Nordic Countries. In: Scandinavia During the Second World War, S. 139-181

Manninen, Ohto, The Soviet Plans for the North Western Theatre of Operations in 1939-1944, Helsinki 2004 (= Finnish Defence Studies, 16)

Manninen, Ohto, Suomi toisessa maailmansodassa [Finnland im Zweiten Welt-krieg], Espoo 1987 (= Suomen historia, 7)

Manninen, Ohto, Toteutumaton valtioliitto. Suomi ja Ruotsi talvisodan jälkeen [Der nicht zustande gekommene Staatenbund. Finnland und Schweden nach dem Winterkrieg], Helsinki 1977

Martin, Laurence W., The American Decision to Rearm Germany. In: American Civil-Military Decisions, S. 643-665

Mastny, Vojtech, The Cold War and Soviet Insecurity. The Stalin Years, London 1996

Mastny, Vojtech, und Gustav Schmidt, Konfrontationsmuster des Kalten Krieges 1946 bis 1956. Im Auftrag des Militärgeschichtlichen Forschungsamtes hrsg. von Norbert Wiggershaus und Dieter Krüger, München 2003 (= Entstehung und Probleme des Atlantischen Bündnisses bis 1956, 3)

Mastny, Vojtech, NATO from the Soviet and East European Perspectives, 1949-1968. In: Von Truman bis Harmel, S. 55-74

Mastny, Vojtech, Die NATO im sowjetischen Denken und Handeln 1949 bis 1956. In: Mastny/Schmidt, Konfrontationsmuster, S. 381-471

Mastny, Vojtech, Russia's Road to the Cold War. Diplomacy, Warfare, and the Politics of Communism, 1941-1945, New York 1979

Matthies, Volker, Die Blockfreien. Ursprünge – Entwicklung – Konzeptionen, Opladen 1982

Maude, George, The Cold War as an Episode in Finnish History. In: Charting an Independent Course, S. 25-56

Medvedev, Roy A., and Žhores A. Medvedev, The Unknown Stalin. His Life, Death and Legacy, Woodstock, NJ, New York 2005

Melandri, Pierre, L'intégration contre la désintégration. Les États-Unis, le Plan Marshall et l'unification économique de l'Europe 1947-1950. In: Le Plan Marshall, S. 625-639

Menger, Manfred, Deutschland und Finnland im Zweiten Weltkrieg. Genesis und Scheitern einer Militärallianz, Berlin (Ost) 1988 (= Militärhistorische Studien, N.F., 26)

Menger, Manfred, Die Finnlandpolitik des deutschen Imperialismus 1917-1918, Berlin (Ost) 1974

Mental Maps, Raum, Erinnerung. Kulturwissenschaftliche Zugänge zum Verhältnis von Raum und Erinnerung. Hrsg. von Sabine Damir-Geilsdorf, Angelika Hartmann und Béatrice Hendrich, Münster 2005 (= Kulturwissenschaft, Forschung und Wissenschaft, 1)

Meri, Veijo, C.G. Mannerheim. Suomen marsalkka [C.G. Mannerheim. Marschall von Finnland], Porvoo 1988

Miller, James E., Taking Off the Gloves. The United States and the Italian Elections of 1948. In: DH, 7 (1983), S. 35-55

Miller, James E., The United States and Italy. The Politics and Diplomacy of Stabilization, Chapel Hill, NC 1986

The Missing Link. West European Neutrals and Regional Security. Ed. by Richard E. Bissel and Curt Gasteyger, Durham, NC [et al.] 1990

Moberg, Erik, The Nordic Balance Concept. In: CC, 3 (1968), 3, S. 210-214

Möllers, Heiner, 50 Jahre Luftwaffe. Von Himmerod zum Hindukusch. In: Entschieden für Frieden, S. 155-182

Monte, Peter, Die Rolle der Marine in der Verteidigungsplanung für Mittel- und Nordeuropa von den 50er Jahren bis zur Wende 1989/1990. In: Vom Kalten Krieg zur Deutschen Einheit, S. 591-617

Moon, Victor Braden, Soviet-Norwegian Relations Since 1945. In: The Western Political Quarterly, 17 (1964), 4, S. 659-670

Mouritzen, Hans, Finlandization. Towards a General Theory of Adaptive Politics, Aldershot 1988

Mückusch, Andreas, »Wahlverwandtschaften«? – Die Positionierung der Marine im internationalen Umfeld (1945-2005). Vortrag 6 auf der 46. Historisch-Taktischen Tagung der Flotte 2006 (Manuskript)

Müller, Rolf-Dieter, Der Zweite Weltkrieg: 1939-1945, 10., neu bearb. Aufl., Stuttgart 2004 (= Handbuch der Deutschen Geschichte, 21)

Muikku, Esa, und Jukka Purhonen, Suomalaiset panssarivaunut 1918-1997 [Finnische Panzerwagen 1918-1997], Tampere 1998

Multan, Wojciech, The Rapacki Plan From the Perspective of a Quarter Century. In: IR, 1 (1984), 1, S. 75-98

Nationale Außen- und Bündnispolitik der NATO-Mitgliedstaaten. Im Auftrag des Militärgeschichtlichen Forschungsamtes hrsg. von Norbert Wiggershaus und

Winfried Heinemann, München 2000 (= Entstehung und Probleme des Atlantischen Bündnisses bis 1956, 2)

NATO and American Security. Ed. by Klaus Knorr, Princeton, NJ 1959

NATO. The Founding of the Atlantic Alliance and the Integration of Europe. Ed. by Francis H. Heller and John R. Gillingham, New York 1992 (= The Franklin and Eleanor Roosevelt Institute Series on Diplomatic and Economic History, 2)

NATO-Handbuch. Hrsg. vom NATO Office of Information and Press, Brüssel 2001

Neubauer, Helmut, Über den Wert und Unwert von Memoiren. Kerenskij und das Revolutionsjahr 1917. In: Osteuropa, 19 (1969), S. 612-617

Nevakivi, Jukka, American Reactions to the Finnish-Soviet Friendship Treaty of 1948. In: SJH, 13 (1989), S. 279-291

Nevakivi, Jukka, Apu jota ei annettu. Länsivallat ja Suomen talvisota 1939-1940 [Hilfe, die nicht gegeben wurde. Die Westmächte und der finnische Winterkrieg 1939-1940], Porvoo 2000

Nevakivi, Jukka, A Decisive Armistice, 1944-1947. Why was Finland not Sovietized? In: SJH, 19 (1994), S. 91-115

Nevakivi, Jukka, Finland and Cold War. In: SJH, 10 (1985), S. 211-224

Nevakivi, Jukka, Linnasta linnaan. Eero A Wuoren (1900-1966) poliittinen elämäkerta [Von Festung zu Festung. Politische Biographie von Eero A. Wuori], Keuruu 1992

Nevakivi, Jukka, Miten Suomen ja Neuvostoliiton välinen YYAsopimus otettiin vastaan Englannin ulkoministeriössä helmimaaliskuussa 1948 [Wie der FZB-Vertrag zwischen Finnland und der Sowjetunion im Februar 1948 seitens des britischen Außenministerium aufgenommen wurde]. In: Historiallinen arkisto, 84 (1984), S. 137-153

Nevakivi, Jukka, Muurmannin legioona. Suomalaiset ja liitoutuneiden interventio Pohjois-Venäjälle 1918-1919 [Die Murmansklegion. Die Finnen und die Intervention der Alliierten in Nordrußland], Helsinki 1970

Nevakivi, Jukka, Scandinavian Talks on Military Cooperation in 1946-1947. A Prelude to the Decisions of 1948-1949. In: CC, 3 (1984), S. 165-175

Nevakivi, Jukka, Vom Fortsetzungskrieg bis zur Gegenwart 1944-1998. In: Jussila/Hentilä/Nevakivi, Politische Geschichte Finnlands, S. 239-384

Nevakivi, Jukka, Ystävistä vihollisiksi. Suomi Englannin politiikassa 1940-1941 [Von Freunden zu Feinden. Finnland in der Politik Englands], Helsinki 1976

Niedhart, Gottfried, Perzeption und Politik im Umgang mit der Sowjetunion. In: Der Westen und die Sowjetunion, S. 7-24

Niinistö, Jussi, Suomalaisia vapaustaistelijoita [Finnische Freiheitskämpfer], Helsinki 2003

Nikita Sergeevich Khrushchev. Neuvostoliitto ja Pohjola. Puheita ja lausuntoja vuosilta 1956-1963 [Nikita Sergejewitš Chruščev. Die Sowjetunion und der Norden. Reden und Urteile]. Hrsg. von Kustaa Vilkuna, Helsinki 1964

Nipperdey, Thomas, Deutsche Geschichte 1800-1866. Bürgerwelt und starker Staat, München 1998

Nitze, Paul H., From Hiroshima to Glasnost: At the Center of Decision. A Memoir, New York 1989

Nolte, Ernst, Der europäische Bürgerkrieg 1917-1945. Nationalsozialismus und Bolschewismus, Berlin 1987

Nolte, Ernst, Geschichtsdenken im 20. Jahrhundert. Von Max Weber bis Hans Jonas, Berlin, Frankfurt a.M. 1991

Das Nordatlantische Bündnis 1949 bis 1956. Im Auftrag des Militärgeschichtlichen Forschungsamtes hrsg. von Klaus A. Maier und Norbert Wiggershaus unter Mitwirkung von Günther Hebert, München 1993 (= Beiträge zur Militärgeschichte, 37)

Norsk sikkerhetspolitikk i strategisk perspektiv, t. 1 [Norwegische Sicherheitspolitik aus strategischer Perspektive]. Ed. by Johan Jørgen Holst, Oslo 1967

Northern Dimensions. The Yearbook of the Finnish Institute of International Affairs, Helsinki 1999

O'Connor, Raymond G., Diplomacy for Victory. FDR and Unconditional Surrender, New York [et al.] 1971 (= The Norton Essays in American History)

Östergård, Uffe, Nationale identiter. Tyskland, Norden, Skandinavien [Nationale Identität. Deutschland, der Norden und Skandinavien]. In: Skandinavien och Tyskland, S. 15-22

Offner, Arnold A., Another Such Victory. President Truman and the Cold War, 1945-1953, Stanford, CA 2002

Olson, Keith W., American Historians and the History of Finland Since 1939. In: Charting an Independent Course, S. 9-24

Olstad, Finn, Einar Gerhardsen. En politisk biografi, Oslo 1999

Operation World War III. The Secret American Plan »Dropshot« for War with the Soviet Union 1957. Ed. by Anthony Cave, London 1979

Die Ordnung des Raums. Der Ostseeraum in vergleichender Perspektive. Hrsg. von Norbert Götz, Jörg Hackmann und Jan Hecker-Stampehl, Berlin 2006 (= The Baltic Sea Region – Nordic Dimensions – European Perspectives, 6)

The Origins of the Cold War in Europe. International Perspectives. Ed. by David Reynolds, New Haven, CT 1994

Ørvik, Nils, Nordisk balanse og nordisk atomfri sone. In: Ørvik, Nils, Alternativer for sikkerhet, Oslo 1970 (= Tårnbøkene, 23), S. 106-118

Ost-West-Beziehungen. Konfrontation und Détente 1945-1989, 3 Bde. Hrsg. von Gustav Schmidt, Bochum 1993

O'Sullivan, Donald, Stalins ›cordon sanitaire‹. Stalins Osteuropapolitik und die Reaktionen des Westens 1939-1949, Paderborn 2003

Ovendale, Richie, The English-Speaking Alliance. Britain, the United States, the Dominions and the Cold War, 1945-1951, London 1985

Ovendale, Ritchie, Britische Außen- und Bündnispolitik 1949-1956. In: Nationale Außen- und Bündnispolitik, S. 129-151

Overy, Richard J., Why the Allies Won, New York 1995

O.W. Kuusinen ja Neuvostoliiton ideologinen kriisi vuosina 1957-1964 [O.W. Kuusinen und die ideologische Krise der Sowjetunion 1957-1964]. Hrsg. von Timo Vihavainen, Helsinki 2003 (= Historiallinen arkisto, 117)

Ozinga, James R., The Rapazki Plan. The 1957 Proposals to Denuclearize Central Europe and an Analysis of ist Rejection, Jefferson, NC 1989

Paasikivi, Juho K., J.K. Paasikiven Päiväkirjat 1944-1956. Osa 1: 28.6.1944-24.4.1949 [Tagebücher von J.K. Paasikivi. Teil 1]. Hrsg. von Yrjö Blomstedt und Matti Klinge, Juva 1985

Paasivirta, Juhani, Finland and Europe. International Crises in the Period of Autonomy, 1808-1914, London 1981

Paasivirta, Juhani, Suomen kuva Yhdysvalloissa 1800-luvun lopulta 1960-luvulle [Das Finnlandbild in den USA vom Ende des 19. Jahrhunderts bis zu den 1960er-Jahren], Porvoo 1962 [zit. wird die schwedische Übersetzung: USA ser på Finland, Ekenäs 1966]

Paasivirta, Juhani, USA ser på Finland, Ekenäs 1966

Paasivirta, Juhani, The Victors in World War I and Finland. Finland's Relations with the British, French and United States Governments in 1918-1919, Helsinki 1965

Park, William, Defending the West: A History of NATO, Brighton 1986

Parrish, Scott, The Turn Toward Confrontation. The Soviet Reaction to the Marshall Plan, 1947. In: CWIHP, Working Paper 9, S. 1-39

Paterson, Thomas G., Soviet-American Confrontation. Postwar Reconstruction and the Origins of the Cold War, Baltimore, MD 1973

Pedlow, Gregory W., Putting the »O« in NATO: The Organizational Development of the North Atlantic Alliance, 1949-1956. In: Von Truman bis Harmel, S. 153-169

Peltovuori, Risto, Suomi saksalaisin silmin 1933-1939. Lehdistön ja diplomatian näkökulmia [Finnland in den Augen der Deutschen 1933-1939. Aus dem Blickwinkel von Presse und Diplomatie], Helsinki 2005 (= Historiallisia tutkimuksia, 223)

Penttilä, Risto E.J., Finland's Search for Security through Defence, 1944-1989, London 1991

Petersen, Carl Heinrich, Danske Revolutionære [Dänische Revolutionäre], København 1970

Petersen, Nikolaj, Dänemark und die Atlantische Allianz 1949-1957. Die kritische Entscheidung. In: Nationale Außen- und Bündnispolitik, S. 101-128

Petersen, Nikolaj, Danish and Norwegian Alliance Politics, 1948-1949. A Comparative Analysis. In: CC, 14 (1979), S. 193-210

Petersen, Nikolaj, Isolation oder Verstrickung. Dänemark und die militärische Integration in Europa 1948-1951. In: Die westliche Sicherheitsgemeinschaft, S. 167-189

Petersen, Nikolaj, Påskekrisen 1948 [Osterkrise 1948]. In: Danmark og det internationale system, S. 223-243

Petersson, Magnus, »Brödrafolkens väl«. Svensk-norska säkerhetsrelationer 1949-1969 [Die Güte des Brudervolkes. Schwedisch-norwegische Sicherheitsbeziehungen 1949-1969], Stockholm 2003

Peyrefitte, Alain, C'était de Gaulle, Paris 1994

Pharo, Helge Ø., Bridgebuilding and Reconstruction. Norway Faces the Marshall Plan. In: SJH, 2 (1979), S. 125-153

Pharo, Helge Ø., The Cold War in Norwegian and International Historical Research. In: SJH, 10 (1985). S. 163-189

Pharo, Helge Ø., und Knut Einar Eriksen, Norwegen in der NATO 1950-1956. In: Nationale Außen- und Bündnispolitik, S. 79-99

Pharo, Helge Ø., Scandinavia. In: The Origins of The Cold War, S. 194-223

Pietiäinen, Jukka-Pekka, Rudolf Holsti. Lehtimies, tiedemies, poliitikko 1881-1919 [Rudolf Holsti. Journalist, Wissenschaftler, Politiker], Espoo 1986

Pisani, Sallie, The CIA and the Marshall Plan, Lawrence, KS 1991

Le Plan Marshall et le relèvement économique de l'Europe. Ed. par René Girault et Maurice Lévy-Leboyer, Paris 1993

Pockock, Chris, Dragon Lady. The History of the U-2 Spyplane, Osceola, WI 1989

Polvinen, Tuomo, Between East and West. Finland in International Politics, 1944-1947, Minneapolis, MN 1986 (= The Nordic Series, 13)

Polvinen, Tuomo, Imperial Borderland. Bobrikov and the Attempted Russification of Finland, 1898-1904, Durham, NC 1995

Polvinen, Tuomo, Hannu Heikklä und Hannu Immonen, J.K. Paasikivi. Valtiomiehen elämäntyö [Juho Kusti Paasikivi, 1870-1956. Leben und Werk], 5 Bde, Porvoo [et al.] 1989-2003

Polvinen, Tuomo, Suomi kansainvälisessä politiikassa [Finnland in der internationalen Politik], t. 1: Barbarossasta Teheraniin 1941-1943 [Von Barbarossa bis Teheran]; t. 2: Teheranista Jaltaan 1944 [Von Teheran bis Jalta]; t. 3: Jaltasta Pariisin rauhaan 1945-1947 [Von Jalta bis zum Frieden von Paris], Porvoo [et al.] 1979-1981

Polvinen, Tuomo, Valtakunta ja rajamaa. N.I. Bobrikov Suomen kenraalikuvernöörinä 1898-1904 [Das Reich und das Grenzland. N.I. Bobrikov als finnischer Generalgouverneur], Porvoo 1984

Polvinen, Tuomo, Zur »Vorgeschichte« des finnisch-sowjetischen Vertrages über Freundschaft, Zusammenarbeit und gegenseitigen Beistand wärend der Jahre 1944-1945. In: Jahrbücher zur Geschichte Osteuropas, 30 (1982), S. 227-239

Pommerin, Reiner, Von der »massive retaliation« zur »flexible response«. Zum Strategiewechsel der sechziger Jahre. In: Vom Kalten Krieg zur deutschen Einheit, S. 525-542

Poole, Walter S., The Joint Chiefs of Staff and National Policy, 1950-1952, Wilmington, DE 1980 (= The History of the Joint Chiefs of Staff, 4)

Power in Europe? Great Britain, France, Germany and Italy in a Postwar World, 1945-1950. Ed. by Josef Becker, Berlin 1986

Powers, F. Gary, and Curt Gentry, Operation Overflight. A Memoir of the U-2 Incident, Washington, DC 2004 [Die 1. Aufl. erschien 1970 unter dem Titel: Operation Overflight. The U-2 Spy Pilot Tells His Story for the First Time]

Pro Finlandia 2001. Festschrift für Manfred Menger. Hrsg. von der Deutsch-Finnischen Gesellschaft e.V., Red. Fritz Petrick und Dörte Putensen, Reinbek bei Hamburg 2001

Das Projekt Norden. Essays zur Konstruktion einer europäischen Region. Hrsg. von Bernd Henningsen, Berlin 2002 (= Wahlverwandtschaft – Der Norden und Deutschland. Essays zu einer europäischen Begegnungsgeschichte, 9)

Psychological Models in International Politics. Ed. by Lawrence S. Falkowski, Boulder, CO 1979

Putensen, Dörte, Die »Finnlandisierung« Finnlands. In: Kriegsende im Norden, S. 281-294

Putensen, Dörte, Finnlands Hinwendung zur Europäischen Union. In: Jahrbücher zur Geschichte Osteuropas, 53 (2005), 3: Festschrift für Edgar Hösch, S. 405-414

Putensen, Dörte, Im Konfliktfeld zwischen Ost und West. Finnland, der Kalte Krieg und die deutsche Frage (1947-1973), Berlin 2000 (= Schriftenreihe der Deutsch-Finnischen Gesellschaft, 3)

Räikkönen, Erkki, Svinhufvudin kertomukset siperiasta [Svinhufvuds Erzählungen aus Sibirien], Helsinki 1928

Raulff, Heiner, Die Entwicklung in Westeuropa bis zur Direktwahl des Europäischen Parlaments. In: Das Zwanzigste Jahrhundert, Bd 2, S. 292-350

Rautkallio, Hannu, Agenda Suomi. Kekkonen, SDP, NKP 1956-1966 [Die Finnland-Agenda], Porvoo 1999

Rautkallio, Hannu, Kekkonen ja Moskova. Suomi lännestä nähtynä 1956-1962 [Kekkonen und Moskau. Finnland vom Westen aus gesehen 1956-1962], Helsinki 1991

Rautkallio, Hannu, Novosibirskin lavastus. Noottikriisi 1961[Die Inszenierung von Novosibirsk. Notenkrise 1961], Helsinki 1992

Rautkallio, Hannu, Paasikivi vai Kekkonen. Suomi lännestä nähtynä 1945-1956 [Paasikivi oder Kekkonen. Finnland vom Westen aus gesehen 1945-1956], Helsinki 1990

Reiman, Michael, »Sowjetisierung« und nationale Eigenart in Ostmittel- und Südosteuropa. Zu Problem und Forschungsstand. In: Sowjetisches Modell und nationale Prägung, S. 3-9

Reinterpreting the End of the Cold War. Issues, Interpretations, Periodizations. Ed. by Silvio Pons and Federico Romero, London [et al.] 2005

Rentola, Kimmo, From Half-Adversary to Half-Ally: Finland in Soviet Policy, 1953-1958. In: Cold War History, 1 (August 2000), 1, S. 75-102

Rentola, Kimmo, Niin kylmää että polttaa. Kommunistit, Kekkonen ja Kreml 1947-1958 [So kalt, dass es brennt. Kommunisten, Kekkonen und der Kreml], Helsinki 1997

Reviewing the Cold War. Approaches, Interpretations, Theory. Ed. by Odd Arne Westad, London 2000

Revolution and Resistance in Eastern Europe. Ed. by Kevin McDermott and Matthew Stibbe, New York 2006

Rieck, Hanna, Fenster nach Finnland. Finnlandbilder 1961-2002 in den Zeitschriften der Deutsch-Finnischen Gesellschaft e.V., Grevenbroich 2005

Rintala, Marvin, Four Finns. Political Profiles, Berkeley, CA, Los Angeles 1969

Rivera, Joseph de, The Psychological Dimension of Foreign Policy, Columbus, OH 1968

Rosenberg, David Alan, The Origins of Overkill: Nuclear Weapons and American Strategy, 1945-1960. In: International Security, 7 (Spring 1983), 4, S. 3-71

Rothwell, Victor, Britain and the Cold War, 1941-1947, London 1982

Rubinstein, Alvin Z., Soviet Foreign Policy Since World War II, 3. Aufl., Glenview, IL 1989

Ruehl, Lothar, NATO Strategy and the Neutrals. In: The Missing Link, S. 115-135

Rupieper, Hermann-Josef, Der besetzte Verbündete. Die amerikanische Deutschlandpolitik 1949-1955, Opladen 1991 (= Studien zur Sozialwissenschaft, 95)

Rystad, Göran, The Åland Question and the Balance of Power in the Baltic During the First World War. In: In Quest of Trade and Security, vol. 2, S. 51-105

Rystad, Göran, Die deutsche Monroedoktrin in der Ostsee. Die Alandsfrage und die Entstehung des deutsch-schwedischen Geheimabkommens vom Mai 1918. In: Rystad/Tägil, Probleme deutscher Zeitgeschichte, S. 1-66

Rystad, Göran, und Sven Tägil, Probleme deutscher Zeitgeschichte, Lund 1960 (= Lund Studies in International History, 2)

Rytkönen, Seppo, Der Ostseeraum in der finnischen Geschichtsforschung. In: Pro Finlandia 2001, S. 29-48

Saarela, Tauno, Suomalaisen kommunismin synty 1918-1923 [Die Geburt des finnischen Kommunismus 1918-1923], Helsinki 1996

Saarinen, Hannes, Zur Wahrnehmung Finnlands in der Zeit der Weimarer Republik. In: Jahrbücher für Geschichte Osteuropas, 53 (2005), 3: Festschrift für Edgar Hösch, S. 364-383

Salasanomia Helsingistä Washingtoniin. Muistelmia ja Dokumentteja Vuosilta 1946-1948 [Geheimberichte von Helsinki nach Washington. Erinnerungen und Dokumente der Jahre 1946-1948]. Hrsg. von J. Raymond Ylitalo, Keuruu 1978

Salewski, Michael, Geschichte Europas. Staaten und Nationen von der Antike bis zur Gegenwart, München 2000

Salminen, Pertti, Puolueettomuuden nimeen. Sotilasjohto Kekkosen linjalla ja sen sivussa 1961-1966 [Im Namen der Unabhängigkeit. Die Militärführung auf der Kekkonen-Linie und daneben 1961-1966], Jyväskylä 1995

Salmon, Patrick, Great Britain and Northern Europe From the Second World War to the Cold War. In: Kriegsende im Norden, S. 197-215

Sander-Nagashima, Johannes Berthold, Die Bundesmarine 1955 bis 1972. Konzeption und Aufbau. Mit Beitr. von Rudolf Arendt, Sigurd Hess, Hans Joachim Mann und Klaus-Jürgen Steindorff, München 2006 (= Sicherheitspolitik und Streitkräfte der Bundesrepublik Deutschland, 4)

Saunders, Frances S., Who Paid the Piper? The CIA and the Cultural Cold War, London 1999

Sautter, Udo, Geschichte der Vereinigten Staaten von Amerika, Stuttgart 1998

Savolainen, Aino, In Memoriam – Karl Gunnar Mathias Löfström (1903-1984). In: The Photogrammetric Journal of Finland, 9 (1984), 2, S. 98-100

Scandinavia During the Second World War. Ed. by Henrik S. Nissen, Minneapolis, MN 1983

Schake, Kori N., NATO-Strategie und deutsch-amerikanisches Verhältnis. In: Die USA und Deutschland im Zeitalter des Kalten Krieges, Bd 1, S. 363-374

Der Schatten der Mauer – die zementierte Spaltung. Dokumentation eines Zeitzeugenforums zum 13. August 1961. Im Auftrag des Militärgeschichtlichen Forschungsamtes und des Zentrums für Zeithistorische Forschung Potsdam e.V. hrsg. von Hans Ehlert und Hans-Hermann Hertle, Berlin 2001

Schenk, Frithjof Benjamin, Mental Maps. Die Konstruktion von geographischen Räumen in Europa seit der Aufklärung. Literaturbericht. In: GG, 28 (2003), S. 493-514

Schicksalsschwere Zeiten. Marschall Mannerheim und die deutsch-finnischen Beziehungen 1939-1945. Vorträge des am Finnland-Institut in Deutschland, Berlin abgehaltenen Symposiums vom 16. Oktober 1995. Hrsg. von Ahti Jäntti und Marion Holtkamp, Berlin 1997 (= Schriftenreihe des Finnland-Instituts in Deutschland, 1)

Schlotter, Peter, Die KSZE im Ost-West-Konflikt. Wirkung einer internationalen Institution, Frankfurt a.M. 1999

Schmidt, Gustav, Strukturen des »Kalten Krieges« im Wandel. In: Mastny/Schmidt, Konfrontationsmuster, S. 3-380

Schmückle, Gerd, Ohne Pauken und Trompeten. Erinnerungen an Krieg und Frieden, ungek., überarb. Taschenbuchausgabe, Stuttgart 1984

Schöllgen, Gregor, Geschichte der Weltpolitik von Hitler bis Gorbatschow 1941-1991, München 1996

Schröder, Hans-Jürgen, USA und westdeutscher Wiederaufstieg (1945-1952). In: Deutschland und die USA, S. 95-118

Schwabe, Klaus, The Origins of the United States' Engagement in Europe, 1946-1952. In: NATO, S. 161-212

Schwarz, Hans-Peter, Adenauer, Bd 1: Der Aufstieg: 1876-1952, 2. Aufl., Stuttgart 1986

Schwarz, Hans-Peter, Adenauer, Bd 2: Der Staatsmann 1952-1967, Stuttgart 1991

Schweizer, Robert, Autonomie und Autokratie. Die Stellung des Großfürstentums Finnland im Russischen Reich in der zweiten Hälfte des 19. Jahrhunderts, Gießen 1978 (= Marburger Abhandlungen zur Geschichte und Kultur Osteuropas, 19)

Scott-Smith, Giles, The Politics of Apolitical Culture. The CIA and Postwar American Hegemony, London 2002

Securing Peace in Europe, 1945-1962. Thoughts for the Post-Cold War Era. Ed. by Beatrice Heuser und Robert O'Neill, Basingstoke [et al.] 1992

Security and Insecurity. Perspectives on Finnish and Swedish Defence and Foreign Policy. Ed. by Gunnar Artéus and Jukka Nevakivi, Stockholm 1997

»Seidenfaden-Bericht«. Problemer omkring dansk sikkerhedspolitik, vol. 1: En redegørelse fra det sagkyndige udvalg under regeringsudvalget vedrørende dansk sikkerhedspolitik [Probleme um die dänische Sicherheitspolitik, Bd 1:

Eine Analyse des sachkundigen Ausschusses unter dem Regierungsausschuss betreffend die dänische Sicherheitspolitik], København 1970

Selén, Kari, C.G.E. Mannerheim ja hänen puolustusneuvostonsa 1931-1939 [C.G.E. Mannerheim und sein Verteidigungsrat], Helsinki 1980

Seppänen, Esa, Adjutanttina Kekkosen linjalla [Als Adjutant der Kekkonen-Linie], Helsinki 1980

Seppänen, Esa, Miekkailija vastaan tulivuori. Urho Kekkonen ja Nikita Hruštšev 1955-1964 [Schwertkämpfer gegen Vulkan. Urho Kekkonen und Nikita Chruščev], Helsinki 2004

Seppinen, Jukka, Suomen Efta-ratkaisu yöpakkasten ja noottikriisin välissä [Die finnische EFTA-Lösung zwischen Nachtfrösten und Notenkrise], Helsinki 1997 (= Bibliotheca Historica, 21)

Silva, Charles, If Finland Weren't Finland, Would Sweden Be Finland? The Finland Argument as a Rationale for Swedish Neutrality in the Early Cold War. In: Charting an Independent Course, S. 129-170

Sinasac, Joseph P., The Three Wise Men. The Effects of the 1956 Committee of Three on NATO, MA Thesis University of Waterloo 1989

Singleton, Fred, The Myth of »Finlandization«. In: International Affairs, 57 (Spring 1981), 2, S. 270-285

Singleton, Fred, A Short History of Finland, Cambridge, MA 1998

Skandinavien och Tyskland 1800-1914. Möten och vänskapsband [Skandinavien und Deutschland 1800-1914. Treffen und Freundschaftsbund]. Hrsg. von Bernd Henningsen, Berlin 1997

Skodvin, Magne, Nordic or North Atlantic Alliance. The Postwar Scandinavian Security Debate, Oslo 1990 (= Forsvarsstudier, 3)

Smith, C. Jay, Finland and the Russian Revolution, 1917-1922, Athens 1958

Smith, E. Timothy, The United States, Italy and NATO, 1947-1952, New York 1992

Söderhjelm, Henning, Der rote Aufruhr in Finnland im Jahre 1918. Eine Schilderung auf Grundlage offizieller Urkunden, Leipzig 1918

Soell, Hartmut, Fritz Erler (1913-1967). In: Deutsche Politiker 1949-1969, Bd 2, S. 109-119

Soikkanen, Hannu, Kohti kansanvaltaa 1. Suomen Sosialidemokraattinen Puolue 75 vuotta [In Richtung Volksherrschaft. 75 Jahre Sozialdemokratische Partei Finnlands], Helsinki 1975

Soikkanen, Timo, Tarjottu ja torjuttu isyys [Angebotene und abgelehnte Vaterschaft]. In: YYA Aika ja Sopimus, S. 9-24

Soutou, Georges-Henri, La guerre de cinquante ans. Le conflit Est-Ouest 1943-1990, Paris 2001

Soviet Military Intervention in Hungary 1956. Ed. by Jenö Györkei and Miklós Horváth, New York 1999

Sowjetisches Modell und nationale Prägung. Kontinuität und Wandel in Ostmitteleuropa nach dem Zweiten Weltkrieg. Hrsg. von Hans Lemberg, Marburg 1991

Speier, Hans, Die Bedrohung Berlins. Eine Analyse der Berlin-Krise von 1958 bis heute, Köln 1961

Spreckelsen, Wilhelm von, und Wolf-Jochen Vesper, Blazing Skies. Die Geschichte der Flugabwehrraketentruppen der Luftwaffe, Oldenburg 2004

Die Stalin-Note vom 10. März 1952. Neue Quellen und Analysen. Hrsg. von Jürgen Zarusky, München 2002

Staritz, Dietrich, Die Gründung der DDR, München 1987

Stephanson, Anders, The Cold War Considered as a U.S. Project. In: Reinterpreting the End of the Cold War, S. 52-67

Stibbe, Matthew, Poland and Hungary 1956. A Comparative Essay Based on New Archival Findings. In: Revolution and Resistance, S. 37-56

Stoessinger, John G., Why Nations Go to War, New York 1998

Stöver, Bernd, Der Kalte Krieg, München 2002

Stöver, Bernd, Der Kalte Krieg. Geschichte eines radikalen Zeitalters 1947-1991, München 2007

Stöver, Bernd, Rollback. Eine offensive Strategie für den Kalten Krieg. In: Die USA und Deutschland, Bd 1, S. 160-168

Strømsøe, Thorstein, Frivilligbevegelsen. De Finlandsfrivilliges. Organisering, kjennetegn og innsats under Vinterkrigen 1939-1940 [Die Finnlandfreiwilligen. Ausbildung, Organisation und Einsatz im Winterkrieg 1939-1940], Trondheim 2000

Structure of Decision. The Cognitive Maps of Political Elites. Ed. by Robert Axelrod, Princeton, NJ 1976

Studienhandbuch Östliches Europa, Bd 1: Geschichte Ostmittel- und Südosteuropas. Hrsg. von Harald Roth, Köln [et al.] 1999

Stürmer, Michael, Welt ohne Weltordnung. Wer wird die Welt erben?, Hamburg 2006

Suomen historian pikku jättiläinen [Kleiner Riese der finnischen Geschichte]. Hrsg. von Seppo Zetterberg, Porvoo 1995

Suomen jääkärien elämäkerrasto 1975 [Lebenskombination der finnischen Jäger]. Hrsg. von Olli Paloheimo, Helsinki 1975 (= Sotatieteen laitoksen julkaisuja, 14)

Suomi, Juhani, Urho Kekkonen, t. 1: 1944-1950. Vonkamies [Bettelmann]; t. 2: 1950-1956. Kuningastie [Königsweg]; t. 3: 1956-1962. Kriisien aika [Krisenzeit], Keuruu 1986-1992

Svennevig, Henning, Zusammenarbeit zwischen der deutschen und der dänischen Marine. In: Marineforum, 68 (1993), 10, S. 348-350

Svenska frivilliga i Finland 1939-1944. Förbundet Svenska finlandsfrivilliga [Schwedische Freiwillige in Finnland. Verein schwedischer Finnlandfreiwilliger]. Hrsg. von Sten Claëson, Stockholm 1989

Talvela, Paavo, Sotilaan elämä, t. 1: Das Leben eines Soldaten, Jyväskylä 1976

Talvisodan historia [Geschichte des Winterkrieges], t. 1-4. Hrsg. vom Sotatieteen Laitos, Porvoo 1978-1979

Tamnes, Rolf, Integration and Screening. The Two Faces of Norwegian Alliance Policy, 1945-1986, Oslo 1987 (= Forsvarsstudier)

Tamnes, Rolf, The United States and the Cold War in the High North, Oslo 1991

Tanner, Väinö, The Winter War. Finnland Against Russia, 1939–1940, Stanford, CA 1957

Tarkka, Jukka, Isänmaan unilukkari. Päiviö Hätämäen yhteiskunnallinen elämäntyö [»Traum-Spielmacher« des Vaterlandes. Das gesellschaftliche Lebenswerk des Päiviö Hätämäki], Juva 2006

Tarkka, Jukka, Suomen kylmä sota. Miten viattomuudesta tuli voima [Finnlands Kalter Krieg. Wie aus Unschuld Kraft wurde], Keuruu 1992

Taubman, William, Stalin's American Policy. From Entente to Détente to Cold War, New York 1982

Teräväinen, Erkki, Lavastettu rinnakkaiselo. Suomen ulkopolitiikka johtavassa länsisaksalaislehdistössä 1955–1962 [Inszeniertes Zusammenleben. Die finnische Außenpolitik in den führenden westdeutschen Zeitungen], Helsinki 2003

Teräväinen, Erkki, Die Notenkrise von 1961 – Bonn, Berlin. In: Finnlandstudien, Bd 3, S. 245–267

Teräväinen, Erkki, Yöpakkaskausi ja Saksa [Die Nachtfrostphase und Deutschland]. In: Kanava, (1999), 6, S. 329–333

Tervamäki, Tapio, Dialogia, debattia ja polemiikkia. Fagerholmin kolmannen hallituksen muodostamisen ja yöpakkaskriisin tapahtumien kuvaus kirjallisuudessa [Dialog, Debatte und Polemik. Das Bild in der Literatur über die Bildung der dritten Fagerholmregierung und die Geschehnisse der Nachtfrostkrise], Lizensiatenarbeit, Turku 1998

Tervasmäki, Vilho, Mannerheim. Valtiomies ja sotapäällikkö talvi- ja jatkosodan käännekohdissa [Mannerheim. Staatsmann und Oberbefehlshaber zwischen Winter- und Fortsetzungskrieg], Helsinki 1987

Theutenberg, Bo Johnson, Folkrätt och säkerhetspolitik [Volksrat und Sicherheitspolitik], Stockholm 1986

Thomas, Markus, Finnland zwischen Frieden und Kaltem Krieg. Die Außenpolitik des Präsidenten Paasikivi 1947–1955, Hamburg 2005

Thoß, Bruno, NATO-Strategie und nationale Verteidigungsplanung. Planung und Aufbau der Bundeswehr unter den Bedingungen einer massiven atomaren Vergeltungsstrategie 1952 bis 1960, München 2006 (= Sicherheitspolitik und Streitkräfte der Bundesrepublik Deutschland, 1)

Torke, Hans-Joachim, Historisches Lexikon der Sowjetunion. 1917/22 bis 1991, München 1993

Trachtenberg, Marc A., A Constructed Peace: The Making of the European Settlement, 1945–1963, Princeton, NJ 1999

Transatlantische Beziehungen. Die USA und Europa zwischen gemeinsamen Interessen und Konflikt. Hrsg. von Manfred Knapp, Stuttgart 1990

Troebst, Stefan, Nordosteuropa. Geschichtsregion mit Zukunft. In: Nordeuropaforum, 1 (1999), S. 53–69

Troebst, Stefan, Warum wurde Finnland nicht sowjetisiert? In: Osteuropa, 48 (1998), S. 178–191

Trompenaars, Fons, Riding the Waves of Culture, London 1995

Trotter, William R., The Winter War. The Russo-Finnish War of 1939-1940, London 2002

Tuchtenhagen, Ralph, Nordosteuropa. In: Studienhandbuch Östliches Europa, Bd 1, S. 73-80

Tuchtenhagen, Ralph, Die Vermarktung des nördlichen Waffenbruders. Finnland in der deutschsprachigen Publizistik 1939-1945. In: Finnland und Deutschland, S. 287-315

Tucker, Robert C., The Cold War in Stalin's Time. What the New Sources Reveal. In: DH, 21 (Spring 1997), 2, S. 273-281

Turtola, Martti, Finland's Path to the Armistice of 1944 – Some Open Questions. In: Finnish-Soviet Relations, S. 36-43

Turtola, Martti, Puolustuspolitiikka [Verteidigungspolitik]. In: YYA-Suomi, S. 121-138

Ueberschär, Gerd R., Hitler und Finnland 1939-1941. Die deutsch-finnischen Beziehungen während des Hitler-Stalin-Paktes, Wiesbaden 1978 (= Frankfurter Historische Abhandlungen, 16)

Ulstein, Egil, Nordic Security, London 1971 (= Adelphi Papers, 81)

Umbach, Frank, Das rote Bündnis. Entwicklung und Zerfall des Warschauer Paktes 1955 bis 1991, Berlin 2005 (= Militärgeschichte der DDR, 10)

Ungarn 1956. Zur Geschichte einer gescheiterten Volkserhebung. Hrsg. von Rüdiger Kipke, Wiesbaden 2006

Unruhige Welt. Konflikt- und Kriegsursachen seit 1945. Hrsg. vom Arbeitskreis für Wehrforschung, Koblenz 1989 (= Militärgeschichte International, 1)

Upton, Anthony F., Communism in Scandinavia and Finland. Politics of Opportunity, Garden City, NY 1973

Upton, Anthony F., Finland in Crisis, 1940-1941, London 1964

Upton, Anthony F., The Finnish Revolution, 1917-1918, Minneapolis, MN 1980

Urho Kekkonen rauhanpoliitikko [Urho Kekkonen der Friedenspolitiker]. Hrsg. von Keijo Korhonen, Helsinki 1975

Urho Kekkosen päiväkirjat, t. 1: 1958-1962 [Tagebücher von Urho Kekkonen, Bd 1: 1958-1962]. Hrsg. von Juhani Suomi, Helsinki 2001

Ursin, Martti, Pohjois-Suomen tuhot ja jälleenrakennus saksalaissodan 1944-1945 jälkeen [Verwüstungen und Wiederaufbau Nordfinnlands nach dem Krieg gegen die Deutschen 1944-1945], Rovaniemi 1980 (= Studia historica septentrionalie, 2)

Die USA und Deutschland im Zeitalter des Kalten Krieges 1945-1990. Ein Handbuch, Bd 1: 1945-1968. Hrsg. von Detlef Junker in Verbindung mit Philipp Gassert, Wilfried Mausbach und David B. Morris, München, Stuttgart 2001

Die USA und Deutschland 1918-1975. Deutsch-amerikanische Beziehungen zwischen Rivalität und Partnerschaft. Hrsg. von Manfred Knapp, Werner Link, Hans-Jürgen Schröder und Klaus Schwabe, München 1978

Väyrynen, Raimo, Conflicts in Finnish-Soviet Relations. Three Comparative Studies, Tampere 1972

Vahe, Juha, Kenraali Paavo Talvela. Sodan ja rauhan tehtävissä [General Paavo Talvela. Im Auftrag von Krieg und Frieden], Porvoo 1994

Vaïsse, Maurice, De Gaulle's Handling of the Berlin and Cuban Crises. In: Europe, Cold War and Coexistence, S. 67-79

Valtasaari, Matti, Paasikiven-Kekkosen linjan alkuvaiheita [Auftakt zur Paasikivi-Kekkonnen-Linie]. In: Urho Kekkonen rauhanpoliitikko, S. 26-35

Varwick, Johannes, und Richard Woyke, Die Zukunft der NATO. Transatlantische Sicherheit im Wandel, 2. Aufl., Opladen 2000

Vehviläinen, Olli, Finland in the Second World War. Between Germany and Russia, Basingtoke 2002

Vergilius [Publius] Maro, Aeneis. Lateinisch/Deutsch. Hrsg. und übers. von Edith und Gerhard Binder, 6 Bde, Stuttgart 1994-2005

Verona, Sergiu, Military Occupation and Diplomacy. Soviet Troops and Romania, 1944-1958, Durham, NC [et al.] 1992

Verteidigung im Bündnis. Planung, Aufbau und Bewährung der Bundeswehr 1950 bis 1972. Hrsg. vom Militärgeschichtlichen Forschungsamt, 2. Aufl., München 1975

Vihavainen, Timo, Hyvinvointi-Suomi [Wohlstands-Finnland]. In: Suomen historian pikku jättiläinen, S. 847-915

Vihavainen, Timo, Kansakunta rähmällään. Suomettumisen lyhyt historia [Nation am Boden. Eine kurze Geschichte der Finnlandisierung], Helsinki 1991

Vihavainen, Timo, Krälade Finland i stoftet? Finland och Sovjetunionen under efterkrigstiden [Hat Finnland sich erniedrigt? Finnland und die Sowjetunion in der Nachkriegszeit]. In: Historisk Tidskrift för Finland, 77 (1992), S. 629-639

Villaume, Poul, Allieret med forbehold. Danmark, NATO og den kolde krig en studie i dansk sikkerhedspolitik 1949-1961 [Unter Vorbehalt alliert. Dänemark, die NATO und der Kalte Krieg. Eine Studie zur dänischen Sicherheitspolitik], Kobenhavn 1997

Villaume, Poul, Neither Appeasement nor Servility. Denmark and the Atlantic Alliance, 1949-1955. In: SJH, 14 (1989), 2, S. 155-180

Virkkunen, Sakari, Mannerheim. Marsalkka ja presidentti [Mannerheim. Marschall und Präsident], Helsinki 1989

Visuri, Pekka, Suomi kylmässä sodassa [Finnland im Kalten Krieg], Keuruu 2006

Vladimirov, Viktor, Näin se oli [So war es], Helsinki 1993

Vom Kalten Krieg zur deutschen Einheit. Analysen und Zeitzeugenberichte zur deutschen Militärgeschichte 1945 bis 1995. Im Auftrag des Militärgeschichtlichen Forschungsamtes hrsg. von Bruno Thoß, München 1995

Von Truman bis Harmel. Die Bundesrepublik Deutschland im Spannungsfeld von NATO und europäischer Integration. Im Auftrag des Militärgeschichtlichen Forschungsamtes hrsg. von Hans-Joachim Harder, München 2000 (= Militärgeschichte seit 1945, 11)

Wachwechsel beim Kommando Ostseezugänge. In: Wehrkunde, 2 (1963), S. 107

Wagner, Armin, Walter Ulbricht und die geheime Sicherheitspolitik der SED. Der Nationale Verteidigungsrat der DDR und seine Vorgeschichte (1953 bis 1971).

Hrsg. vom Militärgeschichtlichen Forschungsamt, Berlin 2002 (= Militärge-schichte der DDR, 4)

Wagner, Ulrich, Finnlands Neutralität. Eine Neutralitätspolitik mit Defensivallianz, Hamburg 1974

Wagner, Ulrich H.E., Finnland und die UdSSR. Das sogenannte Finnlandisierungs-problem. In: Osteuropa, 25 (Juni 1975), S. 423–433

Wahlbäck, Krister, Urho Kekkonen ja Ruotsi [Urho Kekkonen und Schweden]. In: Urho Kekkonen rauhanpoliitikko, S. 81–102

Wall, Irwin M., L'influence américaine sur la politique française 1945–1954, Paris 1989

Walt, Stephen M., The Origins of Alliances, New York 1987

Wampler, Robert A., Ambiguous Legacy. The United States, Great Britain and the Foundation of NATO Strategy, 1948–1957, 2 vols., Cambridge, MA 1991; Ann Arbor, MI 1996

Watkins, David, De Havilland Vampire. The Complete History, Stroud 1996

Watt, Donald Cameron, Bemerkungen mit dem Ziel einer Synthese. In: Die west-liche Sicherheitsgemeinschaft, S. 343–372

Watt, Donald Cameron, British Military Perceptions of the Soviet Union as a Stra-tegic Threat, 1945–1950. In: Power in Europe?, S. 325–338

Watt, Donald Cameron, The Historiography of Appeasement. In: Crisis and Con-troversy, S. 110–129

Watt, Donald Cameron, Rethinking the Cold War. A Letter to a British Historian. In: Political Quarterly, 49 (1978), S. 449–451

Watt, Donald Cameron, Succeeding John Bull. America in Britain's Place, 1900–1975, Cambridge, MA 1984

Wegener, Edward, Der Auftrag der Bundesmarine im Rahmen der NATO. In: MOH-Nachrichten, (1965), 7, S. 137–139

Wegner, Bernd, Finnland in der westdeutschen Geschichtswissenschaft nach dem Zweiten Weltkrieg. In: Zur Neuorientierung, S. 111–115

Wegner, Bernd, Finnland und der Zweite Weltkrieg – eine historische Ortsbestim-mung. Kommentar zum Vortrag von Prof. Dr. Mauno Jokipii. In: Schicksals-schwere Zeiten, S. 35–40

Wegner, Bernd, Das Kriegsende in Skandinavien. In: Das Deutsche Reich und der Zweite Weltkrieg, Bd 8, S. 961–1000

Wegner, Bernd, Vorwort. In: Keßelring, Des Kaisers »finnische Legion«, S. 9 f.

Weinberg, Gerhard L., Eine Welt in Waffen. Die globale Geschichte des Zweiten Weltkrieges, Stuttgart 1995

Eine Welt – eine Geschichte? 43. Deutscher Historikertag in Aachen, 26. bis 29. September 2000. Berichtband. Hrsg. im Auftrag des Verbandes der Histori-ker und Historikerinnen Deutschlands e.V. von Max Kerner, München 2001

Weltpolitik der USA nach 1945. Einführung und Dokumente. Hrsg. von Ernst-Otto Czempiel und Carl Christoph Schweitzer, Bonn 1989

Westad, Odd Arne, Beginnings of the End. How the Cold War Crumbled. In: Reinterpreting the End of the Cold War, S. 68–81

Westad, Odd Arne, The New International History of the Cold War. Three (Possible) Paradigms. In: DH, 24 (Fall 2000), 4, S. 551-565

Der Westen und die Sowjetunion. Einstellungen und Politik gegenüber der UdSSR in Europa und in den USA seit 1917. Hrsg. von Gottfried Niedhart, Paderborn 1983

Die westliche Sicherheitsgemeinschaft 1948-1950. Gemeinsame Probleme und grundsätzliche Nationalinteressen in der Gründungsphase der Nordatlantischen Allianz. Im Auftrag des Militärgeschichtlichen Forschungsamtes hrsg. von Norbert Wiggershaus und Roland G. Foerster, Boppard a.Rh. 1988 (= Militärgeschichte seit 1945, 8)

Wettig, Gerhard, Die sowjetische Militärintervention in Ungarn als ein Schlüsselereignis des Kalten Krieges. In: Das internationale Krisenjahr 1956, S. 283-296

Whitehead, Thor, Die Außenpolitik Islands 1946-1956. In: Nationale Außen- und Bündnispolitik, S. 41-77

Wie Kriege entstehen. Zum historischen Hintergrund von Staatenkonflikten. Hrsg. von Bernd Wegner, 2. Aufl., Paderborn 2003 (= Krieg in der Geschichte, 4)

Wiggershaus, Norbert, La mise en place de l'OTAN durant les années 1947 à 1949 et les perceptions occidentales de la menace soviètique. In: Le Canada et l'OTAN, S. 13-48

Wiggershaus, Norbert, Nordatlantische Bedrohungsperzeptionen im »Kalten Krieg« 1948-1956. In: Das Nordatlantische Bündnis, S. 17-54

Wiggershaus, Norbert, Von Potsdam zum Pleven-Plan. Deutschland in der internationalen Konfrontation 1945-1950. In: AWS, Bd 1, S. 1-118

Wiggershaus, Norbert, Zur Konzeption einer NATO-Geschichte. In: Heinemann, Vom Zusammenwachsen des Bündnisses, S. XI-XX

Wilford, Hugh, The CIA, the British Left and the Cold War. Calling the Tune?, London [et al.] 2003

Williams, Leena-Kaarina, Zur Konstruktion einer Region. Die Entstehung der Ostseekooperation zwischen 1988 und 1992, Berlin 2006 (= The Baltic Sea Region – Nordic Dimensions – European Perspectives, 7)

Winkler, Heinrich August, Der lange Weg nach Westen, Bd 2: Deutsche Geschichte vom »Dritten Reich« bis zur Wiedervereinigung, 3. Aufl., München 2000

Witnesses to the Origins of the Cold War. Ed. by Thomas T. Hammond, Seattle, WA 1982

Wittner, Lawrence S., American Intervention in Greece, 1943-1949, New York 1982

Wohlforth, William C., New Evidence on Moscow's Cold War. Ambiguity in Search of Theory. In: DH, 21 (Spring 1997), 2, S. 229-242

Woker, Daniel, Die skandinavischen Neutralen. Prinzip und Praxis der schwedischen und der finnischen Neutralität, Diss. jur. Universität Zürich, Bern 1978

Wolff, Robert Lee, Creation of a Soviet Empire in Europe: Bulgaria. In: The Fate of East Central Europe, S. 274-296

Wyrwa, Tadeusz, La résistance polonaise et la politique en Europe, Paris 1983

Yearbook of Finnish Foreign Policy 1973. Ed. by the Finnish Institute of International Affairs, Helsinki 1974

Yergin, Daniel, Shattered Peace. The Origins of the Cold War and the National Security State, Boston, MA 1977

Yergin, Daniel, Der zerbrochene Frieden. Der Ursprung des Kalten Krieges und die Teilung Europas, Frankfurt a.M. 1979

Ylikangas, Heikki, Der Weg nach Tampere, Berlin 2002

Young, John W., France, the Cold War and the Western Alliance, Leicester 1990

YYA Aika ja Sopimus [FZB-Zeit und Vertrag]. Hrsg. von Unto Vesa, Tampere 1998 (= Rauhan- ja konfliktintutkimuskeskus Tutkimuksia, 81)

YYA-Suomi [Finnland zur Zeit des FZB-Vertrages]. Hrsg. von Lauri Haataja [et al.], Porvoo [et al.] 1993

Zaloga, Steven J., Defending the Capitals. The First Generation of Soviet Strategic Air Defense Systems, 1950-1960. In: Journal of Slavic Military Studies, 10 (1997), S. 30-43

Zaloga, Stephen J., The Kremlin's Nuclear Sword. The Rise and Fall of Russia's Strategic Nuclear Forces, 1945-2000, Washington, DC 2002

Das Zeitalter der Bombe. Die Geschichte der atomaren Bedrohung von Hiroshima bis heute. Hrsg. von Michael Salewski, München 1995

Zernack, Klaus, Osteuropa. Eine Einführung in seine Geschichte, München 1977

Zetterberg, Kent, A Scandinavian Defence Union or NATO-Partnership. The Scandinavian Countries and the Formation of Security Policies, 1945-1950. In: Kriegsende im Norden, S. 233-240

Zetterberg, Seppo, Die Liga der Fremdvölker Rußlands 1916-1918. Ein Beitrag zu Deutschlands antirussischem Propagandakrieg unter den Fremdvölkern Rußlands im Ersten Weltkrieg, Helsinki 1978

Zinner, Paul E., Communist Strategy and Tactics in Czecoslovakia, 1918-1948, New York, London 1962

Zubok, Vladislav M., and Constantine Pleshakov, Inside the Kremlin's Cold War: From Stalin to Khrushchev, Cambridge, MA 1996

Zubok, Vladislav M., Stalin's Plans and Russian Archives. In: DH, 21 (Spring 1997), 2, S. 295-305

Zur Neuorientierung der finnisch-deutschen Kulturbeziehungen nach 1945. Beiträge von Teilnehmern des finnisch-deutschen Seminars – 5. Snellman-Seminar – 19.5.-23.5.1999 Aavaranta, Helsinki 2000

Das Zwanzigste Jahrhundert, Bd 2: Europa nach dem Zweiten Weltkrieg 1945-1982. Hrsg. von Wolfgang Benz und Hermann Graml, Frankfurt a.M. 1982 (= Fischer Weltgeschichte, 35)

Personenregister

Zum Autor

Dr. phil. Agilolf Keßelring M.A., Major d. R., geb. 1972 in Tokyo (Japan), z. Zt. Wissenschaftler am Department of Strategic and Defence Studies der National Defence University (NDU), Helsinki (Finnland). Von 2003 bis 2006 Wissenschaftlicher Mitarbeiter im Militärgeschichtlichen Forschungsamt, Potsdam. Veröffentlichungen u.a.: Des Kaisers »finnische Legion«. Die finnische Jägerbewegung im Ersten Weltkrieg im Kontext der deutschen Finnlandpolitik, Berlin 2005; Wegweiser zur Geschichte: Bosnien-Herzegowina (Hrsg.), Paderborn 2005 (2. Aufl. 2007); Wegweiser zur Geschichte: Kosovo (Hrsg. zus. mit Bernhard Chiari), Paderborn 2006 (2. und 3. Aufl. 2008); Deutsche Einsatzoptionen für die finnischen Freiwilligen im Ersten Weltkrieg. In: Kahden kulttuurin välittäjä. Hannes Saarisen juhlakirja. Hrsg. von Aleksanteri Suvioja und Erkki Teräväinen, Tampere 2006, S. 279-298; Eine Nordisierung Finnlands? Die Nordatlantische Allianz und Finnland im Kalten Krieg 1949-1961. In: Finnland und Deutschland. Studien zur Geschichte im 19. und 20. Jahrhundert. Hrsg. von Bernd Wegner, Oliver von Wrochem und Daniel Schümmer, Hamburg 2009; Vom Terroristen zum Nationalgardisten? Bewaffnete Formationen im Kosovo 1994-2009. In: Am Rande Europas? Der Balkan – Raum und Bevölkerung als Wirkungsfelder militärischer Gewalt. Hrsg. von Bernhard Chiari und Gerhard P. Groß unter Mitarb. von Magnus Pahl, München 2009, S. 309-327; NATO – Towards a New Strategic Concept 2010, NDU Department of Strategic and Defence Studies, Series 4, WP 34, Helsinki 2009. Laufende Projekte u.a.: Kriegsgräber und Gedenkstätten deutscher Soldaten in Finnland/Saksalaisten sotilashaudat ja muistomerkit Suomessa. Im Auftrag der Deutschen Botschaft Helsinki; The Kosovo Security Force in the Context of Demilitarization, State Building and Rearmament am Department of Strategic and Defence Studies, NDU, Helsinki.

www.ingramcontent.com/pod-product-compliance
Lightning Source LLC
Chambersburg PA
CBHW072000260326
41914CB00004B/872